ARCHIVES HISTORIQUES

DU POITOU

IV

POITIERS
IMPRIMERIE DE H. OUDIN FRÈRES,
RUE DE L'ÉPERON, 4
1875

SOCIÉTÉ
DES
ARCHIVES HISTORIQUES
DU POITOU.

LISTE GÉNÉRALE

DES MEMBRES

DE LA SOCIÉTÉ DES ARCHIVES HISTORIQUES DU POITOU.

ANNÉE 1875.

Membres titulaires:

MM.

Audinet, ancien recteur, à Poitiers.
Barthélemy (A. de), membre du Comité des travaux historiques, à Paris.
Beauchet-Filleau, correspondant du ministère de l'Instruction publique, à Chef-Boutonne.
Beaudet (A.), licencié en droit, à Saint-Maixent.
Bonsergent, associé correspondant national de la Société des Antiquaires de France, à Poitiers.
Chamard (Dom), religieux bénédictin, à Ligugé.
Chasteigner (Cte A. de), membre de plusieurs Sociétés savantes, à Ingrandes (Vienne).
Clervaux (Cte de), membre de plusieurs Sociétés savantes, à Saintes.
Delayant, bibliothécaire de la ville, à la Rochelle.
Delisle (L.), membre de l'Institut, à Paris.
Desaivre, docteur en médecine, à Champdeniers.
Favre (L.), à Niort.
Fillon (Benjamin), à Saint-Cyr-en-Talmondais (Vendée).

MM.

Frappier (P.), membre de la Société de Statistique des Deux-Sèvres, à Niort.
Goudon de la Lande, à Montmorillon.
Gouget, archiviste de la Gironde, à Bordeaux.
Ledain, membre de l'Institut des provinces, à Poitiers.
Lièvre, pasteur, président du Consistoire, à Angoulême.
Ménard, ancien proviseur, à Poitiers.
Ménardière (de la), professeur à la Faculté de Droit, à Poitiers.
Orfeuille (Cte R. d'), membre de la Société des Antiquaires de l'Ouest, à Versailles.
Montaiglon (A. de), professeur à l'École des Chartes, à Paris.
Palustre (Léon), directeur de la Société française d'archéologie, à Tours.
Port (C.), archiviste de Maine-et-Loire, à Angers.
Rédet, ancien archiviste de la Vienne, à Poitiers.
Rencogne (de), archiviste de la Charente, à Angoulême.
Richard (A.), archiviste de la Vienne, à Poitiers.
Richemond (L. de), archiviste de la Charente-Inférieure, à la Rochelle.
Rochebrochard (L. de la), membre de la Société de Statistique des Deux-Sèvres, à Niort.
Tourette (L. de la), docteur en médecine, à Loudun.

Membres honoraires :

MM.

Auber (l'abbé), chanoine de la cathédrale, à Poitiers.
Bardonnet (A.), membre de plusieurs Sociétés savantes, à Niort.
Boutetière (Cte de la), membre de la Société des Antiquaires de l'Ouest, à Chantonnay (Vendée).
Brosse (de la), membre de la Société des Antiquaires de l'Ouest, à Poitiers.
Corbière (Mis de la), à Poitiers.
Deschastelliers, curé de Notre-Dame, à Poitiers.
Desmier de Chenon (Mis), à Domezac (Charente).
Dubeugnon, professeur à la Faculté de Droit, à Poitiers.

MM.

FÉRAND, ingénieur en chef du département de la Vienne, à Poitiers.

GUIGNARD, docteur en médecine, à Poitiers.

JANVRE DE BERNAY (Vte), à la Touche-Poupart (Deux-Sèvres).

LECOINTRE-DUPONT père, membre de plusieurs Sociétés savantes, à Poitiers.

MARQUE (G. DE LA), à Poitiers.

OUDIN, avocat, à Poitiers.

RESSAYRE, libraire-éditeur, à Poitiers.

ROCHEJAQUELEIN (Mis DE LA), député des Deux-Sèvres, à Clisson (Deux-Sèvres).

ROCHETHULON (Mis DE LA), ancien député de la Vienne, à Beaudiment (Vienne).

ROMANS (Bon Fernand DE), à la Planche d'Andillé (Vienne).

TRANCHANT (Charles), conseiller d'État, ancien conseiller général de la Vienne, à Paris.

TRIBERT (G.), conseiller général de la Vienne, à Marçay (Vienne).

TRIBERT (L.), sénateur, à Champdeniers.

Bureau :

MM.

RÉDET, président.
RICHARD, secrétaire.
LEDAIN, trésorier.
BONSERGENT, membre du Comité.
BARDONNET, id.
BOUTETIÈRE (DE LA), id.
AUDINET, id.

COMPTES

D'ALFONSE DE POITIERS

(1243—1247.)

Les comptes reproduits dans ce volume et à la publication desquels, chacun selon nos forces, M. de Montaiglon, M. Richard et moi nous avons travaillé, succèdent sans interruption à la pacification de Taillebourg et aux soumissions personnelles reproduites par M. Teulet dans son tome II des Layettes du Trésor des Chartes. Ils sont la constatation, par le menu détail, des faits et gestes de l'administration française, lorsqu'elle débuta dans le Poitou, réglant les dépenses de guerre, discutant les droits des seigneurs, déterminant déjà les revenus. Attribuer au comte Alphonse l'honneur entier des actes de ces premières années n'est pas complétement exact; tout le contentieux se règle au nom du roi et les agents du frère de saint Louis ne prennent, pour leur maître, la possession effective que de droits déjà constatés, de revenus en ordre, du domaine pacifié. La gestion financière est cependant commune, et l'action du pouvoir royal, qui se montre une fois dans chaque seigneurie, mais qui se voit dans presque toutes, est curieuse à suivre et précieuse à signaler, en quelque endroit qu'on la trouve. Elle paraît avoir duré plusieurs années, et peut servir à qui fera l'étude du Poitou sous Alphonse, à constituer dans la vie de ce prince, une première période que l'on arrêtera vers 1248, au moment où l'instinct des peuples se retourne vers l'Orient pour entreprendre la huitième croisade. Lorsque j'ai publié la portion poitevine de l'état de 1260 qui est d'un esprit autre et rédigé plus tard, il m'a semblé prématuré d'entrer dans les détails et, dans un tel faisceau de forces convergentes, d'établir des distinctions. Il faut en quelques mots réparer cet oubli.

Cette liste d'hommages, cet ensemble du registre JJ. XI, est la conclusion d'un travail de dix-sept années, la résultante concentrée d'une foule de petits efforts (gestions de seigneuries, enquêtes, transactions, etc.). Elle fixe définitivement les droits et devoirs domaniaux et les constate par écrit pour les besoins de l'avenir. Aussi est-ce la base d'après laquelle la comptabilité royale a fonctionné pendant longtemps. M. Boutaric avait dans son bureau, voici deux ans, aux Archives Nationales, un gros rouleau de parchemin, de 1294, lequel portait encore le titre de *Comptes du domaine d'Alphonse*. C'était, disait-il, l'unité d'une immense série, trop longue pour être publiée *in extenso*, mais très-bonne à analyser et renfermant des choses neuves : il est évident qu'elle a dû s'arrêter à Philippe VI. Les Valois arrivés au trône, la guerre de Cent Ans et la conquête anglaise désorganisèrent ou mieux transformèrent tout. Sans parler du prince de Galles et de ses utopies d'impôt par feu, les agents du duc de Berry ignorèrent ou délaissèrent une rédaction surannée qu'ils retrouvèrent plus simple et comme authentique dans l'aveu même des parties en cause. La compilation de 1260 n'en est pas moins la base de leurs actes, ayant servi de criterium et de contrôle à tous les aveux antérieurs, et c'est souvent à ce vieux texte qu'il est besoin de recourir pour expliquer les faits, de la même manière que, pour l'interprétation de nos codes français, on doit parfois remonter aux coutumes.

Il est à peu près avéré que les Anglais, dépossédés en 1224 et 1242 des provinces de Poitou et de Saintonge, laissèrent leurs droits domaniaux dans le plus grand désordre. Il est encore plus certain que, leurs traditions orales ou leurs renseignements écrits, s'ils en avaient, ils se gardèrent bien de les communiquer à leurs vainqueurs. Pour arriver à cet état définitif dont je viens de parler, il fallut donc aux clercs, agents d'Alphonse, entreprendre et mener à bien toute une série de travaux parmi lesquels les premiers furent de constater l'état présent des choses et les souvenirs du passé. C'est dans cette catégorie qu'on doit classer les documents qui nous occupent aujourd'hui, par exemple le terrier du grand fief d'Aunis que les Antiquaires de l'Ouest ont bien voulu publier dans leur dernier volume.

On trouvera, dans les comptes qui suivent, justification des frais qu'il a occasionnés, tant pour l'arpentage des terres que pour la rédaction du livre. A ce genre de récolements viennent se rattacher aussi les résumés des possesseurs de seigneuries dont, pour Cognac, nous avons dans le compte un exemple; nous en avons en main deux autres (Civray, Chizé), et nous espérons en retrouver un plus grand nombre. Sans s'attarder à l'énumération des pièces de cet ordre, on peut dire en un mot qu'elles sont à l'administration antérieure ce que l'état de 1260 est au domaine de l'avenir : une récapitulation et une base pour remonter dans le passé. Et c'est enfin dans les faits des enquêtes et aux détails des comptes que l'on retrouvera l'explication des mesures transitoires et des divergences possibles entre les deux ordres de texte, ou, si l'on veut, entre la fin de la domination d'Alphonse et son commencement.

Il n'est pas besoin d'insister sur mille détails curieux que nos confrères, chacun pour son pays, sauront bien retrouver. Mais il faut bien dire en finissant que l'intérêt de ces comptes ne pourra que s'accroître à mesure de la publication des autres actes du frère de saint Louis, et particulièrement de sa correspondance *in extenso* que M. Boutaric nous a depuis longtemps promise.

A. BARDONNET.

REGISTRE DES COMPTES

D'ALFONSE COMTE DE POITIERS

(1243-1247. ARCHIVES NATIONALES, KK. 376 ; MUSÉE 247.)

Debita per Johannem Bovis:
Dominus Hugo Chace-porc, xx libras, vi sol. arreragio compoti.
Nanterius, vi sol. de arreragio compoti *(ligne effacée)*.
Dominus Eblo de Rupeforti, xxv libr.
De remanentia compoti J. Bovis, lxxvi sol. 1 den.
De domino Thobia Chabot, xv libr.
Summa : lxiii libr. xvi sol. 1 den.; de quibus debet reddere Petro Pavonis liii lib. xv sol. et xxx solidos pro pastillis, et domine, per manum magistri Johannis, viii libr. xi sol. 1 den.
Reginaldus de Rulli debet recipere de Gaufrido de Rupeforti xxv libr., de quibus habet litteras. De quibus debet reddere cuidam merchatori Hyspangnie pro cuniculis c sol., et domine xx libr. et hoc quod habebit de Ferrando de Pinu.
Senescallus debet nobis pro Guiardo, nepote nostro, viii libr. xvi sol., de quibus debentur Philippo Francisci c sol.; et domine reddentur lx sol. Item senescallus debet nobis pro domina comitissa vi^{xx} x libr., de quibus cadunt pro quodam racheto de Taln[eio] c sol., et viii libr. quas Philippus

Archer tradidit nobis. Restat cxvii libr., que soluti erunt domino comiti, pro arreragio nostro [1].

Incipiunt memorie mentis renovationes.

Dominus comes Pictavensis debet nobis pro feno Mosterolii, xvi libr., teste Johanne Prepositi.
Domina Comitissa Pict[avensis] debet nobis xxxvii lib. Solute sunt.

He sunt affirmationes prepositurarum et terrarum.

Thomas de Bosco et Johannes de Gualardon affirmaverunt terras que ibi inferius annotantur, scilicet : terram domini Iterii de Megnac, in honore Montis Maurilii; terram Ranulphi Rabaut de Fogerolles, terram Ranulphi Rabaut de Pairecac, Claris Rabaut, Guillelmi de Torcac, Guillelmi Barbe, Petri Barbe, Gaufridi Cogne, Andree de Bellopodio; item apud Sanctum Savinum, terram Bertrandi de Confluento, terram Airaudi de Sancto Savino, terram Hugonis Copefer, a festo Nativitatis beati Johannis Baptiste anno Domini M° cc° xL^{mo} tercio, usque ad tres annos continue subsequentes, pro ix centum libris currentis monete, scilicet quolibet anno iii^c libr. currentis monete solvendas per tres terminos, scilicet in festo omnium Sanctorum instanti proximo c libr., in sequenti Candelosa totidem, et in sequenti Ascensione Domini totidem. Et sic fiet paga aliis duobus annis subsequentibus, per terminos superius nominatos. Mercatum istud non possunt amitere sine incheramento xL libr. infra primam pagam facto. Et debent dicti Thomas et Johannes reddere feoda, helemosinas et dotes, et dona debita super dictas terras; molendina autem, terras,

---

1. Ce qui précède est écrit sur un feuillet de garde ; la véritable première page du manuscrit débute par ces mots : *Incipiunt memorie*, etc., et le commencement du texte est à la seconde : *He sunt*, etc.

vineas et tenamenta colere et reficere sufficientibus factionibus, et finito termino ea dimittere in bono statu. Guagia autem et emendas possunt levare usque ad LX sol. in locis predictis. De isto mercato tenetur Philippus l'Arquer, qui socius est istius mercati, et Thomas et Johannes, quilibet per totum.

Nanterius affirmavit preposituram de Niorto, pro sexdecim viginti libris currentis monete, a festo Nativitatis beati Johannis Baptiste anno Domini M° CC° XL^{mo} tercio usque ad annum, ad usus et consuetudines ab aliis preposituris in villa Niortensi actenus observatas, tali modo quod dictam preposituram non potest amittere sine incheramento XL libr. currentis monete, infra primam pagam, que erit in instanti festo omnium Sanctorum de primo tercio, in sequenti Candeloza de secundo tercio, in Ascensione Domini de ultimo tercio. Item affirmavit idem Nanterius Frontenetum cum pertinentiis, exceptis eschaementis Colons cum pertinentiis, cum dominicis comitis, excepta piscatura aque, et Praïtum cum pertinentiis, et salvis ibidem eschaementis, terris forefactis, et commestionem sancti Gelasii, pro IIII^c et XL libris currentis monete, tenenda a festo beati Johannis preterito anno Domini M° CC° XL^{mo} tercio usque ad annum. Et in predictis locis, potest levare gagia usque ad LX solidos. Et, si dominus comes voluerit facere molendina, aquatica vel a[d] ventum, vel reparare in predictis ea sicut propria infra predictum terminum, explectabit. Ita vero affirmavit istud quod non potest admitere *(sic pour amitere)* sine incheramento LX libr., unum per alterum facto, infra primam pagam; prima paga fiet in instanti festo omnium Sanctorum, secunda paga in sequenti Candelosa, tercia paga in Ascensione Domini. De duobus mercatis sunt plegii Ricardus Coqui, P. Guerins, Nanterius super hoc quod habet.

Adffirmata est prepositura Xanctonis Helie de Codes et G. Johannis, civibus Xanctonis, ab hac die dominica post festum apostolorum Petri et Pauli anno Domini M° CC° XL^{mo}

tercio usque ad duos annos continue subsequentes, pro precio iii^c et iiii^{xx} libr. currentis monete, et c solid. in quolibet anno; et debent pagare per tres terminos, scilicet ad hoc instans festum omnium Sanctorum vi^{xx} et viii libr. et vi sol. et viii denar., et ad sequentem Candelosam, totidem, et, ad consequentem Ascensionem Domini, totidem, et sic in anno subsequenti. Hanc vero adffirmavimus prepositurani Xanctonis eisdem cum pertinentiis ad justiciam, sicut ballivia durat tantummodo, omnia prata domini comitis sita prope Xanctonem, et omnes vineas, exceptis vineis Judeorum, ita quod dictas vineas colent et laborabunt de omnibus factionibus, sicut vinee debent fieri competenter; et capient merrenum ad dictas vineas faciendas, si opus est, in bosco de Lagort, more solito et sciente dicti bosci serviente. Item adffirmavimus eisdem vendam census, levagia et molendina tenenda et explectanda, bono statu, et quia molendina non sunt ad presens molencia et aptata, in optione domini comitis vel ballivi erit utrum tanto tenpore permittat tenere dictis prepositis post duas annatas, quanto cessaverint, a die qua affirmaverunt dictam prepositurani, usque quod dicta molendina fuerunt molencia, estimatis molendinis ad valorem vi^{xx} et x libr., computata mora aptacionis molendinorum, septimana pro septimana; de dicta quantitate vi^{xx} et x libr., debemus eisdem dimittere quantum cessacionis tempore capient memorate. Nec potest ibidem fieri incheramentum pro minori precio c libr. Debent etiam capere jura usque ad lx solidòs. Summa per duos annos: vii^c et lx et x libr. De hoc sunt plegii Johannes Worru, Thomas Coquus, Helias Cofrani, Gaufridus Gorjaut, Landricus, et supradicti Helias de Codes et G. Johannis.

Baillia Xanctonis sedet in talibus, scilicet in molendinis, in venda oboli, quod obolum consistit in hiis, videlicet in minuita cosduma ville, in stallagiis, in passagiis aque, excepta marcha, in minuitis censibus quorum vendicionis comitis fiunt (sic), in prato quod vocatur pratum Regis, circa x libr., et in partibus pratorum, in treillia juxta pressorium et pressorium. Item nemus de Lagort , et prohibiciones cuniculorum de Lagort. Item in baillivia Archeriorum circa IIII libr.; item explectis ville Xanctonis et circa, circa L libr.

Adfirmata est terra de Riberon, de Moretegne et Didonnais pro XL libr., currentis monete, Petro Joberti, reddendis in tribus terminis per annum, ita quod eam non potest amittere incheramento LX sol. Plegius magister Lanbertus de Ponte.

Adfirmata est terra de Ramegot prope Xanctonem Hamerico Latere, a festo beati Johannis Baptiste anno Domini M° CC° XL° tercio usque ad duos annos subsequentes, quolibet anno XXXIIII libr. currentis monete; summa, per duos annos, LX^a et octo libr., et gagia et emendas usque ad LX solidos. Nec poterit fieri incheramentum sine precio VI libr. infra primam pagam. Prima autem paga debet sic fieri, in instanti festo omnium Sanctorum de tercio primi anni, et in Candelosa de alio tercio, in Ascensione Domini subsequenti de tercio, et sic anno subsequenti. Plegii sunt pro dicto Hamerico Faber de Lavergue, Guillelmus Uller, pro predictis.

Adffirmata terra et prepositura de Taunaio in Vultonna Petro de Cruce, pro VI^{xx} libr. currentis monete, a festo beati Johannis Baptiste predicto anno Domini M° CC° XL^{mo} tercio usque ad annum, pagandis per tres terminos, scilicet in festo omnium Sanctorum instanti XL libr., in Candelosa sequenti totidem, et in sequenti Ascensione Domini totidem. Dictus autem Petrus de Cruce exitus et proventus dicte prepositure et terre explectabit prout melius poterit, ad usus et consuetudines, sicut alii prepositi dicte terre in antea explectarunt, et guagia usque ad LX solidos; nec potest ibidem fieri incheramentum pro minori precio XX libr., et eciam infra primam pagam, que superius est nominata. De hoc est plegius Bernardus de Ossilac.

Ballia de Taunai in Voltonne sedet in venda circa X libr., item in pedagiis circa X libr., in venda scannorum et aque C sol., in censibus ad Nathale Domini XX et VII sol., ad Pascha circa x sol., ad sanctum Johannem circa x sol., ad sanctum Petrum circa x sol., ad quindenam maii circa xxx et ix sol., et, nisi pagaverint illam quindenam de maio, debent reddere LX sol. super terragia et super partes terrarum circa xx sextaria bladi; de vino de complento circa VIII modios vini; item in fuernis circa VI libr.; in cosdumis avene circa xv rasas avene. Castellania durit *(sic)* ex parte Rupellè usque ad Sales, ex Rupeforti usque ad Balam, ex parte Taunai-Charante usque ad Velles, ex parte domini Gaufridi de Rantis usque ad Peirer de Born; in pratis circa IIII libr.

Item adffirmavit dictus Petrus de Cruce terram Guillelmi de Xanctone pro XIIII libris et terram Guidonis de Monte Alerii pro VI libris currentis monete, a festo beati Johannis Baptiste anno Domini M° CC° XL^{mo} tercio usque ad annum, solvendis tribus terminis, tercium in festo omnium Sanctorum, aliud tercium in Candelosa sequenti, ultimum tercium in Ascensione Domini, et debet dare plegios.

Item adffirmavimus Guillelmo Martini terram Heriberti de Forz, militis, apud Faiolle et apud Sanctum Johannem d'Angle, a festo beati Johannis Baptiste anno Domini M° CC° XL^{mo} tercio usque in duos annos continue subsequentes; et rivagium Sancti Johannis de Angelo, a nativitate beate Marie anno Domini M° CC° XL^{mo} tercio usque ad duos annos continue subsequentes, pro IIII^{xx} libris currentis monete, pagandis quolibet anno XL libr. per tres terminos divisos, scilicet in festo omnium Sanctorum primum tercium, in sequenti Candelosa secundum tercium, in Ascensione Domini ultimum tercium, et sic anno sequente; et guagia et emendas usque ad LX solidos, et incheramentum est de x libris infra primam pagam. Supradictum rivagium affirmatum est xx libr., nec potest incherari sine XL solidis. De istis supradictis sunt plegii pro dicto Guillelmo Johannes Sinonis, Petrus Gualteri de Sancto Johanne Angeli, pro xx libris.

Arnaudus de Brelio adffirmavit totam partem molendini, quam ibidem habebat Fulcaudus Richart, a festo beati Johannis

Baptiste anno Domini M° CC° XL^{mo} tercio usque ad duos annos continue subsequentes, pro ix libris reddendis quolibet anno per tres terminos iiii libr. et x solid., scilicet ad instans festum omnium Sanctorum tercium primum, ad consequentem Candelosam secundum tercium, ad Ascensionem Domini ultimum tercium. Incheramentum est de xl sol. infra primam pagam.

Item adffirmavit Guillelmus de Monteil terram Ramundi de Albigniaco pro xxx libris, et terram uxoris pro x libris, nec potest incherari pro minori precio c sol., et debet pagare per tres terminos, ad festum omnium Sanctorum, et ad Candelosam et ad Ascensionem Domini. Istud vero affirmavit ab hoc festo beati Johannis Baptiste anno Domini M° CC° XL^{mo} tercio, et debet dare plegium.

Item adffirmavimus Haymerico Peiloquin prepositurum Sancti Johannis Angeliaci a festo beati Laurencii anno domini M° CC° XL^{mo} tercio usque ad annum, pro vi^{xx} libris currentis monete.

Item adffirmavimus eidem terram de Cruce, a festo beati Johannis Baptiste anno domini M° CC° XL^{mo} tercio usque ad annum, pro ii^c x libris currentis monete, tali modo quod dictam prepositurum et terram de Cruce admitere (sic) non poterit sine incheramento xx libr. infra primam pagam facto; prima autem paga fiet in instanti festo omnium Sanctorum, de lx et x libris, et sequenti Candelosa de totidem, et in Ascensione Domini de totidem. Guagia autem prepositure et terre potest levare usque ad lx sol., et debet dare plegios.

Baillia sancti Johannis sita est in talibus, scilicet in censibus ville circa vii libr. et in pozantem aureum, in pratis circa xii^{cim} dietas falcariorum, in domibus Judeorum, scilicet locis communibus, circa vi libr., in forefactis circa lx sol.; in dominio Sancti Johannis ex parte ville de Tallebor usque ad Pontem Perrini, et ex parte Rupelle usque ad Cressat de Landes, ex parte Niorti usque ad Bloc et à la Pineler, ad Capellam et ad Antesanz.

Terra Crucis sedet in quodam molendino *(deux mots effacés)*, in costuma xiiii^{cim} sextar. avene et viii sextar. frumenti, in terragio circa xx. et vii. sextar., de redditu circa v^{que} modios vini de complento, in quodam prato circa v^{que} solid., in talleia ad Assumpcionem circa viii libr. Item in censibus alanna est iiii libr. et viii. sol., item in censibus foagio, ad Nathale, circa lx. et x sol., et l. et ii. sol. de bosco plano, et xl et ii capones, in furno circa vii. libr., in guarda circa xx et vii libr. cere, ad Pascha lx. sol. de pasqueria et expletis usque ad lx sol. et plus ad comitem. Valor istius terre : iiii^{xx} libr.

Sciendum est quod nos affirmavimus Johanni Pigneo, Richardo Coci, Guillelmo Capelli, burgensi Niorcii, preposituram Rupelle cum pertinenciis, a festo Assumpcionis quod est anno domini m°cc°xl^{mo} tercio usque ad duos continue subsequentes, pro tribus millibus et cc. libris currentis monete, tenendam et explectandam ad usus et consuetudines Rupelle ab aliis prepositis actenus observatas. Item adffirmavimus dictis burgensibus terram Alnisii, que vocatur magnum feodum et de Dampno Petro cum pertinentiis, scilicet bladis, pratis, redditibus, exitibus in forefactis usque ad lx solidos currentis monete, in vineia et in complento ejusdem territorii, explectandam et tenendam, sicut comes Marchiæ eam suo tempore explectabat, et sicut dominus comes Pictavis postea explectavit; ita tamen quod predictam dicti burgenses racionabiliter explectabunt a dicto termino usque ad duos continue subsequentes, pro duobus millibus et ccc. libris currentis monete; ita tamen quod unum mercatum sine altero non poterunt admittere *(sic)* sine incheramento centum libr. facto infra octabas omnium Sanctorum proxime instantes. Prima autem paga predicte summe debet fieri in proximo instanti Candelosa, de ix.$^{c.}$ et xvi. libris et xiii. solidis et iiii^{or} denariis, et in sequenti proximo Ascensione domini, de totidem, et in sequenti proximo Assumpcione beate Marie, de totidem; et sic fiet anno alio sequenti per tres terminos superius nominatos. — Hec autem affirmata sunt ita quod domino comiti racheta alte justicie *(deux mots effacés)* x sol. supradictos, et magne escheencie, justicia feodorum et ecclesiarum, terre forefacte et resorcium reservabuntur. Ita adffirmantur supradicta quod, si mercatum non placet domino comiti, potest infra nativitatem beate Marie proxime instantem revocari; quod si domino comiti placet, stat mercatum stabile supradictis.

Guillelmus Sallevert affirmavit terram de Cherveox, scilicet terram quam tenet dominus comes Pictavis de dominica in castellania de Cheveras pro precio centum libr. currentis monete, salvo jure dominii de Niorto et alibi, nec potest ibi fieri incheramentum pro minori precio x. libr. infra primam pagam, que facta erit infra instans festum omnium Sanctorum; et debet ibidem habere jura usque ad LX sol.; et est adffirmata ab hoc festo nativitatis beati Johannis Baptiste usque ad sequens annum, et debet fieri paga per tres terminos, scilicet ad hoc festum omnium Sanctorum, XXX. et IIII. libr. et VI. sol. et VIII. den., in sequenti Candelosa totidem, et in Ascensione Domini totidem, et debet tenere terram predictam in eodem statu in quo est; et dedit plegium Johannem Bovis pro XL. libris.

Aymericus Tebaudi adffirmavit terram suam circa Frontenetum ab festo beati Johannis Baptiste anno Domini M°.CC°.XL^{mo} tercio usque ad annum pro XVI. libr. currentis monete, persolvendis in tribus terminis, scilicet in festo omnium Sanctorum et in Candelosa, et in Ascensione Domini. Item affirmavit domum suam, que est apud Surgeres, XX. solid. Plegius est P. Maillo.

Adffirmate sunt terre forefacte de Sancto Gelasio, scilicet terra Hugonis de Sancto Gelasio, terra Guillelmi de Sancto Gelasio, terra Hugonis Chace-porc, terra Guillelmi de Charai, terra P. de Carai, Guillelmo de Salevert, a festo beati Michaelis anno domini M°.CC°.XL^{mo} tercio usque ad duos annos continue subsequentes, pro VII.^{xx} et x. libr. currentis monete, reddendis quolibet anno per tres terminos, scilicet in Candelosa, in Ascensione Domini et in festo beati Michaelis, scilicet quolibet termino xx. v^{que} libr., nec istud mercatum potest admittere pro minori precio incheramenti x. libr. facti infra octabas omnium Sanctorum. Plegii sunt : Johannes Bovis et Nanterius pro Guillelmo Salevert, et Richardus Coqui pro Nicholao Ben-nos-vegne, socio dicti Guillelmi in ista affirmacione.

Affirmata est terra Hugonis de Princai et P. Boce, Hueto de Funcunbaut a festo beati Johannis preterito anno Domini M°CC°XL^{mo} tercio usque ad annum, pro vi.^{xx} libris currentis monete, pagandis per tres terminos, scilicet in festo omnium Sanctorum, in Candelosa et in Ascensione Domini, quelibet paga xl. libr. ; per incheramentum infra primam pagam (*sic*). Debet de hoc dare plegium.

Adffirmata est terra Hugonis de Rupe apud Mallemonde, Johanni Bovis et Sallevert et Nicholao Ben-nos-vegne pro xl et ii libris et x solidis, a festo beati Michaelis anno Domini M° CC° XL^{mo} tercio usque ad duos annos continue subsequentes, tali modo quod ipsi dotes et helemosinas solvent, ubi debentur, nec potest incherari pro minori precio c solid. infra primam pagam ; et terras et vineas et res alias in bono statu debent tenere et colere, prout fuerint excolanda ; quilibet eorum plegius pro altero pro toto ; et terras debent reddere in eo statu in quo eas invenerunt.

Tale est forum Herberti Berlandi et Haymerici Samet, ix^{xx} arpenta nemorum ; arpentum venditum est lx et x sol. currentis monete, videlicet dicta ix^{xx} arpenta, vi^c et xxx libr. pagaturas tribus vicibus per annum a festo beati Johannis preterito, anno domini M° CC° XL^{mo} tercio, usque tres annos continue subsequentes. Prepositura de Montereo, sicut castellina durat, et debent capere jura usque ad lx sol., salvis eventibus que debent domino comiti evenire, ix^c et xxx libr. usque ad tres annos, prout superius est expressum, pagaturis tribus vicibus per annum. Plegii pro prepositura et bosco :

P. de Caritis, Hilarius Fulcherius, P. de Caritis junior, P. de Chaucereie, P. Guarnerius, Giraudus Laguiller, Bartholomeus Laguiller. Plegii pro securitate castelli ; Johannes de Gualardone junior, Herbertus Samet, P. Lemin, Hugo Lemin, P. de Hautefort, Guillelmus Morail ; de istis duobus foris, nec potest incherari pro minori precio de cc libris, adhuc debent dare alios plegios.

Venduntur Johanni de Galardon et Philippo l'Arquier nemora (buissones *écrit au-dessus dans l'interligne*) Clar[embaldi] Rabaut et Renaldi Rabaut de Fagerabes, tuscha Gaufridi Cogne, sitas (*sic*) ultra la Chavane, tuscha de Bagne-chien, buisonem bosci Manase situm juxta Gastines, tuscha de bosco Mordeti (?), tuscha Radulphi de Tilia, tuscha rotonda, que fuit Hugonis Anche, et buissonem Guillelmi de Spineto apud Croteles, pro L libris turon., a festo omnium Sanctorum anno M° CC° XL° III° usque ad sex annos, pagandis quolibet anno IIII libr. III sol. IIII den. turon.

Boscus mortuus, in foresta de Mosterolio, venditus Gaio de Lanacan xx libr. pagandis quatuor terminis.

Thomas de Bosco habet le boissum (*sic*) de Lalo et illud de Ponte Herlent pro precio XL libr. usque ad tres annos ad duas pagas, scilicet ad festum omnium Sanctorum et ad festum Ascensionis Domini, et pro x libris incheramenti infra primam pagam. Plegii sunt Johannes de Gualardon (*sic*).

Tenetur P. Garneri pro Hilario Foucher de XXIII arpentis nemoris in foresta Mollerie, que idem Hilarius ultimo cepit.

P. Grollea pro cineriis in bosco sancti Hilarii et beate Radegundis xxx libr. ad tres annos, quolibet anno, x libr., ad duas pagas, scilicet ad festum omnium Sanctorum et ad Ascensionem Domini. Plegius est Thomas Grolleau.

Plegius pro Nicholao Loganter, Philippus Arquier (*mot effacé*) et pro se, et de VIII^{xx} et xv libris. Plegius pro Johanne Negrer F. de Chin[iaco], pro IIII^{xx} et VII libris et x sol. Plegius pro Johanne de Gualardon, Aimericus Marini pro IIII^{xx} et VII libr. et x sol.

Benaon. Petrus Bruni et ejus socius emerunt boscum de Benaon, scilicet c arpenta pro v^c libris ad IIII^{or} annos de deliberacione, a Candelosa ventura anno Domini M° CC° XL^{mo} tercio usque ad IIII^{or} annos supradictos continue subsequentes, pagaturis duabus vicibus per annum; prima paga de VI^{xx} libris et c sol.; secunda paga, de Candelosa, LXII libr. et x sol.; ultima paga ad Ascensionem Domini, de LXII libr. et x sol., que prima paga facta fuit per manum domini Hard[uini] de Maillec in festo Ascensionis domini preterito.

Nemora de Ulbera Johanni Bovis. Boscus Ferrandi venditur Johanni Bovis, excepto tanno, pro xxx libris, tenendus a Pasca, que erit anno domini M° CC° XL^{mo} tercio usque ad annum, pagandis ad Ascensionem Domini que erit anno domini M° CC° XL^{mo} quarto, xv libr., et in festo omnium Sanctorum xv libr. Et debet deliberari infra Pascha que erit anno domini M° CC° XL^{mo} quinto; nec potest incherari pro minori precio c sol. infra primam pagam.

Item venditur Johanni Bovis boscus domini Hugonis Chace-porc de Letuil pro x libr. a Pascha anno domini M° CC° XL^{mo} quarto usque ad annum deliberandum; et debet facere primam pagam in Ascensione Domini, que erit anno domini M° CC° XL^{mo} quarto c sol. et in sequenti festo omnium Sanctorum c sol., nec potest incherari pro minori precio XL sol. infra primam pagam.

Item venditur Hugoni de Boissi boscus de Boissi xv libr. a dicto Pascha usque ad annum, et debet deliberari infra annum, et debet facere pagam [ad] terminos supradictos, nec potest incherari pro minori precio XL sol. infra primam pagam.

Item venditur supradicto Johanni Bovis tuscha Sallaiorum, que est juxta domum Haimerici Guaiffart pro c solidis turon. a dicto Pascha in annum, et debet deliberari infra annum, et debet facere pagas per terminos supradictos, nec potest incherari pro minori precio xx sol. infra primam pagam.

Item venditur dicto Johanni boscus de Mailli, qui fuit Radulphi Bigot, pro iiii^{or} libris reddendis per terminos supradictos, et tenendus a dicto Pascha in annum, et debet deliberari infra dictum annum, nec potest incherari pro minori [precio] xx sol. infra primam pagam.

Adffirmata est prepositura Benaonis et Corceonis cum pertinentiis *(deux mots effacés)* istarum castellarum Guillelmo Barthomeau, a festo beati Johannis Baptiste anno Domini m° cc° xl^{mo} tercio usque ad annum, pro xi^{xx} et x libris curentis monete, exceptis x libris de Anais, nec potest amittere istam adffirmationem sine incheramento xx libr. infra primam pagam, que debet esse in instanti festo omnium Sanctorum, de tercio, in sequenti Candelosa de secundo tercio, et in sequenti Ascensione tercia paga; et potest levare guagia et emendas usque ad lx sol. Adffirmate sunt iste terre, salvis ibidem eschaementis, ita quod si aliqua eschaementa evenerint infra dictum terminum, debent esse domino comiti. Inde sunt plegii pro dicto, G. Bretonis, Helias de Valle Monerii.

Redditus de Benaone sedet in taillibus, in blado, de Palleon in furno et in censu ejusdem ville. Item apud Benaonem, census et taillia et furnum, molendinum et terre arabiles circa xl. dietas. — Item apud Riolt (?) et Blameré (?), in villa Riolt, x, libr. de tallia et census et ferrucagium et vindemia. — Item apud Corceonem in tallia et questa, xxix libr. tam apud Corceonem quam apud villas pertinentes ad Corceonem. — Item viii sexteria frumenti in villa Corceonis. — Item in compleñtis, tam apud Corceonem quam apud Lalegne, circa x. modios vini; item xi. sol. commandisie, in Reorzia et Taugont.

Adffirmata est prepositura Pictavis P. Pavonis de festo sancti Michaelis nuper preterito, anno Domini m°cc°.xl^{mo} tercio usque ad annum Petro Pavonis (*sic*), pro iii.^{c} libris currentis monete, nec potest incherari pro minori precio quinquaginta libr. Debet autem fieri prima paga ad Candelozam c. libr., ad Ascensionem Domini c. libr., et ad festum sancti Michaelis, c. libr.

Alfonsus, filius Regis Francie, comes Pictavis, universis presentes litteras inspecturis, salutem. Noveritis quod nos vendidimus Philippo dicto Arquier, civi nostro Pictavensi, quinquaginta unum arpenta nemoris de Quercu Abbatis, et septem vingenti *(sic)* unum arpenta et dimidium justa Suillenvillam, et septuaginta tria arpenta et dimidium de partuso prati foreste Mollerie, et tringinta quatuor arpenta tenencia veteribus vendis, sicut mensurata sunt et signata, pro octongenta *(sic)* libris et pro duobus incheramentis ducentarum librarum. Summa : mille libr. reddende nobis ad tres annos et ad duas pagas per annum, videlicet ad instantem Ascensionem Domini, centum sexaginta sex lib. xiii. sol. et iiii. den., et ad festum omnium Sanctorum subsequens, totidem, et sic duobus sequentibus annis, donec totum debitum nobis fuerit persolutum; nec potest incherari nisi infra primam pagam nec pro minori precio c. libr., de quibus predictus Philippus habebit quartam partem in primis duabus pagis, si factum fuerit incheramentum. Evacuatio autem dictorum arpentorum nemoris supradicti debet fieri a festo omnium Sanctorum nuper preterito infra tres annos. — Actum Parisius, anno domini m°cc°.xl^{mo} secundo, mense novembris. — Item de augmento in dicta venda ad tres annos, c. libr.

Adfirmata est terra comitis Marchie apud Pictavim Hugoni..... [1] usque ad unum annum, a festo omnium Sanctorum usque ad unum annum..... turon. reddendis per duos terminos, scilicet in Ascensione Domini med[ietatem et in]

---

1. La bordure de la page est rongée.

sequenti festo omnium Sanctorum aliam medietatem. Plegii pro ipso..... de Galardon et Philippus l'Archier.

Adfirmata est terra de la Guierce Guillelmo La Guice, a Nativitate Domini..... pro c. sol. turon. reddendis in festo omnium Sanctorum. Plegii : Gaufridus La Guice...., P. de Juzé de Parzai.

[*Le bas du f° 13 r°, le 13 v°, le 14 r° et partie du 14 v° sont en blanc.*

———

Testes presentes cum dominus Eblo de Rupeforti fecit sacramentum : Adam Parietis, Simon Parvus castellanus Pictavis, Petrus de Caritate major, Philippus l'Arquier, Charrolus de Rochaforti miles, Guillelmus Arminno miles, Guillelmus Grossun, Chenellus, magister Johannes clericus; et hoc juravit, istis presentibus, domum de Tor tradere domino Regi ut ab ipso fuerit requisitus, salvo jure episcopi Engolismensis et suo et heredum, de quibus domus movet, et similiter juravit dictam domum domino comiti, salvo jure domini Regis.

Plegii sunt isti pro domino Eblone de Rupeforti pro redemptione domus sue de Tor :

Comes Augi tenetur pro II^{c.} libris, scilicet in Candelosa proxima, de L. libris turon., in sequenti Ascensione, de L. libris turon., in sequenti festo omnium Sanctorum de c. libr. turon. et tenetur per litteras patentes quas habemus.

Gaufridus de Lenz tenetur, per litteras patentes quas habemus, in ducentis libris turon., scilicet in Candelosa c. libr., in sequenti festo omnium Sanctorum, in c. libr. turon.

P. Becheret, miles, tenetur, per patentes litteras quas habemus, pro c. libris, scilicet in proxima Candelosa, L. libr. turon., in sequenti Ascensione de L libr. turon.

Domina de Surgeris tenetur, per patentes litteras quas habemus, in c libris, scilicet in Candelosa, L libr., et in Ascensione, de L libr. turon.

Gaug. de Talneio tenetur, per patentes litteras quas habemus, in L. libr. turon., in Candelosa.

Galterus de Alemania tenetur, per patentes litteras quas habemus, pro LX libris, scilicet in Ascensione XXX libr. et in festo omnium [Sanctorum] de XXX libris turon.

Hugo de Bauceio, miles, tenetur, per litteras quas habemus, pro L libris, in termino Ascensionis.

Comes Marchie tenetur in II^c L libris.

Alo de Brisai tenetur in L libr.

P. Bertin tenetur L libr.

Plegii domini Guidonis Senescalli :

Comes Marchie tenetur pro c libris per litteras, qui soluti (*sic*) sunt in termino Candelose.

Guillelmus de Lazaio, pro c libris per litteras, qui soluti sunt in termino Ascensionis.

Eblo de Rupeforti, pro c libris, per litteras, in termino omnium Sanctorum venturo.

Dominus Gaufridus de Megnac pro L libris, in termino Candelose venturo.

Raginaldus de Perata pro L libris, in termino Ascensionis venturo; non habemus litteras.

Hugo Peverel, L libr. in termino Ascensionis venturo; non habemus litteras.

Plegii domini P. Charment de ipso habendo juri parituri in curia domini comitis :

Gaufridus de Ranc[one] tenetur pro L libris per litteras; Helias Roil L libr. per litteras; Dominus P. Bechet pro L libris per litteras, quas habemus.

Debet Thomas Chabot domino Regi pro redempcione prisionum de Vilariis, LVII libr. x sol.; Gerardus Chabot totidem ; Karolus de Rupeforti totidem ; P. Bertini totidem.

Plegii pro racheto terre Radulphi de Malleone :

Dominus Gaufridus de Lezegniaco, dominus Volventi, pro M libris solvendis in termino omnium Sanctorum anni M^i cc^i XL^i sexti, per litteras. Dominus Mauricius de Bella-villa pro mille libris solvendis in termino Candelose anni millesimi ducentesimi XL^i sexti, per litteras. Dominus Reginaldus de Sancta Flavia, pro II^c et L libris solvendis in Ascensione domini anni M^i cc^i XL^i septimi, per litteras. Dominus Petrus Bechet de IIII^c libris in eodem termino, per litteras. Dominus P. Bertin, de c libris solvendis in eodem termino, per litteras. — Dominus Guillelmus Vigerius, de c. libris solvendis in eodem termino, per litteras. — Dominus Galterus de Alemania pro c. libris, et debet dare litteras.

Summa plegiorum per litteras : II.^{m}IX^c·I. libr. Sunt littere predictorum plegiorum in manu R. de Rull[iaco].

— Hii sunt plegii pro Radulpho de Malleone :

Dominus Galterus de Alemannia, pro c. libris, et debet dare litteras. — Dominus Hugo Maubert, pro c. libris. — Hugo de Podio, valletus, pro c. libr. — Dominus Guillelmus Maubert, pro L. libris. — Dominus Theobaldus de Branda, pro L. libris. — Robertus Torreiliz, valletus, pro L. libris. — Aymericus Joçaumes, valletus, pro L. libris. — Gaufridus Arbaut, valletus, pro L. libris. — Gaufridus Polein, valletus, pro c. libris, testibus Reginaldo de Rull[iaco], P. Guerin et magistro Gerardo Ven... — Dominus Hugo de Bosco, pro c. libris. — Ysoretus, pro c. libris. — Guillelmus Rabaut, pro L. libris. — Stephanus Gorandeu, pro L. libris. — Jacobus de Alnisio, pro c. libris. — Gerardus de Marencenes, pro L. libris. — Petrus Boivin et Raginaldus Topinau, pro L. libris.

Summa, sine litteris : IX.^{c} L. libr.

— Hii sunt plegii pro racheto terre Johannis de Castro-Ayraldi, pro xii^{c.} libris solvendis per terminos inferius annotatos, videlicet in festo omnium Sanctorum, quod erit anno Domini m° cc° xl^{mo} vi°, iiii^{c.} libr., et in sequenti proximo Candelosa, ii^c libr., et in proximo Ascensione Domini sequenti ii^c libr. et in sequenti festo omnium Sanctorum, anno revoluto, ii^{c.} libr., et in subsequenti Candelosa ii^c libr.:

Dominus Jocelinus de Lazaio plegius, pro c. libris solvendis in proximo festo omnium Sanctorum, et pro c. libris solvendis in sequenti Candelosa.

Reginaldus Barbe, miles, pro ii.^{c.} libris solvendis per dictos terminos.

Longus Oger miles, pro c. libris solvendis ad festum omnium Sanctorum et ad sequentem Ascensionem.

Guillelmus de Chatel-Amant, pro c. libris, ad eosdem terminos quod dictus Longus Oger.

Guillelmus de Columbers pro c. libris, ad eosdem terminos.

Guillelmus dou Rivau, pro c. libris, ad Ascensionem et festum omnium Sanctorum.

Guillelmus de Targé, pro l. libris ad eosdem terminos.

Petrus de Fraxinau, pro l. libris ad eumdem terminum.

Aymericus de Tusca, miles, pro l. libris, ad Candelosam, que erit anno domini m°cc°xl°vii°.

Judei de comitatu Pictavensi finaverunt cum domino comite, per dominum thesaurarium et per dominum J. de Insula ad ii^{m.} v^{c.} libr. ad tres annos, si placet domino comiti.

— Ordinatum fuit de negocio domini Petri de Voluire quod idem Petrus finavit cum domino comite Pictavensi de racheto Maranti et pertinenciarum, et Mausiaci et pertinenciarum ad mille libr. monete currentis; et de Bordeto et pertinenciis finavit idem Petrus cum eodem comite de racheto a l. libr.

— De ii^{m.} iiii^{c.} libris que debebantur domino comiti, de tempore defuncti Guillelmi de Mausiaco, de dote uxoris domini G. de Ponte, taliter est ordinatum quod de dictis denariis solvit dictus Petrus de Voluire ix^{c.} et l. libr. per terminos inferius annotatos. De predictis II^m libris que debentur domino comiti, tam de racheto quam debito, debent page fieri sicut sequitur : prima pagua debet fieri in festo omnium Sanctorum anno M°CC°XL°VI°, v.^{c} libr., in sequenti proximo Candelosa, v^c· libr., in sequenti Ascensione, v.^{c} libr., in sequenti festo omnium Sanctorum v.^{c} libr. Et de istis denariis statutis terminis solvendis, sunt plegii : — Dominus Beraldus de Nualli, pro c. libris ; — dominus Mangotus de Metulo, pro c. libris ; — dominus Oliverius d'Autaon, pro L. libris ; — dominus Guillelmus Raymondus, pro L. libris. — dominus Guillelmus Rufus, pro L. libris ; — dominus Geraudus Reinau, pro L. libris ; — dominus Guillelmus Barrabin,. pro L. libris ; — dominus Salvaricus de Sancto Michaele Clauso, pro L. libris ; — dominus Gerbert Vender, pro L. libris ; — dominus Guido de Lavau, pro L. libris ; — dominus Gerbertus de Granchiis, pro L. libris ; — dominus Guillelmus Lo Vaer, pro c. libris ; — dominus Radulphus de Malleone, pro c. libris ; — dominus Guillelmus Johannis, pro L. libris ; — dominus Alardus de Chore, pro L. libris ; — dominus Chabot de Insula Régali, pro L. libris ; — Petrus Aces de Mausi, pro L. libris ; — dominus Guillelmus Aubert, pro L. libris ; — dominus Hugo de Lagnia. pro L. libris ; — Hugo Brun, valletus, pro L. libris ; — dominus Guillelmus Desiderati, pro L. libris ; — dominus de Maubec, pro L. libris.

Plegii sunt pro domino Mauricio de Bella-villa, pro racheto et emendis et arreragiis, in quibus idem Mauricius tenetur domino comiti Pictavensi : — dominus Gaufridus de Talneio, pro II.^{c} L. libris turon. per litteras ; — dominus Theobaldus Chabot, pro II.^{c} L. libris turon. per litteras ; — Radulphus de Malleone, pro II.^{c} L. libris turon. per litteras ; — dominus Gaufridus de Lezegniaco, dominus Volventi, pro. II.^{c}· L. libris per litteras ; — Petrus Giraudi, miles, pro II^c· L. libris, et debet dare litteras ; — Petrus de Luçone, miles, pro II^c· L. libris, et debet dare litteras. Et debet dare predictus Mauricius adhuc plegios de v^c· libris turon.

Debet predictus Mauricius solvere predictas duo mille libras per tales terminos, videlicet in proxima Candelosa mille libras, et in sequenti Ascensione v.ᶜ libras, et in sequenti festo omnium Sanctorum, v.ᶜ libras. Actum anno Mᵒccᵒxlᵒ, vιᵒ, mense novembris.

Comitissa Auger[ii] finavit de racheto balli[vie] terre defuncti comitis Auger[ii] ad ιι.ᵐ libras turonensium, solvendas per tales terminos, videlicet... *(inachevé).*

Dominus Karolus de Ruperforti debet de finatione terre de Villers ιιι.ᶜ libras turon. solvendas, in Ascensione Domini anno Mᵒ.ccᵒ.xlᵒ.vιιᵒ c. libras, et in festo omnium Sanctorum proximo sequenti c. libras, et in sequenti Candelosa c. libras et in sequenti Ascensione Domini, c. libras; et sunt plegii : Hugo Bruni, comes Engolisme, de l. libris, Guido de Lezegniaco, filius comitis Marchie, de l. libris, Gaufridus de Lezegniaco, dominus Volventi, de lv. libris.

Helias Gerberti, miles, debet de finatione terre sue de Alnisio vι.ᶜ libras solvendas, in Ascensione domini anno Mᵒccᵒxlᵒvιιᵒ, cl. libras, et in sequenti festo omnium Sanctorum, cl. libras, et in sequenti Candelosa c. et l. libras, et in sequenti Ascensione domini cl. libras; et ordinatum est per finacionem istam quod terra cum feodis quos habebat Hemericus de Bernezai apud Vivonam eidem Helie deliberabitur, et terra similiter Gaufridi, filii comitis, apud Chevets deliberabitur; et debet dare plegios predictus Helias.

— Plegii pro domino Hamenone de Rocha :
Dominus Aymericus de Bello Monte, pro xxv. libris.
Dominus Guido de Rocha, pro xxv. libris.
Aymericus de Bornays, pro xxv. libris.
Raginaldus de Naintré, pro xxv. libris.
Guillelmus Clareti, pro xxv. libris.
Guillelmus de Alemannia, valletus, pro xxv. libris.
    Summa cl. libr.

— Hii sunt plegii pro deliberatione terre de Vivona :
Dominus Hugo Chace-porc pro deliberatione terre de Vi-

vona, m. et v.ᶜ· libr. turon. solvendas per tales terminos, videlicet in nativitate beati Johannis Baptiste, que erit anno domini mºccº.xlº.viiº, v.ᶜ· libr. et in subsequenti festo omnium Sanctorum, v.ᶜ· libr., et in subsequenti Candelosa vᶜ· libr.

Dominus Hugo Chace-porc tenetur pro iiiᶜ libris per litteras ; — comes Engolisme pro iiᶜ libris per litteras ; — Gaufridus de Lezegniaco, filius comitis Marchie, pro iiᶜ libris per litteras ; — Guillelmus de Valencia, filius comitis Marchie, pro c. libris per litteras ; — Guillelmus de Curseio, miles, pro l. libris, per litteras ; — dominus Guillelmus de Araaone, pro c libris per litteras ; — dominus Helias de Lavergnia, pro iiᶜ libris per litteras ; — dominus Guillelmus Chenin, pro iiᶜ libris per litteras ; — Guillelmus Gorjaudi, miles, pro l libris per litteras ; — dominus Joscelinus de Lazaio, pro c libris per litteras [1].

— Tempore domini comitis Pictavensis Henrici, qui fuit rex Anglie, quittavit pater comitis Audomaris Engolismensis, in aula Pictavensi, Bardon, dominum Coignyaci, de homagio quod petebat ab ipso de Coygnyaco, et eo presente et concedente, fecit homagium dominus Coygnyaci domino comiti Pictavensi, de Cognyaco et pertinentiis ; et credo quod adhuc vivunt multi qui hoc viderunt. Filius dicti domini Cognyaci fecit similiter homagium comiti Richardo Pictavensi, de Coygnyaco et pertinentiis ; quo domino Cognyaci mortuo, dedit rex Richardus comes Pictavensis dominam Amellyam unicam heredem Coygnyaci, quam habebat in ballo, ratione comitatus Pictavensis, in uxorem cuidam filio suo notho, scilicet Philippo de Coygnyaco ; qua defuncta sine liberis, tenuit dictus comes Richardus dictum castrum et eum tradidit Roberto de Torniant, senescallo suo Pictavensi. Rege Richardo mortuo, tenebat dictus R. de Tornoiant dictum castrum, tamquam pro-

---

1. Après ces mots viennent dans le manuscrit trois pages et demie non écrites qui terminent le cahier.

prium comitis Pictavensis, pro rege Johanne, et magnis guerris emergentibus postea, quia dictus rex Johannes duxerat in uxorem istam reginam, filiam comitis Engolismensis, quam abstulerat comiti Marchie, patri istius comitis. Cum dictus Robertus de Torniant non bene posset defendere terram Pictavensem pro domino suo, qui erat in guerra Normannie contra regem Philippum, dictus R. de Torniant ista Renaudo de Ponte et Poncyo de Mirebellis, fratri suo, castrum Cognyaci cum pertinentiis tradidit custodiendum et defendendum contra comitem Marchie, patrem istius, qui occupaverat undique totam terram et guerrabat Coygnyacum, ratione uxoris sue sibi ablate. — Dictus Renaudus de Ponte et frater suus postea per longum tempus tenuerunt castrum, dicentes esse suum ratione consanguinitatis dicte Amellye, et non attingebant ei in aliquo gradu consanguinitatis usque ad decimum. — Bos de Mastacio postea furtim abstulit dictum castrum, cum auxilio comitis Aug[erii], patris istius, et cum consensu aliquorum dicti castri, Renaudo de Ponte et fratri suo. Quod castrum, peccunia mediante, habuit pro rege Johanne, tamquam proprium domini comitis Pictavensis, Imbertus de Burgo, senescallus in Pictavi, et tenuit per longum tempus. — Postea dictus rex Johannes tradidit eum Bartholonmeo de Podio, senescallo terre uxoris, scilicet Engolismensis ; qui Bartholomeus appropriavit Cognyacum quia esset de ballivia et comitatu Engol[ismensibus]. — Rege Johanne mortuo, recedens uxor sua de Anglia venit Burdegalas, et dictus Bartholomeus de Podio tradidit ei Coygnyacum et comitatum suum, hominibus ville hec volentibus ut eos defenderet de Regnaudo de Ponte et fratre suo, qui eos impugnabant, volentes habere dominium dicti castri, et credebant homines Coygnyaci illam conservare dictum castrum ad opus istius regis Anglie, filii sui, ratione comitatus Pictavensis. Quod castrum illa sibi aproprians et dicens illud esse de comitatu Engolismensi, quod omnes de terra illa contradicunt, tradidit isti comiti Marchie, marito suo, qui illud postea tenuit et adhuc tenet.

Hugo de Montibus miles, Ayemericus de Ruppe, dominus de Blanzac, Drogo de Monte Angerii, P. Brunet[i], senior de Gernac.

Compotus Ade Panetarii factus cum domino rege, anno Domini M°CC°XL° tercio in festo omnium Sanctorum, ipso Ade existente ballivo Pictavensi.

Pictavis, — xxii. sol. viii den. turon. per diem.

Sanctus Maxentius, — xix. sol. et vii. den. turon. per diem.

Niortium, — xlvii. sol. et ii. den. turon. per diem.

Banaum, — xx. sol. et x. den. turon. per diem.

Ruppella, — lxxi. sol. et x den. turon. per diem.

Sancti Johannis Angeliacensis, — x. sol. v den. turon. per diem.

Summa dictarum garnisionum; ix. libras et xii. sol. ii. den. turon. per diem, ab octava Candelose usque ad festum Sancti Johannis Baptiste, de vi^{xx} et xv. diebus : xii^c iiii^{xx} xix. lib. vi. sol. vi den. turon.

— Item pro robis servientum dictorum guarnisionum :

Robe apud Pictavim, — Symon Parvus, Pouzole;

Item apud Niortum, — Barnardus Servent, Pardus Robertus, Daniens;

Apud Bana[o]n, — Flori de Suile et Guido de Hyspania;

Apud Ruppellam, — Martinus Enfor, Gaufridus Coraut, Alexander, Radulphus de Aneto;

Apud Sanctum Johannem Angeliacensem, — Radulphus de Liveron :

Summa predictorum xii servientum, pro robis estivalibus, xxx et vii. libras, x. sol. turon.

Summa prima : xiii^c xxxvi. lib. xvii. sol. vi den. turon.

— Garnisiones castri Xanctonis, iv. lib. xviii. sol. viii den. turon. per diem;

Guarnisiones ponti Xanctonis, xvi. sol. iii. den. turon. per diem ;

Garnisiones Merpins, xxx. sol. ii. den. turon. per diem;

Guarnisiones de Torz, xix. sol. vii. den. turon. per diem;

Guarnisiones Castri-Achardi, xv. sol. v. den. turon. per diem;

Guarnisiones de Surgeris, ix. sol. v. den. turon. per diem.

Summa dictarum guarnisionum : x. libr. vi. den. turon. per diem, ab octava Candelose usque ad festum Sancti Johannis Baptiste, de vi^{xx} xv. diebus : xiii.$^{c.}$ liii. lib. vii. sol. vi. den. turon.

— Item, pro robis servientum dictarum guarnisionum.

Apud Castrum-Achardi, Guillelmus de Suyrie.

Apud pontem Xanctonis, Emjorrandus de Antoilio.

Apud Surgeras, Rodrigues et Helyas de Navarre.

Apud Torz, Mallardus.

Summa robarum estivalium v^{que} istorum servientum : xv. lib. xii. sol. vi. den. turon.

Summa secunda istarum guarnisionum : mille iii^c lx. et ix libr.

Item guarnisio Rupefortis, xiii. sol. ii. den. turon. per diem, a die veneris benedicti usque ad festum Sancti Johannis Baptiste, de lxxv. diebus, xlix. libr. vii. sol. vi. den. turon.

Item Giraudus Eberti, pro duobus pagis, iii. sol. turon. per diem, a die Sabbati post festum beati Mathei usque ad octabas Candelose, de vi.^{xx} xv. diebus, et ab octabis Candelose usque ad festum nativitatis Sancti Johannis, de xiii.^{xx} x. diebus, usque ad diem beati Johannis Baptiste, xl libr. x. sol. turon.

Reginaldus de Rulliaco, pro expensa sua, iii. sol. per diem, de iiii^{xx} et x. diebus, xiii. libr. x sol. turon.

Item magister Bartholomeus apud Xanctonem, pro arreragio suo, xv. den. per diem, a quindena Pasche usque ad festum Sancti Johannis Baptiste, de lix. diebus et pro roba sua estivali, vi libr. xvi. sol. iii denar. turon.

Item arreragia magistri Lamberti pro debitis solvendis in Ruppella servientium, qui fuerunt in castro de Ruppella, in augmentum quod debebatur eisdem in compoto magistri Landrici, c. libr. iii. sol. Omnes, soluti per Rog[erum] de Rulli et castellanum de Rupella. — Item pro uno attiliatore et uno carpentario in guarnisione Pictavis non computatis,

viii. libr. xvi. sol. turon. — Item apud Sanctum Maxentium, pro uno carpentario, iiii^{or} libr. viii. sol. turon.— Item apud Baanon pro uno carpentario, iiii^{or} libr. vi. sol. turon. — Item apud Sanctum Johannem Angeliacensem, pro uno carpentario, iiii. libr. — Item pro duobus servientibus pedibus apud Surgeras par[um] computatis, vi. libras xiii. sol. iiii den. Item pro uno carpentario ibidem, c. sol. turon.

Summa arreragiorum magistri Landrici : vi^{xx} xiiii. libr. iiii. den. turon.

Summa totalis debiti de duabus summis predictis : ii$^{M.}$ ix$^{c.}$ xlix libr. xix. den. turon.

Compotus in festo omnium Sanctorum.

Castrum Xanctonis, iiii^{or} libr. xix. sol. xi den. turon. per diem.

Garnisiones pontis Xanctonis, xiii sol. ix. den. turon. per diem.

Merpisium, xxx. sol. ii. den. turon. per diem.

Torz, xix. sol. vii. den. turon. per diem.

Castrum-Achardi, xv. sol. vi. den. turon. per diem.

Summa dictarum garnisionum per diem, viii. libr. xviii. sol. x. den. turon., a die festi Nativitatis beati Johannis Baptiste usque ad octabas omnium Sanctorum, de vi$^{xx.}$ et xvii. diebus : xii$^{c.}$ xxv. libr. et ii. den. turon.

Item, pro vii^{tem} balistariis equitantibus per Marchiam, xxxv. sol. turon. per diem, ab octabis Ascensionis domini usque ad octabas omnium Sanctorum, de viii$^{xx.}$ et iiii diebus : ii$^{c.}$ iiii$^{xx.}$ vii. libr. turon. — Item Geraudus Ebert, iii. sol. turon. per diem, de vi$^{xx.}$ xvii. diebus, usque ad dictum terminum : xx. libr. xi. sol. turon. — Item Guillelmus de Sancto Quintino, l. sol. turon. per diem, a die veneris benedicti usque ad octabas omnium Sanctorum, de ii$^{c.}$ xii. diebus : v$^{c.}$ xxx. libr. turon.

Summa secundi compoti : II^M· LXII libr. XI. sol. et II. denar. turon.

Totalis summa de dictis guarnisionibus : V^M· XI. libr. XII. sol. et IX. den. turon.

Item pro operibus Xanctonis, a die dominica ante Ascensionem Domini usque ad festum sancti Luce : XVI.^{c}· IIII.^{xx} XIIII. libr. XIIII, sol. et IIII, denar. turon. — Item castellanus Pictavensis, pro la petite Fere super Vigenia, XXII libr. XVIII sol. II den.

Totalis summa garnisionum et operum : VI^M· VII^c· XXIX. libr. V sol et VII. den. turon.

De hoc cadit, pro victualibus de Volvento, XL et VII libr. XVII. sol. et III den. Item de Poiole, XX. libr. turon. Restat : VI^M· VI^c· LX. libr. XXVIII. sol. et IIII. den. turon.

Quod dominus Rex debet domino comiti Pictavensi. — Item de comite Marchie pro primo anno transacto, IIII.^{c}· libr. ; de eodem, pro primo tercio custodie castrorum dictorum de anno presenti scilicet secundo : VI^{xx}· et XIII libr. VI sol. VIII den.

Summa : V^c· XXXIII. libr. VI. sol. VIII den. turon. qui soluti sunt per Guillelmum de Chaors et per Johannem Auberti.

Guarnisio Rupefortis, XIII sol. II den. turon. per diem, a die beati Johannis usque ad festum omnium Sanctorum, qua fuerunt licentiati, de IX^{xx}· X. diebus : IV^{xx}· libr. C XI sol. VIII. den.

Summa : VI.^{M}· VIII.^{c}· XIIII. libr. XVII. sol. III. den.

Restat quod Rex debet nobis reddendum comiti : VI^M· II^c· XIII. libr. XIII. sol. IIII. den. ; de quibus debet habere per ballivum Andeg[avensem] III.^{M}· libr.

Restat III^M· II^c· XIII libr. XIII. sol. IV. den. turon. qui soluti fuerunt domino comiti in Templo Parisius, in compoto Candelose, anno domini M°CC°XL^{mo} tercio.

Compotus primus ballivie Pictavensis per manum Ade Panetarii, in festo omnium Sanctorum, anno domini m°cc°xl° tercio.

Recepte : — de castellano Niorti, ii^{m.} vi^{xx.} libr. c.ix. sol. turon. — Item de domino Hardoyno, xvij.^{c.} xviij. libr. turon. — Item de blado vendito ad Sanctum Savinum, de iiij^{xx.} vij. sextariis, xxvij libr. xix sol.—Item de iiij.^{xx.} ij. sextariis et i. preb[enderio] venditis apud Montem Maurillium, xviij. libr. et xviij den. — Item de blado apud Mortuum Mare vendito, de iii.^{c.} xxxvj. sextariis et iij. quarteriis : lxxvij. libr. xvij. sol. vij. den.

Summa de v.^{c.} v sextariis, i. prebenderio, iii. quarteriis bladi venditi per manum Johannis de Galardon : vi^{xx.} libr. lxxviij. sol. i den. turon. quos Johannes de Galardon debet, et restat de defectu super dictum Johannem, iii^{c.} xlvj. sextar. et i. quarter. bladi.

Item Johannes Bovis de blado vendito apud Sanctum Maxentium, de ii^{c.} ii. sextariis, i. prebenderio et i. boseia, lxvij. libr. ij. sol., et restat super eum xj sextarii de defectu. — De lv sextariorum bladi vendicione, apud Cherveios, per Guillelmum de Salevert, xviij. libr. xvij. sol. x. den. et xj. sextaria seminariarum.

Item G. de Montoil[io], de blado vendito apud Mosterolium per Brandinum, de iii^{c.} xxxvj sextariis bladi, lvij. libras xvij. solid. iiij^{or.} denar. turon.

Item per Brandinum, lxxiiij sextaria omnium bladorum, de quibus solvit xv. libr. turon. — Item de blado de Tannaio in Voltonna vendito per P. de Cruce, de lxij. sextariis : xix libr. viij. sol. turon. —Item de blado ballivie Xanctonis, per dominum J. de Insula, de lxxiiij. sextariis et i. boseia venditis : xliij. libr. viij. den. Restat de defectu super dominum J. de Insula xv. sextar. v. bos. — Item de blado Alnisii vendito per Malum Clericum, vi.^{xx.} ii. sextar. et dimidium et ii. bos. : lii. libr. xij. sol. vj. den. Restat super Malum Clericum, l. sextaria de defectu. — Item de terris forefactis circa Niortum, de blado vendito per Costantinum Giboin, de iii.^(c.) lviij. sextariis et ii libr. *(sic)* xj. sol. vj. den. turon. — Item de blado terre Sancti Gelasii vendito per Richardum Coqui, de ix.^(xx.) i. sextariis bladi : lxi libr. viij. sol. turon.— Item de terra Thosme de Bosco, P. Boce apud Oblinquum, de lxxiiii sextariis : xxij. libr. vj. den. turon.

Summa omnium bladorum venditorum : ii^(m.) liii sextaria, v.^(c.) iiii.^(xx.) libr., lxxvi. sol., v. den. turon. Restat defectu : iiii^(c.) xxxii sextaria.

Vina vendita. — Gaufridus Malus-Clericus de vino Alnisii, de iii.^(c.) xl. modiis vini et dimidio, vii^(xx.) xiii. libr. viij. sol. Restat super ipsum l. modia vini de defectu. — Item viij^(xx.) xii modia et dimidium vini venditi in ballivia Xanctonis, xxxvij. libr. x. sol. vj. den. turon. — Item tradita fuerunt xviij. modia vini castellano Xanctonis per dominum J. de Insula. Restat de defectu super dominum Johannem de Insula vj^(xx.) et vj. modia vini. — Item ii.^(c.) iiii.^(xx.) vj. modia vini venditi per Johannem de Galardon, lxxij libr. iiij. sol. turon. — Item vij.^(xx.) modia vini venditi tempore domini Hard[uini]. Restat super dictum Johannem xxiiij modia de defectu. — Item per Thomam de Bosco x. *(mot effacé)* v[ini] que valent l. modia vendita apud Oblinqum, xiij. libr. xiij. sol. turon.

Summa vinorum venditorum, de viii^(c.) xlix. modiis vini : ii^(c.) lxxvi. libr. xvj. sol. vj. den. turon. — Item vii.^(xx.) modia vendita tempore domini Hardoini, et castellano Xanctonis xviij. modia. et ii.^(c.) modia vini de defectu per partes supradictas.

Summa : xi.^(c.) lvii. modia.

Summa vini et bladi venditi de anno preterito : viii.^(c.) lx. libr. xii. sol. xi. den. turon.

Summa denariorum, quos castellanus Niorti, dominus Hardo[inus] de Malli tradiderunt, et de vinis et blado venditis de anno preterito : iiii.^(M.) vii.^(c.) iiii. libr. ii. sol. —

Compotus Johannis de Galardon de ballia Pictavensi.

De ultimo tercio prepositure Pictavensis, c. libr. — Item pro primo tercio terrarum forefactarum Montis Maurilii, Sancti Savini, c. libr. — Item de terris Montis Maurilii, Sancti Savini, ab Ascensione Domini usque ad Nativitatem beati Johannis Baptiste, antequam affirmate essent, xix. libr. xviii. sol. vi. den. turon. — Item de locationibus domorum filii Marescalli de Lezigniaco apud Pictavim, de termino sancti Johannis, xxii. sol. — Item de feno vendito, xvii. sol. — Item de terra Guillelmi de Lespinaie, de feno vendito, lx. sol. — Item de terra Warnerii Savari militis, de feno vendito, l. sol. — Item de expletis foreste de Moleriis, pro toto anno xii. libr. ii. sol. — Item de terra Hugonis Anché, de feno vendito vii. libr. — Item de censibus des Essarz, xxxiiii. sol. — Item de terra comiti (sic) Marchie apud Pictavim, a die Jovis post Pascha usque ad diem omnium Sanctorum qua dicta terra fuit affirmata, xix libr. iiii. sol. — Item de eadem terra pro toto anno usque ad festum omnium Sanctorum, lxxii. libr. x. sol. — Item de terra Audeberti de La Tremogne, de duabus annatis usque ad festum beati Dionisii preteritum, xii. libr. — Item de venda de Dienné et aliorum buissonorum, xxix libr. iii. sol. iiii. den. — Item de venda foreste de Moleriis, de secunda paga, ix.$^{xx.}$ libr. lxvi. sol. viii. den. — Item pro tercio terre Hugonis de Prinçai Petri Boce affirmate, xl. libr. — Item de terris forefactis apud Mortuum Mare et circa, de talliatis et minutis redditibus, xxviii. lib. x. sol. — Item de vindemiis ibidem, xiii. libr. — Item de terra G. de Spineto, de vindemiis circa Pictavim, iiii. libr. — Item de terra Hugonis Anché, de vindemiis, xxx. sol. — Item de terra de Rufellis, de feno vendito, xviii. sol. — Item de terra Monsterolii, ab Ascensione Domini usque ad festum beati Johannis, vii. libr. x. sol. — Item pro primo tercio prepositure de Monsterolio, ciii. libr. vi. sol. viii. den. turon. — Item de venda foreste ibidem, pro primo tercio, lxx. libr. — Item pro mortuo bosco ejusdem bosci

Sancti Hilarii, c. sol. pro medietate. — Item de terris forifactis in eadem castellania, de censibus talliatis, feno vendito, xiiii. libr. ii. sol. — Item de vindemia ibidem vendita, lxxvi. sol. viii. den. — Item pro terris Raymundi Albigniaci et uxoris sue adfirmata pro primo tercio, xiii. libr. vi. sol. viii. den.— Item pro terra Hamerici de Nede affirmata, xxv. sol. pro medietate. — Item *(sic)*...

De terra Rupis Choardi quantum fuit in manu domini comitis, xii libr. —

Prima summa : viii.$^{c.}$ iiii.$^{xx.}$ libr. lii. sol. et vi. den.

Summa vindemiarum Pictavis et circa, xxii. libr. vi. sol. viii. den. turon.

Summa terrarum forefactarum in ballivia Pictavensi : iii.$^{c.}$ iiii.$^{xx.}$ vii. libr. xiii. sol. ii. den.

— Ballivia de Niorto, quam J. Bos tenet.

In terra Sancti Maxentii :

De censibus et talliatis terrarum forefactarum circa Sanctum Maxentium, xxiii. libr. x. sol. vi. den. — Item de pedagio, censibus, foro et aliis minutis costumis apud (Sanctum Maxentium) et Sanceium et circa, xiiii. libr. xvi. sol.— Item de cortice Bosci-Ferrandi de duabus partibus, ix. libr. vi. sol. viii. den. — Item de terra Ayemerici Gunbaudi affirmata, pro primo tercio, c. sol. — Item de terra Briandi Chabot affirmata, pro primo tercio, vi. libr. xiii. sol. iiii. den. — Item de minutis placitis ibidem, xx. libr. ii. sol. vi. den. — Item de Costant[ino] de Placito, viii. libr. — Item de vindemiis venditis circa Sanctum Maxentium et Sançay, xlix. libr. xix. sol. iiii. den. — Item de fenis venditis apud Sanctum Maxentium et Sançayum, viii. libr. —

Summa terrarum circa Sanctum Maxentium : vii^{xx} libr. c. et viii. sol. et iii den.

De prepositura Niortii, de Prahic et de Coloniis, ab Ascensionis *(sic)* Domini usque ad festum Sancti Johannis Baptiste, xxx. et iii. libr. vii. sol. viii. den.—Item de Const... de terris forifactis in dictis locis, in costumis, minutis redditibus terrarum, LIII. libr. v. sol. — Item de terra Sancti Gelasi, de Ascensione usque ad diem qua fuit affirmata, scilicet usque ad Nativitatem beate Marie, VII. libr. et xv. sol. — Item de prepositura Niortii pro primo tercio, c. et VI. libr. XIII. sol. et IIII. den. — Item de Frontenaio, de Coloniis et de Prahic affirmatis, comestione et Sancti Gelasii, pro primo tercio, VII^{xx} VI. libr. XIII. sol. IIII. den. — Item de ballivia de Chervex pro primo tercio, LXXIII. libr. VI. sol. VIII. den. — Item pro redemptione terre filii G. Renaudi, pro primo tercio, LX libr. — Item pro primo tercio terre Hamerici Thebaut affirmate, c. sol. — Item de vindemia terrarum forifactarum de Frontenaio et circa, XXII. libr. — Item de eisdem terris de talliatis et terre Johannis Roiole et de Sanzaya, xxv. libr. xv. sol. — Item de minutis censibus ibidem. cv. sol. VI. den. — Item de quodam placito apud Fronton. VI. libr. — Item de minutis redditibus de Vilariis et de pedagio, x. libr. XIII. sol. IIII. den. turon. — Item de talliatis terrarum forefactarum circa Prahic, xxxv. libr. — Item de minutis placitis in eadem ballivia, VII. libr. XIX. sol. — Item de vindemia vendita in dictis terris, CXIII sol. — Item de quodam molendino adfirmato, XII. sol. VI. den. — Item de terra Ayemerici de Montibus et aliis minutis talliatis, LX sol. — Item de vindemia ibidem vendita, VI. libr. — Item de terra Gaufridi de Surié adfirmata, pro tercio, VII libr. — Item pro minutis placitis apud Chervex cx. sol.

Summa Niortii : v.^{c} XLVI. libr. IX. sol. III. den.

Summa vindemie de Niortio et Sancti Maxentii, IIII.^{c} libr. XXXII. sol. IIII. den.

Summa terrarum forefactarum in ballivia Niortii, IIII^c XXII. libr. III. sol. IIII. den.

Secunda summa Sancti Maxentii et de Niorto : VI.^{c} IV^{xx} XI. libr. XVII. sol. VIII. denar. turon.

Compotus Warnerii Renaudi de terra Alnisii.

Recepta de Banaon per manum Galteroti, in redditus et

minutum expletum, usque ad festum Sancti Johannis, xx. libr. vi. sol. iii. den. — Item de talliatis de Boeto per totum annum, lx. libr. — Item de prepositura de Banaon pro primo tercio, lxxvi. libr. xiii. sol. iv. den. turon. — Item de talliatis de Anais per annum, c. sol. — Item de venda foreste de Banaon, pro medietate anni, lx et duas libras, x sol.; pro expletis foreste Banaon, x libr.

Summa de Banaon : ii^c et xxx. et iii. lib. et ix. sol. vii den. turon.

— Compotus Tauneii. — De prepositura Talneii in Voltona pro primo tercio, xl. libr. — Item de eodem antequam affirmaretur, vi. libr. x. sol. ix. den. — Item de prepositura de Ruppella, antequam affirmaretur, vi.^c xl. libr. — Item de terra Alnisii per manum Jacobi, antequam affirmaretur, xxxi. libr. v. sol. vi. den. — Item de Alnisio pro talliatis de Lisiolio et de Marcillé, de termino beati Johannis, reddendis infra Assumpcionem beate Marie, c. libr. — Item de talliatis de Chouces, lxvi libr., de dicto termino. — Item minuti census, xiiii. sol. vi. den.

Summa : viii.^{xx} vi libr. xiii. sol. vi. den.

— Item terre forefacte in Alnisio. — De terra Guillelmi Xanctonensis, censibus et aliis minutis redditibus, xi libr. xi. sol. iiii. den. — Item de vinis unius *(sic)* ejusdem terre, xxxv libr. — Item de terra Gaufridi filii Cam... de feno venditum *(sic)*, ix libr. — Item de eadem terra, in minutis censibus et costumis, xv. sol. vi. den. — Item de vinis ejusdem terre unius *(sic)* venditis, xxxi. libr. viii. sol. — Item de terra Guidonis de Monte-Aler adfirmata, pro primo tercio, xl. sol. — Item de terra Gaufridi de Siré, de censu, xxiv. sol., et de vino ibidem vendito, x. libr. — Item de terra P. Roberti de feodo de Lagort, ix. libr. — Item de terra Helye Gerberti, de censu lx. sol. apud Engolins. — Item de vinis venditis ibidem lxx. libr., excepta parte sororis sue, quam ibidem petit. — Item de terra Hugonis Clareti de vinis venditis, xviii libr. — Item de terra Hamerici Alardi de vinis venditis, iv. libr. vi. sol. — Item de terra domini Siquardi de vinis venditis, IIII. libr. XIIII. sol. — Item de censu, IIII. sol. — Item de terra P. Pagani, xxx. sol. — Item de terra Warnerii de Jae, de vinis venditis, VI libr. — Item de terra Warnerii de Fort, de Geraudo de Mairencene, VI. libr. de placito. — Item de terra Harsendi, XII. libr. de placito. — Item de vinis venditis, VI. libr. de placito. — Item de Constantino Ace, x libr. — Item [de] minutis placitis ejusdem terre, x libr. — Item de fenis in eadem terra, minutis redditibus et censibus, XVII libr. XIII. sol. — Item de vinis ibidem venditis, xxv. libr. XIIII sol. — Item de terra Hamerici de Nede, de fenis et aliis minutis redditibus, VII. libr. XIII. sol., et de vino vendito, L. sol. — Item de terra Briandi Chabot, de talliatis, L. sol., de vinis VI. libr.

Summa vindemie Alnisii : II^{c.} XIIII. libr. x sol.

Summa terrarum forefactarum et censibus minutis redditibus et vinis venditis : III^{c.} xxxIIII. libr. xxI. den.

Summa totalis prepositure de Ruppella et de ballivia Alnisii : XIII ILIII libr. II. sol. II den. turon.

Compotus Chenelli de prepositura Sancti Johannis Angeliacensis, Xanctonis et terre Xanctonensis.

Recepte de prepositura Sancti Johannis Angeliacensis, pro primo tercio, XLIII. libr. VI. sol. VIII. den. — Item de terra Crucis Comitisse, pro primo tercio, xxvI. libr. XIII. sol. IIII. den. — Item de terra Pachaz, de censibus, locationibus domorum, XIII. libr. xv. sol. — Item de locationibus domorum Petri Minet, VI. libr. VI. den. — Item de vino veteri de vineis P. Minet et Pachaz, XLV. libr. — Item de vineis dictorum P. Minet et Pachaz, de anno presenti, LX. libr. — Item de terra Johannis Raiole, juxta Sanctum Johannem Angeliacensem, XLIX. sol. de talliatis. — Item de eadem terra, de vinis venditis, L sol. — Item de terra Ayemerici de Belleria de censibus et portagio bladi venditi, xvi. sol. — Item de eadem terra, vinis venditis, xxv. sol.

Summa de terra Sancti Johannis Angeliacensis et circa : ii.^{c} libr. lxxv. sol. vi. den.

— De terra Xanctonis. — Recepte. De domino Johanne de Insula, quantum tenuit, xv libr. xix. sol. — Item de prepositura Xanctonis, antequam affirmaretur, xxx libr. — Item de eadem prepositura, pro primo tercio, vi.$^{xx.}$ viii. libr. vi. sol. viii. den. — Item de terra de Ramegot adfirmata, pro primo tercio, xi. libr. vi. sol. — Item de rivagio Sancti Johannis Anguli, antequam affirmaretur, liiii. sol. iii den.; de eodem rivagio, pro primo tercio, lxvi. sol. viii den. — Item de mautote, xii. sol. ii den.— Item de talliatis abbatisse Xanctonis, in festo beati Michaelis, viii.$^{xx.}$ xv. libr.— Item de talliatis Sancti Aniani, in festo beati Johannis, vii. libr. — Item de eodem loco, de talliatis in festo sancti Michaelis, l libr.— Item [de] hospitibus de Castro-Nervi, vi. libr. xii sol. — Item de hospitibus Sancte Gemme, iiii. libr. v. sol.— Item de hospitibus Lavergne, xxi. sol. vi. den. — Item de hospitibus de Favans, cxvi. sol. — Item de vino vendito apud Lavergne, lxix. sol. et iii. den. — Item de rivagio de Boisaffrant, xxx. sol.— Item de minutis talliatis, in mutatione ballivi, vii libr. — Item de feno vendito, xxx. sol. — Item de estanchagio salis, xxiii. libr. xix. sol. — Item de domina de Blanzac, de racheto, xx libr. — Item de venda foreste de Baconoies, per manum Ade Silvaneter, xxx. libr. — Item de expletis ejusdem foreste vi. libr.

Summa terre Xanctonis v$^{c.}$ xxxiiii libr. xvii sol. vi den. turon.

— Terre forefacte in terra vel ballivia Xanctonis. De terra Ymberti de Forz apud Faiole adfirmata, pro primo tercio, xiii. libr. vi. sol. viii. den. — Item de vino vendito, xxxvi. sol. — Item de molendino Fulconis Richardi pro primo tercio, xxx. sol. — Item de terra Gaufridi Ridelli de Riberon adfirmata pro primo tercio, xiiii libr. — Item de terra ejusdem Gaufridi apud Campaniam, de blado, vino, adfirmata pro tercio, xx libr. — Item ibidem, de talliata in festo beati Johannis, IIII. libr. — Item de ibidem, de talliata sancti Michaelis, XLII. libr. x sol.—Item de feodo domine Cantor..., de blado, vino vendito, IX. libr. — Item de feodo Andree Potheray, de vino vendito, IX. libr.—Item de terra Johannis Baudoin, pro toto, VI. libr.—Item de terra Gadras de Vars, de censibus et talliatis, xxxVIII. sol. — Item de terra Warnerii de Forz, de vino vendito, VII. libr. XIII. sol. — Item de terra Johannis Bedoyn, de vino vendito, VII. libr., et de censu XIIII. sol. VI. den. — Item de Arnaldo Alexandri de vino de redditu, XVII sol.—Item de sale Fulconis Richardi, XII^{xx} XIII. modios et dimidium. VII. sol. le modius (sic), IIII^{xx} VIII. libr. XIIII. sol. VI. den.—Item de c. modiis salis inventi, L. libr.— Item de sale invento in salinis de Compniaco, XL. libr.

Summa vindem[iarum] Sancti Johannis Angeliacensis et Xanctonis : CXVIII. libr. VI. sol. III. den.

Summa terrarum forefactarum : III^c XIX. libr. VIII. den.

Summa ballivie G. Chenelli de terra Sancti Johannis Angeliacensis et terre Xanctonis : mille LVII. libr. XIII. sol. VIII den. turon.

Item de expletis tocius ballivie : v^c libr.

Summa tocius ballivie Pictavensis : IIII^M v^c IIII.^{xx} libr. CVI sol.

EXPENSE.

Pictavis, XXII. sol. VII. den. turon. per diem, ab nativitate beati Johannis Baptiste usque ad octabas omnium Sanctorum, de VI.^{xx} et XVII. diebus.

Sanctus Maxencius, XIX. sol. VII. den. per diem.

Niortium, XLVII. sol. II. [den.]. per diem.

Benaon, xx. sol. x. den. per diem.

Ruppella, LXIIII. sol. IIII. den. per diem.

Item Sanctus Johannes Angeliacensis, x. sol. v. den. per diem.

Summa : ix libr. v. sol. per diem, a Nativitate beati Johannis usque ad octabas omnium Sanctorum, de vi^{xx} et xvii. diebus xii. ^{c} lxvii libr. v. sol.

Item Surgeriis, xx. sol. v. den. turon. per diem, a dicto termino, de vi.^{xx} xvii. diebus, vi.^{xx} xix. libr. xvii. sol. i. den.

Summa predictarum garnisionum : xiiii.^{c} vii. libr. ii. sol. i. den.

Item feoda debita apud Pictavim. — Castellanus Turonis, pro medietate vii. libr. x. sol. — Elemosine ibidem, Fons Ebraudi, pro medietate, xxv. lib. — Item feoda apud Ruppellam, Warinus Maengot, pro tercio, cxvi. libr. xiii. sol. iiii. den. — Item elemosine ibidem, pro tercio, archiepiscopus Burdegalensis, xiii. libr. vi. sol. viii. den. — Item ibidem Fontebraudi, de elemosinis, pro medium, xv. libr. — Item abbas Sancti Leonardi, pro medietate, xii libr. x. sol. — Item Templum pro medietate, c. sol. — Item Drogo de Monte Arigerii, L. libr. — Item Gaufridus de Ponte, ii^c libr. per litteras. — Item Ponçaus de Mirebellis, ii^c libr. per litteras.

Summa feodorum et elemosinarum : vi.^{c} xlv. libr.

Item pro operibus pro vectura merevenni (*sic pour* merenni) molendinorum pontis Xanctonis, lx. libr. — Item pro medietate locationis domus pontis Xanctonis, lxx. sol. — Item minutis cementariis, iiii. libr. — Item pro medietate tache aule Pictavis pingenda, lx. libr. — Item pro turri Mauberjoni pavenda, vi. libr. — Item minutis carpentariis, c. sol. — Item pro fabrica ferrorum ad fenestras, c. sol., pro xviii. magnis fenestris et xiii. parvis in turri et vi. uisserii. — Item pro vitris, lxii. sol. ; pro apentitis ante turrim, xx. sol.

Summa minutarum operum : xxiiii. libr. ii. sol.

Summa operum pontis Xanctonis et hospiciorum pontis Xanctonis et operum hospictii domini comitis apud Pictavim, vii.^{xx} vii. libr. xii. sol. — Item pro caduco molendinorum pontis Xanctonis, xx. libr. turon. — Item pro gagiis ballivi ab octabis Ascensionis usque ad octabas omnium Sanctorum, de vIII.$^{xx.}$ IIII. diebus, xIII.$^{xx.}$ IIII. libr. turon.

Summa : II $^{M.}$ ccc. IIII$^{xx.}$ libr. LXXIIII. sol. I. den.

Et restat II$^{M.}$ II$^{c.}$ libr. xxxII. sol. qui debentur domino comiti. — Item de denariis traditis per castellanum de Niorto, per dominum Hardoynum de Malle, et de blado et vino veteri venditis, IIII$^{M.}$ vII$^{c.}$ IIII. libr. xxIII. den.

Summa totalis debiti domino comiti : vI.$^{M.}$ Ix.$^{c.}$ libr. xIII. sol. xI. den.

De hoc debet capere comes super ballivum Andegavensem III.$^{M.}$ libr. qui soluti *(sic)* sunt apud Turones, et super dominum Regem III.$^{M.}$ II.$^{c.}$ xIII. libr. xIII. sol. IIII. den. qui soluti sunt in compoto Candelose, et super Adam Panestarii, vI$^{c.}$ IIII.$^{xx.}$ xII. libr. vII. den., qui soluti sunt in sequenti compoto Candelose.

Compotus Candelose anno Domini M^{o}cc^{o}xL.^{mo}III°.

Remansit quod debuit ballivus de compoto omnium Sanctorum, vI.$^{c.}$ IIII.$^{xx.}$ xII. libr. et Ix. den. comiti Pictavensi. — Receptum de domino Hardoino de Malli, de arreragio suo, c. libr. — Item de debito castellani Sancti Maxentii, de duobus terminis, xxxIII. libr. vI. sol. vIII. den.

Summa dictarum partium : vIII.$^{c.}$ LxV. lib. vII. sol. v. denar. turon.

RECEPTA.

Pro primo tercio prepositure Pictavensis, c. lib. turon. — Item pro secundo tercio prepositure de Monsterolio, cIII. libr. vI. sol. vIII. den. turon. — Item pro secundo tercio vende nemoris de Monsterolio, Lxx. libr. turon. — Item de terra Raiemundi de Sancto Martino forefacta, xIII. libr. vI.

sol. vIII. den. turon. — Item de minutis redditibus et costumis terrarum forefactarum circa Monsterollium, et uno runcino servitii, cv. sol. v den. turon. — Item pro secundo tercio terrarum forefactarum Montis-Morillii et Sancti Savini, c. libr. — Item pro terra Hugonis de Prichay et Petri Boce, pro secundo tercio, XLIII. libr. VI. sol. VIII. den. turon. — Item de bosco de Lalou, de terra Hugonis de Prinçay Prichay *(sic)*, de prima paga medietatis, VI. libr. XIII. sol. IIII. den. turon. — Item de terra Petri Lagrice, IX. libr. VII sol. — Item pro primo quinto redemptionis terre domini Guidonis Senescalli, c. libr. turon. — Item de centa *(sic)* sextariis bladi, de arreragio Johannis de Gualardis, scilicet de blado Hugonis Anché, x. libr. x. sol. turon. — Item de terris Mortui-maris forefactis, in redditibus, censibus et aliis minutis costumis, XXII. libr. XIII. sol. IX den.

Summa Pictavis : v^c· IIII^{xx}· lib. IX sol. v. den. turon.

— Recepta Niortii et Sancti Maxentii. — De minutis redditibus terrarum forefactarum domini Guidonis de Rochefort et aliorum circa Sanctum Maxentium, XVII. libr. XVIII. sol. turon. — Item de terra Ayemerici Gunbaut adfirmata, pro tercio c. sol. — Item de terra Briandi Chabaut adfirmata, VI. libr. XIII. sol. IIII. den. — Item de terra Sancti Gelasii adfirmata, pro primo tercio, xxv. libr. — Item de foro de Sanchay et minutis costumis, XI. libr. XIV. sol. VII. den. — Item fenum venditum ibidem, LX. sol. — Item de terra de Rocha Malemontis adfirmata, pro primo tercio, XIII. libr. III. sol. IIII. den. — Item de tercio de terra de Chervios, XXXIII. libr. VI. sol. VIII. den. turon. — Item de marrenio domus laniate ibidem, VI. lib. turon. — Item de terris forefactis à Bauchay, à la Vecere et circa, XXIII. libr. III. sol. VI. den. turon. — Item de terris forefactis apud Frontenaium et circa, de redditibus, censibus, minutis costumis, xv. libr. — Item apud Vilers et circa, in redditibus et aliis minutis rebus, XXIII. libr. VIII. sol. turon. — Item cuniculi ibidem venditi, VII. libr. x. sol. turon. — Item de terra Booron, XVI. libr. IIII, sol. vi. den. turon. — Item de terra Americi Thibaut apud Frontenaium, c. sol. — Item Guillelmus Roaut, pro secundo tercio redemptionis terre filii sui, xx libr. — Item de mobilibus murtrerii qui occidit uxorem suam apud Niortium, xxii. libr. xvi. sol. turon. — Item pro secundo tercio prepositure Niortii, cvi. libr. xiii. sol. iiii. den. turon. — Item de prepositura de Frontenay, de Praïc, de Coluns, pro secundo tercio, vii.^{xx} vi. libr. xiii sol. iiii. den. turon.

Summa Sancti Maxentii : v.^{c} ix lib., ix. sol. vii. denar. turon.

— Recepta ballivie Alinasii *(sic)*. — De prepositura de Banaon, pro secundo tercio, lxxvi. libri xiii. sol. iiii. den. turon. — Item de prepositura de Talnaio-Votone, pro secundo tercio, xl. libr. turon. — Item de prepositura de Ruppella, pro primo tercio, v^{c} xxxiii. lib. vi. sol. viii. den. — Item de ballivia Alnisii, pro primo tercio, .iii^{c} iiii^{xx} libr. lxvi. sol. viii. den. turon. — Item de conplanto magistri Guillelmi Ariqueverii, de anno preterito, iiii. libr. — Item de terra Gaufridi filius *(sic)* comitis, vi. libr. vi. sol. — Item de terra domine de Sancto Georgio apud Lentalli, xii. libr. et x sol. turon. — Item de terris Lamberti Cogne et Hugonis Gomar, militis, de vino vendito, ix. libr. - Item de terra au mesteers domini Aymerici de Rocha, xxiiii. libr. turon. — Item de terra Ayemerici Aalart, xlvii. sol. turon. — Item de terra filii Helye Gerbert, xii. libr. — Item de decima terre Guillelmi de Forz, de vino vendito, xii. libr. — Item de terra eadem, de censibus et costumis, xii. libr. ix. sol. turon. — Item de terris forefactis Warnerii Xantonis et Guidonis de Montaler adfirmatis, pro secundo tercio, vi. libr. xiii. sol. iiii. den. — Item pro marrenio remanancie exercitus, de apud Taunay vendito, x. libr. turon. — Pro cuniculis venditis ibidem, iiii. libr. x. sol. — Rachetum de terra Talnaii-Votone : domina de Surgeriis, pro medietate racheti sui, i. libr. — Item d'Alez Laboete, pro toto de racheto, xv. libr. turon. — Item de Raginaldo de Funeaus, de racheto, pro toto,

x. libr. turon. — Item de domino Gorri, pro toto, vi. libr. turon. — Item de platea de Perac Ruppelle, pro burgensibus de burgo, pro toto, c. sol. — Item de Giraudo Herberti, de censu vinearum forefactarum, l. sol. turon. — Item de expletis foreste de Banaon, vi libr. x sol. turon. — Item de domina de Surgeriis, pro garda castri, pro duobus terminis, iiii^{xx}· xiii. libr. vi. sol. viii. den. turon.

Summa Alnisii : xiii^c·xxxvii. libr. et viii. sol. et viii. den. turon.

— Recepta ballivie Xanctonis et Sancti Johannis Angeliacensis. — Pro secundo tercio prepositure Sancti Johannis d'Angeli, xliii. libr. vi. sol. viii. den. turon. — Item de terra Crucis, pro secundo tercio, xxvi. libr. xiii. sol. iiii. den. turon. — Item de terra Pasqaut, de censibus et locationibus domorum, in termino Natalis, xi. libr. xix. sol. vii. den. — Item de judeis Sancti Johannis, pro toto anno, xl. libr. turon. — Item de terra de la Charrere, lxi. sol. — Item de Lalay, iiii. libr. xii. sol. turon. — Item pro l. sextariis bladi et xx modiis vini et de arreragio Mali-clerici, xxiii. libr. xviii. sol. viii. den. turon. — Item pro secundo tercio prepositure Xanctonis, vi.^{xx}· viii. libr. vi. sol. viii. den. turon. — Item de Ramegot, pro secundo tercio, xi. libr. vi. sol. viii. den. turon. — Item de Faiolle, pro secundo tercio, xxi. libr. vi. sol. viii. den. turon. — Item pro secundo tercio bladi et vini de Champegnec adfirmatorum, xx. libr. — Item pro vasis venditis ibidem, xii. libr. turon. — Item de furno ejusdem ville, xx. sol. pro medietate. — Item minuti redditus in Champaner, liiii. sol. vi. den. turon. — Item pro secundo tercio prepositure de Ribero, xiiii. libr. turon. — Item de rivagio d'Ogan, xxxv. sol. — Item de rivagio Sancti Aniani, xxii. sol. turon. — Item pro secundo tercio, [de] rivagio Sancti Johannis d'Engle, lxvi. sol. viii. den. turon. — Item pro secundo tercio molendini Fulconis Richart, xxx. sol. turon. — Item de terra comitis Marchie justa Sales, vi. libr. xiii. sol iiii. den. turon. — Item de terra Oliverii de Chaloies, iiii. libr vi. den. turon. — Item de ferro invento de fractione, xi. libr. turon. — Item de redditibus de Laverne, de pasquerio et expletis foreste, xiiii. libr. xvi. sol. viii. den. — Item de terris Gardas de Vars et Warnerii de Forz, minutis redditibus, lxii. sol. vi. den. turon. — Item de terris de Ayemerico de Soneville et Johannis et Petri d'Arpillen, xxiii. libr. turon. — Item de sali inventa, xix. libr. xvii. sol. turon. — Item de Warnerio Nadau et ejus socio, pro redemptione salinarum, c. libr. turon. pro medietate. — Rachetum de Jarria, xx. libr. pro toto. — Item de fratre domino Guillelmo Fellet, de racheto, viii. libr. — Item de Gaufrido Barret, rachetum, xxx. libr. — Item de Guillelmo Oger clerico, rachetum, x. libr. turon. — Item de terris de Monte Ravelli, per manum Guillelmi Sancti Quintini, lvii. libr. xvi. sol. turon.

Summa Xanctonis : vi.^{c} lxxii. libr. v. sol. v. den. turon. Item expletis : ii.^{c} et lx. libr. turon.

Summa recepte ballivie sine arreragio : iii.^{m} iii.^{c} lxiii. libr. xiii. sol. iii. den. turon.

Summa totalis cum arreragio : iiii.^{m} ix.^{xx} ix. libr. viii. den. turon.

Expense. — Pictavis : xiiii. sol. ii. den. per diem. Item Pozole in foresta, vii. sol. et iii. den. per diem. — Sanctus Maxentius, xvi. sol. viii. den. per diem. — Niortium, xxxvii. sol. ii. den. turon. per diem. — Banaon, xii. sol. et ii. den. turon. per diem. — Guiardus de Hyspania, in foresta, v. sol. turon. per diem. — Ruppella, xliii. sol. ix. den. turon. per diem. — Surgeres, xii. sol. et i. den. turon. per diem.

Summa predictarum liberationum : vii. libr. et x. sol. turon. per diem, ab octabis omnium Sanctorum usque ad octabas Candelose, de iiii.^{xx} et xiii. diebus, vi.^{c} iiii.^{xx} xvii. libr. x. sol. turon.

Item pro robis servientum dictarum guarnisionum, ciiii. libr. vii. sol. vi. den. turon.

Item Sanctus Johannes d'Angeli, vii. sol. iiii. den. turon.

per diem, a festo beati Nicholay usque ad octabas Candelose, de LXIIII. diebus, XXIII. libr. IX. sol. IIII. den. turon. Pro minutione licentiata de predictis liberationibus, XXXIIII. libr. IX. sol. VII. den. turon.

Feoda apud Ruppellam in prepositura domine de Surgeres, pro termino Candelose, CXVI. libr. XIIII. sol. IIII. den. Elemosine in Ruppella : Fons-Ebraudi, XV. libr. de arreragio domini Arduini archiepiscopi Burdegalensis, XIII. libr. VI. sol. VIII. den. turon., pro tercio.

Elemosine in ballivia Alnisii : — abbati de Valentia pro toto CL. libr. turon. — Fonti Ebraudi pro toto ibidem, L. libr. — Feodum domino Guillelmo de Margi pro toto, XXXIII. libr. turon. — Elemosine apud Xanctonem : — Fonti dulci pro medium *(sic)*, V. sol. turon. — Feoda apud Pictavim : — Castellano Turris pro Gaufrido Morini, pro arreragio domini Hardoini, de compoto Ascensionis domini, VII. libr. X. sol. — Elemosine Pinu *(sic)*, VII. libr. X. sol. pro toto. — Feodum vicecomitis de Rochechoart pro toto, II.^{c} libr. turon. — Item domino Gaufrido de Moretigne de feodo, C. libr. pro duabus annatis. — Item Philippus *(sic)* Larcher pro incheramento molleriarum, XXV. libr. turon. — Item Johanni de Gualardon, pro viniario prepositure Pictavis, tempore guerre, L. libr. turon. — Item pro decheamento molendinorum Xantonis de secundo termino XX (?) libr. X. sol. — Item de domo castellani pontis Xanctonis locata de tempore domini Ardoini. VII. libr. — Item operibus molendinorum Xanctonis, per manum Radulfi Danet, LX. libr. turon. — Item picturis aule Pictavis, LX. libr. turon. — Item de furno de Taunaio parato, C. sol. turon. — Item minutis operibus Sancti Maxentii factis per castellanum, X. libr. turon. — Item operibus Niortii de tempore domini Hardoini, VI.^{xx} paria anulorum VI. libr. — Item pro carellis et minutis operibus ibidem factis, IIII. libr. IX. sol. VI. den. — Item pro vectura denariorum ad Turonem usque Paris, VII. libr. X. sol. turon.

Item pro expensis ballivi Ade, de iiii.^{xx} et xiii diebus, iiii^{xx} et xiii. libr. turon. ab octabis omnium [Sanctorum].

Summa expense ballivie : xix.$^{c\cdot}$ libr. xxx. sol. xi. den. turon.

— Restat quod debetur domino comiti : ii$^{m\cdot}$ ii$^{c\cdot}$ iiii.$^{xx\cdot}$ vii. libr. ix. sol. viii. den. turon., arreragio computato, de quibus solutum est per fratrem Gilonem, ix$^{c\cdot}$ xxx. viii. libr. xix. sol. vi. den. turon. — Restat quod ballivus debet : m iii.$^{xx\cdot}$ xl viii. libr. x. sol. turon. *(deux ou trois mots effacés)* magister Raginaldus. — Recepte de Johanne Auberti, xi.$^{xx\cdot}$ xiii. libr. vi. sol. viii. den. turon. — Item de domino Eblone de Ruppeforti, per manum J. clerici St... ii.$^{c\cdot}$ libr. — Item de magistro Petro Dalixi, lxvi. libr. xiii. sol. iiii. den. turon. — Item de eodem Petro Dalixi, xlvi. libr. xii. den. turon. pro balena que venit ultimo *(sic)*.

Summa : v$^{c\cdot}$ xlvi. libr. xii. den. Restat quod debetur domino comiti viii$^{c\cdot}$ libr. xlix. sol. ii. den. turon. qui soluti sunt in sequenti compoto Ascensionis.

Remansit quod rex debuit comiti Pictavensi : vi$^{m\cdot}$ ii.$^{c\cdot}$ xiii. libr. xiii. sol. iiii. den., in compoto omnium Sanctorum, de quibus debet habere per ballivum Andeg[avensem] iii.$^{m\cdot}$ libr.; et comiti Pictavensi debet persolvi iii.$^{m\cdot}$ ii.$^{c\cdot}$ xiii. libr. xiii. sol. iiii. den.

Recepte. De domo Eblonis de Ruppeforti, de Torz, de redemptione v.$^{c\cdot}$ libr. turon. — Item de Simone *(sic)* de Simone de Betiz, de guarnisione de Torz vendita, liii. libr. xii. sol. iiii. den. turon. — Item de guagiis castellani nobis computatis et non pagatis, de vi.$^{xx\cdot}$ et xvii. diebus, xliii. libr. xv. sol.

Item de terris forefactis in Engolisma xliii. libr. turon.

Summa : vi.$^{c\cdot}$ xlii. libr. vii. sol. iiii. den. turon.

Expense. Guarnisio Xanctonis, iiii libr. xix. sol. iii. den. per diem, de iiii.$^{xx\cdot}$ et xiii. diebus ab octabis omnium Sanctorum usque ad octabas Candelose, iiii.$^{c\cdot}$ lxi. libr. x sol.

III. den. — Item pontis Xanctonis, XXII. sol. x. den. per diem. — Item Merpins, XXX. sol. II. den. per diem. — Item Castelli-Achardi *(le chiffre effacé)* sol. v. den. per diem. — Item Montis-Ravel, L. sol. per diem.

Summa predictarum guarnisionum : x. libr. VIII. sol. VI. den. per diem, de IIII.^{xx} et XIII. diebus, ab octabis omnium Sanctorum usque ad octabas Candelose, IX.$^{c.}$ LXIX. libr. XVIII. [sol.] III. den. turon. — Item Giraudus Herbert, III sol. per diem, de IIII.$^{xx.}$ XIII. diebus, XIII. libr. XIX. sol. — Item pro robis hyemalibus castri et pontis Xanctonis et pro Castro-Achardi, LXXVII. libr. x. sol. turon. — Item pro II. cementariis, II. minatoribus, IIII. ballistariis, x. servientibus pedis licentiati de guarnisione Xanctonis, XX. sol. et VIII. den. turon. per diem, ab octabis omnium Sanctorum usque ad crastinum beati Nicholay, de XXX. diebus, LXXI. libr. turon. — Item operibus Xanctonis usque ad festum beati Hylarii, IIII.$^{c.}$ LXIIII. libr. XIII. sol. I. den.

Pro guarnisione de Torz licenciata, IIII. balistarii et VI. servientes peditum, ab octabis omnium Sanctorum usque ad diem mercurii post festum beati Nicolay, de XXXVII. dibus, XIII. sol. IIII. den. turon per diem, XXIIII. libr.

    Summa totalis : M.V.$^{c.}$ IIII.$^{xx.}$ libr. XXVI. sol. x. den. turon. — Restat quod dominus rex debet : IX.$^{c.}$ XXXVIII. libr. XIX. sol. VI. den. turon.

— *Explecta computanda in compoto Candelose in Xanctone.*
— Prior Sancti Egidii de Surgeriis, XXX. sol. — Arnaldus Giliam, L. sol. — Abbas de Bornet, VI. libr. — Warinus Viviani, XXV. sol. — Gonbaudus de Aneriis, XXX. sol. — Guido de Palatio, L. sol. — Johannes Geraudi XX. sol. — Guillelmus Gonaudi, LX. sol. — Helias Renaudi XXV. sol. — La petite de Lerone, XX. sol. — Le Gangneor de Nedes, XL. sol. — P Augerii, L. sol. — Gaufridus Geroart, C. sol. — Warinus Paietonis, XL. sol. — Berardus de Ranetone, L. sol. — Benedictus de Ponte miles, L. sol. — Warinus Petit, LX. sol. Johannes Renaudi, XX. sol.

Summa : xl. libr. turon.

Expleta in aliis. — Guillelmus Barabin, miles, xx. libr. — Guillelmus de Mausi, miles, l. libr. — Quidam burgensis de Sancto Johanne Angeliacensi, xv. libr. — P. Mallon, xv. libr. — Benedictus de Charai miles, xx. libr. pro medietate. - Johannes de Castro-Milonis, c. sol. — Guillelmus Serpentin, l. sol. — Ayemericus de Nede, l. sol. — P. Callon, lx sol. Guillelmus Verdon, xl. sol. — Johannes Arnaudi, x libr. — Richardus de Villados, x libr. — Hamericus de Bosco, x. libr. — Ayenordis de Jue, xv. libr. — Prior de Forras, c. sol. — Prior de Talnaio in Voltone, vii. libr. x. sol. turon.

Explectamenta terrarum Niortii, de Pictavi, (mot illisible) c. sol. — De panetariis Sancti Maxentii, l. sol. — Poupardis, c. sol. — Odo de Mayn, Johannes d'Aganaies, c. sol.

Summa : ii.^{c} lx. libr. turon.

— *Expleta computata in compoto omnium Sanctorum, anno Domini* m°cc°xl°iii°.

Valerianus, Johannes de Mota, miles, et Hugo de Trevins, vii. libr. et decem. solid., quia verberaverant quendam hominem et inde pacificaverant sine licentia justicie. — Warinus Socher, xv. libr. pro quibusdam falsis litteris, de quibus fuit reprehensus. — Magister Warinus Popelin, c sol. quia avocabat curiam duorum latronum, quam non debebat habere — Aymericus de Niorto miles, lx. sol. pro quodam placito recelato. — Quidam homo de Faya xl sol

Petrus Poverelli, miles, x. libr. quia ipse celaverat feodum domini comitis Pictavensis. — Milites Sancti Maxentii, xxv. libr. quia obtulerunt habere testes, suos ad diem, ut super eo de quo appellabuntur, et eos habere non potuerunt. — Hugo de Thescha, l. sol. pro quadam emenda. — Juliana La Gorretere, l. sol. pro coffina fracta. — Gaufridus de Gacougnole, l sol., quia non fecerat homagium suum, quando debuerit. — Presbiter quidam venditor nemoris, vi. libr. quia fecit edictum Hugoni Chace-porc clamari apud Sançaye et pro eo quod explectavit nemus dicti Hugonis super prohibicionem ballivi. — Costantinus Ace, xl.ᵃ sol. de quadam emenda.— Ayemericus de Monz, lx. sol. quia non venit ad terminum sibi assignatum. — Quidam judeus de Niorto, vii. libr. et x. sol pro emenda cujusdam gagii quem habebat penes se a quodam christiano. —Johannes Brunelli, lx. sol.

Duo homines de villa Johannis Brunelli, vi. libr. pro sessinis fractis. Warinus Chategner, xl. et v. sol. pro emenda de tempore transacta. Ayemericus de Monz, xii. libr. et x. sol. Hugo Chauvera, lxii. sol. quia non fecit placitum suum quando debuit. Aymericus Marins, lx. sol. pro quodam homagio recelato. Garnerius de La Chaucée, iiii.ᵒʳ libr. pro sessina fracta. Le Mesteers de Dangon, xxx. sol. Warinus Andraut, lx. sol.

Ayeraudus de Rungeriis, lx. sol. pro cessina fracta. Warinus Acuchart, c. sol. pro cessina fracta et pro defectu exercitus. Warinus Lobleeri, xxv. sol. pro emenda, quia judicium curie refutavit. Gaufridus le Jugleor, xv. sol. pro defectu garde, quod non solverat. Fulcho Morini, l. sol., quia quendam clericum « infidelem » appellavit. Warinus Pruner, lx. sol. pro debito suo habendo. Giraudus Montis-Maurilii, lx. sol. pro suspectione cujusdam roche fracte. Rogue de Anglia miles, vi. libr. quia dimisit quendam latronem habire apud Montem-Maurilium. Giraudus et Ayemericus Lavid, c. sol. quia pacificaverant sine assensu justicie. Hysembardus de Magna-Ulla, xxv. sol. pro quadam querimonia, de qua postea pacificavit. Johannes Audez. l. sol. pro debito suo habendo. Savaricus de Chatello, l. sol. pro reacheto uxoris, quod celavit. Gaufridus Pavinne miles, l. sol. pro cesina fracta.

Ayemericus Arpin, miles, x. libr. pro medietate, quia quendam armigerum violenter in quodam arbore liguavit et turpiter tractavit. Iterius Conversus, c. sol. pro suspectione cujusdam roche fracte. Prior de Laignac, vii. libr. et x. sol. pro pace cujusdam pueri mortui. Nebo, c. sol. pro quodam mutreario, quem fidejussit, qui fugiit. Giraudus Foquadus, lx. sol. pro quadam pace composita inter ipsum et adversarium ejus. Gaufridus et Johannes Charchar, xxx. sol. pro spuma ferri projecta ubi non deberet proici. Johannes Botrelli, l. sol.

Stephanus Dorideia, l. sol. pro quodam fine quem fecit cum domina de Bella-Arbore, de quo ipse fuit convictus. Prior de Brulleban, xl. sol. pro quodam homine vituperato in via publica domini comitis. Gaufridus de Megnac, miles, x. libr, pro hominibus quos arrestaverat, qui erant in garda domini comitis. Homines dicti G. de Megnac, c. sol. pro deliberatione eorum. Petrus de Monte-Orgueil, l. sol. pro cessina fracta. Guido de Forneios, lx. sol. pro cessina fracta. Johannes de Castro, c. sol.

Gaufridus de Voe et socii ejus, c. sol. pro curia hominium suorum eisdem reddita. Homines Sancti Leonardi, c. sol. de ingressu guarde. Warinus Mau-Talon, l. sol. de guarda.

Maritus filie Radulphi de Tilia, c. sol.

Petrus de Voe, c. sol.

Warinus Foquadi de Lindoies, vii. libr. et x. sol. pro quodam judicio dedicto. Johannes de Chamaie miles, xxx. libr. pro relaxatione prisionis sue, et debet probare quod pater ejus fuerat miles. Prior de Suterranea, x. libr. pro cesina fracta et vituperio facto servientibus domini comitis. Jamet, xxx. sol., pro querimonia cujusdam domus. Gaufridus de Podio, x. libr. pro quodam fratre Grandis-Montis ordinis, cui fuit injuriatus, et eum turpiter tractaverat. P. Schauz, lx. sol. pro morte cujusdam hominis, de quo appellabatur. Warinus de Labranle, l. sol. quia non fecerat homagium sicut debuerat. Ramondus de Loneri, c. sol. quia moratus fuerat facere homagium suum. Petrus d'Uiseia, c. sol. Gaufridus Chaboz, x. libr.

Uxor Galrene, xxv. sol. quia non fecerat homagium domino comiti et illud fecerat domino Warino de Forz. — Hugo Polen, x libr. pro deliberatione terre sue. — Item minuta expleta de ballivia Alnisii, xv. libr. — Giraudus de Balanzac, c. sol. quia prohibuit domum suam servientibus domini comitis et eos verberavit. — Uxor Petri Renart, xl. sol.

Baudri de Placac, lx. sol. quia celaverat homagium suum. — Warinus de Castro-Novo, c. sol. pro quadam sue perdita penes se reperta. — Warinus de Baugé, lx. sol. de deliberatione salis.

Warinus de Vado, xxx. sol. pro deliberatione salis. — Abbas de Samblançoie, lx. sol. pro excossa quorumdam bovum suorum. — Petrus Gaulter, xx. sol. pro deliberatione salis. — Magister Gunbaudus Resmondi, lv. sol. pro deliberatione salis. — Gaufridus Bachart, x libr. pro deliberatione salis. — Warinus Gaufridi lx sol. quia litigaverat in alia curia quam in curia domini comitis. — Petrus Viguer, lx. sol. pro guarda quam non solverat. — Petrus Regis, c. sol. pro deliberatione salinarum. — Robertus Joberti, Gaufridus Gobin, Warinus Berno, xxv. sol. pro deliberatione salis. Thomas Coqui, x. libr. pro cessina rerum suarum. — Homines Sancti Aniani, xii. libr. et x. sol. pro facto Remondi et deliberatione salinarum suarum. — Helias Bruneter, x. libr. pro deliberatione salis. — Magister Arnaldus Salomonis, xxx et viii. sol. — Burgenses abbatis de Mella et valvaso[res], xxv. libr. pro recredatione rerum suarum. — Hilaria d'Oleron. c. sol. pro deliberatione salis. — Homines de Ers, x. libr. pro deliberatione salis. — Johannes Guiton, lx. sol. pro deliberatione salis. — Warinus Martini et Arnaldus Arnulphi, xx. sol. pro deliberatione salis. — Item sex homines, qui non cognoscuntur, iiii^{or} libr.

Summa totalis : v.$^{c.}$ libr.

Compotus Ascensionis Domini anno Domini m°cc°xl° quarto.

Remansit, quod ballivus debuit de compoto Candelose proximo precedenti, viii$^{c.}$ libr. xlix. sol. ii. den. — Item pro

una roba nimis computata apud Niortum, LXII. sol. et
VI. den. — Item de Johanne Auberti, de termino Candelose,
XIIII.ᶜ libr. Pictavensium. — Item de Reginaldo de Rulli,
IIIᶜ XLIIII. libr. x sol. et VI. den. de denariis quos debebat
domino comiti. — Item de debito castellani Sancti Maxentii
pro ultimo tercio, XVI. libr. XIII. sol. IIII. den. — Item de
domino Ardoino de Malle, II.ᶜ libr. et IIII. sol. de arreragio
suo.

Summa istius recepte : II$_M$ VIII.ᶜ LX et VI. libr. XIX.
sol. et VI. den.

Recepta ballivie Pictavensis. — De prepositura Pictavensi
pro primo tercio, c. libr. — Item de terra comitis Marchie
apud Pictavim, pro medietate prima, XXXV. libr. — Item de
venda mollerariarum de tercia paga, in termino Ascensionis,
IX.ˣˣ· lib. LXVI. sol. VIII. den.—Item de prepositura Monsterolii pro tercio primi anni, CIII. libr. VI. sol. VIII. den. —
Item pro venda nemoris Monsterolii pro tercio tercio primi
anni, LX et X libr. — Item pro secunda paga vitreariorum
c. sol. — Item pro prima paga eorumdem vitreorum *(sic)*,
de alio mercato, c. sol. — Item pro tercio tercio primi anni
terrarum Montis-Maurilii, Sancti Savini, c. libr. — Item
pro secunda paga tuscarum venditarum per J. de Galardon,
IIII. libr. III. sol. IIII. den. — Item pro ultimo tercio terrarum
P. Boce, Hugonis de Princay, apud Oblinqum, XL libr. —
Item pro redemptione terre Guidonis Senescalli, pro secunda
paga, c. libr. — Item de terra Raymondi Albigniaci pro
ultimo tercio XIII. libr. VI. sol. VIII. den. — Item pro ultima
medietate terre Hamerici de Nede, XXV. sol. — Item de minutis redditibus terrarum forefactarum in castellania Monsterolii, XVII. sol. VIII. den. — Item de terris forefactis Mortui-
Maris in minutis redditibus, XII. libr. XIII. sol. IIII. den.
turon.

Summa : VII.ᶜ LXXIII. libr. XIX. sol. IIII. den. turon.

— *Ballivia Niortensis*. Apud Sanctum Maxentium et circa, de terra Beraudi Chabot, pro ultimo tercio, vi. libr. xiii. sol. iiii. den. — Item pro ultimo tercio terre Ayemerici Gunbaudi, c. sol. — Item pro medietate bosci Ferrandi, x. libr. — Item de bosco Hugonis Chace-porc, pro medietate duarum partium, lxvi. sol. viii. den. — Item de bosco Radulphi Bigaudi, pro medietate, xl. sol. — Item de bosco Hugonis de Bayssi, pro primo tercio, c. sol. — Item de thusca Ayemerici Gaifart, pro toto, l. sol. — Item de minutis costumis terrarum forefactarum circa Sanctum Maxentium li. sol. iii. den. — Item de foro et pedagio de Saneçay, vi. libr. xii. sol.

- Item de prepositura Niortii, pro ultimo tercio, cvi. libr. xiii. sol. iiii. den. — Item pro ultimo tercio prepositure Frontenay, de Prahic et comestionis Sancti Gelasii, vii^{xx} vi. libr. xiii. sol. iiii den. — Item pro ultimo tercio terre filii Guillelmi Rouaudi, xx. libr. — Item pro ultimo tercio terre Ayemerici Th. adfirmato, c. sol. — Item pro secundo tercio terrarum Sancti Gelasii, xxv. libr. — Item pro ultimo tercio terrarum de Chervex, xxxiii. libr., vi. sol. viii. den. — De minutis redditibus ibidem, xxx. sol. vi. den. — Item de minutis redditibus apud Baucaiam et la Vecere et circa, xxxviii. libr. vi. den. — Item de minutis redditibus Frontenaii et circa, cxv. sol. viii. den. — Item pro secundo tercio furni et pedagii de Vilaribus, c. sol. — Item de placito filii Constantini de Praïc, lx. sol. — Item de minutis redditibus terre Booron xlvi. sol. v. den.

Summa : iii.^{c} iiii.^{xx} xix. libr. xvii. sol. viii. den.

— *Ballivia Alnisiensis*. — Pro secundo tercio prepositure Ruppelle, v.^{c} xxxiii. libr. vi. sol. viii. den. — Item pro secundo tercio ballivie Alnisiensi[s], iii.^{c} iiii.^{xx} libr lxvi. sol. iiii. den. — Item pro ultimo tercio prepositure Banaon, lxxvi. libr. xiii. sol. iiii. den. — Item de prepositura [Talneii] in Voltunio, pro ultimo tercio, xl. libr. — Item pro tercia paga foreste Banaon, lxii libr. x. sol. — Item de talliata Boeti pro toto anno, in Pentecoste lx libr. — Item de prioratu d'Anayas, c. sol. pro medietate. — Item de terra Warnerii Xanctonis et Guidonis de Monte Alerii pro ultimo tercio, vi. libr. xiii. sol. iiii. den. — Item racheta in terra Alnisii, de domina Surger[iarum] pro ultima medietate, l. libr. — Item de Geraudo de Sancto Clemente pro toto racheto, xviii. libr. — Item pro prima medietate racheti P. Chabot, militis, xxx. libr. — Item de secundo tercio custodie castri Surger[iarum], xlvi. libr. xiii. sol. iiii. den.

Summa balivie Alnisiensis ; mille et iii.^{c} xii libr. iii. sol. iiii. den. turon.

— *Ballivia Xanctonis.* — Pro ultimo tercio prepositure Sancti Johannis Angeliacensis, xliii. libr. vi. sol. viii. den. — Item pro ultimo tercio terre Crucis-Comitisse, xxvi. libr. xiii. sol. iiii. den. — Item de Hymberto de Forz, pro toto racheti sui de Loulay, xxv. libr. — Item de minutis redditibus terre de la Charrere, xxx. sol. — Item pro ultimo tercio primi anni prepositure Xanctonis viii libr. vi. sol. vii. den. — Item de sale vendito in Anatogne, de lxxxiii. modiis, xxxvi. libr. iii. sol. xi den. — Item pro ultima parte redemptionis salinarum Warnerii Nadau, c. libr. — Item de rivagiis minutis, vii. libr. xvi sol. iii den. — Item de minutis redditibus terrarum forefactarum, cxi. sol. x. den. — Item de terra Ramete et Ramegot pro ultimo tercio primi anni, xi. libr. vi. sol. viii. den. — Item de ultimo tercio de Faiale, xiii, libr. ii. sol. viii. den. — Item de ultimo tercio primi anni de Ribeco, xiiii. libr. — Item pro ultimo tercio bladi, vini adfirmati apud Campaniam, xx. lib. — Item de venda foreste Baconis per manum Ade Silvanectensis, iii.^{c} iiii.^{xx} xv. libr. xi sol. — Item de Adam de Silvanectensi *(sic)*, vii libr. xvi. sol. pro gagiis Jacometi, tempore quo fuit apud Monsterolium. — Item de Roberto de Lavergne [pro] minutis costumis foreste Baconis, xvii. libr. xix. sol. — Item de expletis ibidem, xxx. sol. — Item de redditibus Montis-Revelli, per manum Guillelmi de Sancto Quintino, xxviii libr. et x sol.

Summa ballivie Sanxtonis (sic) VIII.$^{c.}$ IIII.$^{xx.}$ et IIII. libr., VIII. sol. et VII. den.

Item de commendisiis tocius ballivie, per totum annum, XXXVI. libr. IX. sol. et VI. den.

Item de expletis ballivie : VIII.$^{xx.}$ libr. turon.

Summa tottallis recepte ballivie : III.$^{m.}$ V.$^{c.}$ LXVI. libr. XVII. sol. V. den.

Summa totalis, cum arreragio et cum denariis receptis de Johanne Auberti : VI.$^{m.}$ IIII.$^{c.}$ XXXIII. libr. XVI. sol. XI. den.

EXPENSA. *Liberationes* : Pictavis, XIIII. sol. II. den. turon. per diem. Sanctus Maxentius, XVI. sol. VIII. den. per diem. Niortum, XXXVII. sol. et III. den. per diem. Banaon, XII. sol. et XI. den. per diem. Ruppella, XLIIII. sol. IX. den. Sanctus Johannes Angeliacensis, VII. sol. et IX. den. Surgeriis, XII. sol. et I. den. Poieles, in foresta Molleriarum, VII. sol. et III. den. per diem. Guido de Hispania, in foresta de Banon *(sic)*, V. sol. per diem. Summa predictarum liberationum, VII. libr. XVII. sol. et IX. den. turon. per diem ; ab octabis Candelose usque ad Nativitatem beati Johannis-Baptiste, de VI$^{xx.}$ XVII. diebus, mille LXXII. libr. XIIII. sol. — Item pro uno serviente pedite, licenciato de Sancto Johanne Angeliacensi, de XX$^{ti.}$ et VII. diebus, XXII. sol. et VI. den.—Item Robertus de Vernia in foresta de Baconoies *(sic)* cum servientibus suis, et Adam Silvanetensis venditor ejusdem foreste et Reginaldus Clericus scriptor ibidem, a die qua intraverunt ad gagia usque ad Nativitatem beati Johannis, XI.$^{xx.}$ VII. libr. et XI. sol. — Item pro robis servientum castrorum, XXVIII. libr. II. sol. et VI. den.

— Summa precictarum liberationum XIII$^{c.}$ libr. et X sol.

Item feoda apud Pictavim : Gaufridus Morin, VII. libr. et X. sol. pro medietate. Feoda apud Monterorlio : Belnerius, C. sol. pro toto. — Item feoda apud Ruppellam : domina Surgeriarum pro tercio feodi sui, C. et XVI. libr. XIII. sol. et IIII.

den.; Lambertus de Pontibus, pro feodo suo, in termino sancti Johannis, xx. libr.

Item helemosine apud Pictavim : —Templum, pro toto anno, xvii. libr. et x. sol.; abbas de Maroiel, pro toto anno, x libr.; Fons-ebraudi, pro medietate, in termino sancti Johannis, xxv. libr. Helemosine apud Niortum : Templum, pro toto, l. sol. Helemosine apud Ruppellam : archiepiscopus Burdegalensis, xiii. libr. vi. sol. viii. den. pro tercio. — *(Un blanc)*. — Idem abbatia de La Blancaye, pro toto anno, xl. sol. — Item Fons-ebraudi, pro medietate, in termino sancti Johannis, xv. libr. — Templum, pro medietate, c. sol.

Summa feodorum et elemosinarum : ii.$^{c\cdot}$ xxxxix. libr. x. sol.

Item pro transfretatione viginti iiii.$^{or\cdot}$ fratrum predicatorum in Hyspaniam, xii. libr. et x. sol. — Item pro expensa Reginaldi de Rolli, quantum tenuit preposituram Ruppelle, xx. libr. — Item pro quadam dote que debetur super terram Hugonis de Princay, c. sol. — Item pro quadam dote debita super terram Warnerii Xanctonis, x. libr. — Item pro locatione domus pontis Xanctonis, pro medietate, lx. et x. sol. — Item pro caduco molendinorum Xanctonis, vi. libr. xviii. sol. et viii. den. — Item pro expensa cantoris beati Martini Turonensis, et Geraudi Eberti, arbitrorum, pro duobus itineribus, xx. libr. — Item lx. et vi. sol. et viii. den. fuerunt nimis computati super terram Hugonis de Princay, in compoto Candelose. — Item pro vectura denariorum a Pictavis usque Parisius, lx. et xvi. sol. et iii. den. — Item pro subjornatione equi servientis domini comitis *(mot effacé)* per castellanum Pictavis, xix. sol.

Summa istius minute expense : iiii.$^{xx\cdot}$ v. libr. xi. sol. xii. den.

— *Opera*. — Pro barbacanna reparanda apud Sanctum Johannem Angeliacensem, de tempore domini Hardoini, xix. libr. et x. sol. — Item pro operibus molendinorum Xanctonis, lxxviii. libr. xiiii. sol. iiii. den.

Opera aule Pictavis. — Pro viii. quercubus au doies, lx. sol.; pro vectura, plaustro reparando et pro auxiliis. viii. libr. et xix. sol. — Pro merranno bocheer *(sic)* in bosco de Chateleis et Seer, liiii. sol. — Pro merrenno, tegula, clavis, lata ad apeiracium, viii. libr. vi. sol. — Pro ferramentis, serris portarum, hostiarum et vitreorum, lx. et xix. sol. — Pro carpentaria et auxiliis, ab octo diebus ante Candelosam usque ad quindenam Pasce, xiiii. libr. xvi. sol. iiii. den. — Pro utensilibus carpentariorum, viii. sol. et x. den. — Pro muro juxta viam faciendo, iiii$^{or.}$ libr. — Pro aula esperranda et equanda, xl. et ii. sol. iiii. den. — Pro aula plectanda et aspergenda et terra removenda ab ingressu graduum, et pro dacis sollinandis, iiii.$^{or.}$ libr. et viii. den. — Pro pratello faciendo et fossa implenda l. et v. sol. — Item pro logiis ante aulam quarrellandis, xx. sol.

Summa operum aule : l. et vi. libr. et xiiii. den.

Item pro minutis operibus factis apud Sanctum Maxentium, c. et x. sol. — Pro mola molendini de Charveios et calceia ibidem reparanda et granchia, iiii.$^{or.}$ libr. — Pro minutis operibus factis apud Niortum, xv. sol. — Pro granchia et ponte de Cruce-Comitisse reparandis, xxii. sol. — Pro minutis operibus factis apud Ruppellam et molendino ibidem reparando, xiii. libr. — Pro minutis operibus factis in castro Pictavis, xl.$^{a.}$ sol.

Summa operum predictorum : ix.$^{xx.}$ libr. xii. sol. vi. den.

Item pro expensa Ade Panetarii, ab octabis Candelose usque ad octabas Ascensionis Domini, de c. diebus, C. libr.

Summa totalis expense : mille ix$^{c.}$ xxxvi. libr. iiii.$^{or.}$ sol. et i. den.

Restat quod debetur domino comiti iiii.$^{m.}$ iiii.^{c} iiii$^{xx.}$ xvii. libr. xii sol. et x. den., de quibus solvit Adam Panetarius in Templo Parisius, die festi beate Marie Magdalene, xviii.$^{c.}$ lib. — Item per dominum regem in Templo per litteras : mille viii.$^{c.}$ iiii.$^{xx.}$ xvii. libr. vi. sol. viii. den.

Restat quod debetur domino comiti viii.ᶜ libr. vi. sol. ii den., qui soluti sunt in compoto sequenti domini comitis.

Compotus factus cum domino rege, in Ascensione Domini anno Domini mᵒccᵒxlᵒiiiiᵒ.

Receptum de domino Eblone de Ruppeforti, pro medietate secunde page, ix.ˣˣ et x. libr. — De comite Marchie, pro duabus partibus secunde page secundi anni, ii.ᶜ lxvi. libr. xiii. sol. et iiii deners.

Summa : iiii.ᶜ lvi. libr. xiii sol. et iiii den.

Expensa. *Liberationes* : Castrum-Achardi xv. sol. et v. den. per diem; — Merpins, xxx. sol. ii. den. per diem; — summa, xl.ᵃ et v. sol. et vii. den. turon. per diem, ab octabis Candelose usque ad Nativitatem beati Johannis, de vi.ˣˣ et xvii. diebus, iii.ᶜ ix. libr. iii. den. — Item Giraudus Eberti, iii. sol. turon. per diem, de eodem termino, xx libr. et viii. sol. — Item Guillelmus de Sancto Quintino, l. sol. turon. per diem, ab octabis Candelose usque ad diem mercurii ante festum beati Albini, qua fuit licentiatus, de xxᵗⁱ et unum diem *(sic)* lii. libr. et x sol. — Guillermus de Surie, pro roba sua estivali, lx et ii. sol. et vi. den. — Dominus Gavaign de Taunaio, pro feodo suo, in Ascensione Domini, i. libr.

Summa predictarum liberationum : iiii.ᶜ xxxv. libr. xix sol. et x. den.

Item guarnisio castri Xanctonis, lxvii. sol. et iii. den. per diem. — Garnisio pontis Xanctonis, xiii. sol. et ix den. per diem.

Summa istarum liberationum : iiii.ᵒʳ libr. et xii. den. turon. per diem.; de dicto termino, v. ᶜ l. libr. xvi. sol.

Item pro robis Radulphi de Aneto et magistri Bartholomei Carpentarii, vi. libr. et v sol.

Summa istarum liberationum et robarum : v. l. et vii. libr. xii. den.

Item pro decem servientibus pedis et duobus carpentariis, licentiatis de garnisione castri Xanctonis, de xx.^{ti} diebus, xii. libr.

Summa liberationum Xanctonensium : v.$^{c.}$ lx. et ix. libr. xii. den.

Item pro operibus Xanctonis, a die festi beati Hylarii usque ad dominicam post Nativitatem beati Johannis, m et ii.$^{c.}$ xlix. libr. vi. sol. et ii. den. — Item pro domibus estimatis et eversis pro ampliatione castri Xanctonis, in anno proximo preterito, iiii.$^{xx.}$ xix. libr. xiiii. sol.

Summa Xanctonis : xix.$^{c.}$ xviii. libr. et ii. den.

Summa expense totalis : ii$^{m.}$ et iii$^{c.}$ liiii libr. Restat quod dominus rex debet comiti *(chiffre effacé)* et viii$^{c.}$ iiii.$^{xx.}$ xvii. libr. vi. sol. et viii. den. qui soluti sunt in Templo Parisius, per litteras domini regis, et soluti fuerunt domino Philippo et magistro Reginaldo, in Templo, per dictas litteras.

Expleta computata in compoto Ascensionis. — Ayemericus Arpini, miles, x. libr. pro ultima medietate [quia] ipse quendam armigerum cepit et turpiter tractavit. — Beraldus de Qu[ercu] pro ultima medietate, xx. libr. quia se fecit fieri mi[litem] *(mots effacés)* non deberet. — Les teneors de Oblinquo, vii. libr. pro quadam commu [nitate quam] fecerant contra communitatem patrie. — Ayemericus Prepositi, x. libr., quia pos *(effacé)*... iries in natos, in sesina cujusdam prioratus, sine licentia ballivi vel mandati ipsius.— Gaufridus de Megnac, miles, x. libr., pro deliberatione hominum suorum. — Homines ejusdem Gaufridi, vii. libr. et x sol. pro quadam violentia quam fecerant servienti domini comitis. — Auldebertus Fabri, c. sol. pro debito suo habendo et de spontanea voluntate. — Prior de Faya, x. libr. pro contentione, que erat inter ipsum et qu[emdam] *(effacé)* rum qui nitebatur levare terragia et inusitatas consuetudines *(mots effacés)*... terram dicti prioris. — Guillelmus de Brolio valetus, c. sol. pro *(deux mots effacés)*... hominis, quem turpiter tractavit et suspendit. — In ballivia Alnisii. — Johannes........ sol., pro deliberatione *(une ligne effacée)*.... In terra Alnisii, c. sol. pro defectu garentagii, quod ad diem habere debuit et habere non potuit. — Johannes A..... pro contentione, que erat inter ipsum et quemdam judeum super inhibitione cujusdam debiti — Homines de Clipsi, xv. libr. pro contentione pasturagiorum. — Hylarius Moneder et ejus socius, xxv. libr. pro domo Dei de Cruce-Chapel ibidem construenda.—Robertus de Ponte, miles, c. sol. pro defectu servicii. — Dominus de Broë, vi. libr. et x. sol. pro defectu portus sui. — Petrus Martini, viii. libr. pro deliberatione ferri sui.

Summa explectorum : viii.$^{xx.}$ libr.

In comitatu Pictavensi, homines comitis Pictavensis ligii.

Guillelmus de Mausi, ligius et de Maraam et do Bordet, racione de Frontenay.

Gaufridus de Lezigniaco, ligius de Merevent et de Vovent cum pertinentiis.

Theobaldus Chaboz, ligius.

Gaufridus de Rancon, ligius de tribus homagiis de Talleborc, de Onaio et de Genchay.

Hugo de Bauchay, ligius de Sancta Neomadia.

Comes Augi ligius, salva fidelitate regis, de Melle, de Chizec et de Sivray.

Ernaudus de Forz, ligius de Lolay.

Vicecomes Lemovicensis.

Odo de Grant-ley, de feodo Jarric et pertinenciis balli....

Thesaurarius Pictavensis, de thesauraria Sancti Hylarii Pictavensis cum pertinentiis.

Vicecomes Castri Eraudi, de vicecomitatu et de Lonoil.

Guido Bogueri, ligius.

Domina de Ruppeforti, ligia de ballo, scilicet de Ruppeforti et de hoc quod habet in Alnisio.

Gaufridus de Danjon, ligius de Oblenc et de Danjon, de hoc quod habet.

Iterius de Megnac, ligius de baronia Montis-Morilii forefacta.

Theobaldus li Veers, ligius de Auzance et pertinenciis.

Guillelmus de Mota scutifer, ligius.

Domina de Surgeres, ligia de ballo et de feodo de Taunay-Votone.

Galterus de Alemannia, ligius.

Gaufridus de Bello Monte, ligius.

Renaudus de Chincé, ligius.

Hugo de Saint Maurize duplici homagio, de ballo liberorum Har. de Precigné et Renaudi de Precigni ligius, salva fidelitate regis.

Richardus de Niorto, ligius.

Gaufridus Jaquelu, ligius.

Radulphus de Asse, scutifer, ligius.

Emericus Sandebaut, dominus de Oblinquo, ligius.

Guillelmus de Binelia, ligius du burgo au Chaboz et de Lille, et in parrochia Sancti Petri de la Tremoille.

Guillelmus de Nellac, ligius.

Baudoinus de Cheneton, ligius.

Hemericus de Boschet scutifer, ligius.

Johannes Boneti de Niorto, ligius.

Johannes Ratier, ligius.

Petrus Barrel, ligius.

Mauricius de Arceio scutifer, ligius

Helias de Lavergne.

Gaufridus de Alemannia.

Emericus Mari.

Odardus de Rival.

Petrus de Canpania.

Gaufridus de Lezegniaco, ligius.

Filius comitis Marchie, ligius.

Hugo de Alemagnia, ligius de feodo quod habet apud Brolium Gaber.

Guido Sarpentier, valetus, ligius de eo quod habet in magno feodo Alnesii, quod dicebat ad se pertinere ex parte matris.

Hugo de Princhay gajavit emendam, et dedit plegium Hugonem de Bauchay.

Martinus Alfons, ligius.

Emericus de Ressa, ligius.

Stephanus de Poiman.

Guillelmus Jodoini, miles, ligius de duobus homagiis, scilicet de Megniaco et pertinenciis et de Meriaco et pertinenciis.

Gaufridus de Lizigniaco, ligius.

Petrus Roflac, ligius de feodo Hugonis de Alemagnia et de uno alio feodo.

Petrus Bertini, ligius de castellaria de Banaon.

Emericus li Denois, scutifer, ligius de castellaria de Banaon.

Emericus, vicecomes Thoarcii.

Hugo Barre, de Atilerio, miles, ligius.

Gaufridus Bordoil, miles ligius.

Guillelmus Acarier, vitrearius, ligius, debet servire de vitreis ad mensam domini comitis apud Monsterollium, sit comes aut non sit.

Hugo de Silarz, miles, ligius.

Radulphus de Cherveos, miles, ligius.

Galterus de Calceia, miles, homo plenus.

Domina de Surgeres, ligia de feodo de Dona Petra super Vuturnum. Item ligia est de magno feodo de Alnezio et de Broliis et de Marisennis et Ardileriis et de Sireio et Acrifolio et Pironaria et de Lucolf[...]es.

De castellania Sancti Maxencii.

Hugo Froment, ligius de feodo Sancti Maxencii.

Renaudus Bernardus, ligius de eodem feodo et homo planus de feodo de Charavo.

(Effacé)... le scutifer ligius de feodo supradicto.

Hugo de Insula, homo planus de feodo de Chervio.

Benedictus d'Ageneis, de feodo suo de Fançoy (sic), ligius.

Benedictus Coquerel, ligius.

Vivianus Angogier, ligius.

Hugo Restis, homo planus.

Renaudus Sansonis, valetus, ligius.

Johannes Popardi, ligius.

Emericus de Sazi, ligius.

Emericus Pulcher, homo planus.

Guillelmus Engougier, homo planus.

Simon de Lalié, ligius.

Eblo de Ruppeforti, homo ligius de tribus liganciis de la Jarrie et de Taunaio et de Fors.

Petrus Brochart, miles, ligius de feodo Guidonis de Rochefort.

Petrus Gueraz, valetus, ligius.

Alanus Morin, ligius de castellania Monsterollii.

Guillelmus de Siré, ligius de m^{or} homagiis de Frontenay et de Taunay super Vultunum.

Jobertus de Precigni, ligius de castellania Pictavis.

Renaudus de Precigni, ligius de castellania Pictavis.

Renaudus Meigot, valetus, ligius de castellania Monsterollii, ad feodum militis.

Orguelous Popart, ligius de feodo Monsterollii.

Guillelmus Bochet, valetus, ligius de eadem castellania, et debet unas caligas escarlate, vel xv. solidos, et est in opcione domini comitis.

Guillelmus Roaut, ligius de castellania Monsterollii.

Hec sunt nomina armigerorum qui tenent de domino de Torz.

Guillelmus Jogier de Matac, 1. homagium ligium.
Guillelmus de Sancto Medardo, 1. homagium ligium.
Renaudus Cuflans, 1. omagium ligium.
Guillelmus Hurtiers, 1. ligium.
Ramondus Acharz debet xxv. solidos de racheto, et planus est de feodo Altisiodorii et planus de feodo Turris de Manenc.
Guillelmus de Tuschia, ligius de feodo Altisiodorii, debet xxv. sol. de rachat.
Guillelmus Guichet et Petrus Guichet, clerici, fratres, homines de dominio de Torz.

Hec sunt nomina militum de castellania de Torz.

Guillelmus de Neret, duo homagia plana et ligia.
Guitardus de Mataz, tria homagia plana.
Galdrat de Montrabey, duo homagia ligia.
Fochier de Matac, 1. homagium ligium et planum.
Hamericus Bernardi, 1. homagium ligium.
Guillelmus de Ruppe, 1. homagium ligium.

Hec sunt nomina servientum qui tenent feoda.

Petrus Johannis, 1. homagium ligium.
Johannes de Sanchay, 11. homagia plana.
Guillelmus de Guers, 1. homagium planum.
Petrus Prepositus, 1. homagium planum.
Gaufridus Lamberti, 1. homagium planum.

Homagia de Taunai supra Votunne et supra Charente, et de Mauçac.

Gaufridus Legiers, scutifer, ligius de feodo de Dona-Petra in Alnisio.

Petrus Bochet, ligius.

Ernaudus Repochon, ligius.

Gaufridus Ale, lige (sic), et xii. libr. de placito.

Gaufridus, dominus de Taunay, ligius.

Petrus Bertins, homo planus de magno feodo Alnisii.

Jocelinus Segnoret, ligius.

Petrus Odoin, ligius.

Domina de Bernagōies, ligia de feodo de Bernagoies et de Poivendre, de Marni et de Grant Maudoit et pertinentiis, que solebat tenere de comite Marchie.

Engobertus, prepositus de Praec, ligius de prepositura de Prahec.

Galebrun de Brulenc, prepositus, ligius de prepositura de Prulenc (sic).

Chabot de Insula-regali, miles, ligius de feodo de Lens et pertinenciis.

Gilbertus de Grangiis, miles, ligius de feodo de Granges et de Prunis.

In castellania de Banaon.

Teophania, domina de Villanova, de feodo Villenove ligia.

Emericus de Resse, de feodo d'Amuri et de Massins et de pertinenciis ligius.

Petrus de Resse, de hoc quod habet in feodo de Coret et Quinbaigne homo planus ad vii. sol. et vi. den. de placito.

Fulco de Resse, de feodo de Chantelou et de pertinenciis ligius ad x. sol. de placito.

Emericus Emianus homo planus in castellania de Frontenayo, de feodo Souliagniaci.

Ernaudus Bon-homet, homo ligius de Forcio.
Johannes de Valeri, miles, salva alia fidelitate.
Guillelmus de Gardon, homo planus de decima de Senchi.
Petrus Raole, homo planus de feodo de Pere et pertinenciis.

Hii sunt milites de castellania Xantonis, qui fecerunt homagium domino comiti :

Guillelmus Davi Xantonis, ligius.
Gaufridus de Molio, ligius.
Helias de Chesa, homo planus.
Berardus de Ranconnes, scutifer.
Ernaudus Ogerii, ligius de domino Xantonis cum fidelitate de Broce.
Ernaudus Alexander, ligius de duabus liganciis Xantonis et de Campaniis.
Gaufridus Rufus, ligius de duabus liganciis, de hoc quod habet in dominio Xantonis et de hoc quod habet in Campania, dominio de Blanen[si].
Gaufridus de Doe, ligius.
Renaudus, dominus de Pontibus, ligius.
Gaufridus de Malli non est homo domini comitis, sed eidem fidelis de feodo quod tenet de domino d[e ..]...he *(trois ou quatre lettres effacées).*
Armanz de Maugeret, ligius de feodo de Balanzac.
Petrus Baudrans, homo de dominio de Corays.
Andreas Pochere, de dominio de Broce ligius.
Gaufridus Ogerii, de duabus liganciis.
Guillelmus Gaufridus, ligius.
Gaufridus de Malli, ligius.
Gavardeza]de Balanzac, ligia de manerio et pertinenciis de Balanzac.
Gaufridus de Aucence, ligius.
Gaufridus Salemon de Marenia, scutifer, ligius, et fidelitatem fecit de feodo de Broe.
Robertus Vitalis, homo planus et saline Besairansis.

Gaufridus Vigorz, ligius.

Gaufridus de Mauritania, ligius.

Emericus de Rochechoart, vicecomes, ligius.

Emericus filius ejus, ligius de terra uxoris sue et matris sue.

Foqaudus, filius Americi supradicti, ligius de Sancto Magrino et de Xantone.

Guillelmus de Joi, homo planus.

Guillelmus Chatenier, homo planus.

Oliverius de Monte Sanxonis, ligius et planus de dominio Xantonis.

Laurentius, prepositus d'Iers, ligius.

Petrus Andreas, ligius.

Radulphus de Fenoe, ligius.

Emericus Gastent, ligius.

Ernaudus Ligier, ligius.

Hugo Berart, ligius.

Petrus Ogerii, ligius.

Robertus Escharrice, homo planus de feodo de Canpanis.

Gaufridus de Pontibus, filius domini Puncii ligius.

Fulco de Mataz, ligius.

Poncius dominus Mirebelli, ligius.

Gaufridus de Rabayne, ligius de castellania Xantonis.

Helias Theobaldi, ligius de castellania de Marenne.

Chabotus d'Illarant, plenus de feodo d'Auvernau et debet LI. sol. de placito.

Emericus La Crie Xantonis ligius de La Crie Xantonis.

Guillelmus de Faie, ligius.

Guillelmus Archiepiscopi, dominus de Preciniaco, ligius.

Dominus Guido de Laront, ligius de medietate castri de Laront et pertinenciarum.

Rogerus de Laront, scutifer, ligius de alia medietate, sicut est castrum in episcopatu Lemovicensi.

Helias Devers de Talemont, ligius.

Helias Roil, ligius.

Petrus Raimondi de Auzillac.

Hii sunt de castellania Niorti.

Barrolus de Ruppeforti miles, ligius.
Emericus Bonet, ligius.
Gaufridus Gellani, ligius.
Robertus de Pontibus, ligius.
Benodus Hautetot, ligius de dominio de Matac.
Hugo Amici.
Guido de Mautallier.
Nicholaus Popart, ligius scutifer.

Hec sunt nomina [eorum] qui non venerunt facere omagium domino comiti.

Fulco Charriau.
Helias Guichet.
Guillelmus de Briont.
Petrus de Gorniller.

Conpotus factus in festo Omnium Sanctorum, anno Domini M°CC°XL° quarto.

RECEPTA. — Remansit quodnos debuimus de fine conpoti Ascensionis facti apud Fontem-Bliaudi, VIII.$^{c.}$ libr. VI. sol. II. den. — Item de Johanne Auberti, IIII.$^{c.}$ LV. libr. — Item de remanentia denariorum traditorum castellano Xanctonis, pro victualibus emendis, XXVIII. libr. II. sol. VI. den. — Augmenta victualium garnisionum vendita : Pro victualibus venditis apud Sanctum Maxentium, XXXI. libr. X. sol. — Pro victualibus Niorti, LIIII. libr. VI. sol. VII. den. — Pro victualibus Banaon, LXXVIII. libr. et XVIII. sol. — Pro victualibus Surgeriis, IIII.$^{xx.}$ et XIX libr. VIII sol. — Pro victualibus Ruppelle, VII.$^{xx.}$ XI. libr. X. sol. — Pro victualibus Marendi, XV. libr. VI sol. VI. den. — Pro victualibus Ruppeforti, XXXVII. libr. V sol.

Summa victualium : IIII.$^{c.}$ LXVIII. libr. IIII. sol. I. den.

Blada vendita de anno preterito, pro vii^c iiii^{xx} iiii. sextariis venditis apud Pictavim, de quibus xii. sextarii expensi fuerunt pro comitissa Pruvencie et x. sextarii putriaverunt, et vii.^{c} lxii. venditi, cvii. libr. v. sol. vi. den.—Item pro blado vendito apud Sanctum Maxentium, vii.^{xx} xiiii sextarii, de quibus cadit vii. sextarii pro parva mensura de Sançaio, iiii^{xx} et xvi. libr. xvi. sol.—Item pro blado Celle, per G. Bovis, viii.^{cx} xiiii. sextari, de quibus cadit xii. sextarii pro custodia puerorum Johannis Ruffi et fuerunt venditi viii.^{xx} ii. sextarii, iiii.^{xx} libr. xxxii sol. — Item pro blado Niortii, de iii.^{c} xvii. sextariis, vii.^{xx} xiii. libr. xii. sol. — Item pro blado in terra Alnisii, de xxxix sextariis, xvii. libr. — Item pro blado de La Vergne et de Marennia, de lvi. sextariis, xxxviii. libr. vi. sol. ii. den.

Summa bladorum omnium : iiii.^{c} iiii^{xx} xv libr. xi. sol. viii. den., de mv.^{c} xliiii sextariis.

De domino Guidone Senescalli, pro tercia paga, c. libr. — Item de arreragiis debiti domini Hardoini de Malle, c. libr.

Summa totalis : ii.^{m} iiii.^{c} xlvii. libr. iiii. sol. v. den.

Ballivia Pictavensis.

Pro primo tercio prepositure Pictavensis, c. libr. — Pro primo tercio secundi anni terrarum Montis Maurillii et Sancti Savini, c. libr. — Pro primo tercio secundi anni prepositure Monsterolii, ciii. libr. vi. sol. viii. den. — Item pro ultima medietate secundi anni terrarum comitis Marchie apud Pictavim, xxxv. libr. — Pro primo tercio anni terre Petri Boce et Hugonis de Prinçaio, apud (sic) xl libr. Pro quarta paga foreste (deux ou trois mots effacés) lxvi. sol. viii. den. — Item pro quarta paga foreste Monsterolii, lxx. libr. — Item pro tercia paga victurariorum ibidem, c. sol. — Item de easdem (sic), pro quarto de alio mercato, c. sol. — Item pro bosco Ayemerici vendito, c. sol. pro medietate. — Pro tercio terre Remondi de Sancto Martino adfirmate, xxvi. sol. viii. den. — Warnerio de Lorrez pagata. — Pro terra domini Guittardi de Gençaio pro toto, xl. libr., roncinis servicio computatis.

Racheta. — Domina Mondiana, pro racheto balli de Monte Maurilii, pro primo quarto, xxv. libr. — Item de minutis redditibus et serviciis terrarum forefactarum in castellania Monsterolii, iiii. libr. xii. sol. ii. den. — Item de feno vendito in eisdem terris, cxiii. sol. — Item de vindemiis ibidem, vii. libr. xiiii. sol. — Item de vindemia terre Guillelmi de Spinta apud Pictavim et circa, xiii. libr. — Item de vindemia terrarum forefactarum in honore Mortui-Maris, cx. sol.

Summa vindemiarum : xxvi. libr. iiii. sol.

Item de terra Petri La Chevre adfirmata, c. sol. pro toto. — Item de minutis costis terrarum forefactarum circa Pictavim, xix. sol. — Item de talliata terrarum forefactarum circa Mortuum-Mare, xiiii. libr. — Item de feno ibidem vendito, xx sol. — Item de terra P. de Sancto Savino, pro toto anno, xi. libr. — Item de novalibus Moleriarum, de censu, xxxv. sol. — Item de ingressu cujusdam hospitis ibidem, xxx sol. — Item de expletis foreste Moleriarum, xii. libr.

Summa ballivie Pictavensis : vii.$^{c.}$ iiii.$^{xx.}$ xvi. libr. xiii sol. ii. den.

Bladum novum de anno m.° cc° xl° quarto. — Sunt in guernerio Pictavis lxxiiii. sextarii frumenti, vi.^{xx} xiii sextarii siliginis (un blanc de 6 ou 8 lignes). — xi.^{xx} v sextarii tam avene quam ballergie.

Summa omnium bladorum apud Pictavim : iiii.$^{c.}$ xxxii. sextarii, ad mensuram pictavensem.

Sunt in grenario Sancti Maxentii xxxii. sextarii frumenti, iiii.^{xx} et vii. sextarii siliginis, xlii. sextarii avene.

Summa : viii.$^{xx.}$ i. sextarii omnium bladorum, ad mensuram Sancti Maxentii.

Sunt in grenario apud Niortium xxxi. sextarii frumenti, xl. sextarii mixture et siliginis, xlix. sextarii avene.

Summa omnium bladorum : vi.$^{xx.}$ sextarii ad mensuram Niortii.

Sunt in greners *(sic)* Ruppelle, v. sextarii et i. mina frumenti, xviii. sextarii et i. mine *(sic)* mixture, iii. sextarii et i. mine avene.

Summa : xxvii. sextarii et i. mine omnium bladorum, ad mensuram Ruppelle.

Sunt apud Lavergne, xxx. sextarii mixture ad mensuram Xanctonis.

Summa totalis : vii$^{c.}$ lxx. sextarii, i. mine.

Ballivia Niortii. — Pro primo tercio prepositure Niortii, cvi. libr. xiii. sol. iiii. den. — Pro primo tercio Frontenaii, lxvi. libr. xiii. sol. iiii. den. — Pro primo tercio de Prahic, lx. libr. — Pro primo tercio domini Guidonis de Ruppeforti adfirmate apud Vilaria, xx. libr. — Pro primo tercio de Coluns adfirmato, vi. libr. xiii. sol: iiii. den. — Item pro primo tercio de Chervox, xxxiii. libr. vi. sol. viii. den. — Item de censibus et talliatis terrarum forefactarum circa Sanctum Maxentium, xxii libr. vi. sol. v. den. — Item de terra Sançaii in pedagiis, censibus et minutis aliis redditibus, xix. libr. x. sol. iiii.$^{or.}$ den. — Item de terris forefactis circa Bauceium de censibus, talliatis et minutis costumis, xiii. libr. — Item de censibus apud Vilaria, xix. den. — Item de terris forefactis circa Frontenaium, et ibidem de censibus et minutis costumis, xviii. libr. ii. sol. vii. den.

Summa censuum, talliarum et minutarum costumarum : lxxiii. libr. xi. den.

Item de feno vendito apud Sanctum Maxentium et Sançaium, viii. libr. — Item de feno vendito apud Frontenaium, iiii. libr. xiii. sol. — Item de terrarum forefactarum *(sic)* apud Sanctum Gelasium, xl. sol. de feno.

Summa feni : xiiii. libr. viii. sol.

Item de vindemiis venditis apud Sanctum Maxentium et Sançeium, de terris forefactis, xliiii. libr. — Item de terra circa Bauçeium, de vindemiis venditis, xxx. sol. — Item de vindemiis apud Frontenaium et circa, xix. libr. xvi. sol.

Summa vindemiarum : lxiiii. libr. vi. sol.

Item de terris Aymerici Gaiffart Radulpho Bigot adfirmatis apud Sanctum Maxentium et Vilers, viii. libr. vi. sol. viii. den. — Idem pro primo tercio terre Gaufridi de Balleria apud Sanctum Maxentium, xi. libr. xiii. sol. iiii. den. — Pro primo tercio Hugonis Chacebof apud Sanctum Maxentium et Vilers, c. sol. — Pro primo tercio terre Johannis Gorjaut apud Chenaiam, l. sol. — Pro primo tercio Aymerici Clareti apud Sanctum Maxentium et Begouin, x. libr. — Pro primo tercio Aymerici Gumbaut adfirmato, c. sol. — Pro primo tercio Hugonis de Baissi, c. sol. — Pro primo tercio secundi anni de terra Sancti Gelasii, xxv. libr. — Pro primo tercio terre Rupis-Malemonde, vii. libr. — Pro remedio terre Johanni *(sic)* Raiole de Rasquestene, lxx. sol. — Pro primo tercio Johanni Raiole apud Sançeium juxta Frontenaium, ix. libr. vi. sol. viii. den. — Pro medietate terre Gaufridi de Sirré apud Mazuis, c. sol. — Pro medietate terre P. Desiderati apud Bacees, x. libr. — Pro tercio primo istius anni terre Aymerici Th...., c. sol. — Pro primo tercio terre Johannis Ruffi apud Niortum, iiii. libr.

Summa terrarum affirmatarum : cxvi. libr. vi. sol. viii. den.

Nemora vendita. — Pro bosco Ayemerici Ruffi, vi. libr. — Pro ultima paga bosci Ferrandi, x libr. — Pro duabus partibus ultime page nemoris Hugonis Chaceporc, xliii. sol. vi den. — Pro secundo tercio bosci Hugonis de Baissi, c. sol. — Pro ultima paga bosci de Malliaco, xl. sol. — Pro prima paga nemoris de Veceria, pro primo tercio, viii. libr. xvii. sol. ix. den.

Summa : xxxiiii. libr. ii. sol. iii. den.
Item de ballo Beerum, vii. libr. iiii sol. x. den.

Racheta servitia.

De terra Petri de Plessiaco, lx. sol. de roncino, et l. sol. de placito. — De terra filii Ricardi Brochardi, lx. sol. pro roncino. — Item de P. Gorjaut, lx. sol. de roncino. — De hominibus de Grosso-bosco, l. sol. de honoramento. — De terra Simonis de Lalliaco, de feodo de Chervix, lx. sol. de roncino. — De preposito de Begouin, lx. sol. de roncino, de eodem feodo. — Item de Hugone de Bernagoe, vii. libr. x. sol. de racheto, de eschaancia patris sui. — De Raginaldo de Perata, pro ballo terre Radulphi d'Affre, xl. libr. — De terra Hugonis Pager, iiii. libr. pro eschaancia patris sui. — De domina Paucia, xv. libr. de placito pro toto, pro mutatione viri sui. — De Johanne Guepelin, xxv. sol. pro quadam sirventeria. — De P. Mechin, xxx. sol. de placito. — De Warnerio de Bocheto, lx. sol. de placito.

Summa.....[1] iiii^{xx} xii. libr..... sol.

Summa totalis ballivie Niortii et Sancti Maxentii, vi.$^{c.}$ iiii$^{xx.}$ xi. libr. v. sol. iiii. den.

BALLIVIA ALNISIENSIS. — Pro primo ultimo *(sic)* tercio prepositure Rupelle, primi anni, in termino Assumptionis beate Marie, v$^{c.}$ xxxiii. libr. vi. sol. viii. den. — Pro ultimo tercio terre Alnisii in eodem termino, iii$^{c.}$ iiii.$^{xx.}$ libr. lxvi. sol. viii. den. — Item pro primo tercio prepositure Banaon, lxxvi. libr. xiii. sol. iiii. den. — Item de prioratu de Aunes, c. sol. — Item pro primo tercio prepositure Talnaii in Voltone, xl libr. — De vendatione *(sic)* foreste Banaon, lxii. libr. x. sol. pro medietate anni. — Item pro primo anno tercio *(sic)*, Guillelmus Xantonis et Guido de Monte Aler, vi. libr. iii. sol. iiii. den. — Item de terra Aymerici de Rupe in

---

1. Les points indiquent des mots effacés.

redditibus, xxiiii. libr. pro toto anno. — Item de talliatis, redditibus et minutis costumis terrarum forefactarum, xxi. libr. xvii. sol. xi. den. — Item de feno vendito terrarum forefactarum, xviii. libr. v. sol. — Item de terra Warnerii Xanctonis, dotibus ibidem statutis et expensis cujusdam pueri solutis, ix. libr. v. sol.

Item de vindemiis venditis in Alnisio, ix^{xx} xii. libr. iiii. sol. — Item de terra Helie Gerberti, maritagio sororis ejus soluto, et domino Ayemerico de Bernazaio, xv. libr. xviii. sol. iii. den.

RACHETA ET SERVICIUM. — Guiotus Serpentini, xl. libr. de racheto in magno feodo Alnisii. — De Raginaldo de Foresta, x libr. de racheto in feodo de Furellis. — Item pro ultima medietate P. Chaboti, xxx. libr. de racheto. — Item Stephanus de Poello, xv. libr. de racheto.

Summa : iiii.^{xx} xv. lib.

Item de debito Galteroni de Toréne, xii. libr. — Item de expletis foreste Banaon, xiiii libr. per manum Guidonis de Hispania, pro tercio garde castri Surgeriarum, xlvi. libr. xii. sol. vi. den.

Summa totalis ballivie Alnisiensis : mv^c lxvii. libr. iii. sol. viii. den.

Ballivia Xanctonensis.

Pro primo tercio prepositure Sancti Johannis, xliii. libr. vi. sol. viii. den. — Pro primo tercio Crucis-Comitisse, xxvi. libr. xiii. sol. iiii. den. — Item pro primo tercio terre de la Charrere, lxvi. sol. viii. den.; pro locatione domorum P. Minet, pro medietate molendini, vi. libr. xii. sol. iiii. den. — Item pro primo tercio prepositure Xanctonis secundi anni, vi.^{xx} viii. libr. vi. sol. viii. den. — Item pro dimidio molendini non adfirmato super pontem Xanctonis, c. sol. — Pro primo tercio secundi anni de Ramiete et de Ramegoz, xi. libr. vi. sol. viii. den. — Pro primo tercio de Faiole, xiii. libr. vi. sol. viii. den. — Pro primo tercio de Roberono,

xxi. libr. xiii. sol. iiii. den. — Pro tercio molendini Fulconis Richerii, xxx. sol. — Pro primo tercio bladi et vini Campanie, xx libr. — Pro primo tercio ripagii sancti Johannis de Angelo, lxvi sol. viii. den. — Item de ripagio de salis et de borseriis (?) Sanfoant, liiii sol. xi. den. — Item de ripagio Sancti Anianii, lv. sol. ix. den. — De ripagio Sancti Saturnini, xiii. sol. viii. den. — Item de terra domine Contor, c. sol. pro tercio. — Item de arreragio ejusdem terre, vi. libr. — De terra Andre Pocheran pro primo tercio, vi. libr. xiii. sol. iiii. den.

De talliatis abbatisse Xanctonis, in festo sancti Michaelis, viii.$^{xx.}$ xv libr. — De talliatis Sancti Aniani, vii. libr. in termino sancti Johannis. — Item ibidem in festo sancti Michaelis, l. libr. — De talliatis Campanie in festo sancti Michaelis, xlii. libr. x. sol. — Item ibidem, iiii. libr. talliatarum in termino sancti Johannis.

Summa talliatarum : ii.$^{c.}$ lxxviii. libr. x. sol.

Item de terra Warnerii de Forz apud la Trossere, vi. libr. pro tercio. — Petrus de Porta, civis Xanctonensis, pro portis et ponte Xanctonis faciendis, xv. libr. — Item de minutis costumis terrarum forefactarum, iiii. libr. vi. sol.

Item de hospitibus de Castro-Nervi, vi. libr. xv. sol. iiii. den. — De hospitibus de Lavergnee, xxiii. sol. — De hospitibus de F.... vi. libr. vii. sol. ix. den. — De hospitibus de Sancta Gemma, iiii. libr. vii. sol.

Summa hospitum : xviii. libr. xiii. sol. i. den.

Item pro doliis venditis apud Lavergne, xiii. libr. iii. sol. — Pro feno vendito, lxxviii. sol. — Item pro redempcione decime de Bausaio, xxiiii. libr. — Item de vindemiis terrarum forefactarum in Marognia et apud Lavergne et apud Sanctum Johannem Angeliacensem, xlii. libr. xvii. sol. vi. den. — Item pro venda cujusdam saline G. de Niolio, l. sol. — Item de minutis talliatis et costumis, iiii. libr. xi. sol. — Item de vendicionibus forefactarum Baconesii, per manum A de Silvanectensis et R. Clerici, iii.$^{c.}$ xxxiiii. libr. v. sol.

Racheta de Helia de Chesac, lx. sol. — De quodam valleto domini G. de Rancone, xxx. sol. — De Petro Prepositi, x. sol.

Summa racheti : c. sol.

Item de expletis foreste Baconesii, per manum Roberti de Lavergne, cx. sol. vi. den.

Summa ballivie Xanctonis : m. et lxvi. libr. et x. sol. et ix. den.

Item de expletis tocius ballivie, iii^c xx. libr. turon.

Summa ballivie *(sic)* : iiii.^{m} iiii.^{c} xxxv. libr. xii. sol. xi. den.

Summa totalis cum arreragiis, victualibus, vendis et debito domini Hardoini et Johannis Auberti : vi.^{m} viii.^{c} iiii.^{xx} libr. lvii. sol. iiii. den.

Expensa in compoto Omnium Sanctorum anno Domini
m°cc°xl° quarto.

Liberationes : — Pictavis, xiiii. sol. ii. [den.] turon. per diem. — Sanctus Maxentius, xvi. sol. viii. den. per diem. — Niortii, xxxvii. sol. ii. den. per diem. — Banon, xii. sol. xi. den. per diem. — Ruppella, xliiii. sol. ix. den. per diem. — Sanctus Johannes Angeliacensis, vii. sol. ix. den. per diem. — Surgerie, xii. sol. i. den. per diem. — Poiole in foresta Molleriarum, vii. sol. iii. den. per diem. — Guido de Hyspania, in foresta Banaon, v. sol. per diem. — Robertus de Lavergne, in foresta Baconesii, pro se et servientibus, iiii. sol. per diem. — Adam Silvanectensis et Raginaldus *(mot en blanc)*, vendatores ibidem, v. sol. per diem.

Summa predictarum liberationum per diem, viii. libr. vi. sol. ix. den. turon., a nativitate beati Johannis Baptiste usque ad octabas Omnium Sanctorum, de vi.^{xx} xvii. diebus, xi.^{c} xlii. libr. iiii. sol. ix. den.

Garnisiones castri Xanctonis, lxvii. sol. iii. den. per

diem. — Garnisio pontis Xanctonis, xiii. sol. ix. den. per diem.

Summa istarum liberationum, iiii. libr. xii. den. per diem, de vii. diebus usque ad octabas Omnium Sanctorum, xxviii. libr. vii. sol.

Summa : xi.$^{c.}$ lxx. libr. xi. sol. xi. den.

Feoda apud Pictavim : Gaufridus Morin, vii. libr. x. sol. pro medietate. — Elemosine ibidem : Fons Ebraudi, xxv. libr. pro medietate. — Feoda apud Ruppellam : Guillelmus Mangot, cxvi. libr. xiii. sol. iiii. den., pro tercio. — Elemosine ibidem : Archiepiscopus Burdegalensis, pro tercio, xiii. libr. vi. sol. viii. den. — Item ibidem Fons-Ebraudi, xv. libr. pro medietate. — Item ibidem abbatia Sancti Leonardi, xii. libr. x. sol. pro medietate. — Item ibidem Templum, c. sol. pro medietate. — Item in magno feodo Alnisii, abbatia de Valencia, cl. libr. pro toto anno. — Item feoda in Xanctone : Gaufridus de Ponte, ii.$^{c.}$ libr. pro toto anno. — Item ibidem, Poncius de Mirabello, ii.$^{c.}$ libr. pro toto anno. — Item Drogo de Monte Auserii, l. libr. pro toto anno, ratione menagii. — Item Gaufridus de Mauritania, l. libr. pro toto anno. — Item elemosine : cappellano de Lavergne, x. sol.

Summa feodorum et elemosinarum, viii.$^{c.}$ xlv. libr. x. sol.

Pro victualibus positis in garnisione castri Xanctonis, iiii$^{xx.}$ xi. libr. xii. sol. — Item pro factionibus vinearum que sunt ante castrum Xanctonis, per manum castellani, de primo anno, ix. libr. xiiii. sol. — Item pro locatione domus pontis Xanctonis pro medietate, lxx. sol. — Item pro salinis reparandis et sale domini comitis tegendo, x libr. — Item prepositis pro mense septembri, episcopo Xantonis excambiato, xviii. libr.. — Item eidem episcopo, c. sol. pro dicto escambio, in termino Omnium [Sanctorum]. — Item pro equis domini comitis emptis apud Ruppellam, pro se, et missis in Franciam de Rulliaco, viii.$^{xx.}$ libr. vi. sol. vi. den. — Item pro garennis Pictavis, Niortii et Frontenaio per annum, xv.

libr.— Item pro presentibus factis domino Federico Pate per castellanum Sancti Johannis Angeliacensis et Radulphum de Aneto, lxx. sol. — Item pro pejoratione cujusdam palefredi sibi traditi, ducti apud Sanctum Jacobum, iiii. libr. — Item pro presentibus factis per castellanum Sancti Johannis d'Aci Angeliacensis domino R. Daci, xxxiii. sol. — Item pro malefactoribus capiendis et custodiendis, x. libr.— Item pro locatione guerneriorum Niortii, viii. libr.—Item pro locatione guernerii per G. Bovis apud Cellam, xl. sol. — Item pro locatione guarnerii apud Sanctum Maxentium, xl. sol. — Item pro guerneriis Pictavis et blado removendo, xl. sol.

Summa guarneriorum : xiiii. libr.

Item pro asino quodam domino P. Tricani empto, viii libr. — Item super terram Ayemerici Magaud, abbati Sancti Cipriani, lx *(sic)* de elemosina. — Pro expensa bladi Monsterolii et Mortui-Maris, et ducendi apud Pictavim, colligendi, iiii. libr. — Pro victualibus Pontis apud Banaon in guarnisione, xiiii. libr. ii. sol.— Item magistro Laurentio attilliatori, viii. libr. xv. sol. ii. den. pro ballistis, pro quo reddit domino comiti vi. balistas novas de cornu, et vi. sunt reparate.

Summa : iii$^{c.}$ iiii.$^{xx.}$ iiii libr. ii. sol. viii. den.

Opera pro quadam granchia apud Champaniam et de novo facta, pressorio et domo tegenda et reparanda, xx. libr. — Item pro operibus Niortii, castri Niortii, vi. libr. xviii. sol. x. den. — Item pro operibus domorum Crucis-Comitisse, xxx. sol. — Pro operibus factis in castro Sancti Johannis Angeliacensis, xlv. sol.—Pro quodam apentatio facto in castro Pictavis, xiiii. libr. — Item pro operibus factis in domo domini comitis, apud Pictavim, l. libr. iiii. sol. iii. den. usque ad dominicam ante festum Symonis et Jude.

Summa operum : iiii$^{xx.}$ xiiii. libr. xviii. sol. i. den.

Item pro expensis Ade Panetarii, ab Ascensione Domini usque ad octabas Omnium Sanctorum, xx. sol. turon. per diem, de viii.$^{xx.}$ xiii. diebus, viii.$^{xx.}$ xiii. libr.

Summa expensarum : ii.ᴹ· viᶜ· lxviii. libr. ii. sol. vi. den.

Restat quod debetur domino Comiti : iii.ᴹ· viiiᶜ· iiiiˣˣ· xi. libr. xii. sol. iii. den.

Compotus domini regis in dicto termino.

Recepta, pro medietate redemptionis prisonariorum, de Vilaribus, iiᶜ xxx. libr.—Item de redemptione domus domini Eblonis de Ruppeforti, vᶜ· lxx. libr. et quite *(sic)*.

Summa : viiiᶜ lib.

Expensa. — Liberationes : Merpin, xxx. sol. ii. den. per diem.— Castrum-Achardi, xv. sol. v. den. per diem. — Gerbertus Erberti, iii. sol. per diem.

Summa : xlviii. sol. vii. den. per diem, a nativitate beati Johannis Baptiste usque ad octabas Omnium Sanctorum, de vi.ˣˣ· xvii. diebus, iiiᶜ· xxxii. libr. et xv. sol. xi. den.

Restat quod debetur domino regi : iiiiᶜ· lxvii. libr. iiii. sol. i. den.

Expleta conputata in compoto Omnium Sanctorum, anno Domini mºccºxlº quarto.

Andreas de Sales et socii ejus, xxx. libr. pro reccellatione cujusdam naufragii navis.

Gondardus, de terra domini G. de Mauritania, x. libr. pro assecuratione sibi facienda, jus patiendo de sponte.

Berardus de Rancones, c. sol. *(Un blanc.)*

Gonbaudus de Balenzac, x. libr. pro dessevramento calfagii furni sui faciendo. — Hugo Prin, xv. libr. quia quemdam monachum de Sancto Severino vulneraverat in pratis abbatis Sancti Severini, et de hoc pacificatum est.

Petrus de Vizec xx. libr. quia posuerat feodum suum in manu ecclesie.

Salvaricus de Sivraio, x. libr. de sponte, pro recredatione terre sue sibi facienda.

Karolus Trachart, vi. libr. quia arrestavit quemdam hominem in camino domini comitis.

Gaufridus Polcin, vi. libr. quia explectabat terram forefactam sine licencia comitis.

Homines de Chenpau, viii. libr., quia quemdam servientem domini comitis Pictavensis, scilicet G. de Sancto Lupo, verberaverunt.

Prior de Fonte Alluie, x. libr. pro quodam homine insano, qui occidit quamdam mulierem et ivit ultra mare.

Guillelmus Arrabi, miles, c. sol. quia defecit de jure quibusdam quadrigariis, quos servientes ejus verberaverunt in via publica.

Constantinus de Sancto Benedicto, c. sol. pro saisina facta et pro conviciis que ipse fecit servienti domini comitis.

Aimericus de Gourgi, c. sol. pro deliberatione terre sue.

Quidam homo de Sancto Maxencio, c. sol. quia evulserat oculum cuidam homini et inde pacificavit sine licencia justicie.

Guillemus Vendier, vii. libr. x. sol., quia dicebatur quod ipse fuerat apud Lezegniacum in garnisione.

Simon de Lailli, vii. libr. quia ipse non fecit suum debere domino comiti, quando debuit.

Quidam capellanus de Monte Maurillii, c. sol. pro deliberatione terre patrimonii sui.

Prepositus de Begauin, c. sol. quia non fecit suum debere comiti, quando debuit.

Johannes de Pertot, c. sol. pro debito suo habendo.

Roque d'Engle, miles, c. sol. pro dote sororis sue deliberanda.

Gaufridus Tallet, x. libr. pro debito habendo.

P. Haumer, x. libr. pro debito habendo.

Tres homines de Nannes, c. sol. pro saisina fracta.

Gaufridus d'Argnat, lx. sol. pro debere suo quod celaverat.

Guillelmus Boce, c. sol. pro debere suo quod celaverat.

Foucher de Pindrai, c. sol. pro debere suo quod celaverat.

Hugo Baboin, lx. sol. pro debere et homagio suo recelato.

Harnulphus Dandin, ix. libr. de voluntate sua.

Guillelmus Borde, c. sol. pro contentione cujusdam nemoris de quo cecidit in jure.

Gaufridus Guerru, x. libr. pro quodam falso judicio quod uxor ejus fecit fieri de quodam homine suspendendo.

Homines de Sivaux, c. sol. pro usagio cujusdam nemoris habendo.

Gaufridus Prevout, l. sol. pro falsa querimonia quam fecit.

Stephanus Davi, c. sol.

Guillelmus Marin, vii. libr. x. sol. pro portione hereditatis cum fratre suo facienda.

P. Vilain, vii. libr. x. sol. pro fractione cujusdam ecclesie de qua appellabatur.

Guillelmus de Sanceio, l. sol. pro saisina fracta.

Aimericus de Villa, vii. libr. xii. sol. quia se faciebat servientem de ballivia, cum non esset.

Giraud Runaut, c. sol. pro saisina fracta.

Prior de Monte Maurillii, lx. sol. pro quadam muliere, pro qua se obligavit plegium.

Quidam barbator de Rupella, c. sol. pro deliberatione domus sue.

Summa dictorum expletorum : iii.$^{c.}$ xx. libr.

Hii sunt redditus magni feodi.

De Johanne clerico, xx. sol. de suo man[erio, de termino] Omnium Sanctorum.

De Maria Ogerii, iii. sol. sus sun maneir.

Theobaldus Godart, vi. den. de son maneir.

De Daviot, ii. sol. de son maneir.

De P. de Poiliboreau, ii. sol. de son maneir.

De Pasquier de Bous, xiiii. sol. — Icels cens est de la balliée de Cheuces.

La veille de la Toz Sainz, xiiii. sol. et vii. den. de cens de la balliée de Marcillé.

Le jor de la saint Martin, de Pe. de Faye, i. henap d'argent et uns esperons dorez et une maalle d'or, de la praariee de la Fonteigne Hugon.

Le cens de le jor de saint Nicholas, diner xx. sol., une maalle d'or de Marcillé et de Saint Xandre.

Le cens de Merlin de Morrei, xxxvi. sol. et xxiiii. galines et i. chapon, et est en la balliée de Cheuces.

Dou cens do Noau de Marcillé et de Nioil, xxxv. solz. et vi. den. et xxxiiii. galines de cens de La Rochelle et de Saint Morice, de garenia de Amiot.

Por le terz de la ferme de Marcillé, xiii. liv. vi. solz. viii. den. — Do terz de la ferme de Cheuces, de Johanne de Montibus, vi. libr. xiii. sol. viii. den

Le jor de la Chandelor, xvii. libr. et demie de cere de Chateni et çou meisme jor, de Savari Bonaut, ii. solz de cens.

Le cens de Pasques apud Nioil, de Bertran Birot, ii. sol. vi. den. — De Johan de Monz, vi. den. — De Johan Baudon, ix. den. — De Giraud Baudon, ix. den. — Summa : iiii. sol. vi. den.

Census de Rogationibus, xii. sol. i. den. de frecengagio.

Do cens de Pasques, de Morroy, de Johan Le Clerc, x. sol. — De freceniage, iiii. libr. xix. den. — De la ferme de Marcillé, xiii. libr. vi. sol. viii. den. — De la ferme de Cheuces, vi. liv. xiii. s. et iiii. den. turon.

Le jor de la saint Jahan Baptiste, xii. den. de cens de la balliée de Cheuces. — Le cens de la saint Christofle, x. sol. et i. den. — Le cenz des prez de saint Christofle, le jor de la saint Pere de lians, v. sol.

Le cens de Cheuces, à la saint Estiene, xi. sol. v. den.

Le cens de Cheuces, à la saint Oen, xxv. sol. viii. den.

Içou est de cens do grant fé, à la saint Michel, viii. libr. ii. solz. et ix. den., excepté v. solz. les quaus donoit Jofroy, li filz le conte. — Le cens de Marcillé, à la saint Michel, xxiiii. sol. — D'Arbaut, à la saint Michel, vii. libr. xiiii. sol. et viiii. den., et de la Blanchetire, xiiii. boisseaus, et xix. boisseaus de mesture.

De la taille de Nioil, c. libr. in festo sancti Johannis, solvendas in Assumptione beate Marie.

De la queste de Nioil, xii. livr. xii. solz. — De la queste au prône, viii. liv. ix solz. — De la queste de Marcillé et de Lentillé, xxi. libr. xi. s. — De la queste d'Esnende, vii. livr. iiii. solz. minus. — De la queste de Saint Xandre xl. solz. — De la ferme de Marcillé, xiii. liv. vi s. et viii. den. — De prioré d'Esnende, x. libr. à la saint Johan Baptiste — De la tallée de la balliée de Cheuces, lx. livr. — De la queste de Cheuces, xx. livr. xviii. sol. — De la ferme de Cheuces, vi. lib. xiii. sol. et iiii. den.

Do blé de Cheuces de de Arbault, v. sexters, et do blé de Marcillé, iii. sexters, une mine et ii. boisseaus et le terz de i. boisseau. — De la veigne de Marcillé, xxx. reses. — Des hospitalers, ii. sexters checun an.

Do vin de Poiboet, vii. mois. — Do fé de la Blanchetere, v. mois et demi.—De censu de Clausa, v. sol. à la Toz Sainz.

Summa, sine blado et vino et terris pratis : iii^c· xli. libr. ii. sol. iii. den., et cum blado iii.^{c} lxii. libr. v. sol. ix. den.

Agricultura ad iiii^{or}· boves et prata tradita, circa x. libr. et feodum de Brollio ad xvi. modios vini, circa xvi. libr.— Feodum de Podio Liboreau, circa xxv. libr.

Terra de Danperre, la vinée circa lx. libr. De procurationibus, xlv. libr. ; ad la saint Michel herbargement W. Renaut, i. galine sor dos homes à la dime des oelles ou d'autres bestes. — Peire de Lardreere, iiii. sol. dou feu monsor

Hugon d'Alemeigne. — Hemeri de Danpeire, I. besanz. Summa : vII.^xx. xvI. libr. xII. sol.

Summa de la valor dou grant feu, en cens, en tallées, en rentes, en terres, en vignes, environ v.^c. xx. livr., excepté la vinée, le conplant.

Compotus Candelose anno Domini M°CC°XL°IIII°.

Remansit quod Adam Panetarius debuit de fine compoti Omnium Sanctorum, III.^M. c. et xIII. libr. xIIII. sol. x. den.

Recepta de terris Montis Revelli, per Stephanum Parisii, a media quadragesima, anno Domini M°CC°XL°III°, usque ad festum beati Andree, anno M°CC°XL°IIII° : L. libr. v. sol. III. den. turon.

De domino Guidone Senescalli pro quarta paga, c. libr., pro tercio garde castri Surgeriarum, xLVI. libr. xIII. sol. IIII. den., de denariis computatis ex parte domini regis, IIII^xx. libr. super operibus Xanctonis. — Item de victualibus primo positis in garnisione Xanctonis venditis, L. libr. Ix. sol. IIII. den.

Summa : III.^c. xxvII. libr. vII. sol. xI. den.

Recepta de domanio domini comitis Pictavensis ante guerram, de prepositura Pictavensi, pro secundo tercio, c. libr. — De panagio foreste Molleriarum, vI.^xx. vII. libr. x. sol. — De prepositura Niortii, pro secundo tercio, cvI. libr. xIII. sol. IIII. den. — De racheto Hugonis Jodoini, xxxvII. libr. x. sol. — De ballo Boorunni, vIII. libr. xvI. sol. II. den. — De prepositura Banaonis, LxxvI. libr. xIII. sol. IIII. den. — De panagio foreste Banaonis, II^c. libr. — De prepositura Ruppelle, pro secundo tercio secundi anni, v.^c. xxx. III. libr. vI. sol. vIII. den. — De prepositura Sancti Johannis Angeliacensis, pro secundo tercio, xLIII. libr. vI. sol. vIII. den. — De firma Judeorum ibidem commorantium, pro toto anno, xL. libr. — De expletis foreste de Banaon, xIIII. libr. xIII. sol. IIII. den.

Item pro racheto de domina Mondiana, xxv. libr. pro secunda paga.

Summa : xiii^{c.} xiii. libr. ix. sol. vi. den.

Conquesta super domanium comitis Marchie. De prepositura Monsterolii, pro secundo tercio secundi anni, c. et iii. libr. vi. sol. viii. den. — De foresta Monsterolii, pro quinta paga, lxx. libr. — Item de bosco de Valle-Maingo vendito per J. Auberti, xl. libr. pro prima paga. — De panagio ejusdem foreste, viii.^{xx.} libr. — De terra de Cherveox, pro secundo tercio presentis anni, xxxiii. libr. vi. sol. viii. den. — De Sançaio xi. libr. — De secundo tercio Frontenaii, lxvi. libr. xiii. sol. iiii. den. — De secundo tercio de Prahie, lx. libr. — De secundo tercio de Colons, vi. libr. xiii. sol. iiii. den. — De magno feodo Alnisii, iii.^{c.} iiii^{xx.} libr. lxvi. sol. viii. den., pro secundo tercio secundi anni. — De prepositura Talnaii in Voltunne, pro secundo tercio, xl. libr. — De terra Crucis-Comitisse, pro secundo tercio, xxvi. libr. xiii sol. iiii. den. — De prepositura Xanctonis, pro secundo tercio secundi anni, vi.^{xx.} viii. libr. vi. sol. viii. den. — De terra Ramete et Ramegoz, pro secundo tercio, xi. libr. vi. sol. viii. den. — De minutis redditibus et costumis novalium circa La Vergne, lviii. sol. iiii. den. — De panagio foreste Baconesii, vii.^{xx.} libr. lviii. sol. — De expletis ejusdem foreste, xxx. sol. — De minutis ripagiis et sextis et estanchgeriis, xi. libr. iiii. sol. x. den. — De terra domine Contor, c. sol. pro tercio. — Item de venda foreste Baconesii, per manum Ade Silvanectensis, cxix. libr. v. sol.

Summa conqueste super domanium comitis Marchie : xiiii^{c.} xxiii. libr. ix. sol. vi. den.

Terre forefacte :

De secundo tercio terre Petri Boce et Hugonis de Prinçaio apud Oblinqum, xl. lib. — De secundo tercio secundi anni terrarum Montis Maurilii et Sancti Savini, c. libr. — Terre forefacte circa Mortuum Mare, in minutis redditibus, xx. libr. viii. sol. x. den. — De terra Audeberti de Tremolia apud

Pictavim, pro toto anno, vi. libr. — De terra Raimondi de
Sancto Martino, xiii. libr. vi. sol. viii. den. pro secundo
tercio. — De minutis redditibus et costumis terrarum forefactarum circa Monsterolium, cviii. sol. v. den. — De
terra Guernerii de Corceio, c. sol. pro toto. — De minutis
redditibus et costumis terrarum forefactarum circa Pictavim,
viii. sol. — De minutis redditibus et costumis terrarum
forefactarum circa Sanctum Maxentium et circa Sanctonem,
xxviii. libr. xi. sol. iiii. den. — De terra Gaufridi de la Bellere adfirmata, pro tercio, xi libr. xiii. sol. iiii den. — De terra
Ayemerici Clareti adfirmata, x. libr. pro tercio. — De terra
Ayemerici Chaiffart, pro tercio, iiii. libr. iii. sol. iiii. den.—
De terra Ayemerici Gunbaudi, pro tercio, c. sol. — De terra
Hugonis de Baissi apud Cherveux, pro tercio, c. sol. — De
terra Reginaldi Bigot apud Malliacum, iiii. libr. iii. sol. iiii.
den. — De bosco de Veceria, pro secunda paga, viii. libr.
xvii. sol. vi. den. — De bosco de Boc-Estene, liii. sol. iiii.
den. — De bosco Briandi Chabot, pro tercio, lxvii. sol. viii.
den. — De terris forefactis circa Sanctum Gelasium adfirmatis, pro tercio, xxv. libr. — De terra Constantini de Sancto
Gelasio, pro primo tercio, c. sol. — De terra de Ruppe Male-
monde, pro secundo tercio, vii. libr. — De minutis redditibus terrarum forefactarum circa Chevex, xv. sol. — De
terris forefactis circa Baucaium et Veceriam, in minutis redditibus, cxviii. sol. ix. den. — De terra domini Guidonis de
Ruppeforti apud Vilers, pro tercio, xx. libr. — De minutis
redditibus terrarum forefactarum ibidem, xxxv. sol. —
De terra Aymerici Theobaldi, c. sol. pro tercio. — De
terris forefactis circa Frontenaium, in minutis redditibus
et costumis, vi. libr. xiii. sol. v. den. — De terra Johannis Raiole, pro tercio, ix. libr. vi. sol. viii. den. — De terra
Hugonis Gorgaudi, pro tercio, xvi. sol. viii. den. — De terris
Warnerii de Forz et Briandi Chaboz circa Surgerias, in minutis costumis et redditibus, xv. libr. viii. sol. iii. den. —
De terra Gaufridi, filii comitis, apud Cheuces, cx. sol. in mi-

nutis costumis et redditibus, de quadam dote ibidem ex causu *(sic)* xx. libr. de anno preterito. — De escheeta uxoris P. de R....e*(effacé)* pro insulla de Ollerone, xxiiii. libr. de termino preterito. — De quadam platea in Perroto, apud Ruppellam, c. sol. — De terra Johannis Raiole apud La Charrere, pro tercio, lxvi. sol. viii. den. — De terra Petri Minet, apud Sanctum Johannem Angeliacensem, cx. sol. i. den. — De terra Warnerii Xanctonis et Guidonis de Monte Alerii, pro tercio, vi. libr. xiii. sol. iiii. den. — De blado et vino Campanie affirmato, pro tercio, xx. libr. — De terra de Riberon, pro tercio, xxi. libr. xiii. sol. iiii. den. — Pro tercio molendini Fulcherii Richarii, xxx. sol. — De minutis redditibus Campanie, iiii. libr. xiiii. sol. — De terra Inberti de Forz apud Faiole, xiii. libr. vi. sol. viii. den., pro tercio. — De terra Andree Pocheron, pro tercio, vi. libr. xiii. sol. iiii. den. — De terra Warnerii de Forz apud l'Artuisere, vi. libr. — De terra Oliverii de Chales apud Mauritaigne, iiii. libr. vii. sol. — De terra Warnerii de Forz apud Arvert, xiii. libr. vii. sol. — De terra Johannis Renaut apud Pontem Labé, pro toto anno, lx. sol. — De terra Gardras de Vars, de blado vendito de anno preterito, lix. sol. — De terra Johannis et Ayemerici de Soneville, xxx. libr. pro toto. — Item de terris forefactis circa Ruppefortem, xxv. sol.

Summa terrarum forefactarum : v$^{c.}$ lxxv. libr. x. sol. minus i. den.

De expletis ballivie : vi.$^{xx.}$ ix. libr.

Totalis summa ballivie : iii.$^{u.}$ iiii$^{c.}$ xli. libr. viii. sol. xi. den.

Item de arreragiis compoti Omnium Sanctorum : vii.$^{c.}$ xiiii. libr. xiiii. sol. x. den.

Item remanentia operum Xanctonis, de garda castri Surgeriarum, de denariis Guidonis Senescalli, et victualibus Xanctonis venditis, iii.$^{c.}$ xxvii. libr. vii. sol. xi. den.

Summa totalis : iiii$^{M.}$ iiii$^{c.}$ iiii$^{xx.}$ libr. lxxi. sol. viii. den.

Expensa in compoto Candelose anno Domini M°CC°XL° quarto.

Liberationes : — Pictavis, xiiii. sol. ii. den. per diem. — Sanctus Maxentius, xvi. sol. viii. den. per diem. — Niortum xxxiiii. sol. et viii. den. per diem. — Banaon, xii. sol. xi. den. per diem. — Ruppella, xlii. sol. ix. den. per diem. — Castrum Xanctonis, xli. sol. v. den. per diem. — Pontes Xanctonis, vi. sol. viii. den. per diem. — Sanctus Johannes Angeliacensis, vii. sol. ix. den. per diem. — Surgerie, xii. sol. i. den. per diem. — Item Preiole, in foresta Molleriarum, vii sol. iii. den. — Guido de Hispania, in foresta Banaon, v. sol. per diem. — Robertus de Lavergne cum iiii^{or.} servientibus in foresta de Baconesio, iiii. sol. per diem.

Summa liberationum predictarum : x. libr. v. sol. iiii. den. per diem, ab octabis Omnium Sanctorum usque ad octabas Candelose, de iiii^{xx.} et xiii. diebus, ix^{c.} liiii. libr. xvi. sol.

Robe in predictis guarnisionibus : Pictavis, xiii. libr. xv. sol. — Apud Sanctum Maxentium, x. libr. xii. sol. vi. den. — Apud Niortum, xxi. libr. xvii. sol. vi. den. — Apud Banaon, viii. libr. xv. sol. — Apud Ruppellam, xxxix libr. vii. sol. vi. den. — In castro Xanctonis, xxxiii. libr. ii. sol. vi. den. — In ponte Xanctonis, cxii. sol. vi. den. — Apud Sanctum Johannem Angeliacensem, lxii. sol. vi. den. — Apud Surgerias, lxii. sol. vi. den. — Preivole, Guido de Hispania, Robertus de Lavergne, custodes forestarum, ix. libr. vii. sol. vi. den.

Summa robarum : vii.^{xx.} viii. lib. xv. sol.

Summa garnisionum veterum et robarum hiemalium : xi._{c.} libr. lxxi. sol.

Crementa per garnisiones posita :

Pro cremento trium balistarum et *(le chiffre a disparu)* servientum peditum posito apud Sanctum Maxentium, usque ad diem lune ante Candelosam, xiiii. libr. v. sol. — Item pro cremento Niortii, pro uno milite, pro ix balistariis peditibus, pro xxv servientibus et uno fabro, usque ad domini

cam ante Candelosam, LXII. libr. XI. sol. III. den. — Item pro cremento Banaonis, pro VI. balistariis, XV. servientibus et uno carpentario, usque ad diem lune ante Candelosam, XXXVIII. libr. X. sol. — Item pro cremento Ruppelle, pro X. balistariis peditibus, pro XXV. servientibus peditibus, pro uno fabro cum serviente suo, usque ad eumdem terminum, LIX. libr. XVII. sol. IIII. den. — Item pro cremento castri Xanctonis, pro uno milite et duobus balistariis equitibus, pro XII. balistariis peditibus, pro XX. servientibus peditibus, pro duobus minatoribus et uno fabro, CXVIII. libr. X. sol. usque ad diem mercurii ante Candelosam. — Item pro cremento pontis Xanctonis, pro VII. balistariis peditibus, pro XIIII servientibus peditibus, pro duobus marisnatoribus, pro quodam batello et tribus servientibus in eodem batello, statutis ad custodiam pontis usque ad diem mercurii ante Candelosam, LV. libr. XVI. sol. IX. den. — Item pro cremento Surgeriarum, pro quatuor balistariis peditibus, pro X. servientibus usque ad diem lune ante Candelosam, XXIII. libr. XI. sol. — Item pro cremento Sancti Johannis Angeliacensis, scilicet pro quinque balistariis peditibus, pro X. servientibus peditibus, usque ad diem martis ante Candelosam, XXVIII. libr. II. sol. I. den.

Summa crementi servientum et balistariorum : III.$^{c.}$ IIII.$^{xx.}$ XVI. libr. III. sol. V. den.

Item pro Odone de Logrenol milite, pro quo missum fuit Aurelianum ut intraret garnisionem Xanctonis, VII. sol. VI. den. per diem; eundo et redeundo et morando, de *(q.q. mots effacés)* XV. sol. — Item Johannes de Galardon, pro balistariis, pro ser[vientibus peditibus] et equitantibus, quos adduxerat apud Xanctonem, ibidem in garnisione moraturos, et missi fuerunt retro, a Sancto Johanne, X. libr. VIII. sol. V. den. — Item pro balistariis, servientibus equitantibus cum ballivo, LXXIIII. libr. — Item pro expensis domini Roberti de Chamilliaco, de XIX. diebus quibus castra et garnisiones visitavit sine ballivo, X. libr. — Item pro reditu domini Roberti et reditu Simonis Panetarii de prima via, xii. libr. — Pro victura quarrellorum et balistarum, que adportate fuerunt a Monte Revelli et a Niorto et a Sancto Johanne Angeliacensi, in garnisionem Xanctonis, iiii. libr. — Item pro equis locatis, numtiis missis tempore domini R. de Chamiliaco diversis locis, et duobus servientibus peditibus pagatis et non retentis, ix. libr. iiii.^{or.} sol. iii. den.

Summa : vi.^{xx.} ix. libr. vii. sol. xi. den.

Summa crementi et sequentis expense : v.c. xxv. libr. xi. sol. iiii. den.

Pro duobus militibus, duobus balistariis peditibus, et x. servientibus peditibus licenciatis a garnisione castri Xanctonis, ab octabis Omnium Sanctorum usque ad diem jovis post festum beati Nicholai, xxv. sol. x. den. per diem ; de xxx. diebus, xxxviii. libr. xiii. sol. — Pro ire unius militis, de viii. diebus, lx. sol. — Item pro quatuor servientibus et iii. balistariis peditibus licentiatis de ponte Xanctonis, vii. sol. i. den. per diem, de eodem termino, de xxx. diebus, x. libr. xii. sol. iiii. den. —Item Pardus, ii. sol. vi. den. per diem, ab octabis Omnium Sanctorum usque ad festum beati Clementis, de xv. diebus et pro roba hiemali, c. sol.

Summa dicte licentie : lvii. libr. vi. sol. iiii^{or.} den.

Crementa victualium.—Pro cremento minitarum *(sic)* garnisionis posito apud Sanctum Maxentuim, iiii. libr. xviii. sol. — Pro cremento posito apud Niortum, li. libr. iiii. den. — Item pro cremento Banaonis victualium et minutarum rerum, xxxvii. libr. xii. den. — Item pro cremento Surgeriarum, xlvii. libr. x. sol. vii. den. — Item pro minutis rebus apud Ruppellam, ix. libr. — Pro cremento posito in castro Xanctonis, cv. libr. xvi. sol. viii. den. — Pro victualibus positis super pontem Xanctonis, xviii. libr. x. sol. iiii. den. — Item pro ci. pendentibus, de quibus quedam pars habet xx. tasias, alia vero xviii. tasias, et pro c. tasias *(sic)* de minuta corda positis in castro Xanctonis ad opus ingannatorum, lv. libr. — Item pro cremento victualium Sancti Johannis

Angeliacensis, xv. libr. x. sol. i. den. — Item pro cremento victualium apud Pictavim, xx. libr.

Summa crementi victualium : iii.^{c.} lxiiii. libr. vii. sol.

Feoda apud Ruppellam : — Domina de Surgeriis, pro tercio feodi sui, cxvi. libr. xiii. sol. iiii. den. — Item super magnum feodum Alnisii. — Warinus de Mausiaco, xxxiii. libr.

Elemosine apud Ruppellam : Archiepiscopus Burdegalensis, pro tercio, xiii. libr. vi. sol. viii. den. — Item super feodum Alnisii. — Elemosine : Abbatissa Fontis Ebraudi, l. libr. pro toto anno. — Elemosine apud Monsterolium : Abbas de Pinu, vii. libr. x. sol. pro toto anno. — Elemosine apud Niortum : Templum, l. sol. pro toto anno. — Vicecomes Ruppechoardi, ii^{c.} libr.

Summa feodorum et elemosinarum : iiii.^{c.} xxiii. libr.

Opera. — Pro operibus molendinorum et pischarie pontis Xanctonis, xxiii. sol. — Pro granchia de Palhon reparanda per G. Berconel, lii. sol. — Pro operibus castri Ruppelle usque ad Candelosam, xvi. libr. xiii. sol. — Item pro operibus factis apud Sanctum Maxentium, scilicet pro *(mot effacé)* retegendis, xxx. [libr.]. — Item pro operibus domorum domini comitis apud Pictavim, scilicet pictori, vi. libr. ix. sol. — Pro operibus [au]le Pictavis, xlix. libr. x. sol. iiii. den. — Item pro operibus castri Xanctonis, a die dominica ante festum beati Luce usque ad dominicam ante festum beati Petri cathedrati, de xix. septimanas, iiii.^{c.} xxxiiii. libr. vi. sol. iii. den. — Item pro operibus pontis Xanctonis, usque ad diem dominicam ante cathedram sancti Petri, xxxvi. libr. vi. sol. vi. den.

Summa operum : v.^{c.} lxxvii. libr. i. den.

Minuta expensa. — Magistro P. Ribaldi, x. libr. de dono. — Item pro parte abbatis de Daurato, de venda bosci de Diene, xii. libr. x. sol. — Item pro gagiis Ade Silvanectensis, iii. sol. ix. den. per diem, et pro gagiis R. Clerici, xv. den. per diem, ab octabis Omnium Sanctorum usque ad dominicam post Brandones, de cxvii. diebus, xxix. libr. v.

sol. — Pro x^c. ballene, ad opus domini comitis, xxxiiii. libr. iii. sol. iiii. den.

Pro gagiis ballivi, ab octabis Omnium Sanctorum usque ad octabas Candelose, de iiii.^xx. et xiii. diebus, iiii.^xx. xiii. libr.

Summa : viii.^xx. xviii. libr. xviii. sol. iiii.^or. den.

Summa totalis expense : iii.^m. ii.^c. xxix. libr. xiiii. sol. et i. den.

Summa recepte ballivie : iii.^m. iiii.^c. xli. libr. viii. sol. xi. den.

Restat quod debetur super receptis ballivie : ii.^c. xi. libr. xiiii. sol. x. den.

Item de arreragio : iii.^m. cxiiii. libr. xiii. sol. et x. den.— Item de denariis Guidonis Senescalli, de victualibus venditis, de garda castri Surgeriarum et de operibus Xanctonis : iii.^c. xxvii. libr. vii. sol. xi. den.

Summa totalis quam debemus de presenti compoto et arreragio et aliis superius nominatis : iii.^m. vi.^c. liii. libr. xvii. sol. vii. den., de quibus traditi sunt castellano Niortii, in custodia pro domino comiti, die jovis ante carnis privium, ii.^m. iiii.^c. libr.

Explecta computata in compoto Candelose, anno Domini M°CC°XL°IIII°.

Homines Sancti Salvatoris, lx. sol. pro quadam muliere, que conquerebatur de injuria sibi facta ibidem. — Matheus et Imbertus, vii. libr. x. sol. pro cera, de qua ipse *(sic)* erant suspecti. — Guillermus Bochart, vi. libr. pro decessina cujusdam vinee. — Guillermus Meschin, xx. libr. pro medietate, pro escheeta recelata.—Prior de Fonte à l'oie, x. libr. pro pace cujusdam hominis insanis.

Explecta in ballivia Niortensi.

Johannes de Sançaio, c. sol. pro prisia cujusdam sacerdotis violenta. — Hugo Coiraut et Johannes Brochart, c. sol. pro contentione cujusdam decime.

Explecta circa Pictavim et circa Montem Morillii.

Ayemericus Marin, pro medietate, vii. libr. x. sol. pro (*blanc*) feodi sui. — Homines de Daurato, xv. libr., pro rebus arestatis, pro defectibus de debere comiti. — Homines de Luçac, x. libr. propter hoc quod consenserunt cuidam monaco Grandimontis, pro Petro Vigerii. — Prior de Dioil, xx. libr., pro defensione rerum suarum, de sponte. — Hugo Clareti, x. libr., pro homagio recelato per Johannem Bovis. — Gaufridus de Rabaine, x. libr. per R. de Ruilliaco pro debito suo habendo.

Summa : vi.$^{xx.}$ ix. libr.

Conpotus Ascensionis Domini, anno Domini M^{o}CC^{o}XL°V^o.

Remansit quod debuimus de fine compoti Candelose primo preterite, iii.^{m} vi.^{c} liii. libr. xvii. sol. et vii. den.

Recepta. — De domino Guidone Senescalli, pro ultima paga, c. libr. — Item de debito Galterini de Corton, xxx. et iii. libr. et (*mot effacé*), de operibus Pictavis nimis computatis in precedenti compoto, xxx. et ii. sol. — Preterea, de garda castri Surgeriarum, pro tertio, xl. et vi. libr. xiii. sol. iiii. den.

Summa : ix.$^{xx.}$ libr. xxv. sol. iiii. den.

Recepta de dimagio terre domini comitis Pictavensis ante guerram. — De prepositura Pictavis, pro secundo tercio, c. libr. — De venda? foreste Molleriarum, pro quarta pagua, ix.$^{xx.}$ libr., lxvi. sol., viii. den. — De racheto domine Mendiane, xxv. libr. de tertia paga. — De prepositura Niortii, pro ultimo tertio presentis anni, cvi. libr. xiii. sol. iiii. den. — De Richardo Coqui, pro toto racheto terre Boroini, xxx.

libr. — De prepositura Banaonis, pro ultimo tertio presentis anni, lxvi. libr. xiii. sol. iiii. den. — De venda foreste Banaonis, pro medietate anni, lxii. libr. x. sol. — De gisto de Anesio, c. sol. pro medietate. — De prepositura Ruppelle, pro secundo tertio ultimi anni, v.$^{c.}$ xxxiii. libr. vi. sol. viii. den. — De prepositura Sancti Johannis Angeliacensis, pro ultimo tertio, xliii. libr. vi. sol. viii. den. — Pro prima paga nove vende Banaonis, c. et xiii. libr. vi. sol. viii. den. — Item de expletis foreste Banaonis, pro Guidone de Yspania, x. libr. xii. den.

Summa : mille ii$^{c.}$ lxxix. libr. iiii. sol. iiii. den.

Recepta super conquestam comitis Marchie. — Pro prima medietate presentis anni terre comitis Marchie apud Pictavim, xxxv. libr. — De prepositura Mosterolii, pro ultimo tertio secundi anni, ciii. libr. vi. sol. viii. den. — Item de venda foreste Mosterolii, pro sexta paga, lxx. libr. — Item de boscho de Valle Maingo, pro Johanne Auberti, xl. libr. pro secunda pagua. — De terra de Cherveux, pro ultimo tertio presentis anni, xxxiii. libr. vi. sol. viii. den. — De terra de Foro et venda de Sanceio, viii. libr. xvi. sol. vi. den. — De prepositura Frontenaii, pro ultimo tertio presentis anni, lxvi. libr. xiii. sol. iiii. den. — De firma de Prahic, pro ultimo tertio presentis anni, lx. libr. — De ultimo tertio terre de Coulons, vi. libr. xiii. sol. iiii. den. — De magno feodo Alnisii, pro secundo tertio ultimi anni, iii.$^{c.}$ iiii.$^{xx.}$ libr. lxvi. sol. viii. den. — De prepositura Taunaii in Voltunne, pro ultimo tertio presentis anni, xl. libr. — De terra Crucis Comitisse, pro ultimo tertio, xxvi. libr. xiii. sol. iii. den. — De prepositura Xantonis, pro ultimo tercio secundi anni, vi$^{xx.}$ viii. libr. vi. sol. viii. den. — De Rameta et Ramegoz pro ultimo tertio, xi. libr. vi. sol. viii. den. — De minutis redditibus, costumis et offerturis novalium circa la Vergne, ix. libr. iii. sol. — De explectis foreste Baconais, per Robertum de Gondrevilla, viii. libr. ii. sol. — De venda Baconais, per Bartholomeum de Chauma, pro prima pagua primi anni, ix.xx· vi. libr. xiii. sol. iiii. den. — De arreragio vende facte in Baconays, per Adam Silvanectensem, xiii.xx· xv. libr. xvii. sol.—De minutis ripagiis, in Martugnia, viii. libr. xvi. den. — Pro tertio nemoris agriculture tradite *(sic)* domino Bonino, presbytero, de boscho sancti Hilarii, c. sol.— De Hugone Burli, c. sol. de placito in castellenia Talnaii in Voltunna. — De terra domine Contes, pro ultimo tertio, c. sol. — De boscho mortuo vendito P. Groliau, in foresta Mosterolii, pro quarta pagua, c. sol.

Summa : mille, v.c· xviii. libr. vi. sol. vi. den.

Terre forefacte. — De ultimo tertio presentis anni terre Petri Boce et Hugonis de Princeio apud Olinqum *(sic)*, xl. libr. — De ultimo tertio secundi anni terrarum Montis Maurilii et Sancti Savini, c. libr. — De terris forefactis circa Mortuum Mare, in minutis redditibus, xii. libr. xvi. sol.— De terra Raymondi de Sancto Martino, pro ultimo tertio, xiii. libr. vi. sol. viii. den. — De minutis redditibus terrarum foreste circa Mosterolium, xliiii. sol. v. den. — De minutis redditibus et costumis terrarum forefactarum circa Sanctum Maxentium, xliiii. sol. vi. den. — De terra Gaufridi de Belleria, pro ultimo tertio, xi. libr. xiii. sol. iiii. den.—De terra Aycherot affirmata, x. libr. pro ultimo tertio. —De terra Aymerici Gaifart, pro ultimo tertio, iiii. libr. iii. sol. iiii. den. — De terra Aymerici Gonbaudi, pro ultimo tertio, c. sol.— De terra Hugonis de Baisi, pro ultimo tertio, c. sol. — De terra Radulphi Bigaudi, pro ultimo tertio, iiii. libr. iii. sol. iiii. den. — De terra Hugonis Chaceb[of], c. sol. pro ultimo tercio.— De terra Johannis Gorraudi, de duobus terminis, lxvi. sol. iiii. den. — De terris forefactis adfirmatis circa Sanctum Gelasium, xxv. libr. — De terra Constantini de Sancto Gelasio, c. sol. pro ultimo tertio.—De terra Rupis-Malemonde, pro ultimo tertio, vii. libr. — De terra domini Hugonis de Rupeforti apud Saisinam, lxvi. sol. viii. den. — De domino Johanne de Cursaio, pro racheto terre Rannulfi

Caquerelli, xxxv. libr. — De Petro Filol, de Sancto Dionysio, xv. sol. de placito. — De ultimo tertio terre de Villariis domini Guidonis de Ruperorti, xx. libr. — De minutis redditibus terrarum forefactarum circa Villares, III. sol. IIII. den. — De terra Johannis Raiole, pro medietate, LXX. sol. — De minutis costumis circa Bauceium et Veceriam, xxxi. sol. vi. den. — De minutis redditibus terrarum forefactarum circa Frontenaium, LXXII. sol. VIII. den. — De terra Gaufridi Dessirré, pro ultima medietate, c. sol. — De terra Johannis Raiole circa Frontenaium pro ultimo tertio, ix. libr. vi. sol. VIII. den. — De duabus partibus terre Aymerici Theobaldi, LXVI. sol. VIII. den., ratione cujusdam dotis. — De terra Petri Dessiré apud Baces, pro ultima medietate, x. libr. — De terra Gaufridi, filii cogmitis, et Bernardi Plomerii, XXIIII. sol. et VI. den. — De terra Aymerici Alart circa Rochefort, XXVI. sol. — De terris Warnerii de Fort, Briandi Chabot et Aymerici de Naide, in minutis redditibus, LVI. sol. — De terra Warnerii de Xantone et Guidonis de Monte-Alerii, pro ultimo tertio presentis anni, VI. libr. XIII. sol. VIII. den. — De terra de Charreria, pro ultimo tertio presentis anni, LXVI. sol. VIII. den. — Circa Xanctonem : De molendino Fulconis Richart, xxx. sol. pro ultimo tertio. — De terra Andree Pocherelli, pro ultimo tertio, VI. libr. XIII. sol. IIII. den. — De terra de l'Artuisiere, pro secundo tertio, VI. libr. — De terra Roberti de Fort, apud Feole, pro ultimo tertio, XIII. libr. VI. sol. VIII. den. — De terra de Riberon, pro ultimo tertio, XXI. libr. XIII. sol. IIII. den.—De minutis redditibus in Canpania, XII. sol. I. den.

De furno Canpanie, pro medietate, xx. sol. — Pro ultimo tertio terre Canpanie presentis anni, xx. libr.

Nemora vendita. — De tuschis venditis per Adam Silvanetensem con (*sic*) nemoribus de Dedymme, pro quarta pagua, IIII. libr. III. sol. IIII. den. — De boscho de Alodio, pro quarta pagua, VI. libr. XIII. sol. IIII. den. — Item de boscho terre Aymerici de Plaiseio, c. sol. pro toto. — De boscho

Aymerici Claret apud Beguouin, LXIII. sol. IIII. den. — De boscho de Veceria, pro tertia pagua, VIII. libr. XVII. sol. VI. den. — De boscho Briandi Chabot, pro secunda pagua, LXVI. sol. VIII. den. — De boscho Deolardi, pro prima pagua, XL. sol. — De boscho vel buisono domini Guidonis de Rupeforti, pro medietate, XL. sol. — De boscho Bosq-Estène, pro secunda pagua, LIII. sol. IIII. den. — De boscho Hugonis de Baissi, x. libr. pro toto.

Summa boissonorum, XLVII. libr. XVII. sol. VI. den.

Summa terrarum forefactarum : IIII^c IIII.$^{xx.}$ libr. CIX. sol. X. den.

De sex quarteriis vinearum pro quinto et una mensura gasta, que filius Bonini judei vendidit Helie Aymerici, XXV. libr. — Item de commendisiis, pro toto anno, XXXVI. libr. — De explectis ballivie, CXIIII. libr. et X. sol. — Item pro medietate emende Helie de Bonavilla et fratris ejus, C. libr. — Pro pace mortis cujusdam hominis, de quo pacificatum fuit de monetariis Sancte Severe, C. libr. — Pro saisina domini cogmitis fracta et injuria facta servienti domini cogmitis.

Summa : III.$^{c.}$ LXXV. libr. X. sol.

Summa totalis ballivie: III.^{M} VI.^{c} LVIII. libr. X. sol. VIII. den.

EXPENSA. *Liberationes.*—Pictavis, XII. sol. I. den. per diem. —Sanctus Maxentius, XVI. sol. VIII. den. — Niortium, XXXIIII. sol. VIII. den. — Banaon, XII. sol. XI. den. — Rupella, XLII. sol. IX. den. — Sanctus Johannes Angeliacensis, VII. sol. IX. den. — Castrum Xanctonis, XLI. sol. V. den. — Pons Xanctonis, VI. sol. VIII. den. — Surgerie, XII. sol. I. den. — Item Poiole in foresta Molleriarum, VII. sol. III. den. — Guido de Hispania, in foresta Banaonis, V. sol. — Robertus de Gondrevilla in foresta de Baconais, pro se et quatuor servientibus, IIII. sol.

Summa : X. libr. III. sol. III. den. per diem, ab octabis Candelose usque ad Nativitatem beati Johannis Baptiste, de VI.$^{xx.}$ XV. diebus, XIII.$^{c.}$ LXXI. libr. XVIII. sol. IX. den.

Item pro robis estivalibus servientis, xxxiii. libr. xv. sol.

Summa liberationum et robarum : xiiii$_c$. libr. xiii. sol. ix. den.

Feoda. — Apud Pictavim, Gaufridus Mezini, vii. libr. et x. sol. pro medietate. — Apud Mosterolium, Bernerius, c. sol. pro toto anno. — Apud Rupellam, domina Surgeriarum, pro tertio, cxvi. libr. xiii. sol. iiii. den. — Magister Lanbertus de Ponte, pro toto, xx. libr.

Summa : vii.$^{xx.}$ ix. libr. iii. sol. iii. den.

Helemosine. — Apud Pictavim : — Templum, pro toto anno, xvii. libr. et x. sol. in nondinis medie quadragesime. — Abbas de Mozolio, x. libr. pro toto anno. — Abbatissa Fontis-Ebraudi, xxv. libr. in termino Sancti Johannis. — Apud Rupellam : — Archiepiscopus Burdegalensis, pro tertio, xiii. libr. vi. sol. viii. den. — Abbas de Sanblançaio, pro toto, xl. sol. — Fons-Ebraudi, pro medietate in termino sancti Johannis, xv. libr. — Templum, pro medietate, c. sol. — Abbas Sancti Leonardi pro medietate, xii. libr. x. sol. — Idem abbas, de termino Ascensionis preterite non computato secum, xii. libr. et x. sol.

Summa : cxli. libr. xvi. sol. viii. den.

Summa feodorum et helemosinarum : ii^c. lxii. libr.

Opera. — Pro operibus castri Xantonis, a die dominica ante festum beati Petri Cathedrati usque ad dominicam ante Ascensionem, de xiii. septimanis, xiii.$^{xx.}$ vii. libr. xvi. sol. i. den. — Item pro minutis operibus factis in ponte Xanctonis, xli. sol. — Pro operibus factis in castro Rupelle, scilicet balbagana reparenda et quadam rocha reficienda, viii. libr. — Pro operibus de la Vergne, xl. libr. — Pro minutis operibus factis in castro Sancti Johannis Angeliacensis et domibus, que fuerunt Judeorum, retegendis, vi. libr. xiii. sol. — Pro operibus aule Pictavis, xxii. libr. xvi. sol. viii. den. — Pro salinis domini comitis reparendis in Martugniaco, xi. libr. — Pro hala de Latilliaco reparenda, vi. libr.

Summa operum : iii.ᶜ· lxiiii. libr. viii. sol. x. den.

Minuta expenxa (sic). — Pro locatione domus pontis Xanctonis, pro medietate, lxx. sol. — Pro expensis Warnerii Remondi de Margat, de xi.ˣˣ· iv. diebus, iii. den. per diem, usque ad diem quindene Pasche, xlvi. sol. vi. den. — Item pro incheramento Hilarii Fouchier, de foresta Moleriarum, xxv. libr. — Pro incheramento de boscho Maingot, x. libr. — Pro quodam roncino, qui dum deferebat apud Niortium, c. sol., qui decessit. — Pro quatuor arbelasteriis, duobus servientibus peditibus in castro Mosterolii, tempore infirmitatis domini regis, v. sol. iiii. den. turon. per diem, de lix. diebus, xv. libr. xiii. sol. viii. den.

Pro expensa Ade Panetarii ab octabis Candelose usque ad octabas Ascensionis, de c. et xii. diebus, cxii. libr.

Summa minute expense : viii.ˣˣ· xiii. libr. xi. sol. ii. den.

Summa totalis expense : ii.ᵐ· ii.ᶜ· libr. cxii. sol. viii. den.

Restat quod debetur domino cogmiti expensa computata super receptis ballivie, m.iiii.ᶜ·lii. libr. xviii. sol.

Summa totalis debita domino cogmiti, arerragio *(sic)* compoti Candelose computato, denariis domini Guidoni Senescalli, Galteroni de Corçon et de fine presentis compoti et aliis superius scriptis : v.ᵐ· ii.ᶜ· iiii.ˣˣ viii. libr. xi. den.; de quibus soluti sunt Warnerio de Vicinis, castellano Niortii pro domino cogmite, per Johannem Bovis, die jovis ante Carniprivium proximo preteritum, ii.ᵐ· iiii.ᶜ· libr. — Item soluti sunt eidem castellano, infra octabas Penthecostis, per dictum Johannem Bovis, xi.ᶜ· libr. — Item magistro Raginaldo, ii.ᶜ· viii. libr. xvi. sol. — Item per nos, in Templo Parisius, ii.ᶜ· libr. xxiiii. sol.

Summa solutionis : iiii.ᵐ· x. libr.

Restat quod debemus, xii.ᶜ· lxxviii. libr. xi. den. qui soluti sunt in sequenti conpoto.

Conpotus domini regis in Ascensione anno Domini M°CC°
quadragesimo quinto.

Recepta. — De comite Marchie, pro garda castrorum, pro toto anno, usque ad Asumptionem beate Marie, anno Domini, M°.CC°.XL°. quinto, IIII.ᶜ· libr. — De terris forefactis in Engolisma, LX. et XIIII. libr. x. sol.

Summa : IIII.ᶜ· LXXIIII. libr. x. sol.

Expensa. — *Liberationes :* — Merpins, XXVIII. sol. IIII. den. — Castrum Achardi, xv. sol. v. den. — Summa : XLIII. sol. IX. den., ab octabis Omnium Sanctorum usque ad Nativitatem beati Johannis, de XI.ˣˣ· et VIII. den., IIIᶜ· III.ˣˣ· XVIII. libr. x. sol. — Gerbertus Erberti, III. sol. per diem, de eodem termino, XXXIIII. libr. IIII. sol. — Warnerius de Suler, pro duabus robis hyemalibus et estivalibus, VI. libr. v. sol. — Pro fabro licentiato de Merpins, ab octabis Omnium Sanctorum usque ad crastinum beati Clementis, XXIX. sol. IIII. den.

Summa liberationum : v.ᶜ· XL. libr. XIII. sol. IIII. den.

Item pro ponte et porta faciendis de novo in primo ballo castri Merpisii, xv. libr. v. sol. — Item pro XII. baconibus ibidem positis de novo, VIII. libr. et x. sol. — Item cogmiti Marchie, pro victualibus emptis in castro Crosani, pro LX. et v. libr. XIII. sol. Marchie, LII. libr. x. sol. v. den. turon. — Item dominus Gauvain de Taunaio pro feodo suo, de toto anno, L. libr.

Summa expense : VI.ᶜ· LXVI. libr. XVIII. sol. IX. den. — Restat quod dominus rex debet : IX.ˣˣ· XII. libr. VIII. sol. IX. [den].

Explecta conputata in Ascensione anno Domini M°CC° L° quinto.

Circa Pictavim :
Aymericus Marini, VII. libr. et x. sol. pro ultima medietate, quia defloravit, ut dicitur, quamdam mulierem.

Jalletus, x. libr. quia abscidit aurem cujusdam hominis injuste.

Homines de Oblinco, vi. libr., pro falsis mansuris, de quibus apellabantur, pro doliis.

Johannes Popelous, vi. libr. quia interfuit rebus Raphinorum capiendis.

Circa Niortum :

Hugo de Aleriaco, x. libr. pro debere feodi sui recelato.

Circa Alnisium :

Beraldus de Nuali. xx. libr. pro quodam latrone suspenso apud Nuali, de quo contendebatur cujus deberet esse justicia, illius Beraldi vel domini comitis.

Homines de Sauleia, xxv. libr. pro maresiis de Closa quos effoderant sine justicia.

Aymerius Peloquins, x. libr. quia fregit archam cujusdam mulieris, de qua contraxit x. sol. per vim.

Warnericus Meschins, xx. libr. pro ultima medietate, pro quadam escheancia recelata.

Summa : cxiiii. libr. x. sol.

Item de Bernardo de Curia, c. libr. pro militia sua soluti domino cogniti *(sic)*, per manum Johannis Vicecogmitis, canberlani sui.

Expensa de expletis facta pro assisiatoribus :

Homines de Milescu, iiii. libr. pro quodam homine quem ceperunt in camino, et ligaverunt manus et pedes ipsius.

P. Chevrier, c. sol. sponte pro ipso assecurando de gentibus domini G. de Lenz, jus faciendo.

Serviens Guillelmi de Brolio, x. sol. pro debito habendo.

Radulphus de Mornac, x. sol. pro conviciis que dixerat cuidam homini.

Helias Tesseri, l. sol. pro eo quod quemdam hominem falsum vocavit, quod probare non potuit.

P. Galteri, x. sol. pro defectu diei de assignatione.

Item Bochardus Boncel, l. sol. quia negaverat dotem matris sue.

Quedam mulier de Tremolia, iiii. libr. pro suspectione cujusdam domus accense.

Guillelmus de Montor, xl. sol. quia quemdam hominem fetentem appellavit.

Jocerandus et frater ejus, l. sol. pro captione quam fecerunt in terra domine de Pequere.

P. Bouchardi, [..] quia interfuit judicio quod fuit correptum.

P. de Mosterolio, xx. sol. quia, ut dicebatur, receptabat murtrarios.

Homines Gaufridi Charbonel, c. sol. pro equitatione quam fecerunt super domum Domus Dei Montis-Maurillii.

Bonotus Gaitart, lx. sol. quia receptavit H. de Mazerac.

Geraudus de Longo-Lapide, lx. sol. pro eodem casu.

Philippus Castelli, c. sol. quia inpediebat aquam molendinorum domini comitis.

Guillelmus de Nollans, c. sol. pro blado primo in curia congnito et postmodum negato.

Homines de Lagia, lx. sol. pro falso clamore, de quo ceciderunt.

Summa : l. libr. x. sol.

De xl. libris, quas monetarii Sancte Severe dederunt pro paciencia fabricandi, pagati fuerunt servientes equites ab octabis Candelose usque ad Pascham.

Conpotus Omnium Sanctorum anno Domini m°cc°xl° quinto.

Remansit quod debuimus domino comiti Pictavensi, de fine conpoti Ascensionis Domini ultimo preterite, xii.^{c.} lxxviii. libr. xi. den.— Item de majore et burgensibus Rupelle de arreragio prepositure Rupelle, de tempore guerre, iii^{c.} libr. pro toto. — De blado anni preteriti vendito, de vii.^{c.} iiii^{xx} i. sextariis et i. mina, in festo Omnium Sanctorum, de quibus fuerunt positi in guarnisione Xanctonis xxx. sextarii et residuum venditum, ii.^{c.} xvi. libr. xvi. sol. ii. den. — Item de guarda castri Surgeriarum, xlvi. libr. xiii. sol. iiii. den. pro tercio. — Item de xi$^{xx.}$ resis misture vendite de guarnisione Xanctonis, v. sol. v. den. le sexter, xvii. libr. xvii. sol. vi. den. — Item de blado vendito per R. de Vergna, cv. sol.

Summa : xviii.$^{c.}$ lxiiii. libr. xii. sol. x. den.

Recepte baillivie. — De domanio domini comitis : — Pro ultimo tercio prepositure Pictavis, de termino beati Michaelis ultimo preteriti, c. libr. — De sexta paga et ultima foreste Molleriarum, ix.$^{xx.}$ libr. lxvi. sol. viii. den. — De racheto domine Mondionne, pro quarta et ultima paga, xxv libr. — De prepositura Niorti pro prima paga anni presentis, cvi. libr. xiii. sol. iiii. den. — De prepositura Banaonis, pro primo tercio presentis anni, lxxvi. libr. xiii. sol. iiii. den. — De venda foreste Banaonis, lxii. libr. x. sol. — De guasto de Anesio, c. sol. pro medietate. — Item de prepositura Banaonis, xl. libr. parisienses, compotum *(sic)* in conpoto Ascensionis Domini nuper preterite. — De talleia Boeti, pro toto, lx. lib. — De prepositura Rupelle, pro ultimo tercio anni presentis, de termino Assumpcionis beate Virginis, v$^{c.}$ xxxiii. libr. vi. sol. viii. den. — De prepositura Sancti Johannis Angeliacensis, pro primo tercio anni presentis, xliii. libr. vi. sol. viii. den. — De nova venda foreste Banaonis, pro secunda paga, cxiii. libr. vi. sol. viii. den. — De sorcrescio veteris vende foreste Banaonis, xviii. libr. xv. sol. — De censibus novallium foreste Molleriarum, xxxv. sol. — De explectis foreste Molleriarum per Poiolum, xiiii. libr. viii sol. — Item de rebus cujusdam hominis qui occidit uxorem suam apud Ausanciam, iiii. libr. iiii. sol. ix. den. — De Guillomino de Lazai, xv. libr de racheto, ratione uxoris sue, de feodo Lucac-Ecclesiarum. — De domina de Crollanto, xx. libr. — De racheto de Meingoto Raicle, vi. libr. — De racheto de feodo de Gascheria,... — Item de sorcresio vende foreste Banaonis, de duabus pagis, viii. libr. vi. sol. viii. den. — De minagio quod fuit Helie Bernardi apud Rupellam, xxvi. libr. xviii. den. — De Guidone de Hispania, x. libr.

de racheto. — De Guidone de Sancto-Lupo, x. libr. de racheto.

Summa : xiiii.^{c} liii. libr. xiiii. sol. iii. den.

Domanium super conquestam comitis Marchie : — De terra comitis Marchie apud Pictavim, pro secunda medietate anni presentis, xxxv. libr. — De prepositura Mosterolii, pro primo tercio tercii anni, ciii. libr. vi. sol. viii. den. — Item de venda foreste Moterolii, pro septima paga, lxx. libr. — De terra de Cherveox, pro primo tercio anni presentis, xxxiii. libr. vi. sol. viii. den. — De terra, foro et venda Sanceii et feno et vindemiis, xv. libr. vii. sol. — De prepositura Frontenaii, pro primo tercio anni presentis, lxvi. libr. xiii. sol. iiii. den. — De firma de Prahic, pro primo tercio presentis anni, lx. libr. — De primo tercio terre de Coluns, vi. libr. xiii sol. iiii. den. — De magno feodo Alnysii, pro ultimo tercio anni presentis, de termino Assumpcionis beate Virginis, iii^c iiii.^{xx} libr. lxvi. sol. viii. den. — De prepositura Thalenaii in Voltunne, pro primo tercio anni presentis, xl. libr. — De terra Crucis-Comitisse, pro primo tercio anni presentis, xxvi. libr. xiii. sol. iiii. den. — De prepositura Xanctonis et terra Ramete et Ramegoz, pro primo tercio anni presentis, vi.^{xx} xiii. libr. vi. sol. viii. den. — De venda foreste Baconesii, pro secunda paga, ix.^{xx} vi. libr. xiii. sol. iiii. den. — De hospitibus de Castro-Nervi, vi. libr. iiii. sol. — De hospitibus de Vergna, xxi. sol. — De hospitibus de Favaux, vi. libr. vii. sol. ix. den. — De hospitibus Sancte Gemme, iiii. libr. vii. sol. — De tailliatis abbatis Xanctonis in Marenna, pro toto anno, in festo beati Michaelis, viii.^{xx} xv. libr. — De tailliata Sancti Aniani, vii. libr. in festo beati Johannis. — Item ibidem in festo beati Michaelis, l. libr. — De terra domine Cantor, c. sol. pro tercio. — De arreragio vende foreste Baconesii facte per Adam Silvanectensem, c. et xvi. libr. — De P. de Bessia, xv. sol. de placito, de censu. — De Tachet, xl. sol. — De decima Affre, xx. sol. — De minutis rivagiis et costumis et sextis in Maremnia, viii. libr. viii. den.

— De explectis foreste Baconesii, cii. sol. — De vindemiis de Vergna, lx. sol.

Summa : mille v.ᶜ· li. libr. iiii. sol. v. den.

Terre forefacte. — De primo tercio anni presentis, de duabus partibus terre Petri Boce, xx. libr. — De tercio Hugonis de Prinçai, x. libr. — De primo tercio anni presentis terrarum Montis-Maurillii et Sancti Savini, c. libr. — De terris forefactis circa Mortuum-Mare in censibus et tailliatis, xvii. libr. xix. sol. iiii. den. — De feno earundem terrarum vendito, xxv. sol. — De terra Helie de Tilia, lx. sol. — De firma per vindemias earundem terrarum, lx. sol. — De terra Raimundi de Sancto Martino, pro tercio anni presentis, xiii. libr. vi. sol. viii. den. — De minutis censibus et costumis terrarum forefactarum circa Mosterolium, xxiiii. sol. ii. den. — De feno earumdem terrarum vendito, iiii. libr. x. sol. — De vindemiis dictarum terrarum venditis, vii. libr. vi. den. — De terra Giraudi de Torceio, c. sol. de firma. — De bosco Vitorum (*sic*) vendito, pro ultima paga, c. sol. — De bosco vendito aliis vitreariis, c. sol. pro tercia paga. — Pro quodam debere super terram Philippi de Puiloer, xx. sol. — De racheto relicte Americi de Beaucaire, vi. libr. — Item de terra P. de Ruffaux, c. sol. pro toto de censu. — De terra P. Capre, c. sol. pro toto anno, in castellania Castri-Airaudi. — Item de terra domini Guitardi de Genciaco, xxx. libr. pro toto anno. — De Simone de Tilia, l. sol. de racheto, ratione uxoris sue. — De P. Capri, lx. sol. de racheto, ratione uxoris sue, circa Montem-Maurilium. — De terra Guillelmi de Bosco apud Montem-Maurilium, l. sol. de duobus annis. — Item de terris forefactis circa Sanctum Maxentium, in minutis costumis et redditibus, xxxi. libr. xv. sol. vi. den. — De fenis earumdem terrarum venditis, xv. libr. viii. sol. — De vindemiis earumdem terrarum venditis, lxi. libr. et xi. sol.

De terra Aimerici Claret affirmata, pro primo tercio anni presentis, xii. libr. — De terra Radulphi Bigaut et Americi

Gaiffart, pro primo tercio anni presentis, vIII. libr. vI. sol. vIII. den. — De terra Constantini de Sancto Gelasio, pro ultimo tercio, c. sol. — De terra Sancti Gelasii, pro ultimo tercio, xxv. libr. — De terra Rupis-Malemonde, pro ultimo tercio, vII. libr. — De bosco de Veceria, vIII. libr. xvII. sol. vII. den. pro IIII.ta paga. — De bosco Drollardi, xL. sol. pro toto. — De bosco de Berlleria, xx. sol. pro primo tercio. — Item de racheto decime de Nantolio, x. libr. — De Guidone de Baiffo, L. sol. de placito. — De Johanne Couteraus, xxv. sol. de placito. — Item de minutis tailliatis et costumis terrarum forefactarum circa Bauceium et Veceriam, xvI. libr. Ix. sol. vI. den. — De mestivis earumdem terrarum, IIII. libr. xII. den. — De fenis earumdem terrarum venditis, vI. libr. xvI. sol. — De vindemiis earundem terrarum, cxvIII. sol. IIII. den. — De Petro de Prahic, xII. libr. de placito. — De Guillelmo Aremberti, vI. libr. de duobus equis servicii. — Item de minutis censibus et costumis, xxxIII. sol. III. den., de terris forefactis circa Vilers. — Item de terra Magrinii Puimet apud Sanctum Johannem, vI. libr. — Item de terris forefactis circa Talneium-Voltunne et Rupem-fortem, de minutis censibus et costumis et tailliatis, xIIII. libr. xIx. sol. — De feno ibidem vendito, xx. sol. — De vindemiis ibidem venditis, x. libr. — Item de vindemiis terrarum forefactarum in Alnisio, II.c. vIII. libr. xvIII. sol. — De terra Americi de Rocha, xxv. libr. — De fenis dictarum terrarum venditis, x. libr. x. sol. — De censu dictarum terrarum et costumis, xL. sol. — Item de minutis censibus et costumis terrarum forefactarum circa Surgeres, cI. sol. vIII. den. — De talliatis, xvI. libr. xv. sol. — De fenis ibidem venditis, vII. libr. x. sol. — De vindemiis ibidem venditis, xxx. libr. vI. sol. — De Hugone de Pairé, xvIII. libr. de placito. — De platea burgensium de burco in Perroto, c. sol. pro toto anno. — De partionariis Guillelmi Meschin, xL. libr. — De escheeta uxoris P. de Rufflac, de terra Helie Girberti, de firma pro toto anno, vIII. libr. — De decima vindemie terre Guillelmi de Forz, apud Malle-Vaul, xIIII. libr.

— Item de tailliata de Campania in festo beati Michaelis, xlii. libr. et x. sol. — De tailliata ibidem in Nativitate beati Johannis, iiii. libr. — De terra Guardras de Vars, xxv. sol. — De primo tercio primi anni de firma Campanie, xxii. libr. iiii. sol. vi. den. — Pro primo tercio firme de Riberon, xxi. libr. xiii. sol. iiii. den. — De primo tercio de Faiole, xiii. libr. vi. sol. viii. den. — De terra de Artuiseria, pro primo tercio, vi. libr. — De terra Andree Pocheron, pro primo tercio, vi. libr. xiii. sol. iiii. den. — De terra Guardras, xiii. sol. pro toto. — Pro primo tercio molendini Fulconis Richardi, xxxvi. sol. viii. den. — De terra Arnaldi de Balic, de primo tercio, xxxvi. sol. vi. den. — De feno dictarum, lx. sol. — De vindemia terrarum forefactarum in Marennia, xxviii. libr. xiii. sol. vi. den. — Item de terra Audeberti de Tremolia, vi. libr. — De terra P. de Sancto Savino, xi. libr.

Summa : mille iiii.^{xx} ix. libr. xiiii. sol. ix. den.

Conpotus terre Maranti et Mausiaci per Stephanum Parisiensem. — De primo tercio prepositure Maranti, vii.^{xx} libr. — De ingajamento H. Clerici, xxiii. libr. x. sol. — De Johanne Gasion, xv. libr. — Pro racheto filiorum balli uxoris sue, de Matheo Jarrie, xv. libr. — De racheto balli filiorum uxoris sue de Hamerico Grossaut, vii. libr. x. sol. — De racheto feodi sui, de P. de Sales, lx. sol. — De racheto feodi sui de Radulpho de Nova Villa, pro terra ejus que est in manu domini comitis, lv. sol. — De feodo Theobaldi de Vic, qui est in manu domini comitis, xlvi. sol. — De exitibus prepositure de Marant, antequam esset affirmata, viii. libr. xii. sol. — De pedagio Mausiaci, a die lune ante festum beati Johannis usque ad octabas beati Michaelis, de cix. diebus, xxii. sol. per diem : cxix. libr. xviii. sol. — De tercio prepositure Mausiaci, xiii. libr. vi. sol. viii. den. — De vino Mausiaci vendito, xx. libr. — De censibus Mausiaci in termino beati Johannis, viii. libr. xv. sol. — De feno ibidem vendito, c. sol. — De pasquario, xiiii. sol. — De tribus comestionibus, vi. libr. — De Guillelmo Barrabin milite, pro duobus roncinis, vi. libr.—De Theobaldo Berchout, lx. sol. pro roncino. — De P. de Rocha, lx. sol. — De Hugone de Lania, lx. sol. — De Oliverio de Siré, lx. sol. — De Guillelmo Sadoil, lx. sol. — De Henrico de Ruppeforti, lx. sol. — De P. de Salis, xl. sol. — De domino Lamberto, lx. sol. — De Stephano Passepoire, lx. sol. — Summa roncinorum : xxxii. libr. — De feno vendito apud Milescutis, lxx. sol. — De feria ejusdem ville, viii. sol. — De vindemia ibidem vendita, xlii. sol. — De blado ibidem vendito, xxv. sol. — De vi.^{xx} i. rasis avene ibidem et apud Cron venditis, vi. libr. xii. den. — De vino ibidem vendito, xi. libr. iiii. sol. — De blado apud Cron vendito, cx. sol. — De talliata ibidem, vi. libr. — De canabio ibidem vendito, iiii. libr.— De furno de Creiz, xl. sol. — De feno ibidem vendito, lxvii. sol. — De molendino de Creiz, xv. sol. — De censibus in termino Sancti Johannis, xxii. sol. — De furno de Millescutis, x. sol. — De censibus ibidem in termino Omnium Sanctorum, xx. sol. — Bordet, de censibus in termino Sancti Johannis et Nativitatis beate Marie, c. sol. — De talliata ibidem, vii. libr. — De vino vendito, xxv. libr. iii. sol. iiii. den. — De blado vendito, ix. libr. xvi. sol. — De molendino ibidem, xiiii. sol. — De comestione de Chaorces, xl. sol. — De domina de la Revotisan, xx. libr. de racheto. — De Medon, unam marcham de garda. — De Chisec, i. marcam.— De P. de Porta, cive Xanctonis, i. marcham. — De vineata Alnisii, xxxiii. libr. pro toto anno. — De expletis, x. libr.

Summa totalis Maranti et Mausiaci : v.^{c} iiii.^{xx} xii. libr. iiii. sol.

Expensa. — Garnisio Maranti, v. sol. per diem, a die crastina octabarum Nativitatis beati Johannis usque ad octabas Omnium Sanctorum, de vi.^{xx} ix. diebus, xxxii. libr. v. sol.—Pro ponte castri et les guoiz reparendis, lv. sol.— Pro domino G. de Ponte, pro dote uxoris ejus, a die beate Marie Magdalene usque ad octabas Omnium Sanctorum, ad estimationem de iiii.^{xx} xiiii. libr. per annum super pedagium Mausiaei, de cix. diebus, v. sol. ii. den. per diem, xxviii. libr. iii. sol. ii. den. — Idem G. super terram Maranti, de eodem termino, xi. den. per diem, xviii. libr. viii. sol. viii. den., ad estimationem, lx. librarum per annum. — Capellano de Verbria, c. sol. pro toto anno. — Capellano de Marant, xx. sol.

Summa expense : iiii.$^{xx.}$ vii. libr. xi. sol. x. den.

Restat quod debet solvi domino comiti, quicto de terris superius dictis, v.$^{c.}$ iiii. libr. xii. sol. ii. den.

De expletis communibus ballivie, vi.$^{xx.}$ libr. c. sol.

De domibus gastis Judeorum Pontis-Labbé venditis, xxv. libr. — De militibus iiii.$^{or.}$ vilanis, de terra comitis Marchie, c. libr. — De Petro Gaspaudi, ii.$^{c.}$ l. libr. pro toto.

Summa expletorum : v.$^{c.}$ libr.

Summa totalis ballivie sine arreragio : v$^{m.}$ iiii.$^{xx.}$ xix. libr. v. sol. vii. den.

EXPENSA. — *Liberationes :* — Pictavis, xii. sol. i. den. — Sanctus Maxentius, xvi. sol. viii. den. — Niortum, xxxiiii. sol. viii. den. — Banaon, xii. sol. xi. den. — Rupella, xlii. sol. ix. den. — Sanctus Johannes Angeliacensis. vii. sol. ix. den. — Castrum Xanctonis, xli. sol. v. den. — Pons Xanctonis, vi. sol. viii. den. — Surgerie, xii. sol. i. den. — Poujole in foresta Molleriarum, vii. sol. iii. den. — Guido de Hispania, in foresta Banaonis, v. sol. — Robertus de Gondrevilla, pro se et iiii.$^{or.}$ servientibus in foresta Baconesii, iiii. sol. — Summa per diem, x. libr. iii. sol. iii. den.; a Nativitate beati Johannis usque ad octabas omnium Sanctorum, de vi.$^{xx.}$ xvii. diebus, mille iii.$^{c.}$ iiii.$^{xx.}$ xii. libr. v. sol. iii. den.

Feoda et elemosine : — Apud Pictavim : Gaufridus Morini, vii. libr. x. sol. pro medietate; — Fons-Ebraudi, xxv. libr. pro medietate; — Abbas Cistersiensis, l. libr. pro toto anno, de termino Assumptionis beate Marie. — Apud Rupellam : Guillelmus Maingoti, cxvi. libr. xiii. sol. iiii. den.

pro tercio. — Elemosine ibidem : — Archiepiscopus Burdegalensis, xiii. libr. vi. sol. viii. den. pro tercio ; — Fons Ebraudi, xv. libr. pro medietate ;— Abbas Sancti Leonardi, xii. libr. x. sol. pro medietate ;— Templum, c. sol. pro medietate. —In partibus Xanctonis : Gaufridus de Ponte miles, ii.$^{c.}$ libr. pro toto anno, — Poncius de Mirabello, ii.$^{c.}$ libr. pro toto anno, — Drogo de Monte-Auserii, l. libr. pro toto anno, ratione menagii, — Gaufridus de Mauritania, l. libr. pro toto anno. — Elemosine : — Capellanus de Lavergne, x. sol. pro toto anno.

Summa feodorum et elemosinarum : vii.$^{c.}$ xlv. libr. x. sol.

Opera. — Pro operibus Xanctonis, a die dominica ante Ascensionem Domini nuper preteritam usque ad diem dominicam ante festum beati Luce, de xxii. septimanis, iiii$^{c.}$lxx. libr. iii. sol. i. den. — Pro furno et molendino castri Rupelle et aliis minutis operibus ibidem factis, vi. libr. xvii. sol. vi. den. — Pro domibus Crucis-Comitisse reparendis, l. libr. v. sol. — Pro minutis operibus factis in castro Pictavis, et xii. millibus quarellorum reparendis et armaturis fricandis, viii. libr. xii. den.— Pro guerneriis Sancti Maxentii et apenticio retegendo, ix. libr. — Pro domo Guidonis Rupisfortis et domo de Sanceio reparandis, iiii. libr. — Pro operibus aule Pictavis et capelle usque ad diem dominicam ante festum Omnium Sanctorum, liii. libr. ix. sol. vii. den. — Pro conductu molendini Banaonis reparendo, iiii. libr. — Pro operatorio magistri Laurentii apud Niortum reparando.—Duabus balistis novis ad duos pedes, et vii. balistis de castro Pictavis, et tribus balistis de Sancto Maxentio, et una de ponte Xanctonis, et iiii.$^{or.}$ balistis servientum equitantium, xii. libr. xiii. sol. — Pro via molendini Fulconis Richardi reparanda et sale retegendo, vii. libr. v. sol. — Pro domo Campanie et pressorio ibidem reparandis, x. libr. — Pro granchia de Fraxino retegenda et porta ibidem facta et domo de Latilli retegenda, lix. sol.

Summa operum : vi.^c· xxxviii. libr. xiii. sol. ii. den.

Alia expensa.—Pro custodia caminorum, scilicet pro servientibus equitibus, xxx. libr.—Pro conpedibus, annulis ferreis, et prisionibus servandis, ix. libr. ii. sol. — Pro mense septembris recompensato preposito Xanctonis, lx. sol.—Radulphus Bigre mansurator, pro se et altero equite, et kathena ferrea mansurata, xviii. libr. v. sol. — Pro gagiis Ade Silvanectensis et Ramundi Clerici, a die dominica post Brandones usque ad diem veneris ante Magdalenam, de vi.^xx· xi. diebus, xxxii. libr. xv. sol. — Pro locatione domus pontis Xanctonis, pro medietate, lxx. sol. — Pro locatione guerneriorum pro blado domini comitis, vi. libr. v. sol. — Pro decima debita abbati Fontis-Comitis, debita super terram P. Richardi de tribus annis, xxx. sol. — Abbas Sancti Cypriani, xxx. sol. de elemosina debita super terram forefactam circa Mortuum-Mare.

Summa : cv. libr. xvii. sol.

Pro expensa comitis Bolonie apud Pictavim, die veneris ante festum beati Luce, xxx. libr. viii. sol. v. den. — Pro expensa ejusdem apud Sanctum Maxentium, die dominica sequenti, xxvii. libr.— Pro expensa ejusdem apud Niortum, die lune sequenti, xxxix. libr. ix. sol. ii. den.— Pro expensa ejusdem apud Banaonem, de tribus diebus continue sequentibus, vi.^xx· iiii. libr. — Pro redire domini Roberti de Chamilliaco in Franciam, vi. libr. — Item pro expensa filii regis Arragonis apud Pictavim, xiiii. libr. ix. sol. ix. den.

Summa : ii.^c· xli. libr. vii. sol. iiii. den.

Item pro expensa Ade Panetarii, ab octabis Ascensionis usque ad octabas Omnium Sanctorum, de viii.^xx· diebus, xx. sol. per diem, viii.^xx· libr.

Summa totalis expense : iii.^m· ii.^c· iiii.^xx· libr. xxii. sol. ix. den.

Restat quod debetur domino comiti super balliviam, expensis computatis, mille viii.^c· xv. libr. xii. sol. x. den.

Summa totalis que debetur domino comiti, arreragio et aliis superius dictis computatis, II.$^{m.}$ VI.$^{c.}$ IIII.$^{xx.}$ libr. V. sol. VIII. den.

Conpotus domini regis in conpoto Omnium Sanctorum, anno Domini M°CC°XL°V°.

Expensa. — *Liberationes.* — Castrum-Eschardi, XV. sol. V. den. per diem. — Merpins, XXVIII. sol. IIII. den. per diem. — Summa XLIII. sol. IX. den. per diem, a nativitate beati Johannis Baptiste usque ad octabas Omnium Sanctorum, de VI.$^{xx.}$ XVII. diebus, II.$^{c.}$ IIII.$^{xx.}$ XIX. libr. XIII. sol. IX. den. — Item Geraudus Eberti, III. sol. per diem, de eodem termino, XX. libr. XI. sol.

Summa totalis : III.$^{c.}$ XX. libr. IIII. sol. den.

Recepta. — Pro primo tercio anni presentis in termino Omnium Sanctorum, de garda castrorum comitis Marchie, VI.$^{xx.}$ XIII. libr. VI. sol. VIII. den. — Restat quod dominus rex debet IX.$^{xx.}$ VI. libr. XVIII. sol. I. den. turon., qui soluti sunt in Templo Parisius.

Bladum de anno Domini M°CC°XL°V°.

Sunt in guernerio : IX$^{xx.}$ VIII. sextarii I. mina siliginis ; IX$^{xx.}$ X. sextarii frumenti ; II.$^{c.}$ IIII.$^{xx.}$ XVI. sextarii avene.

Summa tocius bladi : VI.$^{c.}$ LXXIIII. sextarii, I. mina, ad mansuram Pictavis.

Sunt in guernerio Sancti Maxentii : LXVII. sextarii I. mina frumenti ; VI.$^{xx.}$ XII. sextarii siliginis ; LXIIII. sextarii et dimidium avene.

Summa tocius bladi : II.$^{c.}$ LXIIII. sextarii, ad mansuram Sancti Maxentii.

Sunt in guernerio Niortii : LXVII. sextarii I. mina frumenti ; XXXVIII. sextarii siliginis ; VI.$^{xx.}$ II. sextarii avene.

Summa tocius bladi : ii.ᶜ· xxvii. sextarii i. mina, ad mensuram Niortii.

Sunt in guernerio Rupelle : xxvi. sextarii frumenti; xxviii. sextarii i. mina avene.

Summa tocius bladi Rupelle : liiii. sextari, i. mina.

Sunt in guernerio de Lavergne : xxxvi. sextarii mixture; ix. sextarii i. mina avene.

Summa, xlv. sextarii i. mina, et xx. sextarii avene de veteri. Summa : lxv. sextarii et i. mina.

Summa totalis tocius bladi predicti : xiiᶜ· iiii.ˣˣ· vi. sextarii, l. mina.

Expleta conputata com domino comite Pictavensi in conpoto Omnium Sanctorum, anno Domini mºccºxlºv.

Gilo de Salmurio, x. libr. quia non obedivit submonitioni domini comitis Pictavensis.

Gaufridus Lobe et Guillebaudus, milites, xv. libr. pro contentione unius latronis super justicia.

Guillelmus Bocé, c. sol. pro contentione filii sui et cujusdam ancille sue.

Radulphus Bigaudi, x. libr.

Martinus de Valseror, x. libr. pro suspectione unius sulci male capti.

P. de Anesio, vi. libr. pro una costuma recelata.

Gerbertus de Sivrac, c. sol. pro pace cujusdam hominis qui erat apellatus de morte cujusdam hominis.

Radulphus Serviens, c. sol. pro suspectione cujusdam hominis mortui.

Aymericus Le Plouvier, c. sol. pro contentione cujusdam domicelle.

Aymericus Albus, x. libr. pro palefredo violenter capto.

Prior Grandis-Montis, xxx. libr. pro debito suo habendo de G. de Megnac.

Dominus G. de Aucorrio, c. sol. pro quodam homine suo qui abstulerat quemdam equm cuidam monacho.

Summa : vi.$^{xx.}$ libr. c. sol.

Expensa pro assisiatoribus et nonciis, facta usque ad L libras, que sic dividuntur.

Domino Raymondo. x. libr.; de arreragio conpoti preteriti, c. sol. — Item magistro Guillelmo de Sancto Vasio, x. libr. — Item pro expensa assisiatorum et nonciis, xxv. libr. — Summa : L. libr. que capiuntur in expletis inferius annotatis.

Prior de Longa-Aqua, LX. sol. pro quodam puero a casu ludendo occisso. — P. de Bernolio, L. sol. pro defectibus. — De homine abbatis de Stirpa (*un blanc*), pro appellatione unius hominis. — P. Botignet, L. sol. pro deadnotacione cujusdam camini.—Michael de Fonte Pastoris, xx. sol. quia edificabat in camino, — Quidam homo de terra Aymerici de Rocha, xxx. sol. pro quadam contentione. — Johannes Metaier, xxx. sol. pro una venda recelata. — Gaufridus Metaer, viii. sol. pro eodem casu. — Quidam homo de Lentilli, xv. sol. pro locatione cujusdam domus. — Robertus de Sancto Exupero, xxx. sol. pro contentione quadam. — Johannes Barbe, xxx. sol. pro eodem casu. — Helias de Richemont, LX. sol. pro quadam muliere turpiter ab ipso tractata. — De Radulpho Lepage, xxx. sol. pro una contentione. — Aymericus Potherau, xx. sol. pro quodam debito de quo contendebat. — Guillelmus Clarembaut, pro contentione mota inter ipsum et quemdam.... — Guillelmus Callepetit, x. sol. pro injuria facta cuidam mercatori. — Johannes Mertcer, x. sol. quia edificabat in camino. — Uxor Thome, v. sol. pro deliberatione cujusdam..... — Johannes Guepelin, pro saisina cujus non habebat guaritorem. — Bernerius Clavelon, xxv. sol. quia appellabatur de injuria et violència. —

Quedam mulier de Ayfra, xxv. sol. quia suspicabatur de morte mariti sui. — G. Geraudi de Bauceio, lx. sol. pro quodam feodo. — Guillelmus Guerin, lx. sol. pro falso clamore. — Frater domini Berardi de Faya, x. sol. quia inpetebatur super crimine nocturno. — P. d'Affre, xl. sol. pro commutatione cujusdam domus. — Benedictus Berini, x. sol. (*blanc*). — Homines de Jarria, iiii. libr. de spontanea voluntate.

Summa : l. libr.

Conpotus Candelose anno m°cc°xl° quinto.

Recepta. — De custodia castri Surgeriarum, pro secundo tercio anni presentis, xlvi. libr. xiii. sol. iiii. den. — De victualibus venditis apud Sanctum Johannem, scilicet : De x. sextariis frumenti, vii. libr. x. sol. — de i. sextaria fabarum, xi. sol. — De tribus doliis vini, xi. libr. — De iiii.$^{or.}$ baconibus, lxviii. sol. — De l. libris sepi, xii. sol. — De cepibus et alliis, vii. sol. — De carbone, xx. sol. — De xx. paribus sotularium, xx. sol.

Summa : xxv. libr. vii. sol.

Item de victualibus venditis apud Surgerias, scilicet : De ii. doliis vini, c. sol. — De xx. sextariis frumenti, vii. libr. — De i. sextario fabarum, xii. sol. — De alliis et cepibus, v. sol. — De carbone, xv. sol. — De l. libris sepi, xii. sol. — De iiii.$^{or.}$ baconibus [lx]. sol.

Summa : xvi. libr. iiii. sol.

Item de victualibus venditis apud Banaonem, scilicet : De iii. doliis vini, vi. libr. x. sol.; De v. sextariis frumenti, lxx. sol.; De v. sextariis mixture, l. sol. — De ii. sextariis fabarum, xxiiii. sol. — De vi. baconibus, lxxviii. sol. — De l. libris sepi, xiii. sol. — De carbone, xv. sol. — De aliis et cepibus, vii. sol.

Summa : xix. libr. vii. sol.

Item de victualibus venditis super pontem Xanctonis, scilicet : De II. doliis vini, c. VIII. sol.—De III. sextariis fabarum, xx. sol. — De x. libris cere et L. libris sepi, XL. sol. — De VI baconibus, LX. sol. — De carbone, xx. sol. — De alliis et sepibus, x. sol. — De sale, x. sol. — Summa : XIII. libr. VIII. sol.

Summa totalis victualium venditorum : LX.XIIII. libr. VI. sol.

Summa : VI.$^{xx.}$ libr. XIX. sol. .IIII den.

DOMANIUM DOMINI COMITIS PICTAVENSIS. RECEPTA.— De primo tercio prepositure Pictavis presentis anni, CL. libr. — De prepositura Niortii, de secunda paga anni presentis, CVI. libr. XIII. sol. IIII. den. — De prepositura Banaonis, pro secundo tercio, LXXVI. libr. XIII. sol. IIII. den. — De prepositura Rupelle, pro primo tercio anni presentis, v.$^{c.}$ XXXIII. libr. VI. sol. VIII. den. — De prepositura Sancti Johannis Angeliacensis, pro secundo tercio, XLIII. libr. VI. sol. VIII. den.— De firma Judeorum ibidem, XL. libr. pro toto anno. — De explectis foreste Banaonis per Guidonem de Ispania, VI. libr. — De tercia paga nove vende foreste Banaonis, XIII. libr. VI. sol. VIII. den. — De sorcresio ejusdem vende, pro tercia paga, IIII. libr. III. sol. IIII. den. — De parte Guiberti de Vivona in minagio Rupelle, ab Annunciacione beate Marie usque ad festum Omnium Sanctorum, xv. libr. — De placito terre defuncti P. de Rocha, VI. libr. — De feodo Niortii, de terra Arnaldi de Forz apud Lentilli, VI. libr. in vineta, de termino Omnium Sanctorum.

Summa : mille L. libr. x. sol.

RECEPTA SUPER DOMANIUM TERRE COMITIS MARCHIE. — De secundo tercio anni presentis prepositure Mosterolii, CIII. libr. VI. sol. VIII. den. — De terra de Chervex, pro secundo tercio anni presentis, XXXIII. libr. VI. sol. VIII. den. — De terra forefacta Sanceii et minutis costumis, VII. libr. XVI. sol. v. den. — De prepositura Fronteneti, pro secundo tercio anni presentis, LXXVI. libr. XIII. sol. IIII. den. — De firma de

Prahic, pro eodem tercio, LX. libr. — De firma de Coulons, pro eodem tercio, VI. libr. XIII. sol. IIII. den. — De primo tercio anni presentis magni feodi Alnisii, IIII.ᶜ XVI. libr. XVI. sol. IIII. den. — De prepositura Talneii super Voltunnam, pro secundo tercio, XL. libr. — De terra Crucis-Comitisse, pro eodem tercio, XXVI. libr. XIII. sol. IIII. den. — De prepositura Xanctonis et terra Ramete et Ramegoz, pro eodem tercio, VI.ˣˣ· XIII libr. VI. sol. VIII. den. — De pasquerio foreste Baconasii, XLII. sol. — De minutis costumis mainiliorum circa forestam Baconasii, VI. libr. VII. sol. — De minutis costumis et ripagiis salis, LIX. sol. VI. den. — De expletis foreste Baconasii, LV. sol. — De venda foreste Mosterolii, pro octava paga, LXX. libr. — De venda foreste Baconasii, pro tercia paga, IX.ˣˣ· VI. libr. XIII. sol. IIII. den. — De terra domine Contor, pro tercio, C. sol. — De domino Guillelmo Desiré pro racheto terre uxoris sue, XII. libr. pro toto. — De feodo Talneii in Voltunia, de terra defuncti Hugonis de Rocheforti apud Argenterias et Exodunum, Grancaium et Sanceium, a tempore quo ipsa terra devenit ad manum domini comitis, XLVI. libr. XIIII. sol. IIII. den. — De bosco Vallis-Mangoti, pro tercia paga, XL. libr. — De quarta paga et ultima bosci Vitreorum, C. sol. — De VIII.ˣˣ· copulis cuniculorum venditorum apud Talneium super Voltunnam, XIII. libr. VI. sol. VIII. den.

Summa : XII.ᶜ· IIII.ˣˣ· XVII. libr. VII. sol. VII. den.

Terre forefacte. — De secundo tercio anni presentis terre Petri Bocé pro duabus partibus, XX. libr. — De terra Hugonis de Princeio, pro eodem tercio, X. libr. — De terris Montis-Maurillii et Sancti Savini, pro eodem tercio, C. libr. — De minutis coustumis, censibus et talliatis terrarum forefactarum circa Mortuum-Mare, XIX. libr. XVIII. den. — De terra Helie de Tilia, pro duabus partibus, IIII. libr. — De terra Raymondi de Sancto Martino, pro secundo tercio anni presentis, XIII. libr. VI. sol. VIII. den. — De terris forefactis circa Mosterolium, in minutis costumis et censibus, LXXIIII sol.,... den. — De uno placito terre Orguellosi de Sagitta et servicio, ... (*effacé*). — De quodam debito quod debebatur Gerberto de Vizaio, xl. sol. — De terra Radulphi de Tilia apud Senanz, de duabus annatis, vii. libr. iii. sol. — De terra Audeberti de Chalapit recelata, xx. sol. — De minutis costumis et censibus et redditibus terrarum forefactarum circa Sanctum Maxentium, xix. libr. xix. sol. iiii. den.. — De Gaufrido de Mota, xxvii. libr. x. sol. pro medietate racheti sui de feodo domini Guidonis de Rupeforti. — De terra Reginaldi de Sales, de tribus annatis, xii libr. — De terra Aymerici Claret, pro secundo tercio, xii. libr. — De terra Aymerici Gaiffart et Radulphi Bigot, pro secundo tercio, viii. libr. vi. sol. viii. den. — De terris Sancti Gelasii, de Rupe-Malemonde et de Charay, pro primo tercio anni presentis, xxxv. libr. — De terra Constantini de Sancto Gelasio pro secundo tercio, c. sol. — De minutis censibus et costumis terrarum forefactarum circa Bauceium et Veceriam, xi. libr. xii. sol. xi. den. — De minutis censibus et costumis terrarum forefactarum circa Vilers, xxiii. sol. i. den. — De terra Radulfi Desiré apud Sanctum Symphorianum, c. sol. pro medietate. — De terris forefactis in Alnisio, in minutis costumis, ix. libr. — De terris forefactis circa Surgerias, in minutis censibus et costumis, xvi. libr. x. sol. xi den. — De terra domini Guidonis de Ruperforti, pro secundo tercio, xx. libr. — De primo tercio terre ejusdem Guidonis, de termino Omnium Sanctorum nuper preterito, xx. libr. que non fuerunt computate. — De terris forefactis circa Frontenaium, x. lib. xv. sol. viii. den. — De terra P. Desirré pro secundo tercio anni presentis, vi. libr. xiii. sol. iiii. den. — De terris forefactis circa Talneium in Voltunna, lxxi. sol. i. den. — De terra Johannis Raiole apud Charreriam, pro secundo tercio anni presentis, lxvi. sol. viii. den. — De terra magistri P. Minet apud Sanctum Johannem Angeliacensem, cxiii. sol. i. den. — De terra Guillelmi Xanctonis et Guidonis de Monte-Alerii, de termino Omnium

Sanctorum et de termino presentis Candelose, xiii. libr. vi. sol. viii. den. — De blado et vino Campanie adfirmatis, pro secundo tercio, xxii. libr. iiii. sol. vi. den. — De firma terre de Riberon, pro eodem tercio, xxi. libr. xiii. sol. iiii. den. — De terra Fayole, pro eodem termino, xiii. libr. vi. sol. viii. den. — De terra Arthuserie, pro eodem termino, vi. libr. — De terra Andree Pocherau, pro eodem termino, vi. libr. xiii. sol. iiii. den.—De terra Oliverii de Chalesio, pro toto anno, iiii. libr. xvi. sol. iiii. den. — De molendino Fulconis Richardi, pro secundo tercio, xxxvi. sol. viii. den. — De terra Guillermi de Forz apud Arvert, pro toto anno, xiii. libr. vi. sol. viii. den. — De terra Johannis Renaudi, pro toto anno, lx. sol. — De furno Campanie affirmato, x. sol. pro tercio. — De blado terre Gardras de Vars vendito, liii. sol. — De minutis censibus, costumis et redditibus in villa Campanie et circa, xlv. sol. iiii. den. — De terra Johannis de Soneville et Aymerici fratris ejus, xxx. libr. pro toto anno. — De prima medietate bosci de Brolio-Mangoti vendito, pro parte domini Guillelmi de Lazaio, x. lib. — De bosco de Veceria pro quarta paga, viii. libr. xvii. sol. vi. den. — De bosco de Belleria, pro secundo tercio, xx. sol. — De bosco Aymerici Theobaldi, pro primo tercio, x. libr. — De bosco vendito apud Cheuces et apud la Limanderiam, xxii. libr. — Item de tuscha Oliverii de Flace, iiii. libr. — De boissonnis venditis cum nemoribus de Dienne, pro prima medietate anni presentis, iiii. libr. iii. sol. iiii. den. — De tuschis de Allodio, pro quinta paga, vi. libr. xiii. sol. iiii. den.—De terra Guillelmi de Lazaio, apud Brolium-Mangoti juxta Pictavim, xx. libr. pro toto anno usque ad instans Pascha. — De cuniculis venditis apud Vilers, xii. libr. — De quadam domo forefacta apud Prahec ibidem vendita, x. libr. pro toto.

Summa : vi^c· lxix. libr. xiiii. sol. vii. den.

Compotus terre defuncti Guillelmi de Mausiaco.

Recepta domini P. de Volvirio apud Marantum, de maritagio uxoris sue : De Bocagio, xvi. libr. x. sol. — De ii. sextariis et i. mina fabarum venditis, xxxv. sol. — De ix. sextariis frumenti, et xiii. sextariis et i. mina fabarum, xvi. libr. v. sol. — Summa xxxiiii. libr. x. sol.

Item de terra R. de Precigniaco, de maritagio uxoris ejus ibidem : De talliata, xiii. libr. — De censu mutularum, xii. libr. — De praeria et aquis, viii. libr. vi. sol. viii. den. — De redditibus anni novi, scilicet de vi. sextariis frumenti, vi. libr. — De avena vendita, xix. libr. x. sol.

Summa lviii. libr. xvi. sol. viii. den.

De prepositura Maraanti, c. libr. — De prepositura Mausiaci, vii. libr. — De pedagio Mausiaci, ab octabis sancti Michaelis usque ad octabas Candelose, de vi.^{xx} v. diebus, xxii. sol. per diem, vi.$^{xx.}$ xvii. libr. x. sol. — De minutis censibus Mausiaci in Nativitate Domini, elemosinis solutis, cxv. sol. vi. den. — De molendino de Cren, xlv. sol. — De x. resis avene ibidem, xv. sol. — De minutis costumis et censibus apud Bordetum in Nativitate Domini, lxxv. sol. — De molendino ibidem, xliiii. sol. — De furno ibidem, x. sol. — De ii.$^{c.}$ copulis cuniculorum ibidem venditis, xvi. libr. v. sol. — De Guillelmo Vender, x. libr. x. sol. — De placito terre P. de Rupe, militis. — De filio Hugonis Louardi, xxv. sol. de placito. — De viii.$^{xx.}$ copulis cuniculorum venditis apud Maarantum, xiiii. libr. xiii. sol. iiii. den. — De expletis ejusdem terre, iiii. libr.

Summa : iii.$^{c.}$ iiii$^{xx.}$ xix. libr. xiiii. sol. vi. den..

Expensa predicte terre. — Pro custodia terre Maaranti et castri, ab octabis Omnium Sanctorum usque ad octabas Candelose, de iiii.$^{xx.}$ xiii. diebus, v. sol. per diem, xxiii. libr. v. sol. — Pro dote uxoris domini G. de Ponte super pedagium Mausiaci, de iiii.$^{xx.}$ xiii. diebus, v. sol. ii. den. per diem ad estimationem de IIII.ˣˣ· XIIII. libr. per annum, XXIIII. libr. VI. den. — Item idem G. super terram Maraanti, de eodem termino, ad estimationem de LX. libr. per annum, XV. libr. X. sol — Domina Loreta super vinetam Alnisii, XXIII. libr. — Dominus Drogo de Monte-Oser super pedagium Mausiaci, IX. libr. III. sol. — Pro pallo castri Maranti relevando, XXVIII. sol.

Summa expense : IIIIˣˣXVII. libr. VIII. sol. VI. den. — Restat quod debetur de remanencia predicte terre, IIIᶜ· libr. XXVIII. sol.

De promissione facta per ordinationem magni feodi, mille libr.

Item *expleta* : — De ultima medietate emende Helye de Bonavilla, C. libr. — De Hugone de Haiis armigero domini Mauricii de Bellavilla, LXXV. libr. pro prima medietate, pro eo quod idem armiger quamdam puellam violenter extraxit de domo P. Hamonis. — Item de expletis communibus, CVII. libr. X. sol.

Summa expletorum : II.ᶜ· IIII.ˣˣ· libr. L. sol.

Summa totalis recepte ballivie : IIII.ᴹ· VI.ᶜ· IIIIˣˣ· XIX. libr. XVI. sol. X. den.

EXPENSA. — *Liberationes.* — Pictavis, XII sol. I. den. — Sanctus Maxentius, XVI. sol. VIII. den. — Niortum, XXXII. sol. X. den. — Banaon, XII. sol. XI. den. — Rupella, XLII. sol. IX. den. — Sanctus Johannes Angeliacensis, VII. sol. IX den. — Castrum Xanctonis, XLI. sol. V. den. — Pons Xanctonis, II. sol. I. den. — Poujole in foresta Molleriarum, VII. sol. III. den. — Guido de Hispania in foresta Banaonis, V. sol. — Robertus de Gondrevilla in foresta Baconasii cum IIIIᵒʳ· servientibus, IIII. sol. — Summa, IX. libr. XVI. sol. X. den. turon. per diem ab octabis Omnium Sanctorum usque ad octabas Candelose, de IIII.ˣˣ· XIII. diebus, IXᶜ· et XV. libr. V. sol. VI. den. — Item pro gagiis magistri Lorentii qui obiit, a dicto termino usque ad crastinum beati Nicholay, II. sol. VI. den. per diem, de XXIX. diebus et pro roba sua hiemali, cx. sol. — Item pro gagiis Radulphi de Anoto qui obiit, a dicto termino usque ad vigiliam Nativitatis Domini, et pro gagiis unius servientis peditis qui secum erat, iiii. sol. vii. den. per diem, de xlvi. diebus et pro roba dicti Radulphi, xiii. libr. xiii. sol. ii. den. — Item pro robis servientum Pictavensis castri, x. libr. xii. sol. vi. den. — Pro robis servientum castri Sancti Maxentii, x. libr. xii. sol. vi den. — Pro robis castri Niortii, xx libr. — Pro robis castri Banaonis, viii. libr. xv. sol. — Pro robis castri Rupelle, xxxvi. libr. v. sol. — Pro robis castri Surgeriarum, lxii. sol. vi. den. — Pro robis castri Xanctonis, xxxiii. libr. ii. sol. vi. den. — Pro robis duorum servientum et unius balistarii in ponte Xanctonis, l. sol. — Pro robis servientum castri Sancti Johannis Angeliacensis, lxii. sol. vi. den. — Item pro robis Poujole, lxii. sol. vi. den. — Pro roba Guidonis de Hispania, lxii. sol. vi. den. — Pro roba Roberti de Gondreville, l. sol. — Summa robarum : vi.$^{xx.}$ xvi. libr. xvii. sol. vi. den.

Summa liberationum et robarum : m.lxxi. libr. vi. sol. ii. den.

Feoda et *Elemosine*. — Apud Mosterolium : abbas de Pinu, vii. libr. x. sol. pro toto anno de elemosina. — Item, super magnum feodum Alnisii : dominus Mausiaci super vinetam, xxxiii. libr. — Domina Surgeriarum, pro tercio feodi sui, c. xvi. libr. xiii. sol. iiii. den. — Abbas de Valencia, cl. libr. pro toto anno de elemosina. — Abbatissa Fontis Ebraudi apud Rupellam, l. libr. pro toto anno de elemosina. Archiepiscopus Burdegalensis, de elemosina, xiii. libr. vi. sol. viii. den. pro tercio. — Elemosine apud Niortum : — Templum pro toto anno, l. sol. — Vicecomitissa Rupis Cavardi, c. libr.

Summa feodorum et elemosinarum : iiii.^{c} lxxiii. libr.

Opera. — Pro operibus factis in castro Xanctonis, usque ad dominicam post festum beati Andree Apostoli, lvi. libr. — Pro operibus perficiendis in domo Crucis-Comitisse, xxiiii. libr. — Pro xx millibus quarrellorum attiliandis in castro Rupelle et adjutoribus et cooperturis balistarum, viii. libr. xiii. sol. x. den. — Pro duabus molis molendinorum cum lectis suis et pro molendinis domini comitis apud Xanctonem levandis pro innundacione aquarum, xiii. libr. — Pro sex balistis corneis et utensilibus defuncti magistri Laurencii ad operatorium balistarum pertinentibus emptis, xxi. libr. — Pro aula castri Niortii pavenda et aliis minutis operibus ibidem factis, xxi. libr. iii. sol. vi. den. — Pro molendino de Coulons sustinendo, l. sol. — Pro operibus capelle aule Pictavensis et vitreis, xix. libr. iii. sol. ix. den.

Summa : vii.$^{xx.}$ xv. libr. xi. sol. i. den.

Minuta expensa. — Pro redditu quem episcopus Xanctonensis capit in prepositura Xanctonis de duabus annatis, x. libr. — Pro xiiii. lupiculis captis in foresta Baconasii, et pegiis factis apud Mosterolium, iiii. libr. ii. sol. — Pro abreviatione gagiorum servientum foreste Mosterolii, a Nativitate beati Johannis anni m^i cc^i xl^i. tercii usque ad octabas presentis Candelose, vi. den. per diem, xxiiii. libr.

Item pro expensa filii regis Castellie apud Xanctonem, de ii. diebus, xiii. libr. xii. sol. iii. den. — Pro ferculis presentatis eidem apud Sanctum Johannem Angeliacensem, xlii. sol. vi. den. — Pro expensa ejusdem apud Pictavim, de ii. diebus et uno prandio, x. libr. xii. sol. viii. den. — Summa expense filii regis Castellie, xxvi. libr. vii. sol. v. den.

Summa expense minute : lxiiii. libr. ix. sol. v. den.

Item pro expensa terre Maraanti et Mausiaci, iiii.$^{xx.}$ xviii. libr. vi sol. vi. den.

Pro expensa ballivi ab octabis Omnium Sanctorum usque ad octabas Candelose, de iiii.$^{xx.}$ xiii. diebus, iiii.$^{xx.}$ xiii. libr.

Summa totalis expense : mille ix.$^{c.}$ lv. libr. xiii. sol. ii. den.

Restat quod debetur domino comiti super receptam ballivie, ii.$^{m.}$ vii.$^{c.}$ xliiii. libr. iii. sol. viii. den.

Summa totalis que debetur domino comiti de recepta

ballivie, de garda castri Surgeriarum et de victualibus venditis et aliis superius nominatis, ii.^m· viii.^c· lxv. libr. iii. sol.

Conpotus domini regis in Candelosa anno; M°CC°XL° quinto.

Recepta.— De remanencia terrarum forefactarum in Engolismensi assisia terre domini Guillelmi de Sancto Quintino facta, xiiii. libr. — De custodia castrorum comitis Marchie, de termino presentis Candelose, vi.^xx· xiii. libr. vi. sol. viii. den. — De victualibus venditis per castra Radulphi de Malleone : cxi. libr. viii. sol.

Summa : ii.^c· lviii. libr. xiiii. sol. viii. den.

Expensa. — *Liberationes.* — Castrum-Eschardi, xv. sol. v. den. per diem. — Merpins, xxviii. sol. iiii. den. — Geraudus Eberti, iii. sol. — Summa : xlvi. sol. ix. den. per diem, de eodem termino, de iiii.^xx· xiii. diebus. ii.^c· xvii. libr. vii. sol. ix. den. — Item Guillelmus de Sulio, pro roba sua hiemali, lxii. sol. vi. den.

Summa : xi.^xx· libr. x. sol. iii. den.

Restat quod debetur domino regi, xxxviii. libr. iiii. sol. v. den. — Soluti in sequenti conpoto.

Expleta conputata in conpoto Candelose anno M°CC°XL°V°.

Philippus de Malavalle, xx. libr. pro duabus partibus, quia ipse receptaverat malefactores abbatis de Albis Petris.

Elemosinarii defuncte domine de Arthannia, xv. libr. pro debito habendo.

Johannes de Vernant, c. sol. pro contentione cujusdam homicidii.

Aymericus Sechoitte, vii. libr. x. sol. quia, super inhibicionem sibi factam, quamdam puellam sine assensu parentum suorum maritavit.

Arnaudus Chomer, x libr. pro eo quod ipse de nocte inventus fuit in quadam domo, pro quo suspectus habebatur.

Aymericus de Anesio, x. libr. pro eo quod complentum suum sicut debuit non reddiderat.

Gaufridus Polein, c. sol. pro eo quod quamdam terram forefactam recelaverat.

P. Gerardi, c. sol. pro saisina fracta.

Amorosus de Brandis, x. libr. pro contentione cujusdam hereditatis.

Charrer, xv. libr. pro contentione hereditatis sue.

Quidam homo de Sancto Savino, c. sol. pro quodam homicidio casuali.

Summa : cvii. libr. x. sol.

Expleta pro expensa assisiatorum et nonciorum.

Hymbertus Perabatham, xxv. sol. quia cecidit de vi et injuria super quibus apellabatur.

De quodam homine, x. sol. *(un blanc)*.

De quodam homine de ballivia R. de Chalons, xx. sol. pro saisina fracta.

De Meronno, judeo, lx. sol. quia accusabatur de falsa moneta.

De Gaufrido Polein, xl. sol. quia quamdam terram forefactam celaverat.

Robertus de Blenac, xl. sol. pro excussione violenta facta servientibus domini comitis.

Guillelmus d'Aler, xx. sol. pro lesione cujusdam hominis de qua causa fuit, ut dicitur.

P. Faidi, x. sol.

Gener Gaufridi Biron, lx. sol. pro debito habendo.

De illo qui habet relictam Johannis Jumant, x. libr. pro contentione hereditatis sue.

Summa : xxix. libr. v. sol.

Expensa super minuta expleta : — Dominus Raymondus de Cepeya, x. libr. — Albinus, lx. sol. —Johannes Gourri, xl. sol. — Philippus Renaudus, xx. sol. — Item pro nonciis et assissiatoribus, xxxix. libr. iiii. sol. vii. den.

Summa expense : lv. libr. iiii. sol. vii. den., excepta expensa facta in equitatura de Vivona. — Restat super conpotum Ascensionis instantis, xxv. libr. xix. sol, vii. den. qui soluti sunt in remanencia xlvii. librarum et vii. solid. in conpoto instantis Ascensionis.

Compotus Ascensionis anno anno Domini M°CC°XL° sexto.

Remansit quod debuit Adam Panetarius de fine conpoti preterite proximo Candelose, ii.^m· viii.^c· lxv. libr. iii. sol.— De villa Sancti Maxentii, c. libr. de dono. — De custodia castri Surgeriarum, xlvi. libr. xiii. sol. iiii. den.

Summa : iii.^m· xi. libr. xvi. sol. iiii. den.

Domanium domini comitis ante guerram. — De secundo tercio prepositure Pictavis, c. libr. — De prepositura Niortii, pro ultimo tercio, cvi. libr. xiii. sol. iiii. den. — De prepositura Banaonis, pro ultimo tercio, lxxvi. libr. xiii. sol. iiii. den.—De prepositura Rupelle, pro secundo tercio, v^c· xxxiii. libr. vi. sol. viii. den. — De propositura Sancti Johannis Angeliacensis, pro ultimo tercio, xliii. libr. vi. sol. viii. den. —De Radulpho de Malleone, pro racheto terre sue, m. libr. pro primo quinto. — De prepositura Fontiniaci, de duabus partibus, de termino Candelose et presentis Ascensionis, vi.^xx· xiii. libr. vi. sol viii. den. — De xxiii. arpentis nemoris traditis Hylario Foucher in mostra sua, in foresta Molleriarum infra terminum suum, lxvi. sol. viii. den. l'arpent, lxxvi. libr. xiii. sol. iiii. den. — De nova venda foreste Molleriarum, pro prima paga, in termino Nativitatis beati Johannis Baptiste, de iii.^c xxiii. arpentis nemoris, xlv. sol.

pro quolibet arpento et viii.ˣˣ· pro duobus incheramentis, vii.ˣˣ· xix libr. xviii sol. xi. den. — Item pro vi.ˣˣ· iiii. arpentis nemoris venditis in eadem foresta, lv. sol. quodlibet arpentum, pro prima paga, de termino Nativitatis beati Johannis, lvi. libr. xvi. sol. viii. den. — De nova venda foreste Banaonis, pro quarta paga, cxiii. libr. vi. sol. viii. den. — De gisto de Anesio, c. sol. pro medietate. — De octava et ultima paga veteris vende foreste Banaonis, lxii. libr. x. sol.

De surcresio nove vende foreste Banaonis, pro quarta paga, iiii. libr. iii. sol. iiii. den. — Item pro surcresio veteris vende ejusdem foreste, pro ultima paga, xviii. libr. xv. sol. — De remanencia exituum terre defuncti Guillermi de Mausiaco post conpotum Candelose, elemosinis et expensis solutis, xxv. libr.

Summa ii.ᴹ· v.ᶜ· xv. libr. x. sol. vii. den.

Recepta super conquestam domanii terre comitis Marchie.
— De prima medietate anni presentis de terra comitis Marchie apud Pictavim, xxxv. libr. — De prepositura Mosterolii, pro ultimo tercio, ciii. libr. vi. sol. viii. den. — De firma de Cherveux, pro eodem tercio, xxxiii libr. vi. sol. viii. den. — De terra, foro et pedagio Sanceii et minutis costumis, cx. sol. — De prepositura Fronteniaci, pro ultimo tercio, lxvi. libr. xiii. sol. iiii. den. — De firma de Prahec, pro eodem tercio, lx. libr. — De firma de Coulons, pro eodem tercio, vi. libr. xiii. sol. iiii. den. — De secundo tercio magni feodi Alnisii, iiiiᶜ· xvi. libr. xiii. sol. iiii. den. — De prepositura Talneii super Vulturum *(sic)* pro ultimo tercio, xl. libr. — De terra Crucis-Comitisse, pro ultimo tercio, xxvi. libr. xiii. sol. iiii. den. — De prepositura Xanctonis et terre Ramece et Ramegoz, pro ultimo tercio anni presentis, vi.ˣˣ· xiii. libr. vi. sol. viii. den. — De terra domine Contor, c. sol. pro ultimo tercio. — De offerturis novalium circa Lavergniam, vi. libr. xviii. sol. — De expletis foreste Baconasii per Robertum de Gondrevilla, ciiii. sol. — De minutis ripagiis in

Marempniam. xv. sol. viii. den. — De anguillis venditis apud Mosterolium, lv. sol. — De venda foreste Baconasii pro quarta paga, ix.ˣˣ· vi. libr. xiii. sol. iiii. den. — De bosco Vallis-Mangoti, pro quarta paga, xl. livr. — De bosco mortuo vendito in foresta Mosterolii, pro ultima paga, c. sol. — — Pro nona et ultima paga vende foreste Mosterolii, lxx. libr.

Summa : xiiᶜ· xlix. libr. ix. sol. iiii. den.

Terre forrefacte. — De ultimo tercio terre Petri Boce, pro duabus partibus, xx. libr. — De ultimo tercio terre Hugonis de Princeio, x. libr. — De ultimo tercio terrarum forefactarum circa Montem Maurillii et Sanctum Savinum, c. libr. — De minutis censibus et redditibus terrarum forefactarum circa Mortuum-Mare, xii. libr. xvi. sol. — De terra Raymondi de Sancto Martino, xiii. libr. vi. sol. viii. den. pro ultimo tercio. — De minutis costumis terrarum forefactarum circa Mosterolium, v. sol. v. den. — De firma de Villaribus, pro ultimo tercio, xx libr. — De minutis costumis terrarum forefactarum circa Bauceium et Veceriam, xvi. sol. iii. den. — De minutis costumis et redditibus terrarum forefactarum circa Fronteniacum, xxxix. sol. — De terra Petri Desiré apud Bacces, pro ultimo tercio, vi. libr. xiii. sol. iiii. den. — De terra Gaufridi filii comitis et Bernardi Plummerii, in minutis costumis et censibus, xxiiii. sol. vi. den. — De [terra] Aymerici Alardi et Guidonis Loustor in Rupefortensi, xxxix. libr.[...] den. — De terra Guillelmi Xanctonis, pro ultimo tercio, iiii. libr. xiii. sol. iiii. den. — De racheto Gaufridi de Mota, pro ultima medietate, xxvii. libr. x. sol. — De feodo domini Guidonis de Rupeforti, de racheto defuncte uxoris Hugonis Chaceporc apud Nantolium, de feodo Guidonis de Rupeforti, x. libr. pro toto. — De terra domini Guidonis de Rupeforti apud Sazinam, pro ultima medietate anni presentis, c. sol. — De terra Constantini de Sancto-Gelasio, pro secundo tercio, c. sol. — De terris forefactis circa Surgerias, in censibus et costumis, xxxiiii. sol. — De molendino Fulconis Richardi, pro ultimo tercio, xxxvi. sol. viii. den. — De firma Campanie, pro ultimo tercio, xxii. libr. iiii. sol. vi. den. — De firma de Ribero, pro eodem tercio, xxi. libr. xiii. sol. iiii. den. — De firma Fayole, pro eodem tercio, xiii. libr. vi. sol. viii. den. — De terra Arthuserie, pro eodem tercio, vi. libr. — De terra Aindre *(sic)* Michaelis, pro eodem tercio, vi. libr. xiii. sol. iiii. den. — De pasquerio et minutis censibus Canpanie, xix. sol. [*Trois mots enlevés*] non affirmato, pro ultimo tercio, x. sol. — Item de terra Johannis Rufi, de ultimo tercio, presenti anno et de duabus pagis anni preteriti, xx. libr.

Nemora vendita. — De bosco de Bonneria vendito, pro prima medietate, x. libr. — De bosco au Bonins de Gaudon et de Valle-Vinardi, pro prima medietate, xx. libr. — De bosco de Veceria, pro sexta paga, viii. libr. xvii. sol. vi. den. — De bosco Aymerici de Belleria, pro tercia paga et ultima, xx. sol. — De bosco liberorum Gaufridi de Belleria, iiii. libr. pro toto. — De bosco Sapinaudi vendito juxta Fronteneium, iiii. libr. — De bosco defuncti Aymerici Thebaldi, pro secunda paga, x. libr. — Pro primo tercio brolii de Mollereux, x. libr.

Summa : iiii.^{c.} libr. lxxix. sol.

Redemptiones terrarum forefactarum. — De terra Guillelmi de Spineia militis redempta, pro primo tercio, xx. libr. — De terra Geraudi de Thorceio redempta, pro primo tercio, lxvi. sol. viii. den. — De terra Aymerici Claret militis redempta, pro primo tercio, xxvi. libr. xiii. sol. iiii. den. — De terra Hugonis de Baissi militis, pro eodem tercio, xviii. libr. x. sol. — De terra Hugonis de Sancto-Gelasio militis, pro eodem tercio, de feodo comitis Marchie, xxxii. libr. — De terra ejusdem Hugonis de feodo Parthenaii, pro toto, xxiiii. libr. — De terra Gaufridi de Berlleria redempta, pro primo tercio, xxvi. libr. xiii. sol. iiii. den. — De terra Guillelmi de Rupe militis redempta, pro eodem tercio, vi. libr. — De terra Aymerici Goubaut militis, pro eodem tercio, xxiii. libr. vi. sol. viii. den. — De terra Guillermi de Sancta Oannia, pro eodem tercio, iiii. libr. — De terra Guillermi de Sancto-Gelasio, pro eodem tercio, xx. libr. — De terra P. de Charay, pro eodem tercio, iiii. libr. — De terra Guillelmi Raber, pro eodem tercio, viii. libr. — De terra Aymerici de Berlleria, pro eodem tercio, xvii. libr. xiii. sol. iiii. den. — De terra Guillelmi de Sancto-Albino, pro eodem tercio, vi. libr. — De terra Aymerici Gaiffardi, pro eodem tercio, vii. libr. — De terra Radulphi Bigot, pro eodem tercio, iiii. libr. — De terra Briandi Chabot apud Jaunaium juxta Sanctum-Maxentium, pro eodem tercio libr. vi. sol. viii. den. — De terra ejusdem Briandi in Alnisio, pro eodem tercio, xv. libr. que terra est de feodo domini G. de Ranconaio. — De terra Costantini de Veceria militis, pro eodem tercio, xx. libr. — De terra Petri de Gacognole, pro eodem tercio, x. libr. — De terra Reginaldi de Meriaco, pro eodem tercio, vii. libr. — De terra liberorum Hugueti de Rupe-Malemonda, pro eodem tercio, xv. libr. — De terra Guillelmi P....ot, pro eodem tercio, xvi. libr. xiii. sol. iiii. den. — De terra Aymerici Ravardi, pro eodem tercio, c. sol. — De terra Hugonis Chace-bof, pro eodem tercio, x. libr. — De terra Johannis Gorjaudi militis, pro eodem tercio, vi. libr. — De terre Reginaldi de Sales, pro eodem tercio, lxvi. sol. viii. den. — De terra domini Costantini de Vieceria de feodo comitis Augi, pro primo tercio, c. sol. — De terra Johannis Raiole et fratris sui, pro eodem tercio, xxvi. libr. xiii. sol. iiii. den. — De terra Petri Senescalli, pro eodem tercio, x. libr. — De terra Hugonis Bruni, pro eodem tercio, x. libr. — De terra Petri Helie, pro eodem tercio, vi. libr. — De terra Hugonis Claret, pro eodem tercio, xx. libr. — De feodo domini G. de Ranconaio. — De salinis Aymerici Pontonnier, pro eodem tercio, xxxiii. libr. vi. sol. viii. den. — De terra Guillelmi Acalon, pro eodem tercio, lxvi. sol. viii. den. de feodo Parthenaii. — De terra Guillermi Pagani, pro eodem tercio, lxvi. sol. viii. den. de eisdem feodis. — De terra Hugonis Chace-bof pro duabus partibus, c. sol. de eisdem feodis. — De terra Clementis de Vilers, pro primo tercio, iiii. libr. de eisdem feodis. — De terra domini Reginaldi de Perata, de eisdem feodis, pro duabus partibus, x. libr.

Summa : v^{c.} ix. libr. iii. sol. iiii. den.

De conmendisiis tocius ballivie pro toto anno, xxxi. libr. x. sol.

Item *Expleta* :

Armiger domini Mauricii de Bella-villa, lxxv. libr. pro ultima medietate, quoniam ipse violenter extraxit a domo Petri Hainonis quamdam domicellam.

De Amoroso de Brandis et Petro Yterii, x. libr. pro deliberatione cujusdam vinee.

De domino Hugone Sicardi milite, c. sol. pro contentione ipsius et cujusdam presbyteri.

De quodam mercatore de Siré, iiii. libr. pro porcis super quibus idem mercator accusabatur.

De quodam armigero de Sancta Hermenia qui traxit cultellum suum super prepositum de Niorto, x. libr.

Summa expletorum c. iiii. libr.

Summa conmendisiarum et expletorum : vi.^{xx.} xv. libr. x. sol.

Summa totalis ballivie : iiii.^{m.} viii^{c.} xiii. libr. xii. sol. iii. den.

EXPENSA. — *Liberationes* : Pictavis, xii. sol. i. den. per diem. — Sanctus Maxentius, xvi. sol. viii. den. — Niortum, xxviii. sol. viii. den. — Banaonis, xii. sol. xi. den. — Surgerie, xii. sol. i. den. — Rupella, xxxix. sol. — Sanctus Johannes Angeliacensis, vii. sol. ix. den. — Castrum Xanctonis, xl. sol. vii. den. — Pons Xanctonis, ii. sol. i. den. — Poujole in foresta Molleriarum, vii. sol. iii. den. — Guido de Hispania in foresta Banaonis, v. sol. — Robertus de Gondrevilla in foresta Baconasii cum iiii. servientibus, iiii. sol. — Summa ix. libr. viii. sol. i. den. per diem, ab octabis Candelose usque ad Nativitatem beati Johannis, de vi.^{xx} xv. diebus, xii.$^{c.}$ lxix. libr. xi. sol. iii. den. — Pro robis estivalibus sex servientum et magistri Bartholomei Carpentarii, et pro roba Roberti de Gondrevilla, et pro roba Portevire parum conputata in conpoto Candelose, xxv. libr. xii. sol. vi. den.

Fonteniacum, vi. sol. per diem, ab octabis Omnium Sanctorum usque ad dictum terminum, de xi.$^{xx.}$ viii. diebus, lxviii. libr. viii. sol.; pro duabus robis Pardi, castellani Fontiniaci, vi. libr. v. sol. : summa Fontiniaci, lxxiii. libr. xiii. sol — Item pro gagiis defuncti Roberti Damens a dicto termino usque ad diem Veneris adorati, de lvi. diebus, iii. sol. iiii. den. per diem et pro roba sua estivali, xii. libr. ix. sol. ii. den. — Item pro gagiis defuncti Alexandri, iii. sol. lx. den. per diem, a dicto termino usque ad festum beatorum Philippi et Jacobi, de iiii.$^{xx.}$ et i. diebus, et pro roba sua estivali, xviii. libr. vi. sol. iii. den.

Summa liberationum et robarum : xiiii.$_{c.}$ libr. xii. sol. ii. den.

Feoda et elemosine. — Apud Pictavim : Gaufridus Morini pro medietate feodi sui, vii. libr. x. sol. — Elemosine ibidem. — Templum, pro toto anno, xvii. libr. x. sol. in nondinis Medie Quadragesime. — Abbas de Morolio pro toto anno, x. libr. — Abbatissa Fontis-Ebraudi, pro medietate, in termino Nativitatis beati Johannis, xxv. libr. — Item feodum apud Mosterolium : Bernerius c. sol. pro toto anno. — Item feoda apud Rupellam : Domina Surgeriarum, pro tercio, cxvi. libr. xiii. sol. iiii. den. — Magister Lambertus de Ponte, xx. libr. pro toto anno. — Elemosine ibidem : Archiepiscopus Burdegalensis, xiii. libr. vi. sol. viii. den. pro tercio. — Abbas de Sanblanceio, xl. sol. pro toto anno. — Fons-Ebraudi, xv. libr. pro medietate in termino beati Johannis. — Abbas Sancti Leonardi, xii. libr. x. sol. pro medietate. — Templum, c. sol. pro medietate.

Summa : ii. xlix. libr. x. sol.

Opera. — Pro domibus castri (sic) Xanctonis in adventu domini comitis Pictavensis reparendis, et pro ingenio putei ejusdem castri faciendo, LVI. libr. XVI. sol. — Pro operibus castri Rupelle, scilicet pro XII. tasiis barbaquanne de novo faciende et domibus ejusdem castri in adventu domini comitis reparendis, LX. libr. VI. den. — Pro minutis operibus faciendis apud Crucem-Comitisse et in castro Sancti Johannis Angeliacensis, in adventu domini comitis, CVIII. sol. — Pro hala de Fronteneio de novo facienda, et uno molendino de novo faciendo, LV. libr. XVIII. sol. — Pro domibus castri Niortii in adventu domini comitis reparendis, VIII. libr. XIII. sol., m[inus] I. den. — Pro quodam ponte de Talneio de novo faciendo, LXX. sol. — Pro minutis operibus factis in castro Sancti Maxentii, in adventu domini comitis, XX. sol. — Pro domibus castri Fontiniaci reparendis, in adventu domini comitis, X. libr. XVII. sol. — Pro minutis operibus factis in aula Pictavis, scilicet pro muro pratelli reficiendo, et hiis reficiendis que diruta fuerunt, in adventu domini comitis, et pro mensis emptis, XVIII. libr. — Pro quarellis attiliandis apud Niortum, et cooperturis novis balistarum quas fecit magister Laurencius defunctus, LX. sol. — Pro domibus castri Mosterolii reparendis per Johannem Prepositi Arelianensis XIIII. libr. XVIII. sol. — Pro hala de Latilliaco recooperienda, XXXII. sol. — Pro quarellis attiliandis apud Pictavim, scilicet pro XIII. millibus et IIII.^{c} IIII. libr. XIIII. sol. — Pro domo Johannis Reginaldi de ponte Xanctonis empta, IIII.^{xx} libr. — Pro censu ejusdem domus empto a decano Xanctonensi VI. libr.

Summa : III.^{c} XXX. libr. VI. sol. V. den.

Minuta expensa. — Pro expensa Frederici in partibus Pictavensibus, per manum domini Gilonis de Nigella, LXXVI. libr. — Petro de Exidolio, burgensi Sancti Johannis Angeliacensis, XXV. libr. pro uno incheramento vende foreste Baconasii. — Radulphus Bigre Arelianensis quando

mansuravit vendam foreste Mosterolii, iiii. libr. x. sol.
— Pro d[uobus?] doliis vini missis ad dominum Adam Harent per castellanum Sancti Johannis Angeliacensis, viii. libr. viii. sol. — Pro ix. servientibus non habentibus gagia, equitantibus cum domino comite, a die lune post Brandones usque ad octabas Pasche, xxxvii. libr. xvii. sol. — Capellano castri Rupelle misso ter apud Burdegalas, et Taboeto ibidem quater misso, et Roberto de Vernone ibidem ter misso, et expensa dicti Taboeti missi ad curiam pro negocio et deliberatione denariorum, quos dominus R. de Ponte tenebat impeditos, et pro filio domini Drogonis de Monte Auserii, et pro roncinis locatis in via et lesis, xix. libr. vi. sol. vi. den.
— Pro expensa domini Raymondi de Cepeia et Geraudi Eberti, quantum fuerunt cum domino comite, viii. libr. iiii. sol. viii. den. — Pro balistis, quarellis deferendis a Thalemondo usque ad Niortum et pro utensilibus defuncti Laurencii portandis apud Xanctonem, iiii. libr. xvii. sol. vi. den. — Pro denariis portandis apud Niortum in custodia castellani, i. sol. — Pro custodia garenne Fronteneti, pro toto anno, c. sol.— Pro parte minagii Rupelle, Guillelmi de Camera et Roberti de Feritate, burgensium Rupelle, xxvi. libr. xviii. den. — De prepositura Fronteneti, x. libr. nimium conputate in conpoto Candelose.

Summa : ii.^{c} xxvii. libr. xv. sol. ii. den.

Item pro expensa Ade Panetarii ab octabis Candelose usque ad octabas Ascensionis, de ciiii. diebus, xx. sol. per diem, ciiii. libr.

Summa totalis expense : ii^M· iii.^{c} xii. libr. iii. sol. ix. den. — Restat quod debet ballivus, expensis ballivie computatis, ii.^{M}· v.^{c}· libr. xxviii. sol vi. den.

Summa totalis quam debet ballivus de arreragio conpoti Candelose et de aliis superius nominatis, et de ballivia et de presenti conpoto, expensis solutis, v.^{M}· v.^{c}· xiii. libr. iii. sol. x. den., de quibus solvit idem ballivus, per manum R. de Rulli et Johannis Clerici, magistro Reginaldo in partibus Pictavensibus, III.ˣ· III.ᶜ· IIII.ˣˣ· VIII. libr. VII. sol. VIII. den. Ita debet Adam Panetarius, omnibus computatis, II.ᴍ. VI.ˣˣ· IIII. libr. XVII. sol. II. den.

Conpotus domini regis in dicto termino.

Remansit quod debuit Adam Panetarius de fine conpoti Candelose proximo preterite, XXXV. libr. III. sol. V. den. — Item de custodia castrorum comitis Marchie pro ultimo tercio anni presentis, de termino Assumptionis beate Marie, VI.ˣˣ· XIII. libr. VI. sol. VIII. den.

Summa : VIII.ˣˣ· XI. libr. I. sol. I. den.

EXPENSA. — *Liberationes.* — Castrum-Eschardi, XV. sol. V. den. per diem. — Merpin, XXVIII. sol. IIII. den. per diem. — Geraudus Eberti, III. sol. per diem. — Summa, XLVI. sol. IX. den. per diem; ab octabis Candelose usque ad Nativitatem beati Johannis, de VI.ˣˣ· XV. diebus, III.ᶜ· XV. libr. XI. sol. III. den. — Pro roba Guillelmi de Sul..... estivali, LXII. sol. VI. den.

Summa expense : III.ᶜ· XXVIII. libr. XIII. sol. IX. den.

Restat quod dominus rex debet : VII.ˣˣ· VII. libr. II. sol. VIII. den. Solutum in Templo.

Debemus fratri Giloni de conpoto Candelose pro Johanne de Domibus, pro domina de Plancoil, XXX. libr. — Item pro domino Aymerico de Bleu per Johannem Clericum, XXX. libr. — Item per Bartholomeum Tricaudi, in reditu domini comitis Pictavensis, post Pascha, C. libr. — Summa : VIII.ˣˣ· libr. per litteras.

Debet idem frater Gilo de remanencia conpoti domini regis in presenti Ascensione, VII.ˣˣ· VII. libr. II. sol. VIII. den. — Restat quod debemus dicto fratri Giloni, XII. libr. XVII. sol. IIII. den.

Expleta conputata in conpoto Ascensionis anno M°CC°XL°VI°.

Pro expensis assisiatorum :

Quidam Brito, xxv. sol. quia verberavit quamdam mulierem.—Helias de Niolio, LX. sol. pro eo quod appellabat fratrem suum de injuria et violencia, quod probare non potuit.—De Andrea Pocheran, xx. sol. pro eo quod defectu ipsius pejorate fuerunt saline vicinorum suorum.—Item de minutis expletis per Petrum de Bleriaco, xxx. sol.

Pro armigero domini Mauricii de Bella-villa LXXV sol. pro ultima medietate quia ipse violenter traxit a domo Phainen-[si]quamdam domicellam.—De Amoroso de Brandes et Petri Yter x.lib. pro deliberatione cujusdem [...] ee. — De domino Hugone Letardi pro contentione ipsius et cujusdem presbiteri. —De quodam mercatore de Siré IIII. lib. pro porcis super quibus accusabatur.—De quodam armigero de Sancta-Herminia qui traxit cutellum suum super prepositum Niortensem. x. lib. Summa : CIIII lib.

Conpotus Omnium Sanctorum anno Domini M°CC°XL° sexto.

Remansit quod debuit Adam Panetarius de fine conpoti Ascensionis nuper preterite, omnibus conputatis, II.ᴹ· VI.ˣˣ· IIII. libr. XVII. sol. II. den.

Redemptiones terrarum forefactarum. — De terra Guillelmi de Spineia militis pro secundo tercio, xx. libr. — De terra Geraudi de Thorceio militis, pro secundo tercio, LXVI. sol. VIII. den.. — De terra Aymerici Claret, pro secundo tercio, xxvi. libr. XIII. sol. IIII. den. — De terra Hugonis de Baissi, pro eodem tercio, XVIII. libr. x. sol.— De terra ejusdem Hugonis de feodo comitis Augi, pro prima medietate, ix. libr. — De terra Johannis de Naide militis, pro prima medietate, lx. sol. — De terra Hugonis de Sancto Gelasio de feodo comitis Marchie, pro secundo tercio, xxxii. libr. — De terra Gaufridi de Belleria pro eodem tercio, xxvi. libr. xiii. sol. iiii. den. — De terra Guillelmi de Rupe militis, pro eodem tercio, vi. libr. — De terra Aymerici Gonbaudi pro eodem tercio, xxiii. libr. vi. sol. iiii. den. — De terra Guillelmi de Sancta Oanna, pro eodem tercio, iiii. libr. — De terra Guillelmi de Sancto Gelasio pro eodem tercio, xx. libr. — De terra Petri de Karai, pro eodem tercio, iiii. libr. — De terra Guillelmi Raber pro eodem tercio, viii. libr. — De terra Aymerici de Belleria, xvii. libr. xiii. sol. iiii den. — De terra Guillermi de Sancto Albino, pro eodem tercio, vi. libr. — De terra Aymerici Kaiffart, pro eodem tercio, vii. libr. — De terra Radulphi Bigot, pro eodem tercio, iiii. libr. — De terra Briandi Chabot apud Jaunaium juxta Sanctum Maxencium, pro eodem tercio, xiii. libr. vi. sol. viii. den. — De terra ejusdem Briandi de feodo domini G. de Rancon, pro eodem tercio, xv. libr. — De terra Constantini de Veceria militis, pro eodem tercio, xx. libr. — De terra Petri de Gacognole, pro eodem tercio, x. libr. — De terra Reginaldi de Mairi, pro eodem tercio, vii. libr. — De terra Guillelmi Bigot, pro eodem tercio, pro liberis Hugueti, xv. libr. — De terra Guillelmi Pinot, pro eodem tercio, xvi. libr. xiii. sol. iiii. den. — De terra Aymerici Ravardi, pro eodem tercio, c. sol. — De terra Hugonis Chace-bof, pro eodem tercio, x. libr. — De terra Johannis Gorjaudi, pro eodem tercio, vi. libr. — De terra Reginaldi de Sales, pro eodem tercio, lxvi. sol. viii. den. — De terra Constantini de Veceria, de feodo comitis Augi, pro eodem tercio, c. sol. — De terra Johannis Rufi, pro prima medietate, de feodo comitis Augi, x. libr. — De terra Arnaudi Bochau, de feodo comitis Marchie, pro prima medietate, x. libr. — De terra Hugueti Rivet, pro prima medietate, vi. libr. — De terra Constantini de Veceria, de feodo abbatis Sancti Maxencii, pro prima medietate, xxx. libr. — De terra Hugonis de Sancto Gelasio que eidem accidit de morte uxoris Hugonis Chace-porc, pro prima medietate, ix. libr. — De terra Guillermi Aqualeu, pro secundo tercio, lxvi. sol. viii. den.—De terra Guillelmi Pagani, pro secundo tercio, lxvi. sol. viii. den. — De terra Clementis Prepositi de Vilers, pro eodem tercio, iiii. libr. — De terra Hugonis Chace-bof, pro ultimo tercio, l. sol. — De terra Radulphi de Perata, pro ultimo tercio, c. sol. — De terra Petri de Malliaco, pro duabus partibus, cvi. sol. viii. den.— De terra Johannis de Clarent, pro duabus partibus, xii libr. vi. sol. viii. den. — De terra Hugonis Theobaldi, pro primo tercio, xxx. libr. — De terra Johannis Raiole, pro secundo tercio, xxvi. libr. xiii. sol. iiii. den. — De terra Gaufridi Desiré, pro primo tercio, xxxiii. libr. vi. sol. viii. den. — De terra Petri Senescalli, pro secundo tercio, x. libr.— De terra Hugonis Bruni pro filia Hemerici Rousselli, pro secundo tercio, x. libr. - De terra Petri Helie, pro tercio, i. libr. — De terra Hugonis Berardi, pro toto, lx sol.— De terra Hugonis Claret, de feodo domini G. de Ranconio, pro secundo tercio, xx. libr. — De salinis Aymerici Pontonier, pro secundo tercio, xxxiii. libr. vii. sol. viii. den. — De terra Arnaldi Corgne, pro prima medietate, xl. libr.

Summa : vi^{c.} lxviii. libr. xiii. sol. iiii. den.

Racheta. — Radulphus de Malleone pro secunda paga, m. libr. —Dominus Petrus de Voluria tam pro racheto terre Maranti quam pro debito dotis uxoris domini Gaufridi de Ponte, pro prima paga, v.^c libr. — Johannes, vicecomes Castri Ayraldi, pro deliberatione terre sue, cum non esset in etate perfecta, pro prima paga, iiii^{c.} libr.

Summa : xix libr.

Domanium ante guerram. — De prepositura Pictavis, pro ultimo tercio, c. libr. — De prepositura Niortii, pro primo tercio, cxiii. libr. vi. sol. viii. den. — De prepositura Banaonis, pro primo tercio, iiii.^{xx.} libr. — De prepositura Rupelle, pro ultimo tercio, in termino Assumptionis beate

Virginis, v.^{c} xxiii. libr. vi. sol. viii. den. — De prepositura Sancti Johannis Angeliacensis, pro primo tercio, xliii. libr. vi. sol. viii. den. — De prepositura Fontiniaci, pro ultimo tercio, lxvi. libr. xiii. sol. iiii. den. — De gisto de Anesio, c. sol. pro medietate. — De talliata Boeti pro gisto, lx. libr. pro toto anno. — De censibus novalium Molleriarum, xxxvi. sol. — De ingressu cujusdam novi hospitis ibidem, xx. sol. — De expletis foreste Molleriarum, pro toto anno, xiii. libr. — De racheto terre Johannis Clareul, pro prima medietate, xxx. libr. — De venda foreste Banaonis, pro quinta paga, cxiii. libr. vi. sol. viii. den. — De surcresio ejusdem vende, pro quinta paga, iiii. libr. iii. sol. iiii. den. — De quadam haya vendita juxta Sanctum Johannem Angeliacensem, lxx. sol. — De Aymerico de Marreilliaco et partionariis suis, pro toto racheto terre que fuit Petri Vigerii, de feodo Fontiniaci, xxi. libr.

Summa : xi^c· iiii.$^{xx·}$ x. libr. ix. sol. iiii. den.

Conquesta super comitem Marchie. — De terra comitis Marchie apud Pictavim affirmata, pro ultima medietate, xxxv. libr. — De prepositura Mosterolii, pro primo tercio, vi.$^{xx·}$ vi. libr. xiii. sol. iiii. den. — De firma de Cherveux, pro primo tercio, xxxiii. libr. vi. sol. viii. den. — De terra Sanceii affirmata, pro primo tercio, xiii. libr. vi. sol. viii. den. — De prepositura Fronteneti, pro primo tercio, lxxviii. libr. vi. sol. viii. den. — De firma de Coulons, pro primo tercio, xiii. libr. vi. sol. viii. den. — De prepositura de Prahic, pro primo tercio, lxxiii. libr. vi. sol. viii. den. — De magno feodo Alnisii, pro ultimo tercio, iiii^c· xvi. libr. xiii. sol. iiii. den. — De prepositura Talniaci super Voltunnam, pro primo tercio, l. libr. — De terra Gravie juxta Talniacum affirmata, pro prima medietate, vii, libr. x. sol. — De terra Crucis-Comitisse affirmata, pro primo tercio, xxvi. libr. xiii. sol. iiii. den. — De prepositura Xanctonis et terra Ramete et Ramegauz, pro primo tercio anni presentis, vi$^{xx·}$ xiii. libr. vi. sol.

viii. den. — De terra domine Contor non affirmata, in exitibus, xii. libr. — De molendino Lavergnie, xi. sol. de duobus annis. — De vino Lavergnię vinearum vendita, xxiiii. sol. — De minutis censibus circa Lavergniam, xxiiii. sol. vi. den. — De sextis bladi circa Lavergniam venditi, xxxiiii. sol. — De feno ibidem vendito, iiii. libr. x. sol. — De aucis costumarum, iiii. sol. — De pasquario foreste Baconasii, xli. sol. viii. den.— De expletis foreste Baconasii, x. libr.— De minutis ripagiis in Marempnia, vi. libr. x. sol. viii. den. — De sextis salis, ix. sol. — De minutis costumis de Favaux, de Sancta Gemma et de Castro Nervi, affirmatis, pro primo tercio, xx. libr. — De talliatis abbatisse Xanctonis in festo beati Michaelis, viii.^{xx} xv. libr. — De talliata terre prioris Sancti Aniani, de terminis Sancti Johannis et Sancti Michaelis, lvii. libr.

Nemora. — De nova venda foreste Mosterolii, pro prima paga et pro primo tercio primi anni, lxxi. libr. xviii. sol. x. den. — De bosco Vallis-Mangoti, pro prima paga et pro primo tercio anni primi, xxiii. libr. viii. sol. x. den. — De bosco mortuo affirmato vitreariis, pro prima paga, vii. libr. vi. sol. viii. den. — De venda foreste Baconasii, pro quinta paga, ix.^{xx}. vi. libr. xiii. sol. iiii. den. — De arreragio vende facte per Adam Silvanectensem in foresta Baconasii, lvi. libr. — De nemore Talniaci super Voltunnam, pro prima paga, xx. libr.

Summa : m. vi$^{c\cdot}$ lxx. libr. iiii. sol. vi. den.

Terre forefacte. — De primo tercio terre Petri Boce, pro duabus partibus, xx. libr. — De terra Hugonis de Princeio pro primo tercio, x. libr. — De prepositura Montis-Maurillii, pro primo tercio, l. libr. — De prepositura Sancti Savini pro eodem tercio, xlvi. libr. xiii sol. iiii. den. — De talliatis, censibus et minutis costumis, et feno vendito terrarum forefactarum circa Mortuum Mare, xxv. libr. iii. sol. i. den. — De terra Raymondi Albigensis, pro primo tercio, viii. libr.

vi. sol. viii. den. — De feno vendito terrarum forefactarum circa Mosterolium, lx. sol. — De vindemia earumdem terrarum, xx. sol — De terra Gelberti Bordoil affirmata, pro primo tercio, xl. sol. — De censibus earumdem terrarum, xxiiii. sol. — De terra Petri de Sancto Savino in minagio Pictavis, x. libr. pro toto anno. — De terra Aldeberti de Tremolia in eodem minagio, vi. libr. pro toto anno. — De terra Petri de Rufellis, lx. sol. — De terra domini Guidonis de Rupe-forti apud Sanctum Maxencium in censibus et minutis costumis, lxx. sol. — De terra ejusdem apud Sazinam affirmata, pro prima medietate, c. sol. — De censibus et minutis costumis terrarum forefactarum circa Sanctum Maxencium, lxxi. sol. ii. den. — De vindemiis earumdem terrarum, x. libr. x. sol. — De Petro de Prahic pro equo de servicio de filio Guillelmi Coustanz, xii. sol. vi. den. — De placito, de feodo domini Guidonis de Rupeforti : — De domino Guillelmo Eremberti, l. sol. de placito. — De Allemerio juxta Bauceium, vii. libr. — Item de terra domini Guidonis de Rupeforti apud Vilers, in censibus, costumis et furno, xiiii. libr. x. sol. xi. den. — De censibus et costumis terrarum forefactarum circa Bauceium et Veceriam, lxvii. sol. — De minutis censibus et costumis terrarum forefactarum circa Frontenetum, lx. sol. ix. den. — De feno vendito earumdem terrarum, cvi. sol. — De vindemiis earumdem terrarum venditis, iiii. libr. vii. sol. i. den. — De terra Petri Desiderati affirmata, pro primo tercio, vi. libr. xiii. sol. iiii. den. — De terra Gaufridi Desiderati affirmata, pro ultimo tercio, c. sol. — De filia Oliverii de Arceio, lx. sol. de placito. — De Helia Gite, xxx. sol. de placito, de terra ex parte uxoris sue. — De terra Petri La Chevre, c. sol. pro toto anno. — De terra domini Radulphi de Tilia, xv. sol. de talliata. — De terra Aldeberti de Chalapit, xii. sol. de censu. — De Gaufrido Le Jugleor, v. sol. de garda. — De iiii. sextariis bladi earumdem terrarum venditis, xxxiiii. sol. — De terra defuncti Hugonis de Rupe-forti, pro toto anno, viii. libr. iiii. sol. — De terra Aymerici Alardi, de arreragio, usque ad festum Omnium Sanctorum, viii. libr. — De terra Guillelmi de Forz circa Surgerias, in talliatis, censibus et minutis costumis, xvi. libr. vii. sol. — De feno ejusdem terre vendito, vii. libr. vi. sol. — De vindemia ejusdem terre, iiii. libr. xviii. sol. vi. den.— De minagio Rupelle, pro parte Guiberti de Didona, pro toto anno, xx. libr. — De vindemiis vinearum eorum de Olerone, in feodo de Portu novo, facionibus et expensis ipsarum vinearum solutis, xii. libr. — De censu vinearum acensatarum Geraudo Eberti, l. sol. — De terra Aymerici de Rupe super medietarios, xxv. libr. — De terra filii Helie Gerberti, pro toto, xii. libr. — De terra Helie Gerberti et Gaufridi, filii comitis, in censibus, cix. sol.— De feno terre Gaufridi, filii comitis, vii. libr. v. sol.— De vindemiis terrarum forefactarum in Alnisio, lii. libr. iii. sol. vi. den. — De terra magistri Petri Minet apud Sanctum Johannem Angeliacensem, vi. libr. — De talliata Campanie, in Nativitate beati Johannis, iiii. libr.— De talliata ejusdem ville, in festo beati Michaelis, xlii. libr. x. sol. — De blado et vino Campanie affirmatis, pro primo tercio, xxii. libr. viii. sol. vi. den. — De terra de Riber[one] affirmata, pro primo tercio, xxi. libr. xiii. sol. iiii. den. — De terra de Faiole, pro primo tercio, xiii. libr. vi. sol. viii. den. — De terra Arthuserie, pro primo tercio, vi. libr. — De terra Ayndronis Pocherau, pro primo tercio, vi. libr. xiii. sol. iiii. den. — De terra Gardras, xiii. sol. pro toto. — De molendino Fulconis Richardi, pro primo tercio, xxxvi. sol. viii. den. — De censibus terrarum forefactarum in Marempnia, xvii. sol.

Nemora. — De buxoniis venditis circa Latilliacum, vii. libr. x. sol.— De plessetis de Mollereiis, pro secunda paga, x. libr. — De bosco de Veceria, pro vii^a paga, viii. libr. xvii. sol. vi. den.— De tuscha de Agonasio, que fuit domini Hugonis de Rupeforti, iiii. libr. pro toto.

Summa : vi^c· xiiii. libr. vi. sol. xi. den. — Item de vi^c· xvi. sextariis bladi de anno preterito, ii.^{c} lxxiiii. libr. viii. sol.

Expleta. — De Petro de Bueleto milite, xxv. libr. pro milicia sua. — De Bernardo Plumerii, vi. libr. pro contentione assignamenti vinearum suarum. — De Petro Charrer, x. libr. pro contentione hereditagii sui, de quo pacificatum est. — De Petro Pagani de Rupella, x. libr. pro contentione hereditagii sui. — De Auberto de Senet, c. sol. quia quamdam dominam injuste detinebat. — De priore Sancti Savini de.....ore, vi. [libr.] pro quodam feodo recelato. — De nepote Boninoti, c. sol. pro verberatione cujusdam hominis. — De Petro Mauporcher, x. libr. pro fortuna effoderata. — De Arnaudo Martinelli, c. sol. pro lesione cujusdam clerici. — De helemosinariis defuncti Guillelmi de Bello-monte, xv. libr., pro deliberatione mobilium inpeditorum. — De Radulpho Popelin, vii. libr. x. sol. pro deliberatione mobilium inpeditorum. — De duobus villanis de Malliaco, x. libr. pro contentione bladi male capti, ut dicebatur. — De mobilibus Motanerii malefactoris, vii. lib. x. sol. — De illis qui suspecti habebantur de combustione magistri Guillelmi Ariquan, c. sol. — De Petro de Hussello, c. sol. pro contentione cujusdam mulieris que dicebat quod familia ipsius Petri posuerant *(sic)* ignem in domo sua. — De domina Eschiva et filio suo, c. sol. quia ..... serant dampno domini comitis. — De Gaufrido Salomonis, x. libr. quia cela[verat ma]lefactores juxta domum suam, ipsos non accusans. — De hominibus de Ramegoz, lx. sol. pro quadam muliere quam arestaverunt in strata publica et ei abstulerunt caseos. — De Johanne Bretonelli, c. sol. pro contentione mota inter ipsum et uxorem Johannis Popardi. — De Haberto d'Arnac, c. sol. pro saisina fracta.

Summa : viii.$^{xx.}$ libr.

Item de custodia castri Surgeriarum, xxx. libr. ix. sol. ii. den.

Summa recepte ballivie : iii.$^{m.}$ ix.$^{c.}$ xxxix. libr. xvii. sol. xi. den.

Expensa. — *Liberationes.* — Pictavis, xii. sol. i. den. — Sanctus Maxentius, xvi. sol. viii. den. — Niortum, xxix. sol.

xi. den. — Banaon, xii. sol. xi. den. — Sanctus Johannes Angeliacensis, vii. sol. ix. den. — Castrum Xanctonis, xl. sol. vii. den. — Pons Xanctonis, ii. sol. i. den. — Fontiniacum, vi. sol. — Poujole in foresta Molleriarum, vii. sol. iii. den. — Robertus de Gondrevilla in foresta Baconasii cum iiii^{or} servientibus, iiii. sol. — Robertus Normannus in foresta Mosterolii cum iiii^{or} servientibus, iiii. sol. — Summa ix. libr. ii. sol. iii. den. per diem, a nativitate beati Johannis Baptiste usque ad octabas Omnium Sanctorum, de vi.^{xx} xvii. diebus, xii.^{c} xlviii. libr. viii. sol. iii. den. — Item pro garnisione Surgeriarum, a dicto termino usque ad octabas Nativitatis beate Virginis, xii. sol. i. den. per diem, de iiii.^{xx} iii. diebus, l. libr. iii. sol. minus i. den.

Summa : xii^c iiii^{xx} xviii. libr. xi. sol. ii. den.

Feoda et elemosine. — Apud Pictavim : — Gaufridus Morini, vii. libr. x. sol. pro medietate. — Abbatia Cistersiensis, l. libr. in termino Assumptionis beate Marie pro toto anno. — Apud Rupellam : — Guillelmus Mangoti pro tercio, cxvi. libr. xiii. sol. iiii. den. — Fons-Ebraudi ibidem pro medietate, xv. libr. — Archiepiscopus Burdegalensis ibidem, pro tercio, xiii. libr. vi. sol. viii. den. — Abbatia Sancti Leonardi ibidem, xii. libr. x. sol. pro medietate. — Templum ibidem, c. sol. pro medietate. — Apud Mosterolium ; — Bernerius Venator, l. sol. pro medietate. — Gaufridus de Ponte miles, ii.^{c} libr. pro toto anno. — Dominus Poncius de Mirabello, ii.^{c} libr. pro toto anno. — Drogo de Monte-Auserii, l. libr. pro toto anno, ratione familie. — Gaufridus de Mauritania, l. libr. pro toto anno. — Cappellanus de Lavergnia, x. sol. pro toto anno, de elemosina. — Capellanus de castro Fonteneti, xxx. sol. de elemosina, pro toto anno. — Abbas Sancti Leodegarii, iii. sol. de elemosina pro toto anno. — Apud Xanctonem : — Episcopus Xanctonensis, c. sol. in reconpensatione feodi sui.

Summa : vii.^{c} liiii. libr. xiii. sol.

Opera. — Pro operibus in domibus aule Pictavis, c. sol. — Pro operibus factis in castro Niortii, per manum Richardi Coqui, de tempore domini Harduini de Malliaco, x. libr. x. sol. — Item pro operibus in eodem castro factis, scilicet pro turre talluenda, pro muris magni balli reparendis, pro ponte lapideo sustinendo et pro minutis operibus in carpentaria, cxix. libr. xvii. sol. ix. den. — Pro molendino domini comitis apud Frontenetum et pro partibus molendini Petri Desiderati apud Faugere reparendis, x. libr. xvii. sol. ix. den. — Pro molendino Johannis Rufi reparendo, xxx. sol. — Pro molendino de Coullons de novo faciendo, x. libr. — Pro quodam molendino ad ventum apud Prahec de novo faciendo, xxxv. libr. xvii. sol. — Pro domibus de Prahec reparendis, lx. sol. — Pro operibus factis in castro Fontiniaci, xxx. sol. — Pro operibus factis in castro Rupelle, scilicet pro a[pen]ticiis retegendis et reficiendis, xlvi. libr. x. sol. i. den. — Pro operibus factis in domo de Talneio super Voltunnam, xiiii$^{xx\cdot}$ xv. libr. — Pro parte salinarum domini comitis [in Mare]mpn[ia] reparendis ad sustentationem, xl. libr. — Pro duabus molis molendini stagni de Cherveux et calceia ejusdem molendini reparenda, xii. libr.

Summa : ix.$^{c\cdot}$ iiii.$^{xx\cdot}$ xiiii. libr. xi. sol. x. den.

Minuta expensa. — Pro expensa servientum et balistarum equitancium ad parlamentum ad duas vices et per partes Thoarci, et pro malefactoribus per nem[us in] quirendis,[1] et pro nonciis missis......, pro contentione guerre mote inter Gaufridum Ra...... [et comitem] Augi, et pro expensa [eorum] qui [fecer]unt inquestas, lx.... [Pro l]ocatione guerneriorum Pictavis, et pro blado anni presentis apud Pictavim adducendo, cvii. sol. — Pro blado et avena portandis a Sancto Maxencio usque ad Niortum, et pro blado c....ndo, lxv. sol.

---

1. Dans tout ce paragraphe il y a un assez grand nombre de mots en partie effacés.

— Pro locatione guerneriorum Niortii, cxiii. sol. vi. den. — Pro bal.... [port]andis a Surgeriis usque ad Rupellam, x. sol. — De venda..... conputata in conpoto Ascensionis proximo precedenti, xii. lib....— Pro emenda cujusdem roncini cujusdam hominis de Talneio in Voltunna, lx. sol. — Pro duabus culcitris amisis apud Niortum in adventu domini comitis, xxiiii. sol. — Pro una culcitra amissa apud Castrum-Ayraldi, xii. sol. — Pro una calderia amissa apud Xanctonem, xiiii. sol. — Pro custodia prisionis, viii. libr. vi. sol.

Summa : c. libr. xiiii. sol. vii. den.

Pro expensa Ade Panetarii, ballivi, ab octabis Ascensionis Domini usque ad octabas Omnium Sanctorum, de viii.^{xx} viii. diebus, viii.^{xx} viii. libr.

Summa totalis expense : ii^M ix.^{c} xvi. libr. x. sol. vii. den.

Debemus super receptam ballivie, expensis solutis, mille xxiii. libr. vii. sol. iiii. den.

Summa totalis quam debemus, cum arreragio, venditione bladi anni preteriti, custodia castri Surgeriarum, redemptionibus terrarum forefactarum, grossis rachetis et de fine presentis conpoti : v.^{M} vii.^{c} xvi. libr. xvii. sol. x. den. — Soluti in proximo sequenti conpoto.

Conpotus bladi anni M̦ccixlivi per partes.

Debuimus de blado dicti anni, xii.^{c} iiii.^{xx} vi. sextarios i. minam, de quibus vendidimus vi^c xvi. sextarios. — Item receperunt gentes domini comitis de guernerio Pictavis, ix.^{xx} xiii. sextarios frumenti. — De guernerio Sancti Maxencii tam pro domino comite quam pro comitissa, xxii. sextarios. — Item de guernerio Niortii tam pro domino comite quam pro comitissa, xxii sextarios. — Item de guernerio Niortii tam pro domino comite quam pro comitissa iiii^{xx} ix.

sextarios i. minam. — Item de guernerio Rupelle, xiiii. sextarios. — Summa : iii.$_c$ xix. sextarii frumenti. — Item habuerunt de guernerio Pictavis, viii.$^{xx\cdot}$ xiii. sextarios avene; — de guernerio Sancti Maxencii, xxxiiii. sextarios; — de guernerio Niortii, vi.$^{xx\cdot}$ iiii. sextarios, iii. resas; — de guernerio Rupelle, ix. sextarios i. minam. — De guernerio Lavergnie, ix. sextarios i. minam. — Summa : iii.$^{c\cdot}$ l. sextarii, iii. rese avene.

Summa tam frumenti quam avene in expensa domini comitis : vi.$^{c\cdot}$ lxix. sextarii. iii. rese.

Summa totalis : xii.^{c}. iiii.$^{xx\cdot}$ v. sextarii, i. mina omnium bladorum.

Conpotus bladorum anni micc^{l}xl^i sexti.

Sunt in guernerio Pictavis, iiii.$^{xx\cdot}$ iii. sextarii frumenti ; vi.$^{xx\cdot}$ iiii. sextarii siliginis; lxxiiii. sextarii avene; lxxiiii. sextarii ordei.

Summa : iii.$^{c\cdot}$ xiiii. sextarii.

Sunt in guernerio Sancti Maxencii, xi. sextarii, vii. bosselli frumenti; xlix. sextarii, i. mina, v. bosselli siliginis; xi. sextarii, iii. rese, i. bossellus avene; ii. sextarii, i. mina ordei.

Summa : lxxvi. sextarii, i. mina.

Sunt in guernerio Niortii x. sextarii frumenti, xxx. sextarii, i. mina mixture; xxvii. sextarii siliginis; iii. sextarii ordei; xxx. sextarii avene.

Summa : c. sextarii, i. mina.

Sunt in guernerio Rupelle iii. sextarii frumenti; v. sextarii mixture; iii. sextarii avene; i. mina fabarum.

Summa : xi. sextarii, i. mina.

Summa totalis omnium bladorum : v.$^{c\cdot}$ ii. sextarii, i. mina.

Conpotus domini regis in conpoto Omnium Sanctorum anno M°CC°XL° sexto.

Expensa. — Pro paga garnisionis Castri-Eschardi licenciate de duobus diebus ultra terminum Nativitatis beati Johannis, et pro paga garnisionis Merpini licenciate de viii. diebus ultra dictum terminum, xii. libr. xvii. sol. vi. den. — Pro duobus magistris marinellis missis ad dominum regem apud Aurelianum, c. sol. — Castellano de Merpino, pro expensa equi Hugonis de Leminciaco pro quarellis ducendis apud ..mon.. et pro reditu dicti castellani, xxiii. libr. vi. sol. iii. den.
Summa : xli. libr. iii. sol. ix. den.

Recepta. — De victualibus garnisionis Castri - Eschardi venditis xxxviii. libr. vii. sol. — De victualibus Merpini venditis, lviii. libr. iii. sol. ii. den. — De comite Marchie pro custodia castri Crosanti, lxvi. libr. xiii. sol. iiii. den.
Summa : viii.$^{xx.}$ lib. lxiii. sol. vi. den.
Restat quod debemus domino regi, vi.$^{xx.}$ lib. xxxix. sol. ix. den. — Solutum in Templo.
Conpotus factus cum fratre Gilone in Templo, die sabbati post festum beati Martini hiemalis. — Debemus Templo de fine conpoti Ascensionis nuper preterite, xii. libr. xvii. sol. iiii. den. — Pro castellano Merpini, xxiii. libr. vi. sol. iii den. — Pro domino rege, vi.$^{xx.}$ libr. xxxix. sol. ix. den. — Pro Johanne de Merevilla, xl. libr. — Pro nobis, xx. libr.
Summa : ii.$^{c.}$ xviii. libr. iii. sol. iiii. den.

Expleta conputata in conpoto Omnium Sanctorum M°CC°XL°VI°.

Pro expensa assisiatorum :
Quidam valletus de Niorto, c. sol. pro debito suo habendo.

De Dyonisio de Niorto, xxx. sol. pro injuria quam cuidam homini fecerat.

De hominibus de Pernac, L. sol. pro excussione cujusdam gagii.

De Petro Moriçon, xxv. sol. pro verberatione cujusdam hominis.

De Gaufrido de Moncorp, xxv. sol. quia non fecerat homagium suum domino comiti, quando debuit.

De domino Guillelmo de Turre et fratre suo, L. sol. pro assecuramento vetito.

De P. Capri, xxv. sol. pro vino forciato.

De Garnerio de Nemore, xL. sol. pro relaxatione terre sue.

De Guillelmo Tronelli juniori, xL. sol. pro emenda.

De domino Guillelmo Grice. x. sol. pro emenda cujusdam hominis sui.

De Petro de Riberia, xx. sol. pro quadam verberatione.

De domino Pannaiz, L. sol. pro contentione cujusdam equi.

De domino Matheo Harctor, xxx. sol. pro excussione cujusdam gagii.

De P. Mauporcher, L. sol. pro emenda.

De domicella Gaufridi Larchier, c. sol.

De domicella Gaufridi Rouaudi, c. sol.

De quodam clerico, L. sol. quia volebat quamdam violenciam probare nec potuit.

De helemosinariis defuncti Petri Thauvere, L. sol. pro deliberatione quorumdam mobilium.

De quadam muliere, L. sol. quia ceperat quasdam vestes vicine sue male.

De Petro Salme, L. sol. quia aggressus fuit quemdam hominem violenter in domo sua.

De Guillelmo Amiraldi, xxx. sol. quia quemdam militem falsum appellavit.

De Johanne Otrandi, xxx. sol. pro quadam pugna.

De pedagiario Pontis-Abbatis, xl. sol. pro surpresia pedagii.

Summa : lvii. libr. xv. sol.

Expensa super recepta predictorum explectorum. — Debetur nobis de conpoto Ascensionis, xlvii. libr. vii. sol. — Albino Borlegne, c. sol. de dono. — Domino Raymondo de Cepeia, x. libr. de dono. — Guillelmo Servan, x. libr. de dono. — Pro expensa assisiatorum, x. libr. xiii. sol. iiii. den. — Pro nonciis iiii. libr. x. sol. — Johanni Gorre, lx. sol.
Summa : iiii.$^{xx.}$ x. libr. x. sol.

Conpotus Candelose anno m°cc°xl° sexto.

Debuimus de fine conpotorum Ascensionis et Omnium Sanctorum nuper preteritorum : v$^{m.}$ vii.$^{c.}$ xvi. libr. xvii. sol. x. den.

Item de terra defuncti Guillelmi de Lazaio apud Engolismam ab Assumptione beate Marie anno Domini m°cc°xl°. tercio usque ad presentem Candelosam, iii$^{c.}$ liii. libr. xv. sol. vii. den. — De victualibus garnisionis Surgeriarum venditis, xxii. libr. — De xi$^{m.}$ et xlvii. libr. et xv. sol. ad grossum milliare, valet monetagium monete facte in Rupella, ab Exaltacione Sancte Crucis usque ad Nativitatem Domini, v$^{c.}$ lii. libr. vii. sol. ix. den.

Summa sine arreragio : ix.$^{c.}$ xxviii. libr. iii. sol. iiii. den.

De racheto Johannis vicecomitis Castri-Ayraldi pro secunda paga de termino Candelose, ii.$^{c.}$ libr. — De domino Petro de Voluria, pro secunda paga, v.$^{c.}$ libr. — De racheto Guillermi Mangoti pro prima paga, v$^{c.}$ libr. — De domino Mauricio de Bellavilla, pro prima medietate, m. lib.

Summa rachetorum : ii$^{m.}$ ii.$^{c.}$ libr.

Redempliones terrarum forefactarum. — De terra domini

Guillermi de Spineia, pro ultimo tereio, xx. libr.— De terra Geraudi de Thorçai, pro ultimo tercio, LXVI. sol. VIII. den. — De terra Aymerici Claret, pro ultimo tercio, XXVI. libr. XIII. sol. IIII. den. — De terra Hugonis de Baissi pro ultimo tercio, XVIII. libr. x. sol. — De terra ejusdem Hugonis de feodo comitis Augi, pro ultima medietate, IX. libr. — De terra Johannis de Naida, pro ultima medietate, LX. sol. — De terra Hugonis de Sancto Gelasio de feodo comitis Marchie, pro ultimo tercio, XXXII. libr. — De eodem Hugone pro racheto terre que sibi devenit de morte uxoris Hugonis Chace-porc, pro ultima medietate, IX. libr. — De terra Gaufridi de Belleria, pro ultimo tercio, XXVI. libr. XIII. sol. IIII. den. — De terra Guillermi de Rupe, pro ultimo tercio, VI. libr.— De terra Aymerici Gonbaudi, pro ultimo tercio, XXIII. libr. VI. sol. VIII. den. —De terra Guillelmi de Sancta Oannia, pro ultimo tercio, IIII. libr. — De terra Guillelmi de Sancto Gelasio, pro eodem tercio, xx. libr. — De terra Petri de Karaio, pro eodem tercio, III. libr. — De terra Guillelmi Raber, pro eodem tercio, VIII. libr.— De terra Guillelmi de Sancto Albino pro eodem tercio, VI. libr. — De terra Aymerici Kaiffart, pro eodem tercio, VII. libr.— De terra Radulphi Bigot, pro eodem tercio, IIII. libr. — De terra Briandi Chabot apud Jaunaium juxta Sanctum Maxencium, pro eodem tercio, XIII. libr. VI. sol. VIII. den.—De terra ejusdem Briandi in Alnisio, de feodo domini G. de Ranconio, pro eodem tercio, xv. libr. — De terra Constantini de Veceria, pro eodem tercio, xx. libr. — De terra ejusdem Constantini, pro racheto terre que sibi devenit de morte uxoris Hugonis Chace-porc, de feodo abbatis Sancti Maxencii, pro ultima medietate, xxx. libr. — De terra Petri de Gascognole, pro ultimo tercio, x. libr. — De terra Raginaldi de Mairiaco, pro ultimo tercio, VII. libr. — De Guillermo Bigot pro terra liberorum Hugueti de Rupe-male-monda, pro eodem tercio, xv. libr. — De terra Guillelmi Pinoti apud Sanceium, pro eodem tercio, XVI. libr. XIII. sol. IIII. den. — De terra Aymerici Ravardi, pro eodem tercio, c. sol.—De terra Hugonis Chace-bof, pro eodem tercio, x. libr.— De terra Reginaldi de Salis, pro eodem tercio, LXVI. sol. VIII. den. — De terra Johannis Gorjaudi, pro eodem tercio, VI. libr. — De terra Constantini de Veceria, de feodo comitis Augi, pro eodem tercio, c. sol. — De terra Johannis Rufi, XXX. libr. pro redemptione soluta.— De terra Arnaldi Bochereau, pro [ulti]ma medietate, x. libr. — De terra G. Rivet, pro ultima medietate, v. libr. — De terra Hugonis Chace-porc, de feodo abbatis Sancti Maxencii, IX. libr. pro toto.— Item de terra Guillermi Aqualeu, de feodo de Vilers, pro ultimo tercio, LXVI. sol. VIII. den. — De terra Guillelmi Pagani, pro eodem tercio, LXVI. sol. VIII. den. — De terra Clementis Prepositi, pro eodem tercio, IIII. libr. — De terra Petri de Malliaco, pro eodem tercio, LIII. sol. IIII. den.— De terra Johannis de Clarent, pro eodem tercio, VI. libr. VI. sol. VIII. den. — De terra Hugonis Theobaldi, pro secundo tercio, XX. libr. — De terra Johannis Raiole, pro ultimo tercio, XXVI. libr. XIII. sol. IIII. den.— De terra Gaufridi Desiderati, pro secundo tercio, XXXIII. libr. VI. sol. VIII. den. — De terra Petri Senescalli, pro ultimo tercio, x. lib. — De Hugone Bruni pro filia Hemerici Rufi, pro ultimo tercio, x. libr.— De terra Petri Helie, pro ultimo tercio, VI. libr. — De terra Hugonis Clareti, pro ultimo tercio, xx. libr. — De salinis Aymerici Pontonnier, pro ultimo tercio, XXXIII. libr. VI. sol. VIII. den.—De terra A.[de] Corgno, pro ultima medietate, XL. libr. — De terra Symonis Enjoberti apud Fronteniacum, pro primo tercio, VIII. libr.— De dote domine Flandrine super terra domini Raymondi Albigensis, pro prima medietate, XL. libr. — De domo et vineis Senescalli de Lezegniaco, VII. libr. pro toto. — De terra Guillermi Salvarici, VIII. libr. pro toto.—De terra Radulphi de Parata, pro prima medietate, VII. libr. x. sol. — De feodo abbatis Sancti Maxencii : — De terra Guillermi de Joiaco, pro primo tercio, x. libr. de eodem feodo.—De terra Aymerici de Belleria, IIII. libr. VI. sol. VIII. den.

Summa : VII.^{c} XX. libr. XIII. sol. IIII. den.

Domanium domini comitis ante guerram. — De prepositura Pictavis, pro primo tercio anni presentis, c. libr. — De prepositura Niortii, pro secundo tercio, cxiii. libr. vi. sol. viii. den. — De prepositura de Banaone, pro secundo tercio, iiii.$^{xx\cdot}$ libr. — De prepositura Rupelle, pro primo tercio anni presentis, v.$^{c\cdot}$ xxxiii. libr. vi. sol. viii. den. — De prepositura Sancti Johannis Angeliacensis, pro secundo tercio, xliii. libr. vi. sol. viii. den. — De prepositura Fontiniaci, pro primo tercio anni secundi, lxvi. libr. xiii. sol. iiii. den. — De panasgio de Molleriis, ciii. sol. vi. den. — De panasgio foreste Banaonis, l. libr. — De expletis foreste Banaonis a Nativitate beati Johannis usque ad presentem Candelosam, xxviii. libr. — De racheto terre Johannis Clarolii, pro ultima medietate, xxx. libr. — De feodo Hugonis de Rupeforti. — De domino Petro de Soonay pro terra d'Affre, pro primo tercio, xxvi. libr. xiii. sol. iiii. den. de racheto. — De domino Petro Bertini, pro primo tercio racheti terre defuncti Galteri de Alemannia, xxxiii. libr. vi. sol. viii. den. — De venda foreste Banaonis, pro sexta et ultima paga, cxiii libr. vi. sol. viii. den. — De surcresio ejusdem vende, iiii. libr. iii sol. iiii. den. — De Hylario Foucher, pro surpresia veteris vende Molleriarum, xv. libr. — De iii$^{c\cdot}$ xxiii. arpentis nemoris venditis in foresta Molleriarum, pro secunda paga, vii.$^{xx\cdot}$ vii. libr. xv. sol. x. den. — Item de vi.^{xx} iiii. arpentis venditis in eadem foresta, pro secunda paga, lvi. libr. xvi. sol. viii. den. — De domino Hamonone de Rupe, xl. libr. pro primo tercio racheti terre uxoris sue. — De exitibus terre Ardannie, expensis solutis, cxv. sol. vii. den. — De racheto terre Barraudi, xl. sol., de feodo Fontiniaci.

Summa : miiii.$^{c\cdot}$ iiii.$^{xx\cdot}$ xiiii. libr. xiiii. sol. xi. den.

Conquesta super domanium comitis Marchie. — De prepositura Mosterolii, pro secundo tercio, vi.$^{xx\cdot}$ vi. libr. xiii. sol. iiii. den. — De firma de Cherveux, pro secundo tercio, xxxiii. libr. vi. sol., viii den. — De terra Sanceii, pro secundo tercio, xiii. libr. vi. sol. viii. den. — De prepositura Fronteneti, pro secundo tercio, lxxviii. libr. vi. sol., viii. den., et pro incheramento primi anni de duobus terminis, x. libr. — De firma de Coulons, pro secundo tercio, xiii. libr. vi. sol. viii. den. — De firma de Prahic, pro secundo tercio, lxxiii. libr. vi. sol. viii. den. — De magno feodo de Alnisio, pro primo tercio, iiii.$^{c.}$ xvi. libr. xiii. sol. iiii. den. — De prepositura Talnaii super Voltunnam, pro secundo tercio, l. libr. — De terra Crucis-Comitisse pro secundo tercio, xxvi. libr. xiii. sol. iiii. den. — De prepositura Xanctonis et terra de Rameta et Ramegoz, pro secundo tercio, vi.$^{xx.}$ xiii. libr. vi. sol. viii. den. — De pasnagio foreste Baconasii, xl. libr. — De ingressu forestagii ejusdem foreste, xx. libr. — De expletis ejusdem foreste, iiii. libr. — De costumis circa Lavergnam, xi. sol. vi. den. — De redditibus de Favaux, de Castro-Nervi, pro secundo tercio, xx. libr. — De firma ripagii de Sancto Johanne de Angulo, pro primo tercio, xlvi. sol. viii. den. — De minutis ripagiis, xlii. sol. — De venda foreste Mosterolii, pro secunda paga, lxxi. libr. xviii. sol. x. den. — De bosco Vallis-Mangoti pro eadem paga, xxiiii. libr. viii. sol. x. den. — De bosco mortuo vendito vitreariis in eadem foresta, vii. libr. vi. sol. viii. den. — De venda foreste Baconasii pro sexta et ultima paga, ix.$^{xx.}$ vi. libr. xiii. sol. [iiii. den.] — De bosco garanne Talniaci super Voltonnam, pro secunda paga, xx. libr. — De cuniculis ibidem venditis, viii. libr. — De Hugone de Burlli, pro toto racheto terre Gaufridi Lestor, xx. libr. — De cuniculis venditis in garanna Fronteneti, ix. libr. vi. sol. viii. den. — De racheto terra Hemerici de Monte-Buellii, x. libr. pro toto. — De duabus partibus expense molendinorum Pontis Xanctonis, in quibus abbatissa Xanctonis participat, xiiii. libr.

Summa : miiii.$^{c.}$ xxxvii. libr. xiiii. sol. vi. den.

Terre forefacte. — De terra Radulphi de Tilia in minutis

costumis, III. sol. VIII. den. — De terra Petri de Rufellis juxta Pictavim, L. sol — De terra Guitardi de Genceio et Guillelmi de Lazaio apud Pictavim et apud Brolium-Mangoti, XLI. libr. pro toto anno, usque ad instans proxime Pascha. — De terra Petri Boce et Hugonis de Princeio, pro secundo tercio, XL. libr., et pro tercio incheramenti earumdem terrarum, X. libr. — De prepositura Montis-Maurillii, pro secundo tercio, L. libr. — De terra Sancti Savini, pro secundo tercio, L. libr., et pro tercio incheramenti ejusdem terre de termino Omnium Sanctorum, LXVI. sol. VIII. den. — De terra Rabaudorum, pro prima medietate anni presentis, XXXV. libr. — De terra Gaufridi Coogne et Gaufridi de Pogia et Guillelmi de Thoorcac apud Montem-Maurillium et circa, pro prima medietate anni presentis, XXII. libr. X. sol. — De terra Guillelmi Barbe, pro primo tercio, X. libr. — De terris Gaufridi Coogne senioris, Vigeronis de Luchac, Oliverii de Flaec, Petri Barbe, circa Montem-Maurillium, XVII. libr. X. sol. — De terra Petri Boce et Yterii Bertrandi apud Pyndraium, pro prima medietate, LXX. sol. — De racheto Eustachii de Genciaco pro primo tercio, XX. libr. — De terra Gaufridi Coogne senioris, antequam affirmaretur, XII. libr. — De terra Stephani de Foresta, antequam deliberaretur, IIII. libr. XI. sol. — De terris forefactis circa Mortuum-Mare, in talliatis, censibus et minutis costumis, XX. libr. XVII. sol. XI. den. — De terra Raymondi Albigensis, pro secundo tercio, VIII. libr. VI. sol. VIII. den. — De terra Gileberti Bordoil, pro secundo tercio, XL. sol. — De terris forefactis circa Sanceium, CVIII. sol. IIII. den. — De terra domini Guidonis de Ruperforti apud Sanctum Maxencium, in minutis redditibus, CII. sol. — De terris forefactis circa Sanctum Maxencium, in minutis costumis et redditibus, IX. libr. XIII. sol. VI. den. — De exitibus terre Petri de Gascognole, de duobus annis, XXV. libr. — De terra Petri Desiderati affirmata, pro secundo tercio, VI. libr. XIII. sol. IIII. den. — De minutis terris forefactis circa Frontenetum, in minutis censibus et costumis, LXXI.

sol. — De furno et pedagio, antequam terra de Villaribus deliberaretur, xxxviii. sol. — De terris forefactis circa Vilers in minutis redditibus et costumis, xlvi. sol. — De preposito de Lespaut pro racheto, xx. sol., de feodo Guillelmi de Forz. — De terris forefactis circa Surgerias in Alnisio, in minutis redditibus et costumis, xi. libr. xi. sol. vii. den. — De terra Alardi Aymerici, pro primo tercio, cxvi. sol. viii. den. — De vindemia terre Sicardi militis non conputata in conpotis Omnium Sanctorum, lxx. sol. — De vindemia terre Guillelmi de Jou, x. sol. vi. den. — De terra Gaufridi filii comitis, in censibus et costumis, vi. libr. xvii. sol. vi. den. — De terra Bernardi Plumerii, in censibus, xii. sol. vi. den. — De platea cujusdam burgensis de Burco, c. sol. pro toto. — De platea Templi pro domino Gaufridi Desiré, lxxii. sol. vi. den. — De platea ejusdem Gaufridi Desiré apud Rupellam de iii.^{bus} annatis, iiii. libr. xvi. sol. — De terra Helye Gerberti, vi. libr. x. sol. — De molendino magistri Petri Minet apud Putot, iiii. libr. — De locationibus ejusdem Petri, xx. sol.— De firma Campanie, pro secundo tercio anni presentis, xxii. libr. iiii. sol. v. den. — De firma de Ribero, pro secundo tercio, xxi. libr. xiii. sol. iiii. den. — De terra de Fayole, pro secundo tercio, xiii. libr. vi. sol. viii. den. — De firma de Arthuseria, pro secundo tercio, vi. libr. — De terra Andronis Pocherau, pro secundo tercio, vi. libr. xiii. sol. viii. den. — De molendino Fulconis Richardi, pro secundo tercio, xxxvi. sol. viii. den. — De furno Campanie, pro secundo tercio, x. sol.— De Radulpho de Restaut de Ribero, de racheto suo pro ultima medietate, vi. libr. v. sol.— De terra Gardras de Vars, x. sol. censuales. — De terra Oliveri de Chalesio, in minutis redditibus, cix. sol. pro toto. — De terra Guillermi de Forz, in talliatis, redditibus et costumis et censibus apud Arvertum, viii. libr. — De minutis censibus in Campania, xxxiiii. sol. iii. den. — De pasquerio Campanie, iiii. sol. — De vendis, iii. sol. — De censibus de Chapusio et salinis, iiii. sol. viii. den. — De terra Guillelmi

Ace apud Heriçon, xxxi. sol. iiii. den. — De terra Aymerici de Seneville et fratris sui, pro toto anno, l. libr. — De racheto molendini de Ponte-Vallium, de feodo Aymerici de Belleria, c. sol. — De exitibus et redditibus terre Hugonis Aram, iiii. libr. x. sol. — De bosco de Allodio, pro sexta et ultima paga, vi. libr. xiii. sol. iiii. den. — De minutis buxoniis venditis circa Montem-Maurillium pro septima paga, iiii. libr. iii. sol. iiii. den. — De quodam buxonio quod fuit Andree de Bellopodio pro prima medietate, xxx. sol. — Item de quodam alio buxonio vendito Petro Hilarii, xx. sol. pro toto. — De bosco de Arthuseria, xxx. libr.

Summa : vi.^{c.} lxvi. libr. xviii. sol.

Redditus Rupis super Yon. — De minutis pedagiis et redditibus a festo beati Luce usque ad festum beati Hilarii, xlix. sol. vi. den. — De custodiis ejusdem castri, pro toto anno, xxxv. libr. — De expletis foreste Rupis super Yon, viii. libr. ii. sol. — De domino Guillelmo de Sancto Vincencio, lx. libr. pro saisina facta super terram suam de Belloloco et in pertinenciis, pro eo quod dominus Guillelmus d'Apremont posuerat dictum feodum extra manum suam, tempore vice-comitis Thoarcii. — De venditione nemoris, a die veneris post octabas beati Nicolay hiemalis usque ad Candelosam, xl. libr. — De venditione viridarii Hugonis Carnificis, quod erat explectandum tempore vice-comitis Thoarcii nuper defuncti, xvii. libr. x. sol.

Summa viii.^{xx.} libr. lxi. sol. vi. den.

Pro primo tercio custodie castri Thefaugiarum, xl. libr. — De custodia castri de Sivraio, pro eodem tercio, xl. libr.

Summa reddituum Rupis super Yon et custodiarum, ii^{c.} xliii. libr. xviii. den.

Expleta. — De Giraudo Maigrini, l. libr., pro escambio domorum Fratrum Minorum Sancti Johannis Angeliacensis ultra censam. — De denariis defuncti Nicholay [co]nversi inventis in custodia Fratrum Predicatorum, cix. libr. xiiii. sol. ix. den., exceptis joellis et uno cifo argenteo. — Item de communibus expletis ballivie, vi.ˣˣ· vi. libr.

Summa expletorum : iii.ᶜ· libr. xiiii. sol. ix. den.

Summa totalis ballivie : iiii.ᵘ· vii.ˣˣ· xiii. libr. iii. sol. viii. den.

Expensa. — *Liberationes*. — Pictavis, xii. sol. i. den. per diem. — Sanctus Maxencius, xvi. sol viii. den. — Niortum, xxix. sol. ii .den.—Banaon, xii. sol. xi. den.—Rupella, xxxix. sol. — Sanctus Johannes Angeliacensis, vii. sol. ix. den. — Castrum Xanctonis, xlii. sol. iii. den.— Pons Xanctonis, ii. sol. i. den. — Fontiniacum, vi. sol. — Poujole in foresta Molleriarum, vii. sol. iii. den. — Robertus de Gondrevilla in foresta Baconasii, pro se et Reginaldo et duobus servientibus, iiii. sol. — Robertus Normannus in foresta Mosterolii cum iiiiᵒʳ· servientibus, iiii. sol. — Summa : ix. libr. iii. sol. ii. den. per diem; ab octabis Omnium Sanctorum usque ad octabas Candelose, de iiii.ˣˣ· xiii. diebus, viii.ᶜ· li. libr. xiii. sol. vi. den. — Item pro robis hiemalibus castri Pictavis, x. libr. xii. sol. vi. den. — Pro robis garnisionis Sancti Maxencii, x. libr. xii. sol. vi. den. — Item pro robis garnisionis Niortii, xvii. libr. x. sol.— Pro robis garnisionis de Banaone, viii. libr. xv. sol. — Pro robis garnisionis Rupelle, xxxiii. libr. ii. sol. vi. den. — Pro robis garnisionis Sancti Johannis Angeliacensis, lxii. sol. vi. den. — Pro robis garnisionis castri Xanctonis, xxxvi. libr. v. sol. —. Pro robis pontis Xanctonis, xxxvii. sol. vi. den. — Pro robis garnisionis Fontiniaci, iiii. libr. vii. sol. vi. den. — Pro roba Poujole, lxii. sol. vi. den. — Pro roba Roberti de Gondrevilla, l. sol.

Summa robarum : vi.ˣˣ· xi. libr. xvii. sol. vi. den.

Item pro duobus servientibus garnisionis castri Xanctonis parum conputatis ab octabis Candelose usque ad octabas

Omnium Sanctorum, de ii.ᶜ· lxxii diebus, xxii. libr. xiii. sol. iiii. den.

Summa : mvi. libr. v. sol. iiii. den.

Item *liberationes*. — Castrum Rupis super Yon, pro vii. balistariis equitibus, pro Petro de Vicinis, pro tribus balistariis peditibus, pro vi. servientibus peditibus, pro una excubia, a vigilia sancti Luce Euvangeliste usque ad diem jovis ante festum Omnium Sanctorum, de xii diebus, xvii. libr. v. sol. viii. den. — Item Martinus Alfonsus in eadem garnisione, vi. sol. viii. den. per diem, a die jovis ante festum Omnium Sanctorum usque ad festum beati Hilarii de lxxix diebus, xxvi. libr. vi. sol. viii. den. — Item pro balistariis peditibus et servientibus cum dicto Martino Alfonso, de eodem termino, xxxix. libr. xvi. den. — Summa Martini et eorum qui cum ipso fuerunt, lxv. libr. vii. sol. xi. den. — Item pro garnisione ejusdem castri a festo beati Hilarii usque ad octabas Candelose, de xxvii. diebus, ix. libr.

Summa dicte garnisionis, a vigilia sancti Luce usque ad octabas Candelose, de cxviii diebus, iiii.ˣˣ· xi. libr. xiii. sol. viii. den.

Liberatio Thefaugiarum. — Pro garnisione ipsius castri a crastino beati Nicholai usque ad Circuncisionem Domini, eundo, morando et redeundo, de xxiiii. diebus, xvi. libr. xii. sol. v. den. — Theobaldus de Campania, miles, cum garnisione sua, a die Circumcisionis Domini usque ad octabas Candelose, de xxxix. diebus, xvii. sol. viii. den. per diem, xxxiiii libr. ix. sol.

Summa : li. libr. xvii. den.

Item pro liberatione castri de Syvraio, a festo beati Andree Apostoli, qua die dictum castrum dominus comes habuit in manu, usque ad diem martis ante Candelosam, qua die ipsum traditum fuit Guillelmo de Vicinis, militi, xxvi. libr.

Summa predictarum trium liberationum : viii.^{xx} ix. libr. xii. sol. vii. den.

Item pro victualibus positis in castro de Syvraio, xxxi. libr. xiii. sol. ii. den. — Item pro victualibus positis in castro Rupis super Yon, xxix. libr. xv. sol. — Item pro victualibus positis in castro Thefaugiarum, xxxv. libr. vi. sol. x. den.

Summa victualium : iiii.^{xx} xvi. libr. xv. sol.

Feoda et helemosine. — Abbas de Pinu, vii. libr. x. sol. de helemosina pro toto anno. — Dominus Mausiaci super vineiam Alnisii pro feodo, xxxiii. libr. pro toto anno. — Abbas de Valencia cl. libr. pro toto anno, super mangnum *(sic)* feodum Alnisii. — Guillelmus Mangoti in Rupella, pro tercio feodi sui, cxvi. libr. xiii. sol. iiii. den. — Item abbatissa Fontis-Ebraudi super magnum feodum Alnisii, l. libr. pro toto anno. — Item, apud Rupellam, archiepiscopus Burdigalensis, pro tercio elemosine, xiii. libr. vi. sol. viii. den. — Templum, in prepositura Niortii, l. sol. pro toto anno de elemosina. — Vice-comitissa Rupis-Cavardi, c. libr. — Capellanus Lavergnie, pro uno sextario bladi in forestagio, xx. sol. — Capellanus castri Fontiniaci, de termino Nativitatis Domini, lx. sol. pro toto anno. — Capellanus de Banasio, xx. sol. pro toto anno.

Summa : iiii$^{c.}$ lxx. viii. libr.

Opera. — Pro operatorio magistri Galteri, attiliatoris apud Xanctonem, usque ad Candelosam, xvii. libr. xix. sol. vi. den. — Pro fabrica ejusdem castri, de eodem termino, viii. libr. xv. sol. vii. den. — Pro operibus domus de Bello-campo apud Niortum, a media Quadragesima usque ad festum Epiphanie nuper preteritum, ix.^{xx} xi. libr. ix. sol. i. den. — Pro ix.^{c} iii. modiis salis domini comitis cooperiendis de novo et salvo collocandis, xxvi. libr. v. sol. iiii. den. — Pro domo et pressorio de Campania cooperiendis, xlviii.

sol. x. den. — Pro minutis operibus factis in aula Pictavis, xl. sol. — Item pro operibus factis in castro Rupis super Yon, lx. sol. — Pro operibus castri Thefaugiarum, xl. sol. — Pro operibus factis in castro Mosterolii per Johannem Prepositi, lii. sol. vi. den.

Summa : ii.$^{c.}$ lvi. libr. x. sol. x. den.

Minuta expensa. — Pro mansuragio magni feodi Alnisii et ipso feodo separendo, xx. libr. — Pro censu vinearum Geraudi Eberti conputato in conpotis Omnium Sanctorum, quem censum dominus comes eidem quictavit per litteras, l. sol. — Pro denariis apud Niortum deferendis et ibidem congregandis, et denariis portandis in Franciam, et quarellis et armaturis per castra portandis, xii. libr. — Pro quodam lupario comitisse Augi, quantum fuit in foresta Mosterolii, iiii. libr. x. sol. — Pro dote, quam petebat quedam domina in pratis juxta Lavergniam, c. sol. — Pro expensis servientum et consilii qui interfuerunt ad parlamentum apud Blavyam et in assisiis Pictavis, xxi. libr. — Pro primo incheramento, quod fecit Petrus Almarici in Molleriis, xx. libr. — Pro arreragio page Roberti forestarii Mosterolii, lxvii. sol. vi. den. — Pro perreria adducenda a Thalemondo usque Niortum, vi. libr.

Summa : iiii.$^{xx.}$ xiiii. libr. vii. sol. vi. den.

Pro expensis Ade Panetarii ab octabis Omnium Sanctorum usque ad octabas Candelose, de iiii.$^{xx.}$ xiii. diebus, iiii.$^{xx.}$ xiii. libr.

Summa totalis expense : ii.$^{m.}$ ix.$^{xx.}$ xiiii. libr. xi. sol. iii. den. — Restat quod debemus super recepta ballivie, solutis expensis, xix.$^{c.}$ lviii. libr. xii. sol. v. den.

Summa totalis de fine presentis conpoti, de exitibus terre Engle — de victualibus garnisionis Surgeriarum venditis, — de grossis rachetis, — de redemptionibus terrarum forefactarum, — de monetagio monete facte apud Rupellam : v.$^{m.}$ viii.$^{c.}$ vii. libr. ix. sol. i. den. sine arreragio, quod solutum est sicut inferius est scriptum :

Arreragium conpotorum Ascensionis et Omnium Sanctorum anni M.ᶦCC.ᶦXLᶦ. sexti solutum est in hunc modum, videlicet castellano Niortii in custodia pro domino comite, IIII.ˣ· v.ᶜ· libr. pictavensium, et per nos in Templo magistro Reginaldo, XII.ᶜ· XVI. libr. XVII. sol. x. den. turon.

Expleta conputata in conpoto Candelose anno Domini M°CC°XL° sexto; pro parte domini comitis.

Petrus Bertin, miles, x. libr., pro eo quod differebat jus facere cuidam homini suo.

Johannes Ragaut, Stephanus Johannis et Guillelmus de Pirariis, XI. libr. pro contentione funium, quos dicebant quemdam hominem furasse nec probare potuerunt.

Palestellus, XII. libr. x. sol., pro captione Hugonis de Naida, militis.

Dominus Hugo de Surgeriis, x. libr. pro verberatione cujusdam hominis.

Hymbertus de Forz, x. libr. pro verberatione prepositi Sancti Johannis Angeliacensis.

Raymondus de Lupisaltu, x. libr. pro assignamento suo gariendo.

Burgenses Burdegalense, c. sol. spontanei pro gagiis suis arestatis expediendis.

Guionetus de Tremolia, c. sol. pro quadam calvacata (sic) sibi inhibita, quam fecit.

Raossetus et Brunus de Calvigniaco, c. sol. pro saisina fracta.

Petrus de Joac, x. libr. pro quadam terra recelata.

Quidam armiger de partibus Thalemondi, c. sol. pro vituperio facto servienti domini comitis.

Burgenses de Mastacio, xv. libr. pro recredencia rerum suarum et assecuramento facto cum debitoribus suis usque ad Pascha.

Domina Aenordis de Jaya, x. libr. pro deliberatione dotis sue.

Aldebertus de Tremolia, xl. sol. pro saisina facta.
Babinelli, lx. sol.
Hugo de Ligni, lx. sol.
Petrus Vellot, l. sol.
Summa : vi.$^{xx.}$ vi. libr.

Expensa. — Pro expensa parlamenti, xiiii. libr. — Pro expensa assisiatorum in magnis assisiis Pictavis, vii. libr. — Summa : xxi. libr.

Expleta conputata in conpoto Candelose, pro expensa assisiatorum.

Petrus de Bonella, l. sol. pro deliberatione filii sui batardi.
Johannes de Riperia, xxv. sol. pro saisina fracta.
Petrus Velleit, l. sol. pro quadam equa, quam suam esse dicebat, nec probare potuit.
Jabrollau, l. sol. pro quadam terra explectanda jus faciendo.
Jordanus de Branda, lx. pro vituperio dicto cuidam homini.
Laurencia des Brandes, l. sol. pro quodam homine, quem injuste fecerat arestari.
Gaufridus de Ussello, lx. pro quadam saisina de qua in jure cecidit.
Symon Gonor, lx. sol. pro eo quod probare volebat quamdam violenciam, nec potuit.
De minutis expletis factis per P. de Bleriaco, lx. sol.
Quidam homo de Sancto Maxencio, l. sol. pro pane male capto.
Guillelmus Rabaut, xxv. sol. pro verberatione cujusdam pueri.

Bochardus Bocelli, xxv. sol. pro defectu diei.

Guillelmus de Lazaio, lx. sol. (*blanc*).

Aldebertus Porret, xx. sol. pro quadam captione quam fecit in nemore monachorum de Albignac.

Bos La Feulle, xx. sol. pro despectu.

Guillelmus Trovelli, lx. sol. pro quadam violencia, quam probare volebat nec potuit.

Summa : xl. libr. xv. sol.

Expensa super dicta expleta.— Guillelmus Seman, c. sol. — Stephanus Parisiensis, ab octabis Omnium Sanctorum usque ad octabas Candelose, ix. libr. vii. sol. — Item pro servientibus usque ad octabas Candelose, viii. libr. — Pro minutis nonciis et illis qui detulerunt falcones in Franciam, viii. libr.

Pro expensa assisiatorum, ciii. sol.

Summa : xxxv. libr. ix. sol.

Remanserunt in custodia castellani Niortii, scilicet Guillelmi de Vicinis, in Pascha quod fuit anno Domini m°.cc°.xl°. sexto, in recessu domini comitis a Pictavia : vi.$^{m.}$ ii$^{c.}$ lxxi. libr. vii. den.

Item traditum fuit eidem castellano pro nobis, de arreragiis conpotorum Ascensionis anni m^i.cc^i.xl^i. sexti et de arreragio conpoti Omnium Sanctorum ejusdem anni, per manus Reginaldi de Rulli, Johannis Bovis et Nanteri, iiii.$^{m.}$ v.$^{c.}$ libr. pictavensium.

Item traditum fuit predicto castellano pro nobis, de areragio conpoti Candelose anni m.^{i}cc.^{i}xl.^{i} sexti, et de conpoto Ascensionis anni m.^{i}cc.^{i}xl.^{i} septimi, per manus R. de Rulli, Johannis Bovis, Nanteri, Stephani Parisiensis et Guillelmi Chevreu iii.$^{m.}$ libr. pictaviensium.

Summa totalis tradita dicto castellano usque ad quindenam Nativitatis beati Johannis m.°cc.°xl°.vii.^{v} : xiii.$^{m.}$ vii.$^{c.}$ lxxi. libr. vii. den. pictavensium.

Conpotus Ascensionis, anno Domini Mºccºxlºviiº.

Debuimus de fine conpoti Candelose proximo precedentis v.ᴹ· viii.ᶜ· vii. libr. ix. sol. i. den. que sic sunt solute, scilicet castellano Niorti per manus R. de Rulliaco, Johannis Bovis, Nanteri, Stephani Parisiensis et Guillelmi Chevreu, iii.ᴹ· libr. pictavens. — Item per nos in Templo Parisius, per manum Johannis Clerici, iiᴹ· viii.ᶜ· vii. libr. ix. sol. i. den. turon.

Racheta. — De domino Radulpho de Malleone, pro tercia paga, m. libr. turon. — De Johanne, vicecomite Castri-Ayraldi, pro tercia paga, iiᶜ· libr. turon. — De domino Petro de Voluria, v.ᶜ· libr. turon., pro tercia paga, tam pro racheto quam pro finatione dotis. — De Guillermo Mangoti, pro secunda paga, c. libr. turon. — De domino Karolo de Ruperforti pro finatione de Vilers, pro prima paga, c. libr. — De terra Helye Gerberti in Alnisio, cl. libr.

Summa : ii.ᴹ· l. libr.

Redemptiones terrarum forefactarum. — De terra domine Flandrine, pro ultima medietate, xv. libr. — De terra domini Radulphi de Parata, pro ultima paga, vii. libr. x. sol. — De terra Guillermi de Joi, pro secunda paga, x. libr. — De terra defuncti Aymerici Theobaldi, pro ultimo tercio, xx. libr. — De terra domini Gaufridi Desiderati, pro ultimo tercio, xxxiii. libr. vi. sol. viii. den. — De terra Symonis Engebaudi, pro secundo tercio, viii. libr.

Summa : iiii.ˣˣ· xiii. libr. xvi. sol. viii. den.

De primo tercio redemptionis terre Vivone, v.ᶜ· libr.

De redemptione Judeorum, pro prima paga, v.ᶜ· libr.

Summa totalis grossorum rachetorum, redemptionum Vivone et Judeorum, iii.ᴹ· vii.ˣˣ· libr. lxxvi. sol. viii. den. sine arreragio.

Domanium domini comitis ante guerram. — De prepositura Pictavis, pro secundo tercio anni presentis, c. libr. — De prepositura Niorti, pro ultimo [tercio] anni presentis, cxiii. libr. vi. sol. viii. den. — De prepositura Banaonis, pro ultimo tercio anni presentis, iiii.^{xx} libr. — De prepositura Rupelle, pro secundo tercio anni presentis, v.$^{c.}$ xxxiii. libr. vi. sol. viii. den. — De prepositura Sancti Johannis Angeliacensis, pro ultimo tercio anni presentis, xliii. libr. vi. sol. viii. den. — De prepositura Fontiniaci, pro secundo tercio anni presentis, lxvi. libr. xiii. sol. iiii. den. — De domino P. de Soonay, pro secundo tercio racheti terre d'Affre, xxvi. libr. xiii. sol. iiii. den. — De domino P. Bertini, pro secundo tercio racheti terre defuncti Galteri de Alemannia, xxxiii. libr. vi. sol. viii. den. — De venda Molleriarum, pro iii.$^{c.}$ xxiii arpentis, pro tercia paga, vii.$^{xx.}$ vii. libr. xv. sol. x. den. — Item de vi.$^{xx.}$ iiii. arpentis venditis in eadem foresta, pro tercia paga, lvi. libr. xvi. sol. viii. den. — De domino Hamenone de Rocha, pro racheto terre uxoris sue, pro secunda paga, xl. libr — De expletis foreste Banaonis, xii. libr.

Summa : xii.$^{c.}$ liii. libr. v. sol. x. den.

Domanium comitis Marchie. — De prepositura Mosterolii, pro ultimo tercio anni presentis, vi.$^{xx.}$ vi. libr. xiii. sol. iiii. den. — De terra quam habebat comes Marchie apud Pictavim, pro prima medietate anni presentis, xxxv. libr. — De firma de Cherveux, pro ultimo tercio anni presentis, xxxiii. libr. vi. sol. viii. den. — De firma de Sanceio, pro ultimo tercio anni presentis, xiii. libr. vi. sol. viii. den. — De prepositura Fronteneti, pro ultimo tercio, iiii.$^{xx.}$ libr. lxvi. sol. viii. den. — De firma de Coulons, pro ultimo tercio anni presentis, xiii. libr. vi. sol. viii. den. — De firma de Prahic, pro ultimo tercio presentis anni, lxxiii. libr. vi. sol. viii. den. — De magno feodo Alnisii, pro secundo tercio, iiii.$^{c.}$ xvi. libr. xiii. sol. iiii. den. — De prepositura de Talniaco super Voltunnam, pro ultimo tercio anni presentis, l. libr. — De terra Crucis-Comitisse, pro ultimo tercio, xxvi.

libr. xiii. sol. iiii. den. — De prepositura Xanctonis et de terra Ramete et Ramegoz, pro ultimo tercio anni presentis, vi^{xx}· xiii. libr. vi. sol. viii. den. — De redditibus et costumis de Castro-Nervi, Sancte Gemme et de Favaux, affirmatis, pro ultima paga anni presentis, xx. libr. — De forestagio foreste Baconasii, pro prima medietate, xl. libr. — De offerturis circa forestam Baconasii, vi. libr. xviii. sol. pro toto anno. — De expletis ejusdem foreste, xviii. libr. xii. sol. — De ripagio Sancti Johannis de Angulo, pro secundo tercio, xlvi. sol. viii. den. — De terra de Gravia, pro ultima medietate, vii. libr. x. sol. — De expensis molendinorum pontis Xanctonis pro parte monialium, pro ultimo tercio, vii. libr. — De minutis ripagiis et sextis salis et maltolta, lxv. sol. iiii. den. — De venda foreste Mosterolii, pro tercia paga, lxxi. libr. xviii. sol. x. den. — De bosco Vallis-Mangoti, pro eadem paga, xxiiii. libr. viii. sol. x. den. — De bosco mortuo affirmato vitreariis in foresta Mosterolii, pro eadem paga, vii. libr. vi. sol. viii. den. — De bosco garenne de Talniaco, pro ultimo tercio, xx. libr. — De buxonio de Grateloup, pro prima medietate, lx. sol. — De bosco de Cruce-Comitisse, pro primo tercio, xviii. libr. vi. sol. viii. den.

Summa : miii$^{c.}$ lv. libr. xiii. sol.

Terre forefacte. — De terra Hugonis de Princeio et Petri Boce, pro ultimo tercio anni presentis, xl. libr. — De prepositura Montis-Maurillii, pro ultimo tercio anni presentis, l. libr. — De terra Sancti Savini, pro ultimo tercio anni presentis, l. libr., et pro ultimo tercio incheramenti ipsius terre, lxvi. sol. viii. den. — De terra Rabaldorum, pro ultima medietate, xxxv. libr. — De terris Gaufridi Coogne, Gaufridi de Pog...a et Guillelmi de Thoorçac apud Montem-Maurillium et circa, pro ultima medietate anni presentis, xxii. libr. x. sol. — De terris Gaufridi Coogne senioris, Vigeronis de Luchac, Oliveri de Flaec et Petri Barbe circa Montem-Maurillium, xvii. libr. x. sol. — De terra Yterii Bertrandi apud

Pindray, pro ultima medietate, lxx. sol. — De racheto terre filiorum uxoris Guillermi Barbe, per manum Eustachii de Genciaco, pro secundo tercio, xx. libr. — De ..., censibus et costumis terrarum forefactarum circa Mortuum-Mare, ... libr. v. sol. vi. den. — De terra Raymondi Albigensis, pro ultimo tercio an[ni presen]tis, viii. libr. vi. sol. viii. den. — De terra Gerberti Bordoil, pro ultimo tercio, xl. sol. — De terra domini Guidonis de Rupeforti apud Sazinam, pro medietate, c. sol.—De terra ejusdem Guidonis apud Sanctum Maxencium, in minutis costumis, lxx. sol. — De minutis redditibus et costumis terrarum forefactarum circa Sanctum Maxencium, xxv. sol. — De terris forefactis circa Frontenetum, xl. sol. — De quadam borderia de feodo de Marconeria, xxv. sol. — De terra Petri Desiderati affirmata, pro secundo tercio, vi. libr. xiii. sol. iiii. den. — De molendino defuncti P. Desiderati, xxii. sol. vi. den. — De minutis censibus terrarum forefactarum circa Vilers, iii. sol. i. den. — De minutis redditibus terrarum forefactarum circa Niortum, xxiiii. sol. — De minutis censibus et costumis terrarum forefactarum circa Surgerias, lxvi. sol. vi. den. — De terra Aymerici Alardi, pro secundo tercio, cx. sol. — De terra de Ribero, pro ultimo tercio anni presentis, xxi. libr. xiii. sol. iiii. den. — De terra de Fayole, pro ultimo tercio anni presentis, xiii. libr. vi. sol. viii. den. — De terra de Arthuseria, pro ultimo tercio, vi. libr.— De terra Ayndronis Pocherau, pro ultimo tercio, vi. libr. xiii. sol. viii. den.— De molendino Fulconis Richardi, pro ultimo tercio, xxxvi. sol. viii. den. — De firma Campanie, pro ultimo tercio anni presentis, xxii. libr. iiii. sol. v. den.—De furno Campanie, pro ultimo tercio, x. sol. — De minutis redditibus et costumis et censibus circa Campaniam, xxii. sol. viii. den. — De terra Gardras de Vars, militis, apud Voullac, xi. sol. de talliata.—De Perrotino, l. sol. pro racheto de la Ficherace.—De xvi. sextariis siliginis de terra Gaufridi de Belleria recelatis, xv. libr. iiii. sol.—De domo domini G. Desiderati vendita apud Talniacum super Voltonnam, x libr. — *Nemus.* — De buxonio quod fuit Andree de Bello-podio, xxx. sol. pro ultima medietate. — De buxonio de Burco Chabaldorum, pro primo quarto, c. sol. — De buxoniis circa Montem-Maurillii venditis, pro octava paga, iiii. libr. iii. sol. iiii. den. — De bosco de Veceria, pro ultima paga, viii. libr. xvii. sol. vi. den.

Summa : iiii^{c} xviiii. libr. xviii. den.

Rocha super Yonem. — Recepta a die Candelose usque ad dominicam ante festum apostolorum Philippi et Jacobi. — De venditione nemoris a dicto termino, lii. libr. xii den. — De pedagio, lxxiiii. sol. vi. den., excepto quod pons costavit faciendum. — De expletis foreste a dicto termino usque ad octabas Pasche, viii. libr. iii. sol. — Item de expletis terre, ix. libr. xv. sol.

Summa : lxxiii. libr. xiii. sol. vi. den.

De custodia castri Thefaugiarum, pro secundo tercio, xl. libr. — De custodia castri de Sivraio, pro secundo tercio, xl. libr. — Summa : iiii^{xx} libr.

Venditio bladorum anni m^{i} cc.^{i} xl^{i} sexti. — De granerio Pictavis vendito, iiii^{xx} vi. libr. xviii. sol. iii. den., exceptis xx. sextariis frumenti et xxviii. sextariis avene expensis in adventu magistrorum. — Item de lxxv. sextariis bladorum de granerio Sancti Maxentii, lxxii. libr. iii. sol. iii. den. — Item de c. sextariis, i. mina minus, bladorum de granerio Niorti, iiii^{xx} libr. xxxiii. sol. — Item de xi. sextariis et i. mina de granerio Rupelle, ix. libr. vii. sol.

Summa omnium bladorum, de v^{c} xiiii. sextariis, xii^{xx} x. libr. xviii. den.

Item de commendisiis ballivie, xxxii. libr. xvii. sol. vi. den.

Expleta. — De assignamento quod Nicholaus Conversus habebat super Templum, xxv. libr. pro parte sua et pro toto. — De quodam dolio vini dicti Nicholai vendito, iiii. libr. — De quadam domo descheeta in censiva decani Xanctonis, quam quidam Judeus vendidit Stephano Clotet, xv. libr. — De quadam alia domo vendita in censiva capituli Xanctonis, quam quidam alius Judeus vendidit, x. libr. — Item de communibus expletis ballivie, vi^{xx}. vi. libr.

Summa expletorum : ix.^{xx}. libr.

Summa totalis ballivie : iii.^{M}. v.^{c}.xiiii. [libr.] xii. sol. x. den.

Expensa. — *Liberationes.* — Pictavis, xii. sol. i. den. per diem. — Sanctus Maxencius, xvi. sol. viii. den. per diem. — Niortum, xxix. sol. ii. den. — Banaonis *(sic)*, xii. sol. xi. den. — Rupella, xxxix. sol. — Sanctus Johannes de Angeliaco, vii. sol. ix. den. — Castrum Xanctonis, xl. sol. vii. den. — Pons Xanctonis, ii. sol. i. den. — Fontiniacum, vi. sol. — Poujole in foresta Molleriarum, vii. sol. iii. den. — Robertus de Gondreville in foresta Baconasii, pro se et R. Clerico et duobus servientibus peditibus, iiii. sol. — Robertus in foresta Mosterolii, pro se et iiii^{or} servientibus, iiii. sol. — Summa : ix. libr. xviii. den. per diem ; ab octabis Candelose usque ad Nativitatem beati Johannis Baptiste, de vi^{xx}. xv. diebus, xii^{c}. xxv. libr. ii. sol. vi. den. — Item Geraudus Eberti, iii. sol. per diem, a Nativitate beati Johannis Baptiste anni m^{i}. cc^{i}. xi^{i}. sexti usque ad Nativitatem beati Johannis anno revoluto, de iii^{c}. lxv. diebus, liiii. libr. xv. sol. — Item faber castri Xanctonis, xx. den. per diem, ab octabis Candelose, usque ad octabas Medie Quadragesime, de qua recessit, de xxxvi. diebus, lxi. sol. viii. den.

Summa totalis liberationum : xii^{c}. iiii.^{xx}. libr. lix. sol. ii. den. — Item robe estivales : castellanus Pictavensis, Poujole, Floriacus de Sulie, Reginaldus de Rulliaco, magister Bartholomeus Carpentarius, Robertus de Gondrevilla pro robis suis, xviii. libr. ii. sol. vi. den.

Summa totalis : xiii.^{c} libr. xxi. sol. viii. den.

Item Thefaugie, xvii. sol. viii. den. per diem, de eodem termino, de vi.^{xx} xv. diebus, cxix. libr. v. sol. — Item Rupis super Yon, pro custodia castri Rupis super Yon, xl. libr. pro primo tercio. — Item pro custodia castri de Syvraio, pro primo tercio, xl. libr. — Item pro garnisione castri Rupis super You licenciata ab octabis Candelose usque ad crastinum sancti Albini, de xxi. diebus, vi. sol. viii. den. per diem, vii. libr.

Summa : ii$^{c.}$ vi. libr. v. sol.

Summa liberationum omnium predictarum tam castrorum domini comitis quam castrorum que sunt in manu sua : m. v$^{c.}$ vii. libr. vi. sol. viii. den.

Feoda et elemosine. — Apud Pictavim, Gaufridus Morin, pro medietate feodi sui, vii. libr. x. sol.—Elemosine ibidem : Templum pro toto anno, xiiii. libr. x. sol. in nondinis Medie Quadragesime. — Abbas de Morolio,... libr. pro toto anno. — Abbatissa Fontis Ebraudi, in termino Nativitatis beati.... x. libr. pro toto anno. — Mosterolium : — Bernerius pro medietate feodi..... libr. pro medietate. — Item Guillelmus Mangoti, pro medietate feodi sui, c. libr. .... sol. — Item apud Rupellam : Archiepiscopus Burdegalensis, pro tercio, xiii. libr. xiii. sol. iiii. den. —Elemosine ibidem : Abbas de Samblanceio, xl. sol. pro toto anno. — Fons Ebraudi, xv. libr. pro medietate, in termino Nativitatis beati Johannis. —Abbas Sancti Leonardi, xii. libr. x. sol. pro medietate. — Templum apud Rupellam, c. sol. pro medietate. — Magister Laurencius de Ponte, xx. libr. pro toto anno.

Summa : ii$^{c.}$ xlvii. libr.

Opera. — Pro domibus castri Xanctonis retegendis, pro garita pavenda et pro quodam funiculo ad puteum et aliis minutis operibus, xii. libr. v. sol. — Pro operibus domorum de Talniaco super Voltunnam perficiendis, xxiii. libr. vii. sol. — Pro pratello et latere camini reparendis, in aula Pictavis, xl. sol. — Pro furno de Fronteniaco reparendo, xxx. sol. — Pro furno Xanctonis reparendo, xxvii. sol. — Pro molendino de Guedac reparendo, lx. sol. — Pro expensa magistri Johannis Salnerii, quando fuit primo apud Rupellam pro platano videndo, xlvi. sol. — Item eidem, lx. sol. quando fuit apud Rupellam cum domino J. de Insula.— Item magistro Petro Parvo, pro eodem negocio, xx. sol. — Magistro Pasquaudo, xx. sol. pro eodem negocio. — Pro domibus de Niorto perficiendis sine porta, lxxv. libr. — Pro vineis de Lavergnia colendis, lxxv. sol.

Summa operum : vi^{xx} ix libr. x. sol.

Minuta expensa. — Pro duobus doliis vini, que data fuerunt apud Sanctum Johannem Angeliacensem. — Pro iiii$^{or.}$ doliis vini, que empta fuerunt apud Rupellam per manum R. de Rulliaco, que sex dolia missa fuerunt per mare apud Rothomagum, xxxv. libr. x. sol. — Pro denariis apud Niortum congregandis de ballivia, iiii. libr. — Noncii missi ad curiam et apud Burdegalam : Johanni de Sancto Marcollo, xl. sol. quando ivit ad curiam pro scire utrum ballivus expectaret finem domini G. de Lezegniaco. — Henricus de Sancto Dyonisio, xl. sol. quando accessit ad curiam, pro morte filii comitis Augi. — Juliano, lx. sol. quando portavit scripta religionis et falsa sigilla. — Item Guilloto noncio, pro duobus itineribus, xx. sol. — Item Botecornu, xii. sol. quando nonciavit mortem domini G. de Lezegniaco. — Pelaudo, xii. sol., quando portavit negocium domini Philippi de Oblinquo.— Item pro nonciis missis apud Marnas, euntibus et redeuntibus et ibidem sejornantibus, pro statu domini G. de Lezegniaco sciendo, lx. sol. — Item Guilloto nuncio nostro, x. sol. pro illis qui fuerunt in calvacata de Gasconia.— Item Pelaudo, xv. sol. quando detulit litteras domini Johannis de Insula Roberto de Vernone et Baldoino de Boves euntibus apud Burdegalam, ter lx. sol. — Guiardo Clerico, quando detulit pixidem monete ad curiam, xl. sol. — Item duobus nunciis peditibus qui fuerunt in exercitu Burdegale, xx. sol.— Summa nonciorum, xix. libr. ix. sol.

Item castellanis Niortii et Sancti Johannis Angeliacensis, quando fuerunt apud Volventum et Marevantum et ad castra comitisse Augi, pro saisina eorumdem habenda, et, quando fuerunt apud Talniacum super Voltonnam, pro portu ejusdem loci videndo et inpedimento ejusdem loci removendo, IIII. libr. VI. sol. — Item pro expensa servientum balistariorum, et consilii ad parlamentum euncium, in octabis Pasche et Penthecostis, et pro itinere Volventi, donec castra munirentur, XV. libr. — Pro locatione guerneriorum Niortii, XXIII. sol. IX. den. — Pro locatione guerneriorum Pictavis, XXVIII. sol. — Pro custodia cujusdam prisionis in castro Mosterolii qui obiit, XLIX. sol. IIII. den. — Pro quodam dolio ferrato facto de novo ad denarios apud Parisius portandos, XXI. sol. VIII. den. — Pro duobus mansuratoribus et majore Chinonis, in foresta Baconasii et Banaonis, pro duobus itineribus, XIIII. libr. — Pro filia domini Guillelmi de Aspero-Monte ducendo apud Chinonem, IIII. libr. X. sol. — Item pro VI. culcitris amissis apud Niortum in adventu domini comitis, LXXII. sol. exceptis duabus primo conputatis.

Summa : CVI. libr. XIX. sol. IX. den.

Pro expensa Ade Panetarii, ab octabis Candelose usque ad octabas Ascensionis, de IIII^{xx} XVI. diebus, IIII^{xx} XVI. libr.

Summa totalis expense : II.$^{M.}$ IIII.$^{xx.}$ VI. libr. XVI. sol. V. den. — Restant super receptam ballivie : XIIII.$^{c.}$ LVI. libr. XVI. sol. den.

Summa totalis que debetur domino comiti de remanencia presentis conpoti, solutis expensis de grossis rachetis, de redemptionibus terrarum forefactarum, de terra Vivone, de redemptione Judeorum : IIII.$^{M.}$ VI.$^{c.}$ libr. XIII. sol. I. den.

Item de arreragio conpoti Candelose proximo precedentis : V.$^{M.}$ VIII.$^{c.}$ VII. libr. IX. sol. I. den.

Summa totalis predictarum partium debita domino comiti : X.$^{M.}$ IIII.$^{c.}$ VIII. libr. II. sol. II. den. cum arreragio, de quibus soluimus per manum Guillelmi de Vicinis castellani Niortii, per Johannem Bovis, per Nanterum, per Reginaldum de Rulliaco et per Guillelmum Chevreu, III.$^{M.}$ libr. pictavensium et Templo Parisius, II.$^{M.}$ VIII.$^{c.}$ VII. libr. IX. sol. I. den. turonens. — Et ita debuimus, omnibus supradictis conputatis,

IIII.ᴹ· VI.ᶜ· libr. XIII. sol. I. den. tam pictavensium quam turonensium, de quibus solutum fuit in Templo Parisius, die crastina festi beati Michaelis, per manum magistri Johannis, clerici nostri, in manu fratris Guillelmi de Gonessia, II.ᴹ· IIII.ᶜ· IIII.ˣˣ· XII. libr. in turonensibus et parisiensibus; et magister Reginaldus, clericus domini comitis, debet solvere pro nobis domino comiti XI.ˣˣ· XIIII. libr. III. sol. IX. den. turonensium.

Summa ultime solutionis, II.ᴹ· VII.ᶜ· XXV. libr. III. sol. IX. den. turon.; et ita debemus domino comiti, XVIII.ᶜ· LXXV. libr. IX. sol. IIII. den. pictav.

Conpotus Ade Panetarii de termino Ascensionis anno Domini Mᵒccᵒxlᵒviiᵒ.

Recepta. — De custodia castri Crosanti, pro secunda paga, anni M.ⁱcc.ⁱxl.ⁱ sexti, de termino Candelose preterite, LXVI. libr. XIII. sol. IIII. den. — Item de custodia ejusdem castri, pro tercia paga anni presentis, de termino Ascensionis anno durante usque ad Assumpcionem beate Marie proximo instantem, LXVI. libr. XIII. sol. IIII. den. — De remanencia terrarum forefactarum assignatarum domino Warino de Sancto Quintino, CVI. sol.

Expensa. — Dominus Gauvang de Talniaco pro feodo suo, de termino Ascensionis nuper preterite..... libr.

Restant que debet Adan Panetarius, XIIII.ˣˣ· VIII. libr. VII. sol. VIII. den. — Solutum per fratrem Gilonem in Tenplo Parisiensi.

Expleta conputata in conpoto Ascensionis anno Mᵒccᵒxlᵒviiᵒ.

De domino de Broa, VII. libr. X. sol. quia homagia quedam susceperat contra inhibitionem domini comitis.

Tybiardus et fratres sui, xv. libr. quia fugiebant a debitoribus suis et assecurati fuerunt ad veniendum conputare cum ipsis.

De quodam valleto de Talniaco, c. sol. pro quadam muliere efforciata.

Uxor Guillelmi de Brolio, vi. libr. pro recredencia terra sue.

Petrus Damet, lx. sol. quia cecidit de querela cujusdam pasturagii quod petebat.

Guillelmus André, lx. sol. pro eodem.

Michael de Mota, c. sol. pro introitu torcularis sui.

De conpoto P. de Bleriaco, vii. libr. x. sol.

Hugo Jodoini, c. sol. pro contentione cujusdam domus.

De duobus hominibus de Sancto Maxencio pro saisina fracta.

De domino Beraldo de Nualli, xx. libr. pro saisina cujusdam pueri quem violenter contradixit tradere servientibus domini comitis.

De Bonaudo de Restail, lx. sol. pro quadan excussa.

De abbate de Loco Dei in Jardo, x. libr.

De (blanc).

De domino P. de Malliaco, lx. sol. pro eo quod fieret inquesta super quadam justicia, de qua fuit contentio.

De quodam homine qui edictum clamavit ubi non debuit, c. sol.

Philippus Chatel, lx. sol. pro suspectione cujusdam pueri submersi.

Burgenses de Daurato, x. libr. quia contradixerunt obidire submonitioni domini comitis.

Dominus Simon Clarenbaudus, c. sol. quoniam posuit hominem quemdam in carcere indecenti.

Bernardus Galteri, c. sol. pro violencia et injuria facta in camino domini comitis.

Summa : vi.$^{xx.}$ vi. libr.

Expleta conputata in conpoto Ascensionis M°CC°XL°VII°
pro expensa assisiatorum.

Andreas Pocherau, L. sol. pro eodem facto quod dominus de Broa.

Duo carpentarii magistri Alardi, XL. sol. pro debito habendo.

Robertus Torreni pro una inhibitione, XL. sol.

P. de Hussello, L. sol. quoniam cecidit de quadam querela.

De P. Aprilis, LX. sol. quia cecidit de petitione quam faciebat de quodam pasturagio.

Per Petrum de Bleriaco, XL. sol. — Gaufridus Cicon, L. sol. pro suspectione mortis uxoris sue.

P. de Thiorçac, L. sol. pro quadam prisia injuste facta.

P. Poile-voisin, L. sol. quoniam hospitatus fuit P. Viger.

P. Chauvet, LX. sol. pro forefacto nemoris.

Confolent, XX. sol. quoniam defecit de plegiatione quam inierat.

Summa : xxv. libr. x. sol.

Conpotus Omnium Sanctorum anno Domini M°CC°XL°VII°.

Debuimus de fine conpoti precedentis, facti apud Corbolium, IIII.$^{\text{M.}}$ VI.$^{\text{C.}}$ libr. XIII. sol. I. den., tam turonensium quam pictavensium, de quibus solutum est in Templo Parisiensi per manum Johannis, clerici nostri, die crastina festi beati Michaelis, in manu fratris Guillermi de Gonessia II.$^{\text{M.}}$ IIII.$^{\text{C.}}$ IIII.$^{\text{XX.}}$ XII. libr. turonensium. — Item per manum Magistri Reginaldi, clerici domini comitis, XI.$^{\text{XX.}}$ XIII. libr. III. sol. IX. den. turon. ; et ita debemus, XVIII.$^{\text{C.}}$ LXXV libr. IX. sol. IIII. den. pictavens.

Recepta terrarum baron[um] ;

De terra comitis Augi defuncti, scilicet de Nicolao de Mota Sancte Helaye, de Syvraio et de Banays, solutis expensis, v.ᶜ xxxiiii. libr. xvi. sol. vi. den. — De terra Gaufridi de Lezegniaco defuncti, scilicet de Volvento, de Marevento, solutis expensis, ii.ᶜ lxvi. libr. xi. sol. ii. den.— De terra Hugueti de Partheniaco apud Sobysam, ix.ˣˣ· libr. c. sol. — De terra Rupeforti, solutis expensis, iiiiᶜ· iiii.ˣˣ· xiii. libr. vii. sol. vi. den. — De exitibus terre Rupis super Yon, solutis expensis, ix.ˣˣ· xix. libr. xix. sol. vii. den. — De exitibus terre Engle, solutis expensis, a festo Candelose nuper preterite usque ad presens festum Omnium Sanctorum, xlii. libr. xvii. sol.

Summa : xvii.ᶜ· xxii. libr. xix. sol. ix. den.

Grossa racheta. — De domino Radulpho de Malleone, pro quarta et ultima paga, ii.ᴹ libr. turon. — De Guillelmo Mangoti, de secunda, tercia et ultima paga, ix.ᶜ· libr. turon. — De domino P. de Voluria, pro quarta et ultima paga, v.ᶜ libr. turon.— De Johanne, vice-comite Castri-Ayraldi, ii.ᶜ libr. turon. — De domino Mauricio de Bellavilla, pro ultima medietate racheti sui, м. libr.

Summa : iiii.ᴹ vi.ᶜ libr. turon.

Redemptiones. — De redemptione terre Vivone, pro secundo tercio, v.ᶜ libr. turon. — De domino Karolo de Rupeforti pro terra de Vilaribus redempta, pro secunda paga, c. libr. turon. — De redemptione terre Helye Gerberti in Alnisio, pro secunda paga, cl. libr. turon. — De redemptione terre Guillelmi de Joiaco, pro ultimo tercio, x. libr. — De terra Symonis Engebaudi, pro ultimo tercio, viii. libr.

Summa : vii.ᶜ lxviii. libr.

Item de talliata Judeorum de Pictavia, pro secunda paga, v.ᶜ libr. turon.

Summa : vii.ᴹ v.ᶜ iiii.ˣˣ·x. libr. xix. sol. ix. den.

Domanium domini comitis ante guerram. — De prepositura Pictavis, pro ultimo tercio, c. libr. — De prepositura Niorti, pro primo tercio anni presentis, cxiii. libr. vi. sol. viii. den.— De prepositura Banaonis, pro primo tercio anni presentis, iiii.^{xx} libr. — De prepositura Rupelle, pro ultimo tercio anni preteriti, v.^{c} xxxiii. libr. vi. sol. viii. den. — De prepositura Sancti Johannis Angeliacensis, pro primo tercio anni presentis, xliii. libr. vi. sol. viii. den. — De prepositura Fontiniaci, pro ultimo tercio anni preteriti, lxvi. libr. xiii. sol. iiii. den. — De domino Petro de Soonay, pro ultimo tercio racheti d'Affre, xxvi. libr. xiii. sol. iiii. den. — De domino P. Bertini, pro ultimo tercio racheti terre defuncti Galteri de Alemannia, xxxiii. libr. vi. sol. viii. den. — De domino Amenonne de Rocha, de racheto terre uxoris ejus, pro ultimo tercio, xl. libr.—De gisto de A[l]nesio, pro medietate, c. sol. — De talliata Boeti pro toto anno, lx. libr. — De racheto terre defuncti Guidonis Senescalli, pro primo tercio, xxxiii. libr. vi. sol. viii. den. — De censibus novalium Molleriarum, xxxvi. sol. — De expletis foreste Banaonis, x. libr.

Summa : xi.^{c} lvi. libr. xvii. sol.

Conquesta super domanium comitis Marchie. — De terra quam habebat comes Marchie in civitate Pictavensi, pro ultima medietate, xxxv. libr. — De prepositura Mosterolii, pro primo tercio anni presentis, vi.^{xx} vi. libr. xiii. sol. iiii. den. — De terra de Cherveux, pro primo tercio anni presentis, xxxiii. libr. vi. sol. viii. den. — De terra de Sanceio, affirmata, pro primo tercio anni presentis, xiii. libr. vi. sol. viii. den. — De prepositura Fronteneti, pro primo tercio anni presentis, iiii.^{xx} libr. lxvi. sol. viii. den. — De prepositura de Prahic, pro primo tercio anni presentis, lxxiii. libr. vi. sol. viii. den. — De firma de Coulons, pro primo tercio anni presentis, xiii. libr. vi. sol. viii. den.— De magno feodo Alnisii, pro ultimo tercio anni preteriti, iiii.$_c$ xvi. libr. xiii. sol. iiii. den. — De prepositura Talniaci super Voltonnam, pro primo tercio anni presentis, L. libr. — De terra Gravie, pro prima medietate anni presentis, VII. libr. x. sol. — De terra de Heriçon, que fuit Guillelmi Ace, LXX. sol. de talliata. — De terra Crucis-Comitisse, pro primo tercio anni presentis, XXVI. libr. XIII. sol. IIII. den.— De prepositura Xanctonis et de terra Ramete et Ramegoz, pro primo tercio anni presentis, VI.^{xx} XIII. libr. VI. sol. VIII. den. — De terra domino Contor non affirmata, XI. libr. XII. sol. — De censibus circa Lavergniam, XXII. sol. VI. den. — De blado reddituum circa Lavergniam vendito, LXIII. sol. — De feno ibidem vendito, II. sol. — De promissione forestagii Baconasii, [.....] pro toto. — De forestagio Baconasii affirmato, pro ultima medietate,... libr. — De expletis ejusdem foreste per R. de Lavergnia, XIII. libr. x. sol. — De minutis reddiitibus et costumis Sancte Gemme, de Favaux, de Castro-Nervi affirmatis pro primo tercio anni presentis, xx. libr. — De ripagio Sancti Johannis de Angulo affirmato pro primo tercio anni presentis, LX. sol.— De minutis ripagiis in Marempnia, LXVI. sol. — De sextis salis, XXI. sol. VI. den. — De talliatis abbatisse Xanctonis, VIII.^{xx} XV. libr. pro toto anno. — De talliata Sancti Aniani, in festo Nativitatis beati Johannis, VII. libr. — De talliata ibidem in festo beati Michaelis, L. libr.— De racheto terre Arn[ulphi] Cougis apud Talniacum, VIII. libr. — De racheto Arn[oldi] Jolain in eadem castellania, VII. libr. — De Guillelmo de Muron, XL. sol. de racheto. — De racheto domine de Donno-Petro per dominum P. Geraudi, XL. libr. pro toto. — De domino Mantoco, de racheto terre uxoris sue apud Granzaium, XXX. libr.— De bonis cujusdam multrerii in castellania Mosterolii, CVII. sol. — De terra domini Jocelini de Lazaio, que est in manu domini comitis pro defectu servicii, LXVIII. sol. — De Guillelmo de Sancto Gelasio, LX. sol. pro roncino de servicio de feodo de Cherveux.— De areis terragialibus, de blado vendito, XXIII. sol. II. den. — De venditione foreste Mosterolii pro quarta paga, scilicet prima secundi anni, LXXI. libr. XVIII. sol. x. den. — De venditione bosci Vallis-Mangoti, pro eadem paga, xxiiii. libr. viii. sol. x. den. — De bosco mortuo tradito vitreariis, pro eadem paga, vii. libr. vi. sol. viii. den. — De venditione bosci garenne de Talneyo, pro quarta paga, xx. libr. — De bosco de Grateloup vendito, pro ultima paga, lx. sol. — De bosco de Cruce-Comitisse, pro secundo tercio, xviii. libr. vi. sol. viii. den. — De cuniculis venditis per prepositum Mosterolii, xiiii. libr.

Summa : xvi.^c xiii. libr. xxii. sol. ii. den.

Terre forefacte. — De terra Petri Boce et Hugonis de Princeio affirmata, pro primo tercio anni presentis, xl. libr. — De terra Sancti Savini affirmata, pro primo tercio anni presentis, liii. libr. vi. sol. viii. den. — De prepositura Montis-Maurillii, pro primo tercio anni presentis, l. libr. — De terra Yterii Bertrandi apud Pyndray, pro primo tercio anni presentis, lxx. sol. — De racheto terre liberorum uxoris Guillelmi Barbe per Eustachium de Genciaco, pro ultimo tercio, xx. libr. — De minutis talliatis et redditibus circa Mortuum-Mare, xviii. libr. ii. sol. x. den. — De feno earumdem terrarum, lx. sol. — De vinis ipsarum terrarum venditis, vi. libr. — De terra Petri La Grice, c. sol. pro toto anno. — De terra Aldeberti de Chalapit, xxii. sol. — De terra Radulphi de Tilia, pro toto anno, iiii. libr. — De Gaufrido Jugulatore, v. sol. de custodia. — De terra de Rufellis, l. sol. pro toto anno. — De terra Petri de Sancto Savino in minagio Pictavis, x. libr. pro toto anno. — De terra Aldeberti in eodem minagio, vi. libr. pro toto anno. — De terra Raymondi Albigensis, pro primo tercio anni presentis, viii. libr. vi. sol. viii. den. — De terra Gerberti Bordoil affirmata, pro primo tercio, xl. sol. — De feno terrarum forefactarum circa Mosterolium vendito, lx. sol. — De vindemiis earumdem terrarum venditis, xliii. sol. — De minutis redditibus terrarum forefactarum circa Sanceium, xxviii. sol. — De terra domini Guidonis de Ruperforti apud Sanctum Maxencium, lxx. sol. — De terra ejusdem Guidonis apud Sazinam, c. sol. — De censibus, talliatis et minutis redditibus terrarum forefactarum circa Sanctum Maxencium, vii. libr. xix. sol. vii. den. — De vindemiis earumdem terrarum venditis, vii. libr. vi. sol. iiii den. — De terra Constantini de Sancto Gelasio, pro toto anno, xv. libr. — De domino P. Brochardi, pro roncino de servicio, lx. sol. — De Guillelmo de Sancto Audoena (sic), pro roncino de servicio, lx. sol. — De terris forefactis circa Vilers, vi. sol. — De terra Constantini Giboyn apud Tachet, xl. sol. — De terra ejusdem apud Bauceium affirmata, pro primo tercio, iiii. libr. vi. sol. viii. den. — De terra Guillelmi Natalis et P. Gacherii affirmata, iiii. libr. — De terris forefactis circa Frontenetum, lvi. sol. — De feno ipsarum terrarum vendito, xlviii. sol. — De vindemiis ipsarum terrarum venditis, ix. libr. vii. sol. v. den. — De terra que fuit P. Desiderati affirmata, pro primo tercio ultimi anni, vi. libr. xiii. sol. iiii. den. — De Aymerico Alexin, xxx. sol. de placito.— De terra Guillelmi de Forz in Alnisio, de censibus et talliatis, xvi. libr. — De feno ejusdem terre vendito, cviii. sol. — De vindemia ejusdem terre vendita xxviii. libr. — De decima vindemiarum ejusdem apud Sanctum Johannem Angeliacensem vendita, viii. libr. — De terra Gaufridi Desiderati apud Voe, vi. sol. vi. den. — Census de terra ejusdem, de vindemiis venditis, x. sol. vi. den. — De vindemiis terrarum forefactarum in Alnisio, xi. libr. x. sol. ii. den. — De terra Aymerici de Rocha super medietarios, xxv. libr. pro toto anno. — De terra filii Helye Gerberti apud Donnum-Petrum, xii. libr. pro toto anno. — De racheto vigerie de Donno-Petro, xxxiii. sol. iiii. den. — De exitibus vinearum hominum de Olorone qui participant cum P. de Rouflac et cum Guillelmo Mechin, et de locatione domorum eorumdem apud Rupellam, solutis expensis vinearum, xx. libr. — De Templo, pro domino Gaufridi Desiderati, lxxii. sol. vi. den. pro toto anno. — De minagio Rupelle pro medietate, vii. libr. x. sol. — De terra magistri P. Minet apud Sanctum Johannem

Angeliacensem, vi. libr. — De terra Aymerici Alardi in partibus Rupis-fortis, pro primo tercio, cx. sol. — De talliata Campanie in festo Sancti Johannis, iiii. libr. — De talliata ejusdem ville in festo Sancti Michaelis, xlii. libr. x. sol. — De blado et vino Campanie affirmatis, pro primo tercio anni presentis, xxii. libr. iiii. sol. vi. den. — De furno ejusdem ville, x. sol. pro tercio. — De feno vendito in Marempnia, c. sol. — De quarreria Campanie, v. sol. v. den; — de vendis, vi. sol. — De firma de Ribero, pro primo tercio presentis anni, xviii. libr. vi. sol. viii. den. — De terra Ayndronis Pocherau, pro primo tercio presentis anni, vi. libr. xiii. sol. iiii. den. — De molendino Fulconis Richardi, pro primo tercio presentis anni, xxxvi. sol. viii. den. — De terra Arthuserie, pro primo tercio presentis anni, x. libr. — De terra Guillelmi de Asneriis apud Drezac, xii. sol. — De terra Hymberti de Forz apud Fayole, xl. libr. pro toto anno. — De terris Guillelmi Bedoyn et hominum de Olerone, in Marempnia, de vindemia vendita, xiii. libr. — De terris eorumdem, de blado vendito, xli. sol. vi. den. — De terra d'Arthoan, de blado vendito, vi. sol. — De terra Gardras de Vars. apud Vellac, in censibus, talliatis et blado vendito, iiii. libr. xv. sol. viii. den. — De terra Guillelmi de Forz in Arverto, in talliatis, xii. libr. vii. sol. — De blado ejusdem terre vendito, xlviii. sol — De terra Oliverii de Chalesio apud Mauritaniam, lxvii. sol. — De minutis censibus Marempnie, xvii. sol. — De Arnaudo Alexandri, viii. sol. pro uno modio vini de redditu. — De nemore domini Gaufridi de Gascongnole, pro ultima paga, l. sol. — De quadam tusca apud Muret, xxiii. sol. pro toto. — De arboribus venditis apud Bacees, xx. sol. — De tuscha de terra Guillelmi de Forz, c. sol. pro prima medietate. — De terra Guillelmi de Forz apud Sanctum Saturninum, de blado et vino venditis, xxxiii. sol. ix. den. — De terra J. Bedoyn apud Sobyse, de vino vendito, lx. sol.

Summa : vi.ᶜ lxxvi. libr. x. den.

De custodia castri Thefaugiacensis, pro ultimo tercio anni presentis, xl. libr.

Expleta. — De debito Nicholay Conversi, xxx. libr. — De communibus expletis, ii^c x. libr. — Summa expletorum, xii^{xx} libr.

Summa ballivie : iii^m vii^c xxvi. libr. xiiii. sol.

EXPENSA.—*Liberationes*—Pictavis, xii. sol. i. den. per diem.—Sanctus Maxencius, xvi. sol. viii. den.—Niortum, xxix. sol. ii. den.—Banaon, xii sol. xi. den.—Rupella, xxxix. sol.—Sanctus Johannes Angeliacensis, vii. sol. ix. den. — Castrum Xanctonis, xxxviii. sol. ix. den. — Pons Xanctonis, ii. sol. i. den. — Fontiniacum, vi. sol. — Poujole in foresta Molleriarum, vii. sol. iii. den. — Robertus in foresta Mosterolii, pro se et iiii. servientibus, iiii. sol. — Geraudus Eberti, iii. sol.

Summa : ix. libr. ii. sol. viii. den. per diem, a nativitate beati Johannis Baptiste usque ad octabas Omnium Sanctorum, de vi.^{xx} xvii. diebus, xii.$_c$ li. libr. v. sol. iiii. den.

Item castrum Thefaugiarum, xvii. sol. viii. den. per diem, de eodem termino, vi^{xx} libr. xx. sol. iiii den.

Summa totalis liberationum : xiii.^{c} lxxii. libr. v. sol. viii. den.

Feoda et elemosine. — Apud Pictavim, Gaufridus Morinus, vii. libr. x. sol. pro medietate. — Abbatia Cisterciensis ibidem, l. libr. pro toto anno, in termino Assumptionis beate Marie. — Apud Rupellam ; — Guillelmus Mangoti, pro feodo suo, pro tercio, cxvi. libr. xiii. sol. iiii. den. — Fons-Ebraudi ibidem, xv. libr. de elemosina, pro medietate. — Archiepiscopus Burdegalensis ibidem, xiii. libr. vi. sol. viii. den. de elemosina, pro tercio. — Abbas Sancti Leonardi ibidem, xii. libr. x. sol. de elemosina, pro medietate. — Templum ibidem, pro medietate, c. sol. — Apud Mosterolium : — Bernerius Venator, pro medietate feodi sui, l. sol. — Dominus Hugo

Bonin pro feodo suo, c. sol. pro toto anno. — Gaufridus de Ponte, ii.ᶜ libr. pro toto anno. — Dominus Poncius de Mirabello, ii.ᶜ libr. pro toto anno. — Dominus Drogo de Monte-Auserii, l. libr. pro toto anno, ratione familie. — Gaufridus de Mauritania, l. libr. pro toto anno.— Vicecomitissa Rupis-Cavardi, c. libr. pro toto anno. — Episcopus Xanctonensis, pro recompensatione feodi sui, c. sol. pro toto anno. — Capellanus de Lavergnia, x. sol. pro toto anno. — Monachi de Chadolio, xx. sol. pro uno sextario frumenti de r[edd]itu. — Capellanus castri Fontiniaci, xxx. sol. de elemosina, pro toto anno. — Abbas Sancti Leodegarii, iii. sol. de elemosina, pro toto anno. — Apud Niortum : — Templum, l. sol. pro toto anno.

Summa : viii.ᶜ xxxviii. libr. iii. sol.

Opera. — Pro magna turri Niorti reparenda, pro puteo curando, et ante-ponte faciendo de novo, iiii^{xx} x. libr. — Pro furno Fronteneti reparendo, xxx. sol. — Pro compedibus prisionis apud Pictavim, xvi. sol. — Pro secundo molendino de Prahec faciendo de novo, lvii. libr. — Pro duabus molis molendini de Fronteneto, lix. sol. — Pro operibus castri Rupelle, scilicet pro gradu et intablamento murorum reparendis, pro januis rocharum et molendino reparendis, pro appenticiis retegendis, pro pontibus sustentendis, et pro xx. millibus quarellorum reparendis, lxxvi. libr. viii. sol. iiii. den. — Pro factionibus vinearum de Lavergnia, lxxv. sol. — Pro domo extra castrum Xanctonis ad tenendas assisias, xxxvii. libr. x. sol. — Pro operibus pontis lignei Xanctonis, a festo beate Marie Magdalene, usque ad dominicam post festum beati Luce, xi^{xx} libr. l. sol. — Pro expensis iiii^{or} cementariorum, qui fuerunt apud Banaonem visuri castrum, lvii. sol. — Pro operibus operatorii castri attilliatoris Xanctonis, xii. libr.

Summa : v.ᶜ vii. libr. v. sol. iiii. den.

Minuta expensa. — Pro nonciis missis ad curiam et pro expensis duorum iti[nerum?] sequendis ad Parlamentum, xv. libr. — Pro presentibus factis regi Navarrie apud Sanctum Maxencium et apud Rupellam, ix. libr. ii. sol.—Pro locatione dom[us?] minagii de Rupella, antequam affirmaretur, xx. sol. — Pro primis turonensibus adducendis a Rupella usque Parisius, pro vectura, de xxii. diebus, eundo et redeundo, pro v. equis, v. sol. iiii. den. per diem, ix. libr. iii. sol. iiii. den. — Pro reparatione cujusdam quadrigatus in via, x. sol. — Item pro denariis quos Johannes Clericus duxit Parisius, Rupella usque Parisius, pro iiii. equis, vi. sol. viii. den. per diem, de xxii. diebus eundo et redeundo, vii. libr. vi. sol. viii. den. — Pro reparatione cujusdam quadrigatus in via, x. sol. — Pro expensa dicti Johannis clerici et sociorum suorum, eundo et redeundo, viii. libr. xviii. sol. iii. den. — Summa vecture et expense dictorum denariorum, xxvi. libr. viii. sol. iii. den.

Summa minute expense, li. libr. x. sol. iii. den.

Pro expensa Ade Panetarii, ballivi, ab octabis Ascensionis usque ad octabas Omnium Sanctorum, de viii.$^{xx.}$ xvi. diebus, xx. sol. per diem, viii.$^{xx.}$ xvi. libr.

Summa totalis expense : ii$^{м.}$ ix$^{c.}$ xlv. libr. iiii. sol. iii. den.

Restat quod debemus super receptam ballivie : vii.$^{c.}$ iiii$^{xx.}$ libr. xxix. sol. ix. den.

Item de exitibus terrarum baronum, solutis expensis, de grossis rachetis, de terris redemptis, de talliata Judeorum, vii.$^{м.}$ v.$^{c.}$ iiii.$^{xx.}$ x. libr. xix. sol. ix. den. — Item de arreragio, iiii$^{м.}$ vi.^{c} libr. xiii. sol. i. den.

Summa totalis : xii.$^{м.}$ ix.$^{c.}$ lxxiii. libr. ii. sol. vii. den., de quibus soluimus in Templo Parisiensi, per manum Johannis clerici nostri, in crastino festi beati Michaelis, ii.$^{м.}$ iiii$^{c.}$iiii$^{xx.}$ xii. libr. turonensium. – Item magistro Reginaldo, xi.$^{xx.}$ xiii. libr. iii. sol. ix. den. turonens.; et ita restat quod debemus, omnibus conputatis, x$^{м.}$ ii.$^{c.}$ xlvii. libr. xviii. sol. x. den.

Bladum anni M^{c.} CC^{c.} XL^{mi.} septimi :.

Sunt in guernerio Pictavis, CIX. sextarii frumenti, I. mina, II.^{c.} LXI. sextarii siliginis, XII.^{xx.} XV. sextarii, I. mina avene. — Summa : V^{c.} XXV. sextarii.

Sunt in guernerio Sancti Maxencii, XV. sextarii frumenti, LIII. sextarii siliginis, IX. sextarii avene. — Summa : LXXVII. sextarii.

Sunt in guernerio Niorti, XIII. sextarii, I. mina frumenti, XXXVI. sextarii siliginis, X. sextarii avene.—Summa : LIX. sextarii, I. mina.

Sunt in guernerio Rupelle, VII. sextarii, I. mina frumenti, XI. sextarii mixture, III. sextarii, I. mina avene. — Summa : XXIII. sextarii.

Summa omnium bladorum dictorum : VI.^{c.} IIII.^{xx.} V. sextarii, I. mina, ad mensuram dictorum locorum.

Sunt in terra Marempnie XI.^{xx.} modia salis de anno M^o. CC_o. — Item de sale Sobise de eodem anno, C. modia. — Item de annis preteritis, IX.^{c.} III. modia quieta domino comiti.

Summa totalis : XII^{c.} XXIII. modia salis.

Expleta Omnium Sanctorum conputata domino comiti anno M^oCC^oXL^oVII^o.

Pinons, C. sol. quia celaverat jus domini comitis.

Guillelmus de Mota, VI. libr. pro duello judicato super contentione hereditatis.

Quidam homo domini P. Theobaldi, C. sol. quia verberaraverat quemdam puerum.

Magister Guillelmus Gerin, C. sol. pro quadam decima, quam emerat.

[Dominus] Johannes Rater, C. sol. quia explectabat saisinam domini [comitis].

P. de Luchonio, xv. libr. pro matrimonio..... sororis sue deliberando erga Richardum Coqui.

Prepositus Niorti, x. libr. pro asino capto.

Item .... bat Sancti (?) .....cotot, x^c· libr. pro contentione quam habebat erga Petrum .....rer.

Ayemericus de Lardillere, x. libr. pro ..... quam fecerat...

Guido Serpentin, lxx. sol. pro violencia facta....

Hugo..... libr. pro eo quod non conpelleretur a debitoribus suis.

De expletis de Marempnia et circa Pontem-Labium per Stephanum Parisiensem, viii. libr.

Dominus Guillelmus Maubert, x. libr. pro debito habendo de Hugone Polain.

Nepos Gaufridi Maliclerici, xii. libr. x. sol. quia verberaverat burgensem domini comitis.

Guillelmus Gonberti et Laurencius de Lavau, xx. libr. pro custodia vinear...

Guillelmus de Fessac le tentier, x. libr. pro eo quod assignamentum suum assignaretur super les Pigniez.

Raymondus de Lespaut, xv. libr. pro debito habendo de Bernardo de Rupe.

Joannes de Jardo, xx libr. pro deliberatione que facta fuerat super terram au Pigniez.

Stephanus de Bordeulle, xxv. libr. pro saisina sua [cust]odienda erga Gerardum de Camera.

De helemosinariis Ysoreti, c. sol. de sua voluntate.

Summa : ii^c· x. libr. — Item de debitis Nicholai Conversi, xxx. libr.— Summa totalis expletorum : xii.^{xx}· libr.

Expleta conputata pro expensa assisiatorum, servientum euncium ad Parlamentum et nonciorum per balliviam euncium, xx. libr. de alio precedenti conpoto conputatis.

Johannes de Tuscha, l. sol. pro violencia cognita.

Petrus Sare, l. sol. quia assumpsit monetam declamatam.

Prepositus de Campania, L. sol. quia precepit ipsam monetam capi.

Petrus Galteri et socii ejus, XVIII. sol. pro fructu quem colligebant in viridario domini comitis.

Dominus Oliverus Bordet, quia conquerebatur injuste.

Hugo Maudourré pro interprisia fossati et camini.

Johannes Parthenay, LX. sol. pro eo quod conquestus fuit injuste.

Rex de Ardilleria, LX. sol. quia capiebat pisces in aqua domini comitis.

Dominus Garinus de Chassoron, LXIX. sol. pro saisina fracta.

De minutis expletis per P. de Bleri, XL. sol.

Filiolus Amandi de Maullan, LX. sol. pro gagio duelli.

Johannes Helye, L. sol. pro forcia boum facta in camino.

Arnaudus Gros, XX. sol. pro querimonia facta injuste.

Martinus Fromaget, L. sol. pro quadam verberatione.

Domina Sancti Salvatoris, L. sol. pro verberatione quadam, quam nepos ejus fecit.

Aymericus Martini, XXV. sol. pro malefacto cujusdam perrerie.

Guillelmus Renout, XX. sol. pro venda recelata.

Dominus Siquardus, XL. sol. pro debito habendo.

Radulphus Baudut, LX. sol. pro falsa inpositione criminis.

Petrus Affre, L. sol. pro debito habendo.

Arnaudus Chanpegn, L. sol. pro eodem.

P. Desidolio, LX. sol. pro eodem.

Johannes Duner, pro pace cujusdam molendini facta.

Item idem Johannes, LX. sol. pro eodem.

Quidam homo de Marempnia, XXV. sol. pro venda recelata.

Clericus archipresbiteri, LX. sol. pro debito habendo.

Henricus Barbitonsor, LX. sol. pro violencia amovende (*sic*) de rebus suis.

Bernardus Tallent, xxx. sol. pro surmisia.

Martinus Auberti, L. sol. pro inpedimento rerum suarum tollendo.

Gaufridus Barbin, L. sol. pro deliberatione sui redditus.

P. Espenne, xxi. sol. pro quadam verberatione.

Homines Guidonis de Tremolia, L. sol. pro suspectione cujusdam domus combuste.

Philippus de Malevau. L. sol. pro equitatura.

Dominus Aubertus, L. sol. pro verberatione.

Bonnot de Layge, xL. sol. pro quodam duello.

Boninus Fornerus, xxx. sol. pro contentione hereditagii.

Amicus Batardus, xxx. sol. pro quodam ligno capto in Fegeria.

Guegnardus, xxx. sol. pro eodem.

Petrus de Baugi, xxx. sol. pro eodem.

Summa : iiii.$^{xx.}$ iiii. libr., arreragijs integratis que de altero conpoto debebantur.

Conpotus Candelose anno Domini M°CC°XI° septimo.

Debuimus de fine conpoti Omnium Sanctorum proximo precedentium facti apud Riomum, x.$^{M.}$ ii.$^{c.}$ xLvii. libr. xviii. sol. x. den.

De Johanne Auberti, de monetagio, Mv.$^{c.}$ libr. in septimana ante Candelosam.

Recepta de terris baronum que sunt in manu domini comitis. — De exitibus terre Rupis super Yonem, solutis expensis, iiii.$^{xx.}$ xiii. libr. xiiii. sol. v. den. — De terra comitis Augi defuncti, scilicet apud Metulum, apud Chisiacum, apud Syvraium et apud Banays, ii.$^{c.}$Lxx. libr. ii. sol. minus ii. den. — De exitibus terre defuncti Gaufridi de Lezegniaco, de Volvento, de Marevento, solutis expensis, ii.$^{c.}$ xviii. libr. vi. sol.

v. den. — De terra Hugueti de Partheniaco apud Sobysiam, lxxix. libr. xvi. den. — De exitibus terre de Rupeforti, solutis expensis, iiii.ᶜ xxxviii. libr. xi. sol. vi. den. — De exitibus terre de Engla, lxiiii. libr. xi. sol. solutis expensis.

Summa : xi.ᶜ lxiiii libr. vi. sol. vi. den.

De Johanne, vicecomite Castri-Ayraldi, pro quinta et ultima paga, ii.ᶜ libr. turon.

Redemptiones. — De domino Karolo de Rupeforti, pro redemptione terre de Vilaribus, pro tercia paga c. libr. turon. — De redemptione terre Helye Gerberti, pro tercia paga, cl. libr. turon.

Summa : ii.ᶜ l. libr. turon.

De talliata Judeorum terre Pictavensis, pro tercia paga, v.ᶜ libr. turon.

Domanium domini comitis ante guerram. — De prepositura Pictavis non affirmata, a festo beati Michaelis usque ad presentem Candelosam, li. libr. ii. sol. — De prepositura Niorti, pro secundo tercio anni presentis, cxiii. libr. vi. sol. viii. den. — De prepositura Banaonis, pro secundo tercio ejusdem anni, iiii.ˣˣ libr. — De prepositura Rupelle, pro primo tercio primi anni, v.ᶜ libr. — De prepositura Sancti Johannis Angeliacensis, pro secundo tercio presentis anni, xliii. libr. vi. sol. viii. den. — De prepositura Fontiniaci, pro primo tercio ejusdem anni, lx. libr. — De venditione foreste Molleriarum, de iii.ᶜ xxiii. arpentis, de termino Nativitatis Domini, pro quarta paga, vii.ˣˣ vii. libr. xv. sol. x. den. — De vendicione ejusdem foreste, de vi.ˣˣ iiii. arpentis, pro eadem paga, lvi. libr. xvi. sol. viii. den. — De firma Ardannie, pro ultimo tercio primi anni, lxvi. sol. viii. den. — De custodiis castri de Fontiniaco, vi. libr. — De Gaufrido Volsardi, xv. libr. de placito, de feodo Fontiniaci. — De domina de Barnagoe, xv. libr. pro racheto, pro medietate. — De Hugueto de Jarria, x. libr. pro racheto suo taxato et probato, et pro fine etatis ejusdem, xxx. libr. pro medietate. — De filio defuncti Guidonis Senescalli, pro secun do tercio racheti terre patris sui, xxxiii. libr. vi. sol. viii. den. — De venditione foreste Banaonis, pro prima paga, iiii.ˣˣ· vi. libr. xiii. sol. iiii. den. — De debito Galteronis de Cortean, pro toto ultimo, vii. libr.

Summa : xii.ᶜ· lviii. libr. xiiii. sol. vi. den.

Conquesta super domanium comitis Marchie. — De prepositura de Mosterolio, pro secundo tercio presentis anni, vi.ˣˣ· vi. libr. xiii. sol. iiii. den. — De firma de Cherveux, pro eodem tercio, xxxiii. libr. vi. sol. viii. den. — De firma de Sanceio, pro eodem tercio, xiii. libr. vi. sol. viii. den. — — De prepositura de Fronteneto, pro eodem tercio, iiii.ˣˣ· libr. lxvi. sol. viii. den. — De prepositura de Prahic, pro eodem tercio, lxxiii. libr. vi. sol. viii. den. — De firma de Coullons, pro eodem tercio, xiii. libr. vi. sol. viii. den. — De magno feodo Alnisii, pro primo tercio anni presentis, iiii.ᶜ· xxxiii. libr. vi. sol. viii. den. — De prepositura Talniaci super Voltonnam, pro secundo tercio anni presentis, l. libr. — De terra de Heriçon, in minutis costumis, xxxi. sol. iiii. den. — De terra Crucis-Comitisse, pro secundo tercio presentis anni, xxvi. libr. xiii. sol. iiii. den. — De prepositura Xanctonis et terra Ramete et de Ramegoz, pro eodem tercio, vi.ˣˣ· xiii. libr. vi. sol. viii. den. — De redditibus et costumis Sancte Gemme, de Favaux et Castri-Nervi, pro secundo tercio anni presentis, xx. libr. — De ripagio Sancti Johannis de Angulo, pro secundo tercio anni presentis, lx. sol. — De expletis foreste Baconasii, per Robertum de Lavergnia, c. sol. — De cuniculis garenne Xanctonis venditis, xxx. libr. — De minutis ripagiis, xxxiii. sol. iiii. den. — De costumis gallinarum novorum mainilliorum circa Lavergniam, xxvi. sol. viii. den. — De costumis gallinarum manilliorum Lavergnie, vii. sol. iiii. den — De molendino de Lavergnia, pro toto anno, xxv. sol. — De venditione foreste Mosterolii, pro quinta paga, scilicet secunda anni secundi, lxxi. libr. xviii. sol. x. den. — De vendicione bosci Vallis-Mangoti, pro eadem paga, xxiiii. libr. viii. sol. x. den. — De bosco mortuo affirmato vitreariis pro eadem paga, vii. libr. vi. sol. viii. den. — De venditione foreste Baconasii, pro prima paga primi anni, pro medietate, viii.$^{xx.}$ iiii. libr. iii. sol. iiii. den. — De bosco Crucis-Gomitisse, pro ultimo tercio, xviii. libr. vi. sol. viii. den. — De venditione bosci garenne de Talniaco, pro quinta et ultima paga, xx. libr. — De bosco de Heriçon, pro prima medietate, lx. sol.

Summa : xiii.^{c} lx. libr. xvi. den.

Terre forefacte. — De terra Hugonis de Princeio et Petri Boce, pro secundo tercio anni presentis, xl. libr. — De terra Sancti Savini, pro eodem tercio, liii. libr. vi. sol. viii. den. — De prepositura Montis-Maurillii, pro eodem tercio, l. libr. — De terra Yterii Bertrandi apud Pyndraium, pro eodem tercio, lxx. sol. — De terra Rabaldorum et Andree de Bello-Podio, pro prima medietate anni presentis, xxxv. libr. — De terra Vigeronis de Lucat, Gaufridi Cogne, Oliverii de Flaec et Petri Barbe, pro prima medietate, xvii. libr. x. sol. — De Gaufrido Coogne, Gaufrido de Pogia, Guillelmo de Thoorcac apud Montem-Maurillium et circa, xxii. libr. x. sol. — De censibus et costumis et talliatis terrarum forefactarum circa Mortuum-Mare, xx. libr. vii. sol. v. den. — De terra Raymondi Albigniaci, pro secundo tercio, viii. libr. vi. sol. viii. den. — De Gerberti Bordoil, xl. sol. — De minutis costumis terrarum forefactarum circa Niortum, xl. sol. iiii. den. — De terre Guillelmi Bonin, xl. sol. pro toto anno. — De racheto terre Reginaldi de Billiaco apud Crotelles, x. libr. pro toto. — De terra Aldeberti de Chalapit, viii. sol. — De minutis redditibus et costumis terrarum forefactarum circa Sanctum Maxencium, lviii. sol. ii. den. — De Constantino Ace, vii. libr. xv. sol. pro racheto terre filii sui. — De avena vendita terrarum forefactarum circa Sanctum Maxencium, iiii. libr. xv. sol. — De domino Guillelmo de Rocha et parcionariis ejus, pro duobus equis de servicio, vi. lib. — De domino Petro Poverelli, pro equo de servicio, lx. sol. — De terris forefactis circa Niortum, minutis costumis et redditibus et molendinis, xvi. libr. xiii. sol. ii. den. — De minutis redditibus et costumis et censibus terrarum forefactarum circa Frontenetum, lv. sol. iiii. den. — De blado earumdem terrarum vendito, xx. sol. — De terra Petri Desiderati, pro secundo tercio ultimi anni, vi. libr. xiii. sol. iiii. den. — De minutis costumis terrarum forefactarum circa Vilers, vi. sol. ii. den. — De Guillelmo Bigot milite, lx. sol. de racheto, pro medietate feodi Johannis Poupardi. — De minutis censibus et costumis terrarum forefactarum circa Surgerias, x. libr. xi. sol. vi. den.— De avena vendita terre Guillelmi de Forz, c. sol. — De terra magistri P. Minet, apud Sanctum Johannem Angeliacensem, vi. libr. — De racheto Gaufridi filii comitis taxato, c. sol. — De domina Aynordi, lx. sol. de racheto apud Jai. — De platea cujusdam burgensis de Olerone, c. sol. pro toto anno. — De Guillelmo Millu, xx. sol. de placito. — De firma Campanie, pro secundo tercio ultimi anni, xxii. libr. iiii. sol. v. den. — De furno ejusdem ville pro tercio, x. sol. — De censibus ejusdem ville, in Nativitate Domini, xvi. sol. — De quarreria, iii. sol. — De pasquerio, ix. sol. — De gallinis costumalibus ibidem, xx. sol. — De firma de Ribero, pro secundo tercio, xviii. libr. vi. sol. viii. den. — De censibus minutorum mariscorum, iiii. sol. viii. den. — De Helia Reginaldi de Ponte-Labio, lx. sol. censuales pro toto anno. — De molendino Fulconis Richardi, pro secundo tercio primi anni, xxxvi. sol. viii. den. — De terra Ayndronis Pocherau affirmata, pro secundo tercio, vi. libr. xiii. sol. iiii. den. — De terra Guillelmi de Forz de Arthuseria, pro secundo tercio primi anni, x. libr. — De terra Aymerici Gomar et Lamberti Coogn apud Sanctum Rogacianum, xxx. sol. — De terra Aymerici Alardi in Rupeforti, pro secundo tercio, cx. sol. — De buxonio de Burco-Chabaudorum, pro secunda paga, c. sol. — De minutis buxoniis circa

Montem Maurillium, pro nova paga, iiii. libr. iii. sol.iiii. den.
— De buxoniis de Tranbleia, pro prima medietate, xxxv. sol. — De buxoniis de Couxeria, xx. sol., et quitum de buxoniis brulatis, x. sol.

Summa : iiii.^{c.} xli. libr. viii. sol. x. den.

De custodia Thefaugiarum, pro primo tercio anni presentis, xl. libr. — Item de custodiis tocius ballivie extra preposituras, pro toto anno, xxxv. libr. — De expletis ballivie, xiii.^{xx.} xiii. libr. x. sol.

Summa totalis recepte ballivie : iii.^{м.} iiii.^{c.} viii. libr. xiii. sol. viii. den.

Expensa. — *Liberationes.* — Pictavis, xii. sol. i. den. per diem.— Sanctus Maxencius, xvi. sol. viii. den. per diem.— Niortum, xxix. sol. ii. den. — Banaon, xii. sol. xi. den. Rupella, xxxix. sol. — Sanctus Johannes Angeliacensis, vii. sol. ix. den. — Castrum Xanctonis, xxxviii. sol. ix. den. — Pons Xanctonis, ii. sol. i. den. — Fontiniacum, vi. sol. — Poujole in foresta Molleriarum, vii. sol. iii. den.— Robertus in foresta Mosterolii, pro se et iiii. servientibus, iiii. sol. — Robertus de Gondrevilla in foresta Baconasii, pro se et iiii. servientibus, iiii. sol.— Geraudus Eberti, iii. sol.— Summa : ix. libr. ii. sol. viii. den. per diem, ab octabis Omnium Sanctorum usque ad octabas Candelose. de iiii.^{xx.} xiii. diebus, viii.^{c.} xlix. libr. viii. sol. — Item pro gagiis magistri Richardi Turiout, a nativitate beati Johannis Baptiste usque ad diem martis post Assumptionem beate Marie, de lvii. diebus, xxii. den. per diem, ciiii. sol. vi. den. — Item robe hiemales : — Pro robis castri Pictavis, x. libr. xii. sol. vi. den. — Pro robis castri Sancti Maxencii x. libr. xii. sol. viii. den. — Pro robis Niorti, xix. libr. vii. sol. vi. den. —, Pro robis Fontiniaci, iiii. libr. vii. sol. vi. den. — Pro robis Banaonis, viii. libr. xv. sol. — Pro robis castri Rupelle, xxxiii. lib. ii. sol. vi. den. — Pro robis Sancti Johannis Angeliacensis, lxii. sol. vi. den. — Pro robis castri et pontis Xanctonis, xxxiiii.

libr. vii. sol. vi. den. — Pro roba Poiolii, lxii. sol. vi. den. — Pro roba R. de Gondrevilla, l. sol. — Item pro roba Pardi, castellani Fontiniaci, non conputata in conpoto Ascensionis preterite proximo precedentis, lxii. sol. vi. den.— Summa robarum vi.^{xx} xiii. libr. ii. sol. vi. den. — Item pro liberatione Thesaugiarum, xvii. sol. viii. den. per diem, de eodem termino, iiii.^{xx} libr. xliii. sol.

Summa liberationum et robarum : mlxix. libr. xviii. sol.

Feoda et elemosine. — Apud Pictavim : — Abbatissa Fontis-Ebraudi, de termino Nativitatis Domini anno Domini m.°cc.°xl.°vi.°, xxv. libr.—Item eadem abbatissa, de termino ejusdem Nativitatis anno m.°cc.°xl.°vii., xxv. libr.—Apud Mosterolium:—Abbas de Pinu, pro elemosina, vii. libr. x. sol. pro toto anno. — Super magnum feodum Alnisii : — Dominus Mausiaci, xxxiii. libr. pro toto anno. — Abbatissa Fontis-Ebraudi ibidem, pro toto anno, l. libr. — Abbas de Valencia ibidem, pro toto anno, cl. libr.— Apud Ruppellam : — Archiepiscopus Burdegalensis, pro tercio, xiii. libr. vi. sol. viii. den. — Guillelmus Mangoti ibidem, pro tercio, cxvi. libr. xiii. sol. iiii. den. — Capellanus de Banasio, xx. sol. pro toto anno, de elemosina Fontiniaci.

Summa : iiii.^{c} xxi. libr. x. sol.

Opera. — Pro fossato jardi Banaonis faciendo, lxxiiii. sol. — Pro rivulo molendini Banaonis reparendo, xxx. sol. — Pro operibus pontis lignei Xanctonis, a festo beati Luce usque ad festum beati Hilarii. viii.^{xx} libr. cii. sol. — Pro duobus molendinis parvis juxta domum Helie Aucher reparendis et pressorio, xiii. libr. vi. sol. vi. den. — Pro magno molendino novo et pro molendino in quo moniales participant, xxxviii. sol.— Pro sale domini comitis de presenti anno salvo ponendo et tegendo, vi. libr. vi. sol. iiii. den., scilicet pro xii.^{xx} modiis.

Summa : ix.^{xx} xii. libr. xvi. sol. x. den.

Minuta expensa. — Pro expensa thesaurariorum Turonis

per manum Guillelmi de Monte Morenc[iaco], et P. Pavonis, apud Pictavim et apud Sanctum Johannem Angeliacensem, et apud Xanctonem, LII. libr. — Pro vectura denariorum ducendorum Parisius a Rupella, de conpoto Omnium Sanctorum anni M.ᶜCC.ⁱXLVII.ⁱ — Pro VII. equis, x. sol. VI. den. per diem, de XXIIII. diebus, eundo, morando et redeundo, XII. libr. XII. sol. — Pro equis, locatis per viam, XL. sol. — Pro reparatione quadrigarum in via, XX. sol. — Pro II. doliis novis ferratis, de quibus unum mittitur apud Niortum, alterum apud Parisius, XXXIII. sol. — Item majori Chinonis qui mansuravit jardum de Banaone, de XXIIII. diebus eundo, morando et redeundo, XLVIII. sol. — Pro expensa eorum qui conduxerunt denarios Parisius, IIII. libr. — Pro roncino Johannis de Autilio, VIII. libr. — Pro libro magni feodi Alnisii, pro parte domini comitis, LX. sol.

Summa : IIII.ˣˣ VI, libr. XIII. sol.

Item pro expensa Ade Panetarii, ballivi, ab octabis Omnium Sanctorum usque ad octabas Candelose, de IIII.ˣˣ XIII. diebus, XX. sol. per diem, IIII.ˣˣ XIII. libr.

Summa expense : M.VIII.ᶜ LXIII. libr. XVII. sol. X. den. — Et restat quod debemus super receptam ballivie, MV.ᶜ XLIIII. libr. XVI. sol. X. den.

Item de exitibus terrarum baronum, de racheto vice-comitis Castri-Ayraldi, de redemptionibus terrarum forefactarum, de talliata Judeorum et de monetariis, III.ᵐ VI.ᶜ XIIII. libr. VI. sol. VI. den.

Summa totalis sine arreragio : V.ᵐ VII.ˣˣ XIX. libr. III. sol. IIII. den.

Summa totalis cum arreragio, XV.ᵐ IIII.ᶜ VII. libr. II. sol. II. den. — De quibus soluimus Templo Parisiensi, die dominica in octabis Candelose, III.ᵐ II.ᶜ LV. libr. XIX. sol. IIII. den. turonens. — Item magistro Reginaldo, pro equis, IIII.ᶜ XVII. libr. XII. sol. VII. den. — Summa solutionis : III.ᵐ VI.ᶜ LXXIII. libr. XI. sol. XI. den. — Et ita restat quod debemus de fine presentis conpoti : XI.ᵐ VII.ᶜ XXXIII. libr. X. sol. III. den.

Debet nobis dominus comes, pro (*blanc*) Mausebont de Pontisara, iii.ᶜ libr., quos soluimus eidem burgensi apud Sanctum Johannem Angeliacensem.

Conpotus cum magistro Reginaldo Clerico. — Garantavimus eidem apud Nonentum pro domina comitissa, xl. libr. turon. — Pro Johanne vice-comite, l. sol. — Pro domino Guillelmo Infantis, xi. libr. x. sol. — Pro nobis, x. libr. qui (*sic*) tradite fuerunt G. Clerico.

Summa : lxv. libr. que sic solvi debent.

In conpoto Candelose m.°cc.°xl.°vii. : De domino Ansello de Insula, xx. libr. pro equo bayo. — De denariis Bartholomei Tricaudi, xlv. libr. turon. per manum Philippi Franc[isci] apud Parisius. — Summa : lxv. libr. turon. et quite.

Expleta conputata in conpoto Candelose anno m°cc°xl°vii°.

De Helia Hemerici, x. libr. pro debito habendo de Guillelmo Mangoti.

De abbate Sancti Leonardi, xxv. libr. pro boto claudendo, salva deliberatione aque.

De uxore domini Guillermi Polain, c. sol. ut custodiatur in franchesia sua.

De domina Bona-nata, xx. libr. ut custodiatur in jure suo erga fratrem domini sui.

De clerico qui fecit capi filium Guillelmi Touselin, xv. libr.

De Guillelmo Millu, x. libr. pro feodo domini comitis recelato.

De abbate Sancti Severini, x. libr. pro forcia quam hominibus suis faciebat.

De Helien Salomonis, c. sol. pro deliberatione quam emerat a fratre suo.

De Benedicto d'Agonays et socio suo, vi. libr. quia venabantur in garenna.

De Dyonisio Joberti, xx. libr. de sponte sua, ut custodiatur in franchisia sua.

De priore de Fenchai, xx. libr. pro quodam garçonne qui furatus erat, ut dicebatur, anseres.

De hominibus de Sancto Gelasio, c. sol. quoniam non fuerunt ad clamorem cujusdam belli.

De Flocello, xx. libr. quia fregit domum cujusdam militis nocturno.

De Raymondo, c. sol. pro occulo substracto.

De hospitalariis de Valle-Dei, x. libr. ut forcia sibi facta removeretur.

De domino Guillelmo Boce, x. libr. quia ivit in Angliam sine licencia.

De Guillebaudo de Tremolia, c. sol. pro filio suo qui verberavit quemdam hominem.

De Aymerico de Campania et de preposito suo, de debito Judei domini comitis, xvii. libr. x. sol. et de emenda inde facta, x. libr.

De Guillelmo Goet xv. libr. pro quadam femina quam arestavit, qua de causa infans ipsius obiit.

De hominibus de Castro-Ayraldi, xxv. libr. pro contentione domini Jocelini de Lazaio.

De denariis mercatoris de Monte-Maurillio, c. sol.

Summa : xiii^{xx} xiii. libr. x. sol.

Explecta conputata ex parte assisiatorum, servientum equitancium per balliviam et pro nunciis.

De Warino de Gardras, x. sol. pro sasina facta.
De Petro Barin, lx. sol. pro turpi dictu in assisia.
De Aymerico Brichast, lx. sol. pro pace facta cum alio.
De Radulpho Baduc, lx. sol. pro meslea.
De serviente G. filii comitis, xxv. sol. pro meslea.

De Radulpho Crivea, xx. sol. pro eodem.

De minutis explectis in Maremnia, iiii. libr.

De quodam homine Sancti Geliaci, lx. sol. pro meslea.

De domina Bona-nata, xl. (*sic*) ut de forcia custodiretur.

Prepositus de Champagne, l. sol. pro emenda cujusdam judei.

Summa : xxiiii. libr. xv. sol.

Expensa pro nunciis transmissis apud Parisius et per balliviam et alibi, x. libr. xi. sol. — Pro servientibus equitantibus per balliviam, antequam essent ad gagia, vii. libr. ix. sol. — Pro expensa assitiatorum, xii. libr.

Summa : xxx. libr. — Restat quod debetur nobis super explectis in alio conputo conputandis, c. et xv. sol.

Conpotus domini regis in Candelosa anno Domini M°CC°XL°VII°.

Recepta. — De comite Marchie pro custodia castri Crosanti, pro secunda paga anni $M^i cc^i xL^i vi^i$, in termino Candelose, lxvi. libr. xiii. sol. iiii. den. — Item pro custodia dicti castri, pro prima paga anni $M^i. cc^i. xL^i. vii^i.$ in termino Omnium Sanctorum, lxvi. libr. xiii. sol. iiii. den. — Item de eadem, de termino presentis Candelose, lxvi. libr. xiii. sol. iiii. den. — Item de termino Ascensionis anno octavo, lxvi. libr. xiii. sol. iiii. den. — Summa dictarum iiii^{or} pagarum : $xiii^{xx} vi$ libr. xiii. sol. iiii. den. — Item de duabus colocationibus (?) terrarum domini G. de Sancto Quintino, ix. libr. iiii. sol. — De helemosina defuncti magistri clerici Hardoini de Malliaco, vii^{xx} libr. c. sol.; et adhuc debentur domino regi de debito dicti clerici, xv. libr. — Summa totalis : $iiii.^c$ xx. libr. xvii. sol. iiii. den.

Expensa. — Dominus Gauvain de Talniaco, l. libr. de Ascensione nuper preterite (*sic*) pro toto anno. — Pro expensa fratrum qui fecerunt inquestas in Pictavi, xx. libr. — Pro expensa trium magistrorum marinellorum qui venerunt ad curiam, xv. libr.— Summa: iiii.ˣˣ· libr. c. sol.

Restat quod debetur domino regi, iii.ᶜ xxxv. libr. xvii. sol. iiii. den. qui soluti sunt in Tenplo. — Item de decima collecta in diocesi Xanctonis per arch[idiaconem] Alnisii et arch[idiaconem] Xanctonis, a nobis recepta die sabbati ante festum beati Hylarii, iii l. libr. turon.

Summa, vi.ᶜiiii.ˣˣ·libr. cxiii.sol. iiii[den.] soluti in Templo in septimana post Candelosam.

Item de eadem decima per manus dictorum archid[iaconorum], xviᶜ·l. libr. pictavens. ; et debet nobis dominus rex pro balena, tullis et sepis, et eis insarpillandis et pro voictura : iiᴹ· viiiᶜ· lxi. libr. iiii. den. pictav.

Compotus Ascensionis Domini anno Domini mºccºxlº octavo.

Debuimus de fine precedentis compoti, xi.ᴹ· viiᶜ· xxxiii libr. x. sol. iii. den.

Recepta. — De terris baronum... Subisie, solutis expensis, xxxi. libr. xiiii. sol. iii. den. — De terra Rupis-fortis, solutis expensis, xii.ˣˣ· viii. libr. iii. sol. — De terra Rupis fortis super Yonem, solutis expensis, xxviii. libr. ii. sol.—De terra comitis Augi defuncti apud Metulum, Syvraium et Motam et apud Benays, solutis expensis, iiii.ᶜ· lv. libr. xiiii. sol. x. den. — De exitibus terre de Engla usque ad presentem Ascensionem, solutis expensis, vii. libr. xiiii. sol.

Summa : viiᶜ· lxxi. libr. viii. sol. i. den.

Redemptio de domino Karolo de Ruperforti pro terra de Vilaribus, pro quarta paga, c. libr. turon. — De domino Helya Gerberti, pro terra sua Alnisii, pro quarta et ultima paga cl. libr. turon. — De redemptione terre Vivone pro tercia et ultima paga, v$^{c\cdot}$ libr.

Summa : vii$^{c\cdot}$ l. libr.

De talliata Judeorum Pictavensium, pro quarta paga v$^{c\cdot}$ libr. turon.

Summa sine arreragio, ii.^{k} xxi. libr. viii. sol. et ii. d.

Domanium domini comitis ante guerram. — De prepositura Pictavis, a Candelosa usque ad dominicam ante Pascha floridum, c. libr. ix. sol. iiii. den. — De prepositura Niorti, pro ultimo tercio ultimi anni, cxiii. libr. vi. sol. viii. den.— De prepositura Rupelle, pro secundo tercio anni presentis, v$^{c\cdot}$ libr. — De prepositura Sancti Johannis Angeliacensis, pro ultimo tercio anni presentis, xiiii. libr. vi. sol. viiii den. — De prepositura Fontiniaci, pro secundo tercio anni presentis, lx. libr.— De firma terre Ardanie, pro primo tercio secundi anni, lxvi. sol. viii. den. — De racheto terre domine de Barnagoe, pro ultima medietate, xv. libr. — De racheto terre filii defuncti Guidonis Senescalli pro ultimo tercio, xxxiii. libr. vi. sol. viii. den. — De racheto terre Hugonis de Jarria et de fine etatis sue, pro ultima medietate, xxx. libr.—De venditione foreste Molleriarum, de iii.$^{c\cdot}$ xxviii. arpentis, pro quinta paga, vii.$^{xx\cdot}$ vii. libr. xv. sol. x. den. — De venditione ejusdem foreste, de vi.$^{xx\cdot}$ iiii. arpentis, pro eadem paga, lvi. libr. xvi. sol. viii. den. — De Aymerico de Olleriis, xxv. sol. de placito. — De P. Constantini, xx. sol. de placito. — De expletis foreste Banaonis, a festo Omnium Sanctorum usque ad Ascensionem Domini, xvii. libr. viii. sol. — De venditione foreste Banaonis, pro secunda paga, iiii.$^{xx\cdot}$ vi. libr. xiii. sol. iiii. den.

Summa : xii.$^{c\cdot}$ iiii.$^{xx\cdot}$ ix. libr. xiiii. sol. x. den.

Conquesta super domanium comitis Marchie. — De prepositura Mosterolii, pro ultimo tercio secundi anni, vii.$^{xx\cdot}$ xii. libr. xiii. sol. iiii. den.—De firma de Cherveox, pro eodem tercio ejusdem anni, xxxiii. libr. vi. sol. vii. den.—De firma de Sançayo, pro eodem tercio ejusdem anni, xiii. libr. vi. sol. viii. den. — De prepositura Fontiniaci, pro eodem tercio, iiii$^{xx.}$ libr. lxvi. sol. viii. den. — De prepositura de Prahic, pro eodem tercio, lxxiii. libr. vi. sol. viii. den. — De firma de Colons, pro eodem tercio, xiii. libr. vi. sol. viii. den. — De magno feodo Alnisii, pro secundo tercio anni presentis, iii^c. xxxiii. libr. vi. sol. viii. den.—De prepositura Talniaci super Vultunam, pro ultimo tercio anni presentis, l. libr. — De terra Crucis-Comitisse, pro eodem tercio, xxvi. libr. xiii. sol. iiii. den. — De prepositura Xanctonis et terra Ramete et Ramegouz, pro eodem tercio, vi.$^{xx.}$ xiii. libr. vi. sol. viii. den. — De redditibus terre Sancte Gemme, de Fauveix et de Castro Nervi pro eodem tercio, xx. libr. — De ripagio Sancti Johannis de Angulo afirmato, pro eodem tercio, lx. sol. — De offerturis mainilliorum circa Lavergne, pro toto anno, vi. libr. xviii. sol. — De forestagio Baconasii, pro ultima medietate, xl. libr. — De explectis foreste Baconasii, vii. libr. xvii. sol. — De minutis ripagiis, xii. sol. — De estachagio salis, xvi. sol.— De venditione foreste Mosterolii, pro sexta paga, scilicet tercia secundi anni, lxxi. libr. xviii. sol. x. den. — De venditione bosci Vallis-Maengoti, pro eadem paga, xxiiii. libr. viii. sol. x. den.— De bosco mortuo affirmato vitreariis, pro eadem paga, vii. libr. vi. sol. viii. den.— De venditione foreste Baconasii, pro ultima medietate anni primi, viii$^{xx.}$ iiii. libr. iii. sol. iiii. den. — De bosco de Esriçon, pro ultima medietate, lx. sol. — De bosco de Cherveux, pro prima media, xv. libr. — De terra de Garina, pro secunda paga anni secundi, vii. libr. x. sol.

Summa : xiii^c lix. libr. iiii. sol.

Terre forefacte. — De terra Hugonis de Priçay et Petri Boce, pro ultimo tercio anni presenti, xl. libr. — De terra Sancti Savini, pro eodem tercio, liii. libr. vi. sol. viii. den. — De prepositura Montis-Maurillii, pro eodem tercio, l. libr.

— De terra Iterii Bertrandi apud Pindraium, pro eodem tercio, lxx. libr. — De terra Rabaudorum et Andree de Bellopodio, pro ultima media, xxxv. libr. — De terris Gaufridi Coogne, Gaufridi de Pagia et Warini de Toorchac, apud Montem-Maurillium et circa, pro ultima media anni presentis, xxii. libr. et x. sol. — De terris Vigeronis de Luchac, Gaufridi Coogne, Oliverii de Flaec et Petri Barbe, pro prima media, xvii. libr. x. sol. — De terris forefactis circa Mortuum-Mare, in minutis redditibus et costumis, xiii. libr. xiiii. sol. — De terra Raymundi Albigensis, pro ultimo tercio anni presentis, viii. libr. vi. sol. viii. den — De terra Gerberti Bordoil, xl. sol. — De minutis redditibus et costumis terrarum circa Sanctum Maxencium, xxix. sol. vii. den. — De terra domini Guidonis de Rupefortis apud Sazinam, pro ultima media, c. sol. — De terris forefactis circa Vilers, in minutis costumis, xx. den. — De molendinis et minutis redditibus et costumis terrarum forefactarum circa Niortum, iiii. libr. ix. sol. ii. den. — De terra Constantini Giboin apud Bauceium, pro ultimo tercio, iiii. libr. vi. sol. viii. den. — De minutis redditibus et costumis terrarum forefactarum circa Fronten[etum] xi. sol. et x. den. — De molendino Petri de Suire, de mixtura vendita, xxi. sol. — De terra ejusdem Petri affirmata, pro ultimo tercio ultimi anni, vi. libr. xiii. sol. iiii. den. — De terris forefactis circa Surgerias, lxv. sol. — De terra Johannis Surdi, de duabus annatis, iiii. libr. — De terra Aymerici Alardi, cx. sol. — De firma de Ribero, pro ultimo tercio primi anni, xiii. libr. vi. sol. vviii. den. — De terra Andree Pocherau, pro ultimo tercio, vi. libr. xiii. sol. iiii. den. — De molendino Fulconis Richardi, pro ultimo tercio, xxxvi. sol. viii. den. — De terra Warini de Forz apud Artuseriam, pro ultimo tercio anni primi, x. libr. — De firma Campanie, pro ultimo tercio ultimi anni, xxii. libr. iiii. sol. v. den. — De furno ejusdem ville, pro eodem tercio, x. sol. — De careria ibidem, ii. sol. — De domo de Chamelos, x. sol. i. den. censuales. — De terra Andree de Bello-podio, quam tenebat G. Chenin, miles et advocabat de feodo suo, vi. libr. — De terra de Seuillé, pro toto anno, l. libr. — De bosco ibi vendito, pro parte domini comitis, lv. sol. — De foresta parva Montis-Maurillii, pro prima paga, viii. libr. vi. sol. viii. den. — De bucxonio burgi Auchabauz, pro tercia paga, c. sol. — De bosco de Tranbleia, pro ultima paga, xxv. sol. — De minutis buxoniis circa Montem-Maurillium, pro x^{ma} paga, iiii. libr. iii. sol. iiii. den.

Summa : iiii^c· xix. libr. xviii. sol. iiii. den.

De vicecomte Thoarcii, pro custodia castri Thefaugiarum, de termino Ascensionis, xl. libr. — Item de expletis ballie, iiii^{xx}· libr. c. sol.

Summa ballie : iii^u· ix^{xx}· xiii. libr. xvii. sol. ii. den.

Expensa. — *Liberationes*. — Pictavis, xii. sol. i. den. per diem. — Sanctus Maxencius, xvi. sol. viii. den. — Niortum, xxix. sol. ii. den.—Banaon, xii. sol. xi. den.—Rupella, xxxix. sol. — Sanctus Johannes Angeliacensis, vii. sol. ix. den. —Castrum Xanctonis, xxxviii. sol. ix. den. — Pons Xanctonis, ii. sol. i. den. — Fonten[etum], vi. sol. — Robertus in foresta Mosterollii, pro se et quatuor servientibus, iiii. sol. — Robertus in foresta Baconensi, pro se et iiii^{or} servientibus, iiii. sol. — Gyraudus Aybert, iii. sol. — Summa : viii. libr. xi. sol. v. den. per diem, ab octabis Candelose usque ad Nativitatem beati Johannis Baptiste, de vi^{xx}· xvi. diebus, xi^c· iiii^{xx}· xii. libr. xvi. sol. viii. den. — Item Poiole, vii. sol. iii. den. per diem, a dicto termino usque ad diem Ascensionis, de cviii. diebus, pro roba sua estivali, xlii. libr. v. sol. vi. den. — Item faber castri Xantonis, secum altero, xvii. den. de mandato domini Infantis per diem a die festi beati Gregorii usque ad festum Nativitatis beati Johannis Baptiste, de cvii. diebus, ix. libr. xvi. sol. ii. den. —Item Guillelmus de Perdilan, vi. sol. iii. den. per diem, de xii. diebus, usque ad diem veneris post Carnisprivium, lxxv. sol. — Item idem G. Perdillan, iii. sol.

per diem, de xv. diebus usque ad diem veneris ante Mediam Quadragesimam, xlv. sol.— Item idem Perdillan, vi. sol. iii. den. per diem, de xxiii. diebus usque ad diem crastinum Pasche, quibus remansit pro prisia hominum Sancte Radegundis, vii. libr. iii. sol. ix. den. — Item idem Perdillean, a crastina Pasche iii. sol. per diem, usque ad diem lune post Translationem sancti Nicholai, de xxi. diebus, lxiii. sol. — Item idem, de duobus aliis diebus quibus fuit pro prisionibus ducendis, vi. sol. et vi. den. — Summa Perdiliant, de lxxi. diebus usque ad diem lune post Translationem sancti Nicholai, qua dominus comes ordinavit gagia sua, xvi. libr. xiii. sol. et iii. den. — Item Nicholaus de Perdillan et Petrus d'Arpillan, vi. sol. per diem usque ad diem lune post Translationem sancti Nicholai, de xxxvi. diebus, x. libr. xvi. sol. — Item idem Nicholaus et Petrus, vi. sol. per diem, de vi. diebus, qui fuerunt pro prisionibus ducendis, xxxix. sol. (sic). — Item pro expensis dicti Nicholai, antequam esset ad gagia, pro querendis balistariis apud Chaleis, xxv. sol. — Summa dictorum Nicholai et Petri, xiiii. libr., usque ad diem lune post Translationem sancti Nicholai usque ad Nativitatem beati Johannis, de xliiii. diebus, xxxiii. libr. — Summa dictorum trium balistariorum usque ad Nativitatem beati Johannis, lxiii. libr. xiii. sol. et iii. den. — Item robas estivales : — Floriacus de Sullia, lxii. sol. et vi. den. — R. de Rulliaco, lxii. sol. et vi. den. — Robertus de Vergna, l. sol. — G. de Perdillan, l. sol. — Nicholaus de Perdillan, l. sol. — P. de Perdillan (sic), l. sol. — Pardus, castellanus Fontiniaci, lxii. sol. et vi. den.— Magister Bartholomeus Charpentarius, lxii. sol. et vi. den. — Summa : xxii. libr. x. sol. pro robis. — Item pro deliberatione Thefaugiarum, xvii. sol. et viii. den. per diem, ab octabis Candelose usque ad octabas Pentecostes, de vi.$^{xx.}$ et vi. diebus, c. et x. libr. viii. sol. iiii. den.

Summa liberationum cum robis : xiiii^c· xli libr. ix. sol. xi. den.

Feoda et elemosine. — Apud Pictavim, Gaufridus Morin, vii. libr. et x. sol. pro medietate. — Templum ibidem, xvii. libr. x sol. in undinis (*sic*) Medie Quadragesime. — Abbas de Marollia, x. libr. pro toto anno. — Abbatissa Fontis-Ebraudi, xxv. libr. pro medietate, in termino Nativitatis beati Johannis. — Apud Mosterolium. — Barnerus, l. sol. pro medietate. — Apud Rupellam. — Warinus Maengot, c. et xvi. libr. xiii. sol. iiii. den. pro tercio. — Archiepiscopus Burdegalensis, xiii. libr. vi. sol. viii. den. pro tercio. — Abbas de Sablonceau, xi. sol. pro toto anno. — Abbatissa Fontis-Ebraudi, xv. libr. pro medietate, in termino Nativitatis beati Johannis. — Abbas Sancti Leonardi, xii. libr. et x. sol. pro medietate. — Templum, c. sol. pro medietate. — Magister Lonbardus, xx. libr. pro toto anno. — Capellanus Fontiniaci pro roba, lx. sol. pro toto anno.

Summa : ii.$^{c.}$ l. libr.

Opera. — Pro ponte ligneo castri Pictavis, lxxii. sol. — Pro eschançoneria, pannestaria, capella, coquina et apenticio retegendis et lantandis de novo quibusdam, xix. libr. xii. sol. x. den. — Pro ponte Anjoberti et liciis assisiarum Pictavensium, pictis et vitreis reparendis, xxvi. sol. — Pro minutis operibus factis in castro Niorti, et tabellis pro equi[s] domini comitis subornandis, ix. libr. vi. sol. vi. den. — Pro operibus factis in aula Belli-Campi et quadam camera labitanda, iiii. libr. xiiii. sol. x. den. — Pro operibus castri Rupelle, scilicet pro molendino de novo reparando, et pro quodam muro reparando, xix. libr. xiii. sol. ii. den. — Pro minutis operibus factis in castro Xantonis, lx. sol. — Pro operibus pontis lignei Xantonis, a dominica ante festum beati Hylarii usque ad octabas Inventionis sancte Crucis, xi.$^{xx.}$ libr. lxv. sol. iii. den. — Pro ingeniis de novo factis, scilicet pluma et x. mangonellis factis in foresta Bachonesii non integre, minutis cordis, ii$^{c.}$ et xvi. libr. xvii. sol. ii. den. — Pro v$^{c.}$ clear[is] factis pro ponendo in navibus, que sunt in castro Xantonis, vIII. libr. vI. sol. vIII. den. — Pro xxI. capitibus cornuum et xvI. libr. glut[inis] ad faciendum balistas, xxvI. libr. xIIII. sol. — Item pro triginta v^{que}. capitibus et dimidio cornuum, IIII. libris; de glut[ine], xIII. libr. et dimidia, corteis xLIV. minutorum cornuum, et xxIII. libr. nervorum, que fuerunt comparata apud Marcilliacum, de mandato castellani Xantonis, xxvII. libr. xvI. sol. xvI. den. — Pro plumis in operatorio castri Xantonis, Lx. sol. — Pro minutis operibus factis in domibus de Ardanna, IX. sol. — Pro operibus factis in castro Thefaugiarum, xxIII. sol. — Pro domo Sancti Maxentii reparanda, xI. sol. — Pro pontibus Mosterolii reparandis, xL. sol.

Summa: v.^{c} Lx. libr. vI. sol. xI. den.

Minuta expensa. — Magistro Lanberto de Pontibus, xx. libr. de dono, de mandato domini comitis apud Meled[unum]. — Pro tribus culcitris, II. pulvinaribus et una calderia amissis in aventu domini comitis apud Pictavim, LII. sol. — Pro expensis castellani Sancti Johannis et Taberti et domini Warini Desiderati, euntium pluribus vicibus pro deliberatione castri Marcilliaci, xx. libr. — Magistro Hugoni Aurilianensi, qui ivit apud Aquas-mortuas, pro roba sua, Lx. sol. — pro expensa in via, Lx. sol.; — pro caduco roncini sui L. sol.; — Summa ipsius Hugonis: vIII. libr. x. sol. — Pro vectura castri lignei a Niorto usque ad Rupellam, xIIII. libr. xvIII. sol. vII. den. — Pro veitura et balona missa Parisius per Johannem noncium, xxxvIII. libr. xI. sol. vII. den. — Pro jardo Banaonis mansurando, pro parte domini comitis, xxIIII. sol. — Pro expensis Geraudi Eberti et Warini Ytier, eundo et redeundo ad Parlamentum Pictavis et morando ibidem, et pro Albino et G. Sevian et aliis servientibus, xxvII. libr. — Pro expensis magistrorum apud Pictavim ad Parlamentum, de IX diebus pro quibusdam, et pro quibusdam minus, xxxvI libr. xIIII. sol. vI. den. — Pro expensis dominorum Johannis de Insula et G. Infan-

tis, qui remanserunt prope ipsos, x. libr. xviii. sol. et i. den.
— Pro vectura denariorum portatorum apud Rupellam, de denariis congregandis per Balam[um], et pro denariis portandis a Rupella usque ad Parisius, et pro tela ad saccos facienda, et pro expensis J. Bovis et clerici sui et filii castellani conductoribus (sic) ipsorum dicti Niorti (sic) xxxviii. libr. iii. sol. vi. den. — Item pro caduco precii, iiii.$^{c.}$ sextariorum frumenti et de iiii.$^{xx.}$ et viii. doliorum vini et baconum emptorum pro ponendo in tercia nave, lxii. libr. — Pro parte banepiarum de armis domini comitis, iiii. libr. x. sol. — Summa : ii$^{c.}$ lxxv. libr. ii. sol. iii. den.

Pro gagiis Ade Panaterii, ab octabis Candelose usque ad octabas Ascensionis Domini, de cxvi. diebus, per diem xx. sol., cxvi. libr.

Summa totalis expense : ii.$^{M.}$ vi.$^{c.}$ liii. libr. xix. sol. i. den.

Restat super receptione ballie, v.$^{c.}$ xxxix. libr. xviii. sol. i. den. — Item de exitibus terrarum baronum, et redemptionibus et de talliata Judeorum, ii.$^{M.}$ xxi. libr. viii. sol. ii. den. — Item de arreragio, xi.$^{M.}$ vii.$^{c.}$ xxxiii. libr. x. sol. iii. den.

Summa totalis debiti : xiiii.$^{M.}$ ii.$^{c.}$ iiii.$^{xx.}$ xiii. libr. xvi. sol. v. den. tam pictavensium quam turonensium, de quibus soluimus, pro navibus honeratis et missis apud Aquas-mortuas, et pro expensis in eisdem factis ; iiii.$^{M.}$ vi$^{c.}$ vi. libr. viii. sol. viii. den. per manum domini regis. — Item soluimus, die lune in crastina Pentecostis, in Hospitali Parisiensi, xiiii.$^{c.}$ libr. turon. — Item soluimus pro burgense Pontisarensi hospite domini comitis, per manum magistri Reginaldi, iii.$^{c.}$ libr. turon. — Item per manum magistri Reginaldi, pro equis, ii$^{c.}$ iiii$^{xx.}$ xi. libr. v. sol. x. den. — Item per eumdem Reginaldum, pro reditu magistrorum in Franciam, l. lib. turon. — Summa per magistrum Reginaldum : vi.$^{c.}$ xli. libr. v. sol. i. den. tam pictav. quam turon.

Summa solutionis : vi.$^{M.}$ vi.$^{c.}$ xlvii. libr. xiiii. sol. vi. den.

in turon et in pictav. — Restat quod debemus... *(chiffres effacés)*... libr. et xxiii. den.

Compotus equorum. — Pro uno equo bayo empto apud Pontem per Floriacum de Sullic, iiii.^{xx.} vi. libr. vi. sol. — Pro i. equo bayo empto [apud Ru]pellam de mandato Floriaci de Sulic, xli. libr. xii. den. — Item pro i. equo nigro baucent empto [ibid]em, xxxv. libr. — Pro uno pullo nigro et i. equo baio, l. libr. — Pro uno pullo nigro mongno, xxx. libr. — Pro uno equo baio, xxv. libr. — Item pro i. equo Espaingnoso reddito Roberto de Giroles, xi. libr. — Summa de vii. equis predictis; ii.^{c.} xl. libr. xvii. sol. in prima emptione.

Item pro expensa xi. equorum subjornancium apud Niortum a festo sancti Hylarii usque ad Mediam Quadragesimam, quorum x. missi fuerunt apud Brolium per unum (?) de Autolio, et unus apud Parisius per Radulphum de Calons, et pro expensis aliorum vii.^{tem.} equorum postea emptorum usque ad diem qua iverunt apud Brolium, xxiiii. libr. viii. sol. x. den. — Item pro dictis xvii. equis ducendis apud Brolium et pro uno ducendo ad curiam, per Radulphum de Calons, xxvi. libr. — Summa ; l. libr. viii. sol. x. den.

Summa : ii.^{c.} iiii.^{xx.} xi. libr. v. sol. x. den. qui nos debent conputari per magistrum Reginaldum. — Item debe nobis magister Raginaldus, pro hospite Pontisariensi domini comitis, iii.^{c.} libr. turon. — Item pro reditu magistrorum in Franciam, l. libr. turon. per Arnulfum. — Item xi. libr. turon. pro reditu domini Warini Infantis et domini Johannis de Insula. — Debetur nobis pro vectura denariorum, lx. sol.

Explecta conputata in conpoto Ascensionis anno Domini M°CC°XL°
octavo.

De Audeberto Sancti Johannis, xv. libr. pro violencia mulieri facta, et pro puero quem quadriga occidit.

De murtrerio qui occidit avunculum suum, vii. libr.

De hominibus prioris de Talniaco, vii. libr. quando obedire noluerunt monitioni exercitus.

Des meclers Sancti Johannis Angeliacensis, c. sol. quando piscaverunt sine licito.

De Warino Aler, c. sol. quia misit manum in servientem comitis, per Theobaldum Paste.

De Gaufrido de Bello-Podio, iii. libr. quoniam suspicabatur de morte cujusdam hominis.

De Raymondo Lobet, x. libr. pro occulo sustracto Johannis Conversi, pro ultima paga.

Per Philippum Francisci, de Milone de Englia, xx. libr. pro debito habendo.

Per R. de Chalons, de Aymerico Braidon, c. sol. pro sasina fracta.

De Pressec, c. sol. pro sasina fracta.

Summa : iiii.^{xx} libr. c. sol.

Explecta computata assisiatorum et nunciorum. — Per Philippum minuta explectamenta, iiii. libr.

De hominibus prioris de Fors, ut custodirentur de guerra domini G. de Rancon et Eblonis de Ruperforti, l. sol.

Per Petrum de Bleri minuta explectamenta, xl. sol. — De uno homine de Fontiniaco, l. sol. pro uno clamore. — De uno homine domini Berardi de Noaillé, xx. sol., unde cecidit.

De uno roncino vendito qui fuit cuidam Judeo, vi. sol.

De Warino de Lazay, l. sol. pro preposito suo, quando fregit terram prioris Montis-Maurillii.

De quatuor hominibus de Cruce, xxx. sol. pro gagia legis sue.

De duobus ... ... l. sol. quando pacificaverunt.

Summa : xix. libr. v. sol.

Expensa super dictis minutis explectis : — Pro gagiis Stephani Parisiensis, de vi.^{xx} diebus, xii. libr. — Pro assisiatoribus, viii. libr. v. sol. vii. den. — Guillelmo de Partillan, quando conduxit denarios Parisius et commoratus fuit apud Meledunum et Parisius, de xvi. diebus, xlviii. sol. — Summa : xxii. libr. xiii. sol. vii. den. — Item de remanencia compoti Candelose debetur cxv. sol.

Summa expense : xxviii. libr. viii. sol. vii. den. — Restat quod debetur nobis super explecta Omnium Sanctorum venturorum, ix. libr. iii. sol. vii. den.

Summa prime page facte per manum magistri Landrici, de operibus Xanctonensibus, a die sabbati ante Nativitatem beate Marie, anno Domini xl.° ii.° usque ad sequentem diem sabbati, xx. libr. turon. — Eadem die per maconeria, xx. libr.

Summa secunde page, a die sabbati post dictum festum usque ad sequens sabbatum, lx. libr. — Item eadem die pro maconeria xxi. libr.

Summa tercie page, a dicta die usque ad sabbatum ante festum beati Remigii, pro fossatis, lxxviii. libr. — Eadem die pro maconeria, xxii. libr. xv. sol.

Summa quarte page, a dicta die usque ad sabbatum post dictum festum, pro fossatis, lix. libr. xv. den. — Eadem die pro maconeria, xxviii. libr.

Summa quinte page a dicta die usque ad sabbatum post

festum beati Dyonisii, lviii. libr. pro fossatis. — Eadem die pro maconeria iiii.$^{xx.}$ libr. xviii. sol. vi. den.

Summa sexte page, in festo beati Luce, iiii $^{xx.}$ xi. libr. v. sol. pro fossatis.

Summa septime page, in festo beatorum Symonis et Jude, pro fossatis, iiii.$^{xx.}$ et xvii. libr. x. sol. Eadem die, pro maconeria, c. et xiii. libr. x. sol. — Facte per manum Ade Panetarii.

Summa viii.$^{e.}$ page facte per manum magistri Landrici, pro fossatis, crastina die beati Martini, c. libr. lxxvii. sol. — Eadem die pro maconeria iiii.$^{xx.}$ xv. libr.

Summa ix.$^{e.}$ page facte per Adam Panetarii, in vigilia beati Andree, lxxxiii. libr. et xvi. sol. — Eadem die, pro maconeria, lxii. libr. xvii. sol. x. den.

Summa x.$^{o.}$ page pro Ade Panetarii, die dominica post octabas Candelose, pro fossatis, xii.$^{xx.}$ xiiii. libr. x. sol.

Summa xi.$^{e.}$ page per Panetarium die dominica ante Cyneres, pro fossatis, xxx. libr.

Summa xii.$^{e.}$ page, die Brandonum facte per Adam Panetarii, xv. libr. x. sol.

Summa xiii.$^{e.}$ page facte per dominum Philippum Capellanum et R. de Ruilli, die Annuntiationis beate Marie, pro fossatis, cxviii. libr.

Summa xiiii.$^{e.}$ page facte per castellanum et magistrum P. de Code, in vigilia Pasche, de xxi. diebus, iiii.$^{xx.}$ xii. libr.

Summa xv.$^{e.}$ page facte per dictos castellanum et P. de Code, dominica post festum Philippi et Jacobi, cviii. libr. xvi. sol. ii. den. pro fossatis.

Summa xvi$^{e.}$ page facte per dictos capellanum et P. die dominica ante Ascensionem, de xv. diebus, cviii. libr. x. sol. — Eadem die adcomodatum fuit cothatoribus, viii.$^{xx.}$ x. libr.

Summa xvii.$^{e.}$ page facte per Adam Panetarii, die dominica in festo Apostolorum Petri et Pauli, pro fossatis, xx. libr.

Summa operum factorum in castro Xanctonis, a die sabbati ante Nativitatem beate Marie anno Domini M.°· CC.°· XL.°·II.°· usque ad instans proximo festum apostolorum Petri et Pauli :

Summa : II.ᴹ· L. libr. LXXVI. sol. IX. den.

Recepta super dictam expensam. — Per manum magistri Landrici, VII.ᶜ· XXXVII. libr. XVI. sol. IX. den. — Item de magistro Landrico, per manum Ade Panetarii et Ch. Pegris, in paga facta die beatorum Symonis et Jude, XI.ˣˣ· libr. — Item per manum Ade Panetarii et Ch. Pegris, in paga facta vigilia beati Andree, VI.ˣˣ· XVI. libr. XIII. sol. X. den. — Item per manum domini Ade, dominica post Candelosam, que suffecit (?) usque ad Brandones, III.ᶜ· libr. — Item per manum domini Philippi Cappellani, in paga Americi Americi (sic) Vᶜ· libr. — Item per manum domini Ade, in paga facta festo apostolorum Petri et Pauli.

Summa : XVIII.ᶜ· IIII.ˣˣ· XIIII. libr. X. sol. VII. den.—Restat quod debetur castellano IIII.ˣˣ· IIII. libr. XV. sol. VIII. den. qui soluti sunt in sequenti conpoto.

Expensa quadrigarum ad merenium ducendum apud Xanctonem (blanc).

Pro expense (sic) boveriorum cum LXIIII. bobus prestitis. IX. sol. I. den. turon. — Item pro XXXVI. bobus locatis, XXVIII. sol. VIII. den. — Item pro LII. lignis ad molendinum adductis, ad brachia de Sancto Eutropio, XXII. sol. II. den.— Item pro quatuor quadrigis captis apud Sanctum Johannem Angeliacensem, XII. sol. turon. per diem, de VI. diebus, LXXII. sol. turon. — Item pro quinque quadrigis captis apud Rupellam, XX. sol. turon. per diem de XXI. diebus, XV libr. — Item pro uno equo, de quinque diebus, VI. sol. IIII. den. turon. — Item pro uno equo mortuo in servicio illo, X. libr. V. sol.—Item pro una quadriga de Ruppella cum tribus equis, de IIII. diebus, XV. sol. turon.—Item pro duobus valletis servantibus quadrigas, quilibet (sic) X. turon. per diem, de XXI. diebus, XXXV. sol. turon. — Item pro vadiis Roberti de Vernec, de IX. diebus, XVIII. sol.

Summa, a die lune ante festum beati Benedicti usque ad dominicam ante Assumptionem, xxxiii. libr. x. sol. ii. den.

Super istam expensam recepta. — P. de Malassis, de fine compoti Johannis de Insula, xv. libr. xix. sol. — Item de Guillelmo Johannis, liii. sol. v. den. — Ex alia parte, xii. sol. ii. den. — Item de comestione de Riberau de a uno presbitero, vi. libr. — De Roberto de Campania, iii. libr. de tallia Campanie. — Item de Helia Aucher, lxxv. sol. — Item de Gaufrido Boart per manum clerici abbatisse, xx. sol. — Item de Roberto de Vernont, vii. libr. pro redditibus celatis. — Item de Romanconia, de iiii^{xx} libr., pro operibus, xii. libr. iiii. sol. vi. den. turon.

Summa : liii. libr. iiii. sol. i. den. turon. Restat quod debet P. de Malassis, xix. libr. xiii. sol. xi. den. — qui solluit (*ces deux mots écrits d'une autre main*).

Recepta per manum Ade Panetarii infra quindenam Nativitatis beati Johannis, super opera castri Xanctonis, apud Niortum, v^c. libr. — Item per manum Johannis Clerici, pro paga perficienda, lxvii. libr. v. sol. vi. den. — Item per magistrum Lambertum, iiii^{xx} libr. — Item per Raiemundum de Navarre, c. libr. — Item per R. de Ruilli, ii.^{c} libr. — Item Hamo de Resse, iii.^{c} libr. — Item de minutis redditibus et residuo de iiii.^{xx} libr. liii, iiii (*sic*) sol. i. den. — Item de sale, Th[eobaldi] Coqui, l. libr.

Summa recepte, per manum P. de Malassis : xiii.^{c} libr. ix. sol. viii. den. turon.

Item castellano, a die Annuntiationis beate virginis Marie, usque ad diem dominicam ante Ascensionem Domini, iiii.^{xx} libr. xii. libr. ultra v. livr. quas dominus Philippus Cappellanus tradiderat, quos paga valebat. — Item in paga facta a die dominica ante Ascensionem Domini usque ad festum apostolorum Petri et Pauli, pro lapidibus calcee et operariis magistri Petri, xix.^{xx} vii libr. xv. sol. vi. den. — Item cathatoribus (*sic*) turris nove, viii.^{xx} xix. libr. x. sol.

Summa istarum pagarum : v.^{c} lxvii. libr. v. sol. vi. den. sine arreragio castellani supradicti.

Paga facta pro lapidibus calcee et operariis magistri, a die festi Petri et Pauli usque ad Nativitatem beate Marie, de xlv. diebus, iii.ᶜ xlviii. libr. v. sol. — Item a dicta Nativitate usque ad dominicam sequentem, de vi diebus, xxviii. libr. xv. sol. — Item cathatoribus de vetula barbaconna a parte Sancti Macoti, xxxi. libr. mutuo. — Item magistro Quaquauz et magistro Matheo, iiii.ˣˣ libr. mutuo et postea, l. libr. — De expense (sic) quadrige molendinorum Pontis, lx. libr. — Item pro expensis quadrige, eschine (sic), portarum et merrenii pertinentibus ad castrum Xanctonis, a die lune ante festum beati Benedicti, usque ad diem dominicam ante Nativitatem beate Marie, lxxii. libr. viii. sol. vi. den. — Item pro carpentariis, xi libr. x. sol. viii. den. — Item pro essel, xxi. sol., pro ferramento, xl. sol. — Item pro una mola ad ferrum, l. sol. — Item pro carpentaria, viii. libr.

Summa quadrigarum, carpentariorum et portarum, iiii.ˣˣ xvii. libr. ix. sol. ii. den.

Summa xxiᵉ page, ii.ᶜ iiii.ˣˣ libr. ciiii. sol. ii. den.

Summa dictarum partium, xiiᶜ iiii.ˣˣ xiiii libr. xliii. sol. viii. den., a die dominica ante Ascensionem Domini, usque ad Nativitatem beate Marie, usque ad festum beati Luce, iiii.ᶜ libr.

Summa de predictis pagis, xvi.ᶜ iiii.ˣˣ xiiii. libr. xiiii. sol. viii. den.

Compotus P. de Malassis super opus molendinorum pontis Xanctonis, pro quadrigata et g. (sic), lx. libr. usque ad Nativitatem beate Marie.

Item de denariis minutis computatis [per] Robertum de Verno, lx. sol. — Item pro Guiardo de Sancto Lupo, xx. sol. — Pro P. Gargie, xxx. libr.

Summa: iiii.ˣˣ xiiii. libr. — De hoc debet de fine compoti, lv. libr. — Pro tribus carpentariis, xx. sol. — Item pro Hedoyno et carpentario de Niorto, xix. sol. — Pro rivagio Sancti Johannis Angeliacensis, lxv. sol. — Item pro Johanne Morandi, Thoma Ca.... vii. libr. xv. sol.

Summa : LXIX. libr. IX. sol. — Restat quod debetur ei XXIIII. libr. XI. sol.

Tacha magistri Mathei et magistri Paquier pro turri, de IX toieses de altitudine sive petra et calce, XIIII.x˙ libr. — Item XIII.xx˙ toieses de talu, XXX v.quo sol. la toiese, VII.xx˙ libr. — Item VI.xx˙ toieses de talu per interius, VI·xx˙ libr.

Summa : v.c˙ XI. libr.

Recepta de... (¹) quos... adportavit... libr. Item die festi beatorum Petri et Pauli, VIII.xx˙ XIX. libr. et x. sol. — Item IIII.xx˙ libr. — Item L. libr.

Summa : IIII.c˙... IX. libr. x. sol. — Restat quod debetur eis, LX. libr.... sol.

Expensa facta pro operibus Xanctonis, a Nativitate beate Marie usque ad festum Omnium Sanctorum, IIII.c˙ et XXVIII. libr. VIII. sol. VIII. den. turon, de septem septimanis et duobus diebus... libr. computantur in compoto Omnium Sanctorum, et XXVIII. libr. VIII. sol. VIII. den. computandi sunt in compoto Candelose et computantur in festo beati Michaelis apud Xanctonem. — Item pro operariis, VI.xx˙ x. libr. turon.

Expensa ibidem, pro [ca|rp[entariis, a fe]sto Om[nium Sanctorum usque ad] festum beati Nicholai, xv. libr. computatis in compoto [Candelo]se. — Item pro expensis magistri Roberti, de XLII. diebus, eundo et redeundo usque Parisius (?) VII. libr. XVII. sol.,... turon, computa[tis, in compoto Candelose. — [Item pro] robis trium magistrorum qui habent tacham turrim (?), et roba P. de Malassis, XII. libr. turon. — Item pro eschaufaz et pro ingeniis, VIII. libr. turon.

Summa : II.c˙ libr. XXVI. sol. II. den. turon. Soluti per Johannem Bovis,... libr. et XXVIII. sol. VIII. den. per Hugonem Clericum.

Expensa operum, a festo beati Nicholai usque ad festum

---

1. Beaucoup de mots entièrement effacés dans ce passage.

beati Hilarii. — Tachatoribus, LX. libr. mutuo pro barbaquennia, et eisdem tachatoribus, VIII. libr. xv. sol. nimis pagati, qui non debent computari domino regi. — Item pro operariis magistri P., de duabus septimanis, a festo beati Nicholai usque ad festum beati Lazarii, XL. libr. — Item pro eis operariis, a dicto festo usque ad festum beati Pauli, de XXVIII. diebus operantibus, VI.^{xx} XIII. libr. x. sol. VIII. den. — Item pro carpentaria magistri Bartholomei, IX. libr. XIIII. sol. sine charrerio, et IX. libr. II. sol. I. den. que restant computande in paga proximo sequenti.

Summa expense : IIII.^{c} LXIIII. libr. XIII. sol. II. den. minus.

Paga a festo beati Pauli usque ad dominicam medie quadragesime.

Compotus operum pontis Xanctonis. — Paga facta carpentariis molendinorum ante festum Omnium Sanctorum, post defectum denariorum, eorum scilicet pro quarravio, XXXVIII. libr. XI. sol. x. den. — Pro dictis (*sic*) carpentariorum, XXI. libr. VIII. sol. II. den. turon.

Summa : LX. libr.

Summa molagii, XXVII. libr. x. sol. v. den. — Item pro tribus molagiis, XIX. libr. XVIII. sol. — Item pro ferris molendinorum, et aliis minutis utensilibus molendinorum, VII. libr. XII. sol. v. den. — Item pro dietis carpentariorum, XXII. libr. IX. sol. et VII. den.

Summa : LX. libr. de secunda paga.

Item pro carpentariis, a Nativitate Domini usque ad Mediam Quadragesimam, XXII. libr. XI. sol. I. den. que computande erant. — Item pro quarragio pontis, XXXIII. libr. III. sol. III. den. usque ad dictum terminum.

Summa LV. libr. XIIII. sol. IIII. den. in tercia paga soluta per R. de Rulliaco. — Item pro alvis molendinorum, LX.

Summa totalis : LVIII. libr. XIIII. sol. IIII. den. Amen.

Conpotus factus cum fratre Gilone in Tenplo Parisiensi, in Acenssione Domini anno M°CC°XL.™°VIII.

Recepta de episcopatu Xantonensi, XVII.ᶜ· IIII.ˣˣ· libr. v. sol. pictavensium.

De diocesi Pictavensi, III.ᴹ· III.ᶜ· LV. libr. VII. sol. VIII. den.

De diocesi Emgolismensi, VI.ᶜ· libr. pictavensium.

De diocesi Petragoricensi, CC.LXXVII. libr. XV. sol.

Summa : VI.ᴹ· XXVII. libr. VII. sol. VIII. den. pictavensium.

Expense facte pro victualibus missis apud Aquas-Mortuas : III.ᴹ· VII.ᶜ· L. libr. XI. sol. III. den. pictavensium.

Pro custu quadrigarum et pro colligenda decima, XXVI. libr. XIIII. sol. pictavensium. — Item pro Vᶜ· XIIII. mars (sic) et dimidium et XXXII. stelligorum per Tenplum, XIII.ᶜ· XIIII. libr. VIII. sol. pictavensium. — Item pro IX.ᶜ· libris, C. sol. XXII. den. turon. per Tenplum, IXᶜ· XXXV. libr. XIIII. sol. V. den. pictavensium.

Summa expense est : VI.ᴹ· XXVII. libr. VII. sol. VIII. den. — Item soluit Adan in Tenplo, de diocesi Xantonensi, IIII.ᶜ· libr. turonensium.

Item de diocesi Pictavensi : II.ᶜ· LXIIII. libr. XIII. sol. turonensium.

Item de diocesi Petragoracensi, XXVIII. libr. turon.

Conpotus Omnium Sanctorum anno Domini M°CC°XL°VIII°.

Debuimus de fine conpoti precedentis VII.ᴹ·...ᶜ· XLVII. libr. XXIII. den.

Recepta terrarum baronum. — De terra Solbisie, Voventi, Merventi, eductis expensis, VII.ˣˣ· X. libr. XIIII. sol. VII. den. — De terra comitis Augi, de Metulo, de Sivraio, de Mota, de Benays, solutis expensis usque ad festum sancti Petri ad vincula, II.c LXVI. libr IIII. sol. VI. den. — De exitibus Rupis super Yon, solutis expensis, II.c XIII. libr. XIX. sol. X. den. — De exitibus terre Angle, solutis expensis, XXXVIII. libr.

Summa terrarum baronum : VI.c LXVIII. libr. XVIII. sol. XI. den.

Redemptiones terrarum forefactarum. — De terra domini Aymerici Claret pro medietate, XX. libr. — De terra Guillelmi de Sancta Audoena, pro medietate, XV. libr. — De terra Aymerici Quafart, pro medietate, CV. sol. — De terra magistri Hugonis de Fonbodoyre, pro medietate, VII. libr. — De terra Aymerici Gonbaut, pro medietate, LX. sol. — De terra Guillelmi de Sancto Gelasio, pro medietate, XXVII. libr. — De terra Guillelmi de Podio-Chenin, pro medietate X. libr. X. sol. — De terra Hugonis Ayron, pro medietate XIII. libr. X. sol. — De terra Guillelmi de Buixeria, pro medietate, XIII. libr. X. sol. — De terra Guillelmi Menart, pro medietate, X. libr. X. sol. — De terra Hugonis de Bessi, pro medietate, CV. sol. — De terra domini Radulphi Bigot, pro medietate, VI. libr. — De terra Johannis Atendu, pro medietate, IIII. libr. X. sol. — De terra Guillelmi Monachi, pro medietate LX. sol. — De terra G. de Sancto Gelasio, pro medietate, LX. sol. — De terra Hugonis Popart, pro medietate, XXX. sol. — De terra domini P. de Vergnia pro medietate, IX. libr. — De terra Marie Bernarde, pro medietate, VI. libr. — De terra Aymerici Popart, pro medietate, VII. libr. X. sol. — De terra Clari Rabaut, pro medietate, IX. libr. — De terra Jordani de Insula, pro medietate, IX. libr. — De terra Vigeron de Lucac, pro medietate, VI. libr. — De terra Radulphi de Tilia, pro medietate, LII. libr. X. sol. — De terra Gaufridi de Poia, pro medietate, X. libr. X. sol. — De terra Aymerici Magaut, pro medietate, XX. libr. — De terra Seginons, pro medietate, VII. libr. X. sol. — De terra Aymerici Badetii, pro medietate, lx. sol. — De redemptione terre uxoris J. Bedoin apud Solbise, pro primo tercio, c. sol.

Summa terrarum deliberatarum : ii^{c.} iiii^{xx.} xiiii. libr.

Grossa racheta. — De prima paga Gaufridi de Rupeforti, m. libr. — De prima paga Hugeti Archiepiscopi, m. libr. — Summa : ii.^{m.} libr.

Fines religionum et aliarum gencium super aquisicionibus factis in comittatu Pictavensi, in feodis et retrofeodis Domini comitis, usque ad festum beati Petri ad vincula anno Domini m.º cc.º xl°. viii.º — De domo Grandimontis apud Montem-Morellium, pro toto, xx. libr. — De abbate Kastellarum, pro toto, xl. libr. — De abbate de Valencia, pro toto, xl. libr. — De helemosina Sancti Jacobi de Olerone, pro toto, xx. libr. — De abbate de Trizay, pro toto, xl. libr. — De priore helemosine Surgeriarum, pro toto, xx. libr. — De helemosina Crucis-Capelli, pro toto, xl. libr. — De abbate de Luçon, pro toto, l. libr. — De abbate Bonivallis, pro toto, xxx. libr. — De abbate Malleacensi, pro medietate, vi^{c.} libr. — De abbate Sancti Maxencii, pro medietate, ii^{c.} libr. — De abbate Monasterii-Novi pro tercio, l. libr. — De priore Sancti Martini de Jolle, pro toto, c. sol. — De Hugone Manaer, pro toto, xx. libr. — De Gonbaudo Asini, pro toto, xx. libr. — De Stephano Tondu, pro toto, xx. libr. — De Petro Mallou, pro toto, xx. libr. — De Audeberto pro platea, pro toto, lx. libr. — De hominibus d'Ars, pro primo tercio, l. libr. — De hominibus magni feodi de Alnisio, pro primo tercio, lxvi. libr. xiii. sol. iiii. den. — De Guillelmo Fauque, pro primo tercio, xxvi. libr. xiii. sol. iiii. den.

Summa finium religionum et aliarum gencium : xiiii.c. xiii. libr. vi. sol. viii. den.

De canbio duarum pagarum domini H. Chace-porc, xxi. libr.

Summa terrarum baronum, deductis expensis, et terrarum deliberatarum et grossorum rachetorum, et de fine religionum et aliorum, et de canbio dicti Hugonis Chace-porc iiii^M· iii^c· iiii^{xx}· xviii. libr. v. sol. vii. d.

Domanium domini comitis Pictavensis ante guerram. — De prepositura Pictavis, pro primo tercio, c. libr. — De prepositura Niorti, pro eodem termino, cxiii. libr. vi. sol. viii. den. — De prepositura Banaonis, pro eodem tercio, lxxiii. libr. vi. sol. viii. den. — De prepositura Rupelle, pro ultimo tercio, de termino Assumptionis beate Marie, v^c. libr. — De prepositura Sancti Johannis Angeliacensis, pro primo tercio secundi anni, xliii. libr. vi. sol. viii. den. — De prepositura Font[eneti] pro ultimo tercio, lx. libr. — De firma terre Ardennie, pro secundo tercio, lxvi. sol. viii. den. — De censibus essartorum Molleriarum, xlv. sol. — De introïtu duarum (*sic*) masurarum novarum, l. sol. — De censibus novorum essartorum de Benaone, viii. libr. v. sol. et pro iiii^{xx}· xvi. caponibus, l. sol. — De explectis foreste Molleriarum, a festo Ascensionis usque ad festum Omnium Sanctorum, ix. libr. vi. sol. — De explectis foreste Banaonis, a Nativitate beati Johannis usque ad festum Omnium Sanctorum, vi. libr. — De talleata (*sic*) Boeti, lx. libr. — De jacere d'Anes, x. libr. pro toto.

Summa domanii domini comitis: ix^c· iiii^{xx}· xiii. libr. ii. sol. viii. den.

Conquesta super domanium comitis Marchie. — De prepositura Mosterolii, pro primo tercio, vi^{xx}· libr. — De firma Sanceii, pro primo tercio, xiii. libr. vi. sol. viii. den. — De prepositura Frontiniaci, pro primo tercio, iiii.^{xx}· libr. lxvi. sol. viii. den. — De prepositura de Prahic, pro primo tercio, lxxiii. libr. vi. sol. viii. den. — De firma de Colons, pro primo tercio, xi. libr. xiii. sol. iiii. den. — De mangno (*sic*) feodo Alnisii, pro ultimo tercio, iii.^{c}· xxxiii. libr. vi. sol. viii. den. — De prepositura Talniaci in Votonna, pro primo tercio, l. libr. — De terra Crucis-Comitisse, pro primo tercio, xxvi. libr. xiii. sol. iiii. den. — De prepositura Xanctonis com Ramet et Ramegoz, pro primo tercio, vi.$^{xx\cdot}$ xiii. libr. vi. sol. viii. den. —De minutis costumis, de vindemiis, de mestivis circa Chervex, viii. libr. vi. sol. vii. den.—De firma de mesues de Favex, de Castro-Nervi pro primo tercio xxiii. libr. vi. sol. ix. den. — De explectis foreste Baconasii, vii. libr. vi. sol. — De offrituris pro toto anno, vii. libr. iiii. sol. — De forestagio non affirmato, lii. libr. x. sol. scilicet de vii$^{c\cdot}$ boyssellis frumenti. — De mesues de Vergnia non affirmatis, de censu de pasturalibus, de costuma anserum, iiii. libr. viii. sol. — De mesues affirmatis Johanni Dimier, pro primo tercio, vi. libr. xiii. sol. iiii. den. — De ripagio sexti salis, cvii. sol. — De terra domine Contour com domino de Brou, xv. libr. pro toto. — De feno vendito circa Vergniam et ad pratum Calceie, iiii. libr. ii. sol. — De firma Gravia, pro medietate, vii. libr. x. sol. — De terra de Heriçon, de censu, lxx. sol.— De tall[iata] abbatisse Xanctonis, de termino sancti Michaelis, viii.$^{xx\cdot}$ xv. libr. — De tall[iatis] Sancti Agniani, ad festum sancti Johannis, vii. libr. et in festo sancti Michaelis, l. libr. — De venda foreste Mosterolii, pro primo tercio, lxxi. libr. xviii. sol. x. den. — De venda nemoris Vallis-Mangoti, pro eadem paga, xxiiii. libr. viii. sol. x. den. — De bosco mortuo tradito vitreariis, pro eadem paga, xi. libr. — De bosco de Chervex, pro ultima medietate, xv. libr. — De buissono vendito apud Fonten[etum], pro toto, viii. libr. — De Johanne Marcou de Font[eneto], de placito, xxv. sol., et pro dimidio roncino de servicio, xxx. sol.

Summa domanii comitis Marchie : xiiii.$^{c\cdot}$ lx. libr. vi. sol. iiii. den.

Terre forefacte. — De terra Petri Boce et Hugonis de Prinçay, pro primo tercio, xxxiii. libr. vi. sol. viii. den. — De terra Sancti Savini non affirmata, exceptis blado et vino, xx. libr. ix. sol. vi. den. — De prepositura Montis-Morellii, pro primo tercio, xlviii. libr. vi. sol. viii. den. — De terra Yter Bertrandi apud Pindray, pro primo tercio, xl. sol. —

De minutis redditibus circa Monmorellium affirmatis, pro primo tercio, xlvi. libr. xiii. sol. iiii. den. — De terra Petri La Grice, pro toto anno, c. sol. — De terra Audeberti de Chalapin, xx. sol. vi. den. — De Gaufrido Juglatoris, v. sol. de garda. — De terra Guitardi de Gencayo et Guillelmi de Lazaes usque ad Pasqua, xl. libr. — De terra Petri de Ruffiaus pro toto, l. sol. — De terra Petri de Sancto Savino in minagio Pictavensi, pro toto anno, x. libr. — De terra Audeberti de Tremollia ibidem, vi libr. — De terra Raymondi Albigensis, pro primo tercio, viii. libr. vi. sol. viii. den. — De terra Geberti Borduell, pro primo tercio, xl sol. — De vindemia vendita circa Sanceium, xxxiiii. sol. — De censibus ibidem de terris forefactis, lx. sol. — De terra domini Guidonis de Ruperforti apud Sazinam, c. sol. — De Joberto de Lobelli, pro ballo terre fratris sui, pro medietate, x. libr. — De terra Costentini Gyboin apud Tache, xl. sol. — De terra ejusdem apud Bauçay, pro primo tercio secundi anni, iiii. libr. vi. sol. viii. den. — De terra Guillelmi Nau et Petri Gaschet, pro toto, iiii. libr. x. sol. — De censibus minutis costumis terrarum forefactarum circa Fontenay, lvii. sol. x. den. — De vindemia earundem terrarum, vi. libr. xvii. sol. ii. den. — De terra que fuit Petri Desiderati, pro primo tercio, vi. libr. xiii. sol. iiii. den. — De terra Guillelmi de Forz in Alnisio, xvi. libr. v. sol. iii. den. — De feno ejusdem terre vendito, vi. libr. xiii. sol. — De vindemia ejusdem terre, xii. libr. iii. sol. — De pasquario, vii. sol. — De terra G. Desiderati apud Voet, ix. sol. ix. den. — De censu apud Naintré, ii. sol. — De vindemia ejusdem terre, viii. libr. vi. sol. iii. den. — De blado ejusdem terre vendito, xxvii. sol. x. den. — De decima terre Guillelmi de Forz apud Sanctum Johannem, x. libr. — De terra Lamberti Cong et Aymerici Gommar, pro toto x. libr. — De feodo ejusdem terre non affirmato, lxx. sol. — De terra Guillelmi de Joe, pro toto, iiii. libr. — De terra Johannis de Danperre, pro toto, xl. sol. — De terra Aymerici Alardi apud Forras, cx.

sol. pro ultimo tercio. — De terra Ay. Surdi apud Danperre, pro toto, LX. sol. — De terra cujusdam mulieris de Olerone circa Lalo recelata, de annis transactis : VI. libr. VI. sol. — De terra filie Hugonis Tallander apud Naintré, LXXIII. sol. VIII. den. — De vindemia minutarum terrarum in Alnisio, LII. sol. — De censibus earumdem terrarum ibidem, XLVI. sol. x. den. — De terra Gaufridi Desirré in Tenplo Rupelle, LXII. sol. VI. den. pro toto. — De minagio Rupelle pro medietate, VII. libr. x. sol. — De terra magistri P. Minet apud Sanctum Johannem, VI. libr. — De terra Chanpengnie de talliata, IIII. libr. in festo sancti Johannis et in festo sancti Michaelis, XLII. libr. x. sol. — De XI. sextariis et pl[us] m[inus] et xxv. reses avene de Chanpengnia, VII. libr. xv. sol. — De LXX modiis vini ibidem venditis, IX. sol. pro modio, factionibus solutis, XXXIII. libr. v sol. — De furno Chanpengnie, pro tercio, x. sol. — De feno vendito, L. sol. — De pasquario. XII. sol. — De firma de Riberaon, pro primo tercio, XVIII. libr. VI. sol. VII. den. — De terra Aymberti de Forz apud Fayole non affirmata, XXVIII. libr. XIIII. sol. — De firma Artuserie, pro primo tercio, x. libr. — De XXVIII. modiis vini in Marengnia venditis, XI. libr. IIII. sol. — De terra Andre Pocherelli, pro primo tercio, VIII. libr. VI. sol. VIII. den. — De molendino Fulconis Richart, pro primo tercio, XXVII. sol. VIII. den. — De mocleriis Sancti Johannis de Angulo, de censu, xx. sol. — De terra Guillelmi de Aneriis, pro toto, apud Grazac, XII. sol. — De terra Guillelmi de Forz en Arvert, de talliata, XII. libr. II. sol. — De blado ejusdem terre vendito xv. sol. — De terra Oliverii de Chalens, pro toto anno, LXXVII. sol. — De terra Gadras de Vars apud Nollac, minutis redditibus, IIII. libr. VIII. sol. — De terra G. Bedoni et hominum de Olerone in Marengnia, XLVIII. sol. — De terra d'Artoen de v.^{que} boysellis bladi, IIII. sol. — De terra Ayrnaudi Alexandri, de vino redditus, VIII. sol. — De Hugone Galter, v sol. de censu. — De Aymerico Gastaut, v. sol. — De texore de garda, v. sol. — De Ayrnaudo Gobin, XII. den.

Summa terrarum forefactarum : v.ᶜ· iiii.ˣˣ· libr. lxii. sol. v. den.

De blado anni m.ⁱ·cc.ⁱ·xl.ⁱ·viii. vendito, lxix. libr. xi. sol. vi. den.

De garda Teffaugiarum, xl. libr. turon. — De fine G. Raymon, pro medietate, c. libr. — De explectis communis ballivie, ii.ᶜ· vi. libr.

Summa totalis : iii.ᴹ· iiii.ᶜ· xlviii. libr. ii. sol. xi. den.

Expensa. — *Liberationes.* — Pictavis, xii. sol. i. den. per diem. — Sanctus Maxencius, xvi. sol. viii. den. — Niortum, xxix. sol. ii. den. — Benaon, xii. sol. xi. den. — Rupella, xl. sol. ix. den. — Sanctus Johannes Angeliacensis, vii. sol. ix. den. — Castrum Xanctonis, xliiii. sol. iii. den. — Pons Xanctonis, ii. sol. i. den.— Fontenetum, vi. sol. — Hurtaut com quatuor servientibus in foresta Mosterolii, iii. sol. viii. den.—Robertus in foresta Baconasii, pro se et iiii. servientibus, iiii. sol. — Gyraudus Aybert, v. sol. —Guiardus et Gylebertus in Molleriis, iii. sol. —Summa ix. libr. vi. sol. x. den. per diem, a Nativitate beati Johannis usque ad octabas Omnium Sanctorum, de vi.ˣˣ· xvii. diebus, xii.ᶜ· lxxix. libr. xvi. sol. ii. den.—Item atilliatoribus Xanctonis, xx. den. per diem, a festo beatorum Philipi et Jacobi, de liii. diebus, iiii. libr. x. sol. — Guiardus et Gilebertus in Molleriis, usque ad Nativitatem beati Johannis, de xxxv. diebus, cv. sol. — Magister P. Kanoter de eodem termino, xv. den. per diem, xliii. sol. ix. den. — Item pro gagiis castellani Xanctonis donec alter esset foras, ix. libr. xv. sol. — Item Teffaugie, xvii. sol. viii. den. per diem. — Vovent, xiii. sol. ix. den. per diem. — Summa xxxi. sol. v. den.; a Nativitate beati Johannis usque ad octabas Omnium Sanctorum, de vi.ˣˣ· xvii. diebus, ii.ᶜ· xv. libr. iiii. sol. i. den. — Item pro gagiis quinque balisteriorum, a die dominica ante Nativitatem beate Marie usque ad octabas Omnium Sanctorum, de LXIII. diebus, xv. sol. per diem, XLVII. libr. v. sol., sine Taboe.

Summa liberationum et gagiorum : MV.ᶜ LXXIX. libr. IIII. sol.

Feoda et helemosine. — Apud Pictavim : Abbatissa Fontis-Ebraudi, pro medietate, xxv. libr. in Nativitate Domini. — Abbas Citersiensis pro toto, L. libr. — Apud Mosterolium :— Bernerius, pro medietate, L. sol. — Dominus Hugo Bonin, pro toto, c. sol. — Uxori Orgelos, pro toto, LX. sol.— Apud Rupellam : — Guillelmus Maingot, CXVI. libr. XIII. sol. IIII. den. pro tercio. — Abatissa Fontis-Ebraudi, pro medietate, xv. libr. — Archiepiscopus Burdegalensis, pro tercio, XIII. libr. VI. sol. VIII. den. — Abbas Sancti Leonardi, pro medietate, XII. libr. xx. sol. — Domus Tenpli, c. sol. pro medietate. — Capellano de Benays, pro toto, xx. sol. — Abbas Sancti Legarii, pro toto III. sol. — Apud Xanctonem : — Episcopus Xanctonensis, pro toto, c. sol. — Capellanus Beate Marie ante castrum, pro medietate, XL. sol. — Item apud Rupellam : — Dominus Gaufridus de Ponte, pro toto II.ᶜ libr. — Dominus Poncius de Mirabello, pro toto, II.ᶜ libr. — Gaufridus de Mo[n]te Tegnia pro toto, L. libr. — Dominus Drogo de Monte Oser, pro toto, L. libr. — Vicecomitissa Rupis-Choardi, pro toto, c. libr. — Guillotino, pro toto, x. libr. — Capellano de Vergnia, x. sol. — Frinbet de Quadaing, pro uno sextario bladi, XXIIII. sol.

Summa : VIII.ᶜ LXVII. libr. XVII. sol.

Opera. — Pro minutis operibus Pictavis, XL. sol. — Pro parva coquina et una quamera et minutis operibus Niorti, XXI. libr. x. sol. I. den. — Pro pontibus castri Sancti Johannis, IIII. libr. III. sol. — Pro pontem Merventi et aula[m] que cecidit ponere foras, VI. libr. VII. sol. — Pro II. milliaribus plumarum apud Niortum, LXX. sol. — Pro II.ᴹ VIII.ᶜ plumarum apud Rupellam, IIII. libr. XVIII. sol.— Fabro Xanctonis, pro ferro et carbonibus et auxiliis, vii. libr. viii. sol. — Pro turre et quarnellis et minutis operibus apud Mosterolium. reparendis, xxii. libr. xvii. sol. iiii. den. — Pro lx. targis emptis apud Limoges, conductis apud Xanctonem, xxiii. libr. xix. sol. — Pro operibus pontis lignei Xanctonis et pro duabus barbaquanis lapidis ante pontem, a die dominica ante festum Sancte Crucis in mayo usque ad diem beati Luce, de xxiii. septimanis, ii.ᶜ xxvii. libr. vii. sol. — Pro pignonno ecclesie beate Marie ante castrum reparendo dessil (*sic*) iiii. libr. — Pro calce ecclesie Sancti Moricii, xxxvii. sol. — Pro ingeniis dirigendis et diruendis in nemore, et quando dominus comes fuit Xanctonis, xxii. libr. iiii. sol. — Pro operibus nove turris Xanctonis in maçoneria, ab octabis Pentecostis usque ad diem beati Luce, de xxi. septimanis, v.ᶜ lxvi. libr. xx. den.

Summa : ix.ᶜ xxviii. libr. ii. sol. i. den.

Minute expense. — Pro expensa servientum, qui equitaverunt com domino comite per Pict[aviam], excepto Taboe, xlii. libr. den. — Pro Guillelmo Yder et Gaybert, et Albino Boylesge et Johannis (*sic*) de Syvray et G. Gengne-Pain et G. Seviau, cum valletis et equis suis, viii. libr. vii. sol. — Pro expensa domini Raymon et G. Aybert et domini Hugonis Bonin, quando ierunt Xanctonem et apud Thoarcium, lxvi. sol. vi. den. — Pro nonciis equitibus, dum dominus comes fuit in Pictavi et qui ierunt tribus vicibus Burdegalas et duobus qui ierunt Gaufrido de Talniaco et Parisius, xv. libr. — Pro pegis in Molleriis, lx. sol. — Pro domo forestarii Molleriarum, x. libr. — Pro preposito de Calvegniaco ducere apud Teffaugias, xxxvi. sol — Pro expensa Florici de Sulia et castellani qui ierunt apud Partenay tribus vicibus et apud Xanctonem, cix. sol. — Julianis pro arreragiis inplagii molendinorum Xanctonis, c. sol. — Pro placito contra episcopum Pictavensem apud Engolismam, apud Charros, apud Pictavim, vi. libr. x. sol. ix. den. — Pro xx.

sextariis frumenti in garnisione Partiniaci, cv. sol. — Pro viii. bacons, vii. libr. iiii. sol. —Pro iiii. doliis vini Pictavis, x. libr. — Pro lignis, sale, carbonibus, lx. sol. Summa victualium partium, xxv livr. ix sol.— Pro denariis congregandis et portandis post comitem apud Xanctonem, et pro turonibus portandis Parisius, eundo et redeundo, x. libr. iiii. sol.

Summa minutarum expensarum, vi.$^{xx.}$ xvi. libr. iii. sol. iiii. den.

Pro gagiis Ade Panetarii, ab octabis Ascensionis usque ad octabas Omnium Sanctorum, de viii.$^{xx.}$ vi. diebus, viii.$^{xx.}$ vi. libr.

Summa totalis expense : iii.$^{m.}$ vi.$^{c.}$ lxxvii. libr. vi. sol. v. den. Restat quod dominus comes debet : ii$^{c.}$ xxix. libr. iii. sol. vi. den. qui capiuntur super grossam sonmam.

Grossa Sonma. — De terris baronum, solutis expensis, et terrarum deliberatarum, et finium religionum, et grossorum rachetorum, iiii.$^{M.}$ iii.$^{c.}$ iiii.$^{xx.}$ xviii. libr. vi. sol. vii. den. —De quibus cadunt pro expensis ballivie, ii.$^{c.}$ xxix. libr. iii. sol. vi. den. — Restat quod Adam debet de presenti compoto, iiii.$^{M.}$ viii.$^{xx.}$ ix. libr. ii. sol. i. den. et de arreragio Ascensionis, vii.$^{M.}$ vi$^{c.}$ xlvii. libr.

Summa cum remanencia Ascensionis et remanencia presentis conpoti : xi.$^{M.}$ viii.$^{c.}$ xvi. libr. iiii. sol. — Qui taliter solvuntur magistro Reginaldo pro expensa domini comitis et domine comitisse, quando fuerunt in Pictavi, ii.$^{M.}$ lxxiiii. libr. et Florico de Sulia, quando ivit in Espengnia, c. libr. — Castellano Niorti, die mercurii post festum Omnium Sanctorum, iiii.$^{M.}$ libr. pictavens.—Item pro expensa equorum commorancium apud Niortum, a die beati Martini estatis, quando venerunt, usque ad diem martis per castellanum et filium suum et Taboetum, de vi.^{xx} iii. diebus, iii.^{c} lx. libr. xi. sol. iiii. den. — Item burgensi Pontisar[iensi] vi.$^{xx.}$ libr. turon. — Item in Hospitali Parisiensi, magistro Reginaldo, m. vi.$^{c.}$ xxv. libr. turon. — Summa tocius solucionis, viii.ᴹ· ii.ᶜ· lxxix. libr. xi. sol. iiii. den. — Restat quod Adam debet : iii.ᴹ· v.ᶜ· xxxvi. libr. xii. sol. viii. den. De quibus soluti sunt per senescallum Pictavensem, in conpoto suo, iii.ᴍ ii.ᶜ· iiii.ˣˣ· xvii. libr. xiii. sol. viii. den. — Restat ii.ᶜ· xxxviii. libr. xix. sol., de quibus Gaufridus Mauclerc debet vi.ˣˣ· libr. xxxiiii. sol. et dominus J. de Insula, cxvii. libr., quas debet reddere thesaurario pro nobis. — Restat v. sol. qui soluti sunt per Guiardum.

Nos tradidimus magistro Reginaldo in Hospitali, die veneris post octabas beati Martini hyemalis, per manum J. Bovis, m. vi.ᶜ· xxv. libr. turon., et pro castellano Niorti, de veteri recepta sua, cl. libr. turon. et pro litteris abbatum Malleacensis, Sancti Maxencii, Monasterii novi, lxxv. libr. turonensium.

Summa : xviii.ᶜ· l. libr. turonensium.

Conpotus bladorum anni m.ⁱ cc.ⁱ xl.ⁱ vii.ⁱ. — Apud Pictavim : ix.ˣˣ· vi. sextarii siliginis et iii. sextarii de caduco venduntur, ii. sol. le seter, xviii. libr. xii. sol.; cii. sextarii ballargi venduntur xv. den. le seter et iii. sextarii de caduco, vi. libr. vii. sol. vi. den. et xx. sextarii avene, l. sol. — Summa bladi Pictavis, de iii.ᶜ· xiiii. sextariis com caduco, xxvii. libr. ix. sol. vi. den. — Apud Sanctum Maxencium : ix. sextarii frumenti venduntur xii. sol. le seter, cviii. sol. — liii sextarii siliginis venduntur vii sol. le seter. Summa bladi Sancti Maxencii, lxii. sextarii, xxiii. libr. xviii. sol. — Apud Niortum, xxxvi. sextarii siliginis venduntur, vi. sol. le sexter, xi. libr. xvi. sol.—Apud Rupellam : vii. sextarii et dimidius frumenti, xii. sol. le seter, iiii. libr. xi. sol. ;— xi. sextarii mixture, vi. sol. le seter, iiii. libr. xii. den. ; — iiii. sextarii et dimidius avene, viii. sol. le seter, xxxvi. sol.—Summa Rupelle, xxiii. sextarii, x. libr. viii. sol. — Summa de iiiiᶜ· xxxv. sextariis, lxiii. libr. xi. sol. vi. den.; de quibus cadunt pro guerneriis Pictavis et Niorti, iiii. libr.—Restat lxxix. libr. xi. sol. vi. den.

Expensa bladorum. — Apud Pictavim : — quando magistri venerunt circa Candelosam, xvii. sextarii frumenti, et quando dominus comes venit, iiii.^xx. x. sextarii frumenti. — Item pro magistris, xli. sextarii avene et pro domino comiti, lxi. sextarii, et iii. de caduco. — Summa bladi traditi apud Pictavim, ii.^c. xii. sextarii. — Apud Sanctum Maxencium traduntur tam domino comiti quam domine comitisse, vi. sextarii frumenti et ix. sextarii avene. — Apud Niortum, ad opus comitis traduntur xii. sextarii frumenti et i. sextarius de cambio.—Summa frumenti traditi et avene : ii.^c. l. sextarii.—Summa tam bladi traditi et venditi : vi.^c. iiii.^xx. v. sextarii.

Compotus bladorum anni m^i. cc^i. xl^i. viii. — In guernerio Pictavis sunt lxix. sextarii et plus minus frumenti, viii.^xx. ii. sextarii et dimidius siliginis, cii. sextarii et dimidius ballargi ; lv. sextarii dimidius avene. — Summa : iiii.^c. iiii.^xx. x. sextarii. — In guernerio Sancti-Maxencii, sunt cix. sextarii bladi, scilicet iii. sextarii plus minus vi. boysselli frumenti, iiii.^xx. xii. sextarii, vi. boysselli siliginis et xii. sextarii avene, blado de Chervex conputato. — In guernerio Niorti sunt xiii. et ii. prebendarii frumenti, xvi. sextarii plus minus v. boysselli mixture, et iiii. sextarii plus minus, ii. rese avene. — Summa : xxxiiii. sextarii, ii. prebendarii v. boysselli, ii. rese. — In guernerio Sancti Savini, vii.^xx. xiiii. sextarii bladi, scilicet xxxvii. sextarii frumenti, xxviii. sextarii siliginis, xxvi. sextarii ballargi, lxii. sextarii et iii. m[ine] avene.

Posite fuerunt apud Pictavim lix bootées feni, de quo comes habuit in reditu suo, et sunt ibidem xvii. dolia vini de terra G. de Lazaes et domini Guitardi. — Apud Sanctum Savinum sunt iiii.^xx. vi. modii vini. — Apud Marengniam sunt xiiii.^c. lxiii. modii salis, et xl. modii qui percipiendi sunt.

Page operum castri Xanctonis.

Summa xviii.^e. page, a die lune ante festum beati Benedicti usque ad dominicam ante Assumptionem beate Marie pro minutis quadrigis, xxxiii. libr. x. sol. — Item summa xix.$^{e\cdot}$ page, a die dominica ante Ascensionem Domini usque ad festum apostolorum Petri et Pauli, v.$^{c\cdot}$ lxvii. libr. v. sol. vi. den. — Item summa xx.$^{e\cdot}$ page, a festo Petri et Pauli usque ad Nativitatem beate Marie, iii.$^{c\cdot}$ xlviii. libr. v. sol. — Item summa xxi.$^{e\cdot}$ page, pro minutis operariis, a Nativitate beate Marie usque ad sequentem dominicam, et pro charroio, carpentaria, et pro tachatoribus, ii.$^{c\cdot}$ iiii.$^{xx\cdot}$ libr. ciii. sol. ii. den. — Item pro tachatoribus perpagandis, lx. libr. x. sol. — Item summa xxii.$^{e\cdot}$ page, a dominica post Nativitatem beate Marie usque ad festum beati Luce, iiii.$^{c\cdot}$ libr.

Summa totalis predictarum pagarum: xvi.$^{c\cdot}$ iiii.$^{xx\cdot}$ xiiii. libr. xiii. sol. viii. den.

Item summa xxiii.$^{e\cdot}$ page, a festo beati Luce usque ad festum beati Hilarii, iiii.$^{c\cdot}$ lxiiii. libr. xiii. sol. i. den. minus.

Item summa operum, a festo beati Hilarii usque ad dominicam post festum Nativitatis beati Johannis Baptiste, de xxi. septimanis, xii.$^{c\cdot}$ xlix. libr. v. sol. ii. den.

Summa totalis operum castri Xanctonis, a die sabbati ante Nativitatem beate Marie anno Domini m.^{o}. cc.^{o}. xl. secundo usque ad dominicam post Nativitatem beati Johannis Baptiste anno Domini m^{o}. cc$^{o\cdot}$ xl^{o}. quarto : v. $^{м\cdot}$ iiii. $^{c\cdot}$ xvii. libr. ix. sol. vi. den. turon.

Explecta conputata in conpoto Omnium Sanctorum anno Domini m^{o}cc^{o}xl^{o}. octavo.

De Alardo Sancti Laurencii, c. sol. ut daretur ei terminum ne res sue vendite essent.

De priore d'Ives, c. sol. ut de forcia custodiretur.

De priore Mauretengnie, pro quodem (sic) solacio suo, qui suspicabatur de morte cujusdam hominis.

De abbate de Morelle, l. libr. pro serviente suo qui suspicabatur de morte alterius.

De Petro d'Uissiau, c. sol., quoniam bestie sue fecerant dampnum in avena vicini sui.

De muliere Stephani Joye, x. libr. pro debito habendo.

De Petro Focher, x. libr. pro debito habendo a domina de Huyroon.

De Petro Brun et Reginaldo Facinel et Petro Peregrini, c. sol. pro debitis habendis.

De Gaufrido Salemon, c. sol. pro contencione merchati sui.

De Petro Chauderer, x. libr. (*blanc.*)

De uxore domini Rollendi, c. sol. (*blanc.*)

De Petro de Cruce, vi. libr. pro debito habendo.

De domino Petro Gyraut, c. sol. quoniam consonciebat filios domini G. Bourde.

De Johanne d'Agonays, x. libr. (*blanc.*)

De priore de Megon, x. libr. pro contencione domini Mangoti.

De abbate de Luçonio, xxx. libr. pro contencione domini P. de Monz.

De filia domini Jocelini de Lazayo, xx. libr. pro pace filie domini Reginaldi de Meri.

De domino Gaufrido de Mengnac, x. libr. pro clamore facto super servientes domini comitis.

Summa dictorum expletorum : ii.^{c} vi. libr. quos conputavimus com magistris.

Explecta conputata ex parte assisiatorum et servientum et nonciorum et balisteriorum.

De Guillelmo de Morelles, xxv. sol. pro quamino fracto.

De Hugone de Podio, l. sol. pro quarta sigillata.

De Gaufrido Bertholomieu, xxx. sol. pro sasina quassata.

De homine de Enenda, L. sol., ut custodiretur de excommunicatione.

De Guillelmo do Poyau LX. sol. pro debito habendo.

De Joceaume de Marencienes, XL. sol. pro sasina quassata.

De serviente filie Gaschet, xx. sol. pro violencia facta cuidem mulieri.

De Renout Ysenbert, L. sol. quoniam convictus fuit in curia.

De Guillelmo de Tonnoy, I. sol. pro debito habendo.

De Ymberto Gaschet, LX. sol. pro domo facta in platea vicini sui.

De Johanne Fortuniau, L. sol. ut custodiretur de forcia erga Salvaricum de Syvrayo.

De eodem Johanne, xx. sol. pro debito negato, de quo fuit convictus.

De Hylario Qualliau, xx. sol. pro debito habendo.

De Nicholao Foquet, L. sol pro mellea.

De Johanne Giron, L. sol. ut custodiretur de forcia.

De Tecelino de Rupe, L. sol. pro sasina fracta.

De quodem homine d'Anes pro eodem, xxv. sol.

De Aymbert Gaschet et Stephano Pocart pro contencione, debiti, XL. sol.

De Petro Aubert v. sol. pro supertunicali quem mulier habuit in assisia Boetin.

De Reginaldo Richart, LX. sol.

De (*blanc*) d'Estui, LX. sol. (*blanc*).

De Petro Fralent et Reginaldo Testart, LX. sol. (*blanc*).

De Petro Gibon, XL. sol. (*blanc*).

De Chanterello, L. sol. (*blanc*).

De minutis explectis per Stephanum, xx. sol.

De genere Gerini de Belac, xxx. sol., quoniam assumpsit vinum cujusdem mulieris per vim.

De Pontaygon, xxv. sol. pro contencione inter se et nepotes suos.

De minutis explectis per Petrum de Bleri, XL. sol.

De Aymerico Gallart, xl. sol.

De minutis explectis per Johannem Bovis, xl. sol.

De Flaic, xxv. sol. quoniam percussit servientum unum.

De Guillelmo Brachet, lx. sol. pro Gyraudo de Sancto Savino et fratre suo, quoniam percusserunt prepositum comitis.

De Petro Tornelli, xl. per forefacto quod fecit homini de Tenplo.

De Radulpho de Alemangnia xx. sol. per Eustachium de Galardon.

De Jordana, xl. sol. pro debito habendo.

De Petro Peloys, lx. sol. pro eodem.

De Marquarde, lx. sol. pro eodem.

Summa : lxx. libr. v. sol.

Expensa super minutis explectis. — Remensit de explectis conpoti Ascensionis quod nobis debebatur super ista explecta, ix. libr. iii. sol. viii. den. — Item minutis nonciis xii. libr. — Pro gagiis balisteriorum, antequam essent ad gagia, xiii. libr. — Pro expensa assisiatorum et consultorum, xiii. libr.

Summa expense : lvii. libr. iii. sol. viii. den. — Restat quod debetur de dictis minutis explectis, xvi. libr. qui soluti sunt domino J. de Insula, senescallo Pictavensi, quos conputavit in conpoto Candelose sequente.

Conpotus factus cum domino Philippo, thesaurario beati Hylarii Pictavensis, apud Aquas-Mortuas, die martis post festum sancti Petri ad vincula anno Domini m°cc°xl°ix°.

Recepta. — De redemptionibus votorum crucis de diocesi Pictavensi : — de abbate de Pinu, ii.$^{c.}$ viii. libr. pictav., iiii.$^{xx.}$ libr. turon. iiii. libr. vi. sol. viii. den. stellingorum.

— De magistro scolarum Sancti Hylarii, vii.ˣˣ· xv. libr. pictav., xx. libr. marchien., ix libr. xv. sol. turon., lix. sol. stellingorum.

Summa dictorum duorum : iii.ᶜ· lxiii. libr. pictav., iiii.ˣˣ· ix. libr. xv. sol. turon., xx. libr. marchien. vii libr. v. sol. viii. den. stellingorum.

De diocesi Xanctonensi.—De archidiacone Alnisii, ixᶜ· libr. pictav. — De magistro P. de (mot effacé), vi.ˣˣ· xviii libr. turon. c. libr. pictav. v.ᶜ· l. libr. marchien.

Summa totalis de diocesibus Pictavensi et Xanctonensi : xiii.ᶜ· lxiii. libr. pictav. ii.ᶜ· xxvii. libr. xv. sol. turon., v.ᶜ· lxx. libr. marchien., vii. libr. v. sol. viii. den. stellingorum.

Item de domino J. de Insula per manum Gaufridi Chenel et J. Gigantis et Auberti Lonbardi, xii.ᶜ· libr. pictav. — De castellano Niorti, lxx. libr. pictav. — De decima secundi anni, pro domino rege, in aquitacione navium, ii.ᶜ· iiii. libr. x. sol. x. den. pictav.

Summa recepte pictavensis : ii.ᴹ· viii.ᶜ· xxxviii. libr. x. sol. x. den. — De quibus cadunt, pro expensa et vectura, usque Lugdunum, iiii.ˣˣ· libr. cx. sol. ix. den. — Restat ii.ᴹ· vii.ᶜ· lii. libr. i. den. pictav. — Et pro ii.ᶜ· l. libr. marchien. venditorum ad pictavenses, ii.ᶜ· xxvi. libr. x. den. — Summa pictavensium : ii.ᴹ· ix.ᶜ· lxxviii. libr. x. den. — De quibus cadunt pro iiii.ᶜ· xxii. obolis duplicibus, ii.ᶜ· vi. libr. v. den. pictav. et pro xxi. marchien. et dimidio stellingorum, liiii. libr. xvi. sol. v. den. pictav. — Restat quod canbiuntur ad turonenses ii ᴹ· vii.ᶜ· xvii. libr. iiii. sol. pictav., de quibus cadunt pro cambio, lxxix. libr. v. sol. pictav. et valent ii.ᴹ· vi.ᶜ· xxxvii. libr. xix. sol. turon.

Item de diocesibus Xanctonensi et Pictavensi, ii.ᶜ· xvii. libr. xv. sol. turon., et pro iii.ᶜ· xx. libr. marchien., que canbiuntur ad turonenses, ii.ᶜ· iiii.ˣˣ· libr. turon.

Totalis summa : iii. vii.ˣˣ· libr. cxiii. sol. turon. et xxi.

marce et dimidium stellingorum, et vii. libr. v. sol. viii. den. aliorum stellingorum, de diocesi Pictavensi, iiii.ᶜ xxii. obole duplices[1].

Conpotus factus in Tenplo com fratre Gilone in termino Candelose, die sabbati post Candelosam $M^o CC^o XL^o$ septimo.

Debuimus de fine precedentis compoti : vi^{xx} xix. libr. iii. sol. iiii. den. turon.

Templum nobis debet xlii. libr. viii. sol. parisiens. receptos per Bartholomeum Tricaudi; valent liii. libr. turon. — Item iiii.ᴹ· iii.^{xx} viii. libr. turon. solutas in Templo, die veneris et die sabbati post Candelosam.

Summa : iiii.ᴹ· vii.^{xx} libr. xx. sol. turon.

Debemus Tenplo, de conpoto precedenti, vi.^{xx} xix. libr. iii. sol. iiii. den. turon. — Item domine regine, pro domina de Argentone, lx. libr. ; — domino regi, de fine conpoti presentis Candelose, iii.ᶜ xxxv. libr. xvii. sol. iiii. den. — Item domino regi, de decima diocesis Xanctonensis, iii.ᶜ· l. libr. — Item domino comiti Pictavensi, iii.ᴹ· ii.ᶜ· lv. libr. xix. sol. iiii. den. turon.

Summa : iiii.ᴹ· vii.^{xx} libr. xx. sol. turon.

---

1. Ce qui suit est barré sur le compte original :

Compoti facti in Templo Parisiensi com fratre Gilone in Ascensione Domini $M^o CC^o XL^o IIII^o$.

Receptum fuit in Templo Parisiensi ab Adam Paneterio die jovis, scilicet in vigilia beate Marie Magdalene, per manum Johannis Clerici xviiiᶜ· iiii^{xx}· xiii. lib. turon. de quibus solutum fuit domino comiti Pictavensi xviiiᶜ· lib. et Ade Paneterio in festo beate Marie Magdalene liii. lib. tur., et solutum fuit Templo xl. lib. quas Adam Paneterius debebat pro magistro de Pictavia.

Compotus cum fratre Gilone de vassalamenta vendita per manus (*mot effacé*) Arimelli, civis Parisiensis, die sabbati post qui[ndenam] Candelose M°CC°XL°VII°.

Recepit frater Gilo, per manus fratris Michaelis et magistri Johannis Clerici, IIII.$^{xx\cdot}$ x. marchas, I. uncia minus, de vassalamenta plana. — Item de vasalamenta intus aurata recepit, pro plana, xxxv. marchas et dimidium.

Summa VI.$^{xx\cdot}$ v. marche et III. uncie, XLIII. sol. de parisis le marc, XIII.$^{xx\cdot}$ IX. libr. XI. sol. parisiensium.

Item de vasalamenta, deaurata intus et exterius, et coppis, LXVIII. marche, le marc XLVIII. sol. parisis, valent VIII.$^{xx\cdot}$ libr. LXIIII. sol. parisiensium.

Summa totalis : IIII.$^{c\cdot}$ XXXII. libr. xv. sol. paris. ; valent v.$^{c\cdot}$ XL. libr. XVIII. sol. IX. den. turon. — De quibus frater Gilo solvit, dicta die sabbati, domino Guillelmo Panetario patri nostro, II.$^{c\cdot}$ libr. turon. pro nobis. — Restat quod nobis debet III.$^{c\cdot}$ XL. libr. XVIII. sol. IX. den. turon. — Item debet nobis v.$^{c\cdot}$ libr. turon. positas in deposito per manus magistri J. Clerici. — Item debet III.$^{c\cdot}$ libr. turon. positas in deposito per manus dicti Johannis, qui (*sic*) traditi fuerunt mutuo magistro de Pictavia, quos idem magister solvit fratri Giloni, et nobis debentur.

Summa : XI.$^{c\cdot}$ XL. libr. XVIII. sol. IX. den. turon. qui nobis debentur in Templo.

APUREMENT

DES COMPTES DE LA MONNAIE D'OR

FABRIQUÉE A ANGERS, DU 25 NOVEMBRE 1331 AU 1er DÉCEMBRE 1333,
ET A MONTREUIL-BONNIN DU 1er MARS 1337
AU 22 FÉVRIER 1346.

Le document qui suit est une série de vérifications en la Chambre des comptes, des profits et pertes tant du Trésor que des maîtres des monnaies, dans la fabrication des espèces d'or à Angers du 25 novembre 1331 au 1er décembre 1333, et à Montreuil-Bonnin du 1er mars 1336 (1337) au 22 février 1346.

L'original fait partie des archives nationales, sous la cote Z¹ 6 902 Il provient des archives de la Cour des monnaies, et a été copié, pour les publications de la Société des archives du Poitou, par les soins de M. Anatole de Barthélemy, l'un de ses membres.

Il nous fait connaître les nombreuses variations de type, de taille, de cours des monnaies d'or de Philippe de Valois, les fréquents changements du prix du marc d'or fin. Quelques-unes de ces variations ne sont pas indiquées dans les tables de Leblanc, d'Abot de Basinghen et de Paucton, non plus que dans le glossaire de Ducange et dans le Recueil des ordonnances des rois de France.

Un seul compte, le premier, se rapporte à la monnaie d'Angers. Il y fut frappé 2,000 ROYAUX d'or, à la taille de 56 au marc et au cours de 15 sous tournois. Le marc d'or avait été payé 54 royaux. Les ateliers monétaires d'Angers dépendaient de l'hôtel de Robin Lasnier, et étaient tenus à loyer moyennant 24 livres tournois par an. Cette fabrication causa une perte au roi et fut probablement arrêtée en décembre 1333.

A la monnaie de Montreuil-Bonnin, nous voyons successivement fabriqués :

Du 1er mars 1336 (1337) au 1er février 1337 (1338), 145,000 ÉCUS d'or fin, de 54 au marc de Paris, courant pour 20 sous tournois; marc d'or payé 50 et 51 et demi écus d'or, soit 50 et 51 liv. 10 sous tournois.(¹)

Du 1ᵉʳ février 1337 (1338) au 26 novembre suivant, 36,000 écus d'or fin, même poids et même valeur; marc d'or payé 51 liv. 10 s. et 52 liv. tournois.

Du 26 novembre 1338 au 22 juin 1339, 62,800 lions d'or fin de 50 au marc, ayant cours pour 25 sous tournois; or acheté 58 liv. tourn. le marc, jusqu'au 18 janvier, 59 liv. 10 s. tourn. jusqu'au 1ᵉʳ mai, et 61 liv. 10 s. tournois après le 1ᵉʳ mai.

Du 22 juin 1339 au 18 février 1340, 62,000 pavillons d'or fin, à la taille de 48 au marc, ayant cours pour 30 sous tournois; or acheté 66 liv. t. avant le 19 août, 69 liv. et 71 liv. t. dans les derniers jours.

Du 18 février 1340 au 20 avril suivant, 10,000 couronnes d'or fin, à la taille de 45 au marc, courant pour 40 sous tournois; or acheté à 82 liv. t. le marc.

Du 20 avril 1340 au 8 février 1341, 11,000 doubles royaux, dont 5,500 d'or fin et 5,500 à 23 karats de fin, de 36 au marc, ayant cours pour 69 sous tournois; or acheté au prix de 95 liv. t. le marc avant le 10 juin, de 100 liv. du 10 juin au 1ᵉʳ août, de 104 liv. t. après ce jour jusqu'au 8 décembre, et de 108 liv. t. en dernier lieu.

Du 8 février au 1ᵉʳ juillet, chômage faute de matières d'or.

Du 1ᵉʳ juillet 1341 au 5 décembre 1342, 69,000 anges d'or fin, à la taille de 38 un tiers au marc, ayant cours pour 75 sous tournois, jusqu'au 1ᵉʳ juillet 1342, et de 42 au marc, et de 4 liv. 5 sous tourn. du 1ᵉʳ juillet au 5 décembre; or acheté 130 liv. le marc jusqu'au 14 janvier 1342, 136 liv. à partir de ce jour jusqu'au 1ᵉʳ juillet, 168 liv. du 25 juillet au 23 septembre, et 171 liv. de ce jour au 5 décembre.

Chômage du 5 décembre 1342 au 21 juin 1343 faute de matières d'or, et essai de retour à la forte monnaie à cette dernière date.

Du 21 juin au 23 août 1343, 500 écus d'or fin de 54 au marc, courant pour 20 sous tourn.; or acheté 52 écus, soit 52 liv. le marc.

---

1. Cinquante-cinq marcs six onces seulement avaient coûté ce dernier prix.

Chômage du 23 août au 22 septembre.

Du 22 septembre au 1ᵉʳ novembre 1343, 28,000 écus d'or fin, de 54 au marc, au cours de 45 sous tourn. ; or acheté 117 liv. tourn. le marc.

Du 1ᵉʳ novembre 1343 au 22 février 1346, 116.500 écus d'or fin, de 54 au marc et au cours de 16 sous 8 deniers tournois ; or acheté 43 liv. 6 s. 8 d. ou 52 écus le marc jusqu'au 27 mars 1345, 53 écus ou 44 liv. 3 s. 4 d. du 27 mars 1345 au 22 février 1346.

La monnaie d'or fabriquée à Montreuil-Bonnin du 13 novembre 1345 au 22 février 1346 fut sans doute la dernière dont le compte ait été réglé. Bientôt le château tombait au pouvoir du comte de Derby, après une vigoureuse défense des monnayeurs, qui au nombre de plus de deux cents payèrent de leur vie leur noble résistance[1]. La ville fut brûlée, et l'atelier monétaire fondé par Richard-Cœur-de-lion ne devait plus se rouvrir.

En reproduisant fidèlement ce document tel que le donne le rolle des Archives nationales, la Société n'a pas méconnu que le texte contient un assez grand nombre d'erreurs de calcul, et que le titre même présente, dès la troisième ligne, une énonciation inexacte et démentie par le document lui-même, pour le cours des royaux d'or fin fabriqués à Angers. Il ne lui appartenait pas de corriger ces erreurs, mais elle croit devoir en signaler l'existence aux personnes qui consulteront ce document.

---

1. Le premier jour, il (les Englois) ne le purent conquérir ; mais au second jour toutes gens alérent à l'assaut de si grande volenté que de force il le prissent, et entrèrent dedans Englois et Gascons et ocirent tout ceuls que il i trouvérent, et i conquissent grant finance en monnoie apparillie, et encores ne vint pas tout à congnissance. — FROISSART, 4ᵉ rédaction, édit. de M. le Baron de Lettenhove, t. V, p, 115.

MONSTEREUL-BONIN ET ANGIERS.

Cest rolle comença le premier jour de décembre l'an mil cccxxx, pour l'ouvraige des réaulz d'or fin qui orent cours pour xviii s. p. la pièce, de lvi de pois au marc de Paris, et continue le dit rolle à une boiste de deniers d'or fin à l'escu, laquelle boiste fina le xxiie jour de février l'an mil cccxlv; et fu le compte des deniers des boistes d'or contenuz ou dit rolle rendu en la chambre des comptes du Roy nostre sire à Paris, par Jehan Lambert général maistre des monnoyes du Roy nostre dit seigneur [1].

C'est l'euvre de la monnoye d'Angiers de royauls d'or, qui orent cours pour xv. s. tourn. et de lvi royauls d'or de pois au marc, à quoy l'en delivre à présent, faite en achat par Jehan Poilevilain et Josse Simon par la main Jehan de Nantes de xxv jours de novembre l'an cccxxxi, jucques au premier jour de décembre l'an cccxxxiii, fist ii^{m.} royauls d'or qui poisent audit marc xxxv mars, v onces, xv esterlins, acheté or au pris de liiii royauls le marc.

Rent pour le monnoiage xliiii l., xiii s. tour.

Ainsi rent-il pour chascun marc d'or acheté au pris dessus dit, xxv s. tour.

Item li doivent pour la fonte de la boiste qui fu escharsse [2] la xxe partie d'un quaras de loy, lx s. iiii den. tourn.

Somme qu'il doivent pour le monnoiage et pour la fonte de la boiste, xlvii l. xii s. iiii den. tourn.

Despens pour l'euvre dessus dicte.

---

1. Ces neuf lignes ne font pas partie du texte lui-même; elles forment le titre inscrit sur le dos du document, probablement par quelque officier de la Chambre des Comptes, pour le classement de la pièce dans les archives.
Le document lui-même forme un long rouleau composé d'une série de peaux cousues les unes à la suite des autres.
2. Maigre de loi, c.-à-d. au-dessous du titre.

Premièrement pour la boiste IIII royauls d'or valant à xv s. tourn. la pièce, LX s. tourn.

Et estoit la boiste escharce la xxe partie d'un quaras de loy qui est rendu dessus, e fu jugiée par les maistres des monnoyes, Nicolas de la Foy et Angre de Serbinde.

Pour le louage de l'ostel Robin Lasnier à Angiers....
(effacé ou détruit.)
duquel les fournaises sont du premier jour de décembre .... XXIIII l. tour. l'an, LXXII l. tourn.

Somme des despens LXXV l. tourn.

Ainsi demeure que l'en doit ausdiz maistres XXVII l. VI s. VIII den. tourn.

Cest le compte de l'euvre de la monnoie de Monstereul-Bonin, de deniers d'or fin à l'escu qui ont cours pour xx s. tourn., et de LIII deniers d'or de pois au marc de Paris faite en la main le Roy par Gile Chauvel et Pierre Lesculier du premier jour de mars l'an CCCXXXVI, jusque au premier jour de février l'an CCC,XXXVII. Et est assavoir que de chascun v.^c den. d'or, len met en boisté I d. d'or à l'escu, et fu trouvé que il avoit en III boistes, II^{c.} IIII^{xx.} x d. d'or à l'escu, qui font d'ouvrage CXLV^{M.} deniers d'or à l'escu, qui poisent II^{M.} VI^{c.} IIII^{xx} v mars une once et demie d'or audit marc, dont il y a or acheté au pris de L d. d'or à l'escu le marc, II^{M.}VI^{c.} XXIX mars, v onces et demie, et au pris de LI d. d'or et demi le marc, LV mars, v onces.

Rendent pour le monnoiage de chascun marc des II^{M.} VI^{c.} IIII^{xx.} v mars une once et demie d'or dessus diz, acheté au pris de L d. d'or à l'escu le marc, IIII. l. tourn., et de chascun de LV mars v onces d'or, acheté au pris de LI d. d'or et demi le marc, L s. t., qui font pour tout X^{M.} VI^{c.} LVII l. VIII s. III obol. tourn.

Item il doivent pour le foiblage de IIII^{xx.} IIII d. d'or à l'escu enclos es III boistes dessus dites qui furent trouvées foibles de pois en chascun marc, I strelin d'or, LX l. XV s.

Item il doivent pour la faute desdites boistes dont l'une contenant xxxv d. d'or fu trouvée escharse la xxiiii⁰ partie d'un quaras de loy, et les autres ii la xxᵉ partie d'un quaras de loy, iiᶜ·lxxiiii l. vi. d. tourn.

Item il doivent pour iii mars vi onces d'or qui estoient en ladicte monnoie quant l'en donnoit l l. tourn. au marc, et l'en ot commandement de donner li l. x s. tourn., cxii s. vi d. tourn.

Somme toute x_{M}· ix^{c·} iiii^{xx·} xvii l. xvi s. iii ob. tourn.

Despens pour l'euvre dessus dicte.

Premièrement, pour les iii boistes d'or dessus dites, iiᶜ· iiii^{xx·} x d. d'or à l'escu, valant à xx s. tourn. la pièce iiᶜ· iiii^{xx·} x l. tourn.

Et fu l'une des dites boistes contenant iiii^{xx·} iiii d. d'or à l'escu trouvée foible de pois en chascun marc, i strelin d'or, et l'une de xxxv d. d'or escharse la xxiiiiᵉ· partie d'un quaras de loy, et les autres ii escharses la xxᵉ partie d'un quaras de loy, qui sont rendus dessus, et furent jugiées par les maistres des monnoies Gieffroy de Mante, Robert Nicolas, Pierre le Mareschal et Nicolas Yszebarre.

Pour l'ouvrage et le monnoyage de chascun marc des ii^{M} vi^{c·} iiii^{xx·} v mars une once et demie d'or dessus diz, compté touz déchiez, taille de fers[1], foudre[2], croiseux[3], buche[4], charbon, despens, salaires, et toutes autres missions[5] et coustemens, excepté le salaire des gardes et despens extraordinaires qui se comptent à part par l'ordenance du roy et de son conseil, ii s. vi d. tourn. valant iiiᶜ· xxxv l. xiii s.

Et est assavoir que les laveures et tous les profiz et émolumens sont et demeurent ausdiz maistres.

---

1. Coins.
2. Fourneau à soufflet.
3. Creusets.
4. Bois.
5. Mises.

Somme vi^{c.} xxv l. xiii s. tourn.

Ainsi demeure que les diz maistres doivent: x^{m.} iii^{c.} LXXII l. iii s. iii ob. tour.

(Auditum in Camera Compotorum iiii^a die aprilis, anno Domini mill. cccxxxvii^o.)

C'est le compte de l'euvre de la monnaie de Monstereul-Bonnin .... à l'escu qui ont cours pour xx s. tourn., et de LIIII deniers d'or de pois au marc de Paris faite en la main le roy par .... PierreLescuelier du premier jour de février l'an cccxxxvii, jusques au vendredy xi jours de septembre l'an cccxxxviii, par tele condition qu'il auront pour ouvrage et monnoiage, tous deschiez, despens, missions et coustemens, de chascun marc d'or, ii s. vi d. tourn. et auront les laveures. Et est assavoir que de chascun v_{c.} deniers d'or l'en met i den. d'or en boiste, et fu trouvé que il avoit en deux boistes LXVI den. d'or à l'escu qui font d'ouvrage xxxiii^{M.} deniers d'or à l'escu, qui poisent audit marc, vi^{c.} xi marcs, xviii esterlins[1] d'or, dont il y a or acheté au pris de LI l. x s. tourn. le marc iiii^{xx.} iii marcs et le tiers d'un marc, et au pris de LII l. tourn. le marc, v^{c.} xxviii marcs xii esterllins d'or.

Rent pour le monnoiage de chascun des iiii^{xx.} iii marcs et le tiers d'un marc dessus diz, acheté au pris de LI l. x s. tourn. le marc, L s. tourn., et de chascun des v^{c.} xxviii marcs xii esterllins, acheté au pris de LII l. tourn. le marc, XL s. tourn., qui sont pour tout xii^{c.} LXIII l. xvii s. x d. tourn.

Item il doivent pour la faute de la boiste qui fu trouvée escharse xxe. partie d'un quaras de loy, LXVI l. iiii s. i d. tourn. Et fu ladite boiste trouvée forte de pois en chascun marc i strelin d'or, qui est prins en la despense ci-dessous.

---

1. Esterlin ou strelin, cent soixantième partie du marc, ou vingtième de l'once, soit 22 grains et quatre cinquièmes de grain.

Item il doivent pour l'or qui estoit en ladite monnoie, quand l'en donnoit LI l. x s. tourn. au marc d'or, et l'en ot commandement de donner LII l., XLV s.

Somme   XIII XXXII l. VI s. XI d. tourn.

Despense pour l'euvre dessus dite.

Premièrement, pour la boiste des deniers d'or à l'escu dessus diz, LXVI d. d'or, valent à XX s. tourn. la pièce, LXVI l. tourn. Et es'oit la boiste escharse la XXe partie d'un quaras de loy qui e,t rendus dessus, et fu jugiée par les maistres des monnoies, Gieffroy de Mante, Robert Nicolas, P. Le Mareschal et Bethin de Saint-Denis.

Item pour la force de ladite boiste qui fu trouvée forte de pois en chascun marc I strelin d'or, XLIX l. XI s. X d. ob. tourn. Pour l'ouvrage et le monnoiage de chascun des VI^c. XI marcs VIII esterllins d'or dessus diz, compté touz déchiez, taille de fers, foudre, busche, charbon, croiseux, et toutes autres missions et coustemens, excepté le salaire des gardes et despens extraordinaires qui se comptent à part par l'ordenance du roy et de son conseil, II s. VI d. tourn, valent LXXVI l. VII s. X d. tourn.

Somme IX$^{xx.}$ XII. l. VIII d. ob. tourn.

Ainsi demeure que les maistres doivent XI$_c$. XL l. VI s. II d. ob. tourn.

(Auditum in Camera Compotorum XVII die novembris, anno Domini mill. CCCXXXVIII°.)

Cest le compte de l'euvre de la monnoie de Monstereul-Bonin de deniers d'or fin à l'escu, qui ont cours pour XX s. tourn. et de LIII d. d'or de pois au marc de Paris, faite en achat par Gile Chuvel et Pierre Lescuelier de XI jours de septembre l'an CCCXXXVIII, jusques à XXVI jours de novembre en cel an, par tele condition que il auront pour ouvrage et monnoiage et tous déchiez, missions et coustemens, de chascun marc d'or xxix deniers tourn. et auront les laveures. Et est assavoir que de chascun v^c deniers d'or l'en met i den. d'or en boiste. Et fu trouvé qu'il avoit en la boiste vi d. d'or à l'escu, qui font d'ouvrage iii^m d. d'or à l'escu, qui poisent audit marc lv marcs iiii onces et demie, acheté l'or au pris de liii l. tourn. le marc.

Rendent pour le monnoiage de chascun des lv marcs iiii onces et demie d'or dessus diz, xl s. tourn. qui font cxi l. ii s. vi d. tourn.

Item il doivent pour la faute de la boiste qui fu trouvée escharsse la xiie partie d'un quaras de loy, x. l. tourn.

Somme : vi^{xx} i l. ii. s. vi d. tourn.

Despens pour l'euvre dessus dite.

Premier, pour la boiste, vi den. d'or à l'escu val. à xx s. tourn. la pièce, vi l. tourn. Et estoit la boiste escharse la xiie partie d'un quaras de loy, qui est rendus dessus. Et fu jugiée par les maistres des monnoies Jehannin de Mante, Fleure Bare et Pierre Oscruy.

Pour l'ouvrage et le monnoiage de chascun des lv marcs iiii onces et demie d'or dessus dis, compté tous déchiez, mises et coustemens, excepté les gaiges des gardes qui sont paiés par le compte de la monnoie blanche et noire, xxix d. tourn. valant vi l. xi s. vi d. tourn.

Somme : xii l. xi s. vi d. tourn.

Ainsi demeure que les maistres doivent cviii l. xi s. tourn. à paier i den. d'or à l'escu pour xx s. tourn.

(Auditum in Camera Compotorum xx die martii, anno mill. cccxxxviii°.)

C'est le compte de la monnoie de Monstereul-Bonin, de deniers d'or fin au lyon, qui ont cours pour xxv s. tourn. et de l d. d'or de pois au marc de Paris, faite en achat par Gile Chauvel et Pierre Lescuelier, de xxvi jours de novembre l'an cccxxxviii, jusques au xxiiie jour de décembre en cel an, par tele condicion que il auront pour ouvrage et monnoiage, et touz déchiez, missions et coustemens de chascun marc de deniers d'or au lyon xxix d. tourn., et auront les laveures; et est assavoir que de chascun v^{c.} deniers d'or l'en met i denier d'or, et fu trouvé qu'il avoit en la boiste xv deniers d'or au lyon qui font d'euvrage vii^m v^{c.} deniers d'or au lyon qui poisent vii^{xx.} x marcs, acheté or au pris de lviii l. tourn. le marc.

Rendent pour le monnoiage de chascun des vii^{xx} x marcs d'or dessus dis, acheté or au pris de lviii l. tourn. le marc, iiii l. x s. tourn. qui font vi^{c.} lxxv l. tourn.

Item il doivent pour la faute de la boiste qui fu trouvée escharse la xiiiie partie d'un quaras de loy, xxvi l. tourn.

Item il doivent pour l'or qui estoit en ladite monnoie quant l'en donnoit lviii l. tourn. au marc d'or, et l'en ot commandement de donner lix l. x s ; et pour ii^{c.} xl deniers d'or au lyon, que les maistres devaient à la boiste xvi l. xi s. iii d. tourn.

Somme : vii^{c.} xvii l. xi s. iii d.

Despens pour l'euvre dessus dite.

Premier, pour la boiste, xv deniers d'or au lyon valent à xxv s. tourn. la piece xviii l. xv s. tourn. Et estoit la boiste escharse la xiiiie partie d'un quaras de loy, qui est rendus dessus, et fu jugiée par les maistres des monnoies Jehannin de Mante, Pierre Oscruy et Floure Barre.

Pour l'ouvrage et le monnoiage de chascun des vii^{xx.} x marcs d'or dessus dis, compté touz déchiez, missions et coustemens, excepté le salaire des gardes qui sont pris par le compte de la monnoie dessus dite blanche et noire de ce temps, xxix d. tourn., valent xix l. ii s. vi d. tourn.

Somme : xxxvii l. xvii s. vi d.

Ainsi demeure que les maistres doivent vi^{c.} lxxix l. xiii s. ix d. tourn. à paier i denier d'or au lyon pour xxv s. tourn.

(Auditum in Camera Compotorum xx die martii anno mill. xxxviii^o.)

C'est le compte de l'euvre de la monnoie de Monstereul-Bonin, de deniers d'or fin au lyon qui ont cours pour xxv s. tourn. et de L de pois au marc de Paris, faite en achat par Pierre de Betaille de xxiii jours de décembre l'an cccxxxviii jusques au premier jour de may l'an cccxxxix, par tele condicion que il aura pour ouvrage et monnoiage et touz déchiez, missions et coustemens de chascun marc d'euvre de deniers d'or fin ii s. vi. d. tourn. Et aura les laveures. Et est assavoir que de chascun v^c deniers d'or l'en met i d. d'or en boiste. Et fu trouvé qu'il avoit en ii boistes cx deniers d'or au lyon, qui font LV^M deniers d'or d'ouvrage, qui poisent xi^c marcs d'or, dont il y a or acheté au pris de LVIII l. tourn. le marc, iii^c iiii^{xx} mars d'or, et au pris de LIX l. x s. tourn. vii^c xx marcs. Et se fist la creue de xxx s. tourn. par marc xviii^c jour de janvier l'an cccxxxix.

Rent pour le monnoiage de chascun des iii^c iiii^{xx} mars d'or dessus dis, acheté or au pris de LVIII l. tourn. le marc, iiii l. x s. tourn. et de chascun des vii^c xx marcs acheté or au pris de LIX l. x s. tourn. le marc, LX s. tourn., qui font pour tout iii^M viii^c LXX l. tourn.

Item il doit pour la faute desdites boistes qui furent trouvées escharsses la xiiiie partie d'un quaras de loy, ix^{xx} xiii l. iiii s. ii d.

Item il doit pour le foiblage desdites boistes qui furent trouvées foibles de pois en chascun marc, i demi strelin d'or, L l. xiii s. ix d. tourn.

Item il doit pour la croissance de xii mars d'or qui estoient de garnison en ladite monnoie quant l'en donnoit LVIII l. tourn. au marc d'or, et l'en ot commandement de donner LIX l. x s. tourn., xxx s. tourn. pour chascun marc, valent xviii l.

Item pour ce meismes quant l'en donnoit LIX l. x s. tourn. au marc d'or et l'en ot commandement de donner LXI l. x s. tourn., iii mars ii onces xv estrelins d'or, XL s. tourn. pour marc, valent c s. iiii d. tourn.

Somme : iiii^{m.} cxxxvi l. xviii s. iii d. tourn.

Despens pour l'euvre dessus dite.

Premièrement, pour les ii boistes des deniers d'or dessus dis cx deniers d'or au lyon valant à xxv s. tourn. la pièce, vi^{xx.} xvii l. x s. tourn. Et furent trouvées escharsses la xiiiie. partie d'un quaras de loy, et foibles de pois en chascun marc demi strelin d'or qui sont rendus dessus. Et furent jugiées par les maistres des monnoies Nicolas Yszebarre, Nicolas Delandes, Raoulet Maillart et Jehannin de Mante.

Pour l'ouvrage et le monnoiage de chascun des xi^{c.} mars d'or dessus dis, comptés touz déchiez, missions et coustemens, excepté le salaire des gardes qui sont paiés par le compte de la monnoie blanche et noire de Monstereul-Bonin, ii s. vi d. tourn. par marc, valent vi^{xx.} xvii l. x s. tourn.

Somme : ii^{c.} lxxv l. tourn.

Ainsi demeure que le maistre doit iii^{m.} viii^{c.} lxi l. xviii s. iii d. tourn. à paier i denier d'or au lyon pour xxv s. tourn.

(Auditum in Camera Compotorum Parisius xiiii die julii mill. cccxxxix.)

C'est le compte de l'euvre de la monnoye de Monstereul-Bonnin de deniers d'or fin au lyon qui ont cours pour xxv s. tourn., et de l de poys au marc de Paris, faite en achat par Pierre de Betaille du premier jour de may l'an cccxxxix jusques à xxii jours de juing ensuivant, par tele condicion que il aura pour ouvrage et monnoiage et touz déchiez, missions et coustemens de chascun marc d'euvre ii s. vi d. tourn. Et est assavoir que de chascun v^{c.} deniers d'or l'en met i d. d'or en boiste; et avoit en la boiste i denier d'or, qui fait v^{c.} deniers d'or d'ouvrage qui poisent audit marc x mars d'or, acheté or au pris de lxi l. x s. tourn. le marc.

Rent pour le monnoyage de chascun des x marcs d'or dessus dis xx s. tourn. qui font x l. tourn.

Item il doit, pour la faute de la boiste qui fu trouvée escharse la xviii⁰ partie d'un quaras de loy, xxvi s. tourn.

Somme : xi l. vi s. tourn.

Despens pour l'euvre dessus dite.

Premièrement, pour la boiste, i denier d'or au lyon vault xxv s. tourn. Et estoit la boiste escharsse la xviii⁰ partie d'un quaras de loy qui est rendu dessus, et fu jugiée par les maistres des monnoies Nicolas Yszebarre. . . . .

Pour l'ouvrage et le monnoyage de chascun des x marcs d'or dessus diz, compté tous déchiez, missions et coustemens, ii s. vi d. tournois valant xxv s. tourn.

Somme : l s.

Ainsi demeure que le maistre doit viii l. xvi s. tourn. à paier i d. d'or au lyon pour xxv s. tourn.

———

C'est le compte de l'euvre de la monnoye de Monstereul-Bonnin de deniers d'or fin au paveillon, qui ont cours pour xxx s. tourn. et de xlviii de pois au marc de Paris, faite en achat par Pierre de Betaille, d'eu xxii⁰ jour de juing l'an cccxxxix jusques à xvi jours de novembre ensuyvant, par tele condicion que il aura pour ouvrage et monnoyage, et touz déchiez, missions et coustemens de chascun marc d'or iii s. vi d. tourn. Et est assavoir que de chascun v⁰ deniers d'or l'en met i denier d'or en boiste, et fu trouvé en ii boistes cxix deniers d'or au paveillon, qui font lix^{m.} v⁰ deniers d'or d'ouvrage, et poisent xii⁰ xxxix mars, iiii onces, xiii estrelins d'or, dont il y a or acheté au pris de lxvi l. tourn. le marc, iiii⁰ lviii mars, ii onces, xiii estrelins, et au pris de lxix l. tourn. le marc vii⁰ iiii^{xx} i marc ii onces. Et se fist la creue le xix⁰ jour d'aoust l'an dessus dit.

Rent pour le monnoyage de chascun des iiii⁰ lviii mars ii onces xiii estrelins d'or acheté au pris de lxvi l. tourn., le marc, vi l. tourn., et de chascun des vii⁰ iiii^{xx} i mars ii onces au pris de lxix l. tourn. le marc, lx s. tourn., qui font pour tout v^{m.} iiii^{xx.} xiii l. xv s. vi d.

Item il doit pour la faute des distes boistes qui furent trouvées escharsses l'une la xviie. partie d'un quaras de loy, et l'autre la xviiie., ii^{c.} ii l. iiii s. x d.

Item il doit pour le foiblage des dites boistes qui furent trouvées foibles de pois en chascun marc demy-strelin d'or, lxv l. xii s. iii d. tourn.

Item pour l'or qui estoit de garnison en ladite monnoie quant l'en donnoit lxvi l. tourn. au marc d'or, et l'en ot commandement de donner lxix l. tourn., iiii mars d'or en sizaille, lx s. tourn. pour marc, xii l.

Somme : v^{m.} iii^{c.} lxxiii l. xii s. vii d. tourn.

Despens pour l'euvre dessus dite.

Premier, pour les ii boistes des deniers d'or cxix deniers d'or au paveillon valant à xxx s. tourn. la pièce, viii^{xx.} xviii l. x s. Et furent trouvées escharses l'une la xviie. partie d'un quaras de loy, et l'autre la xviiie qui sont rendus dessus. Et furent jugiées par les maistres des monnoies, Robert Nicolas, Nicolas Yszebarre, Nicolas Barace, Raoulet Maillart et Jehannin de Mante.

Pour l'ouvrage et monnoyage de chascun des xii^{c.} xxxix mars iiii onces xiiii estrelins d'or dessus diz, compté touz déchiez, missions et coustemens iii s. vi d. tourn. pour marc, ii^{c.} xv l., iii s., v d. tourn.

Somme : iii^{c.} iiii^{xx.} xiii l. xiii s. v d. tourn.

Ainsi demeure que le maistre doit, iiii^{m.} ix^{c.} lxxix l. xix s. ii den. tour., à paier i denier d'or au pavillon pour xxx s. tourn.

C'est le compte de l'euvre de la monnoie de Monstereul-Bonnin de deniers d'or fin au paveillon, qui ont cours pour xxx s. tourn. la pièce et de xlviii de pois au marc de Paris, faite en achat par Pierre de Betaille de xvi jours de novembre, l'an cccxxxix, jusques à xviii jours de février ensuivant, par tele condition que il aura pour ouvrage et monnoyage et tous déchiez, missions et coustemens de chascun marc d'or iii s. vi d. tourn. Et est assavoir que de chascun v^{c.} deniers d'or l'en met i denier d'or en boiste. Et avoit en la boiste v deniers d'or au paveillon, qui font ii^{m.} v^{c.} deniers d'or d'ouvrage, et poisent lii mars et les deus parts d'une once d'or, dont il en ot acheté or au pris de lxix l. tourn. le marc, xx marcs vi onces xiii estrelins, et au pris de lxxi l. tourn. le marc, xxxi mars ii onces.

Rent pour le monnoiage de chascun des xx marcs vi onces xiii esterlins d'or, acheté au pris de lxix l. tourn. le marc, lx s. tourn. Et de chascun des xxxi mars ii onces d'or, acheté au pris de lxxi l. tourn. le marc, xx s. tourn., qui font pour tout iiii^{xx.} xiii l. v s. tourn.

Item, il doit pour la faute de la boiste qui fu trouvée escharse la xxe. partie d'un quaras de loy, vii l. xiii s. drois de pois.

Somme : c l. xviii s. tourn.

Despens pour l'euvre dessus dite.

Premièrement, pour la boiste de v deniers d'or au paveillon valant à xxx s. tourn. la pièce, vii l. x s. tourn. Et fu trouvée escharse la xxe partie d'un quaras de loy qui est rendu dessus. Et fu jugiée par les maistres des monnoies Nicolas de Landes, Nicolas Yszebarre.

Pour l'ouvrage et monnoiage de chascun des lii mars et les ii parties d'une once d'or dessus diz, compté touz déchiez, missions et coustemens, iii s. vi d. tourn., valant ix l. iiii s. iiii d.

Somme : xvi l. xiiii s. iiii d. tourn.

Ainsi demeure que le maistre doit : iiii^{xx.} iiii l. iii s. viii d. tourn, à paier i denier d'or au paveillon pour xxx s. tourn.

(Auditum in Camera Compotorum xviii die octobris anno Domini mill. ccc xl.)

C'est le compte de l'euvre de la monnoye de Monstereul-Bonnin de deniers d'or fin à la couronne qui ont cours pour xl s. tourn. la pièce et de xlv de pois au marc de Paris, faite en achat par Pierre de Betaille de xviii jours de février l'an cccxxxix jusques à xx jours d'avril l'an cccxl, par tele condicion que il aura pour ouvrage et monnoiage et touz déchiez, missions et coustemens de chascun marc d'or iiii s. vi d. tourn. Et est assavoir que de chascun v$^{c.}$ den. d'or l'en met i denier d'or en boiste, et avoit en la boiste xx deniers d'or qui font d'ouvrage x$^{m.}$ deniers d'or, poisent ii$^{c.}$ xxii marcs xxxvii esterlins ob. d'or, acheté or au pris de iiii$^{xx.}$ ii l. tourn. le marc.

Rent pour le monnoiage de chascun des ii$^{c.}$ xxii mars xxxvii esterlins ob. d'or dessus diz, acheté or au pris de iiii$^{xx.}$ ii l. tourn. le marc, viii l. qui font xvii$^{c.}$ lxxvii l. xvii s. vi d. tourn.

Item il doit pour la faute de la boiste qui fu trouvée escharsse la xxe partie d'un quaras de loy, xxxvii l. xiiii s.

Item pour le foiblage de la dite boiste qui fu trouvée foible de pois en chascun marc les iii pars d'un strelin, xxi l. v s. iiii d. tourn.

Somme : xviii$^{c.}$ xxxvi l. xvi s. x d. tourn.

Despens pour l'euvre dessus dite.

Premier, pour la boiste de xx deniers d'or à la couronne valant à xl s. tourn. la pièce xl l. Et fu trouvée escharsse la xxe partie d'un quaras de loy, et foible de pois en chascun marc les iii pars d'un strelin, qui sont rendus dessus. Et fu jugiée par les maistres des monnoies, Nicolas de Landes, et Nicolas Yszebarre.

Pour l'ouvrage et monnoyage de chascun des ii · xxii mars xxxvii estrelins d'or dessus diz, compté touz déchiez, missions et coustemens, excepté le salaire des gardes, iiii s. vi d. tournois, valant l l.

Somme : iiii$^{xx.}$ x l. tourn.

Il demeure que le maistre doit : xvii$^{c.}$ xlvi l. vi s. x den. tourn. à payer le denier à la couronne pour xl s. tourn.

(Auditum in Camera Compotorum xxiiii die octobris anno Domini mill. ccc. xl.)

C'est le compte de l'euvre de la monnoye de Monstereul-Bonnin de deniers doubles d'or fin qui ont cours pour lx s. tourn. la pièce et de xxxvi de pois au marc de Paris, fait en achat par Jehan Brunot de xx jours d'avril l'an cccxl, jusques à x jours de juing ensuyvant, par tele condicion que il aura pour ouvrage et monnoyage, et tout déchiez, missions et coustemens de chascun marc d'or viii s. tourn. Et est assavoir que de chascun v$^{c.}$ deniers d'or l'en met i denier d'or en boiste, et avoit en la boiste xi doubles d'or qui font v$^{м.}$ v$^{c.}$ deniers d'or d'ouvrage, et poisent vii$^{xx.}$ xii mars vi onces iiii estrelins ob. d'or, acheté or au pris de iiii$^{xx.}$ xv l. tourn. le marc.

Rent pour le monnoiage de chascun des vii$^{xx.}$ xii marcs vi onces iiii estrelins ob. d'or fin dessus diz, acheté or au pris de iiii$^{xx.}$ xv l. tourn. le marc, xiii l. tourn., qui font xix$^{c.}$ iiii$^{xx.}$ vi l. ii s. iiii d. tourn.

Item il doit pour la faute de la boiste qui fu trouvée escharsse la xxe partie d'un quarat de loy, xxx l. iiii s. viii d. tourn. Et fu droite de pois.

Somme : ii$^{м.}$ xvi l. vii s. tourn.

Despens pour l'euvre dessus dite.

Premièrement, pour la boiste de xi doubles d'or à lx s. tourn. la pièce, valant xxxiii l. Et fu trouvée escharsse la xxe partie d'un quarat de loy, qui est rendu dessus. Et fu jugiée par les maistres des monnoies Nicolas et Flore Yszebarre.

Pour l'ouvrage et monnoyage de chascun des vii$^{xx.}$ xii marcs vi onces iiii estrelins ob. d'or dessus diz, compté touz déchiez, missions et coustemens, viii s. tourn., lxi l. ii s. tourn.

Pour la creue du monnoiage aux monnoiers de chascun c deniers d'or monnoier plus que il ne souloient avoir, vi d. tourn., xxvii s. vi d. (Mémoire de li faire rendre.)

Somme : iiii^{xx} xv l. ix s. vi d.

Ainsi demeure que le maistre doit : xix^c xx l. xvii s. vi d. tourn., à paier i double d'or pour lx s. tourn.

C'est le compte de l'euvre de la monnoie de Monstereul-Bonnin de deniers doubles d'or à xxiii quaras d'or fin et i quarat de tenue [1], qui ont cours pour lx s. tourn. la pièce, et de xxxvi de pois au marc de Paris, faite en achat par Jehan Brunot de x jours de juin l'an cccxl, jusques au premier jour d'aoust après ensuyvant. Par tele condicion que il aura pour ouvrage et monnoiage et touz déchiez, missions et coustemens, pour chascun marc d'or, xii s. tourn. Et est assavoir que de chascun v^c deniers d'or l'en met i denier d'or en boiste. Et avoit en la boiste ii doubles d'or qui font d'ouvrage mil deniers d'or, et poisent xxvii mars vi onces iiii estrelins ob. d'or, acheté or au pris de ciiii l. [2] tourn. le marc.

Rent pour le monnoiage de chascun des xxvii mars vi onces iiii estrelins ob. d'or dessus diz, acheté or au pris de c l. tourn. le marc, xii l. iii. s. iiii d. tourn. qui font iii^c xxxvii l. xix s. iiii d. tourn.

Item il doit pour la faute de la boiste qui fu trouvée escharsse la xxe partie d'un quarat de loy cxv s. viii d. tourn.

Somme : iii^c xliii l. xv s. tourn.

Despens pour l'euvre dessus dite.

Premier, pour la boiste de ii doubles d'or valant à lx s. t. la pièce vi l. Et fu trouvée escharsse la xxe partie d'un quarat de loy qui est rendu dessus, et fu jugiée par les maistres de monnoie Nicolas et Flore Yszebarre.

---

1. Tenue, alliage sans valeur, *tenue metallum*.
2. Le prix doit être c. livres, comme il est dit à l'alinéa suivant.

Pour l'ouvrage et monnoiage de chascun des xxvii mars vi onces iiii estrelins ob. d'or dessus diz, compté tous déchiez, missions et coustemens, xii s. tourn., valant xvi l. xiii s. iii d. tourn.

Somme : xxii l. xiii s. iii d. tourn.

Ainsi demeure que le maistre doit : iii^c xxi l. xxi d. tourn., à paier i double d'or pour lx s. tourn.

C'est le compte de l'euvre de la monnoie de Monstereul-Bonnin de deniers doubles d'or à xxiii quaras d'or fin, et un quarat de tenue, qui ont cours pour lx s. tourn. la pièce et de xxxvi de pois au marc de Paris, faite en achat par Jehan Brunot du premier jour d'aoust l'an cccxl jusques à viii jours de décembre ensuyvant, par tele condicion que il aura pour ouvrage et monnoiage et touz déchiez, missions et coustemens de chascun marc d'or xii s. tourn. Et est assavoir que de chascun v^c deniers d'or l'en met i denier d'or en boiste, et avoit en la boiste vi deniers doubles d'or, qui font iii^{m.} deniers d'or d'ouvrage, et poisent iiii^{xx}iii mars et le tiers d'un marc d'or, acheté or au pris de cui l. tourn. le marc.

Rent pour le monnoiage de chascun des iiii^{xx}iii mars et le tiers d'un marc d'or dessus dis, acheté or au pris de cui l. tourn. le marc, viii l. vi s. viii d. tourn. qui font vi^{c.} iiii^{xx} et xiii l. viii s. x d. ob. tourn.

Item il doit pour la faute de la boiste qui fu trouvée escharsse la xxe. partie d'un quarat de loy, xviii l. xiii d. tourn. Et fu droite de pois.

Somme : vii^{c.} xii l. ix s. xi d. ob. tourn.

Despens pour l'euvre dessus dite.

Premier, pour la boiste des vi deniers doubles d'or dessus dis, valant à lx s. tourn. la pièce, xviii l. tourn. Et fu trouvée escharsse la xxe. partie d'un quarat de loy qui est rendu dessus, et droite de pois. Et fu jugiée par les maistres des monnoies, Nicolas Yszebarre, Pierre le Mareschal et Nicolas de Landes.

Pour l'ouvrage et monnoiage de chascun des iii^{xx}iii mars et le tiers d'un marc d'or dessus dis, xii s. tourn., valant xlvi l. tourn.

Somme : lxiiii l. tourn.

Ainsi demeure qu'il doit vi^c. xlviii l. ix s. xi d. ob., à paier i double d'or pour lx s. tournois.

(Auditum in Camera Compotorum xiiii die marcii m^o cccxl^o.)

Cest le compte de l'euvre de la monnoie de Monstereul-Bonnin de deniers doubles d'or de xxiii quaras d'or fin, un quarat de tenue, qui ont cours pour lx s. tourn. la pièce, et de xxxvi de pois au marc de Paris, faite en achat par Jehan Brunot de viii jours de decembre l'an cccxl, jusques à viii jours de février ensuyvant, par tele condicion que il aura pour ouvrage et monnoiage et touz déchiez, missions et coustemens de chascun marc d'or xii s. tourn. Et est assavoir que de chascun v^c. deniers d'or l'en met i denier d'or en boiste, et avoit en la boiste iii doubles d'or qui font d'ouvrage xv^c. den. d'or, et poisent xli mars, v onces, vii estrelins d'or, acheté or au prix de cviii l. tourn. le marc.

Rent pour le monnoiage de chascun des xli mars v onces vii estrelins d'or dessus dis, acheté or au pris de cviii l. tourn. le marc, iiii l. x s. tourn. qui font ix^{xx}vii l. x s. tourn.

Item il doit pour la faute de la boiste qui fu trouvée escharsse la xxe. partie d'un quarat de loy ix l. vii s. vi d. tourn. Et fu droite de pois.

Item il doit pour trop prins sur le roy en la despense de son compte précédent rendu à court de xx jours d'avril l'an cccxl, jusques à x jours de juing ensuivant, où il est prins sur le roy pour chascun marc d'ouvrage et monnoiage d'or de vii^{xx}. xii mars vi onces iiii estrelins ob., viii s. tourn. et il n'en devoit prendre que iiii s. vi d. tourn., iii s. vi d. pour marc; valent xxvi l. xiii s. ix d.

Somme : ii^c. xxiii l. xii s. iii d. tourn.

Despens pour l'euvre dessus dite.

Premier, pour la boiste des III deniers doubles d'or valant à LX s. t. la pièce, IX l. Et fu trouvée escharsse la XXe. partie d'un quarat de loy qui est rendu dessus, et droite de pois. Et fu jugiée par les maistres des monnoies, Nicolas Yszebarre, Pierre le Mareschal et Nicolas de Landes.

Pour l'ouvrage et monnoiage de chascun des XLI mars V onces VII estrelins d'or dessus diz, compté touz déchiez, missions et coustemens, XII s. tourn. valant XXV l. tourn.

Somme : XXXIIII l. tourn.

Ainsi demeure qu'il doit : IX_{xx}IX l. XII s. III d. tourn., à paier I double d'or pour LX s. tourn.

(Auditum in Camera Compotorum XIIII die martii M°CCCXL°.)

C'est le compte de l'euvre de la monnoie de Monstereul-Bonin, de deniers d'or fin à l'angle[1] qui ont cours pour LXXV s. tourn. la pièce, et de XXXVIII et I tiers de pois au marc de Paris, faite en achat par Estienne Cabrier de saint Jehan d'Angeli, du premier jour de jullet l'an CCCXLI jusques au XVI jours d'octembre ensuivant, par telle condicion que il aura pour ouvraige et monnoiage et tous déchiez, missions et coustemens de chascun marc d'euvre de deniers d'or fin à l'angle V. s. tourn. Et est assavoir que de chascun V^{c.} deniers d'or l'en met I denier d'or en boiste. Et avoit en la boiste LIIII deniers d'or à l'angle qui font XXVII^{m.} deniers d'or à l'angle, et poisent VII^c IIII mars II onces XVI esterlins ob., acheté or au pris de VI^{xx}X l. tourn. le marc, et est assavoir que la dite monnoie chosma par deffaut de billon d'or de VIII jours de février l'an CCCXL jusques au dessus dit premier jour de jullet l'an CCCXLI.

Rent pour le monnoiage de chascun des VII^c IIII mars II onces XVI esterlins ob. d'or dessus diz, acheté or au pris

---

1. Angle, contraction d'Angelus. — Anges d'or ou Angelots.

de vi^{xx}x l. tourn. le marc, xiii l. xv s. tourn. qui font ix$^{m.}$ vi$^{c.}$ iiii^{xx}iiii l. xvi s. iii d. tourn.

Item il doit pour la faute de la boiste qui fu trouvée escharsse la xviii$^{e.}$ partie d'un quarat de loy ii$^{c.}$ xii l. ix d. tourn.

Item pour le foiblage de ladite boiste qui fu trouvée foible de pois en chascun marc demi strelin d'or lxxi l. xi s. v. d. tourn.

Somme : ix$^{m.}$ ix$^{c.}$ lxviii l. viii s. v d. tourn.

Despens pour l'euvre dessus dite.

Premier, pour la boiste des liii deniers d'or fin à l'angle dessus diz valent à lxxv s. tourn. la pièce ii^{c}ii l. x s. tourn. Et fu trouvée escharsse la xviii$^{e.}$ partie d'un quarat de loy, et foible de pois en chascun marc demi strelin d'or qui sont rendus dessus, et fu jugiée par les maistres des monnoies Nicolas Yszebarre, Pierres le Mareschal, et Philippe Austorde.

Pour l'ouvraige et monnoiage de chascun des vii$^{c.}$ iiii mars ii onces xvi esterlins d'or dessus diz, compté tous déchiés, missions et coustemens, v. s. tourn., valent viii^{xx}xvi l. xxi d. tourn.

Somme : iii$^{c.}$ lxxviii l. xi s. ix d. tourn.

Ainsi demeure que il doit ix$^{m.}$ v$^{c.}$ iiii^{xx}ix l. xvi s. viii d. tourn., à paier i denier d'or fin à l'angle pour lxxv s. tourn.

(Auditum die xiiii decembris mcccxli.)

C'est le compte de l'euvre de la monnoie de Monstereul-Bonnin de deniers d'or fin à l'angle qui ont cours pour lxxv s. tourn. la pièce et de xxxviii et un tiers de pois au marc de Paris, faite en achat par Estienne Cabrier de St Jehan d'Angeli, de xvi jours d'octobre l'an cccxli jusques à xvii jours de mars ensuivant, par tele condicion que il aura pour ouvraige et monnoiage et tous déchiés, missions et coustemens de chascun marc d'euvre de deniers d'or fin à l'angle v s. tourn. Et est assavoir que de chascun v$^{c.}$ deniers d'or l'en met I denier d'or en boiste. Et avoit en II boistes x deniers d'or fin à l'angle qui font v^m deniers d'or fin à l'angle, et poisent vi^{xx} x mars III onces x esterlins dont il y a or acheté au pris de vi^{xx}x l. tourn. le marc, LXXVIII mars II onces II esterlins, et au pris de vi^{xx} xvi l. tourn. le marc, LII mars une once VIII esterlins. Et se fist la creue le xiiiie jour de janvier l'an CCCXLI.

Rent pour le monnoiage de chascun des LXXVIII mars II onces II esterlins d'or dessus diz, acheté or au pris de vi^{xx} l. tourn. le marc, XII l. XV s. tourn., et de chascun des LXX mars une once VIII esterlins, acheté or au pris de vi^{xx}xvi l. tourn. le marc, VI l. XV s. tourn., qui font pour tout xiiie iiii^{xx} l. IX s. V d. tourn.

Item il doit pour la faute de la boiste qui fu trouvée escharsse la xviiie partie d'un quarat de loy, XXXIX l. XIX s. IIII d. tourn.

Et fu trouvée droite de pois.

Somme : xve XX l. VIII s. IX d. tourn.

Despens pour l'euvre dessus dite.

Premier, pour les deux boistes des x deniers d'or fin à l'angle dessus dis, valent à LXXV s. tourn. la pièce XXXVII l. X s. tourn. Et furent lesdites boistes trouvées escharsses la xviiie partie d'un quarat de loy, qui est rendu dessus, et droites de pois. Et furent jugiées par les maistres des monnoies Nicolas Yszebarre, Philippe Austorde et Colin Le Fournier.

Pour l'ouvraige et monnoiage de chascun des vi^{xx}x mars III onces x esterlins d'or dessus diz, compté tous déchiez, missions et coustemens V s. tourn., valent XXXII l. XII s. II d. tourn.

Somme : LXX l. II s. II d. tourn.

Ainsi demeure qu'il doit : xiiie L l. VI s. VII d. tourn., à paier I denier d'or fin à l'angle pour LXXV s. tourn.

C'est le compte de l'euvre de la monnoie de Monstereul-Bonin, de deniers d'or fin à l'angle qui ont cours pour lxxv s. tourn. la pièce et de xxxviii et un tiers de pois au marc de Paris, faite en achat par Estienne Cabrier de Saint-Jehan d'Angeli de xvii jours de mars l'an cccxli jusques au premier jour de juillet ensuivant l'an cccxlii, par tele condicion que il aura pour ouvrage et monnoiage et tous déchiez, missions et coustemens de chascun marc d'euvre de deniers d'or fin à l'angle v s. tourn. Et est assavoir que de chascun v^c· deniers d'or fin l'en met i denier d'or en boiste. Et avoit en la boiste viii deniers d'or fin à l'angle, qui font iiii^m· deniers d'or, et poisent ciii mars ii onces xvi estrellins, acheté or au pris de vi^{xx}xvi l. tourn. le marc.

Rent pour le monnoiage de chascun des ciii marcs ii onces xvi estrellins d'or dessus diz, acheté or au pris de vi^{xx}xvi l. tourn. le marc, vii l. xv s. tourn. qui font viii^c viii l. xiiii s. iii d. tourn.

Et fu la boiste droite de pois, et escharse la xxe· partie d'un quarat de loy qui monte : xxiv l. vi s. iii d.

Somme : viii^c· xxxviii l. v s. xi d. tourn.

Despens pour l'euvre dessus dite.

Premierement, pour la boiste des viii deniers d'or fin à l'angle dessus dis, valent à lxxv s. tourn. la pièce xxx l. tourn. Et fu la boiste trouvée droite de pois. Et escharse la xxe· partie d'un quarat de loy qui est rendu dessus. Et fu jugiée par les maistres des monnoies Nicolas de Landes, Nicolas Yszebarre et Pierre Le Mareschal.

Pour l'ouvrage et monnoiage de chascun des ciii marc ii onces xvi estrellins d'or dessus dis, compté tous déchiez, missions et coustemens v s. tourn., valent xxvi l. xxi d. tourn.

Somme : lvi l. xxi d. tourn.

Ainsi demeure qu'il doit : vii^c iiii^{xx}ii l. iii s. ix d. tourn., à paier i denier d'or fin à l'angle lxxv s. tourn.

— 259 —

C'est le compte de l'euvre de la monnoie de Monstereul-Bonin, de deniers d'or fin à l'angle qui ont cours pour iiii l. v s. tourn. la pièce et de xlii de pois au marc de Paris, faite en achat par Estienne Cabrier de Saint-Jehan d'Angeli du premier jour de juillet l'an cccxlii, jusques à xxv jours d'iceli meisme mois, par tele condicion que il aura pour ouvrage et monnoiage et tous déchiez, missions et coustemens de chascun marc d'euvre de deniers d'or fin à angle vi s. tourn. Et est assavoir que de chascun des ve deniers d'or l'en met i denier d'or en boiste. Et avoit en la boiste xxiiii deniers d'or fin à l'angle qui font xii^{m.} deniers d'or et poisent ii^{c.} iiii^{xx}v mars d'or v onces xv estrellins, acheté or au pris de viii^{xx} viii l. tourn. le marc.

Rent pour le monnoiage de chascun des ii^{c.} iiii^{xx}v mars v onces xv estrellins d'or dessus dis, acheté or au pris de viii^{xx}viii l. tourn. le marc, x l. x s. tourn., qui font iii^{m.} l. tourn.

Item il doit pour le foiblage de ladite boiste qui fu trouvée foible de pois en chascun marc demi strelin d'or, xxxvii l. x s. tourn., et escharse la xviiie partie d'un quarat de loy, cxi l. ii s.

Somme : iii^{m.} cxlviii l. xii s. tourn.

Despens pour l'euvre dessus dite.

Premièrement, pour la boiste des xxiiii deniers d'or fin à l'angle dessus dis valent à iiii l. v s. tourn. la pièce, cii l. tourn. Et fu la boiste trouvée foible de pois en chascun marc demi strelin d'or, et escharsse la xviiie partie d'un quarat de loy, qui sont rendus dessus. Et fu jugiée par les maistres des monnoies Nicolas de Landes, Nicolas Yszebarre et Pierre Le Mareschal.

Pour l'ouvrage et monnoiage de chascun des ii^{c.} iiii^{xx}v mars, v onces xv estrelins d'or dessus diz, compté tous déchiez, missions et coustemens vi s. tourn., valent iiii^{xx}v l. xiiii, s. iiii d. tourn.

Somme : ıx^xxvıı l. xıııı s. ıııı d. tourn.

Ainsi demeure qu'il doit : ıı^m. ıx^e. ʟx l. xvıı s. vııı d. tourn., à paier un denier d'or fin à l'angle pour ıııı l. v. s. tourn.

C'est le compte de l'euvre de la monnoie de Monstereul-Bonnin, de deniers d'or fin à l'angle qui ont cours pour ıııı l. v s. tourn. la pièce, et de xʟıı de pois au marc de Paris, faite en achat par Gaubert de Lespinace de xxv jours de juillet l'an cccxʟıı, jusques à xxııı jours de septembre ensuivant, par tele condicion que il aura pour ouvrage et monnoiage et tous déchiez, missions et coustemens de deniers d'or fin à l'angle v s. tourn. Et est assavoir que de chascun v^e. deniers d'or l'en met ı denier d'or en boiste, et avoit en la boiste xxı deniers d'or fin à l'angle qui font x^m. v^e. den. d'or, et poisent ıı^e. ʟ mars d'or, acheté or au pris de vııı^xx vııı l. tourn. le marc.

Rent pour le monnoiage de chascun des ıı^e. ʟ mars d'or dessus dis, acheté or au pris de vııı^xx vııı l. tourn. le marc, x l. x s. tourn. qui font ıı^m. vı^e. xxv l. tourn.

Item il doit pour le foiblage de ladite boiste qui fu trouvée foible de pois en chascun marc demi strelin d'or, xxxıı l. xvı s. ııı d. tourn; et escharse de la xxe partie d'un quarat de loy, ıııı^xx vıı l. x s.

Somme : ıı^k. vıı^e. xʟv l. vı s. ııı d. tourn.

Despens pour l'euvre dessus dite.

Premièrement, pour la boiste des xxı deniers d'or fin à l'angle dessus dis, valent à ıııı l. v s. tourn. la pièce ıııı^xx ıx l. v s. tourn. Et fu ladite boiste trouvée foible de pois en chascun marc demi strelin d'or, et escharse la xxe partie d'un quarat de loy rendu dessus. Et fu jugiée par les maistres des monnoies Nicolas Yszebarre, Pierre le Mareschal et Nicolas de Landes.

Pour l'ouvrage et monnoiage de chascun des ıı^e. ʟ mars

d'euvre des deniers d'or fin à l'angle dessus dis, compté tous déchiez, missions et coustemens v s. tourn., valent LXII l. x s. tourn.

Somme : VII^{xx.} XI l. xv s. tourn.

Ainsi demeure qu'il doit : II^{M.} V^{c.} IIII^{xx.} XIII l. XI s. III den. tourn., à paier I denier d'or fin à l'angle pour IIII l. v s. tourn.

C'est le compte de l'euvre de la monnoie de Monstereul-Bonnin, de deniers d'or fin à l'angle qui ont cours pour IIII l. v s. tourn. la pièce, et de XLII de pois au marc de Paris, faite en achat par Gaubert de Lespinace de XXIII jours de septembre l'an CCCXLII, jusques à v jours de décembre ensuivant, par tele condicion que il aura pour ouvrage et monnoiage et tous déchiez, missions et coustemens de chascun marc d'euvre de deniers d'or fin à l'angle III s. VI d. tournois ; et est assavoir que de chascun v^{c.} deniers d'or, l'on met I denier d'or en boiste, et avoit en la boiste XXI deniers d'or fin à l'angle qui font x^{M.} v^{c.} deniers d'or, et poisent II^{c.} L mars d'or, acheté or au pris de VIII^{xx} XI l. tourn. le marc.

Rent pour le monnoiage de chascun des II^{c.} L mars d'or dessus dis, acheté or au pris de VIII^{xx.} XI l. tourn. le marc, VII l. x s. tourn., qui font XVIII^{c.} LXXV l. tourn.

Item il doit pour le foiblage de ladite boiste qui fu trouvée foible de pois en chascun marc demi strelin d'or, XXXIII l. VIII s. tourn. ; et escharsse la xxe partie d'un quarat de loy, IIII^{xx.} x l. xv d. tourn.

Somme : XIX^{c.} IIII^{xx.} XVII l. IX s. III d. tourn.

Despens pour l'euvre dessus dite.

Premièrement, pour la boiste des XXI deniers d'or fin à l'angle dessus dis valent à IIII l. v s. tourn. la pièce, IIII^{xx} IX l. v s. tourn. Et fu foible de pois en chascun marc demi strelin d'or ; et escharsse la xxe partie d'un quarat de loy rendu dessus. Et fu jugiée par les maistres des monnoies Nicolas Yszebarre, Pierre Le Mareschal, et Nicolas de Landes.

Pour l'ouvrage et monnoiage de chascun des ii^{c.} L mars d'euvre d'or dessus dis, compté tous déchiez, missions et coustemens, excepté le salaire des gardes, iiii s. vi d. tourn., lvi l. v. s.

Somme : vii ^{xx.} v l. x s. tourn.

Ainsi demeure qu'il doit : xviii^{c.} li l. xix s. iii d. tourn., à paier le denier d'or fin à l'angle pour iiii l. v s. tourn.

C'est le compte de l'euvre de la monnoie de Monstereul-Bonnin, de deniers d'or fin à l'escu estimez à xx s. tourn. la pièce et de liiii de pois au marc de Paris, faite en achat par Pierre de Caignac de Fijac de xxi jours de juing l'an cccxliii jusques à xxiii jours d'aoust ensuivant, par tele condicion que il aura pour ouvrage et monnoiage, et tous déchiez, missions et coustemens de chascun marc d'euvre de deniers d'or fin à l'escu xii d. tourn.; et est assavoir que de chascun v^{c.} deniers d'or l'en met i denier d'or en boiste, et avoit en la boiste i denier d'or fin à l'escu qui fait v^{c.} deniers d'or fin d'ouvrage, et poisent ix mars ii onces i estrelin et demi d'or, acheté or au pris de lii escus le marc. Et chôma la dicte monnoie par deffaut de billon d'or du dessus dit xxiiie jour d'aoust cccxliii jusques à xxii jours de septembre ensuivant. Et pour ycelle meismes cause avoit chômé par avant de v jours de décembre l'an cccxlii jusques au dessus dit xxi jour de juing l'an cccxliii.

Rent pour le monnoiage de chascun des ix mars ii onces i estrelin et demi d'or dessus dis, acheté or au pris de lii escuz le marc, xl s. tourn. qui font xviii l. x s. iiii d. ob. tourn.

Et fu la boiste droite de pois, et escharsse la xviiie partie d'un quarat de loy, xxii s. iiii d. tourn.

Somme : xix l. xii s. viii d. tourn.

Despens pour l'euvre dessus dite.

Premièrement, pour la boiste du denier d'or fin à l'escu

dit dessus valent xx s. tourn. Et fu la boiste trouvée droite de pois, et escharsse la xviiie partie d'un quarat de loy rendu dessus. Jugiée par les maistres des monnoies Pol de Serbinde et Nicolas Yszebarre.

Pour l'ouvrage et monnoiage de chascun des ix mars ii onces i estrelin et demi d'or dessus diz, compté tous déchiez, missions et coustemens i s. tourn., valent ix s. iii d. tourn.

Somme : xxix s. iii d. tourn.

Ainsi demeure qu'il doit xviii l. iii s. v d. ob. tourn. à paier un denier d'or fin à l'escu pour xx s. tourn.

———

C'est le compte de l'euvre de la monnoie de Monstereul-Bonnin de deniers d'or fin à l'escu, qui ont cours pour xlv s. tourn. la pièce et de liii de pois au marc de Paris, faite en achat par Pierre de Caignac de Fijac de xxii jours de septembre l'an cccxliii jusques à xx jours d'octobre ensuivant, par tele condicion que il aura pour ouvrage et monnoiage et tous déchiez, missions et coustemens de chascun marc d'euvre de deniers d'or fin à l'escu vi s. tourn. Et est assavoir que de chascun v^c deniers d'or l'en met i denier d'or en boiste, et avoit en la boiste xli deniers d'or fin à l'escu. qui font xx^m· v^c· deniers d'or d'ouvrage, et poisent iii^c· lxxix mars v onces iii estrelins d'or, acheté or au pris de cxvii l. tourn. le marc.

Rent pour le monnoiage de chascun des iii^c· lxxix mars v onces iii strelins d'or, acheté or au pris de cxvii l. tourn. le marc, iiii l. x s. tourn. qui font xvii^c· viii l. vi s. viii d. tourn.

Et fu la boiste droite de pois ; et escharsse la xxe partie d'un quarat de loy, iiii^xx xii l. x s. viii d. tourn.

Somme : xviii^c· l. xvii s. iiii d. tourn.

Despens pour l'euvre dessus dite.

Premièrement, pour la boiste des xli deniers d'or fin à

l'escu dessus dis, valent à xlv s. tourn. la pièce iiii^{xx} xii l. v s. tourn. Et fu la boiste droite de pois; et fu escharse la xxe partie d'un quarat de loy rendu dessus; jugiée par les maistres des monnoies Nicolas Yszebarre et Pol de Serhinde.

Pour l'ouvrage et monnoiage de chascun des iii^c· lxxix mars v onces iii strelins d'or dessus dis, compté tous déchiez, missions et coustemens, vi s. tourn, valent cxiii l. xvii s. ix d. tourn.

Somme : ii^c· vi l. ii s. ix d. tourn.

Ainsi demeure qu'il doit : xv^c· iiii^{xx}· xiiii l. xiii s. vii d. tourn. à paier un denier d'or fin à l'escu pour xlv s. tourn.

C'est le compte de l'euvre de la monnoie de Monstereul-Bonnin, de deniers d'or fin à l'escu qui ont cours pour xlv s. tourn. la pièce et de liii de pois au marc de Paris, faite en achat par Ymbert Chief-de-roy, de xx jours d'octobre l'an cccxliii, jusques au premier jour de novembre ensuivant, par tele condicion que il aura pour ouvrage et monnoiage et tous déchiez, missions et coustemens de chascun marc d'euvre de deniers d'or fin à l'escu vi. s. tourn. Et est assavoir que de chascun v^c· deniers d'or l'en met i denier d'or en boiste, et avoit en la boiste xv deniers d'or fin à l'escu qui font vii^M· v^c· deniers d'or d'ouvrage, et poisent cxxxviii mars vii onces ii estrellins et i scelin d'or, acheté or au pris de cxvii l. tourn. le marc.

Rent pour le monnoiage de chascun des cxxxviii mars, vii onces ii estrelins et i scelin d'or, acheté or au pris de cxvii l. tourn. le marc, iiii l. x s. tourn. qui font vi^c· xxv l. tourn.

Item il doit pour la faute de la boiste qui fu trouvée escharsse la xviiie partie d'un quarat de loy, xxxvii l. ii s. iiii d. tourn. Et fu la boiste droite de pois.

Somme : vi^c· lxii l. ii s. iiii d. tourn.

Despens pour l'euvre dessus dite.

Premièrement, pour la boiste des xv deniers d'or fin à l'escu dessus dis, valent à xlv s. tourn. la pièce xxxiii l. xv s. tourn. Et fu la boiste droite de pois, et escharsse la xviiiᵉ partie d'un quarat de loy rendu dessus. Et fu jugiée par les maistres des monnoies, Pol de Serbinde et Nicolas Yszebarre.

Pour l'ouvrage et monnoiage de chascun des cxxxviii mars vii onces ii estrellins et i scelin d'or, compté tous déchiez, missions et coustemens, vi s. tourn., valent xli l. xiii s. iii d. tourn.

Somme : lxxv l. viii s. iii d. tourn.

Ainsi demeure qu'il doit : vᶜ iiiiˣˣvi l. xiii s. i d. tourn., à paier i denier d'or fin à l'escu pour xlv s. tourn.

———

Cest le compte de l'euvre de la monnoie de Monstereul-Bonin, de deniers d'or fin à l'escu qui ont cours pour xvi s. viii d. tourn. la pièce et de liii de pois au marc de Paris, faite en achat par Pierre Boullion de Limoges du premier jour de novembre l'an cccxliii jusques à xiii jours de décembre ensuivant, par tele condicion que il aura pour ouvrage et monnoiage et tous déchiez, missions et coustemens de chascun marc d'euvre de deniers d'or fin à l'escu, xviii d. tourn. Et est assavoir que de chascun vᶜ deniers d'or l'en met i denier d'or en boiste, et avoit en boiste lx deniers d'or fin à l'escu, qui font xxxᵐ deniers d'or d'ouvrage, et poisent vᶜ lv mars iiii onces ix estrellins et demi d'or, acheté or au pris de xliii l. vi s. viii d. le marc.

Rent pour le monnoiage de chascun des vᶜ lv mars iiii onces ix estrellins et demi d'or dessus dis, acheté or au pris de xliii l. vi s. viii d. le marc, qui font ixᶜ xxv l. xviii s. vi d. tourn.

Item pour le foiblage de la boiste qui fu trouvée foible de pois en chascun marc i scelin et demi d'or, l l. xv s. viii d.

tourn; et escharsse la xviii.e partie d'un quarat de loy, lv l. xiiii s.

Somme : mil xxxii l. viii s. ii den.

Despens pour l'euvre dessus dite.

Premièrement, pour la boiste des lx deniers d'or fin à l'escu dessus dis, valent à xvi s. viii d., l l. tourn. Et fu la boiste foible de pois en chascun marc i scelin et demi d'or, et escharsse la xviii.e partie d'un quarat de loy, qui est rendu dessus; jugié par les maistres des monnoies Nicolas Yszebarre et Jehan Margeri.

Pour l'ouvrage et monnoiage de chascun des v.c lv mars, iiii onces ix estrellins et demi d'or, compté tous déchiez, missions et coustemens, xli l. xiii s. x d. tourn.

Somme : iiii.xx xi l. xiii s. x d. tourn.

Ainsi demeure qu'il doit : ix.c xl l. xiiii s. iiii d., à paier i denier d'or à l'escu pour xvi s. viii d. tourn.

C'est le compte de l'euvre de la monnoie de Monstereul-Bonin, de deniers d'or fin à l'escu, qui ont cours pour xvi s. viii d. tourn. la pièce, et de liii de pois au marc de Paris, faite en achat par Guillaume de Pours, de xiii jours de décembre l'an cccxliii jusques à xxiiii jours d'avril l'an cccxliiii, par tele condicion que il aura pour ouvrage et monnoiage et tous déchiez, missions et coustemens de chascun marc d'euvre de deniers d'or fin à l'escu xii d. tourn. Et est assavoir que de chascun v.c deniers d'or l'en met i denier d'or en boiste, et avoit en la boiste lxviii deniers d'or à l'escu qui font xxxiiii.m deniers d'or, et poisent vi.c xxix mars, v onces, iii estrellins d'or, acheté or au pris de lii deniers d'or à l'escu le marc.

Rent pour le monnoiage de chascun des vi.c xxix mars v onces iii estrellins d'or dessus dis, acheté or au pris de lii deniers d'or à l'escu, qui font mxlix l. vii s. viii d. tourn.

Item il doit pour le foiblage de la boiste qui fut trouvée foible de pois en chascun marc, les ıı pars d'un strelin d'or, valent xxvııı l. xvıı s. ıı d. tourn.

Et fu la boiste escharsse la xvııı^e partie d'un quarat de loy, Lxıı l. xıx s. ııı d. tourn.

Somme : xı^c xlı l. ıııı s. ı d. tourn.

Despens pour l'euvre dessus dite.

Premièrement, pour la boiste des Lxvııı deniers d'or à l'escu, valent à xvı s. vııı d. tourn. la pièce, Lvı l. xııı s. ıııı d. tourn. Et fu la boiste foible de pois en chascun marc les ıı pars d'un strelin d'or, et escharsse la xvııı^e partie d'un quarat de loy rendu dessus. Et fu jugié par les maistres des monnoies Nicolas Yszebarre et P. Le Mareschal.

Pour l'ouvrage et monnoiage de chascun des vı^c xxıx mars v onces ııı estrellins d'or dessus dis, compté tous déchiez, missions et coustemens, xıı d. tourn. valent xxxı l. ıx s. ıııı d. tourn.

Somme : totale ıııı^{xx} vııı l. ıı s. vııı d. tourn.

Ainsi demeure qu'il doit m Lııı l. xvıı d. tourn., à paier ı denier d'or fin à l'escu xvı s. vııı d. tourn.

C'est le compte de l'euvre de la monnoie de Monstereul-Bonin, de deniers d'or fin à l'escu, qui ont cours pour xvı s. vııı d. tourn. la pièce et de Lııı de pois au marc de Paris, faite en achat par Guillaume Pors de Marciaux, de xxıııı jours de avril l'an cccxLııı jusques au premier jour d'aoust ensuivant, par tele condicion que il aura pour ouvrage et monnoiage et tous déchiez, missions et coustemens de chascun marc d'euvre de deniers d'or fin à l'escu xıı d. tourn. Et est assavoir que de chascun v^c deniers d'or l'en met en boiste un denier d'or, et avoit en la boiste xxvıı denier d'or à l'escu qui font xııı v^c deniers d'or, et poisent ıı^c L mars d'euvre, acheté or au pris de xlIII l. vI s. vIII d. tourn. le marc.

Rent pour le monnoiage de chascun des II^{c.} L mars d'or dessus dis, acheté or au pris de xlIII l. vI s. vIII d. tourn. le marc, xxxIII s. IIII d. t. qui font IIII^{c.} xvI l. xIII s. IIII d. tourn.

Et fu la boiste droite de pois, et escharsse la xxe partie d'un quarat de loy, xxII l. xII s. vI d. tourn.

Somme : IIII^{c.} xxxIx l. v. s. x d. tourn.

Despens pour l'euvre dessus dite.

Premièrement, pour la boiste des xxvII deniers d'or à l'escu dessus dis, valent à xvI s. vIII d. tourn. la pièce, xxII l. x. s. tourn. Et fu la boiste droite de pois, et escharsse la xxe partie d'un quarat de loy rendu dessus; jugié par les maistres des monnoies Pierre Le Mareschal et Nicolas Yszebarre.

Pour l'ouvraige et monnoiage de chascun des II^{c.} L mars d'euvre des deniers d'or fin à l'escu, compté tous déchiez, missions et coustemens xII d. tourn., qui font xII l. x s. tourn.

Somme : xxxv l. tourn.

Ainsi demeure qu'il doit IIII^{c.} IIII l. v s. x d. tourn., à paier le denier d'or fin à l'escu pour xvI s. vIII d. tourn.

C'est le compte de l'euvre de la monnoie de Monstereul-Bonin, de deniers d'or fin à l'escu, qui ont cours pour xvI s. vIII den. tourn. la pièce, et de lIII de pois au marc de Paris, faite en achat par Guillaume de Pors de Martiaux du premier jour d'aoust lan cccxlIIII, jusques à xxIIII jours d'octobre ensuivant, par tele condicion qu'il aura pour ouvrage et monnoiage et tous déchiez, missions et coustemens de chascun marc d'euvre de deniers d'or fin à l'escu, II s. vI d. tourn. Et est assavoir que de chascun v^{c.} deniers d'or l'en met en boiste un denier d'or, et avoit en la boiste xiiii deniers d'or fin à l'escu qui font vii^m deniers d'or d'ouvraige, et poisent vi^{xx}ix mars v onces i estrelin d'or, acheté au pris de xliii l. vi s. viii d. tourn. le marc.

Rent pour le monnoiage de chascun des vi^{xx}ix mars v onces i estrelin d'or dessus dis, acheté or au pris de xliii l. v. s. viii d. tourn. le marc, qui font ii^c xvi l. vii d. tourn.

Item il doit pour le foiblage de la boiste qui fu trouvée foible de pois en chascun marc ob. d'or, xvii l. x s. viii d. tourn.

Item pour la faute de ladite boiste qui fu trouvée escharsse la xviiie partie d'un quarat de loy, xii l. xix s. x d. tourn.

Somme : ii^c xlvi l. xi s. vi d. tourn.

Despens pour l'euvre dessus dite.

Premièrement, pour la boiste des xiiii deniers d'or fin à l'escu dessus dis, valent à xvi s. viii d. t. la pièce, xi l. xiii s. iiii d. tourn. Et fu la boiste trouvée foible de pois ob. d'or en chascun marc, et escharsse la xviiie partie d'un quarat de loy rendu dessus, et jugié par les maistres des monnoies Pierre Le Mareschal, Raoulet Maillart et Nicolas Yszebarre.

Pour l'ouvraige et monnoiage de chascun des vi^{xx}ix mars v onces i estrellin d'or dessus dis, compté tous déchiez, missions et coustemens, ii s. vi d. tourn., xvi l. iiii s. ii d. tourn.

Somme : xxvii l. xvii s. viii d. tourn.

Ainsi demeure qu'il doit ii^c xviii l. xiii s. tourn., à paier i denier d'or à l'escu pour xvi s. viii d. tourn.

C'est le compte de l'euvre de la monnoie de Monstereul-Bonin, de deniers d'or fin à l'escu, qui ont cours pour xvi s. viii d. tourn. la pièce et de liii de pois au marc de Paris, faite en achat par Pierre La Boïdie de xxiiii jours d'octobre l'an cccxliii jusques à xxvii jours de mars ensuivant, par tele condicion que il aura pour ouvrage et monnoiage et tous déchiez, missions et coustemens de chascun marc d'euvre de deniers d'or fin à l'escu, II s. VI d. tourn. Et est assavoir que de chascun v⁰ deniers d'or l'en met en boiste un denier, et avoit en la boiste VIII deniers d'or fin à l'escu qui font IIII^{m.} deniers d'or d'ouvraige, et poisent LXXIIII mars XII estrellins d'or, acheté or au pris de XLIII l. VI s. VIII d. tourn. le marc, les nons au dos des pleiges[1] pour VIII^{m.} l. tourn. par lettres sous le seel de saint Jehan d'Angeli.

Rent pour le monnoiage de chascun des LXXIII mars VII XII estrellins d'or dessus dis, acheté or au pris de XLIII l. VI s. VIII d. tourn. le marc, XXXIII s. IIII d. tourn. qui font XI^{xx}III l. IX s. II d. tourn.

Item il doit pour la faute de la boiste qui fu trouvée escharsse la XVIIIe. partie d'un quarat de loy, VII l. VIII s. IIII d. tourn.

Et fu la boiste droite de pois.

Somme : VI^{xx}X l. XVII s. VI d. tourn.

Despens pour l'euvre dessus dite.

Premièrement, pour la boiste des VIII deniers d'or fin à l'escu dessus dis valent à XVI s. VIII deniers d. tourn. la pièce VI l. XIII s. IIII d. tourn. Et fu la boiste droite de pois, et escharsse la XVIIIe partie d'un quarat de loy qui est rendu dessus, et fu jugié par les maistres des monnoies Pierre Le Mareschal et Nicolas Yszebarre.

Pour l'ouvraige et monnoiage de chascun des LXXIIII mars VII estrellins d'or dessus dis, compté tous déchiez, missions et coustemens, II s. VI d. tourn. valent X l. V s. II d. tourn.

Pour le monnoiage de III^{c.} IIII^{xx}XIIII deniers d'or à l'escu mis plus en boiste par les gardes qu'il ne devoient, pesans VII mars II onces II estrellins ob. d'or, valent à XXXIII s. IIII d.

---

[1]. Guy Barrot de Martiaux, Guillaume de St Michiel, escuier, et Gobert Lespinace. } pleiges pour VIII^m l. tourn.

pour chascun marc que li rois y prent de proufit, xii l. iii s. iii d. tourn.

Somme : xxviii l. xxi d. tourn.

Ainsi demeure qu'il doit : cii l. xv s. ix d. tourn., à paier i denier d'or à l'escu pour xvi s. viii d. tourn.

C'est le compte de l'euvre de la monnoie de Monstereul-Bonin, de deniers d'or fin à l'escu, qui ont cours pour xvi s. viii d. tourn. la pièce, et de liii de pois au marc de Paris, faite en achat par Hugues de Biez de xxvii jours de mars l'an cccxliiii, jusques à xx jours de juillet l'an cccxlv, par tele condicion que il aura pour ouvrage et monnoiage et tous déchiez, missions et coustemens de chascun marc d'euvre de deniers d'or fin à l'escu iii s. tourn. Et est assavoir que de chascun v^c deniers d'or l'en met un denier en boiste et avoit en la boiste xx deniers d'or fin à l'escu qui font x^m deniers d'or d'ouvraige, et poisent ix^{xx}v mars xxx estrellins d'or, acheté or au pris de liii deniers d'or fin à l'escu le marc.

Pleiges au dos pour viii^m l. tourn.[1]

Rent pour le monnoiage de chascun des ix^{xx}v mars xxx estrellins d'or dessus dis, acheté or au pris de liii deniers d'or à l'escu le marc, i denier d'or, qui font vii^{xx}xiiii l. xii d. ob. tourn.

Item il doit pour la faute de la boiste qui fu trouvée escharsse la xviiie partie d'un quarat de loy, xviii l. xviii s. v d. tourn. Et fu la boiste droite de pois.

Somme : viii^{xx}xii l. xix s. vi d. ob. tourn.

Despens pour l'euvre dessus dite.

Premièrement, pour la boiste des xx deniers d'or fin à

---

1. Jehan Canyau de Pousolz pleige pour viii^M l. tourn.

l'escu dessus dis, valent à xvi s. viii d. tourn. la pièce xvi l. xiii s. iiii d. tourn. Et fu la boiste trouvée droite de pois, et escharsse la xviiie partie d'un quarat de loy, qui est rendu dessus. Et fu jugié par les maistres des monnoies Nicolas Yszebarre, Pierre Le Mareschal et Paul de Serbinde.

Pour l'ouvraige et monnoiage de chascun des ix^{xx} v mars xxx estrelins d'or dessus dis, compté tous déchiez, missions et coustemens, iii s. tourn., valent xxvii l. xv s. vii d. tourn.

Somme : xliiii l. viii s. xi d. tourn.

Ainsi demeure qu'il doit vi^{xx} viii l. x s. vii d. ob. tourn., à paier i denier d'or fin à l'escu pour xvi s. viii d. tourn.

C'est le compte de l'euvre de la monnoie de Monstereul-Bonin, de deniers d'or fin à l'escu, qui ont cours pour xvi s. viii d. tourn. la pièce, et de liii de pois au marc de Paris, faite en achat par Hugue du Biez, de xx jours de juillet l'an cccxlv, jusques à xiii jours de novembre ensuivant, par tele condicion que il aura pour ouvrage et monnoiage, et tous déchiez, missions et coustemens de chascun marc d'euvre de deniers d'or fin à l'escu iii s. tourn. Et est assavoir que de chascun v^c deniers d'or l'en met en boiste un denier, et avoit en la boiste iiii deniers d'or fin à l'escu qui font ii^m deniers d'or d'ouvraige, et poisent xxxvii mars et le pois de ii deniers d'or, acheté or au pris de liii deniers d'or fin à l'escu le marc.

Rent pour le monnoiage de chascun des xxxvii mars et le pois de ii deniers d'or dessus dis, acheté or au pris de liii deniers d'or fin à l'escu le marc, i denier d'or à l'escu, qui font xxx l. xvii s. iiii d.

Et fu la boiste droite de pois, et escharsse la xviiie partie d'un quarat de loy, lxxvi s. i d. tourn.

Somme : xxxiiii l. xiii s. v d. tourn.

Despens pour l'euvre dessus dite.

Premièrement pour la boiste des IIII deniers d'or fin à l'escu dessus dis, valent à XVI s. VIII d. tourn. la pièce LXVI s. d. tourn., et fu la boiste trouvée droite de pois, et fu jugiée par les maistres des monnoies Pierre Le Mareschal et Nicolas Yszebarre.

Pour l'ouvraige et monnoiage de chascun des XXXVII mars et le pois de II deniers d'or dessus dis, compté tous déchiez, missions et coustemens, III s. tourn., valent CXI s. III ob.

Pour le monnoiage de III^{c.} XXVI deniers d'or à l'escu mis par les gardes en boiste plus qu'il ne devoient, pesanz VII mars VII onces II estrellins d'or VI l. XI s. VI d. tourn.

Somme : XV l. IX s. d. ob. tourn.

Ainsi demeure qu'il doit XIX l. IIII s. III d. ob. tourn., à paier un denier d'or à l'escu pour XVI s. VIII d. tourn.

C'est le compte de l'euvre de la monnoie de Monstereul-Bonin, de deniers d'or fin à l'escu, qui ont cours pour XVI s. VIII d. tourn. la pièce, et de LIII de pois au marc de Paris, faite en achat par Ugues du Biés de XIII jours de novembre l'an CCCXLV jusques à XXII jours de février ensuivant, par tele condicion que il aura pour ouvraige et monnoiage, et tous déchiez, missions et coustemens de chascun marc d'euvre de deniers d'or fin à l'escu III s. tourn. Et est assavoir que de chascun V^{c.} deniers d'or l'en met en boiste un denier d'or, et avoit en la boiste XXXII deniers d'or fin à l'escu qui font XVI^{M.} deniers d'or d'ouvraige, et poisent II^{c.} IIII^{XX} XVI mars II onces VII estrellins ob. d'or, acheté or au pris de LIII deniers d'or fin à l'escu le marc.

Rent pour le monnoiage de chascun des II^{c.} XVI^{XX}.[1] XVI mars II onces VII estrellins ob. d'or dessus dis, acheté or au pris de LIII deniers d'or fin à l'escu le marc, I denier d'or à l'escu, II^{c.} XLVI l. XVIII s. III d. ob.

---

1. Lisez : II^c IIII^{XX} XVI.

Et fu la boiste trouvée droite de pois, et fu escharse la xvie partie d'un quarat de loy, xxxiiii l. xxi d. tourn.

Somme : ii^{c.} iiii^x i l. ob. tourn.

Despens pour l'euvre dessus dite.

Premièrement pour la boiste des xxxii deniers d'or fin à l'escu dessus dis, valent à xvi s. viii d. tourn. la pièce, xxvi l. xiii s. iiii d. tourn. Et fu escharsse la xvi partie d'un quarat de loy, qui sont rendus dessus, et fu jugiée par les maistres des monnoies Nicolas Yszebarre et Pierre Le Mareschal.

Pour l'ouvrage et monnoiage de chascun des ii^{c.} iiii^{xx.} xvi mars ii onces vii estrellins ob. d'or dessus dis, compté tous déchiez, missions et coustemens, iii s. tourn., valent xliiii l. viii s. xi d. tourn.

Somme : lxxi l. ii s. iii d. tourn.

Ainsi demeure qu'il doit : ii^c ix l. xvii s. ix d. ob. tourn., à paier i denier d'or à l'escu pour xvi s. viii d. tourn.

LETTRES

DES

ROIS DE FRANCE

PRINCES ET GRANDS PERSONNAGES

A LA COMMUNE DE POITIERS.

 Le tome 1er des *Archives historiques du Poitou* contenait, on se le rappelle, un recueil de lettres tirées des registres des délibérations de l'ancien corps de ville de Poitiers, adressées au maire et aux échevins par les rois de France, les princes et autres personnages investis de fonctions publiques. Nous insérons dans le présent volume une deuxième série de ces documents faisant suite à la première et s'étendant de l'année 1515 à l'année 1572. Ils ont été puisés à la même source, c'est-à-dire, dans les anciens registres de l'échevinage de Poitiers et aussi dans les originaux des archives municipales, où se trouvent deux lettres du comte du Lûde. Cependant une lettre de Henri II est extraite de la collection de Dom Housseau. Les nouvelles lettres, comme celles de la première série, se divisent en deux groupes. Les unes, copiées intégralement par le greffier municipal sur les registres, sont reproduites textuellement avec la plus rigoureuse exactitude. Les autres, mentionnées ou analysées en quelques mots, ont été rejetées en notes à leur date, au bas des pages.

 Les lettres complètes, qui auraient été plus abondantes sans les lacunes regrettables existant dans les délibérations par suite de la perte de plusieurs registres, sont au nombre de cinquante. Dix émanent de François Ier, sept de Henri II, une de François II, deux de Charles IX, deux des rois de Navarre, Henri d'Albret et Antoine de Bourbon. Il y en a cinq de M. du Lude, gouverneur du Poitou, une du cardinal de Lorraine, deux du duc d'Aumale, une du surintendant des deniers communs, une de M. de Pardaillan, une de M. d'Estissac, une du général des finances, deux du prince de Condé, une du maire de Tours, une du receveur de la ville de Poitiers. Nous avons considéré comme indispensable d'y joindre les lettres adressées par les maire et échevins, soit au roi, soit au gouverneur, soit à tout autre personnage, parce qu'il existe entre elles une corrélation intime. Dans cette catégorie on compte deux lettres de la ville au roi, trois à M. du Lude, une au conseil privé, une au chancelier, une à l'évêque de Coutances, une au maire de Tours, plus une lettre du roi François Ier au sénéchal de Poitou, une du même prince au maitre de poste de Poitiers, et une autre de M. du Lude au lieutenant du sénéchal, qui furent communiquées au conseil des échevins et par suite copiées sur les registres.

Ces lettres ne sont pas toutes inédites. Douze, en effet, ont été déjà publiées par Thibaudeau dans son *Histoire du Poitou* : une de François Ier, une de M. du Lude, trois de Henri II, deux de la ville de Poitiers, une du roi de Navarre, une de François II, une de Charles IX, deux du prince de Condé. Mais les fautes ou omissions qui se rencontrent dans le texte de quelques-unes et la négligence générale avec laquelle elles ont été copiées presque toutes par le premier éditeur, nous ont engagé à les reproduire de nouveau en suivant scrupuleusement les copies des greffiers municipaux. D'ailleurs il n'était guère possible de leur refuser une place dans une collection qui, sans elles, eût été incomplète et parfois peu intelligible. Réunies aux lettres inédites et remises au jour avec un texte plus pur, elles formeront un tout harmonieux et un récit vraiment historique.

Les lettres mentionnées et analysées dans les registres municipaux ne s'élèvent pas à moins de quarante-deux. Elles émanent de nombreux personnages, et donnent des renseignements utiles qui complètent ceux contenus dans les lettres entières. Le contingent historique qu'elles apportent, quelque faible qu'il soit, ne pouvait être négligé.

B. LEDAIN.

LETTRES

DES

ROIS DE FRANCE

PRINCES ET GRANDS PERSONNAGES

A LA COMMUNE DE POITIERS.

I.

Lettre de François Ier. (Rég. 15, p. 28.)

A noz chiers et bien amez les mayre et eschevins de nostre ville de Poictiers. De par le Roy.

Chiers et bien amez, pour aucunes causes ad ce nous mouvans, nous voulons savoir et entendre à la vérité la vraye valleur et revenu de tous les deniers communs que les villes, citez, lieux et forteresses de nostre royaume lièvent et prennent chacun an par dons et auctroys de nous et de noz prédecesseurs roys, par nous continuez, confirmez et prolongez despuis nostre advénement à la couronne. A ceste cause, nous vous mandons, commandons et enjoignons très expressément et, sur tant que craignez à nous désobéyr et desplaire et d'encourir nostre indignacion, que incontinant ces lettres venes et sans y faire aucune dissimulacion, vous monstrez et exhibez ou faictes monstrer et exhiber par ceulx de vous que il appartiendra, à nostre chier et bien amé Guillaume Rouillart, commissaire de par nous depputé en ceste partie, tous et chacuns les comptes qui ont esté renduz puis six ans en çà tant en recepte que despence du fait des dits deniers communs par les dits dons et auctroys de nostre dicte ville de Poictiers, et de ce luy en baillez vray extraict signé et scellé des seings et sceaux de ceulx de voz officiers, gouverneurs et administrateurs des dits deniers et affaires communs de la dicte ville, et gardez qu'il n'y ait faulte. Donné à Bourges le cincquiesme jour de juillet (1515). Ainsi signé : Françoys et de Neufville [1].

II.

Lettre de François Ier. (Rég. 15, p. 149.)

A noz très chiers et bien amez les eschevins, bourgeoys et habitans de nostre ville et cité de Poictiers. De par le Roy. Très chiers et bien amez, vous estes assez advertiz des grans et inextimables fraiz, mises et despenses qu'il nous a con-

---

1. Lettres missives du Roi aux maire, bourgeois, échevins, manans et habitans de la ville, touchant trois mille livres qu'il demande de don et octroi à la dite ville. (Séance du Conseil du 22 juillet 1515, — rég. 15, p. 11.)

Lettres missives du Roi faisant mention qu'il mande qu'on baille et mette les deniers à lui octroyés par la ville entre les mains de maître Philibert Badou, commis à l'extraordinaire de ses guerres. (Séance du 29 juillet 1515, — rég. 15, p. 21.)

Lettres missives de M. de la Roche Beaucourt écrites à messieurs de la ville, par lesquelles le dit s^r mande qu'on face diligence de lever la somme de troys mil livres, pour laquelle il et messieurs de la couronne et le général de Beausne vindront en ceste ville comme commissaires pour le Roy; que le Roy luy a escript venir en ceste dicte ville pour le dict affaire et contraindre la ville à bailler la dicte somme, et que si on ne la baille diligemment on luy envoyra de brief autre commission pour venir en la dicte ville, dont on pourra avoir dommage qui luy desplaira. (Séance du Conseil du 13 août 1515, — rég. 15, p. 32.)

venu et convient chacun jour faire et suporter pour l'entretienement des grousses armées que avons tenues et qu'il nous convient encores entretenir pour résister aux mauvaises et dampnées entreprinses de l'empereur et autres ses alliez qui nous courent sus pour nous cuider lever de nostre estat de delà les mons et après entrer en nostre royaulme et piller butiner et destruire noz subgectz d'icelluy, comme autreffoiz ilz ont voullu faire : à quoy, Dieu aidant et la bonne ordre que y avons donnée, nous avons obvié et résisté et espérons encores faire ; pour ausquelles despences satisfaire il nous fault aider de noz bons et loyaulx subgectz et mesmement des bonnes villes franches de nostre royaulme, car noz finances et tout ce que avons peu et povons trouver d'empruns particulliers y a esté et est employé. A ceste cause nous avons commis nostre amé et féal le séneschal de Poictou ou son lieutenant pour vous demander et requérir de par nous que vous nous veillez donner et auctroyer libérallement la somme de deux mil cincq cens livres tournois et icelle impouser sur vous ou la trouver et fornir de voz deniers communs et autrement, ainsi que adviserez, pour incontinant la mectre et bailler ès mains du trézorier de l'extraordinaire de noz guerres pour convertir au fait de sa commission, en prenant sa quiptance. Si vous prions que ad ce besoing et urgent affaire et nécessité qui vous touche pour la conservacion et seurté de voz personnes et biens, vous nous veillez libérallement donner et auctroyer la dicte somme

---

Lettres missives de Madame au corps et collége de céans, qui contiennent que le Roy n'entend point que messire Pierre Regnier paie aucune chouse de l'auctroy, et mande ma dicte dame qu'on mecte son taux sur le dit corps et colliége. (Séance du mois et cent du 1er septembre 1515, — rég. 15, p. 46.)

Lettres missives de Madame la duchesse d'Angoulême, régente, faisant mention de la victoire obtenue par le Roy contre les Suysses et que on ait à en faire processions générales en rendant grâces à Dieu. (Séance du Conseil du 26 septembre 1515, — rég. 15, p. 67.)

sans y faire aucune difficulté ne mectre la chouse en longueur, car il adviendroit la rupture de noz dictes affayres et inconvéniant inréparable à jamès, et aussi vous povez estre asseurez que en ce faisant nous vous soulaigerons et traicterons cy après en tous voz affairez comme noz bons et loyaulx subgeetz et recognoistrons le service et secours que nous aurez fait. Donné à Cremer le xxiii[e] jour d'avril l'an mil v[c] sèze. Ainsi signé : Françoys, de Neufville [1].

III.

Lettre de François Ier au sénéchal de Poitou. (Rég. 16, p. 13.).

A Monsieur le seneschal de Poictou,

Monsieur le séneschal, j'ay esté adverty que vous voulez loger en la ville de Poictiers une partie de la compagnie dont a la charge mon cousin le duc de Lauraine, ce qui ne seroit à propoux ne raisonnable veu qu'il y a université en la dicte

---

1. Lettres du Roi faisant mention que l'on baille entre les mains du trésorier de ses guerres la somme de deux mille cinq cents livres qu'il a requis lui être donnée et octroyée par la ville. (Séance du mois et cent du 14 juin 1516, — rég. 15, p. 168.)

Lettres missives du Roi aux maire, bourgeois et échevins de Poitiers, données à Lyon le 5 juillet 1516. (Rég. 15, p. 218.)

Lettres patentes et missives du Roi au collége de céans touchant le traité du mariage d'entre dame Loise fille du Roi et le Roi Catholique, avec la ratification du dit mariage. (Séance du mois et cent du dernier jour de décembre 1516, — rég. 15, p. 244.)

Lettres missives au collége de céans et aussi lettres patentes du Roi par lesquelles il mande qu'on délivre des deniers communs de cette ville la somme de quinze cents livres entre les mains de maître Jean Sapin, son receveur ordinaire de ses finances, pour employer aux fortifications des villes de ce royaume étant en frontière. (Séance du mois et cent du 14 mai 1517, — rég. 15, p 312.)

Lettres missives du sénéchal au maire, par lesquelles il lui mande loger dix hommes d'armes complets. (Mois et cent du 20 juillet 1517, — rég. 15, p 364.)

ville et bon nombre d'escolliers lesqueulx ne pourroyent si bien excerser leur estude, y estans gendarmes logez, comme ilz feront demourant la dicte ville exemptée dudit logis. A ceste cause veux que vous logez la dicte compagnye ailleurs en vostre séneschaucée, car il y a assez d'autres bonnes villes pour ce faire sans mectre nulz de la dicte compagnye dedans icelle, et par ce n'y faictes faulte. Et au regard du fait des vivres, vous leur ferez bailler en les payant raisonnablement après y avoir mis ordre, estre affaire le tout à la maindre charge et foulle du peuple que faire se pourra, comme j'ay en vous fiance. Et à Dieu, monsieur le séneschal, qui vous ayt en sa garde. Escript à Clère en Normendye le xxviie jour de juillet [1517]. Ainsi signé : Françoys, et au dessoubz : Robertet [1].

IV.

Lettre de François Ier. (Rég. 16, p. 86.)

A nouz chiers et bien amez les maire et eschevyns de la ville de Poictiers. Chiers et bien amez, Nous avons, puis noustre advénement à la couronne, érigé en noustre ville d'Angoulesme escolles et université en toutes facultez, et sur ce fait expédier noz lectres, qui ont esté présentées en noustre court de parlement à Paris : à la publicquacion desquelles vous estes renduz oppousans en venant indirectement contre noz intencions et voulloir, dont n'avons cause d'estre contens. Et parceque nous entendons l'effect de nous dictes lectres avoir lieu et la dicte université d'Angoulesme estre mise sus et entretenue, Nous en avons bien

---

1. Lettres du Roi au maire, par lesquelles il lui mande que le chancelier du roi catholique doit passer cejourd'hui par cette ville et qu'on le traite honnêtement. (Conseil du 6 août 1517, — rég. 16, p. 10.)

voulu escripre à ce que, toutes dissimulacions et excuses cessans, vous départez de la dicte opposicion et que envoyez procuracion expresse en la dicte court pour consantir l'érection de la dicte université selon la teneur de nous dictes lectres, sans ce que besoing soit en avoir plus de recours à nous, à qui il appartient mectre et oster les universitez et colliéges en tel lieu de noustre royaulme qu'il nous plaist. Nous avons donné charge au seigneur de la Rochebeaucourt, pourteur, de vous en dire plus au longt noustre intencion ; si le veillez croire et faire ce qu'il vous dira de par nous. Au Plessis les Tours le cinquiesme jour de décembre (1517). Ainsi signé : Françoys et Robertet.

V.

Lettre de François Ier. (Rég. 16, p. 123.)

A nouz très chiers et bien aymez. Entre les autres grandes et singulières graces qu'il a pleu à Dieu nostre créateur nous faire despuis noustre advénement à la couronne, il nous en a fait une que nous tenons et réputons la plus grande et principalle de toutes les autres : c'est que son plaisir a esté de nous donner ung filz duquel nostre très chère et très aimée compaigne la Royne est cejourduy, entre quatre et cinq heures du soir, acouchée et faicte mère, et en font bonne chère. Et pour ce que nous sçavons que se seront nouvelles, non seullement à vous, mais à noustre royaulme et subjectz, très agréables, nous avons bien voulu les vous escripres et signiffier, affin que en veillez rendre graces et louanges à nostre dit créateur, luy prier et requérir qu'il luy plaise de nous garder et conserver et à noustre dict royaulme, et au surplus en faire démontrance par feux de joye et autrement, ainsi qu'il est requis et coustume de faire en tel cas. Et vous nous ferez plaisir et service très agréable en ce faisant. Donné à

Amboyse le derrier jour de février (1518). Ainsi signé :
Françoys et Robertet [1].

VI.

Lettre de François Ier. (Rég. 18, p. 95.)

De par le Roy. Très chiers et bien amez, Nous avons
veues voz lectres et la responce que nous avez faicte suyvans
ce que vous avons cy devant escript pour faire faire guet
la nuit aux portes de nostre ville de Poictiers et les faire
ouvrir à noz postes quant ilz y arriveront, et trouvons les
raisons contenues en voz lectres très bonnes ; mais, ainsi que
avons esté advertiz, le chemyn par lequel nous escripvez
que noz dits postes ont autreffois couru n'est en estat
pour y passer à présent seurement, mesment qu'il y a
une chaussée laquelle par faulte de l'avoir entretenue
ou autrement est le plus souvent couverte d'eau. A ceste
cause, nous vous mandons bien expressément que vous y

---

1. Lettres missives du Roi aux maire, receveur, échevins et bourgeois
de Poitiers, demandant la somme de mille cinq cents livres, savoir cinq
cents livres restant de la somme de mille cinq cents livres demandées par
le dit seigneur l'année dernière et mille livres pour cette année. (Séance
du 15 avril 1518, rég. 16, p. 167.)

Lettres missives du Roi, données à Lyon le 22 avril 1522, aux maire et
bourgeois de Poitiers touchant la somme de 1800 livres demandées par le
Roi pour un quartier de cent hommes de pied. (Rég. 17, p. 617.)

Lettres missives du Roi en date du 10 août portant qu'autrefois il a
écrit qu'on lui envoyât six ouvriers de la monnaie de cette ville, à
Tours, si on ne les a envoiez. (Séance du 12 août 1522, rég. 18, p. 42.)

Lettres patentes du Roi faisant mention de la somme de 1800 livres
qu'il demande sur les habitants de cette ville pour la solde de cent hommes de pied qu'il dit lui avoir été octroyés, et ce pour le second quartier,
et que le paiement soit fait le 15 de septembre prochain. Lettres missives
du dit roi accompagnant les lettres patentes. (Séance du mois et cent du
22 aout 1522, rég. 18, p. 50.)

pourvoiez de sorte que le dit chemyn et chaussée soient réparez le plus tost que faire se pourra, affin que noz dits postes y puissent passer et repasser seurement et sans dangier jour et nuyt, et ce pendant donnez ordre à faire ouvrir de nuyt les dictes portes de nostre dicte ville à noz dits postes qui couront pour noz affaires et non à autres, ce que vous pourrez facilement congnoistre et sçavoir à ce que inconvénient n'en adviegne, aussi que aions occasion de plus vous en escripre. Très chiers et bien amez, nostre Seigneur vous ait en sa garde. Escript à sainct Germain en Laie le derrier jour d'octobre (1522). Ainsi signé : Françoys et de Neufville. Et au doux est escript : A noz très chiers et bien amez les maire, eschevyns et bourgeois de nostre ville de Poictiers [1].

VII.

Lettre de François Ier au maître de poste de Poitiers. (Rég. 18, p. 192.)

De par le Roy. Poste qui estes assis en nostre ville de Poictiers, sur le chemyn de Guyenne, Nous vous mandons et

---

1. Lettres missives du Roi du 16 décembre, par lesquelles il mande aux échevins, bourgeois et habitants de cette ville qu'ils aient à payer et mettre entre les mains de maître Jean Prévost, son conseiller, trésorier de l'extraordinaire de ses guerres, ou de ses commis, la solde de cent hommes de pied qui reste du premier quartier, avec second et tiers quartiers d'icelle solde. (Séance du mois et cent du 24 décembre 1522, — rég. 18, p. 117.)

Lettres missives du Roi du 11 janvier 1523, aux eschevins, bourgeois et habitants de cette ville, par lesquelles il rescrit et mande incontinant et sans délai que l'on ait à fournir et payer à maître Jean Prévost ce qui reste du premier quartier et entièrement les second et tiers quartiers échus, et pour chacun d'iceux 1800 livres pour la solde de cent hommes de pied. (Séance du mois et cent du 21 janvier 1522, 1523, — rég. 18. p. 135.)

commandons expressément que, veue la présente, vous deslogiez incontinant de la dicte ville et vous alliez loger et tenir votre poste au lieu de Biart ou bien aux faulxbourgs Sainct Ladre, ainsi que les autres postes qui ont esté autreffois assis sur ledit chemyn ont acoustumé d'estre, parce que s'est le plus court chemyn, et d'autre part quant la dicte poste d'aller ou venir arrive de nuyt en la dicte ville, l'on mect long temps à ouvrir et fermer la dicte ville, sans le dangier qu'il peut avoir à faire la dicte ouverture ; si gardez si convient que ce soit qu'il n'y ait faulte. Donné à Paris le xxvie jour de janvier l'an mil cinq cens vingt et deux [1523]. Ainsi signé : François et Gédoyn. Et au doux : A Nycollas Huguet, nostre poste à Poictiers.

VIII.

Lettre de François Ier. (Rég. 18, p. 271.)

De par le Roy. Très chiers et bien amez, vous avez esté advertiz de l'érection et créacion que avons puis naguères fait d'une court de parlement en nostre bonne ville et cité de Poictiers, et partant qu'il est requis et nécessaire qu'il soit pourveu aux offices d'icelluy de bons, notables et vertueulx personnaiges, tant pour le bien de justice que pour la descharge de nostre conscience. A ceste cause nous vous prions mectre peine de recouvrer et nous adroisser des gens sçavans et expérimentez et qui aient bon zelle à la chouse publicque, affin que en puissions promptement pourveoir le dit parlement. Et au surplus, pour ce que nous avons entendu le bon voulloir et affection que vostre dit maire[1] a tant envers nous que au bien et police de nostre dicte ville de

---

1. André Juge était alors maire de Poitiers.

Poictiers, nous désirons singuliérement qu'il soit par vous continué on dit office, affin qu'il (ayt) plus d'occasion et meilleur moyen de parachever de donner ordre es chouses par luy commencées, mesment es réparacions, fortifficacions et emparemens de nostre dicte ville. Pourquoy nous vous prions que pour amour et en faveur de nous, vous le vueillez continuer au dit office. En quoy faisant vous nous ferez service très agréable. Donné à Stains le xx⁰ jour de jung (1523). Ainsi signé : François, et au dessoubz : Le Breton Et au doux est escript : A noz très chiers et bien amez les eschevins et bourgeois de nostre bonne ville et cité, de Poictiers.

IX.

Lettre de François Iᵉʳ. (Rég. 18, p. 316.)

De par le Roy. Chiers et bien amez, Nous avons receu les lectres que nous avez escriptes, par lesquelles nous faictes sçavoir l'assemblée des gens de pié, vaccabons, advanturiers vivans sur le pauvre peuple à l'entour de Poictiers. Et pour ce que nous désirons et entendons qu'il y soit promptement remédié et pourveu, Nous vous envoyons lectres adroissans au senneschal de Poictou, aux seigneurs de Morthemar, du Fou, de la Roche du Maine et autres, en blanc, que vous pourrez subscripre, et le tout employer à la deffaicte des dits advanturiers. Car nous voullons que ainsi se face et qu'il n'y ait faulte. Donné à Saint Germain en Laie le xixᵉ jour de juillet (1523). Ainsi signé : François, et au dessoubz : Robertet. Et au doux : A nostre cher et bien amé le maire de Poictiers.

X.

Lettre de François Ier (Rég. 18, p. 360.)

De par le Roy.

Très chiers et bien amez, chacun peult assez sçavoir les infiniz maulx et dommaiges innumérables que noz bons et loiaulx subjectz ont par cy devant portez et portent à l'occasion des guerres et divisions qui ont esté meues et suscitées en nostre royaulme depuis certain temps en ça par l'esleu empereur et roy d'Angleterre et autres leurs adhérans et alliez noz ennemis et adversaires, lesquelx iniquement et à maulvaise et dampnée querelle, par plusieurs endroiz et coustez ont envahy, travaillé et insulté nostre dict royaulme, païs, terres, seigneuries et subjectz, pour icelluy butiner, départir et dissiper entre eux, à la ruyne, destruction et désolation extrême de nos dicts païs et subjectz : à quoy, graces et louanges soient à Dieu nostre créateur, avons tousjours résisté, de sorte qu'ilz n'y ont guères gaigné, jaçoit ce que ce soient deux les plus puissans et plus redoubtables potentatz qui soient en la chrestienté. Et voyant qu'ilz continuent et persévèrent en leur dampné et obstiné propoux, sans voulloir entendre à aucun traicté de paix ou tresve, sinon qu'elle fust si advantageuse et hounorable pour eulx qu'elle seroit honteuse, dommaigeable et vitupérable à nous et à toute la nacion françoise, que pour riens ne vouldrions permectre; considérans en oultre que le vray object de nos ditz ennemys est d'occuper l'Ytallie et en icelle eulx fortiffier pour par aprés grever et tenir en subjection et servitude iceulx noz royaulme, païs, seigneuries et subjectz et en dispouser à leur volunté : ce qu'ilz ne pourroient aisément ne facillement faire si on ne obvioit à leurs dictes entreprinses. Et à ceste cause, après avoir bien pancé en ceste matière et eu meur advis et délibération sur ce avec les gens de nostre conseil, n'avons trouvé meilleur moien pour rompre les dessaincts et ententions de nos dits ennemys et leurs dits adhérans que de faire l'entreprinse de la conqueste et réduction en nos mains et obéissance de nostre duché et estat de Millan et seigneurie d'Ast et Gennes, que iceulx noz ennemys tiennent et occupent tyrannicquement sur nous, où ilz se fortiffient. En quoy faisant, nous divertissons la guerre qui est en nostre dict royaulme et la rejectons sur nos dicts ennemys, deuement advertiz et acertenez que si promptement ne faisons la dicte entreprinse nous perdons entiérement tous noz amys, confédérez et alliez de par delà qui nous peuvent aider à la dicte conqueste, désespérons et mectons en totalle ruyne et perdicion noz bons, loyaulx et tres affectionnés subjectz et serviteurs que avons par delà et les laissons tumber à la mercy et discrétion de nos dits ennemys, à nostre vergoigne, sans le péril et inconvénient qui en peult advenir à nostre dit royaulme. Pour laquelle entreprinse mectre à exécution avons droissé une puissante armée, pour, à l'aide de nostre dict créateur, faire la dicte conqueste, en laquelle avons délibéré aller en personne, après avoir donné provision par toutes les frontières de nostre dict royaulme pour résister à nos dits ennemys; qui nt pas seullement suffisante pour deffendre iceulx noz royaulme et subjectz, mais pour à ung besoign offendre nos dits ennemys. Et pour ce qu'il nous a semblé que pouvez trouver estrange de nous en aller hors nostre dict royaulme en laissant en l'affaire de guerre qu'il est, sans entendre les chouses ainsi qu'elles passent, Nous vous avons bien voullu advertir et faire et entendre les chouses dessus dictes qui sont véritables, et les causes et raisons qui nous meuvent de faire ledict voiage et entreprinse, qui est, comme scet nostre dict créateur, à bonne fin, pour le bien, repox et seurté de nostre dict royaulme, païs et seigneuries, et les garder des périls et inconvéniens où ilz seroient, et pour faire cesser la guerre qui y est et faire recliner le fez d'icelle sur noz dits ennemys, qui autrement ne se peult faire, actendu l'obstination et pertinacité d'eulx, vous advisant que pouvez hardiment croire que si congnoissions que nostre dicte absence portast préjudice à nos dits royaulme et subjectz, pour riens ne le vouldrions faire, mais qui plus est, si l'affaire survenoit en icelluy nostre dict royaulme tel qu'il requist nostre présence, quelque part que feussions, laisserions toutes entreprinses pour y venir et le secourir, comme de tout nostre cœur et sur toutes chouses le désirons. Et d'autre part, affin que vous et autres noz bons et loyaulx serviteurs, officiers et subjectz puissent avoir recours en tous leurs besoigns et affaires, Nous laissons par deça nostre très chère et très amée dame et mère, garnye et accompaignée de bons, grans et notables personnaiges, et expérimentez tant pour la guerre, justice, que finances, pour pouveoir à toutes chouses qui pourront venir et occurer durant nostre absence, scelon que besoign sera et que les cas y offreront, comme régente et gouvernante pour nous en nostre dict royaulme, païs et seigneuries, durant nostre dicte absence en ce présent voiage ; laquelle se y sçaura bien conduire et acquipter au bien de nostre dict royaulme, repox et soulagement de nos dits subjectz, pour le bon et singulier zelle et désir que sçavons qu'elle y a; vous priant au demourant que, s'il survenoit quelque affaire où il fust besoign faire office de bons et loyaulx subjectz, vous le voullez faire et que telz vous y acquiptiez ainsi que en vous avons parfaicte espérance, et vous nous trouverez tousjours prest et délibéré de vous traicter en tous voz affaires en toute grace, faveur et doulceur. Et pareillement vous prions, pendant que serons en ce dict voiage et exercice, vous vueilliez faire faire en voz églises et paroisses processions et prières à Dieu le créateur, la glorieuse vierge Marie et les benoistz sainctz qu'ilz nous donnent grâce de faire chouse qui soit à son honneur et au bien, utillité et conservation de noz dits royaulme, païs, seigneuries et subjectz, qui est la chouse que plus singulièrement désirons, et vous nous ferez service très grand et très agréable qui jamais ne sera mys par nous en obly. Donné à Fontaine bleault le IIIe jour d'aougst mil v^c XXIII. Signé : François, et au dessoubs : Gédoyn. Et dessus est escript : A noz très chiers et bien amez les maire, eschevyns, bourgeois et habitans de nostre bonne ville et cité de Poictiers [1].

XI.

Lettre de François Ier. (Rég. 20, p. 53.)

De par le Roy. Chiers et bien amez, sachans le grant bruyt de guerre qui peult courir par tout nostre royaulme et désirant le repos et transquilité de corps et d'esperit de tous noz bons et loyaulx subgectz, nous vous avons bien voulu advertyr du bon grant ordre et provision que nous avons donné en toutes les frontières, entrées et passages de nostre royaulme, qui est telle que, quelques grans préparatifz que ayent peu droisser noz ennemys pour l'exécucion de leurs malignes et dampnées entreprinses, ilz n'ont peu raporter que honte, vitupère et doumaige. Ce néantmoins, Nous, en faisant office de bon prinse et pasteur, ne nous contantons pas seullement d'avoir pourveu les dictes limites et frontières

---

1. Lettres missives de Madame mère du Roi, régente, du 17 septembre 1523, pour faire guet et garde aux portes de la ville. (Rég. 18, p. 383, 385.)

Lettres du maître de l'hôtel de Monsieur l'amiral qui est delà les monts, touchant le contenu desquelles le conseil a été d'avis que pour le présent l'on n'en doit parler. (Séance du 19 octobre 1523, rég. 18, p. 398.)

« Lettres missives du Roi du 8 mai 1524, par lesquelles il écrit que Monsieur l'amiral avec son armée s'en vient en ce royaume, sans avoir perdu aucun homme de pied, de cheval, artillerie, ni bagage, et que Monsieur de Vendousmois a défait en Picardie 1200 chevaux et 12000 hommes de pied. » (Séance du mois et cent du 12 mai 1524, rég. 18, p. 496.)

de nostre royaulme, mais désirans cordiallement que le dans soit préservé de toute moleste et oppression, et que noz bons et loyaulx subgectz puissent en vraye seuretté et repox vivre et négocier entre eulx pour leurs vaccations et mesnaiges aussi bien en temps de guerre que de paix, Nous voullons et vous prions très acertes que vous regardez aux murs, foussez, pourtaulx, boullevers et autres fortificacions de nostre bonne ville de Poictiers, les réduysant par voz dilligences, soing et labeur en tel estat que vous ne puissez craindre les vacabons, pillars, volleurs, ne quelque manyère de gens qui pouroyent vous faire force ou invasion d'hostillité; vous pourvoyant quant et quant de bastons, harnoys, artillerye et toutes armes qui peuvent servyr à la deffense de la dicte ville, et ce par la gracieuse remonstrance, cotizacion et ordonnance que vous sçaurez bien faire tant en général que particulyer par tout et ainsi que besoing sera, sellon la fiance et certitude que nous avons de voz obéissances et bonnes voulontez. Donné à Lyon le xve jour de juillet l'an mil cinq cens trante et six. Ainsi signé : Françoys, Rappouel. Et sur la subscription est escript : A noz chiers et bien amez les manans et habitans de nostre ville de Poictiers [1].

XII.

Lettre de François Ier. (Rég. 22, p. 125.)

De par le Roy. Très chiers et bien amez, pour ce que nostre très chier et très amé frère l'empereur nous a fait

---

[1]. Lettres patentes du roi données à Montpellier le 8 janvier 1537 (1538) et lettres missives du dit roi, en date du 14 février 1537 (1538), « contenant le mandement du dit seigneur pour la munition de quinze milliers de salpêtre qu'il convient faire faire des deniers communs de la dicte maison de céans pour l'année présente et pour l'année prochaine, comme plus à plain est contenu par les dictes lettres » (Séance du 1er avril 1538, reg. 20, p. 486).

entendre qu'il soy deslibéré passer en dilligence par cestuy nostre royaulme pour aller en ses pays bas, et que nous voullons et désirons sur toutes choses qu'il y soit recueilly, traicté et honouré le mieulx que faire se pourra, avecques autant d'honneur et hobéissance qu'on les peut fayre à nostre propre personne : à ceste cause prions et néantmoins mandons tant expressément que faire pourrons que, pour la réception de sa personne et ceulx de sa compagnie à nostre bonne ville et citté de Poictiers, vous regardez à faire tous les préparatifz, provisions et autres choses et dont il puyt avoir aysance, commodité et service en son dit passage, tout le mieulx et le plus honnorablement que vous pourrez, et que se soit de sorte que ayons occasion de nous en contanter, et comme pour chose qui touche à l'onneur de nous et de nostre dict. royaulme, et en quoy ne nous povez faire service plus agréable, ainsi que avons donné charge à nostre chier et aymé cousin, le sieur de Montpezat, chevalier de nostre ordre et gentilhomme de nostre chambre, vous dire de par nous, lequel vous croyrez comme nostre propre personne. Donné à Complaigne, le x jour de novembre mil v^e trante et neuf. Ainsi signé : Françoys, et Bouschetel [1]. Et au doz est escript ce qui s'ensuyt : A noz très chiers et bien amez les mayre, eschevyns, bourgeoys, manans et habitans de nostre bonne ville et citté de Poictiers [2].

---

1. Cette lettre a été publiée par Thibaudeau t. IV. p. 9, mais avec de nombreuses fautes.

2. Lettres missives de Monsieur le sénéchal au maire de Poitiers. « tendant à ce que l'on fasse diligence de lui envoyer des artichaulx et autres fruits nouveaux pour lui aider à traiter le Roi en sa maison du Fou. » (Séance du conseil du 30 mai 1541, rég. 23, p. 300.)

Lettres missives non souscrites au maire de Poitiers, venant des officiers de Châtellerault et concernant le navigage. (Séance du 12 juin 1542, rég. 24, p. 178.)

« Lettres du Roi aux maire, échevins et bourgeois de Poitiers, par lesquelles est contenu d'exhiber à un certain personnage étant au conseil

XIII.

Lettre des maire et échevins de Poitiers au roi Henri II. (Rég. 30. p. 32).

Sire, comme voz. très humbles et très obéissans, oultre les advertissements qu'avez peu avoyr des aultres pays et lieux, envoyons ce porteur en poste et en diligence vers vous pour vous faire entendre la nécessité en laquelle est vostre ville et pays de Poictou, onquel des parties de Guyenne, Xainctonge et Angoulmoys est ces jours descendu si grand trouppe de gens, tant aguerroyez que de commune, montant, comme le bruict est commung, de soixante à quatre vingt mil hommes, ayans grosse artillerie et menue, et dont en y a grand

---

l'artillerie et d'icelle en faire inventaire avec les munitions de la ville. » (Séance du conseil du 11 juillet 1543, rég. 25, p. 256).

« Lettres du Roi, données à Blois le 8 mai 1545, aux baillis, sénéchaux, prévôts, capitaines, maires, échevins et gouverneurs des villes et châteaux, et à tous ses justiciers, officiers et sujets, par lesquelles il mande faire bon et honnête recueil au duc d'Albuquerque, tel que à sa personne appartient et qu'il mérite. » (Séance du 12 mai 1545, rég. 26 p. 236).

« Lettres du s^r du Puy du Fou à Monsr Doyneau, par lesquelles il écrivoit avoir reçu lettres de Monsr le général Bouhier qui lui mandoit avoir communiqué à Monsr le chancelier pour la modération de la gabelle, et que M. le chancelier lui avoit mandé réponse; au moyen de quoi lui écrivoit et lui avoit envoyé les dictes lettres de Monsr le chancelier et du dit général Bouhier, desquelles il avoit retenu un double qu'il avoit exhibé au conseil, avec les lettres du dit s^r du Puy du Fou qui écrivoit qu'il seroit bon assembler messieurs de la ville. » (Séance du conseil du 13 août 1545, rég. 27, p. 24.)

« Lettres de Monsr du Lude, lieutenant pour le roy en Poitou, contenant de la victoire que Dieu a donnée aux François contre les Anglois au pays d'Artois près la ville de Calais, avec les lettres du roi par lesquelles est mandé faire processions générales pour rendre graces à Dieu de la faveur qu'il nous porte contre nos ennemis ». (Séance du conseil du 5 octobre 1545, rég. 27, p. 34.)

« Lettres patentes du roi, du 5 avril 1546, contenant l'exemption de cette ville de Poictiers et faubourgs d'icelle des gens d'armes tenans garnison

nombre en équipage et gens de guerre, et qui font monstre et reveue, comme l'on dict, par chacun jour, et se multiplient de jour en aultre au moyen qu'ilz contreignent les villes, bourgs et parroisses où ilz passent de leur bailler gens en armes, munitions et vivres, à tocquesainct sonnant, et pour applaudir le peuple ne parlent que de liberté et de leur oster la gabelle et magazins, et sont jà entrez en plusieurs villes et bourgs sans résistance parceque les sommations qu'ilz font es habitans est sur peine d'estre saccagez, et sont entrez en vostre ville de Xainctes, et sont, comme l'on dict, davant vostre ville d'Angoulesme, pretz de venir en ceste ville, dont sommes en grande perplexité et nécessité par deffault de secours. Et plus tost heussions envoyé vers vous, n'eust esté que mons^r du Lude, vostre lieutenant en ce pays, nous avoyt faict entendre qu'il avoyt mandement de vous de y pourveoir : ce que encores n'a esté faict; et doubtans estre surprins, avons envoyé ce porteur pour et à ce qu'il soyt vostre bon plaisir y pourveoyr et faire pourveoir à diligence, car la nécessité le requiert parceque les ennemis ne sont que à neuf ou dix lieues de ceste ville. Entend que à nous est, comme voz très humbles subjectz, sommes tousjours prestz à vous obéyr de nostre pouvoyr.

Sire, après noz très humbles recommandations à vostre bonne grace, prions le créateur vous donner en santé et prospérité très bonne vie et longue. De Poictiers ce xvie jour

---

tant de logis que de contribution, ensemble la copie de l'exécutoire de Jean de Daillon, seigneur du Lude, gouverneur en Poitou » (rég. 27, p. 146.)

« Lettres missives baillées par M. le lieutenant, qui lui avoient été envoyées par le roi de Navarre, portant que l'on ait à faire savoir le nombre des pièces de l'artillerie, boulets et autres munitions dépendants d'icelle. » (Séance du 11 octobre 1546, rég. 28, p. 46.)

« Lettres du syndic du pays de Périgort au maire de Poitiers, faisant mention du fait de la gabelle ». (Séance du conseil du 8 août 1547, rég. 29, p. 25.)

d'aougtz (1548). Et au dessoubz : Voz trez humbles et très obéissans les maire, eschevins et bourgeois de la ville de Poictiers. Et en la subscription des dictes lettres et sur icelles : Au roy nostre très souverain seigneur.

XIV.

Lettre des maire et échevins de Poitiers au conseil privé du Roi.
(Rég. 30, p. 33.)

Nosseigneurs, nous envoyons ce porteur vers le Roy et vous pour, oultre les advertissemens qu'avez peu avoyr des aultres villes et pays, vous faire entendre que ces jours sont descenduz en ce pays de Poictou, venant de Guyenne, Xainctonge et Angoulmoys, plusieurs compaignies et enseignes de gens de guerre et de tous aultres estatz, tant de gentilzhommes, gens d'église, artizans que de gens de commune, montans les dictes compaignies et enseignes de soixante à quatre vingts mil hommes, crians liberté en tous endroictz pour esmouvoyr le peuple et le attraire à eulx, sont entrez en la ville de Xainctes, Cougnac et en plusieurs aultres lieux, où ilz ont mis à bas les magazins et mal traicté les officiers de la gabelle, razé les maisons de ceulx qui ne leur vouloyent obtempérer, et se augmentent par chacun jour au moyen qu'ilz contraignent les hommes de chacune parroisse de bailler gens en armes, vivres et munitions, ont artillerie grosse et menue, et se doubte l'on qu'il y ait des gens estrangiers et ennemys de ce royaulme en leur troppe, parceque l'on dit qu'il y a des gens fort bien aguerroyez et qu'ilz payent en angelotz et en double ducatz, voyres, dict on, que par la mer ont receu or, argent et munitions de guerre; aussi s'il n'y avoyt que commune, ne seroyt leur hardiesse si grande ; et tiennent ung grand ordre et police, ont coronal, capitaines, enseignes et équipage de guerre. Plus tost on heust envoyé devers le roy et vous, nosseigneurs, n'eust esté le secours qu'on pensoyt avoyr de mons. du Lude, lieutenant du Roy en ce dit pays, qui se disoyt avoyr mandement du dit seigneur pour cest affaire. Et dict on qu'il se retire à la Rochelle, parquoy demeure ceste pauvre ville et pays sans chief et deffence que des hommes qui ne sont aguerroyez ne en nombre suffisant pour la deffence de la dicte ville qui est de grande estandue ; aussi que entendez trop mieulx que c'est de deffense de commune, et mesmement que ces gens ont ceste ruse d'attirer à eulx le peuple en criant liberté : il est très nécessaire de y pourveoir o toute diligence, dont, nosseigneurs, très humblement vous supplions pour le bien du roy et du royaulme, car oncques on ne vyt le duché de Guyenne et comté de Poictou en telle tribulacion et perturbacion ; et entendrez par la fin que la chose est de grande importance, aussi vous supplions donner prompte provision et expédition audit porteur, car les ennemys sont prestz de nous et à neuf ou dix lieues prestz, gaignans tousjours pays. Nosseigneurs, après noz très humbles recommendations à voz bonnes graces, supplions le créateur vous donner en santé et prospérité bonne vie et longue. De Poictiers, ce XVIe jour d'aougst [1548]. Et au dessoubz : Voz très humbles et très obéissans les maire, eschevins et bourgeois de la ville de Poictiers. Et dessus les dites lettres est escript : A nos seigneurs du privé conseil.

XV.

Lettre des maire et échevins de Poitiers à Mr le Chancelier. (Rég. 30, p. 34.)

Monseigneur, entre les advertissemens qu'avez peu avoyr des aultres pays et lieux de Guyenne, vostre bon plaisir sera d'entendre que cés jours sont entrez en ce pays de Poictou compaignies de gens de guerre et de commune en fort grand nombre, et par ceulx qui les ont veuz pour le moins sont de soixante à quatre vingts mil hommes, et se augmentent par chacun jour au moyen qu'ilz contreignent les habitans se rendre en tous lieux où ilz passent, tenans propoz de liberté et de abatre la gabelle, et si somment les villes, bourgs et parroisses d'eulx rendre et bailler gens en armes, munitions et vivres, sur peine d'estre saccagez, en manière que en la pluspart de la Guyenne n'ont heu résistance et sont entrez en la ville de Xainctes, où ilz ont [et es aultres villes et bourgs où ilz ont passé] mis à bas les magazins et greniers et razé plusieurs maisons et tué gens, et sont entrez à Ruffec et aultres lieux distans de ceste ville de Poictiers de huict ou dix lieues : dont sommes en grand peine et perplexité comme non ayans secours, comme entendions avoyr, de mons$_r$ du Lude, lieutenant général du Roy en ce pays, combien que ayons envoyé vers luy, et dict on qu'il s'en va à la Rochelle, et par là demourons sans chief ne conduicte; et plus tost heussions envoyé devers le Roy, n'eust esté mon dict s$_r$ du Lude, qui disoyt avoyr mandement et commission du Roy pour cest affaire.

Monseigneur, comme à celluy qui avez tousjours esté protecteur de la Républicque, vous supplions très humblement estre aydant à ceste pauvre ville et pays tant affligé que rien plus, et est très nécessaire de promptement y pourveoir, car onques on ne vyt la Guyenne et pays de Poictou en si grande perturbation, et s'en va ruyné si bien tost n'y est pourveu et à diligence.

Monseigneur, après noz humbles recommandations à vostre bonne grace, prions le créateur vous donner en santé et prospérité bonne vie et longue. De Poictiers ce xvie jour d'aougst (1548). Et au dessoubz : Voz très humbles serviteurs les maire, eschevins et bourgeois de la ville de Poictiers. Et en la suscription des dictes lettres et suscriptions est escript : A Monseigneur, Monseigneur le chancellier.

XVI.

Lettre des maire et échevins de Poitiers à l'évêque de Coutances.
(Rég. 30, p. 35.)

Monseigneur, comme à celluy qui de vostre grace avez cy devant monstré l'amytié que portez à ceste ville et pays, dont à jamays nous tenons obligez envers vous et comme à vray protecteur, adroissons la présente pour vous faire entendre oultre ce que avez esté adverty de la grande compaignie et assemblée venant de Guyenne, Xainctonge et Angoulmoys et descendue en ce pays en nombre de quatre vingts mil hommes, comme ceulx qui l'ont veu l'ont affermé. Et pour la faveur qu'ilz ont du peuple, à cause qu'ilz ne parlent que de liberté et mesmement d'effacer la gabelle et magazins, ne treuvent résistance et se multiplient de jour en aultre, et si y a grand nombre de gens qui entendent le faict de la guerre et en grand équipage, ont artillerie grosse et menue, somment les villes et bourgs d'eulx rendre et leur fornir de gens en armes, vivres et munitions, à tocque sainct sonnant, sur peine d'estre saccagez, et ceulx qui leur résistent tant en leurs personnes que biens les saccagent. Si tost que avons esté advertiz qu'ilz entroyent en ce pays, avons envoyé devers Monsr. du Lude, lieutenant général du Roy en ce dit pays, qui a escript avoyr mandement du Roy pour y donner ordre : ce qu'il n'a encores faict; et n'attendons l'heure que ne soyons sommés comme aultres villes ont esté et en partie desquelles ilz ont ja entré, comme à Xainctes et aultres petites villes de ce dit pays, par deffault de force et secours. Vous entendez que c'est de ceste ville qui est grande et spacieuse et où il y a gens de tous estatz et de divers entendemens. Et à ceste cause, Monseigneur, envoyons devers le Roy l'ung des bourgeois de ceste ville pour et à ce qu'il luy plaise et à messeigneurs de son conseil sur ce donner ordre prompt, car la nécessité le requiert, et ne fut oncques la Guyenne et ce dit pays de nostre temps en telle perturbation, et s'il n'y est bien tost et en diligence proveu, en pourra advenir grans inconvéniens et interestz. Et pour ce, Monseigneur, humblement vous supplions estre aydant à la dicte ville et pays et à faire expédier le porteur qu'avons envoyé à diligence et en poste.

Monseigneur, après noz humbles recommendations à vostre bonne grace, prions le créateur vous donner en santé et prospérité bonne vie et longue. De Poictiers ce XVI° jour d'aougst (1548). Et au dessoubz : Vos humbles serviteurs les mayre, eschevins et bourgeois de la ville de Poictiers. Et dessus les dictes lettres est escript : A Monseigneur, Monseigneur de Constance, grand aulmousnier.

XVII.

Lettre de Mʳ du Lude, gouverneur de Poitou. (Rég. 30, p. 48.)

Messieurs, je faiz la plus grande diligence qu'il m'est possible d'assembler le plus de gensdarmes que je puys ; cependant je vous envoye des lettres pour faire crier l'arrière ban de Poitou et amasser le plus de gentilshommes que vous pourrez. Je m'en pars ce jourd'huy pour m'en aller à la plus grande diligence que je puys, et seray demain, s'il m'est possible, à Bressuire, et de là m'en iray à Niort, où scellon ce que Monsʳ. de Loubes m'advertira, qui est là pour moy, de ce que aura faict ceste commune et la part qu'ilz tiendront. La chose est prompte et est bien difficil d'assembler si tost gendarsmes, veu qu'ilz sont de plusieurs pays ; ceulx qui estoyent aux garnisons, je croy que Monsʳ. de Loubbes les aura envoyez à Monsʳ. de Burie, et cependant je vous prie, Messieurs, ne vous estonnez poinct, car ce n'est que commune et n'ont poinct d'artillerie. Vous donnerez ordre à tout ce que dernièrement vous ay escript. Je ne craignois si non qu'ilz prinsent quelque ville à la frontière. J'ay espérance, Dieu aydant, que nous en viendrons bien à bout, vous advisant que je feray la plus grande diligence qu'il sera possible. Mays d'approcher près d'eulx foible, je ne feroys que leur donner le cueur et ne leur feroys poinct de nuisance. J'escripts des lettres à Monsr. de la Jaille pour cest effect, pour ce qu'il est capitaine général des arrière bans, pour y donner ordre, et luy ay envoyé les lettres que m'avez escriptes : qui sera l'endroict où feray fin à ma lettre, me recommandant à voz bonnes graces, suppliant le créateur vous donner bonne vie et longue. Du Lude ce XVI jour d'aougst 1548. — Et avant la soubzscription et au dessus d'icelle est escript ce qui sensuyt : Par la commission dudit arrière ban que vous envoye j'ay laissé en blanc le nom du lieu où se fera l'assemblée ; je suys d'advis que y mettez vostre ville de Poictiers ou bien Luzignan ou Sainct Maixant. Je suis marry que n'avez retenu prisonniers ceulx qui vous sont allé sommer. — Et au dessoubz : Le plus que tout vostre bon amy, JEHAN DE DAILLON. — Et sont suscriptes par le dessus : A Messieurs les officiers du roy, maire et eschevins de la ville de Poictiers, à Poictiers.

XVIII.

Lettre des maire et échevins de Poitiers aux maire et échevins de Tours. (Rég. 30, p. 37.)

Messieurs et frères, nous avons dépesché Monsr. le recepveur Coutel, présent porteur, frère de Monsr. le maistre des requestes, pour vous advertir du dangier où sommes à l'occasion du peuple et gens incongneuz qui se sont levez contre le Roy, tant en Gascongne, Xainctonge que Angoulmoys, en nombre si grand que c'est chose difficile à croyre, et lesquelz

depuys troys jours ont envoyé sommer plusieurs petites villes de ce pays de Poictou, mesmement celle de Cyvray, dix lieues près ceste ville, pour tenir leur party, soubz l'umbre de la gabelle et de vivre en liberté, faisant courir le bruict de nous venir insidier et forcer, et d'aultant que chacun jour en leur compaignie se retirent plusieurs personnes de diverses opinions et que les principalles villes du dit Xainctonge et Angoulmoys, à leur grand regret, ont esté contrainctes les laisser entrer pour ne les avoyr peu soustenir à cause du grand nombre qu'ilz sont, faisant courir le bruict que dans sept ou huict jours nous viendront assaillir avecques toutes leurs forces, telles que les vous pourra déduyre le dit s^r. recepveur Coutel, scellon ce que en avons peu entendre par noz chevaucheurs. Et pour aultant, Messieurs et frères, que désirons faire congnoistre au roy l'affection qu'avons à lui garder ceste dicte ville comme ses bons et loyaulx subjectz, et de mourir tous ensemble plustost que de nous laisser forcer, vous prions nous secourir de quelque nombre de pouldre pour artillerie, attendant que quelque quantité qu'en faisons faire soyt achevée pour la vous rendre, si non qu'il vous plaise en faire délivrer au dit s^r. Coutel en payant raisonnablement. Et auquel nous remectons le demourant à vous dire de bouche de tout ce négoce, suppliant le créateur, Messieurs et frères, vous donner longues et heureuses vies. De Poictiers le XVIIe jour d'ougst l'an 1548.
— Et au bas est escript : Voz humbles frères, serviteurs et amys les maire et eschevins de la ville de Poictiers. — Et dessus les dictes lettres est escript : A Messieurs et frères, Messieurs les maire et eschevins de la ville de Tours.

XIX.

Lettre de Mr du Lude, gouverneur de Poitou. (Rég. 30, p. 52.)

Messieurs, j'ay veu par voz lettres l'effray qu'avez heu trop plus grand que n'en avez heu l'occasion, car j'ay en ce lieu reçeu de Monsr. de Loubes, mon enseigne, certaines nouvelles de ceste sédicieuse et mal conseillée commune à laquelle j'espère en brief donner bon ordre, et vous prie vous asseurer plus fort que de coustume, sans délaisser toutesfoys à monter vostre artillerie et vous bien munir de pouldres et aultres choses nécessaires, tant pour la deffence de vostre ville que pour le service. Quant à la proclamation du ban et arrière ban dont vous ay envoyé commission, je suys d'advis que faictes seullement advertir les gentilzhommes se tenir pretz sans partir de leurs ressorts et bailliages, de sorte que, affaires survenans, ilz soyent prestz et en équipage pour le service du Roy. Espérant vous escripre de brief plus amples nouvelles, feray à la présente fin, me recommendant à voz bonnes graces d'aussi bon cueur que je supplie le créateur vous tenir en sa saincte et digne garde. De Partenay ce XIXe d'aougst 1548. — Et avant la soubscription et au dessus d'icelle est escript : Je pars de ce lieu présentement pour aller à Niort. — Et au dessoubz : Le plus que tout vostre bon amy, Jehan de Daillon. — Et en la suscription des dictes lectres : A Messieurs les lieutenant, advocat et procureur du Roy, maire et eschevins de la ville de Poictiers, à Poictiers [1].

---

[1]. Cette lettre a été imprimée dans l'*Abrégé de l'histoire du Poitou* par Thibaudeau t. IV p. 378. Mais elle contient une faute grave : au lieu de M. de Loubes, enseigne du gouverneur, Thibaudeau a lu à tort dans le registre, M. de Soubise.

XX.

Lettre de Henri II. (Rég. 30, p. 72.)

De par le Roy. Très chiers et bien amez, nous avons esté advertiz des rebellions, séditions et émotions populaires et assemblées de communes faictes en nostre pays d'Angoulmoys, Poictou, Xainctonge et aultres lieux es envyrons, et du debvoir auquel, comme bons, vrays et loyaulx subjects, vous estes mis pour appaiser et faire cesser les dictes émotions: de quoy nous vous sçavons très bon gré et vous en remercions bien fort, vous priant de vouloir continuer et persévérer en ceste bonne volunté, comme nous estimons que vous ferez, qui sera chose que ne mettrons en obly, ainsi qu'avons donné charge au s^r. de Brisambourg, présent porteur, vous dire plus au long et aussi vous déclairer l'ordre et provision qu'avons donné sur le faict des dictes rebellions et assemblées; dont vous le croyrez comme vouldriez faire nous mesmes, et vous nous ferez plaisir et service très agréables. Donné à Thurin le XIXe jour d'aougst M. V^c XLVIII. Ainsi signé: Henry, et au dessoubz: Clausse. — Et au dessus des dictes lectres est escript : A noz très chiers et bien amez les eschevins, bourgeois, manans et habitans de nostre bonne ville et cité de Poictiers.

XXI.

Lettre de Mr du Lude, gouverneur de Poitou, à Mr Doyneau, lieutenant général. (Rég. 30, p. 56.)

Monsieur le lieutenant, j'ay veu par vostre lettre l'advertissement que me faictez de la prinse du coronal et quelzques capitaines de ceste commune qui sont au chasteau d'Angoulesme, et comme Monsʳ. de Sainct Séverin est allé en poste devers le Roy, dont avoys bien esté adverty, et dès le jour d'hier envoyay Monsʳ de Loubbes, mon enseigne, avec cent ou six vingts chevaulx et plus, pour aller en Angoulesme ayder que ceulx de la ville ne soyent forcez par ceste commune, où j'espère qu'il sera ce soyr et n'aura failly d'advertir ceulx qui sont à Sainct Jehan d'Angély de s'y trouver. J'espère, avec l'ayde de Dieu, que le Roy sera obéy, scellon que je vous rescriptz hier par le serviteur de Monsʳ. de la Riche, qui partit hier matin de Partenay. Quant au ban et arrière ban de Poictou qu'avez par mon mandement faict publier, je suys d'advis que faictez advertir et publier que ceulx qui y sont subjectz ayent seullement à se tenir en équipage tel qu'ilz doibvent pour le service du Roy, sans toutes foys partir de leurs bailliages, jusques ilz ayent de moy aultre mandement : ce que je vous prie faire incontinant publier, ad ce qu'ilz n'ayent entrer en plus grands fraiz, desquelz, s'il m'est possible, je mettray peine les soullager, si mes aultres forces y peuvent satisfaire, scellon que bien j'espère. Je partiray demain de ce lieu pour aller à Chizay, à Sainct Jehan d'Angély, Angoulesme et aultres lieux que besoing sera, qui ne sera sans vous faire sçavoyr de mes nouvelles, et ne feray faulte d'advertir le Roy de vostre bonne volunté à son service et obéissance et de tous ceulx de ce pays de Poictou. Cest endroict je me recommande à vostre bonne grace d'aussi bon cueur que je supplie le créateur vous donner, Monsʳ. le lieutenant, en parfaicte santé, heureuse et longue vie. De Niort ce XXᵉ aougst 1548. — Et au dessoubz : Le plus que tout vostre bon amy, Jehan de Daillon. — Et en la suscription des dictes lectres et par le dessus : A Monsieur Doyneau, lieutenant général du sénéschal de Poictou, à Poictiers [1].

---

[1]. François Doyneau était échevin de Poitiers, et la lettre de M. du Lude fut communiquée par lui au conseil le 21 août 1548.

XXII.

Lettre du receveur de la ville. (Rég. 30, p. 58.)

Messieurs, en attendant mon retour je vous envoye par Mathurin Vivier, charretier, six petites cacques de pouldre à canon avec une petite cacque desmorche, poisans les sept ensemble huict cens troys livres, que Messieurs de ceste ville vous ont de leur grace libérallement prestée, à la charge que je me suys obligé la leur rendre dedans ung mois ; de l'honneste debvoyr dont lesdits seigneurs ont usé pour ce faire, je remetz à vous le dire de bouche quant seray de par dellà. Je suys encores icy attendant deux canonniers ordinaires que j'ay retenuz, lesquelz n'ont voulu marcher sans avoyr congé de leur commissaire, auquel Messieurs de ceste ville et moy avons envoyé homme exprès, à dix lieues de ceste ville, où se tient le dit commissaire, duquel attendons response et congé dans aujourd'huy midy. Cependant je vous envoye deux aydes qui marchent avec les dictes pouldres, lesquelles sont revestues d'ung aultre tonneau, affin qu'elles ne se gastent, comme l'on a accoustumé faire. J'espère partir à ce soyr ou bien demain de grand matin et amener avec moy les dits canonniers, qui sont gens bien expérimentez à ce mestier, ainsi que m'ont asseuré mes dits seigneurs de la ville. J'ay faict marché avec le dit charretier à la somme de dix livres tournoys pour sa voicture pour toutes choses, auquel j'ay baillé six livres content.

Messieurs, je supplie le créateur vous donner à tous en santé très bonne et longue vie, me recommandant humblement à voz bonnes graces. De Tours ce lundi matin XXe aougst 1548. — Et au dessus la soubzcription et auparavant icelles est escript : Messieurs, depuys la présente escripte j'ay achapté deux cacques de pouldre bien bonne, une pour hacquebute et l'aultre est desmorche, poisans les deux de net neuf vingts six livres, laquelle servira tant pour le canon que hacquebutes à croc, et si n'en avons poinct affaire, que Dieu ne veuille, elle se vendra bien aultant qu'elle m'a cousté, car j'en ay heu bon compte. — Et au dessoubs : Vostre très humble et obéissant serviteur, le recepveur Coutel. — Et en la suscription des dictes lectres et dessus icelles : A Messieurs les maire et eschevins de la ville de Poictiers, à Poictiers.

XXIII.

Lettre des maire et échevins de Tours. (Rég. 30, p. 63.)

Messieurs et frères, nous avons veu voz lettres et nous déplaist grandement de l'ennuy auquel vous estes. Et suyvant ce que vous avez mandé, nous vous envoyons sept cacques de pouldre, deux maistres canonniers et deux aydes, et estimerez que, si heussions peu mieulx faire, l'eussions faict, comme personnes qui s'estiment participans de vostre fortune. Ce dit porteur heust esté plus tost dépesché, n'eust esté qu'il nous a convenu envoyer à dix lieues d'icy pour avoyr le congé pour les dits canonniers. S'il vous survient chose en laquelle ayez affaire de ceste compaignie, tant en particullier que général, vous vous pourrez asseurer d'en finer de très bon cueur, duquel nous nous recommendons à vous, prians le créateur vous donner ce que luy sçaurez très bien demander. De Tours ce XXe jour d'aougst 1548. — Et au dessoubz : Voz très humbles et bons amys les maire et eschevins de la ville de Tours. — Ainsi signé : Bonneau, greffier. — Et en la suscription sur les dictes lectres est escript : A Nosseigneurs et frères les maire et eschevins de la ville de Poictiers.

XXIV.

Lettre du cardinal de Lorraine (Rég. 30, p. 65.)

Messieurs, nous avons receu les lettres que avez rescriptes au Roy et pareillement à nous, par lesquelles nous advertissez que ceste folle et téméraire esmotion des communes de Guyenne croist et multiplie chacun jour et que de présent y a gens de tous estatz, tant gentilshommes, gens d'église, artizans que commune, lesquelz sont entrez es villes de Xainctes, Congnac que plusieurs aultres lieux et de présent estoyent à dix ou douze lieues de vous. Surquoy, nous vous advertissons que le Roy a tres expressément commendé et ordonné promptement lever mil hommes d'armes de ses ordonnances, des garnisons plus prochaines de la dicte esmotion, qui feront cincq ou six mil chevaulx, et d'adventage douze mil hommes de pied, de laquelle force il a donné la charge et conduicte à Monsr le comte du Lude, son lieutenant général et gouverneur au pays de Poictou, qui sçaura très bien exécuter et ensuyvre ce que en cella icelluy seigneur luy a commendé et ordonné. Parquoy vous vous retirerez par devers luy et ferez en toutes choses, suyvant la loyaulté et obéissance que debvez au Roy, ce que le dit sr comte vous ordonnera pour le bien de son service. Et toutesfoys, messieurs, nous vous prions et ordonnons que ce pendant et attendant que le dit sr du Lude aye donné provision, que ayez à tenir les portes de vostre ville bien closes et fermées et faire bon guect de nuict et de jour, de sorte que aulcun inconvénient n'en puisse advenir, sur peine de en respondre vous mesmes au Roy : ce qui, nous semble, vous sera aysé de faire, attendu que vostre ville est bonne et grandement peuplée, et aussi que les dictes communes n'ont aulcunes pièces de grosse artillerie ; priant Dieu, Messieurs, qu'il vous aye en sa saincte et digne garde. Escript à Lyon le XXI⁰ jour d'aougst 1548. — Et au dessoubs : Voz bons amys, le cardinal de Lorraine, Claude. F. Olivier. — Et sur icelles lectres est escript: A messieurs les maire et eschevins de la ville de Poictiers. — Et sont les dictes lectres cachetées du petit cachet du roy.

XXV.

Lettre de M*r* du Lude, gouverneur de Poitou. (Rég. 30, p. 85.)

Messieurs, j'ay veu la lettre que m'avez escripte par mons*r* de la Riche [1] et de luy entendu ce que luy avez chargé me dire, qui est la difficulté du recouvrement des douze mil escutz que vous avoys prié me faire prester à intérest sur tous mes biens, et qu'il ne vous seroyt possible trouver la dicte somme ny aultre: dont suys bien marry pour le désir que j'avoys n'espergner mon bien pour le service du Roy et conservation de vostre ville et de tout le pays de Poictou et de celuy de pardeça. Aussy j'ay ouy l'ouverture concernant le faict des gabelles dont vous avoys rescript par cydevant ; et parce que depuys, le maistre des eaues d'Angoulmoys [2] est venu de la court, qui a apporté quelzques articles et moyens pour le proffit du Roy et soullagement de son peuple[3], je suys d'opinion, scellon que vous ay dernièrement mandé, différer d'assembler les villes et communitez jusques j'aye veu le dit maistre des eaues et adverty le Roy du tout pour man-

---

1. Jean de Brillac, échevin de Poitiers, s*r* de la Riche.
2. Laurent Journault, s*r* de la Deuille, maître des eaux et forêts d'Angoumois.
3. Lettres patentes du Roi du 19 août 1548, évoquant à sa personne la connaissance et jugement de la rebellion, à condition que les rebelles poseront les armes et se retireront chacuns chez eux dans le délai de 4 jours à partir de la publication des dites lettres patentes.

der ce qu'il luy en plaira estre faict ; remettant le surplus au dit sʳ de la Riche, je me recommande à voz bonnes graces d'aussi bon cueur que je supplie le créateur vous tenir en sa saincte et digne garde. De sainct Jehan d'Angély ce dernier aougst 1548. — Et au dessus la soubzcription et avant icelle est escript : Messieurs, j'ay entendu du sʳ de la Riche voz bonnes voluntés et le bon ordre qu'avez donné en vostre ville suyvant ce que vous avoys mandé, et vous prie y continuer, dont je n'obliray advertir le Roy. — Et au dessoubs : Le plus que tout vostre bon amy, Jehan de Daillon. — Et au dessus sont suscriptes : A messieurs les officiers pour le Roy, maire et eschevins de la ville de Poictiers, à Poictiers.

XXVI.

Lettre des maire et échevins de Poitiers au gouverneur de Poitou.
(Rég. 30, p. 91.)

Monseigneur, l'occasion de ces présentes est que ung nommé Gombault, sergent royal et garde des prisons de Niort, a publié en ceste ville que vous avez receu, dès vendredi au soyr dernier, commission du Roy pour abolir entièrement la gabelle on pays de Guyenne et la réduire au quart et demy quart, et le peuple en a ja telle opinion que la publication leur tarde et dict qu'il ne tient que es officiers du Roy et à nous. Il vous plaira, Monseigneur, nous en faire certains pour donner la vérité à entendre au peuple, qui est en bonne volunté, mais qu'il ne soyt diverty par faulx rapports et faulces persuasions ; vous prians de rechief, Monseigneur, si avez heu la dicte commission, nous en mander vostre délibéracion pour l'exécuter scellon qu'il vous plaira commender, et nous l'envoyer pour la faire publier ; priant le créateur, Monseigneur, vous donner en bonne prospérité longue vie. De Poictiers cé tiers jour de septembre 1548.— Et au dessoubs : Voz obéissans serviteurs les maire et eschevins de la ville de Poictiers. — Ainsi signé : J. Herbert, secretaire de la ville, par le commendement de mes dits seigneurs. — Et au dessus et escript en suscription : A Monseigneur, Monseigneur le comte du Lude, gouverneur pour le Roy en Poictou.

XXVII.

Lettre du Roi Henri II. (Dom Housseau, t. X, n° 4,257, Bibl. Nat.)

Très chers et bien amés, nous avons entendu la démonstration de bons et loyaulx subgects dont vous usez es choses de ceste ellévation de peuple survenue par delà et le bon et honneste devoir en quoy vous vous estes mis pour pourveoir à la seureté de vostre ville, qui nous a esté tel et si grant contentement que vous povez penser, dont n'avons voullu faillir à vous advertir et vous dire que nous espérons vous faire congnoistre par effect et bientost la satisfaction que nous en avons et faire veoir à tout le monde la différence qu'il y a des bons aux mauvais subgects, car nous faisons marcher droict en Poictou mille hommes d'armes et une trouppe de dix enseignes de lansquenets avecques quelques autres forces, et du cousté de Languedoc nous envoyons nostre très cher et très amé cousin le connestable avecques vingt enseignes de vieulx souldarts de ce pays de Piémont, françois et italiens, et autres si bonnes trouppes que nous faisons compte d'en avoir bientost la raison par la force, si la doulceur dont nous avons délibéré user envers ceulx qui recongnoistront leur faulte n'y peult avoir lieu. Donné à Prégelas le VI° jour de septembre 1548. Signé : Henry, et plus bas : de L'aubespine.

La suscription porte : A nos très chers et bien amés les maire, échevins, bourgeois et habitans de nostre bonne ville de Poictiers.

XXVIII.

Lettre de Henri II. (Rég. 30, p. 96.)

De par le Roy,

Très chiers et bien amez, retournant de nostre pays de Piedmont (où avant que en partir nous avons pourveu et donné si bón ordre à toute chose requise et nécessaire pour la garde, seuretté et deffence d'icelluy que nous en pouvons demourer en repoz), Nous avons en ce lieu receu lettres de nostre amé et féal le comte du Lude, nostre lieutenant général en Poictou, par lesquelles entre aultres choses il nous advertist du bon et loyal debvoir onquel vous continuez vous contenir en la fidélité et obéissance que avons congneue en vous et de la diligence dont vous avez usé de pourveoir à tout ce que avez veu estre requis pour la garde, seuretté et deffence de nostre ville de Poictiers, sans y rien espargner ; de quoy nous avons grandement occasion de nous contenter de vous et ne voullons faillir de vous en remercier bien fort, vous priant persévérer en ce bon office, comme nous estimons que ferez, qui (oultre la recongnoissance que en pouvez espérer de nous par faveurs et bon traictemens) ne vous sera moins d'honneur et louange que à ceulx de Bourdeaulx de honte et reproche le malheureux acte par eulx commis, lequel mérite répréhension et punition exemplaire, dont vous debvez demourer grandement contens et satisfaictz et en louer Dieu, lequel prions, très chiers et bien amez, que il vous ayt en sa saincte garde. Donné à Grenoble le Xe jour de septembre mil V^c XLVIII. — Ainsi signé : Henry, et Clausse. — Et au dessus est escript : A noz très chiers et bien amez les maire et eschevins de nostre bonne ville et cité de Poictiers.

XXIX.

Lettre de Henri II. (Rég. 30, p. 106.)

De par le Roy. Très chiers et bien amez, nostre très chier et amé cousin le duc d'Aumalles, per de France, vous dira et fera entendre les causes et occasions pour lesquelles nous l'envoyons présentement par dellà, avecques les forces tant de gens de cheval que de pied et de nostre artillerie dont nous luy avons baillé la charge et conduicte, vous priant que, faisant office et debvoyr de noz bons loyaulx et affectionnez subgectz, comme tousjours par cy davant nous vous avons tenuz, estimez et réputez, vous vous employez en tout et partout ce qu'il vous commendera et ordonnera pour nostre service et la conservation de voz personnes et biens, avec continuacion et entreténement de l'obéissance que vous nous debvez. En quoy faisant vous trouverez en nous les faveur et bon traictement que vous mériterez, ainsi que plus amplement vous fera entendre de nostre part nostre dit cousin, lequel vous croirez en cest endroict comme nous mesmes. Donné à la Coste Sainct André le XIII° jour de septembre mil V°. quarante huict. — Ainsi signé : Henry, et au dessoubz : Clausse. — Et au dessus est escript : A noz très chiers et bien amez les maire, eschevins, manans et habitans de nostre bonne ville et cité de Poictiers [1].

---

[1]. Cette lettre a été publiée par Hhibaudeau dans son Hist. du Poitou, t. IV, p. 379.

XXX.

Lettre des maire et échevins de Poitiers au gouverneur de Poitou.
(Rég. 30, p. 97.)

Monseigneur, ayant receu les lettres du Roy à nous baillées par monsr de Loubes et la bonne volunté que portez à la ville et pays, vous en rendons graces humbles, vous suppliant nous maintenir en vostre bonne volunté, prestz d'obéyr au Roy et à vous, à nostre pouvoyr. Monseigneur, nous prions le créateur vous donner en santé et prospérité bonne vie et longue. De Poictiers, ce XIX° septembre 1548. — Et au dessoubz : Voz humbles serviteurs les maire, eschevins et bourgeois de Poictiers. — Et au dessoubs signées : J. Herbert, secretaire, par le commendement de mes dits seigneurs. — Et au dessus est escript : A Monseigneur le comte du Lude, lieutenant général pour le Roy en Poictou.

XXXI.

Lettre du duc d'Aumale. (Rég. 30, p. 102.)

Messieurs, pour ce que le service du Roy requiert passage de quatre mil hommes de pied sans leurs gens et suitte aux lieux de Croutelle et de Ozance, vous ne fauldrez, incontinent la présente receue, de faire droisser estappe aux dits lieux, c'est assavoyr, de six mil pains et de douze muictz de vin en chacun des dicts lieux, avecques les chairs de beuf et mouton qui leurs sont nécessaires, sans y faire faulte, d'aultant que vous désirez le service du dit seigneur. Et sur ce, Messieurs, je prie le créateur vous tenir en sa saincte et digne garde. De Tours le XXVI° jour de septembre (1548). — Et au dessoubz : Le duc d'Aumalles bien vostre. — Et soubzsigné : Françoys. — Et au dessus est escript en la suscription : A Messieurs les officiers du Roy, maire et eschevins de la ville de Poictiers. — Et sont les dictes lettres scellées en queuhe du cachet de mon dict seigneur.

XXXII.

Lettre du duc d'Aumale. (Rég. 30, p. 111.)

Messieurs, j'ay ordonné à Monsr. de la Roche de Pouzay, maistre d'hostel ordinaire du Roy, de se tenir en vostre ville de Poictiers pour entendre et vacquer à tout ce qui sera requis et nécessaire pour le service du dit seigneur, par le conseil duquel vous vous conduirez et, en l'absence de Monsr. le comte du Lude, obéyrez, comme vous feriez à moy et au dit s^r. du Lude : ce que le Roy aura très agréable et moy bien grand plaisir, qui prie sur ce le créateur, Messieurs, vous maintenir en sa saincte et digne garde. De Luzignen ce IIII° d'octobre (1548). Et au dessoubz : Vostre bon amy, Françoys.

A Messieurs les officiers du Roy, maire et eschevins de la ville de Poictiers [1].

XXXIII.

Lettre du roi de Navarre. (Rég. 30, p. 206.)

Messieurs, ayant entendu par les plainctes que vous m'avez cy davant faictes les charges insuportables qui sont

---

1 Le duc d'Aumale repassa à Poitiers le 22 novembre 1548 avec le connétable et le cardinal de Châtillon.

sur le pays, l'affection que j'ay au bien et soullagement du peuple me faict vous escripre que deux de vous ou aultres telz bons personnages de vostre province et jurisdiction qui seront par ceulx du pays advisez ayent à me venir trouver en la ville de Tarbes le jour de quasimodo, où je me rendray, comme aussi feront les depputez de chacune province et séneschaucée de mon gouvernement, ausqueulx j'ay semblablement escript pour entendre ce que j'ay à vous dire et propouser pour le bien et repoz du peuple et subgectz du Roy, n'ayant riens plus à cueur ne tant affecté que de faire congnoistre par effect de combien je me veulx employer au soullagement du pays, qui sera l'endroict, Messieurs, où je prie le créateur vous tenir en sa saincte garde. De Pau ce XXVe de mars 1548 (1549). — Ainsi signé : Henry, et au dessoubz Dellinard. — Et à la suscription : A Messieurs les séneschal, ses lieutenans, esleuz et aultres officiers du Roy, maires et juratz de la séneschaucée de Poictou [1].

XXXIV.

Lettre de Henri II. (Rég. 34, p. 332.)

De par le Roy.

Chers et bien amez, nous avons entendu par lettres de noz amez et féaulx les s^{rs}. de Champfocau et d'Esprunes, commis-

---

[1] « Lettres patentes du comte du Lude du 14 avril 1549, contenant commandement de faire honneur et toute gratuité qu'il sera possible à Domp Constantin de Portugal, qui doit passer par cette ville de Poitiers pour aller à la cour. » (Rég. 30, p. 229.)
Lettres missives du roi à la ville sur la dite commission. Il s'agit ici d'une copie d'édit du Roi sur la création et érection des conseillers généraux superintendans des deniers communs et d'octroi des villes de France, avec copie de la provision de maître Yves du Lyon, qui a été pourvu du dit office à la Rochelle, avec l'exploit de Bodin contenant l'ajournement baillé à la ville de Poitiers pour porter l'état des comptes au dit du Lyon au dit lieu de la Rochelle. (Séance du mois et cent du 11 novembre 1556. Rég. 34 p. 110.)

saires par nous depputez sur le faict des emprunctz en la généralité de Poictiers, les remonstrances que leur avez faictes des priviléges de noblesse que dictes avoir tendans soubz ceste couleur, et que par les commissions et instructions que leur avons faict expédier pour requérir pour nous les dictz emprunctz, en avons excepté le clergé, noblesse, artisans et gens de mestier, prétendans par vous debvoir estre entenduz soubz ce mot de noblesse; touttesfoiz que de nostre part nous ne l'avons ainsi entendu, ains seullement les nobles et gentilzhommes qui sont suyvans les armes et qui journellement nous font service, tant aux guerres que près et à l'entour de nostre personne, et pareillement les personnes ecclésiasticques tenans bénéfice pour raison desquelz ils sont cothisez et tauxez aux décimes. Et nous sommes esbays grandement que vous en voulez exempter, actendu qu'il est question de petites sommes et que debvez considérer l'affaire pour lequel faisons demander les dictz emprunctz, qui est spéciallement pour ayder à vous conserver en paix et repoz. A ceste cause, advisez chacun en son endroict de satisfaire, le plus tost que possible vous sera, à ce qui vous a esté et est requis et demandé par iceulx nos dits commissaires, suyvans leur dicte commission et instructions, que voulons et entendons estre par eulx suyvies et exécutées sellon la teneur d'icelles, sans eulx arrester aus dictes remonstrances et difficultez par vous proposées et formées, et de sorte qu'en puissions estre aydés et tirer le secours en nos dits affaires qu'en avons espéré, vous priant et néantmoins ordonnant de vostre part n'y faire faulte, autrement ne nous donnerez occasion vous réputer nous estre si bons et fidelles serviteurs et subjectz que vous debvons estimer. Donné à Champtilly le XXVIe jour de mars mil V^c cinquante six (1557). — Ainsi signé Henry, et au dessoubz : Hurault.

XXXV.

Lettre du surintendant des deniers communs. (Rég. 34, p. 394.)

A Messieurs les maire, eschevins, conseillers de la ville de Poictiers et recepveurs des deniers communs d'icelle, à Poictiers. Messieurs, la présente vous advisera que estant en ceste court le mercredy XIIIIe jour de ce présent moys, je fuz appellé au conseil privé du Roy pour les affaires qui concernent ma charge, où estant je receu commandement de Messeigneurs du dict conseil d'envoyer à dilligence homme exprès par devers les maires et eschevins et recepveurs des deniers communs des villes de ma dicte charge, ausquelles dictes villes il a pleu au Roy faire don et octroy de six deniers pour livre qui souloient estre employées es réparacions des turcis et levées des rivières de Loire et de Cher et qui a présent le doibvent estre, suyvant ledit octroy, es réparacions des pavez, chemyns, advenues et levées des rivières qui sont es ressorts de chacune des dictes villes ausquelles le dit seigneur a faict le dict octroy, pour entendre de vous et chacun de vous depuys quel temps le Roy vous a faict le dit octroy et si depuys icelluy octroy les recepveurs des tailles ont mis es mains de voz recepveurs les dits deniers, et ce qu'ilz se montent par chacun an, à quel usage vous les avez employez, par quelles ordonnances et mandemens, et ce qui en reste de deniers bons es mains de vos dits recepveurs, quels comptes vous en avez rendu et par devant quels commissaires, et quelle somme de deniers vous payez par chacun an sur vos deniers communs pour les réparacions et fortificacions des villes de Picardie et Champagne, et depuys quel temps vous avez payées les dictes sommes. A ceste cause, je vous envoye ce porteur, par lequel vous me ferez certaine responce de tout le contenu en la présente, s'il vous plaist, affin que icelle receue je la présente à mes dictz seigneurs pour ma descharge, suyvant leur commandement, pour par eulx en ordonner par emprès comme ilz adviseront. Et donnerez à ce porteur certificacion de la réception de la présente où elle soit de mot à aultre insérée. En cest endroict, Messieurs, je salluray voz bonnes graces de mes humbles recommandations, priant Dieu vous donner sa saincte grace. De Villiers Cotherez ce XVe avril V^c cinquante sept. — Et au dessoubz est escript : Vostre humble serviteur et amy le général superintendant, Y. DU LYON [1].

XXXVI.

Lettre de Mr de Pardaillan à son frère. (Rég. 34, p. 491.)

Monsieur mon frère, j'ay donné vostre lettre [2] à Messieurs de ceste ville, lesquelz j'ay trouvé fort gratieulx et m'ont enseigné ung aultre chemyn plus court pour aller de Lusignen à Chatelleraud que passer par Poictiers, qui est à Vouillé et à la Tricherie. A ceste cause, Monsieur mon frère, il vous plaira divertir voz soldartz par le dict chemyn.

---

1. « Lettres du Roi aux maire et eschevins de Poictiers, par lesquelles le Roi mande à la dicte ville faire diligence de faire payer l'emprunt de la solde des cinquante mille hommes de pied, autrement qu'il usera de ses contraintes. » (Séance du conseil du 29 avril 1557. Rég. 34, p. 378.)

« Lettres missives envoyées au lieutenant par M. de Thou et autres députés par le Roy pour la réformation des coutumes, par lesquelles il mande qu'il entend venir en cette ville avec ses concommissaires le septième d'août prochain, et qu'on leur envoie à Paris un citoyen de cette ville pour les conduire. » (Lettres présentées au conseil le dernier jour de mai 1557. Rég. 34, p. 425.)

2. « Lettres du baron de Pardaillan au maire de Poitiers (René Dausseurre), par lesquelles il mande à la ville qu'on fasse provision de vivres par estappe pour douze cents hommes de pied qu'il entend faire passer par cette ville dimanche prochain. » (Séance du conseil du 16 juillet 1557. Rég. 34 p. 490.)

Monsieur mon frère, je ay trouvé Madame de Dampierre en ceste ville, qui est la cause que je voys prandre la poste; faisant fin par mes humbles recommandations, priant Dieu vous donner heureuse et prospère vie. De Poictiers ce vendredy, par vostre frère serviteur prest à vous faire service. De Pardeillan [1]. — Et au cousté des dictes lettres missives est escript : Monsieur mon frère, il vous plaira m'octroyer ceste requeste que voz soldarts ne passent par Poictiers [2]. (Séance du mois et cent du 16 juillet 1557.)

XXXVII.

Lettre de M^r d'Estissac. (Rég. 35, p. 35.)

Messieurs, m'ayant ces jours passez le Roy de Navarre escript que pour les affaires de la guerre telz que pouvez

---

[1]. Le dit frère du baron de Pardaillan assistait au conseil et avait été prié d'écrire cette lettre.
[2]. Le 18 juillet le capitaine Saultrice, lieutenant du baron de Pardaillan, vient dire que faisant droit à la requête du maire, il a fait passer ses soldats à Vouillé où il demande qu'on lui envoie des vivres.

« Lettres du baron de Carmac au maire de Poitiers, par lesquelles il mande qu'on dresse estappe de pain, vin, beuf et mouton pour deux cent quatre vingts hommes qu'il entend faire passer cejourd'hui par ceste ville. » (Séance du conseil du 18 juillet 1557. Rég. 34, p. 492.)

« Le baron de Carmac demande au maire acquit et certification que lui et ses gens ont vécu selon l'ordonnance, et néanmoins le maire observe qu'ils ne veulent rien payer de ce qu'ils ont pris pour leurs vivres. » (Séance du 19 juillet 1557. Rég. 34, p. 496.)

« Le maire expose qu'il a entendu que monseigneur le connétable et autres grands seigneurs de ce royaume accompagnés de bon nombre de gens de cheval et de pied avoient entrepris l'avitaillement de la ville de Saint-Quentin, et que au retour ils avoient esté rencontrés par les ennemis de ce royaume qui les avoient grandement oultragés, voires qu'il est bruit que le dit seigneur connétable et plusieurs autres princes et seigneurs y ont esté occis ou à tout le moins constitués prisonniers, et davantage que sur les costes de la mer océane y a grand nombre d'Espagnols et Anglois qui pourroient, à deffaut en pourvoir, grandement endommager ce pays. » (Séance du 16 août 1557. Rég. 35, p. 28.)

penser j'eusse à faire lever, tant en vostre ville que aultres de ces pays, ung bon nombre d'hommes de service, j'ay advisé en semblable vous en escripre la présente, affin que incontinant icelle receue, vous ne faictes faulte de adviser avec le seigneur de Salles au faict de la dicte levée jusques au nombre de quatre cens hommes, dont nous lui avons donné charge, qui se pourront trouver en vostre dicte ville et es environs d'icelle, par après estre amenez et conduictz par le dit seigneur de Salles, soyt pour s'en servir en ceste ville de la Rochelle où aultre lieu de ce dit pays par deça où l'affaire et besoing se présenteront. A quoy singulièrement vous tiendrez main et userez de la meilleure et plus grande dilligence que faire se pourra ; et d'aultant que ceste dilligence ne regarde rien moings la protection et deffence de voz propres vies et biens que le service du Roy, pour l'obéissance et secours que vous lui debvez, je ne la vous feray plus longue, m'asseurant que ne vouldrez y faillir. A tant je prye Dieu, Messieurs, vous avoir en sa saincte et digne garde. De la Rochelle ce vingtiesme jour d'aougst mil cincq cens cinquante sept. — Et au dessoubs est escript : Vostre entièrement bon amy, d'Estissac. — Et à la superscription est escript : A Messieurs les maire et eschevyns de Poictiers [1].

XXXVIII.

Lettre de Henri II. (Rég. 36, p. 135.)

A noz très chers et bien aimez les maire, eschevins, bourgeoys, manans et habitans de nostre ville de Poictiers.

Très chers et bien aimez, puisqu'il a pleu à Dieu par sa

---

[1]. Lettre missive du roi écrite à Villiers-Coterets, le 16 juillet 1558, aux maire, échevins et bourgeois de Poitiers, pour fournir certaine quantité de salpêtre. (Rég. 36, p. 28.)

bonté et clémence regarder en pitié la chrestienté tant affligée pour les guerres passées, luy donnant maintenant pour repoz une bonne et sincère paix qui a esté ces jours passez conclute entre le roy d'Espagne et nous, il fault que chacun se dispose et mecte en bon estat pour luy rendre les actions de graces d'ung si grand bien universel, par lequel nous aurons doresnavant moyen suffisant de remettre et restablir en leur premier estat toutes choses qui, à l'occasion des dictes guerres, ont esté vitiées et dissolues et corrompues, mesmement le faict de la religion, qui est le poinct principal où nous voulons commencer à mettre la main à l'œuvre, pour estre la cause de Dieu ; et cela faict, nous regarderons à ce qui concerne notre estat et le faict de la justice, pour sur le tout donner le meilleur ordre et provision que verrons estre requis et nécessaire, avec l'advis et délibération des princes de nostre sang et aultres grands et notables personnages de nostre conseil. Parquoy vous ne fauldrez de faire entendre ce que nous vous escripvons cy dessus à tous les citoyens, manans et habitans de nostre ville de Poictiers, à ce que chacun face son debvoir d'exécuter et accomplir noz vouloir et intencion. Donné à Soissons le IIIe jour d'avril 1559. — Ainsi signé : Henry, et au dessoubz : Duthier [1].

XXXIX.

Lettre de la ville de Poitiers au Roi. (Rég. 36, p. 138.)

Sire, après avoir receu vostre lettre le huictiesme jour de ce mois nous avons en ensuyvant vostre commandement et sur l'heure donné à entendre le contenu en icelle à voz très humbles et obéissans serviteurs les manans et habitans de

---

1. Cette lettre a été publiée par Thibaudeau, t. IV, p. 137. Le nom de la ville d'où elle est datée, Soissons, y a été omis.

vostre ville en tous estatz, lesquelz se sont grandement resjouy de celle tant bonne et divine paix à vous envoyée de Dieu et se sont mis en estat pour luy en rendre graces, le suppliant de bien bon cœur conserver la grandeur de vostre majesté et puissance enrichie de tiltre de Roy très chrestien ; vous asseurant, sire, que, tant le clergé que voz officiers de la justice, avec nostre collége des maire et eschevins, ensemble les bourgeoys et aultres manans et habitans, tous ensemblement et processionnellement, y ont faict leur debvoir le jour de dimanche neufviesme de ce mois, par manière que le tout s'en est ensuyvi à la gloire et honneur de Dieu et de vostre majesté, sans qu'il se soyt offert ne encores de présent en vostre dicte ville sinon une bonne, vraye et fidelle obéissance, propre et naturelle de tout temps à voz très humbles et obéissans subjectz, qui doybt donner excuse au cas inopinément avenu le lundy après la feste de Pasques, on couvent des frères prescheurs de ceste ville, par aulcuns personnages incogneuz, gens de bas estat, artisans estrangiers, qui se sont semez par vostre royaulme durant la calamité des guerres et ont voulu dépraver le simple peuple, soubz couleur de nouvelle doctrine et religion : ce qui a esté vivement retranché en ce lieu et soubdainement, par manière que la gloire et force en est demeurée à Dieu et à vous, avec punition exemplaire de ceulx que l'on a peu apréhender de telz séditieux, et en sorte que telle malheureuse et damnée secte qui ne tend que à une liberté de chair n'aura moyen de se eslever ne s'asseurer en vostre ville, aydant le créateur, lequel nous supplions et de bien bon cœur, sire, vous donner en santé bonne et longue vie et nous conserver en la clémence, faveur et protection de vostre bénigne grace, laquelle nous avons et de tousjours ressenty de vostre royale majesté. (Séance du samedi 8 avril 1559 [1].)

---

[1]. Cette lettre a été publiée par Thibaudeau, t. IV, p. 138, mais avec plusieurs fautes.

XL.

Lettre de Henri II. (Rég. 36, p. 143.)

A noz très chiers et bien aimez les maire et eschevins de nostre ville de Poictiers.

De par le Roy.

Très chiers et bien amez, Nous avons entendu par la lettre que nous avez escripte par ce porteur l'ordre qui a esté mis et le debvoir que vous avez faict de vostre part à donner main forte à nostre justice pour la prinse et punition de ceulx qui ont faict ce scandale en l'église des Jacobins, dont nous avons eu grand plaisir, et qu'il ayt esté tellement obvié à l'apparente sédition qui se présentoit, qui nous donne occasion d'avoir de plus en plus grand contentement de vous, la loyaulté et fidélité desquelz et envers Dieu et envers nous avons tousiours estimé devoir estre si certaine et si droicte que nous serions grandement esbahiz quand vous obmettriez une seule chose de ce qui la touche et y appartient. Donné à Coussy le huictiesme jour d'apvril, mil cinq cens cinquante neuf. — Ainsi signé : Henry, et au dessoubz : de Laubespine [1].

XLI.

Lettre du roi de Navarre. (Rég. 36, p. 173.)

Très chers et bons amiz, estant venu en ces quartiers, on m'a faict entendre à mon grand regret que en la ville de

---

1. Cette lettre a été publiée par Thibaudeau, t. IV, p. 140.

Poictiers y avoit quelques commencementz de troubles et séditions [1], et pour ce que je serois grandement marry que es terres de l'obéissance du Roy mon seigneur et singulièrement en celles de mon gouvernement advint aulcun désordre par telz moyens ny aultres au desservice de sa Majesté et dommage de la République, et que pour y obvier ceulx principalement doibvent travailler qui ont les charges publiques, je vous ay bien voulu escrire ceste présente pour vous exhorter et ordonner que de vostre part vous tenez la main avec les gens du conseil que tous affaires se portent si paisiblement en la dicte ville que sa dicte Majesté n'en puisse avoir que repoz et contentement, et espérant que vous y veillerez soigneusement comme je vous en prie, je finiray la présente par prières à nostre Seigneur vous donner sa saincte grace. Escript à Lusignan, le XIIe jour de may mil cinq cens cinquante neuf.

Le Roy de Navarre gouverneur et lieutenant général pour mon dit seigneur en la grande Guyenne. — Ainsi signé : Antoine, et au dessoubz : Sponde [2]. — Et sur le dos d'icelles : A nos chers et bons amys les maire, eschevins et bourgeoys de la ville de Poictiers [3].

XLII.

Lettre de François II. (Rég. 37, p. 112.)

Nostre amé et féal, il a pleu à Dieu, par sa grace et bonté, faire venir à nostre cognoissance et mettre en lumière la dé-

---

1. Il s'agissait du trouble occasionné par *le différant des prescheurs et aultres*, c'est-à-dire les calvinistes.
2. Cette lettre a été publiée par Thibaudeau, t. IV, p. 141.
3. Lettre du roi de Navarre à la ville de Poitiers, fin d'octobre 1559. La volonté du roi y est exprimée, mais non expliquée par le compte-rendu de la séance. Tout porte à croire qu'il s'agit du passage annoncé de la reine d'Espagne, passage qui eut lieu le 21 novembre 1559 (rég. 37, p. 47).
Lettres du s[r] de Soubize, fin de janvier 1560, concernant la déclaration de L'Alemant dit L'Ingénieulx pour le regard du navigage (rég. 37, p. 87).

testable conjuration que aulcuns malheureux abandonnés de
Dieu avoyent secrétement faicte contre nostre personne,
celle des princes et de nos principaux ministres, nostre estat
et loyaux subjectz, lesquelz conjurez, pour parvenir à l'effet
de leurs damnées entreprinses, auroient inventé tous les
moyens que peuvent penser les malings esprits pour atraire
et persuader les hommes; entre aultres choses, abusans du
nom de Religion, soubz le prétexte d'icelle auroyent sollicité
aulcuns princes estrangiers de favoriser leurs conspirations
et leurs gens de guerre pour entrer dedans nostre royaume,
et leur donnant assurance de venir sans dificulté à chief de
leurs desseingz, et à ceste fin supposoyent faulcement que
aulcuns seigneurs et gentilzhommes avec grand nombre de
noz aultres subjectz habitans des villes ès plat pays estoyent
complices et adhérens à la dicte conspiration, prendroyent les
armes et s'éleveroyent à certain jour et déterminé entre eulx;
d'aultre part, affin de plus facilement séduyre nos dits subjectz,
ont pratiqué de faire secrettes assemblées en plusieurs villes
et aultres endroitz de nostre dit royaume, et soubz le prétexte
de religion ont tentez les voluntez de ceulx qui se sont
trouvez ès dictes assemblées, et efforcez par tous moyens de
crainte, de peines ou espéranse de bien, de les aliéner de la
fidélité et affection qu'ils nous doibvent et les tirer à la dicte
conspiration; par espécial leur ont proposé que aulcuns
princes estrangiers favorisent leur entreprinse et se trouveroyent à jour nommé, avec grandes forces, en certains lieux
et limites de nostre royaume. Par lesquelles suppositions et
faulces inductions aulcuns de nos subjectz se seroyent, par
simplicité et ignorance de la vérité des choses, laissez persuader, jusques à promettre d'adhérer à l'entreprinse des dits
conjurez, prendre les armes et s'eslever à jour déterminé entre eulx, et tendoyent iceulx conjurez à ce but d'esmouvoir
en mesme temps si grande sédition en plusieurs endroictz
de nostre royaume qu'il seroit après impossible d'estaindre le
feu qu'ils auroyent allumez, que pour le moins n'eussent

mis toutes choses en tel trouble et confusion qu'ilz auroyent le moyen de piller les plus riches églises et sacager les meilleures maisons de noz villes, puis auroyent loysir avec leurs principaulx complices (se retirer) où bon leur sembleroit, plains d'or et d'argent : de toutes lesquelles choses avons eu particulières informations de divers endroictz, mesmes des princes estrangiers, noz amis et alliez, et d'aulcuns de nos subjectz que les dits conjurez pensoyent avoir séduictz et tirez à leur part. Nous vous en avons voulu donner advertissement par la présente, vous mandant et enjoignant très expressément que, incontinent icelle receue, vous faictes, le plus promptement que pourrez, convoquer en la maison commune de nostre ville de Poictiers noz officiers, eschevins, gouverneurs et aultres notables cytoiens, bourgeoys et habitans d'icelle, leur faisant entendre le contenu cy-dessus, affin que chacun d'eulx en premier lieu rende graces à Dieu, qui nous a faict congnoistre par le bénéfice des dictes révélations combien il a nostre personne, nostre estat et subjectz en singulière protection et saulvegarde ; conséquemment affin que en la dicte assemblée soit advisé, selon la fidélité et affection de loyaulx subjectz, de pourvoir à la seureté publicque et privée de chacun, obvier à toute sédition et émotion avec la meilleure ordre et police que fayre ce pourra ; au surplus, fayre publier en vostre auditoyre et par la dicte ville, à son de trompe et cry public, comme aussi ès aultres villes de vostre ressort, que tous ceulx qui par sédition et maulvais conseil des autheurs de la dicte conjuration auroyent adhéré, consenty et promy quelque chose, ou faict office pour conduyre à chef les dictes entreprinses, et viendront à déclairer devant vous franchement et de bonne foy ce qu'ilz en savent, dedans huict jours après la dicte publication, nous leur remettons et pardonnons toute offense et peine en quoy ilz pourroyent estre encouruz pour rayson de ce, promectant en foy de Prince et parolle de Roy que jamais ne leur en sera faict question ne moleste par justice ne aultrement, en quelque sorte que ce soyt ; comme aussi là où ilz ne vienderont à faire déclaration de ce qu'ilz en sçavent des dictes conspirations dedans ledit temps, ne trouveroyent après lieu de pardon ni miséricorde envers Nous, ains seront puniz à la rigeur des peines indictes de droict comme les criminelz de lése majesté; à quoy vous ne ferez faulte.

Donné à Amboise le dix septiesme jour de mars mil cinq cens cinquante neuf (1560). — Ainsi signé : Françoys, et au dessoubz : de l'Aubespine [1]. (Thibaudeau, iv, p. 406.)

XLIII.

Lettre de Charles IX. (Rég. 38, p. 148.)

De par le Roy.

Chers et bien amez, estans advertis des troubles et divisions qui sont aujourd'huy en nostre ville de Poictiers et plusieurs autres lieux et endroictz de l'estendue de la généralité de noz finances y establie, à l'occasion desquelz est à craindre que les motifz d'iceux voulsissent entreprendre de toucher à noz deniers, encores que nous estimions tant de vous, qui avez la principale charge de la dicte ville, que vous y avez donné si bon ordre qu'il n'y sera touché, touteffois, de peur qu'il n'en advienne inconvénient, vous en avons bien voulu escrire la présente et par icelle vous mander prendre garde que au receveur général de nos dictes finances, ensemble à tous noz deniers qu'il a et pourra avoir en ses mains et ceux aussi qui y debvront tomber, qu'il n'en advienne aulcune faulte, perte ou dommage, dont avec luy vous en baillons la garde pour les nous conserver et garder, vous advisant et desclairant, où

---

1. Lettre de M. du Lude, de décembre 1561, annonçant sa venue prochaine à Poitiers (rég. 38, p. 74).

il seroit aucune chose y attentée par vostre négligence ou connivence, que sommes délibérez nous en prendre à voz propres personnes des pertes qui ainsi adviendront. Partant gardez bien d'y faire faulte sur les peines dessus et de tant que craignez nous désobéyr, déplaire et encourir nostre indignation; car tel est nostre plaisir.

Donné à Paris le XXVIme jour d'apvril 1562. — Ainsi signé: Charles, et au desoubz : Burgensis. — Et en la superscription est escript : A noz chers et bien amez les maire et eschevins de nostre ville de Poictiers [1].

XLIV.

Lettre du général des finances, s^r d'Esprunes, à la ville de Poitiers. (Rég. 38, p. 169.)

Messieurs,

Monsieur le général vous remonstre qu'il avoit quant au premier point résolu en soy mesme pour beaucoup d'occasions qu'il estoit très requis, voires très nécessaire de pourveoir d'ung lieu seur et défensable pour la seureté des deniers du Roy, et pourpensé qu'il n'y avoit lieu plus convenable que le chasteau ; il délibera d'en communiquer à mons^r le maire, tant pour le lieu qu'il tient et qu'il doibt au service du Roy, que pour ce que le troisiesme de ce présent mois il l'estoit venu trouver accompagné du sieur de Lespinoux et d'ung autre, luy présentant lettres de sa Majesté escriptes à ceste compagnée pour la conservation et seureté du receveur général et de ses deniers ; avant la lecture d'icelles lui déclaira qu'il vouldroit recevoir conseil d'une si honnorable compagnée, et icelles leues, luy fist entendre l'ordre qu'il avoit donné pour l'occurrence des dangiers jusques à présent, le

---

1. Cette lettre a été publiée par Thibaudeau, t. IV, p. 409.

priant que s'il venoit plus urgente nécessité, qu'il eust tousjours des gens prestz pour assister de leur force à tous inconvéniens. Le lendemain, après quelque advertissement, se transporta au logis de mons.r le lieutenant criminel, auquel lieu se trouvèrent les dicts sieurs maire et de Lespinoux, ausquelz ensemblement il fist entendre que pour aucuns advertissements qui luy estoient venuz, il avoit prins résolution de faire retirer le receveur général avec ses deniers au chasteau, s'ils le trouvoient bon, et que le dict lieu feust seur, ou qu'ilz advisassent autre lieu défensable dedans la dicte ville, et les pria à ceste fin de venir avecques luy visiter le dit chasteau pour, s'il estoit trouvé lieu de seureté, en faire accomoder le dit receveur et les deniers : ce qu'ilz avoient trouvé unanimement fort expédient ; néantmoins que, avant que ce faire, il seroit bon d'en communiquer à mons.r le lieutenant civil, et pour ce faire y alla et retourna le dit sieur de Lespinoux, qui déclaira au dit sieur général qu'il estoit de pareil advis, mais qu'il en failloit communiquer à monsieur le président : nonobstant toutes ces remises cy dessus, il leur feist instance avec prières de visiter en quel estat estoit le chasteau. Ilz le remirent à l'assemblée du conseil convoqué à huict heures pour en rendre response une heure après. Il eust patience de ceste heure jusques à une heure après midi, et, de peur qu'il ne fust prévenu en ses entreprinses, comme il estoit en danger, selon l'avis qu'il en avoit eu, il envoya d'ung costé le dit receveur général visiter le dict chasteau pour s'y rendre incontinent, et d'autre ung de ses clercz par devers les dits maire et lieutenant criminel les prier luy venir trouver. Leur reponse fust qu'ilz estoient empeschez à la convocation du cent de la ville. Icelle finie, il espéroit qu'ilz le deussent venir trouver et les attendist jusques à six heures, jusques à ce que ung de ses gens qu'il leur avoit envoyé derechief le fist certain que le mois de la ville estoit départi et que chacun se retiroit ; aussi qu'il avoit parlé au dit sieur lieutenant criminel, qui luy avoit déclairé que le chasteau n'estoit en la disposition de la ville et qu'il failloit s'adresser à mons^r le lieutenant civil. Avant que partir du dit chasteau, il conféra avec ung gentilhomme qu'il trouva céans de quelle force et seureté estoit le dit chasteau : qui luy dist que, veu les flancz, la haulteur des murs, l'environnement d'eave, il estoit soustenable par vingt hommes contre mil, voires contre dix mil hommes; adonc lui fist entendre la délibération qu'il avoit faicte d'y faire transporter les deniers du Roy pour les garder d'inconvénient, et fist response que si ilz y estoient ils seroient seurement et qu'il l'en accomoderoit pour le service du Roy. Le dit sieur général, en s'en retournant en son logis, trouva aucuns de ceste compagnée qui avoient assisté à l'assemblée, desquelz il sceut qu'il avoit esté parlé à la dicte assemblée de faire livrer le chasteau ou autre lieu fort pour la seureté de ces deniers, qui auroit esté occasion au dit sieur général d'envoyer ung de ses clercz vers le dit maire le prier le venir trouver en son logis pour entendre ce qui auroit esté sur ce résolu ; lequel venu déclaira qu'il n'en avoit esté non seulement riens résolu, mais n'en avoit esté parlé aucunement. Depuis, le contrerolleur général fust envoyé par devers les dits lieutenants civil et criminel ; de l'ung il tira responce que ce n'estoit le faict de la ville, de l'autre que si la ville bailloit son advis il mettroit peine faire livrer le chasteau. Ces responses ouyes, envoya le lendemain prier mons^r le lieutenant civil pour venir par devers luy conférer derechief de cest affaire ; il promist de venir et tost après fist porter excuses par le dit sieur de Lespinoux qu'il estoit empesché en la chambre du conseil et malade. Aucuns de ceste compagnée sçavent comme encores depuis ilz ont esté interpellez sur ce faict par le receveur général, lequel auroit esté audit chasteau en compagnée du lieutenant ; lequel d'introduire le dit receveur en fust empesché par l'occasion que sçait le dit maire ; de manière que de tant d'assemblées on n'a sceu tirer aucune résolution. Quoy voyant le dit sieur général et considérant ces remises ces longueurs, ces diversitez de rapportz, en poisant les troubles et émotions qui sont de présent, oultre quelques advertissements qu'il avoit euz, sachant que au faict de sa charge il est le premier comptable des deniers du Roy, non pour les nombrer et compter, mais pour y avoir l'œil et esgard, n'ayant sceu tirer ceux ausquelz il s'est si souvent adroissé pour luy estre coadjuteurs à la conservation et seureté des deniers, il a esté contraint et forcé d'y penser luy seul et y donner ordre; et pour ce faire, il a introduit le dit receveur avec les coffres et deniers dedans le chasteau et luy a baillé les clefz, voyant que le gentilhomme qui disoit le garder n'avoit serment au Roy ne commission de celuy qui luy a peu ou deu mettre. Et combien que pour ce faict il ait sa conscience asseurée d'y avoir procédé comme bon serviteur du Roy et amateur du repos public, si est ce qu'il a entendu que aucuns par calomnies ont taché à le faire mauvais, mettant en avant qu'il s'est servi des deniers du Roy pour couleur et non pour raison de prendre le chasteau, et ont malheureusement controuvé que soubz cet umbre il vouloit donner entrée, par la porte respondante sur les champs, à gens ennemis et portans mauvaise volonté à la ville, pour la forcer et y porter dommage. Il vous prie, Messieurs, de penser et croire que Dieu ne l'a tant oublié qu'il voulsist pourchasser chose qui apportast ruine à ses biens, infamie à son honneur et péril à sa vie; et combien qu'en estimant cela de luy, on en ayt faict jugement comme d'un ennemy de la dicte ville, ce néantmoins il proteste devant Dieu qu'il sent affection et volonté en son cueur envers vous tous comme envers ses frères, et jaçoit que vous l'estimez estrangier, il se compte pour l'ung de vos citoyens; et s'il n'est né en ceste ville, il vous remonstre qu'il a cherché moyen d'y vivre et acquérir estat pour s'y maintenir, vous asseurant que sa conscience luy rend non seulement tesmoignage, mais contentement, de combien il a servi et désire de continuer pour la tranquilité et repos de vous tous. Il est marri de se veoir calomnié pour ung faict duquel, si on eust sceu les raisons, ceux mesmes qui le trouvoit mauvais l'eussent prié de le faire. Il est bon de dire à telz une affaire, ausquelz il n'est pas expédient en déclairer le motif; partant il vous prie qu'il vous suffise qu'en ceste affaire concernant les deniers du Roy, il a qualité pour entreprendre comme chascun sçait, et désir et volonté de profiter en graces à Dieu, entendement pour rendre raison de son faict quant et à qui il appartiendra. Et combien qu'il ne soit raisonnable de juger des choses par l'événement plustost que par le conseil, si espère il que ce qui reystra de son entreprinse et ordre qu'il a donné le préservera des calomnies des mesdisans et confondra le soubson des gens ignorans et sans expérience. Voilà ce qui lui a semblé bon de discourir et vous faire entendre de ce qui est passé jusques aujourd'huy pour avoir le chasteau. Reste à adviser pour la conservation d'iceluy et des deniers y estans, et combien qu'il ayt esté refusé de vous pour luy estre aydans à le prendre, ce qu'il eust peu faire de son auctorité sans vous en communicquer, il ne veult pourtant vous oster les moyens et honneur de le garder et conserver à l'advenir pour sa Majesté. A ceste cause, il vous remonstre que l'ayant asseuré pour les dangiers qui se présentent pour maintenant et qu'il ne sçait comme ils pourront croistre, il vous prie tous en particulier et général que, pour y obvier, vous ayez à faire choix de quinze ou vingt personnes des habitans, gens qualifiez ayant serment au Roy ou à vostre ville, pour avec ledit receveur général, le danger advenant, y estre mis pour gardes, vous promectant qu'il sera tousjours prest pour hazarder sa personne, non seulement pour la garde du dit chasteau et deniers, mais aussi de la présente ville et moindre des habitans d'icelle ; et afin que les dits gardes y estans ne soyent forcez par violence d'assault ou famine, chose qui avec l'ayde de Dieu n'aviendra, vous ferez provision en toute diligence de faire mettre on dit chasteau les vivres, armes et autres choses nécessaires, contenuz en ce mémoire qu'il vous présente, lequel a esté baillé par le receveur général, qui se chargera des dictes munitions et promettra les rendre, advenant qu'il ne faille et soit besoing les employer; et où ils seroient employez, le dit sieur général vous promect en foy et parolle d'homme de bien les vous faire payer et rembourser par le Roy; protestant que si, à faulte de donner ordre à ce qu'il vous remonstre, il advient inconvénient au dit chasteau et deniers, d'en pourchasser la répétition des pertes et dommages sur vous autres. Partant il vous supplie affectueusement y adviser et donner ordre le plus diligemment qu'il sera possible. — Ainsi signé : Chevalier. (12 mai 1562.)

Estat des munitions qu'il est besoing avoir pour la garde du chasteau où sont de présent les deniers du Roy.

PREMIÈREMENT.

Deux muidz de farine
Dix boiceaux de poix
Cinq boiceaux de febves
Ung barricot verjuz
Ung barricot vinaigre
Ung boiceau de sel
Deux pippes de vin
Six moutons
Ung beuf sallé
Quatre lardz
Ung barricot d'huile
Six livres de coton
Cent livres de chandelle
Trente riortées de bois
Cent livres de beurre sallé
Demy cent de molues
Deux miliers d'harencz
Ung milier de fagotz

Six harquebuzes à croc
Trois mousquetz
Une douzaine d'harquebuzes
Cent livres de plomb
Cinquante livres de pouldre
Balles de fer pour mousquetz
Cinquante aunes de corde à mèche
Quatre ceaux
Grosses cordes
Six hallebardes, six picques et quelques autres bastons longz.

Les dictes munitions cy dessus sont ordonnées pour la défense du dict chasteau, advenant que aucuns séditieux perturbateurs de république et autres manières de gens voulussent entreprendre sur les deniers du Roy, et que, à l'occasion du nombre qu'ilz seroient ou de surprinse de la présente ville, les vivres fussent coupez aux gardes du dit chasteau, les dits gardes eussent moyen, advenant ce que dessus, se pouvoir maintenir en leur debvoir pour la défense et tuition d'iceluy ; sans laquelle occasion ne sera besoing toucher aus dictes munitions, ains les conserver pour icelles remettre ès mains des habitans de la dicte ville ou de ceux qui les auroient délivrées.

XLV.

Lettre du prince de Condé. (Rég. 38, p. 207.)

Messieurs et bons amiz, m'assurant de vostre fidélité et affection au service de Dieu et du Roy, et voyant que la nécessité du temps nous apporte occasion de faire paroistre de combien il nous fault estre soigneux nous monstrer telz à tout le monde, craignant que à faulte de bonne conduicte il ne survienne esmeute ou scandale en vostre ville, j'ay pensé estre très nécessaire y pourveoir. A ceste cause, ayant sceu que le sieur de Saincte Gemme, par l'advis de Messieurs de La Rochefoucaud et de Genliz, avoit désjà prins chemin en vostre dicte ville pour sçavoir en quel estat elle est, et le cognoissant homme prudent et vertueux pour exécuter une bonne charge et bien propre pour commander aux soldatz de vostre ville, je vous prie le recevoir et mettre peine qu'ung chascun pour ce regard luy obéysse aux choses qui concerneront le service de Sa Majesté et le bien et repos de tous les habitans, ainsi que je m'asseure que vous ferez. Par quoy je feray fin, priant Dieu, Messieurs et bons amis, vous avoir en sa saincte garde. D'Orléans ce vingtiesme jour de may 1562. Le bien vostre amy, Louis de Bourbon. — Et en la superscription : A Messieurs les manans et habitans de la ville de Poictiers [1].

XLVI.

Lettre de Charles IX. (Rég. 38, p. 218.)

De par le Roy.

Très chiers et bien aimez, pour la seureté de nos deniers de la généralité de Poictiers, nous avons advisé faire retirer dedans le chasteau du dict lieu les receveur et contreroleur généraux de noz finances avec les dictz deniers et là faire l'estape de la dicte recepte, et pour la seureté d'iceux faict mettre dedans le dit chasteau nombre de gens pour les conserver et défendre, s'il en estoit besoin ; et pour ce qu'il sera

---

1. Cette lettre a été publiée, mais avec plusieurs inexactitudes, par Thibaudeau, t. IV, p. 149.

nécessaire les accomoder de vivres pour ung temps, afin qu'ilz puissent avoir de quoy se contenir là dedans, si affaire y survenoit, nous vous prions leur en faire bailler quelque quantité de munition tant qu'il puisse suffire, suyvant l'advis du sieur du Lude, s'il est au pays, ou du général de la dicte charge, et de ce que les dits vivres pourront monter vous ferons après satisfaire; en quoy faisans nous ferez service très agréable.

Donné à Montceaux le vingt troisiesme jour de may 1562. — Ainsi signé : Charles, et au dessous : Laubespine. — Et en la superscription : A noz très chers et bien aimez les maire, pairs et eschevins de la ville de Poictiers.

XLVII.

Lettre des maire et échevins de Poitiers au comte du Lude. (Rég. 38, p. 205.)

Monseigneur,

Considérans la bonne volonté que nous portez de vostre grace à la conservation de ceste ville et repos public des habitans d'icelle, nous avons bien voulu envoyer par devers vous le porteur de la présente pour vous advertir que le seiziesme jour de ce moys, nous estans assemblez avec Monsieur le lieutenant général de cette séneschaucée et autres officiers du Roy et certain nombre de l'une et l'autre religion, avions tous d'ung accord promis de tout nostre pouvoir nous évertuer à garder et maintenir la dicte ville en paix et union soubz l'obéissance du dict seigneur et auctorité, afin de obvier à séditions, troubles et divisions qui pourroyent sourdre à cause de la diversité des dictes religions, désirans en tout observer et entretenir les édictz du Roy ; et suyvant cette délibération, avons esté par quelques jours en grande tranquilité, et avions dès lors proposé vous escrire, comme a faict le dit sieur lieutenant : que avons différé faire pour le doubte du temps, en attendant que fussions plus certains de ceste union et confédération, laquelle véritablement n'avons depuis trouvée si asseurée que nous espérions; aussi que M. de Sainte-Gemme nous déclara hier estre venu en ceste ville par le commandement de Monseigneur le prince de Condé et de Messieurs les admiral, conte de la Rochefoucaud et autres chevaliers de l'ordre, estans avec le dit seigneur Prince, afin de garder la dite ville et soy gouverner selon qu'il lui estoit mandé faire, auquel fismes responce que nous ne recognoissions gouverneur que le Roy de Navarre, et en son absence vous, Monseigneur, que nous supplions bien humblement sur ce nous mander voz commandement, vouloir et intention, pour y obéyr de tout nostre pouvoir ; et ce pendant, Monseigneur, nous présenterons noz tres humbles recommandations à voz bonnes grâces, supplians le Créateur vous donner en parfaite santé, longue et heureuse vie. De Poictiers ce 24 may 1562 [1].

XLVIIII.

Lettre du prince de Condé. (Rég. 38, p. 210.)

Messieurs, encore que je sache bien que pour donner ordre au trouble de vostre ville, Messieurs de la Rochefoucaud, de Genliz et du Vigen vous ayent envoyé le sieur de Sainte Gemme, suyvant les charges qu'ilz ont eues de moi, et que dépesche une commission pour cest effet, si est-ce que entendant que aucuns d'entre vous ne luy obéissent comme ils doibvent, j'ay bien voulu user de cette recharge pour

---

[1]. Le texte de cette lettre tel qu'il a été publié par Thibaudeau, t. IV, p. 152, contient plusieurs erreurs.

vous prier de le respecter comme ses vertuz le méritent, le cognoissant fort propre pour s'acquitter de telle charge à l'honneur de Dieu, service du Roy, et à vostre contentement et repos. Vous lui déférerez doncques, Messieurs, suyvant son pouvoir, et userez de sa dextérité et diligence en la nécessité où sont les affaires de ce royaume, me donnant en cela occasion de continuer en la bonne volonté que j'ay de vous faire plaisir. Et à tant, Messieurs, je prie Dieu vous avoir en sa sainte et digne garde.

D'Orléans ce xxviii° jour de may (1562). — Et au dessoubz est escript : Votre bon amy, LOYS DE BOURBON. — Et en la superscription : à Messieurs de la justice, maire et eschevins de la ville de Poictiers [1].

XLIX.

Lettre de Guy de Daillon, comte du Lude, gouverneur de Poitou
arch. munic. de Poitiers, c. 35, liasse 7. (orig.   )

Messieurs, j'ay reçeu vostre lettre estant bien aise de la bonne volunté en laquelle vous estes de conserver vostre dicte ville en l'obéissance du Roy, mais si est il mal aisé de le faire souffrant pres de soy et dedans icelle ung bon nombre de gens qui de bon cueur la vouldroient aultrement; et à ce que j'entens, il n'y en a ung si meschant qu'il ne trouve ung plége et certificateur catholique de sa loyaulté, par ainsi je m'esbahis comme la paeur entre vous est si grande comme la cryez, or vous y penserez comme en chose qui vous touche de pres. Et pour vous ayder, encores que j'aye icy pres

---

1. Thibaudeau, t. IV, p. 154.

des ennemys et nécessairement affaire de mes forses, si ne laisseray-je vous en envoyer deux compaignies de gens de pied, vous priant pendant qu'elles y seront, donner ordre si bonne en vostre dicte ville, qu'il n'en puisse, yceulx dedans, advenir inconvéniens, espérant qu'en ce faisant ceulx du dehors ne vous offenseront aucunement, de quoy je mettre peyne les empescher. Et sur ce, me recommandant à voz bonnes graces, je supplie Dieu vous donner,

Messieurs, en bonne santé longue vie. De Nyort ce xx janvier 1568.

Votre antièrement bon amy
Guy de Daillon.

A Messieurs les maire et eschevins de la ville de Poictiers.

L.

Lettre du comte du Lude. (Orig. arch. mun. L. 11, liasse 39.)

A Monsieur le maire de Poictiers.

Monsieur le maire, je vous ay cy devant escript pour le recouvrement des deniers ordonnez estre levez sur les habitans de Poictiers qui sont de la prétendue Relligion et pareillement la somme de douze cens livres que le recepveur Moreau a presté pour soulager vous aultres du corps de la ville, comme vous scavez. A ce que j'ay entendu, l'on n'y faict grant dilligence, si bien que préveoy que s'il n'y est donné meilleur ordre, les réparations demeureront à faire par faulte d'argent et y user de contraincte, qui est cause que je vous prie, toutes choses cessantes, que parlez aux cappitaines, affin de faire assister de forces les sergeans qui ont la charge de les recuillir et y faire par les commissaires user de telle dilligence jour et nuyct que les deniers s'en peussent lever et sans qu'il en soit espargné ung seul, pour quelque cause ne occasion que ce soit, ne de quelque qualité qu'il puisse estre. Et si les dits commissaires faillent d'y faire leur debvoir, mettez les prisonniers. Ce n'est pas icy l'heure qu'il faille demeurer au besoing, mays fault s'évertuer et faire plus que l'on ne peult, estant sur le point d'avoir la fin de ceste malheureuse guerre, laquelle j'espère en brief. Sur ce, me recommandant à vostre bonne grace, je supplie Dieu vous donner, Monsieur le mayre, bonne vie et longue. De Saint Maixent, ce présent vendredy saint, 1569.

Votre bon amy

Guy de Daillon.

Il se faict de deza infiniz aultres despenses à la conduicte de l'artillerye où il est nécessaire subvenir, ce qui ne se peult faire sans faire recepte des dicts deniers, le parquoy je vous prie y user de dilligence [1].

---

1. « Lettres de messieurs de la ville de Nantes, d'avril 1572, qui ayant obtenu du roi tels et semblables priviléges que ceux d'Angers et de Poitiers, mandent aux maire et échevins de Poitiers de les aider d'une copie des priviléges de cette ville » (rég. 39 p. 121).

« Lettres du Roi données à Blois le 22 avril 1572, aux maire et échevins de Poitiers, par lesquelles il leur mande que pour le bien de son service et l'exécution de certaine occasion qui maintenant se présente, il lui est besoin avoir promptement quelques artilleries, et qu'il a fait expédier à M. le comte du Lude lettres patentes pour prendre par forme de prêt seulement et pour six mois, six moyennes pièces d'artillerie de celles qui sont à la maison commune de Poitiers, et qu'il prie de les remettre au sr de Frondeval porteur des présentes et aussi des dites lettres patentes. avec une attache du comte du Lude (de Champchévrier 1er mai 1572) aux maire et échevins leur enjoignant d'exécuter les ordres du roi (rég. 40, p. 200).

NOTICE

SUR

L'ÉLOGE FUNÈBRE

DE

CHARLOTTE-FLANDRINE DE NASSAU

ABBESSE DE SAINTE-CROIX DE POITIERS.

La Société des archives historiques du Poitou a publié, dans son 1er volume, soixante-cinq lettres de la célèbre abbesse de Sainte-Croix de Poitiers, Charlotte-Flandrine de Nassau. Elles sont écrites à sa sœur Charlotte-Brabantine, femme de Claude. second duc de la Trémoille et de Thouars, et elles vont de l'année 1598 à l'année 1630.

Le savant éditeur de ces lettres, M. Marchegay, faisait remarquer que la dernière femme de Guillaume le Taciturne, Louise de Coligny, avait donné à ses belles-filles, nées de Charlotte de Bourbon-Montpensier, troisième femme du prince d'Orange l'habitude d'entretenir une correspondance très-active. Les lettres de Flandrine, la volumineuse correspondance inédite d'Elisabeth de Nassau, duchesse de Bouillon. celle de Louise de Coligny elle-même, en sont la preuve. Cet art d'exprimer d'une manière facile et forte, d'ingénieuses et de nobles pensées, art exquis qui demeure l'un des traits caractéristiques de la société française du XVIIe siècle, n'appartient pas seulement à la maison de Nassau. Il se retrouve tout entier dans la maison de la Trémoille, qui lui fut toujours étroitement unie.

L'exemple de Charlotte-Brabantine duchesse de Thouars avait été suivi par ses enfants. On ne saurait, en effet, oublier les traits touchants dont sa fille, Charlotte de la Trémoille, comtesse de Derby [1], a marqué les plus dramatiques épisodes qui accompagnèrent la mort de Charles Ier. Son fils, le duc Henri de Thouars, a par sa correspondance, éloquemment révélé la vie de famille et l'esprit politique de sa maison [2]. Il était marié à sa cousine Marie de la Tour d'Auvergne, fille de la duchesse de Bouillon ; et c'est d'elle que Mme de Sévigné disait en 1675 : « La princesse (de Tarente) et moi, « nous ravaudions l'autre jour dans les paperasses de feue Madame « de la Tremoïlle, il y a mille vers ; nous trouvâmes une infinité de « portraits.... » On a des mémoires, publiés par le P. Griffet, où le fils de Marie de la Tour d'Auvergne, le prince de Tarente, raconte avec abandon les traverses de sa vie inquiète et chevaleresque.

La célèbre abbesse de Sainte-Croix avait eu pour élève la plus chérie et pour coadjutrice, Catherine de La Trémoille-Royan, fille de Gilbert de la Trémoille, marquis de Royan, comte d'Olonne. Dans les lettres publiées de Flandrine, il en est souvent fait mention. Le 16 janvier 1607, elle écrit à la duchesse de Thouars : « Ma petite « cousine de Royen est sy jolie et sy sage qu'elle m'oblige fort à « l'aymer ; mes le coumendement que vous m'en avez faicte est plus « fort que toutes choses. C'est la plus serviable enfant qui se puisse « voir, car il la faut tancer pour l'empescher de me servir. Riparfon « en est très-soigneuse, et puis l'honneur que luy faicte de luy re- « coumender luy ocmentera si se peut [3]... »

Catherine de la Trémoille succéda, le 10 avril 1640, à la charge de celle qui l'avait formée à la vie religieuse. On savait par Dreux du Radier [4] qu'elle avait annoncé la mort de l'abbesse Flandrine à tous les couvents de l'Ordre de Saint-Benoît par une lettre circulaire du 1er mai 1640, imprimée à Poitiers chez Antoine Mesnier, in-8° de 22 pages, et signée : *l'abbesse et couvent de Sainte-Croix de Poictiers.* Malheureusement, l'analyse du critique semblait être tout ce qui restait de cette composition pieuse en même temps qu'élo-

---

1. Charlotte de la Trémoille, comtesse de Derby, 1601-1664, par Mme Cornélis de Witt. Paris-Didier, 1870.
2. Registre de correspondance de Henry de la Trémoille, duc de Thouars, pendant les années 1648 à 1672 (Mémoires de la Soc. des Antiq. de l'Ouest, t. XXXI.)
3. Archives histor. du Poitou, t. I, p. 232.
4. Biblioth. histor. et critique du Poitou, 1754, t. III, p. 460.

quente. M. Marchegay était réduit à dire que cette lettre, si elle avait pu être retrouvée, « eût été la meilleure introduction aux lettres de Flandrine de Nassau. »

De nouvelles recherches ont été récemment plus heureuses. Un exemplaire, probablement unique, conservé dans une famille ancienne de Poitiers [1], a été donné naguères au monastère de Sainte-Croix. C'est cet exemplaire que nous reproduisons. On verra que l'importance de ces quelques pages n'avait pas été exagérée.

Cette importance, cependant, ne tient pas à l'histoire. La découverte n'ajoute rien aux faits déjà connus. Elle est toute littéraire. Pour la langue, l'expression et le tour, cette épître funèbre porte bien l'empreinte de l'année 1640 où elle a été composée. Dreux du Radier l'avait remarqué, il y a déjà cent vingt ans. « S'il y a « quelques défauts, dit-il, c'est au goût du siècle qu'il faut les im- « puter. On sait quelle différence vingt ans ont établie dans notre « langue et dans les ouvrages d'esprit. »

Pour le fond des idées, on ne séparera plus les lettres de Flandrine et l'épître funèbre. Leur comparaison montrera la fidélité du peintre qui a tracé ce dernier tableau. Rien ne s'y rencontre qui soit pour l'invention ou pour le style. Ce sont bien les traits du modèle, pris sur le vif, et retracés avec une admiration sincère et pieuse. L'abondance naturelle, la bonne grâce exquise à relever par l'expression les détails intimes ou vulgaires de la vie du couvent, une tendresse et une chaleur de l'âme qui se traduisent parfois avec un vif éclat, voilà bien les marques visibles, la touche d'une plume féminine éloquente et émue.

Faut-il dire que l'unité de la composition, quelques phrases d'un agencement un peu solennel et d'une tournure plus savante, sembleraient indiquer une retouche d'une main plus laborieuse et plus étudiée? Le monogramme des Pères Jésuites qui décore la première page de l'épître imprimée par Mesnier serait-il un indice de cette révision dernière ? Ce sont là des questions impossibles à résoudre et peu importantes en elles-mêmes.

Ce qui reste, en effet, et ce qui domine, c'est l'intérêt et le charme

---

[1]. La famille de Veillechèze de la Mardière.

rattachés évidemment à l'œuvre du premier jet. Tout esprit lettré saura les ressentir à la lecture de ces pages, s'il est de ceux qui savent retrouver sous l'expression inanimée, la chaleur vivante de l'âme et la piété.

C. DE LA MÉNARDIÈRE.

Poitiers, 14 août 1873.

EPISTRE FVNEBRE,

OU EST CONTENU VN ABRÉGÉ
DE LA VIE DE FEU MADAME CHARLOTE FLANDRINE DE NASSAU,
SŒUR DE SON ALTESSE D'ORANGE, TRÈS ILLUSTRE
ABBESSE DU MONASTERE DE SAINCTE CROIX DE POICTIERS,
DE L'ORDRE DE S. BENOIST, DECEDÉE LE DIXIESME D'AVRIL 1640.

MADAME, ET NOS REVERENDES MERES ET CHERES SŒURS.

Il est vray que vous aurez quelque sujet de nous accuser d'auoir tant tardé à vous faire sçauoir les tristes nouuelles du decez de nostre tres-honorée Dame, et tres-illustre Abbesse Madame Charlote Flandrine de Nassau, Princesse de la maison d'Orange : mais n'estant pas possible que les grandes lumieres de la terre non plus que celles du Ciel, s'éclypsent que tout le monde ne le sache, nous auons creu que vous en seriez plutost aduerties par le bruit de la renommée, que par la diligence que sçauroient faire nos lettres. Et puis si vous considérez la perte que nous auons faite, vous donnerez, s'il vous plaist, l'oubli de ce deuoir à la violence de nos ressentimens, excusant le défaut de nostre plume par l'impuissance ou vn accident si funeste nous auait reduites. Nous auons esté non pas affligées, mais comme abismées dans la douleur que nous ne pouuons encore surmonter. Quelque effort dont nous usions pour arrester le cours de nos larmes, elles sortent sans congé de nos yeux que nous pensions estre epuisés. Ceux qui nous voyent disent que nous venons du tombeau, et nous auons eu tant de peine à nous reconnoître, que comme des personnes sur qui le Ciel a laissé tomber son carreau, nous auons passé plusieurs iours dans vn profond estonnement, nous regardans effrayées, et interdites, sans pouuoir communiquer nos pensées. Maintenant que la bonté de Dieu nous a renduës aucunement à nous mesmes, ayant treuué l'vsage de la parole, vous aggréerez que vous faisant part de nos maux, nous receuions de vous en échange la consolation que nous auons tant cherchée. Elle est morte, cette venerable Princesse que le Ciel nous auoit donnée pour l'ornement de tout l'Ordre en general, et pour le bon-heur de nostre Abbaye en particulier : mais elle est morte deuant que nous eussions préparé nos esprits à souffrir cette séparation. Nous nous flattions tellement qu'ayant plus d'égard à nostre satisfaction et à son mérite, qu'à la condition de nostre nature qui est condamnée à la mort, ie ne sais comment nous nous estions oubliées qu'elle deut mourir. Et certes si la vertu pouuoit meriter l'immortalité de cette vie, nostre chere Dame seroit encore parmi nous. Elle eut vescu tous les siecles, elle qui estoit douée de toutes les vertus; mais cela mesme qui nous faisoit souhaiter la continuation d'vne si belle vie, a peut estre precipité son decez. Ce qui reste pour nostre consolation, est de contempler souuent le riche portrait de ses vertus, qui nous donnent des asseurances infallibles que celle que nous pleurons en terre est bien-heureuse dans le Ciel.

Elle nasquit à la Haïe en Hollande le 18 d'Aoust de l'an 1578. Le Serenissime Prince d'Orange Guillaume de Nassau fut son pere, et sa mere Madame Charlote de Bourbon de la maison de Montpensier. Elle fut tenuë sur les fons de Baptesme par Messieurs les Estats de Flandre, qui congratulerent sa naissance en luy faisant presant de deux mille florins par châque année, et en signe d'vne affection publique lui donnerent le nom de Flandrine, afin que ceux qui l'oyroient nommer entendissent qu'elle estoit les amours et les delices de la Flandre. Mais ce nom ayant plus de bienseance que de religion, fut depuis releué par celuy de sa mere, ayant receu au Sacrement de la Confirmation le nom de Charlote. Dieu qui a semé les veines de l'or dans des terres brulées, et qui produit les diamans dans l'horreur des précipices, tira cette belle ame du milieu de l'heresie, comme vne pierre precieuse de sa roche. Il parut qu'il l'auoit choisie pour en faire vn ornement de son Eglise, lors que Madame sa mere ayant promis d'enuoyer vne de ses filles en France à vne de ses parantes pour être éleuée de sa main, celle qui auoit esté destinée à ce voyage, estant sur le point de s'embarquer fut saisie de la fievre qui l'arresta, et ouurit à Madame nostre defuncte Abbesse la porte de la sainte Eglise, et ensuite l'entrée de la vie religieuse, ayant esté substituée en la place de sa sœur pour receuoir la benediction que le Ciel luy avoit reseruee. Elle ne déroba point cette grace comme Jacob. Dieu fit cet heureux changement par vn admirable secret de sa prouidence, ayant renuersé l'ordre que les hommes vouloient tenir, comme cet ancien Patriarche qui croisa ses bras sur les enfans de Joseph, laissant a la main gauche celuy qu'on présentoit à la droite. Elle fut deliurée d'vn erreur que son âge ne luy permetoit pas de connoître, et tiree miraculeusement des mains des heretiques, pour estre nourrie auprès de sa tante madame J..... de Bourbon Abbesse de nostre monastère, et de celuy de Joüarre. Elle n'auoit pas encore atteint l'age de dix ans lorsqu'elle entra dans nostre maison, ou la bonté qui luy estoit naturelle fit, par le secours de l'éducation qu'elle receut, ce que font les bonnes plantes quand elles sont transportées dans vn excellent terroir, et soigneusement cultiuees, d'autant que ses inclinations fauorisant le soin qu'on auoit de la perfectionner, il fut aisé de luy donner les impressions qu'on voulut. Deslors elle s'affectionna tant aux exercices de la religion qu'elle n'auoit point de plus grand plaisir que de chanter les loüanges de Dieu auec les nouices, cherchant la retraite, et se montrant si éloignée de la conuersation des estrangers, que si on l'obligeoit quelquefois à traiter auec eux, elle versoit auparauant plusieurs larmes qui furent des présages du bel ordre qu'elle deuoit establir parmi nous. A l'âge de quatorze ans elle demanda le voile qu'elle receut en présence de Monsieur le Duc d'Elbœuf, et de madame sa femme, qui se voulurent treuuer à la ceremonie : mais sa belle-mère qui n'auoit peu empescher vne si belle action eut assez de crédit aupres du Roy Henry IV pour retarder la profession au bout de l'an, ce qui affligea tant cette innocente qu'elle en tomba malade, ne cessant de pleurer, iusques à ce que madame Eleonor de Bourbon, tres-illustre Abbesse de Fonteuraud, tante vnique du Roy, et parante de nostre nouice, luy obtint de sa Majesté la liberté de passer outre. Les oppositions sont à la vertu ce que les digues sont aux riuieres qui s'enflent lorsqu'elles rencontrent ces obstacles, et après les auoir forcez se changent en torrens continuant leur course avec plus de rapidité : ainsi la violence que souffrit nostre princesse par le retardement de sa profession ne fut que pour en augmenter l'éclat auec le desir : et l'authorité du Roy ne suspendit ses bons desseins pour quelque temps, qu'afin que se consacrant apres auec plus de bruit, elle receut les applaudissemens de tout le Royaume. Nous n'en eusmes pas plutôt la possession, que le fruit : on luy donna la charge de grande prieure qu'elle n'accepta qu'auec larmes, qui nous donnerent de la compassion et de la ioye tout ensemble. Si on eut iugé de sa capacité par les années, il est vray qu'on n'eust osé ietter ce fardeau sur des épaules si ieunes : mais les heros sont grands dès le berceau, et comme nous voyons des fleuues qui sont beaucoup plus profons et plus larges à leur source, que d'autres à leur emboucheure; de mesme il y a des personnes qui ont besoin d'vne longue expérience pour s'instruire au gouvernement, et d'autres qui naissent souuerains, et qui ont receu comme par instinct, ou par

infusion cette belle science de commander comme il faut.
C'est ce que la naissance donna à nostre ieune prieure qui
merita de gouverner ou les autres commencent à obéir. Ses
desseins étoient au dessus du commun, son courage étoit
encore plus noble que son extraction, et pour connoître
qu'elle estoit princesse, il ne falloit point regarder ses ayeuls
et son sang, on le voyoit assez en ses actions et en ses mœurs,
qui n'auoient rien que d'éminent.

Elle ne visoit qu'à la gloire de Dieu, et voyant que la discipline religieuse s'estoit relachee par le desordre des guerres, elle la remit dans son ancienne vigueur, ayant persuadé à madame sa tante de r'appeler nostre sainte coûtume de reciter matines à minuit, qui se disoient le soir. Quelque temps après voyant que les seculiers entroient trop librement dans le monastère, elle obtint encore par ses prières de madame l'Abbesse, qu'on gardast la clôture. La Religion est ce iardin clos, et cette sainte solitude ou le S. Esprit conduit les ames pour traiter familièrement auec elle : ceux qui en font profession doiuent estre comme ces huistres ou se forment les perles, ouurent leurs coquilles du coté du ciel pour receuvoir sa rosée, et les ferment aux eaux salées de la mer, qui pourroient soüiller la pureté de cette diuine semence. Sa ferueur estoit si grande qu'elle estoit toujours la première au chœur, prenant la peine de sonner la cloche pour eueiller les autres, d'allumer les chandelles, et depuis elle n'a iamais manqué tant que sa santé la pû permettre de se leuer à minuit, nonobstant la foiblesse de sa complexion, et l'infirmité de son âge.

Ayant esté obligée de faire vn voyage au monastère de Joüarre, ou l'on disoit l'office selon l'ordre de Fonteuraud, après avoir assisté à matines elle disoit encore celles du Concile, et tout le reste de l'office en particulier, passant la plus grande partie de la nuit en prières auec d'autres Religieuses qui s'efforçoient de l'imiter. Elle fut, en ce lieu apperceüe vne fois toute baignée de larmes, qui continuèrent longtemps sans qu'on en peut connoître la source, iusques à ce qu'on luy entendit dire en soupirant, ô que nous sommes éloignées de randre à Dieu ce que nous lui devons! Tant de rares qualitéz qui concouroient à l'accomplissement de cette venerable personne, obligerent madame de Joüarre sa tante de lui laisser la conduite entiere de nostre maison, ayant obtenu pour cet effet le placet du Roy, et ses prouisions de Rome, auec l'agrément de tout le monde, fors d'elle qui pressoit la décharge de la dignité à laquelle on l'auoit élevée lors que le Ciel auoit conclu de luy en imposer vne nouuelle. Ne vous figurez désormais rien de commun, elle sauoit bien que la qualité d'Abbesse l'obligeoit à vne sainteté eminente, personne n'estant digne de commander qui ne soit meilleur et plus parfait que les autres. C'est pourquoy ayant pris la vie de sainte Radegonde pour son modelle, elle tacha de contretirer sur la sienne toutes ses perfections. D'abord elle fit sous la conduite des Reuerends pères de la Compagnie de Jésus, qu'elle prit pour directeurs de sa conscience, les exercices spirituels l'espace de dix iours, ce qu'elle continua de pratiquer tous les ans, faisant durant ce recueillement la reueüe de tout son intérieur qu'elle terminoit par vne confession generale, auec un sensible profit. Elle nous donnoit le moyen de iouïr de ce thresor auec elle, nous recommandant fort souuent d'aimer la recollection et le silence particulièrement es iours de Feste. Pour le temps de l'Aduent et du Caresme elle disoit qu'il se falloit retirer tout à fait de la conuersation des seculiers, à qui elle ne nous permettoit pas volontiers de parler pour lors sans quelque grande necessité, mais nous exhortoit à suiure Moyse à la montagne pour traiter familièrement auec Dieu, qui envelopa ce bon seruiteur d'vne épaisse nuée, afin de lui oster la veue de toutes les créatures. Ce qu'elle pratiquoit la première ayant fait sçavoir à vn grand seigneur qui la vouloit visiter en Caresme, qu'il ne falloit pas qu'il prit cette peine, pour ce que ce temps là estoit tout destiné pour Dieu. C'est merveille que dès l'âge d'onze ans elle a toujours dit l'office canonial, et depuis tant d'années qu'elle s'exerçoit en l'oraison mentale, elle n'a passé iour sans s'acquiter de cette loüable pratique qu'elle fit passer parmi nous, ayant ordonné que toute nostre communauté y employât vne heure tous les matins, et vne heure et demie durant les Aduents et le Caresme, à quoy elle adjoûta deux sortes d'examen, l'vn general sur toutes les actions de la iournée, qui se fait le soir à la fin de Complies : l'autre qui se fait à la fin de none, et se nomme particulier pour acquérir la vertu qui nous est plus nécessaire, ou vaincre l'imperfection qui nous fait plus de peine. Elle auoit accoutumé de nous mettre deuant les yeux deux liures qu'elle nommoit liures de vie, l'Evangile et nos Regles, ou nous devions continuellement estudier. Nous pouuons dire qu'elle estoit insatiable de la parole de Dieu de laquelle elle se montroit si auide, que comme ceux qui sont affamez treuvent tout à leur goust, elle ne metoit point de différence entre les Predicateurs ne s'ennuyant iamais quelques longs que fussent leurs discours, et s'étonnant qu'on se peut lasser aux sermons qu'elle entendoit toujours a gennoux, tant elle portoit de respect à la diuine parole.

 Elle fut trauaillée dès le commencement de sa charge d'vne difficulté d'ouïe, qui l'obligeoit à se seruir d'vn petit cornet qu'elle tenoit durant l'office et durant les Prédications continuellement appliqué à son oreille, comm vne corne d'abondance par ou Dieu faisoit couler des bénédictions dans son ame : si on la prioit de se soulager elle disoit que ce n'estoit pas qu'elle ne remarquât en elles beaucoup de vertus, et plus encore de bons désirs, mais que la nature toujours penchante vers le mal, se laissoit surprendre : qu'elle prometoit de s'amander la première, et de se dépoüiller des imperfections, dont elle voyoit bien qu'elle nous auoit fait des exemples. Puis d'vne voix douce elle nous representoit nos manquements, et nous en suggeroit les remèdes. Nous apperceuions vraïement vn cœur et vne affection de mere, de sorte que la crainte de lui déplaire estoit vn puissant frein pour retenir toutes ses filles dans le deuoir. Et si quelqv'ne eut esté assez obstinée pour resister à la force de ses persuasions, elle eut été incontinent gagnée par les charmes de sa douceur. Celui qui a veu la tranquillité de la mer lorsqu'elle a fait tréfue avec l'orage, ou la serenité du ciel, lorsqu'il a essuyé son front et dissipé les nuées, a veu vne image de la benignité que possedoit cette belle ame, qui faisoit rebriller ie ne sçay quelle belle lumière sur son visage, ou l'on voyoit vn vrai portrait de la naïfueté et innocence qui la rendoit si aimable. Elle ressembloit au roy des abeilles qui n'a point d'aiguillon, n'ayant iamais pû forcer son esprit a vser de rigueur en nostre endroit, et disant à ceux qui la vouloient picquer de zele qu'elle n'auoit point le cœur de nous faire du mal, quoy qu'il en deut reüssir du bien. A la considérer dans le domaine entier qu'elle auoit sur tous les mouuemens de son cœur, quelques vns se persuadoient que la nature ne lui auoit laissé aucune passion à combattre : mais ceux qui la pratiquoient plus familièrement connoissoient bien que ce calme estoit le prix de ses combats, et vn presant du Ciel qui se plaisoit à recompenser ses merites. Qui sçauroit assez admirer les artifices dont elle se seruit pour nous tenir tou-jours ioyeuses ? Le repos de la conscience est la source de la vraïe ioye, et elle donna à ses Religieuses la liberté de communiquer auec telles personnes de piété et sauoir qui leur seroient plus sortables. Les afflictions sont des roües qui gesnent les esprits, et quand elle connoissoit vne personne affligée elle s'attendrissoit intérieurement, et se montroit si sensible à ses maux que si elle ne la pouvoit décharger en-tièrement de sa peine, la part qu'elle y prenoit la soulageoit de la moitié pleurant quelque fois auec de pauvres vefues à qui elle iettoit son mouchoir pour essuyer leurs larmes, et puis les renuoyoit consolées de ses charitables discours et beaucoup plus de ses belles aumosnes. Pour bien gouverner il faut auoir beaucoup de condescendance, et elle caressoit toutes ses filles, s'informant soigneusement des charges et des offices de chacune pour les soulager, aussi la voyoit-on souuent tirer de l'eau, et porter du bois auec les sœurs laïes, nous priant de ne la nommer plus Madame, mais nostre mère.

Elle auoit le mesme soin de nouices qu'elle encourageoit dans leurs travaux, et cultiuoit ainsi qu'vn iardinier cultiue de ieunes plantes, leur donnant de sages maitresses, et ayant dressé en leur faveur vn petit exercice des principales actions qu'elles deuoient pratiquer tous les iours. Se promenant quelque fois auec nous, il y auoit du plaisir à voir comme elle eleuoit sa pensée vers le Ciel par la considération des fleurs et des beautez que Dieu a semées en terre, chantant quelque fois par vn tressaillement d'esprit le cantique, *Benedicite omnia opera Domini Domino*. Lors mesmes qu'elle nous faisoit trauailler en commun, ce qu'elle a ordonné dans nostre maison pour nous voir toujours agréablement occupées, elle releuoit nos ouurages par quelque lecture spirituelle, afin de ioindre les exercices de l'esprit au travail de nos mains.

Nous voulions icy finir de peur d'excéder la iuste grandeur d'vne lettre, mais ses vertus sont comme des chaisnons entrelacés qui tiennent par vne suite necessaire les vns aux autres. Et nous n'auons encore rien dit de la patience admirable qui supportoit toute sorte d'humeurs et la rendoit comme insensible aux trauaux. Nous n'auons non plus touché à ses libéralitez qui s'etendoient sur tous ceux qui auoient recours à elle, ecriuant bien souuent aux grands en faveur des pauures. Tous les ordres Religieux se sont sentis de ses biens-faits, ceux là mesme qui l'auoient offensée, ont souuent éprouvé les effets de sa bonté. Témoin ce qui aduint à vn miserable, lequel ayant volé vn des calices du monastère fut mis en prison, d'ou cette dame charitable le fit aussi-tôt deliurer, disant aux Juges qui en vouloient faire un exemple de iustice : Quoy donc n'aurai-je pas le pouvoir de pardonner une iniure ? Et non contente de l'auoir arraché de leurs mains, lui donna secretement vne bonne aumosne. Pratiquant le conseil de l'Apostre qui nous exhorte à confondre la malice de ceux qui nous font du mal par des generositez qui les accablent de bien. Que dirons nous de ses mortifications ? Elle auoit vn extreme desir d'observer exactement la première regle de S. Benoist, iusques a ce qu'elle apprit par expérience qu'elle ne sçauroit longtemps supporter cette rigueur. Tant qu'elle a eu des forces elle se faisoit donner secretement et rudement la discipline par celle qui auoit le bonheur de la servir. Vn braue chef se deffend longtemps, ou d'autres n'oseroient pas seulement attendre l'ennemi, suppleant par la vigueur de son courage à la foiblesse de la place et cette ame genereuse faisoit dans un corps foible des efforts qui etonnoient les plus robustes comme de dire toutes les nuits matines à genoux, de continuer si longuement ses oraisons en la plus rigoureuse saison de l'hyuer, de ieusner si étroitement qu'elle se contentoit quelque fois de pain et d'eau. Que dirons nous de son humilité qui lui a fait souhaiter souuent de se demettre de sa charge pour se ranger sous l'obéissance d'autruy ? Elle ne voulut point auoir de table particulière, ny vser d'autres viandes que de celles qu'on seruoit aux autres, ayant mesmes resolu de quitter le siege que les Abbesses occupent dans le chœur si on ne lui eut representé que cet honneur regardoit plutôt sa charge que sa personne. Elle cherchoit soit en son vestement, soit en son viure ce qui estoit de plus vil, nous voulant après faire accroire qu'elle faisoit cela plutôt pour satisfaire à ses inclinations, que pour s'humilier.

Combien de fois luy a-t'on veu ballier la maison, et lauer les ecuelles à la cuisine ? Combien de fois s'est elle iettée à genoux pour demander pardon à celles qu'elle croyoit auoir contristées ? Combien de fois l'a-t'on treuvée dans les infirmeries rendant aux malades les plus vils seruices, disant à celles qui la vouloient détourner que le nom d'abbesse venoit de celui d'abaissement, d'autant qu'elle deuoit estre la plus humble de toutes? Celui qui la vouloit facher n'auoit qu'à parler de ses vertus, ou de sa naissance. D'où vient qu'elle fit bruler un recueil des plus illustres actions de sa vie, qu'vne de ses religieuses auoit fait, disant qu'elle iroit en Purgatoire pour auoir entrepris d'écrire ces memoires. Estant griefuement malade on fit faire des rideaux pour mettre deuant ses fenestres, et aussitot qu'elle les veid, elle se prit à pleurer, disant qu'il eut esté meilleur d'en vestir les pauvres à qui elle eut fait sur l'heure donner l'étoffe, comme elle leur auoit donné autrefois vn tapis qu'on auoit mis sur sa table, si on ne luy eut fait voir que c'estoit vn meuble absolument nécessaire à l'infirmerie. Elle disoit pour se mépriser qu'elle n'estoit qu'vne grosse sourde venüe en religion pour donner de la peine aux autres; et si elle manquoit pendant l'office à quelque ceremonie, elle s'en alloit prosterner incontinent au milieu du chœur, pour en faire pénitence. Telle estoit la perfection de cette religieuse Princesse, lors que Dieu la voulut couronner. La mort est vne écho qui répond aux actions de la vie, d'où vous pouuez iuger quel fut le trespas de celle qui avoit si bien vescu. Elle se sentoit extraordinairement foible depuis quelque temps, a cause d'vne toux qui l'auoit travaillée l'espace de quatre ou cinq ans, accompagnée d'vne defluxion qui luy tomboit sur la poictrine, ce qui lui fit iuger qu'elle s'approchoit de son terme, dequoy elle ne douta plus après que nostre Seigneur luy eut enuoyé le vendredy 30 de mars vne atteinte de fièvre, qu'elle supporta patiemment sans se vouloir alliter, assistant ce iour-là et le lendemain à l'office, et disant selon sa coutume, à celles qui blâmoient sa feruer qu'elle se portoit mieux lors qu'elle estoit à l'Église. Mais le dimanche suiuant son mal ayant augmenté redoubla nos appréhensions, avec celles du médecin.

 Ce grand cœur pourtant ne se rendit pas encore, elle

voulut communier et assister à la grand messe, et au sermon, ou elle se traisna appuyée sur deux de ses Religieuses et voulant se treuuer à la procession les forces luy manquèrent, et fut contrainte de se retirer. Le médecin ayant ordonné qu'elle seroit saignée le lendemain, elle tâcha de différer ce remède de peur de perdre la prédication, tant elle estoit affectionnée à la parole de Dieu. La nuit elle fut travaillée d'vn accez de fièvre si violent, qu'elle permit qu'on la menât le matin à l'infirmerie, à quoy iusques à lors elle n'auoit voulu consentir, non plus qu'à quitter ses habits, couchant encore toute vestüe, selon que la règle prescrit. On dit que le Phénix en mourant se fait vn buscher de bois odoriferans et aromatiques pour se brûler avec plus d'appareil et aux rayons du soleil : et cette âme héroïque recueillant toutes les grâces que Dieu auoit versées dans son âme, fit vne précieuse composition de toute sorte de vertus pour consommer sa vie saintement entre les bras de son époux. Jamais on n'oüit sortir de sa bouche une parole de plainte, si ce n'est lors qu'elle nous blâmoit d'auoir trop de soin de sa personne. Elle dit toujours son office iusques à ce iour là, et ne pouuant plus lire elle recitoit ce qu'elle en sçavoit par cœur. Lors mesme qu'elle estoit assoupie on l'entendoit prononcer des versets de Dauid, et dès qu'elle reprenoit ses esprits, elle ioignoit les mains, et leuoit les yeux au ciel, faisant des actes d'amour de Dieu, et témoignant le désir qu'elle auoit de le voir. On luy donna durant sa maladie la communion trois fois, qu'elle receut auec beaucoup de feruer; et ayant demandé la relique de la saincte Croix, elle se fit tant d'effort que s'estant mise à genoux pour l'adorer auec plus de reuerence, elle tomba de foiblesse. Cependant on faisoit partout de grandes prières pour sa santé, de quoy estant aduertie elle nous dit : que c'estoit en vain qu'on la vouloit retenir dans le monde, qu'elle y seroit désormais inutile, que si on employoit le crédit des seruiteurs de Dieu pour luy prolonger la vie, elle le prieroit de l'enleuer tout à coup.

Ce qui aduint, car lors que nous auions conceu quelque esperance de sa guérison s'estant réueillée dans vne sueur froide, elle se fit reciter l'oraison qui commence Anima Christi, et s'aresta à ces belles paroles : ô bone IESV, qu'elle répéta iusques à ce qu'elle ne peut plus parler, puis se voyant proche de sa fin, enuoya demander humblement à monseigneur l'Euesque sa bénédiction, et fit appeler son confesseur, qui luy apporta le Viatique et les saintes huiles qu'elle receut fort déuotement, tenant toujours son cornet à son oreille pour écouter ce que luy disoit son confesseur iusques à ce que les forces luy manquant, il luy tomba des mains. Elle demanda pardon à toute la compagnie, et nous recommanda de faire toutes nos actions purement pour Dieu, de nous aimer mutuellement, d'obéïr à celle qu'elle nous laissoit à sa place, et s'estant écriée d'vne voix forte et extraordinaire : Mon Dieu vous sauez que ie vous aime par dessus toutes choses. Nous dit deux ou trois fois : Mes filles regardez Dieu sur tout, qui furent ses dernières paroles. Après lesquelles monseigneur de Poictiers estant entré dans sa chambre dès qu'il luy eut départi sa bénédiction, comme si elle n'eut attendu que le congé de ce vénérable prélat, ainsi que la colombe qui sortit de sa prison lors que le patriarche luy eut donné le vol, elle quitta ce bas monde pour aller iouïr de Dieu, mais si doucement qu'elle ne souffrit aucune peine en ce passage, son âme s'estant détachée de son corps sans agonie, de mesme qu'vn fruit lors qu'il est parfaitement meur tombe de l'arbre sans attendre qu'on le secoüe. Sa mort aduint le dixième iour d'auril, le corps fut exposé l'espace de quatre iours, et parut si beau qu'on ne pouuoit assez admirer. On fit en suite ses funérailles auec tout l'appareil qui nous fut possible, quoy que nous n'osâmes luy dresser une chapelle ardente, à cause qu'elle nous l'auoit défendu très expressément. Monseigneur nostre Euesque continuant ses bienfaits en nostre endroit, voulut prendre la peine de faire l'office, qui fut suiui d'vne oraison funèbre, prononcée par le R. père Solier de la Compagnie de IESVS son confesseur qui par une belle déduction des merueilles que nous venons de raconter, redoubla nos regrets, et tira les larmes des yeux de toute l'assemblée. Tous les chefs, et les principaux de la ville se trouuèrent à son enterrement; et au bruit des cloches qui sonnèrent en mesme temps par toutes les Églises, on remarqua une consternation publique dans les esprits, on oüit les cris des pauures qui fendoient le ciel luy redemandant leur bien-factrice et leur mère.

Voilà, nos très-honorées Dames, vn abregé des vertus qui rendirent cette grande princesse si agréable au ciel, et si vénérable à la terre. Voilà le sujet de sa gloire et de nostre tristesse. Car nous auons ouuert pour nous autant de sources de larmes, que nous auons découuert en elle de perfections et de grâces. Autant de fois que nous auons dit qu'elle étoit humble, charitable, pieuse, et en vn mot qu'elle estoit sainte; autant de fois auons nous dit hélas! qu'elle n'est plus, et que le ciel s'est voulu enrichir d'vne des plus grandes pertes qui soient iamais arriuées à ce monastère. Il est vrai que nous deuons nous affliger tellement de ne l'auoir plus, qu'il nous souuienne de nous réjouir de l'avoir eüe et de remercier Dieu qui nous a fait ce présent. S'il l'a reprise c'est pour la couronner de ses peines. Et puis elle n'est pas entièrement morte veu que ses illustres exemples viuent encores après sa mort. Elle a fait comme nostre Seigneur qui laissa ses vestiges sur la terre, quand il la quitta pour aller prendre possession de l'Empyrée, car il n'est endroit de cette maison ou elle n'ait empreint des marques glorieuses de ses admirables vertus qui nous montrent le chemin du Paradis. C'est sur ces belles traces que nous voulons marcher, vous priant d'accompagner nostre bonne mère dans le ciel par le suffrage de vos prières, que vous ioindrez, s'il vous plaist, à celles de nostre maison, d'où vous agréerez que nous nous disions,

Madame, et nos Reuérandes
Mères, et chères Sœurs,

Vos très humbles et très affe-
ctionnées sœurs en nostre Seigneur.

L'Abbesse, et couuent de Sainte
Croix de Poictiers.

A Poictiers ce 1. may 1640.

LETTRES
D'ÉLÉONORE DESMIER D'OLBREUSE

DUCHESSE

DE BRUNSWICK-ZELL.

Les quelques lettres autographes qui ont donné lieu à cette publication nous ont été communiquées par madame la vicomtesse du Fay; grâce à son obligeance, ces lettres inédites seront suivies, nous l'espérons, de pièces nouvelles tirées des archives du château de la Taillée, archives non encore classées.

La famille du Fay, alliée aux Desmier d'Olbreuse par le mariage d'Elisabeth Martel avec Louis du Fay, a conservé religieusement tous les souvenirs qui lui avaient été laissés par la duchesse de Brunswick.

Parmi ces souvenirs, et ce n'est pas le moins précieux, se trouve un petit portefeuille en soie blanche, brodé en soie de couleur par Eléonore elle-même; il contenait les dix-huit pièces que nous publions.

Louis du Fay fut nommé, après la mort d'Alexandre Desmier, administrateur du domaine d'Olbreuse, et plus tard son fils, Georges-Guillaume-Louis, en partagea les revenus avec Alexandre Prévost, seigneur de Gagemont; mademoiselle de Gagemont sa sœur, et madame de Montalembert de Vaux; cette circonstance nous explique comment une partie des archives du château d'Olbreuse, et particulièrement quelques lettres adressées à Alexandre Desmier, se trouvent aujourd'hui entre les mains de la famille du Fay.

Cette collection d'autographes se compose des pièces suivantes :

une lettre d'Emilie de Hesse-Cassel, femme de Henri-Charles de la Trémoille, adressée à Alexandre Desmier, douze lettres de la duchesse de Brunswick, dont huit adressées à son frère, deux à Louis du Fay, une à l'archiprêtre de Mauzé, et une à une personne inconnue; une lettre du duc Georges-Guillaume de Brunswick-Zell à son beau-frère Alexandre Desmier, deux lettres d'Angélique Desmier, comtesse de Reuss, une lettre de Gourville et une note sans signature.

Nous avons joint à ces lettres diverses pièces extraites du recueil de Dom Fonteneau; elles complètent un peu notre travail.

Eléonore Desmier d'Olbreuse, fille d'Alexandre et de Jacqueline Poussard de Vandré, avait d'abord été seconde demoiselle d'honneur de la célèbre Marie de la Tour, femme de Henri de la Trémoille. Marie de la Tour *ayant résolu de n'aller plus à Paris, ni à la cour, et de finir ses jours à Thouars, se défit de ses deux demoiselles d'honneur, et donna Olbreuse,* qui était la seconde, à sa belle-fille Emilie de Hesse-Cassel, femme de Henry-Charles de la Trémoille [1].

Les seuls détails authentiques connus sur les débuts d'Eléonore en Allemagne sont contenus dans les Mémoires de Charlotte-Amélie de la Trémoille, c^tesse d'Aldenbourg, dont le manuscrit fait partie des archives du château de Thouars.

Ces Mémoires, indiqués déjà par M. Marchegay dans l'Annuaire de la Société d'émulation de la Vendée (année 1864), viennent d'être publiés en entier par M. Edouard de Barthélemy.

Eléonore fit le voyage d'Iéna avec la princesse de Tarente; elle alla à Cassel et de Cassel à la Haye, où le duc de Zell *venait tous les hivers se divertir;* elle l'avait déjà vu à Cassel, et le duc l'avait remarquée; elle dit même *en riant que si elle était jamais capable de faire une folie, ce serait pour l'amour de lui.*

Elle était d'humeur enjouée, mais *elle se comporta si sagement et si modestement, que cela obligea le duc à joindre l'estime à la passion qu'il avoit pour elle.*

Madame de la Trémoille ayant été obligée de venir à Thouars au

---

1. Les passages *en italique* sont textuellement extraits des Mémoires de Charlotte-Amélie de la Trémoille.

moment de la mort de Marie de la Tour, sa belle-mère (24 mai 1665), Eléonore en profita pour aller à Zell, le duc l'en ayant priée plusieurs fois. Lorsqu'elle y fut arrivée, le duc écrivit à madame de la Trémoille *qu'il avait résolu de tenir ménage* (se marier) avec mademoiselle d'Olbreuse. *Il la fit nommer madame de Harbourg, lui donna des revenus considérables, et elle gagna tellement son esprit, que du plus inconstant homme qui fut jamais, elle fit un exemple de constance, puisqu'il continua à l'aimer* et la fit déclarer par l'Empereur, duchesse de Brunswick-Lunebourg.

D'après plusieurs auteurs, Eléonore aurait épousé le duc de Brunswick en 1664 : nous ne croyons pas à l'exactitude de cette date ; tous les historiens ou généalogistes sont d'accord pour faire naître Sophie-Dorothée en 1666, et les mémoires de la c^{tesse} d'Aldenbourg ainsi que l'ouvrage de Jac. Wilhelm Imhoff [1] disent qu'Eléonore eut quatre filles, dont la dernière seule survécut.

Une des sœurs d'Eléonore, Angélique Desmier, l'avait suivie en Allemagne. Son existence avait été jusqu'ici, sinon ignorée, au

---

NOTE COMMUNIQUÉE PAR M. LE Mis DE GODEFROY-MENILGLAISE.

1. Extrait de l'ouvrage intitulé : Jac. Wilhelmi Imhoff notitia S. Rom. German. Imperii procerum... historico heraldico genealogica. Stutgardiæ, 1699. In-folio, page 219.

« Georgius Wilhelmus, Dux Brunsvicensis et Luneburgensis, natus anno
« 1624.... ascivit in thorum virginem imparis quidem conditionis, sed omnibus
« animi corporisque dotibus fulgentissimam, neque nullius prosapiæ, quippè è
« vetustâ Pictavensium in Galliâ nobilitate ortam, *Eleonoram Desmiers,*
« *Alexandri Domini ab Olbreuze et Jacobinæ Poussard de Vandre gnatam,*
« Alexandri I qui Subizii Ducis in bello Hugonotico Legatus fuit, atque in
« Medulensi pago cum filio primogenito Johanne cæsus est, neptem. Ea domina
« *de Harburg* initio dicta fuit ; nunc verò principibus feminis æquiparata est,
« peperitque Serenissimo Consorti quatuor filias, quarum tres in ipso vitæ in-
« troitu mors intercepit : quarta superat, nimirùm Sophia Dorothea, nata
« mense Septembri 1666, et desponsata anno 1673, agnato è Wolfenbuttelensi
« lineâ, Augusto Friderico ; hoc autem acerbo funere merso, in manum anno
« 1682 convenit Georgio Ludovico patrueli, à quo ex capite malitiosæ deser-
« tionis divortio separata est, per sententiam fori matrimonialis eam ob cau-
« sam constituti, 28 Dec. 1694. »

N. B. L'auteur, généalogiste officiel, n'a pas cru devoir détailler la cause de ce divorce, suite d'un roman tragique. Il a même passé sous silence les deux enfants nés avant le divorce, lesquels furent le roi Georges II d'Angleterre, et la mère du grand Frédéric roi de Prusse.

moins quelquefois confondue avec celle de la duchesse de Brunswick. Les deux lettres que nous publions, ainsi que plusieurs passages de la correspondance d'Eléonore, établissent clairement sa situation. Non moins heureuse que sa sœur, elle épousa le comte Henri de Reuss, d'une famille princière, mais elle n'a pas laissé de postérité.

Elevée dans la religion protestante, Eléonore protégea autant qu'elle put ses coreligionnaires, accueillant à sa cour les émigrés qui sortirent de France au moment de la révocation de l'édit de Nantes, et faisant maintenir quelques temples dans la province d'Aunis.

Les malheurs de sa fille lui causèrent de violents chagrins, et lorsque Sophie-Dorothée fut enfermée dans la forteresse d'Ahlden, Eléonore ne pouvait la voir que très-rarement, Georges-Guillaume voulant que sa fille fût traitée avec la plus grande sévérité.

Après la mort de ce prince (28 août 1705), Eléonore eut plus de liberté : elle put voir sa fille tout à son aise, et adoucit autant qu'il fut en son pouvoir son triste sort.

Eléonore Desmier mourut en 1722, âgée d'environ quatre-vingt-cinq ans. La pauvre prisonnière d'Ahlden ne se consola point de cette mort, elle restait seule sur la terre. Son fils, croyant à sa culpabilité, ne lui témoignait que la plus froide indifférence, et son mari, la plus grande dureté.

L'élévation si extraordinaire d'Eléonore d'Olbreuse et sa nationalité lui attirèrent bien des jalousies en Allemagne, si l'on en juge par ce passage de la correspondance de la duchesse d'Orléans, princesse Palatine et mère du Régent : « Je voudrais que la du« chesse de Zell fût morte depuis quarante ans : elle aurait échappé « à beaucoup de malheurs et de chagrins ; elle n'était pas toujours « d'humeur accommodante, mais comme toutes les Françaises qui « sont capricieuses, pleines d'ambition, et qui veulent que tout « leur soit soumis ; plût à Dieu qu'elle fût restée dans sa petite no« blesse du Poitou ! Il fut un temps où elle aurait regardé comme « un grand honneur d'épouser le premier valet de chambre de mon « mari, feu Monsieur [1]. »

---

1. Correspondance complète de Mme la duchesse d'Orléans, tome 2, page 246.

Malgré les guerres continuelles entre l'Allemagne et la France, l'influence de Louis XIV se fit sentir sur les nations voisines. La plupart des princes du Saint-Empire cherchèrent à copier son attitude, ses magnificences et même ses amours.

Cette influence fut certainement la cause des mariages de mesdemoiselles d'Olbreuse, et l'on peut, sans trop de témérité, comparer Eléonore à madame de Maintenon.

Sorties, pour ainsi dire, toutes deux de la même province, leurs familles avaient embrassé la Réforme et joué un rôle très-actif dans les guerres de religion.

L'une, Françoise d'Aubigné, après avoir lutté longtemps, abjura à treize ans la religion prétendue réformée, et devint plus tard catholique ardente; l'autre, Eléonore d'Olbreuse, conserva les croyances de ses pères.

La première commença par élever les bâtards du grand Roi; elle sut peu à peu capter sa confiance, et l'on vit bientôt la marquise de Maintenon devenir secrètement la seconde femme de Louis XIV. Après la mort de ce prince, elle s'éteignit presque dans l'abandon, ne laissant après elle que sa grande renommée.

Eléonore, souveraine en titre d'un des petits États de la Confédération, fit moins de bruit dans le monde; mais sa postérité occupe aujourd'hui deux des plus puissants trônes de l'Europe : Victoria, reine d'Angleterre et impératrice des Indes; Guillaume, empereur d'Allemagne, sont ses descendants directs.

Cette simple demoiselle du pays d'Aunis ou de Saintonge, disait la c^{tesse} d'Aldenbourg, *voit déjà la fille de sa fille, reine de Prusse, et le prince de Galles, son fils, héritier de la couronne d'Angleterre. Quel changement !*

Louis de la Rochebrochard.

CORRESPONDANCE ORIGINALE

DE LA

DUCHESSE DE BRUNSWICK-ZELL

ET DE SA FAMILLE.

EMILIE DE HESSE-CASSEL, FEMME DE HENRI-CHARLES DE LA TRÉMOILLE, PRINCE DE TARENTE, A ALEXANDRE DESMIER D'OLBREUSE.

(Lettre sous enveloppe, attachée par un cordon en soie et scellée de deux timbres aux armes de la Trémoille.)

Pour Monsieur d'Olbreuxse

a sa maison

du premier d'avril 1664.

Je vous ay tousiours remarqué, en toutes sortes de rancontres, tant d'affection et de bonne volonté, pour Mʳ mon mary et pour moy; que ie ne croy pas que rien vous puisse faire changer de sentimᵗ sur ce chapitre. Cepandant afin que l'on ne vous fasse pas a croire que vous ayés suject de vous plaindre de moy, dans l'affaire de v̅r̅e sœur : j'ay voulu que vous en fussiés informé aussy bien de ma part que de la sienne, et que ce fust Boulenois a qui j'en ay escrit fort particulieremᵗ afin que vous en puissiés juger vous mesme.

Il est certain que l'ayant mené avec moy en Allemaigne, et l'ayant tousjours traitté avec toutes sortes de tandresses et d'amitiés; come en effect je l'ay tousjours extremem' aymée, et elle ayant reçeu de mes proches, particulierement dans cette maison, milles marques d'estimes et d'amyties; j'ay trouvé un peu estrange, qu'elle n'ayt pas seulement entretenu un commerce secret avec des personnes qui ne sont pas amis de cette maison, mais qu'elle ayt voulu s'y engager sans m'en advertir; comme vous le verrés mieux par la copie de sa lettre, dans laquelle elle me sacrifie a une personne qu'elle ne connoist pas, et qu'elle n'a jamais veu; mais sans considérer tout cela, quoyque j'en sois un peu touchée, elle n'ayant besoing que d'argent pour exécuter son dessein, je luy en ay fait offrir selon l'estat où je suis présentem', afin qu'elle ne fust pas plus longtemps privée d'une satisfaction, sans laquelle elle dit, ne pouvoir avoir de joye dans le monde : ce qu'elle n'a pas voulu accepter, et prétend faire passer pour une simple civilité, ce que d'autres prendroient pour un engagem' formel.

Pour moy je le prendray pour tout ce qui vous plaira pourveu que vous soyés persuadé que nonobstant le procéder desobligent de vre sœur ie ne laisseray pas de conserver pour vous et pour tout ce qui vous appartient les mesmes sentim's d'estime et d'affection que vous a promise.

EMILIE DE H. C. [1].

J'ay crû vous devoir donner avis de tout cela, afin que de quelque manière qu'elle en uze, on ne m'en puisse rien

---

1. Amélie, ou Emilie de Hesse (amie de Mme de Sévigné), fille de Guillaume V^e du nom, landgrave de Hesse-Cassel et d'Amélie-Elizabeth de Hanau-Muntzemberg, fut mariée le 1er mai 1648 et mourut à Francfort le 23 février 1693, âgée de 68 ans.

Elle avait épousé Henry-Charles de la Trémoille, prince de Tarente et de Talmond, duc de Thouars.....

(Père Anselme. t. 4e, Maison de Thouars.)

imputer, car il ne tiendra pas a moy sy elle ne retourne pas en France, dans la mesme compagnie qu'elle en est partie [1].

LA DUCHESSE DE BRUNSWICK A SON FRÈRE M^r D'OLBREUSE.

A Cell le 10 Mars [2].

Vostre lettre ma donne bien du chagrain mon cher frere puisquelle mapran que vous este dan un estat for pitoyable et qui ne vous permet point de vous esloigner de ches vous vostre mal est de nature a vous conserver et a vous tenir chaudeman le medesain disy qui est fort abille dit que vous

---

1. Les plaintes d'Emilie de Hesse-Cassel, adressées à M^r d'Olbreuse à propos de la conduite de l'une de ses sœurs, doivent-elles concerner Eléonore ?

D'après les mémoires inédits de la fille d'Emilie de Hesse (Charlotte-Amélie de la Tremoille, c^{tesse} d'Aldenbourg), le duc de Zell « était « fort ami » du père et de la mère de cette princesse et les voyait souvent.

Emilie de Hesse ne parle donc pas du duc de Zell lorsqu'elle dit : « J'ay trouvé un peu estrange, qu'elle n'ayt pas seulement entretenu un « commerce secret avec des personnes qui ne sont pas amis de cette mai- « son, mais qu'elle ayt voulu s'engager sans m'en advertir ; comme vous le « verrés mieux par la copie de sa lettre, dans laquelle elle me sacrifie a « une personne qu'elle ne connoist pas, et qu'elle n'a jamais veu.... »

La c^{tesse} d'Aldenbourg dit aussi : « D'Olbreuse (Eléonore) fit le voyage « d'Iéna avec ma mère ; de là elle alla à Cassel et de Cassel à la Haye, « où M^r le duc de Zell avait accoutumé de venir tous les hivers se « divertir..... »

« Il devint amoureux d'elle, il le lui déclara et le fit paroitre en toute « occasion. »

Eléonore Desmier avait donc vu le duc de Zell, elle le connaissait, il était ami de la maison de Hesse-Cassel, et, d'après la notice généalogique de J. W. Imhoff (Studgart, 1699), elle était mariée en 1664, au moins morganatiquement. Nous pouvons donc assurer qu'il n'est pas question d'Eléonore dans la lettre qui précède, et nous pensons que la princesse de Tarente veut sans doute parler d'Angélique Desmier, dont nous publions plus loin deux lettres.

Elle ne devait pas encore avoir épousé le prince Henri de Reuss, puisque ce dernier n'avait que dix-neuf ans en 1664.

2. Eléonore est à Zell, elle ne parle pas de sa fille ; nous croyons par ces deux motifs pouvoir assigner la seconde place à cette lettre qui date probablement des premières années du mariage.

deves vous mettre en la raspe au tant des vandange et cepandan vous tenir chau et vous bien faire froter le caute de bonne eau de vie. Un pais comme celui sy ou il fait un froit espouvantable abregeroit vos jours et me causeroit la mort si je vous y aves fait venir pour y trouver la vostre demeuroy don ches vous mon cher frere et je feroy ce que je pouroy pour vous aler voir sepandan sy je vous suis bonne a quelque chause vous me trouvesroy toujourz preste a vous servir et a vous faire connestre que je vous suis aquisse plus que chause du monde.

ELEONOR.

Ma seur est isy elle est en peine de savoir si vous aves resu des lettres quelle vous a escrit il y a environ trois mois elle ce porte for bien ella envie de vous aler voir je vous prie de faire mes amitie a ma tante et a ma belle seur adieu mon cher frere conserve vous bien je vous en conjure.

LA DUCHESSE DE BRUNSWICK A SON FRÈRE M^r D'OLBREUSE.

(Lettre qui était fermée par un cordon en soie rose, scellée de deux timbres en cire rouge aux lettres entrelacées, Desmier et Brunswick, surmontées d'une couronne ducale.)

A Monsieur

   Monsieur d'Olbreuse

      a Olbreuse

A Cell le 19e juin [1]

Je voy bien quil nestoit pas for nesesaire de vous envoyer la lettre que M^r [2] de la Bessiere mescrivoit puisque vous este

---

1. Cette lettre, sans date, comme la précédente, peut avoir été écrite de 1667 à 1670 environ, car Éléonore voudrait voir à son frère « une petite fille qui tiendrait compagnie à la sienne »; Sophie-Dorothée est née en 1666.
2. Claude Gourjault, éc., sgr de la Bessière, qui, le 2 avril 1677, fit

encore plus porte a sortir dafaire a lamiable que luy mais la
chosse nes pas de consequance cest pour quoy je ne doy
poin men repentir a vous dire vroy mon cher frère je me
suis for tronpee sur le chapitre de ce monsieur car je le
croyes un fort honeste homme mais après ce qu'il a dit a
Mr de Boucœur je ne saurais en avoir bonne opinion car je
n'aime pas les manteurs et je les estime encore moin.

Tout cesy est un egnime pour vous mais il faut vous es-
clersir et vous aprandre que Mr de la Bessière il y a desjà
quelque tant ala trouver Mr de Boucœur et lui dit que je luy
aves escrit que nostre frère [1] avoit laisé isy en mouran douze
mille fran desquels je luy tiendrois conte vous pouves bien
croire que je noye jamais mande une telle chause et que le
pauvre garson na laisé au monde que ses habis et son linge

---

hommage lige au roi de sa terre et sgrie de Châteauneuf, paroisse de Vitré
(Chambre des comptes de Paris, registre 433, pièce 1), doit être M^r. de la
Bessière, dont il est fait mention dans cette lettre. Le château de la Bessière
est situé aussi paroisse de Vitré, canton de Celles, arrondissement de Melle
(Deux-Sèvres). Claude Gourjault n'a pas laissé de postérité, dit Beauchet-
Filleau, qui, pas plus que Laîné (généalogie de la maison de Gourjault),
n'indique le nom de sa femme.

Nous pensons néanmoins qu'il a dû épouser une des sœurs d'Eléonore
Desmier, parce qu'il était seul du nom de la Bessière vers 1670.

1. Nous n'avons pu trouver le prénom de ce frère mort en Allemagne,
la plus grande confusion régnant parmi les généalogistes, dans la filiation
des Desmier d'Olbreuse. D'après la correspondance que nous publions,
Alexandre et Jacqueline Poussard ont eu pour enfants :

1º Alexandre.
2º Eléonore, duchesse de Brunswick.
3º Angélique, c^tesse de Reuss.
4º M de la Bessière.
5º Un frère mort en Allemagne.

L'Etat du Poitou sous Louis XIV par Colbert de Croissy, publié par
Mr Dugast-Matifeux, indique pour Mauzé. élection de la Rochelle, comme
enfants d Alexandre Desmier et de Jacquette Poussard : Charles, sgr du
Parc ; Henri, sgr du Beugnon; Jean, sgr. de la Bruère , qui furent main-
tenus nobles par sentence du 1er sept. 1667.

Parmi les pièces des archives du château d'Olbreuse, qui nous ont été
communiquées dernièrement, nous trouvons un transfert par Mlle de la
Girardière, en date du 22 sept. 1642, à Mre Alexandre Desmier et Jehanne
Bérenger, sa femme, d'une somme de 5000 livres due par les héritiers de feu

que ses jan ont eu comme cest lordinere en pareille rancontre les chevos quil avoit estoit reste a larmee car il estoit venu isy en poste pour me demander de larjan afain de racoumoder tout son équipage qui estoit for deslasbre de sorte que tout ce quil avoit a este vandu en Souasbre catre sans escu et il devoit presque tous les gage depuis cain ou sis en a sis vaslet qui ont este paye de sela.

Si Mʳ de la Bessière veult envoyer isy quelqun pour s'informer de cette verite je payroy le voyage pourveu quil soblige a me randre ce que joy mis de surplus joy paye depuis sa mort plus de mille fran mais comme il ny avoit poin de connoissance qun billet de sa main de sain san livre du a Morain ce seroit à moy folie de parler du reste mais je ne peu refusser au jan ce quil me demande quant il dise que ce leur est du par mon desfun frere je laimes trop pour nen pas donner des marques apres sa mort aussi bien que duran sa vie joy envoye à Mʳ de Boucœur le billet que joy aquite afain que Mᵉ de la Bessière vous tiene conte de sa part si vous aves des afaire avec elle qui aille a Paris vous nauroy aumoin pas la peine de poyer la chicane jen feroy les despan pour ce qui est du petit enfan quil ma lesse jan auroy soin et si Dieu ne vous en donne pas je luy donneray ce que je peu avoir en France qui je croy nes pas gran chause je vous prie ditte moy ce que cest et ou cela peut aler du reste chasqun fera pour luy ce quil vousdra Mᵉ de la Bessière ma escrit quelle pleureroit toute sa vie son frere mais elle ne ma poin parloy quelle feroit quelque chosse pour lenfan quil luy a recoumande. Pour moy je ne pleusreroy plus le mort mais jauroy gran soin de lanfan je vousderois en pouvoir faire de mesme

---

Alexandre Desmièr et dᵉˡˡᵉ Marie Baudouin, sa femme. Alexandre, mari de Jehanne Bérenger, est-il fils de Marie Baudouin ? Nous ne pouvons l'établir d'une manière certaine. Nos recherches non encore terminées, dans les débris des archives du château d'Olbreuse, nous permettront peut-être de rétablir pour cette famille un ordre généalogique sérieux.

dun des vostre mon cher frere et avoir une petite fille de vous pour tenir conpagnie à la miene je laimerois autant et jan aurois le mesme soin mais cest une satisfaction que Dieu ne donne pas a tous seus qui la désire si je pouves en quelque chosse contribuer a la vostre ce serait une joye pour moy de vous faire connoistre combien vous este tandrement aime de Leonor Desmier Mr le Duc est a larmeè ce qui maflige extremement.

LA DUCHESSE DE BRUNSWICK A SON FRÈRE Mr D'OLBREUSE.

(Lettre fermée par un lacet de soie bleue et deux cachets en cire rouge, couronne ducale, armoiries mi-parti Brunswick et d'Olbreuse.)

Pour Monsieur d'Olbreuse

a Olbreuse

A Cell le 8e daous

Les eau de Pirmon [1] mont entierement remisse et je me porte mieus presenteman que je nay fait depuis for lontant je vous suis fort obligee mon cher frere de vous en rejouir et des vœux que vous faitte pour ma sante je vous assure que je resoy avec bien de la joye les marques de vostre amitié jan merite la continuasion par la tandrese que jay pour vous et par lenvie que jaurois de vous faire connoistre que je vous suis entierement aquisse et apsolument a vous.

Eléonor D. de Harbourg.

Joy fait vostre conpliman a monsieur le duc il ma chargé

---

1. Cette petite ville, de 3,000 habitants, était autrefois la capitale de la principauté de Waldeck-Pyrmont; elle est aujourd'hui annexée à la Prusse.
Ancienne résidence d'été du prince, elle possède un magnifique établissement contenant six sources thermales, bicarbonatées calcaires Ces sources n'ont plus la vogue qu'elles avaient à la fin du 17e siècle.

de vous en remersier et de vous faire des amitie de sa par ma fille vous enbrace et vous est fort obligee de vostre souvenir.

LA DUCHESSE DE BRUNSWICK A SON FRÈRE M[r] D'OLBREUSE.

(Lettre scellée par deux cachets en cire noire, illisibles. L'écusson est très compliqué ; on ne peut y voir les armes des Desmier ; la couronne est remplacée par plusieurs casques surmontés de cimiers formés par des bois de cerf et des plumes.)

A Monsieur

Monsieur d'Olbreuse

A Olbreuse

A Cell le 19e octobre (1676).

Il est certain mon cher frere que cest pour moy une véritable perte que le prince [1] que la mort vien de nous enlever car oustre qu'il estoit destiné pour ma fille il maimoit et il estoit parfaitement aimable toute les belle et bonne calite estoist asanblee en lui il estoit trop parfait pour rester sur la

---

1. Auguste-Frédéric de Brunswick-Wolfenbuttel, fils de Antoine-Ulric et de Julienne de Holstein-Norbourg.
Ce prince, né le 24 août 1657, fut fiancé à Sophie Dorothée de Brunswick en 1673, et mourut le 31 août 1676, pendant le siège de Philipsbourg, où il avait été blessé treize jours auparavant.
L'Art de vérifier les dates, Moréri, le chevalier de Courcelles, Beauchet-Filleau, prétendent que Sophie-Dorothée était veuve d'Auguste-Frédéric lorsqu'elle épousa Georges-Louis de Hanovre. Il est facile de prouver que Sophie-Dorothée n'a jamais été mariée avec le prince Auguste-Frédéric, mais seulement fiancée ; elle n'avait que neuf ans quand il est mort. Les termes de la lettre ci-dessus: « car oustre qu'il était *destiné* pour ma « fille.. .. » et le témoignage de Jac. Wilhelm-Imhoff: « Ea domina de Harburg initio dicta fuit... » (il parle d'Eléonore) et plus bas... « nimirùm Sophia Dorothea nata mense septembri 1666, et *desponsata* anno 1673, agnato è Wolfenbuttelensi lineâ, Augusto Friderico..... » ne laissent plus subsister le moindre doute.

tesre Dieu la voulu avoir je lan trouvent hureus et jespere que par de nouvelle benediction il consolera ma fille et moy apres toute les grasse quil ma faitte jan doy tout atandre car jamais il na conble creature de plus de bien que moy ni de tant de sujet de satisfaction je devres employer ma vie a randre continuelleman des grasse au seigneur pour tant de faveurs mais helas mon cher frere en Almagne comme en France la terre fait souvan oublier le ciel. Dieu veuille ne pas oublier ce qui est sur la terre et nous prandre toujours en sa sinte garde je lui demande ausy de tout mon cœur de vous voir devan que je meure jespere quil me donnera cette joye et que je pouray encore une fois en ma vie vous enbraser et vous asurer moy mesme de la tandre amitié que jay pour vous.

ELEONOR DUCHESSE DE CELL DE BRONSHVI
ET LUNEBOURG.

M^r DE GOURVILLE A Mme LA DUCHESSE DE BRUNSWICK.

A son altesse serenissime

Madame la Duchesse de Zell

a Zell

A Paris le 26 juillet 1682.

Monsieur [1] de Croissy ma mandé quil avoit rendu compte au Roy de ce que je luy avois dit de la part de V. A. S. pour

---

1. Charles Colbert, marquis de Croissy, frère du grand Colbert, né à Paris en 1625, mort le 28 juillet 1696, fut successivement conseiller d'Etat, président au conseil d'Alsace, premier président au parlement de Metz, commissaire départi pour l'exécution des ordres du Roi dans la généralité de Poitou (1663), ambassadeur en Angleterre et ministre secrétaire d'Etat des affaires étrangères (1677).

le temple de Marsay [1]. Et que le Roy escriroit a l'intendant d'Aulnis de garder cette affaire la dernière, et que sa Majesté auroit toujours de grands égards pour tout ce que pourroit souhaiter V. A. S.

C'est ce me semble Madame tout ce qu'il y avoit a espérer dans la conjoncture presente. Et comme on peut croire qu'on n'ostera pas si tost tous les temples ; j'espère que V. A. S. aura la satisfaction de voir subsister celuy qu'elle protège.

Le bruit court icy que le 3e [2] filz de Mr le comte de Roye qui estoit allé avec Messieurs de la Rochefoucauld à Rome, s'y est fait catholique.

Je suplie très humblement V. A. S. de trouver bon que j'asseure icy Monseigneur le Duc de Zell et Madame la princesse avec elle de mes très humbles respects.

GOURVILLE [3].

---

1. Marsay, près Mauzé, petite commune du canton de Surgères (Charente-Inférieure).
Le château de Marsay appartenait en 1682 à Louis de St-Georges, sgr de Marsay ; il servit souvent de refuge aux protestants pendant les dragonnades.
2. Charles de Roye de la Rochefoucauld, comte de Blanzac, cy-devant colonel du régiment de Guienne, lieutenant-général des armées du Roi en 1704. gouverneur de Bapaume, fils de Frédéric-Charles de Roye de la Rochefoucauld, cte de Roye et de Roucy, et d'Elisabeth de Durfort.
3. Jean Hérault de Gourville
Jean Hérault prit le nom de Gourville, d'une terre qu'il acheta en 1656 ; il naquit à la Rochefoucauld le 11 juillet 1625.
Sa mère, restée veuve avec huit enfants et sans fortune, lui fit apprendre à lire et à écrire, et le mit à dix-huit ans chez un procureur d'Angoulême. Attaché d'abord à la famille de la Rochefoucauld, il passa ensuite au service des Condé. « Gourville, dit Saint-Simon, par son esprit, son grand sens, les amis considérables qu'il s'était faits, était devenu un personnage ; l'intimité des ministres l'y maintint, celle de Mr Fouquet l'enrichit à l'excès. »
Il partagea la disgrâce de Fouquet, qu'il avait prévue, et peu auparavant, il mit sa fortune à l'abri des recherches. Condamné à mort par le parlement, il trouva partout un bon accueil, en Belgique, en Hollande, en Angleterre, même en France, quand il lui plut d'y faire un voyage.
Pendant cet exil (1664) et grâce à deux Français de la suite du duc de

A Celle le 9.e octobre 1682

enfain monfrere mafille est a
cordee avec le plus joly prince
dalmagne & le plus riche c'est le
ritier de cette maison le prince
dhanover neveu de monsieur
le duc Comme il ne pouvoit a
river a mafille rien de plus
avantageux je ne doute pas
que vous ne preniez part a la
joye que me donne cette afaire
Si les critien de maujay le veulle
donner a vaintesainc mille escu

je pourray me resoudre alacheter
voz navez qua les fonder force
la et a entrer en marche je
donneray cette fourny contan
mais rien davantage Mr de
gost ville ma encore escrit
que Mr de Crosly Colbert a fait
escrire une seconde fois a Mr
dangau donnit pour la conser
vation de marle de sorte que
jespere que vous serez pour
quelque tant en liberté de prier
dieu je suis bien aise davoir cette

bonne nouvelle a vous mender & de pouvoir
contribuer a quelque chose pour votre satisfaction
ce sera toujour un grande pour moy de
l'avoir vous faire connoistre que je vous
suis toute aquise eleonor

par Monsieur
Colbreuse
A Lbreuse

MADAME LA DUCHESSE DE BRUNSWICK A SON FRÈRE M^r D'OLBREUSE.

(Lettre scellée par un timbre en cire rouge, lettres enlacées, couronne ducale.)

Pour Monsieur d'Olbreuse

a Olbreuse

A Cell le 9e octobre 1682.

Enfain mon frere ma fille est acordee avec le plus joly prince dAlmagne et le plus riche cest leritier de cette maison le prince [1] dHanover neveu de monsieur le duc comme il ne

---

Zell (Georges-Guillaume), il fut assez heureux pour acquérir l'amitié et même la confiance de ce prince. En 1667 il rentra dans les bonnes grâces du Roi, et devint ministre plénipotentiaire en Allemagne ; il avait le plein pouvoir de traiter avec la maison de Brunswick.
Dans ses mémoires, Gourville ne donne aucun détail sur Eléonore d'Olbreuse, qu'il appelle simplement Madame la Duchesse. St-Simon raconte qu'il avait épousé en secret une des trois sœurs de Mr de la Rochefoucauld. Il mourut sans postérité, le 16 juin 1703, ayant acquis d'immenses richesses et après avoir assuré le bien-être de quatre-vingt-dix collatéraux, neveux, nièces, et leurs descendants, et donné une grande fortune à l'un d'entre eux. Il vécut familièrement avec les plus grands seigneurs ; bien vu, à la cour comme à la ville, des personnes les plus distinguées, il prit place à la table des princes et eut l'honneur de faire la partie du Roi.
(Mémoires de Gourville.)
1. Georges-Louis, fils d'Ernest-Auguste, Electeur de Hanovre, petit-fils, par Sophie, sa mère, de Frédéric V, Electeur Palatin, et d'Elizabeth, fille du roi Jacques Ier d'Angleterre ; né le 28 mai 1660, il épousa le 21 novembre 1682 Sophie-Dorothée, sa cousine germaine, fille de Georges-Guillaume, duc de Brunswick-Zell, et d'Eléonore Desmier d'Olbreuse. (Chronologie des rois d'Angleterre ; Art de vérifier les dates.)
Nous trouvons, dans Blaze de Bury, de curieux détails sur les causes du mariage de Georges-Louis de Hanovre avec Sophie-Dorothée. Deux prétendants se disputaient alors la main de la jeune princesse : Philippe de Kœnigsmark, son ami d'enfance, et le prince Auguste-Guillaume de Brunswick-Wolfenbuttel, frère du fiancé, dont la mort est annoncée dans la cinquième lettre.
L'Electeur de Hanovre, craignant de voir sa nièce épouser l'un des

pouvoit ariver a ma fille rien de plus avantageus je ne doute pas que vous ne prenies part a la joye que me donne cette afaire.

---

deux prétendants dont nous venons de parler, et porter à l'un ou à l'autre l'immense fortune de son père et le duché de Zell, mit tout en œuvre pour faire épouser son fils à Sophie-Dorothée.

Il chargea sa femme, la duchesse Sophie, de cette importante négociation ; celle-ci mit habilement dans la confidence Bernstorf, premier ministre de la cour de Brunswick-Zell ; elle sut, par de riches cadeaux, gagner ce ministre dont la vénalité était bien connue, et changeant complétement d'attitude vis-à-vis de sa belle-sœur Eléonore, elle fut aussi aimable pour elle, qu'elle avait été autrefois fière et hautaine.

La correspondance de Sophie-Dorothée avec le comte de Kœnigsmark, retrouvée en Suède, les mémoires du temps et les nombreux auteurs allemands, anglais et français qui se sont occupés de cette période de l'histoire de Hanovre, n'ont laissé ignorer aucun des détails de la vie si dramatique de cette princesse.

Elle épousait son cousin-germain avec la plus grande répugnance, ayant déjà une tendre inclination pour Kœnigsmark, l'un des hommes les plus séduisants de son époque.

La vie déréglée du prince Georges-Louis, son indifférence pour sa femme, rendirent encore plus intimes les relations de Kœnigsmark et de la princesse ; mais la jalousie furieuse de la c^tesse de Platen (Elizabeth de Meissenberg), maîtresse en titre de l'Electeur de Hanovre, qui disputait Kœnigsmark à Sophie-Dorothée, mit fin à leurs relations. La c^tesse de Platen fit assassiner Kœnigsmark sous ses yeux, au moment où il sortait de l'appartement de la princesse, et dans le palais même de l'Electeur.

Le corps du malheureux comte, brûlé d'abord dans de la chaux vive, fut ensuite caché sous le parquet d'une des salles du palais.

Ni l'Electeur, ni le prince Georges, son fils, ne prirent part à ce crime odieux, mais l'empire que la c^tesse de Platen avait sur l'Électeur était si grand, qu'aucune recherche ne fut faite ; on étouffa l'affaire, et le véritable sort du malheureux Kœnigsmark fut longtemps ignoré.

Le divorce fut prononcé entre le prince Georges-Louis et Sophie-Dorothée le 28 décembre 1694.

L'Electeur avait néanmoins cherché à réconcilier les deux époux ; mais Sophie-Dorothée se refusa avec énergie à vivre avec un prince qui ne lui inspirait que de l'horreur; elle demanda elle-même le divorce, qui fut prononcé au profit du prince Electoral ; comme partie lésée, il avait seul le droit de se remarier. « La cause déterminante de cette sentence fut un « projet de fuite à Wolfenbuttel, qui constituait juridiquement un cas de « *désertion préméditée du toit conjugal.* » (Blaze de Bury.)

Aussitôt la sentence rendue, Sophie-Dorothée fut enfermée dans la forteresse d'Ahlden, où elle mourut le 13 novembre 1726, à l'âge de soixante ans, après trente-deux ans de captivité. On lui avait donné le nom de duchesse d'Ahlden dès le jour de son entrée dans cette forteresse.

a Celle 6 18. decembre

Je ne doute pas Monsieur que vous
n'ayez esté bien aise d'apprendre la
nouvelle du mariage de ma fille,
elle vous est si proche que je me
persuade aisement que vous aues de
la joye de son establissement, en mon
particulier je vous suis fort obligé
des vœux que vous faites pour ma
satisfaction, je vous asseure Monsieur
que j'en aurois une fort grande si
j'avois occasion de vous marquer par
des services combien je vous suis
acquis
george guillaume

A Monsieur
Monsieur d'Obrecuil

Si les eritiers de Mauzay [1] le veulle donner a vainte saine mille escus je pouray me resoudre a lacheter vous naves qua les sonder sur cela et a entrer en marche je donneray cette somme contant mais rien davantage. Mʳ de Gourville ma encore escrit que Mʳ de Croissy Colbert a fait escrisre une segonde fois a lintandan d'Aunis pour la conservasion de Marse [2] de sorte que jespere que vous seray pour quelque tant en liberte de prier Dieu je suis bien aise davoir cette bonne nouvelle a vous mender et de pouvoir contribuer a quelque chause pour vostre satisfaction sen sera toujours une grande pour moy de pouvoir vous faire connoistre que je vous suis toute aquisse.

ELEONOR.

LE DUC DE BRUNSWICK A SON BEAU-FRÈRE Mʳ D'OLBREUSE.

A Monsieur

Monsieur d'Olbreuse

A Cell le 18 décembre (1682).

Je ne doute pas Monsieur que vous nayez esté bien aise d'apprandre la nouvelle du mariage de ma fille, elle vous est si proche que je me persuade aisement que vous avez de la joye de son establissement en mon particulier je vous suis fort obligé des veux que vous faites pour ma satisfaction, je vous assure Monsieur que j'en aurois une fort grande si j'avois occasion de vous marquer par des services combien je vous suis aquis.

GEORGE GUILLAUME [3].

---

1. Les héritiers d'Olivier Gillier, baron de Mauzé.
2. Marsay. Voir une des notes précédentes.
3. Georges Guillaume, duc de Brunswick-Zell et Lunebourg, né le 16 janvier 1624, fils de Georges, duc de Brunswick et de Anne-Éléonore de Hesse-Darmstadt.

LA DUCHESSE DE BRUNSWICK A SON FRÈRE M^r D'OLBREUSE.

(Lettre scellée par un timbre en cire noire, écusson écartelé, très-compliqué, illisible et ne contenant pas les armes des d'Olbreuse. Il est surmonté d'une couronne ducale.)

A Monsieur

Monsieur Dolbreuse

à Olbreuse

Ce premier novanbre 1684.

Comme je suis persuadee mon cher frere que vous este for touche de la mort de M^e vostre fame [1] jay apris avec bien du regret la perte que vous en aves faitte je prie Dieu de tout mon cœur qu'il vous en consolle et je vousdrois dan cette triste rancontre vous estre bonne a quelque chause afain de vous faire connoistre a quel poin je vous eme et conbien je vous suis aquisse.

ELÉONOR.

DUCHESSE DE CELL DE BRONSHVYC

E LUSNEBOURG.

Monsieur le Duc ma charge de vous faire des amitie de sa par et de vous dire quil est bien fasché de la mort de M^e vostre fame.

---

1. Jeanne Geay, morte sans postérité. (V. le partage de revenus entre la duchesse de Brunswick et les héritiers de dame Jeanne Geay, veuve d'Alexandre Desmier d'Olbreuse, du 21 décembre 1692, aux archives du château d'Olbreuse.)

MADAME LA DUCHESSE DE BRUNSWICK A MONSIEUR DU FAY DE LA TAILLÉE.

(Lettre scellée par un timbre en cire rouge portant un écusson écartelé, illisible. La couronne est formée par des casques ornés de cimiers et de lambrequins.)

A Monsieur

Monsieur de la Taillée [1]

A la Taillée

A Cell le 30ᵉ novambre 1684.

Vous me ditte monsieur par la lettre que vous mescrives que vous souaitteries davoir commerce avec moy comme cela ne vous seroit bon a rien je ne vous conseille pas de vous donner cette pene mais je vous prie de croire que si locasion de vous servir me venoit que je serois ravie de l'enbraser et de vous faire connoistre que je vous suis parfaitement aquisse.

ELEONOR DUCHESSE DE BRONSHVYC E LUNEBOURG.

LA DUCHESSE DE BRUNSWICK A SON FRÈRE Mʳ D'OLBREUSE.

(Lettre scellée par un cordon en soie bleue, timbre en cire noire aux armes de Brunswick et Desmier.)

A Cell le 16ᵉ mars 1685.

De la maniere don jay ouy parler de Mˡˡᵉ de la Laigne [2] elle me parois for propre a consoller un homme aflige et a

---

1. Louis du Fay, écuyer, seigneur de la Taillée, paroisse d'Echiré, élection de Niort, fils de Josué du Fay et de dame Préjante de Maigné. (V. les preuves de Malte de Louis-Armand-Auguste-Henry du Fay.)
2. Madeleine-Sylvie de Sainte-Hermine, fille de Hélie de Sainte-

faire oublier tous les chagrain du monde il faut ce rejouir avec vous mon frere du chois que vous en aves fait et du bonheur que vous alay avoir de la poseder vous ne pouvies mieus faire ny mieus choisir car son merite mes connu et je say depuis lontant comme elle a resiste au avantage qui luy ont este ofer par M⁰ de Mintenon moyenan quelle quitas sa religion la fermete quelle a tesmoigne en sette rancontre luy a atire lestime de tous seus qui on su la chause pour moy je luy e donne la miene des se tant là et je leme san la connoistre je vous souaitte mon frere toute sorte de felicite et de satisfaction en se segon mariage et je vous prie de croire que lon ne peut vous estre plus aquisse que je vous la suis.

Eleonor
Duchesse de Bronshwyc e Lunebourg.

Monsieur le duc a qui jay fait vos conpliment ma charge de vous en remersier et de vous dire quil vous souaitte tous les bonheurs du ciel et de la terre.

ANGÉLIQUE DESMIER COMTESSE DE REUSS A SON FRÈRE, M^r D'OLBREUSE.

De Sell le 16ᵉ mars (1685).

Le choix que vous venes de faire de M^{le} de la Lesgne me pares sy bau et sy bon que ie nay garde mon cher frere, de

---

Hermine, sgr de la Laigne, et de Madeleine Le Vallois de Villette-Mursay, cousine-germaine et sœur de lait de Mme de Maintenon; elle devint veuve avant 1689.

Nous ne pouvons préciser la date de la mort d'Alexandre Desmier; mais la lettre adressée à l'archiprêtre de Mauzé par la duchesse de Brunswick, lettre que nous publions plus loin et qui porte la date du 29 octobre 1689, indique clairement qu'à cette époque Eléonore Desmier avait reçu l'héritage de son frère et était propriétaire de la terre et seigneurie d'Olbreuse.

Madeleine-Sylvie de Sainte-Hermine épousa, plus tard, Christian de Bulow, grand bailli du duché de Zell; il y a postérité.

de sel le 16.me mars

Le choix que vous venes
de faire de M.lle de la lesgne
me paret sy beau et sy bon
que ie nay garde mon
cher frere, de vous refuser
mon aprobassion, bien loin
de la, ie vous la donne
de tout mon coeur, et
vous promes daymer vostre
moitié de mesme, dispause la

mon cher frere a me randre
la pareille, et dite luy bien
la ioye que iay, da voir une
belle soeur aussy aymable
quelle est, ie suis for
faschée de nestre point a
nostre noce, sauroit este
une veritable ioye pour
moy, le bon dieu veuille
mon cher frere benir nostre
mariage, vous me paresses
si content que ie y pere que

les petitte seront heureuse
le seigneur vous en face
la grasse, sest mon cher frere
se que ie luy de mande
aussy fortement icy bas
la Comtesse de Reux
iay tousiours fort ayme m.^lle
la bergne faitte luy mes com
plimens ie vous prie, et dite
moy sert pre o que parnon sy pile sa
fille est aussy iolie quelle lestoit
mes complimens aussy a m.^r
de la bergne, et a ma tante

vous refuser mon aprobassion, bien loin de la, ie vous la donne de tout mon cœur, et vous promes daymer vostre moitié de mesme, dispauses la mon cher frere a me randre la pareille, et dite luy bien la ioye que iay, davoir une belle sœur aussy aymable quelle lest, ie suis for faschée de nestre point a vostre noce, saurait esté une véritable ioye pour moy, le bon Dieu veuille mon cher frere bénir vostre mariage, vous me paresses si content que iespère que les suitte seront heureuse le seigneur vous en face la grasse, sest mon cher frère se que ie luy demande aussy fortement icy bas.

LA CONTESSE DE REUS [1].

Jay touiours fort aymé Me de la Lesgne, faitte luy mes complimens ie vous prie, et dite moy sens préoqupassion sy Mlle sa fille est aussy iolie quelle lestoit mes complimens aussy a Mr de la Lesgne, et a ma tante.

---

1. M^r le marquis de Godefroy-Menilglaise a bien voulu nous communiquer la note suivante dont il a trouvé les éléments dans : *Jac. Wilhelmi Imhoff...... Stutgardiæ*. 1699, volume dont nous avons déjà parlé.

Il résulte, dit Mr de Godefroy, des énonciations de l'auteur sur la nombreuse famille des princes de Reuss, avoués de Plauen, que le prince Henri, appartenant au rameau dit de Burck, cinquième fils de Henri et de Marie-Anne, fille du Rheingrave Frédéric, naquit le 19 avril 1645, et épousa *Angélique Desmier d'Olbreuse*, sœur d'Eléonore, qui le laissa veuf en 1688, sans lui avoir donné d'enfants. Il fut colonel d'un régiment au service des Etats généraux, puis capitaine des gardes de l'Empereur, et se remaria en 1697 à Chrétienne de Sayn et Witgenstein, mais mourut le 12 février de l'année suivante. Le 14 août, Chrétienne accouchait d'une fille posthume, à laquelle furent donnés les noms de Chrétienne-Henriette.

Cette note rectifie les erreurs commises par plusieurs généalogistes, entre autres par le chevalier de Courcelles, qui, dans son Histoire généalogique des pairs de France, à l'article Prévost de Gagemont, confond la c^{tesse} de Reuss avec sa sœur Eléonore.

Beauchet-Filleau parle aussi d'Angélique Desmier, mais il passe son mariage sous silence, et, d'après lui, elle serait fille d'Alexandre Desmier et d'une demoiselle de la Rochefoucauld de Roissac, et par conséquent nièce d'Eléonore.

Le même auteur prétend également qu'Alexandre Desmier, qui avait pre-

LA Ctesse DE REUSS A SON FRÈRE M^r D'OLBREUSE.

(Lettre fermée par un timbre en cire noire illisible, probablement les armes des Reuss.)

A Monsieur

Monsieur d'Olbreuse

A Olbreuse.

Le 26me mars 1685.

Vos premiere letre se sont rendue a bon port, mon cher frere, et tout aussitost nos rayponses furent faitte selon vos désirs, il ne faut pas retarder vostre joye, et lest trop bien fondée, et lon ne pouroit pas aussy refuser a vostre maitresse les santimens, que vous demendes pour elle, et le les meritent par trop dendroits, mais mon cher frere quant elle ne seroit pas ossy bien faitte quelle lest, il me suffiroit quelle fut vostre femme pour laymer et lhonorer parfaittement ie suis pourtant ravie de la savoir si bien, et ie me sens tant de penchan pour elle, que vous deves la dessus estre bien content de moy.

Conclues donc au plus viste lon ne peut trop taut finir une sy eimportante affaire puisqu'il me parest que vostre repos en depent, ie me feres un grand plaisir de vous voir asteure ie ne vous ay iamais veu qun peu amoureus, et vous me le paresses tout a fait, ie vous le pardonne, iay ouy dire beaucoup de bien de vostre future epouse du temps quelle

---

mièrement épousé Jeanne Geay, et en secondes noces Madeleine-Sylvie de Sainte-Hermine, était neveu d'Eléonore.

estoit à Paris ie lay veu plusieurs fois den les gazette, ie ne croyes pas de se tent la quelle me seroit sy proche.

Le bon Dieu vous benisse tous deux ie suis bien faschée de ne point estre a vostre noce, mais sest un mal pour moy sens remède faitte moy par de vostre ioye de temps en temps ie vous prie sen est une sensible pour moy de vous savoir bien content mon mary nest point icy il est à Viene, ie croy quil aymeroit for une femme comme la vostre car les iolie personne sont for de son gous.

Leurs Altesse mon chargé de vous faire bien des amitiés de leur part elle vous souhaitte bonheur, il ne se passe rien icy qui vous soucie.

Dix mille homme des troupe de sette maison sont preste a partir pour Hongrie Mr du Breuil [1] y va, gi ay regret, ie crain quil y demeure, mais il ne pouvoit pas de bonne grasse se dispenser dy aller il ma dit quil avoit demendé 50 pistolle a Me du Breuil, faitte luy ie vous prie de tendre complimens de ma part et dite moy des nouvelle de son pretendu mariage, iembrasse ma tante de tout mon cœur et vous aussy mon cher frere.

Toute sette cour est en deuil pour la Reyne de Danemarc et lestoit sœur de Mr le Duc il la regrette beaucoup.

LETTRE SANS ADRESSE.

A Cell le 13{e} may 1685.

Jay este bien faschee daprandre toute les soufrance de madame vostre fame monsieur et la mort de son enfan vous deves lun et l'autre vous en consoller plus facilement dan ce

---

1. Probablement un Chalmot, sgr du Breuil d'Aigonnay, famille originaire de Niort, dont plusieurs membres avaient émigré en Allemagne.

tant isi que dans un autre je ne luy escris poin sur ce suget vous trouvesray bon monsieur que je luy face isi des amitie et que je vous asure ensanble que je vous suis fort aquisse.

ELEONOR.

MADAME LA DUCHESSE DE BRUNSWICK A SON FRÈRE M^r D'OLBREUSE.

A Ugeurs, le 6e novanbre 1685.

Jay tant de peur mon frere que vous soyes enbarase des dragon que je voudrois bien que chasque ordinaire de France maportas nouvelle sertene que vous en este toujours egsan si javes preveu que lon ce fus servy de cette voye pour mener a la messe la noblesse de France jaurois pris les devan sur cela plus tos que je nay fait pour vous en garantir entierement mais javoue que je ne matandes pas a sette maniere violante veu quelle est si opausee au Christianisme vous verray par sa lettre cy jointe que jay foit mon devoir quan je vous ay veu exepause et comme lon me fait esperer que vous en seray garanty et que vous naves rien a craindre si desja vous naves pas eu le mal vous vesray encore comme il y a dificulte de sortir avec son bien du royaume cela pourra estre plus facille avec le tant comme vous vesray quon me le fait esperer cepandan si vous voulay metre a couver quelque chause et faire passer de larjan en Holande vous avez un pretecte pour cela en disan que la contesse de Reus vous demande sa legetime et que vous este oblige de vandre pour elle et pour moy quelque piese de vos terre afain de donner a lune et a lautte ce qui peut nous apartenir par ce moyen vous pourray vandre san risque et je vous promes que ce que vous pouray faire passer d'arjan en Holande quoy que ce soit sou pretecte destre a ma seur et a moy sera mis a linteres sur vostre non ou seluy de M^e vostre fame car jay toujours pretandu vous lesser mestre entierement de ce que vous pouvez devoir a elle et a moy a qui jay donne comme vous saves sa legetime lorsquelle ses mariee afain de vous en descharger et de vous en faire un don au momau que vous auries. . . . . . *Le reste de la lettre manque.*

LA DUCHESSE DE BRUNSWICK A M^r DU FAY DE LA TAILLÉE.

A Monsieur
Monsieur de la Taillée
A la Taillée.

A Cell le 22e mars 1689.

Jaurois plus tos repondu a la lettre que vous maves escrite monsieur sans linsertitude ou jestois de vostre mariage car dan le tant que vous men parlies comme dune chause faitte Mlle Martel [1] mescrivoit que lafaire estoit ronpue de sorte que

---

1. Elizabeth-Françoise Martel, fille de Hector Martel, chevalier, capitaine de vaisseau, sgr baron de St-Just et de Vandré, et de Elizabeth Tessereau, épousa le 9 décembre 1683 Louis du Fay, sgr de la Taillée

Hector, son père, fils de Samuel Martel et d'Elizabeth Poussard, était cousin-germain d'Eléonore d'Olbreuse.

Joachim POUSSARD, seigneur du Bas-Vandré, épouse, en 1597, Suzanne GOULLARD.

Elizabeth POUSSARD épouse Samuel MARTEL, sgr baron de St-Just et de Vandré.	Jacqueline ou Jaquette POUSSARD épouse Alexandre DESMIER d'OLBREUSE.
Hector MARTEL épouse le 30 avril 1650 Elizabeth TESSEREAU (contrat reçu par Cousseau, notaire à la Rochelle.)	Eléonore DESMIER d'OLBREUSE, duchesse de BRUNSWICK-ZELL.
Elizabeth-Françoise MARTEL épouse Louis DU FAY, 9 décembre 1684.	

(Preuves de Malte de Louis-Armand-Auguste-Henry DU FAY.)

je ne saves auquel croire de vous deus mais presentement que Mr de Boucœur masure que vous este espouses je doy men rejouir avec vous et vous asurer que je naves garde dy refusser mon aprobasion je suis trop amie de M^le Martel pour nestre pas bien aise de la savoir unie avec un homme de vostre merite qui a de la calite et du bien c'est tout ce qu'il faut pour randre la vie heureuse je vous souaitte monsieur toute sorte de satisfaction et je vous asure que san sera une for grande pour moy si je peu jamais par quelque service vous faire connoistre combien je vous estime et vous suis aquise.

Eleonor duchesse de Bronshwyc et Lunebourg.

LA DUCHESSE DE BRUNSWICK A L'ARCHIPRÈTRE DE MAUZÉ.

A Cell le 29e d'octobre 1689.

Votre prosede est si honeste envers moy monsieur larchiprestre et je vous say sy bon gre de la lettre que vous maves escritte au sujet de la disputte que le receveur dOlbreuse vous fait que je veus vous remersier moy mesme de votre sivilite et vous asurer que je ne pretant pas quil soit rien change ny diminue a la rante qui vous est due ces pour quoy jordonne au reseveur de ma tesre de vous payer regulierement ce que vous aves eu du tant de mes predeseseurs vous jugeray par la monsieur larchiprestre que je souaitte de vivre avec vous en bonne amitie japorteray toujours mes soin a sela et je vousdrois avoir ocassion de vous randre service afain de vous marquer que je vous estime et que je suis de vos amie.

Eleonor
DUCHESSE DE BRONSWIC E LUNEBOURG

(La note suivante, qui nous paraît avoir été écrite par la c^{tesse} de Reuss, a dû être envoyée à Alexandre Desmier d'Olbreuse, au moment où Eléonore cherchait à marier Sophie-Dorothée, sa fille.)

Le premier des électeurs est Mayance
qui at de revenu. . . . .
segon est leslecteur de Trève
le 3e Coulongne
Bavière
Saxe
Brandebourc il a la Pruse ducale le marquisat de Brandebourc les duches de Pomeraniee et de Cleves les prinsipautes de Magdebourg d'Alberstad et de Meindin les contes Ravensperg et de Lamark.
Palatin le revenu an est de onze cent mille livre.

PIÈCES EXTRAITES

DU RECUEIL DE DOM FONTENEAU, TOME 85.

LETTRE DE MADAME ÉLÉONOR, DUCHESSE DE BRUNSWICH LUNEBOURG, A ALEXANDRE PREVOST, S^{gr} DE GAGEMONT, CHEVALIER [1].

A Cell le 26 d'octobre 1717.

Mon cousin, je vous avois ecris il y a quelque tems que je donnerois le revenu de ma terre d'Olbreuse, une partie à Madame de Vaux Montalemberg ma parente, une partie à Mr de la Taillée [2] mon parent, et les deux autres parties à vous, et a Mademoiselle de Gagemont votre sœur. Comme depuis ce temps la Madame de Vaux [3] est morte, je souhaite que Mr Alexis de Montalembert son fils jouisse lui seul de la portion destinée à sa mère, sans que ses autres frères y ayent de part.

---

1. Alexandre Prévost, s$_g$r de Gagemont, fils de Louis Prévost et de Marie Luillier de Chalandos.
Louis Prévost épousa le 7 mai 1664 Marie Luillier.
Alexandre Desmier est témoin du mariage à titre de cousin-germain. (chev. de Courcelles.)
2. Georges-Guillaume-Louis du Fay, chevalier, sgr de la Taillée, d'Exoudun, de Vandré, fils de Louis et d'Elizabeth Martel, marié le 19 fev. 1705 a damoiselle Françoise-Armande du Vergier de la Rochejaquelein, fille de Armand-François du Vergier, marquis de la Rochejaquelein, lieutenant pour le Roi au département du Bas-Poitou, et de Marie-Elizabeth de Caumont (contrat reçu Beaufreton, et Tuzeau, notaires de la ville et baronnie de Mauléon).
3. Jeanne de Montalembert, fille de Pierre, chev., sgr de Vaux, et de Françoise-Angélique Poussard, avait épousé Jean, marquis de Montalembert, chev., sgr du Breuil, son cousin germain. (Beauchet-Filleau.)

Vous tiendrez la main a cela, et lui donneray ce que Madame de Vaux auroit reçu si elle avait vescu. Chacun de vous donnera aux pauvres selon sa charité. Voilà mon cousin ce que j'avais à vous dire. Croyés moi toujours bien affectionnée a vous rendre service.

Signé : Éléonore duchesse de Brunswich et Lunebourg, *et au dos est écrit* : à Mr de Gagemont à Olbreuze.

(Vidimus original du 6 D^bre 1717. — Archives de M^r d'Olbreuze.)

LETTRE DE MADAME SOPHIE-DOROTHÉE, DUCHESSE DE BRUNSWICH-LUNEBOURG, A ALEXANDRE PREVOST, S^gr DE GAGEMONT, AU SUJET DE SA TERRE D'OLBREUZE.

Monsieur,

Son Altesse serenissime Madame Sophie-Dorothée duchesse de Brunswich et Lunebourg, fille unique et seule héritière de S. A. S. Madame Eleonore duchesse de Brunswich et Lunebourg sa deffunte mère, ayant examiné la lettre que vous lui avés écrite d'Olbreuze le 8 avril de cette année, et nous ayant établi ses commissaires pour gérer et administrer l'héritage de madame sa deffunte mère, elle nous a ordonné de vous dire de sa part, qu'elle vous sçait très-bon gré de ce que vous lui avés témoigné prendre part à la perte d'une princesse qu'elle aimait tendrement et qu'elle regrettera toute sa vie. S. A. S. vous remercie aussi des informations que vous lui avés donnée de l'état ou se trouve presentement la seigneurie d'Olbreuze, de ce que ses revenus produisent par chaque année, et de l'employ qui a été fait jusqu'ici de ses revenus. Suivant la répartition faite par son Altesse S. Madame la duchesse defunte, et aussi de l'offre que vous lui faites de vouloir continuer de prendre soin de l'administration de la dite terre, lequel offre S. A. S. accepte volontiers; et comme elle ne veut encore rien changer pour le présent à la disposition faite par Madame la duchesse sa mère, elle vous prie, Monsieur, de continuer l'administration et la distribution comme cy devant sur le pied de la disposition dont vous faite mention dans votre lettre et le mémoire qui y est joint. Mais comme elle veut se conserver la propriété de cette seigneurie qui lui est incontestablement acquise par héritage, il sera nécessaire, Monsieur, que vous lui envoyés au plutôt une reconnaissance juridique passée devant notaire et témoins, par laquelle vous Monsieur et tous ceux a qu'il sera distribué une portion des revenus de cette terre, reconnoitront qu'ils la recevront de la pure grâce et bonté de S. A. S., sans que cela puisse en aucune manière, ni sous quelque prétexte que ce puisse être, tirer a aucune conséquence pour le présent ni pour l'avenir, encore moins porter le moindre préjudice, ni causer le moindre tort aux droits, priviléges et prérogatives annexées à la dite seigneurie et à la propriété acquise à S. A. S. Mais comme vous paroissé être en doute dans votre dite lettre s'il ne seroit pas nécessaire de faire presenter un mémoire en cour au nom de S. A. S. pour demander la possession de cette terre qui lui doit revenir de l'héritage de madame sa mère, elle vous prie de nous avertir si elle se feroit tort en ne faisant pas cette demande presentemens, et, si la prise de possession d'an et jour a lieu en France, et specialement dans la province d'Aunix, parceque, puisqu'il n'y a personne qui veuille ni qui puisse disputer cette possession à S. A. S. elle ne se presseroit pas de faire faire sitôt cette démarche, s'il n'y a pas une nécessité absolue, a cause que cette princesse n'est pas regnicole. Nous vous prions donc, M^r, de nous envoyer au plutôt la reconnaissance demandée cy dessus qui soit authentique et passée en bonne et due forme, et de nous donner en même temps les informations nécessaires pour ne rien perdre par négligence.

Nous sommes avec beaucoup de considération M^r vos très-humbles et très-obéissans serviteurs.

Chappuseau   Audemann.

Baillif de Rethem.

A Cell le 12 septembre 1722.

(Original, Archives d'Olbreuze.)

LETTRES PATENTES SUR L'ARRÊT PORTANT CONFIRMATION DU DON DE LA TERRE D'OLBREUZE FAIT EN FAVEUR DU S^T CHEVALIER DE GAGEMONT, NOMMÉ ALEXANDRE PREVOST.

(An 1729, 6 octobre. Original de M^r d'Olbreuze.)

Louis, par la grace de Dieu Roy de France et de Navarre, a nos amés et féaux conseillers les gens tenants notre cour de Parlement à Paris, salut. Notre amé féal Alexandre Prevost, chevalier, seigneur de Gagemont, ancien capitaine au régiment de Dragons d'Orléans, et chevalier de l'ordre militaire de S. Louis, nous a très-humblement fait exposer qu'ayant l'honneur d'appartenir a titre de cousin a deffunte notre très chère et très amée cousine Madame Eléonore duchesse de Brunswik-Lunebourg ayeule maternelle de notre cher frère le Roy de la Grande Bretagne, et de notre très chere sœur la Reine de Prusse, auxquels comme heritiers de cette princesse la terre et seigneurie d'Ollebreuse située dans notre Royaume au pays d'Aunis appartient aujourd'hui, c'est par cette consideration et pour mettre laditte terre d'Ollebreuse dans la famille de cette princesse, qu'il a plu a notre très cher frère le Roy de la Grande Bretagne et a notre très chère sœure la Reyne de Prusse d'en faire don à l'exposant par deux brevets signés de leurs mains, l'un datté au Palais de S. James le $\frac{12}{23}$ Novembre mil sept cent vingt huit, et l'autre a

Berlin le quatorze décembre suivant. Mais l'exposant ne pouvant profitter de cette libéralité ny l'accepter sans notre permission, nous avons bien voulu la luy accorder, ainsy qu'il est justifié par la lettre de M^r le garde des sceaux et secrétaire d'État, dattée à Compiègne le vingt may de la presente année mil sept cent vingt neuf, en conséquence de laquelle l'exposant ayant accepté laditte terre d'Ollebreuse, après que les Ministres de notre tres cher frère le Roy de la Grande Bretagne, et de notre très chère sœure la Reyne de Prusse ont eu déposé les dits brevets de don chez Le Prevot notaire à Paris, il nous a présenté sa requête tendante a ce qu'il nous plut approuver et confirmer la dite acceptation à laquelle requête ayant joint l'expédition de la dite acceptation et des dits brevets de don, ensemble les lettres originales à lui écrittes par deffunte notre très chère et très amée cousine Madame Eléonore duchesse de Brunsvik-Lunebourg par lesquelles elle a reconnu et qualifié l'exposant son cousin, et autres pièces justifficatives; Nous par arrêt de notre conseil d'Etat rendu nous y étant le dix sept septembre de la presente année mil sept cent vingt neuf, approuvant et confirmant le don fait de la ditte terre d'Ollebreuse à l'exposant par les dits brevets de don, lui avons permis de prendre possession de la ditte terre, pour en jouir en toute propriété, et en percevoir les fruits et revenus tant ceux échus pendant l'année mil sept cent vingt huit, et la présente, que ceux qui écheront à l'avenir, avec deffenses de le troubler, ses héritiers ou ayant cause dans la ditte propriété, possession et jouissance, et ordonné que sur le dit arrêt toutes lettres patentes nécessaires seroient expédiées, lesquelles lettres l'exposant nous a supplié de lui accorder, et voulant le traiter favorablement en considération de la mémoire de deffunte notre très chère et très amée cousine Madame Eleonore duchesse de Brunswich-Lunebourg, a laquelle il avait l'honneur d'appartenir a titre de cousin, et des services qu'il nous a rendus en qualité de capitaine au régiment de dragons d'Orléans. A ces causes de l'avis de notre conseil, et conformément a l'arrêt d'icelui du dit jour dix sept septembre mil sept cent vingt neuf cy attaché sous le contrescel de notre chancellerie, Nous, par ces présentes signées de notre main, en approuvant et confirmant le don fait à l'exposant de la ditte terre d'Ollebreuse par les dits brevets des douze, vingt trois novembre, et quatorze décembre mil sept cent vingt huit, avons permis et permettons au dit exposant de prendre possession de la ditte terre, pour en jouir en toute propriété et en percevoir les fruits et revenus, tant ceux echus pendant l'année mil sept cent vingt huit et la présente, que ceux qui echeront à l'avenir, faisons deffenses de troubler le dit exposant, ses héritiers ou ayans cause dans la dite propriété, possession et jouissance.

Sy vous mandons que ces présentes vous ayez afaire registrer, pleinement et du contenu en icelles jouir et user le dit exposant et paisiblement, nonobstant tous edits, déclarations et autres dispositions a ce contraires, auxquels nous avons eu tant que de besoin derogé et derogeons par ces présentes. Car tel est notre plaisir. Donné à Versailles le sixième jour du mois de octobre, l'an de grace mil sept cent vingt neuf, et de notre règne le quinzième.

Signé Louis.

Par le Roy

PHELIPPEAUX.

Sur le reply est écrit : Registrées ouï le Procureur général du Roy pour jouir par l'impetrant de leur effet et contenu, et être exécutées selon leur forme et teneur suivant l'arrêt de ce jour. A Paris en parlement le quatorze décembre mil sept cent vingt neuf.

Signé YSABEAU — *et scellé en cire jaune.*

En marge est écrit : PERE.

OUVRAGES CONSULTÉS

1° JAC. WILHELMI IMHOFF NOTITIA S. ROM. GERMAN. IMPERII PROCERUM... HISTORICO HERALDICO GENEALOGICA.
Stutgardiæ, 1699, in-folio.

2° ORAISON FUNÈBRE DE LA COMTESSE C. E. DE PLATEN.
Pièce manuscrite conservée dans les Archives de Vienne, où elle avoue la part qu'elle a prise dans l'assassinat du C_{te} de Kœnigsmark.

3° DIE ROEMISCHE OCTAVIA. Par le duc Ulric de Wolfenbüttel.

4° HISTOIRE SECRÈTE DE LA DUCHESSE D'HANOVRE, ÉPOUSE DE GEORGES Ier ROI DE LA GRANDE-BRETAGNE. Londres, (sans nom d'auteur), 1732. Attribuée au baron de Bielefeld, chargé d'affaires de la cour de Prusse à Hanovre.

5° REMINISCENCES D'HORACE WALPOLE. Paris, 1826.

6° DENKWURDIGKEITEN DER GRAEFIN MARIA-AURORA KŒNIGSMARK UND DER KŒNIGSMARK'SCHEN FAMILIE. (Par Cramer.) Leipzig, Brockhaus, 1836.

7° Philarète Chasles. DRAME-JOURNAL DE SOPHIE-DOROTHÉE. Revue des Deux-Mondes, 1845.

8° MEMOIRS OF SOPHIA-DOROTHEA, CONSORT OF GEORGE I., CHIEFLY FROM THE SECRET ARCHIVES OF HANOVER. Brunswick, Berlin and Vienna, 2. vol., H. Colburn, 1845.

9° NOUVEAUX DOCUMENTS SUR LA FAMILLE DE KŒNIGSMARK, découverts dans les archives de la Gardie et publiés par M^r le docteur Palmblad. Upsal, 1851.

« La correspondance entre Sophie-Dorothée et Kœnigsmark, ré-
« cemment découverte par le docteur Palmblad, se trouve aujourd'hui
« dans les archives de la bibliothèque de la Gardie à Lœberod, en
« Suède, où la déposa, vers 1810, une petite-nièce de la propre sœur
« de Philippe de Kœnigsmark, de cette comtesse de Lewenhaupt dont
« il a été question à propos de la Ctesse Aurore. Madame de Lewen-
« haupt, en remettant à ses enfants ces lettres, longtemps conservées
« depuis au château d'Æfved, propriété héréditaire de la famille, leur

« avait dit que « c'était là un dépôt précieux et de conséquence, « *car ces lettres* avaient coûté la vie à son frère et la liberté à la mère « d'un roi. »

« Cette curieuse correspondance formerait à elle seule un gros vo-« lume.

« Les lettres de la Princesse se distinguent par l'élégance de l'écri-« ture et la correction de l'orthographe, luxe assez rare en ce temps, « même en France, et dont on ne saurait trop tenir compte chez une « étrangère. Il n'y a pas jusqu'à la physionomie du papier qui ne « trahisse une personne de goût et recherchée en ses moindres habi-« tudes. Celles de Kœnigsmark au contraire n'offrent la plupart du « temps qu'un véritable grimoire : l'écriture en est grossière, l'or-« thographe inimaginable. Quelques-unes portent encore le cachet « de Philippe, un cœur avec cette devise italienne: *Cosi fosse il vestro* « *dentre il mio*. Plusieurs ont sur l'enveloppe ces mots : *A la confi-* « *dente*, et sur le second pli : *Pour la personne connue*. Au reste, « aucune espèce de date, nulle indication du mois, du quantième, du « lieu. Il ne faudrait rien moins que la patience d'un éplucheur de « chartes pour débrouiller ce chaos chronologique. La chose cepen-« dant en vaudrait la peine, car une classification exacte, une tra-« duction nette et claire de ces papiers dont la plupart sont en chiffres, « amèneraient, je n'en doute pas, mainte révélation intéressante pour « l'histoire de cette époque. » (Henry Blaze de Bury.)

10° DIE HERZOGIN VON AHLDEN STAMMUTTER DER KOENIGLICHEN HAEUSER HANOVER UND PREUSSEN. Leipzig, Weigel, 1852.

11° Henri Blaze de Bury. EPISODE DE L'HISTOIRE DE HANOVRE : LES KŒNIGSMARK. Paris, Michel Lévy, 1855.

MISCELLANÉES

I.

CHARTES EN LANGUE VULGAIRE DU BAS-POITOU.

1285—1314.

La copie des trois chartes dont nous donnons ci-après le texte a été faite par M. l'abbé Chauffier, pro-secrétaire de l'évêché de Vannes, qui a bien voulu nous l'adresser, en l'accompagnant des observations suivantes :

« Ces trois chartes, qui appartiennent à M. Tallendeau, notaire à La Roche-Bernard (Morbihan), faisaient partie d'un dossier renfermant les pièces justificatives de la généalogie de la famille des Foucher, barons de Brandois. Plusieurs autres généalogies, celles des de Rorthays, des Gautreau, Barreau et leurs alliances avec d'autres familles, se trouvent également dans ces papiers.

« Un inventaire détaillé de titres dont les plus anciens sont détruits, forme un cahier assez volumineux, contenant une analyse très-incomplète de 98 chartes des XIIIe, XIVe, XVe, XVIe et XVIIe siècles. Celles de ce dernier siècle sont très-peu nombreuses et appartiennent à la première moitié. Une seule est du XIIe (1195). C'est une donation faite par *Guillelmus Focherii, miles, dominus de Sauzeia et de villis de Herbertis*, à l'abbaye de la Grenetière, *pro salute anime patris sui Guillelmi et Bazilie matris sue.* L'auteur de ce manuscrit n'y prend que les renseignements généalogiques, et donne très-peu de détails sur la matière de l'acte, à moins qu'il ne s'agisse de noms de terre.

« Ces titres proviennent de la seigneurie des Herbiers, de la Sauzaie, de Lémantruère et de la seigneurie de Thenyes. Un seul acte de cette dernière seigneurie semble avoir un intérêt historique. C'est l'acte justificatif de la prise de messire Antoine Foucher, seigneur de Thenyes, à la bataille d'Azincourt. Voici ce qui reste de cet acte dans l'inventaire :

« A tous ceux que ces présentes verront salut. Comme ainsi soit
« que Jean, seigneur baron de la Forest sur Sayvre, Antoine Foucher,
« seigneur de Thenyes, Jean, seigneur du Puy du Fou, et Geoffroy
« d'Abain, seigneur d'Amaillou, chevaliers, ayant ja piéça été pris
« à Azincourt et detenu prisonniers par moy Perinet Geyssard,
« capitaine pour les Anglois de la ville de la Charité sur Loire, et
« ayans iceux prisonniers de guere étés mis en finances et rançon
« à la somme de dix huit cens écus, etc. Fait et passé l'an de l'In-
« carnation Notre Seigneur Jésus Christ le vingtième décembre mil
« quatre cens quinze. »

« Tout le reste ne consiste qu'en contrats de vente, transactions, échanges, contrats de mariages, testaments, etc. Quelques noms historiques, mais en très petit nombre, sont cités.

« Un fait assez singulier, c'est que les trois chartes dont la copie est ci-jointe ne sont pas comprises dans cet inventaire, qui n'en fait aucune mention. »

I.

Vente par Jean Florent et Jeanne, sa femme, à Guillaume Bocher, chevalier, de tous les soustres ou résidus des blés battus dans l'aire des vendeurs.

20 février 1284-1285.

A touz ceaus qui cestes presentes lectres verront e orront, Johan Florens e Johanne sa fame, saluz en nostre Seignor. Sachent touz que nos avons vendu e octreié perpetuaument e encores octreions por non de perpetuau veincon a mon seignor Guillame Boscher, chevaler, por le prez de sex libres et seze sos de moneie courent, daus quaus nos nos tenons por bien paiez do dit chevaler en bone pecune nombrée, toz les soustres daus monceas de toz les blez qui sont e esteient batuz en l'ayre a mey Johan Florens desus dit, de toz les terrages au dit chevaler e a quaucunques autres persoignes que il seront e fussent batuz en l'ayre desus dite, e toz les escogoillons e les couhes daus monceas, e le balor e la paille e tot ceu que nos prenians en diz blez por reson de terrage, e la graynne daus lins des terrages e tot le rapage daus complens, e sex boisseas de seigle de mestive veyrau que ge le dit Johan aveie, c'est a savoir un quarter en tenemens de la Nunsonere e de la Vaillonere e un boissea o les daus Lambertas e un autre boissea o Raol de la Noe e o Guillaut do Ponterea; daus quaus choses ge Johan desus dit esteie sergens feyaus au dit chevaler. Encores li avons vendu perpetuaument e octreié por non de perpetuau veincon tote la succession e tot le dreit qui a mey le dit Johan porreit escheir de doayre Katerine ma mere, que elle tient por reson de Perres Florens mon pere, en quecunque menere ou per

26

quaucunque reson que il me porreit venir ou escheier; a aveir, a tenir e a espleicter do dit chevaler, de ses hers e de ses successors totes les dites choses e chisqunes des ores perpetuaument, peziblement e quictement. E volons et octreions nos Johan e Johanne desus diz que les diz blez seient batuz des ores en avant perpetuaument en l'ayre do dit chevaler. E ceste veincon e cest octrey nos promectons per les sayremens de noz cors sor ceu donez tenir e garder sens venir encontre en quecunque menere per nos ne per autres; a ceu nos obligeons nos e nos hers e toz noz biens moubles e non moubles, e en garantage de cestes choses nos avons doné au dit chevaler cestes lectres, les quaus nos requeismes estre saelées do sea de la seneschaucie de Peyto establi por nostre seignor le Rey de France a la Roche sor Oyon. E ge Guillame Descuroles, clerc, tenens e gardens en celuy temps le dit sea, a la requeste do dit Johan e de la dite Johanne, cestes lectres saelay do dit sea, sauve le dreit nostre seignor le Rey de France e l'autruy, e jugeay e condampnay per dreit e per le jugement de la cort nostre seignor le Rey de France le dit Johan e la dite Johanne presens e confessens les choses desus e renonciens en icest fait a exepcion de tote decevance e de deniers non baillez e non recehuz e a toz privileges e a tot dreit e a totes resons qui contre la tenor de cestes lectres porreient estres obicées ou opposées. E a ceu furent presens e garens apellez Johan Borrea, Denis do Genest e Guillemet Chaignea. Ce fut fait e doné le mardi empres le diomaynne que lan chantet Reminiscere en l'an de grace mil e dous cens quatre vinz e quatre. (*Était scellée d'un sceau sur double queue de parchemin*). — *Au dos* : C'est la lestre de la vencion des soustres des blez qu'acheta monseur Guillame Bocher.

II.

Cession faite par Aimeri Caifart à Aimeri Bocher, valet, de tout ce que possédait le dit Caifart dans les paroisses de Beaulieu et de Martinet, et notamment l'hommage de Geoffroi de Pont, moyennant une rente annuelle et perpétuelle de cinquante sous.

10 mai 1310.

A toz ceaus qui cestes presentes lectres verront e oyront, Aymeri Caifart, salut en nostre Seignor perdurable. Sachent tuit que je Aymeri de sus dit hay baillé e pour num de baillete perpetuau livré e otreié a Aymeri Bocher, valet, tot le dret que je hay e haver puis e dey de proprieté, de pocession e de seignorie en la paroisse de Bea louc e de Martinet, memement en l'omage de Jofrey do Pont, o tot le dret e o la seignorie do dit homagez, pour cinquente sos de anuau e perpetuau ferme a rendre e a paer chacuin an a me dit Caifart e a mes hers e a ceaus qui de me hauront cause do dit Bocher e de ses hers e de ceaus qui de lui haront cause : c'est a saver la meité des dit cinquente sos de ferme en chacune feste Nostre Dame meaost e l'autre meité en chacune Nativité nostre Seignor. E les chosses de sus dites je Aymeri Caifart promet e sui tenu garantir e deffendre vers tot e contre tot speciaument e noméement de fey e de homage e do doeire de ma fenne e de tot autre service quocunque. E est acordé entre me e le dit Bocher que si je ou mes hers voleons vendre ne aliener pour aucune cause les dit cinquente sos de anuau ferme, je vul e consent que tantost que il seant sous e li demorgent pour le priz que il porent valer leaument e feaument. E encorez est acordé entre mei e le dit Bocher que si le seignor de qui je teint les dites chosses que je li ay afermé ou les tendray aus tenps de ma mort veogez prandre des chosses dites l'année ou la prange, je vul que le dit Aymeri Bocher ne les sous ne seiant tenuz à rein en rendre de la dite ferme a me ne a ceaus qui de me haront cause. E encorez vul je le dit Caifart que le dit Aymeri Bocher hait et teigez perpetuaument lui e ceaus de lui hauront cause le bailliage que il ha aquis de Ceran de la Borcere de me e de ceaus qui de mei hauront cause a homage plain, sanz nul autre servicez ou deveir que le dit Aymeri me seit tenuz faire ne rendre ne aus meins, fors que tant solement tres sos de moneie corrent paée pour raison de plait de morte main quant li cas avendra. E les chosses de sus dites je Caifart de sus dit promet e sui tenuz a tenir e a garder leaument e feaument sanz aler ne venir ne faire venir encuntre pour mei ne pour autre, le serement de mon cors sour ceu doné corporaument, e les promet a garentir e a deffendre vers tot e contre tot sus l'obligacion de mes hers et de mes successors e de mes biens presens e avenir ; adrenunciens en la vertu do dit serement a totes exessions de deceptions, de barat ou de tricherie ou de circunviencez quocunques, e a totes les raisons, allegacions, objections et privileges quocunques qui a contre la tenor de cestes presentes lectres poreant venir ou estre oppossées, porque elles poussent estre aneante ou destruite en tot ou en partie. En garantagez de la quau chosse je requis cestes lectres estre salé do sea de la seneschaucie de Peicto jadis establiz a la Roche sur Oyon por nostre seignor le Rey de France. Je adecertes André de la Boexere, garde do dit sea, por la relacion Jehan Davi, clerc, mon juré, cestes lectres en dit sea salay, sauve le dret nostre seignor le Rey e a tot autre garens, presens mestre Renaut Gaudin, clerc, e Guillot Marin. Doné sous le jugement de cort le Rey le lundi empres Jubilate l'an mil tres cens e dez. (*Était scellée d'un sceau sur double queue de parchemin*). — *Au dos* : C'est la lestre de la baillée de Cayphart.

III.

Dons faits à Catherine, fille de feu Guillaume Girard, valet, par sa mère et son frère en faveur de son mariage avec Jean Bocher, clerc.

5 janvier 1313-1314.

A touz ceaus qui cestez presentes lectres verront e oyront, Heutaisse, jadis femme feu Guillame Girart, valet, e Regnaus Girars, valez, fils daus diz mariez, e Katerine, fille de la dicte Heutaisse e dau dit Guillame e sour dau dit Regnaut, saluz en nostre Seignour. Sachont touz que noz Heutaisse e Regnaus desus dit havon doné e otreié, e encores donon e otreion, a Katerine, fille de mei Heutaisse desus dicte e sour de mey lo dit Regnaut, en la proloqucion parlée e faicte dau mariage de le e de Joham Bocher, clerc, uyt livrez de annau e de perpetuau rende aus us e aus costumes de Thalemondeys, e sexante livrez de moble de la monaie corant, renduz e paiez entre treis termes, de la monaie que lum metra comunaumant en Thalemondeys, ens termes que lum fera les paiemans; c'est assaver vint livres a la feste de Nostre Dame meaost porchene en venant, e vint livres a l'autre feste Nostre Dame meaost porchene en seguant, e les autres vint livres a l'autre feste de Nostre Damme meaost porchene en seguant. E noz, Heutaisse e Regnaus desus diz, havon baillé et assigné de ja au diz mariez, a Joham et Katerine, toz ceu que noz havyon en un village appellé la Bocherie e l'Augizere, e en tenemant de la Rembaudere e de Baudet, e toz ceu que noz havyons en Rozeiz, e tot ceu que noz havon ens apartenences daus diz lous; quausconquez chozes que ceu ceit, ou tot dreit, ou tote la seignorye que noz havyons ens diz lous, a tenir e a explecter des ici en havant daus diz mariez Joham e Katherine e de lors hers e de lors successors e de ceaus qui de aus hauront cause, de ja perpetuaument e paziblement e quitement segons us e costumez de mariagez, por dictes uyt livres de rende, en tel manere que si les dictes choses valeant plus daus diz oyt livres de rende, li plus retoreyt a noz Heutaysse et Regnaut de sus diz e noz remayndreit en village dau Rozeyz e au plus porchein ; e ce ci esteit quar au valio meyns daus diz uyt livres de rende, noz li diz Heutaisse e Regnaus sommes tenu a lors prefayre e a enteriner ens noz rendes qui sunt de lay lo Jaonay, envers lo payré. E seront les dictes choses levées por la main Guillame Boynot a veu e a ceu de Joham Bocher, clerc, por treys ans. E seront menées les dictes chozes à la Bocherye e li parcontes sera fayz por Guillame Mechin, valet, e por Joham Marches, clerc. E ge la dicte Katerine, les choses desus dictes enterinées et acomplies, hay a renumcié e quipté de tot en tot au dit Regnaut tote la succession de mon pere et de ma mere. E aus chozes desus dictez guarder e acomplir e enteriner noz li diz Heutaisse e Regnaus e Katerine havon obligé noz e noz hers e noz successors e toz noz beins presens e avenir, e havon a renumcié en cest nostre fait a tote excepcion de barat, de tricherye, a tote excepcion de dreit escrip e nun escrip, a tot dreit fait et affaire, establi e a exstablir en favor de femmez, e expeciaument e generaumant a totes constitucions, raizons e aleguacions qui en auquin temps en tot ou en partie contre la tenour de cetes presentes lectres porreant etre obicées ou oppozées en tot ou en partie, les sayremans de noz cors sus ceus fayz corporaumant. En temoingn daus quaus chozes noz li diz Heutaysse e Regnaus avon doné aus diz Joham e Katerine cestes presentes lectres, a nostre requeste salées dau seau nostre seignor le Rey jadis establi a la Roche sor yon. E ge adecertes André de la Buxere, en celuy temps guarde dau dit sea, a la relacion mon sor Perre Pilart, governor de l'iglize de Nyoil, mon juré, qui, les parties presentez e les dictez chozes etres veraies confessens, a icelles guarder e feyaument acomplir e enteriner, dau jugement de la cort nostre seignor lo Rey de France juja e condampna, au quau ge hay doné fey en cestez presentez lectres, lo dit sea appozay en testimoynne de verité, sauve lo dreit nostre seignor lo Rey de France. Doné lo samadi avant la Tephainne, presens Jóham Fonoyller e Guillame Mechin, valez, l'am mil treys cens e treze. — (*Était scellée d'un sceau sur double queue de parchemin. Le mot* dreit *se trouve répété 4 fois sur une des queues, 5 fois sur l'autre.*)

II.

Visites des monastères de l'ordre de Cluni situés dans la province de Poitou [1].

(*Origx. parch. appartenant à la Société des Antiquaires de l'Ouest.*)

1330 et 1343.

I.

Visitatio Pictavie expedita per religiosos viros de Berbezillo et de Conzaco priores die mercurii post festum beati Mathie apostoli, anno Domini m° ccc° xx° nono [2].

Et primo die predicta fuerunt predicti visitatores apud prioratum de Berbezillo, et ibi sunt duodecim monachi cum priore, et bene fit divinum officium diurnum pariter et nocturnum, secundum relacionem sociorum, et etiam est in bono statu in temporalibus, et habent necessaria in victuali-

---

1. On conserve aux archives du département des Deux-Sèvres le procès-verbal d'une visite des monastères de la même province, faite en 1292. Ce document a été publié en 1859 dans la *Bibliothèque de l'École des Chartes*, t. XX, p. 237.
2. 28 février 1330, N. S.

bus usque ad fructus novos; jura et juridicionem predicti prioratus defendunt secundum posse; sed predicta domus est obligata in centum et quinquaginta libris, sed hoc est de tempore predessesorum prioris qui nunc est

Item mandavimus priori de Qarta leuqua quod veniret apud Berbezillum una cum socio suo die mercurii post festum beati Mathie apostoli, nobis responsuri super statu domus sue in spiritualibus et temporalibus, quia non fuimus ausi accedere ad predictum locum propter viarum pericula et latronum discrimina. Et predictus prior coram nobis comparuit, et diligenter cum eo inquisivimus de statu domus. Et nobis respondit quod domus sua erat in spiritualibus in bono statu et in temporalibus satis, sed non habet necessaria nisi ad festum Pentecostes. Et sunt ibi aliqua edificia diruta propter geram, et socius suus non est ibi, sed est apud Olerun arestatus propter aliqua maleficia de quibus fuit acusatus coram visitatoribus anni preteriti presentis anni.

Deinde fuimus apud Sanctum Georgium de Didona, ubi sunt sex socii. Prior est in studio de licencia reverendi domini abbatis Cluniacensis, et secundum relacionem sociorum in spiritualibus et temporalibus est in bono statu, hoc excepto quod ibi sunt alique domus que bene indigent reparacione et in proximo, et etiam predictus locus gravatur per dominum de Didona, sed procurator predicti prioris nobis respondit quod predicto domino de Didona informato de jure prioratus predicti, emendare et stare ordinacioni proborum virorum, sed istut indiget seleri expedicione propter labsum temporis.

Deinde fuimus apud Broletum; ibi est prior cum socio, et secundum relacionem ipsorum domus est in spiritualibus et temporalibus in bono statu, et secundum posse prioris predicta jura et juridiciones defenduntur.

Deinde fuimus apud Sanctum Eutropium Xanctonensem, et ibi sunt viginti et duo socii cum priore, et secundum relacionem ipsorum domus est in spiritualibus et temporalibus in bono statu, hoc excepto quod aliqua edificia fuerunt dirupta et combusta propter gueram inimicorum regni Francie; sed predictus prior predicta edificia bene diu est incepit et continuat emendare et reedificare. Item predictus prior est obligatus in ducentas libras, sed bene tantum habundat in blado et in vino quod bene poterit anno isto presenti atenuare omnia sua debita et habere necessaria et ultra usque ad fructus novos; sed conqueritur predictus prior quod ipse habet duos monachos ultra numerum suum consuetum et suplicat quod locus suus exoneretur de predictis duobus sociis.

Deinde fuimus apud Sanctum Medardum, et ibi est unus monachus, et prior predicti loci est in curia Romana, pro ut nobis retulit predictus monachus, et in spiritualibus et temporalibus secundum ejus relacionem est in bono statu, licet edificia sint antiqua.

Deinde fuimus apud Rupellam in domo de Coches, et prior de Ays et subprior et plures monachi predicti loci erant ibi, qui venerant responsuri super statu domus predicte. Et nobis responderunt quod ibi sunt tresdecim socii cum priore, et in spiritualibus et temporalibus est in bono statu, hoc excepto quod vinee et terre de insula de Ays non fuerunt exculte a tribus annis citra propter gueram, quia non erat ausus aliquis accedere ad predictum locum propter inimicos regni Francie, qui summe predictum locum in multis damnificaverunt. Item domus predicta est obligata in quatuor viginti libris debite monete et habet necessaria usque ad festum beati Johannis Baptiste, et de predictis nobis costat secundum relacionem prioris et sociorum. Item predictus prior et ejus socii nobis retulerunt quod quidam monachus predicti loci, nomine donnus Petrus de Sansecha, fuit acusatus per socios predictos coram visitatoribus anni preteriti super diversis criminibus et etiam presente predicto Petro, et etiam sibi fuit opositum pro vero quod predictus monachus fuit captus in lupanari per gentes et servientes seculares, et per predictos visitatores anni preteriti fuit scitatus predictus monachus ad capitulum generale Cluniacense coram venerabilibus dominis diffinitoribus : qui predictus monachus minime comparuit. Item tempore quod predictus prior de Ays erat ad capitulum suum generale Cluniaci, predictus monachus venit ad quamdam domum predicti prioris de Ays nomine domus Sancti Viviani cum multis malefactoribus, et de nocte et cum violencia fecit posse suum intrandi predictam domum ad illum finem quod, ut predictus monachus alta voce dicebat, ut posset afligere et nocere procuratori prioris de Ays, et dicebat predictus monachus quod nihil aliud querebat nisi quod posset tenere predictum procuratorem, et bene intracet predictus monachus predictum locum Sancti Viviani nisi ad clamorem predicti procuratoris vicini predicti loci ad auxilium supervenerunt; et ista nobis retulit predictus procurator quo ad ultimum membrum presente priore et ejus sociis predictis in dicta visitacione.

Deinde apud Sanctum Paulum in Gastina. Ibi est prior cum suo socio, et secundum relacionem ipsorum domus est in spiritualibus et temporalibus in bono statu, et jura et juridiciones defenduntur secundum suum posse.

Deinde fuimus apud Sanctum Gelasium. Ibi sunt duo socii cum priore, et domus est spiritualiter et temporaliter secundum relacionem ipsorum in bono statu, et habet necessaria usque ad fructus novos.

Deinde fuimus apud Mongonium, ubi sunt sex socii cum priore, et domus est in spiritualibus et temporalibus in bono statu, et jura et juridiciones bene defenduntur, et habet necessaria usque ad fructus novos, secundum relacionem predictorum.

Deinde fuimus apud Monasterium Novum Pictavis. Ibi sunt triginta novem monachi cum domino abbate. Dominus abbas non erat ibi, set visitabat loca sibi subjecta, et in spiritualibus et temporalibus secundum relacionem sociorum est in bono statu, hoc excepto quod dictum monasterium est obligatum in ducentis libris, set bene habent unde solvere, et habet necessaria usque ad fructus novos.

Item prior claustralis dicti loci retulit nobis visitantibus in presencia conventus quod senescallus Pictavensis, in presencia prepositi dicti loci et plurium fide dignorum, conquestus fuit eidem priori quod quidam monachus nomine Guillelmus Arnaudi, nunc prior de Artigia, erat diffamatus de incontinencia, furto et rapina, et quod furatus fuerat supertunicale cujusdam vilis mulieris, et unam zonam argenteam alterius mulieris rapuerat, et quod super hoc apponeret idem prior remedium et puniret, alioquin ipse caperet et poneret eum in ferris et micteret eum episcopo, et jam fecisset nisi ob reverenciam domini abbatis et ordinis dimisisset. Item quod inhoneste gerit se in vestibus et calciatura et defferendo arma prohibita in dicto monasterio et extra.

Item prepositus monachus dicti monasterii arestavit dictum monachum in dicto monasterio propter dictum factum, requirendo senescallum predictum quod faceret venire conquerentes de dicto monacho : qui citati per dictum senescallum non venerunt nec comparuerunt, dicto monacho diucius expectante.

[Quia minus plene inquisitum est, iterum diligencius inquiratur super facto monachi predicti [1].]

Deinde fuimus apud Castellarium. Ibi sunt duo monachi cum priore; domus est in spiritualibus in bono statu, bladum habet satis usque ad fructus novos, sed vinum non habet nisi sibi provideat usque ad fructus novos. Domus est obligata in tres centas libras, sed hoc est de tempore predecessoris prioris qui nunc est, secundum relacionem prioris et sociorum predicte domus.

Deinde apud Montem Berulfum. Ibi sunt sex monachi; prior est cum reverendo domino abbate. Domus est in spiri-

---

1. Ce qui est renfermé entre crochets est écrit en marge dans l'original.

tualibus et temporalibus in bono statu, jura et juridiciones predicte domus bene pro posse defenduntur, secundum relacionem predictorum sociorum.

Deinde apud Roncenacum. Ibi sunt septem monachi cum decano, et secundum relacionem predictorum in spiritualibus et temporalibus est in bono statu, et jura et juridiciones predicti loci pro posse bene defenduntur, et necessaria predictus decanus habet usque ad fructus novos; sed obligatus est domino nostro pape pro fructibus unius annate in ducentas libras. Item est obligatus in sexaginta libras pro equis et pro necessariis sui viagii de curia Romana usque apud Roncenacum veniendo, tempore quod inpetravit predictum locum a domino nostro papa. Item conqueritur predictus quod ipse est honeratus de uno monacho ultra suum numerum consuetum et suplicat quod de predicto monacho si placet exoneretur, cum ipse sit sine culpa.

Deinde apud Sanctum Laurencium de Bersagolio; ibi est prior cum suo socio, et secundum relacionem ipsorum domus est in spiritualibus et temporalibus in bono statu, et habet necessaria usque ad fructus novos.

Deinde apud Conzacum; ibi est prior cum socio suo, et secundum relacionem ipsorum domus in spiritualibus et temporalibus est in bono statu et habet necessaria usque ad fructus novos, jura et juridiciones pro posse deffenduntur.

Datum testibus sigillis nostris die veneris post Annunciacionem beate Marie, et completa et expedita predicta visitacio per predictos priores anno Domini m°. ccc°. tricesimo.

II.

Visitatio provincie Pictavensis facta per de Conzaco et Sancti Palladii prioratuum priores.

Die mercurii post dominicam qua cantatum fuit Reminiscere, anno Domini millesimo ccc° quadragesimo secundo [1], visitavimus prioratum Sancti Viviani de Brulheto in modum qui sequitur. Domus predicta bene se habet in spiritualibus et bene fit ibi servicium divinum secundum quod est consuetum ab antiquo, et ibidem sunt duo monachi cum priore. Aula dicti prioratus........ [2] et in introitu dicti prioratusest quidam murus merssus, alia edifficia sunt in bono statu. Elemosina solebat ibi fieri ter in septimana omnibus p...... accedentibus, et faciebat pulsari prior dicti prioratus campanam post prandium, adeo ut pauperes audientes dictam campanam venirent ad dictam elemosinam; mo..... dicta elemosina adeo, quia, ut prior dicti loci asserit, non habet bladum de quo possit fieri, quia dicit se non cepisse in dicto prioratu nisi quinque asneriatas bladi..... vini pro omnibus suis necessariis faciendis usque ad fructus novos. Et dictus prior conqueritur de priore de Berbezillo, camerario provincie Pictavensis pro reverendo...... et domino domino abbate Cluniacensi; qui dictus camerarius, prout asserit dictus prior de Brulheto, cepit seu capi fecit post obitum domini Johannis Mourelli, quondam prioris loci predicti de B..., per manus procuratorum suorum, videlicet Petri Buizini, clerici, et domini..... de Ponte, capellani de Medis : primo tria culcitra plume; item tria pulvinaria de pluma; item duas

---

1. 12 mars, 1343 N. S.
2. Le parchemin est rongé aux endroits marqués par des points.

coytas punctas, tria cohopertoria, sex cutellas, et d.... tellos de stagno; item unam lichafricham ferream; item sex salserias de stagno; item viginti boycellos a ... et dimidium ad menssuram dicti loci; item quatuordecim pipas novas vacuas; item quatuor viginti et novem boycellos frumenti ex una parte et triginta tres boycellos frumenti ex altera; item viginti tres boycellos fabbarum; item viginti octo boycellos mixture; item triginta tres boycellos ordei ad predictam menssuram; item sexaginta capita bestiarum, videlicet tam porcorum quam ovium et caprarum; item octo boycellos calcis, que erat in dicto prioratu pro reparacione domorum; item quatuor quarellos et quatuor auriculares. In dicto prioratu non remansit aliquid nisi unus boycellus frumenti, decem et septem boycelli meyclade et quatuor boycelli esponte, de vino decem dolia sive tonelli et modica pipa, de quibus ipsum oportet providere octo personis. Item conqueritur dictus prior de dicto procuratore, qui, quando faciebant vindemiare, vendiderat x tonellos musti.

Item die veneris sequenti, visitacionis officium exercendo, fuimus in prioratu Sancti Georgii de Didonia. Domus predicta bene se habet in spiritualibus et bene fit ibi servicium divinum, secundum quod consuetum est ab antiquo. Ibidem sunt sex monachi quorum unus est sacrista. Elemosina solebat ibidem fieri bis in septimana et modo non fit. Juridiccio bene ibidem custoditur, excepto quoddam villagio vocato Tossagl., in quo dominus de Didonia facit levare emendas deffectus et assisias tenere pre sui potencia : quod non solebat nec debet facere; homines in assisia sua facit respondere. Prior dicti loci solebat tenere assisias, emendas levare de sanguine et plagua et de aliis causis inferioribus, et adhuc facit, prout superius est expressum; dominus de Didonia facit illud idem. Unde predicta non fuerunt amissa de tempore domini cardinalis qui nunc tenet prioratum, sed de tempore ultimi prioris qui in dicto loco fuit. In domo predicta habet blada, vina et alia sibi necessaria usque ad fructus novos. Socii dicti loci conquesti sunt nobis quod dictus sacrista, qui procurator est pro domino cardinali, non eisdem necessaria ministrat, videlicet pictanciam, panem, neque vinum nec alia sibi necessaria prout deberet et est consuetum in dicto loco. Domus dicti prioratus ruinam minantur, excepto claustro et quoddam appendicio juxta aulam, que bene parata sunt et de novo; latrine dormitorii penitus submersse sunt et disrute.

Item die dominica sequenti qua cantatum fuit Oculi mei fuimus in prioratu Sancti Eutropii Xanctonensis, visitacionis officium exercendo. Domus predicta bene se habet in spiritualibus et bene fit ibidem servicium divinum secundum quod consuetum est ab antiquo. Ibidem sunt viginti monachi cum priore. Et fuit ibi quidam monachus vocatus Guillelmus Francilhon, qui fere per dimidium annum fuerat in suis partibus pro licencia subprioris et procuratoris dicti loci, prout per quasdam licteras sigillatas dicti subprioris plenius apparebat, et quando reverssus fuit, bene per sex septimanas ante terminum sibi assignatum, ipse credidit stare in mansione sua prout consueverat; procurator dicti prioris sibi dixit quod ipse habebat ex precepto sui domini quod ipsum non reciperet nec eidem in aliquo ministraret. Et de hoc conquestus fuit nobis dictus dompnus Guillelmus Francilhon in capitulo dicti loci et ostendit nobis quasdam licteras sigillo reverendi patris in Christo domini abbatis Cluniacensis, qui fuit temporibus retroactis, sigillatas, continentes quod ipse loco cujusdam alterius, qui loco sui iverat apud Consiacum, venerat socius in prioratu predicto Sancti Eutropii; quare petebat dictus dompnus Guillelmus quod sibi faceremus justicie complementum. Et quia ibidem non erat prior neque procurator, qui de hiis et temporalibus dicte domus nobis darent responsum, ideo hoc minime potuimus complere nec facere justicie complementum. Cui injunximus quod adhiret personam dicti prioris, ut de et super premissis sibi faceret justicie complementum. Qui quidem monachus petebat cum instancia expensas suas; et nos respondimus sibi quod non tenebamur nostro proprio expensas ministrare, nec habemus priorem neque procuratorem quibus possemus aliquid precipere super premissis, et nisi ista sufficerent, quod accederet ad personam reverendi patris in Christo domini abbatis Cluniacensis et personas dominorum diffinitorum, ut de et super premissis eidem facerent secundum quod eis videbitur expedire. Temporalitatem minime potuimus visitare causa sepedicta, excepto quod prepositus dicti loci nobis retulit quod juridiccio bene custoditur, excepto quod senescallus Xanctonensis ponit inpedimenta in quadam platea dicte juridiccionis prope viam per quam itur de... apud castrum Xanctonense, et quod gentes ville Xanctonensis posuerunt quoddam pixide in quadam domo juridiccionis dicti prioratus et ibidem recipitur pedagium dicte ville, in dicte juridiccionis et prioratus prejudicium maximum et gravamen; unde predicta inpedimenta non fuerunt facta temporis prioris qui nunc est.

Item die veneris sequenti visitavimus conventum insule Days in Sancto Viviano de Vergerolio, quia propter guerram non ausi sunt morari in dicta insula. Dictus conventus bene se habet in spiritualibus et bene fit ibi servicium divinum secundum quod ibidem consuetum est ab antiquo; in dicto prioratu sunt tresdecim monachi cum priore. Habent ornamenta ecclesie sufficientia, excepto quod Guido Jamin, olim prior Sancti Salvatoris de Re, immediate subditi dicto priori Days, nunc sacrista de Vendopera, olim cepit quoddam officiarium in Sancto Viviano de Vergerolio et secum detulit ubi voluit, absque voluntate vel consensu dictorum prioris et conventus, et secundum relacionem dictorum subprioris et conventus dictum officiarium bene valebat quadraginta libras monete nunc currentis. Sacrista dicti loci bene facit officium suum, excepto quod olim amisit quemdam calicem unius marchi, exterius aureatum, et sic conventus non habet nisi unum solum calicem, et dicunt se amisisse plures missas ob deffectum dicti calicis. Item predictus dompnus Guido sacrista de Vendopera olim tenuit sacristaniam dicti loci insule Days pro dicto sacrista et illotunc cepit in Sancto Viviano de Vergerolio duo turribula argentea absque voluntate et assensu dictorum prioris et conventus : que dicta turribula bene valebant tres marchas argenti, secundum relacionem subprioris et conventus dicti loci. Domus dicti loci de insula Days destructe et desolate sunt propter guerram, nec est aliquis ausus ibi trahere moram nec intrare in dictam insulam Days nisi illi qui guerram ducunt in mari, qui omnia bona dicti loci ceperunt et rapuerunt, et cotidie non cessant. Domus de Conhes in Rupella destructe et desolate sunt per stipendiarios ville Rupelle, qui ibidem morati sunt fere per duos annos, qui totum locum desolaverunt et destruxerunt. Domus Sancti Viviani de Vergerolio prope Rupellam ad duas leucas et domus de Allodio sunt in bono statu, bene et ornate preparantur, edifficia bene coluntur atque vinee. Prior nec prioratus in nichilo obbligantur; habent blada, vina et alia sibi necessaria usque ad fructus novos. Ipsa die visitacionis venit ad nos quidam monachus nomine Geraldi Boerii, defferens quasdam licteras clausas nobis directas et quasdam alias apertas ex parte domini camerarii provincie Pictavensis, continentes quod preciperemus subpriori et procuratori dicti loci quod ipsi reciperent dictum Geraldum loco cujusdam socii dicte domus nuper deffuncti, nomine Aymerici Garandelli; et nos demandavimus exequcioni dictas licteras, precipiendo subpriori et procuratori dicti loci quod dictum Geraldum reciperent, qui alias eis detulerat aliud mandatum de dicto camerario. Qui quidem responderunt quod ante recepcionem dicti mandati, loco dicti deffuncti et inmediate dicto deffuncto sepulto, dominus prior Days creaverat quemdam monachum novum et sic habebant suum numerum completum : quare dicebant quod non tenebantur dictum Geraldum recipere. Socii dicti loci conqueruntur de priore Sancti Salvatoris de Re, qui tenetur annuatim vestiarium regulare dictis sociis solvere, et debuisset solvisse a festo beati Martini hyemalis, et adhuc non fecit.

Item die dominica qua cantatum fuit Letare Jerusalem visitavimus prioratum Sancti Medardi et locum Cruciscapelli. Erat ibi decanus de Vendopera, procurator dictorum locorum. Ibidem non erat aliquis socius mansionarius. Quare minime scire potuimus de servicio divino qualiter fit in dictis locis. In prioratu Sancti Medardi est quedam domus prope ecclesiam, quam dictus procurator bene fecit preparari; alie domus dicti prioratus quotquot sunt minantur ruinam. Domus capellanie, que quidem capellania unita fuit dicto prioratui tempore domini episcopi Valencie, bene et ornate parantur. Terre et vinee dicti prioratus et capellanie bene coluntur, secundum quod asserit et nobis retulit dictus procurator. Dictum fuit nobis quod quamplurime vinee dictorum locorum et Cruciscapelli tradite sunt minori precio quam deberent; sed non potuimus scire divisiones dictarum vinearum propter brevitatem temporis. Domus Cruciscapelli quotquot sunt minantur ruinam. Est ibi quoddam molendinum ventus quod minatur ruinam, et nisi infra breve apponatur remedium, prosternetur in terram et penitus demergetur. In dicta domo Sancti Medardi habent blada, vina et alia sibi necessaria, prout retulit nobis dictus procurator, usque ad fructus novos. Juridiccio custoditur et de ea gaudet dicta domus prout hactenus consuetum est in loco. Item procurator dicti loci nobis retulit quod P. de Trieza, Hugo Fabri, Aymericus de Thalamonte, filius Jacobi de Thalamonte, Bernardus Barraudi, Guillelmus de Varno, Aymericus de Porta, burgenses de Rupella, malo velle dicti procuratoris et ipso inhibente, in dicto loco Cruciscapelli fecerunt les jostes.

Item diebus jovis et veneris post Letare Jerusalem fuimus in prioratu de Mongonio, visitacionis officium exercendo, et dicta die veneris visitavimus dictum locum. Ibidem sunt septem monachi cum priore, qui bene et laudabiliter se habent tam in servicio divino exercendo quam in gestu. Juridiccio bene custoditur; terre et vinee bene coluntur; ecclesia, domus et meyneria dicti prioratus bene et ornate preparantur, et sic in istis et omnibus aliis dicta domus bene se habet et regitur in spiritualibus et temporalibus, secundum relacionem prioris et sociorum dicti loci et pro relacione proborum et fide dignorum de partibus illis. In dicto loco muniti sunt bladis, vinis et aliis sibi necessariis usque ad fructus novos. Prior de suis sociis contentatur et socii illud idem de priore. Plurima debentur priori quam ipse debeat.

Item die sabbati sequenti fuimus in prioratu de Beneto, inmediate subjecto abbacie Monasterii Novi Pictavensis, et ibidem visitavimus priorem Sancti Pauli in Gastina, quia ad dictum locum non fuimus ausi accedere, nam Januarii venientes de Britannia et redeuntes in patriam suam transiebant per partes illas et capiebant equos ronzinos illuc et alibi ubicumque reperire poterant. Domus predicta Sancti Pauli, secundum relacionem prioris predicti loci, bene se habet in spiritualibus, excepto quod socius dicti loci non vult servire Deo, ymmo est tabernarius pubblicus et furatus fuit de domo dicti prioris quatuordecim boycellos siliginis, secundum quod dictus prior nobis dixit et denunciavit. Juridiccio non bene custoditur, quia dominus de Partanayo pre sui potencia plures allevat servitutes, quia habet in dicto prioratu convivia, et quamplurimam aliam facit injuriam, gentes suas atrociter verberando. Prior in nichilo obbligatur de dicto convivio et aliis predictis. Dictus prior et dominus de Partanayo litigantur coram gentibus regiis.

Item die dominica qua cantatum fuit Judica me fuimus in prioratu Sancti Gelasii et die lune de mane visitavimus. Ibidem sunt tres monachi cum priore, qui bene se habent tam in servicio divino quam in gestu. Terre et vinee bene coluntur, juridiccio bene custoditur, prout et secundum hactenus fuit observatum. Ecclesia, domus et meyneria dicti loci bene et ornate preparantur, secundum relacionem prioris et sociorum dicti loci, excepta quadam grangia que est in loco vocato Chourras, que de novo submersit; sed dictus prior faciebat preparari ligna et alia necessaria pro reparacione dicte domus sive grangie. Dicta domus Sancti Gelasii munita est bladis, vinis et aliis sibi necessariis usque ad fructus novos. Prior de suis sociis contentatur et socii illud idem de priore, et secundum quod nobis videtur, dicta domus bene se habet in spiritualibus et temporalibus. Plurima debentur priori quam ipse debeat; de juridiccione litigatur cum gentibus regiis.

Item die jovis post dominicam qua cantatum fuit Judica me fuimus in abbacia Monasterii Novi Pictavensis, visitacionis officium exercendo. Ibi sunt quadraginta monachi, qui bene Deo serviunt et melius quam solent, eo quia vicarii domini abbatis qui nunc est circa divinum officium soliciti sunt et diligentes, et quamplurima reduci fecerunt ad statum pristinum et debitum, que antea non fiebant secundum quod deceret et deberent; et si perseverent in predictis, omnia predicta tam in servicio divino exercendo quam in ordine custodiendo ad predictum statum antiqum et debitum reducentur. Edifficia, tam ecclesiam, que quasi in majori parte ruinam periculosissimam minatur, reffectorium, dormitorium, claustrum, infirmitorium, necessario oportet cohoperiri; alie domus infra cepta dicti monasterii pluribus indigent reparacionibus. Maneria eciam pertinencia ad mensam domini abbatis dicti monasterii, nisi cito in principalioribus locis remedium apponatur, ruine parate sunt, et alie domus insuntissimis reparacionibus antequam ad statum pristinum reducantur indigent; in ipsis nec animalia nec mobilia alicujus nominis vel utilitatis inveniuntur, preter culcitras, nomine sed non facto, panno dissuto et putrefacto. Nemora, foreste per predecessorem domini abbatis qui nunc est quasi omnia vendita fuerunt, et pecuniam exinde ante sui obitum receperat. In diversis litigiis predictam abbaciam in curia regis, tam super juridiccionibus quam aliis servitutibus a gentibus regiis petitis, pro quibus temporalitas totalis ad manum regiam erat posita, dimisit. Sed vicarii domini abbatis qui nunc est sperant cum Dei adjutorio, sub umbra et proteccione domini nostri pape, omnia ad bonum finem reduci. Etiam manus est remota a predicta temporalitate ad supplicacionem predictorum. Et cum fama communis dictum dominum abbatem, predecessorem domini abbatis qui nunc est, fuisse in mobilibus valde divitem, quasi nichil aut parum de dictis bonis adhuc inventa fuerunt. Bladum ad sufficienciam in dicta abbacia habent usque ad fructus novos, sed pacietur deffectum vini a festo beati Johannis usque ad vindemias. Pecunias modicas recipere pro isto anno habent.

Item die dominica qua cantatum fuit Domine dilexi sive in Ramis Palmarum visitavimus prioratum de Castellario. Erant ibi duo monachi, qui Deo et ecclesie dicti loci bene serviunt secundum quod consuetum est in loco. Altare et ecclesia muniti sunt ornamentis, luminari et aliis necessariis ad divinum officium exercendum. Ecclesia patitur ruinam, et nisi infra breve remedium apponatur, totaliter prosternetur in terram; sed prior non habet illud in statu tenere, sed parrochiani dicti loci. Domus dicti prioratus tam in capite quam in menbris bene et ornate preparantur; terre et vinee et alia edifficia bene coluntur; habent blada, vina et alia sibi necessaria usque ad fructus novos. Tantum et amplius debetur priori dicti loci quam in dicto loco debet et locis convicinis. Ignorant socii dicti loci cum quibus visitavimus utrum prior dicti loci sit alibi obbligatus, eo quia non facit moram in domo; et quando peciimus ab eisdem ubi nec quo loco faciebat moram, responderunt quod penitus ignorabant ubi residenciam faciebat.

Item die lune sequenti visitavimus prioratum Montis Berulphi. Erant ibi septem monachi cum priore, qui bene Deo serviunt secundum quod consuetum in loco. Altare et ecclesia muniti sunt ornamentis et aliis necessariis ad divinum officium exercendum, excepto quod due lampades solebant ardere in ecclesia ante magnum altare, videlicet ambe de nocte et una cotidie, unam quarum sacrista dicti loci indebite retinet et sine causa, et alia in dormitorio, quam tenere dictus sacrista contradicit, que debet lucere qualibet nocte. Item sacrista dicti loci sociis non vult solvere vestiarium nisi in blado, quod fecit capere dictis sociis malovelle suo. Domus dicti prioratus suffficienter preparantur; terre et vinee et alia dicti loci ediffcia bene coluntur; habent blada, vina ad sufficienciam usque ad fructus novos, secundum relacionem prioris dicti loci. Domus predicta in nichilo obbligatur. Sacrista dicti loci extra dormitorium jacet, et consuetum est in loco sacristam in dormitorio jacere.

Item predicta die visitavimus in dicto prioratu Montis Berulphi priorem de Quarta leuca, quia ad dictum locum non ausi fuimus accedere propter guerram. Est ibi prior cum solo socio, qui Deo serviunt meliori modo quo possunt, non tamen secundum quod deceret et tenerentur, eo quia inpediuntur propter guerram et transitum hominum armatorum et peditum, qui a dicto loco omnia rapiunt. Domus dicti prioratus penitus destruuntur et submerguntur. Redditus dicte domus per priorem colliguntur meliori modo quo potest dictus prior et diligenciam suam adhibet in premissis. Non tamen potest omnia pertinencia ad dictam domum colligere quoad presens, eo quia tot sunt ibi potentes et quasi nullum judicem habentes, quod aliquo modo non potest omnia possidere. Habent blada, vina et alia necessaria usque ad fructus novos; sed si habeant in presenti, ignorant se habere in crastina die, quia per stipendiarios et gentes patrie tota domus devastatur. Domus in nichilo obbligatur. Et omnia ista habuimus per relacionem dicti prioris.

Item die mercurii sequenti fuimus in Engolisma pro visitando decanum de Rozenaco, quia ad dictum locum de Rozenaco non ausi fuimus accedere propter guerram. Ad dictum locum non venit nisi sacrista dicti loci, procurator dicti decani, ut idem asserebat. Qui sacrista nobis dixit quod de numero sociorum dicti loci nullum certum dare poterat responsum, quia nesciebat; quia erant duo monachi, videlicet dictus Chain et dictus de Chervo seu Coyliozo, vaccabundi, qui habent litteras a domino camerario quod essent socii dicti loci, et dictus decanus eos nolebat recipere in socios. Et super hiis et aliis ipsum sacristam citavimus ad diem martis post Pasca coram domino camerario et nobis apud Berbezillum, et dictos monachos vaccabundos, et dicto sacriste injunximus quod dicto decano diceret ex parte nostra et ipsum citaret ad dictum diem coram dicto camerario et nobis super inobed... predictum responsurum: qui dictus sacrista, decanus et dicti monachi ad dictos diem et locum coram dicto camerario et nobis minime comparuerunt. Dictus sacrista nobis retulit quod servicium divinum per monachos dicti loci bene fiebat secundum quod consuetum est ab antiquo. Domus dicti loci sunt in bono statu, terre et vinee bene coluntur, juridiccio bene custoditur; habent blada, vina et alia necessaria usque ad fructus novos. Dicta domus obbligatur P. et Johanni Yrvosii, qui nobis venerunt conquerentes quod dictus decanus eis erat obbligatus in sexaginta libris turonensibus, computato turonensi argenteo pro duodecim denariis, in quibus fuit condempnatus per dominum Cluniacensem abbatem qui pro tempore fuit, episcopum Valencie, prout per litteras dicti domini abbatis plenius apparebat; et super hiis dicto domino decano et dictis P. et Johanni fratribus diem assignavimus apud Berbezillum, ubi minime comparuit: quare super premissis nequivimus facere justicie complementum. Et pluribus aliis obbligatur dicta domus : Symoni de Dumant xxiii^{or} libris ; item eidem in xi libris ; item dictis fratribus ex alia parte xv libris ; item Iterio Benedicti, apothecario de Engolisma, in iiii^{or} viginti boycellis frumenti seu valore in pecunia monete currentis.

Item die martis post festum Pasce visitavimus priorem de Berbezillo. Ibi erant tresdecim monachi cum priore, qui bene Deo serviunt secundum quod ibidem est consuetum. Ecclesia in quadam parte mergitur, et quedam domus que erat juxta portallum ecclesie predicte, sed parrochiani faciunt ecclesiam reparari. Domus dicti prioratus sufficienter sunt in bono statu, exceptis stabulis, qui minantur ruinam in majori parte. Juridiccio bene custoditur, habent blada, vina sufficienter usque ad fructus novos, secundum relacionem dicti prioris. Dictus prior, qui camerarius est in provincia Pictavensi, inmediate visitacione facta arripuit iter suum pro eundo Avinionem; et post quidam monachus vocatus Geraldus Boerii coram nobis comparuit conquerendo de dicto camerario, quia ipse tanquam camerarius ipsum privaverat sua mansione, quam habebat apud Sanctum Eutropium, et loco ejusdem fecit alium monachum novum, et dictum Geraldum misit in prioratu Sancti Pauli in Gastina, et ibi fuit refutatus; exinde eundem misit in insula Days: ibi fuit refutatus quia habebat suum numerum completum, et in Sancto Medardo et ibi fuit similiter refutatus, et sic videtur esse vaccabundus; et de hiis sibi facere non potuimus justicie complementum propter absenciam dicti camerarii. Et tunc dictus Geraldus a nobis peciit licenciam eundi ad generale capitulum Cluniacense, quam sibi dedimus pro premissis.

Prioratus Sancti Laurencii de Berzagolio et de Conzaco minime potuimus visitare, quia ad predicta loca non ausi fuimus accedere eo quia Anglici ceperunt castrum de Blanzaco, in cujus districtu et castellania sunt dicti prioratus, et ipsi Anglici devastabant, depredabant, comburebant totam terram, capiebant omnia quecunque reperire poterant, in dictis locis nullum bonum dimiserunt. Priores neque socii non sunt ausi in dictis locis morari nec eciam converssari. Domus predicte erant in bono statu.

III.

Chauvigny-sur-Vienne et les Chauvigny de Chateauroux.
Acte d'hommage d'Hardouin X de Maillé, seigneur de la Tour.

2 août 1503.

En 1189, à Salisbury, Richard Cœur de Lion mariait à l'un de ses plus vaillants compagnons d'armes, André de Chauvigny, sa pupille Denise de Déols, fille de Raoul VII, seigneur de Déols et de Châteauroux. Ainsi commença la seconde maison de Châteauroux dont on connaît l'éclat. André Ier, l'époux de Denise de Déols, a sa grande place dans les annales du pays et son histoire est célèbre jusqu'à toucher à la légende. L'alliance qu'il contracta sous les auspices du roi d'Angleterre indique à elle seule une grande situation antérieure, et cependant, si l'on cherche au delà ce qu'était sa famille, on ne trouve absolument aucune indication précise. — A quelques heures de Châteauroux se trouve la petite ville de Chauvigny-sur-Vienne, pleine de souvenirs féodaux, et naturellement on a dû penser que de son antique château seigneurial étaient sortis les ancêtres d'André[1]; mais, depuis longtemps déjà, en 1189, le château seigneurial de Chauvigny était en la possession des évêques de Poitiers, qu'on y trouve installés dès le commencement du XIe siècle[2]. Des savants se sont demandé s'il ne fallait pas aller chercher ailleurs le berceau de la seconde maison de Châteauroux[3]. Les localités du nom de Chauvigny ne manquent pas en France : dans le travail si étendu et pourtant encore bien incomplet qu'a rédigé l'Administration des Postes[4] on en a relevé, en dehors de Chauvigny-sur-Vienne,

---

1. Fauconneau Dufresne, *Hist. de Déols et de Châteauroux* (Châteauroux, 1873), t. Ier, p. 223. « André de Chauvigny dont le château de famille s'élevait sur les bords de la Vienne ». C'est la tradition générale.
2. « Isembertus sanctæ Pictaviensis ecclesiæ episcopus construxit ecclesiam in honorem sancti Sepulcri Domini nostri in convalle castri sui Calviniaci..... » Charte datée du règne du roi Robert (1019-1027), Besly, *Evesques de Poitiers*, p. 52, et *Cartulaire de l'abbaye de Saint-Cyprien*, publié par M. Rédet dans les *Archives hist. du Poitou*, t. 3, p. 136.
3. M. Anatole de Barthélemy énonçait encore récemment ces doutes en rendant compte, dans la *Bibliothèque de l'Ecole des Chartes* (année 1874, p. 396 et suiv.), de l'Histoire de Déols et Châteauroux, par M. Fauconneau-Dufresne.
4. Dictionnaire de l'Administration des Postes, édit. de 1859.

jusqu'à sept[1], sans compter trois localités de nom presque semblable[2], mais rien ne donne à penser qu'André Ier fût originaire d'un de ces pays : un document qui existe aux Archives nationales[3] et qui nous est tombé sous la main au moment où nous faisions quelques recherches relatives à Chauvigny-sur-Vienne y rattache, au contraire, d'une manière précise, les Chauvigny de Châteauroux. Voici ce document. A raison de la lumière qu'il apporte dans une question intéressant l'histoire du Poitou comme celle du Berri, il trouvera utilement sa place parmi les textes publiés par la Société.

Loys, par la grace de Dieu, Roy de France, a noz amez et feaulx les gens de noz comptes et trésoriers à Paris, au seneschal de Poictou ou a son lieutenant, a noz procureur, receveur et cler des fiefz en ladite seneschaucée et a tous noz autres justiciers et officiers ou à leurs lieuxtenants, salut et dilection. — Savoir vous faisons que nostre cher et bien amé Hardoyn seigneur de la Tour en Anjou, chevalier, héritier en partie en ligne paternel de feu André seigneur de Chauvigni et de Chasteauroux, en son vivant viconte de Brosse et seigneur de la Chastre au viconte, nous a, ce jourd'huy, fait, es mains de nostre amé et féal chancellier, les foy et hommaige lige que il nous estoit tenu faire desdits viconté de Brosse, la Chastre au viconte et Saint Benoist du Sault et du droit seigneurial et féodal sur la terre et seigneurie de Chauvigni que tient nostre amé et feal

---

1. Hameau de la commune de Givarlais (Allier, arr. de Montluçon, cant. d'Hérisson). — Hameau de la commune de Courçay (Indre-et-Loire, arr. de Tours, cant. de Bléré). — Commune, arrond. de Vendôme, cant. de Droué. — Hameau de la commune de Saint-Remy la Varenne (Maine-et-Loire, arr. d'Angers, cant. des Ponts-de-Cé). — Hameau de la com. d'Athée (Mayenne, arr. de Château-Gonthiers, cant. de Craon). — Hameau de la comm. de Pacé (Orne, arr. et cant. d'Alençon). — Château de la comm. de Luzarches (Seine-et-Oise, arr. de Pontoise, cant. de Luzarches).

2. *Chauvigné*. — Commune d'Ille-et-Vilaine (arr. de Fougères, cant. d'Antrain). — Hameau de la comm de Mozé (Maine-et-Loire, arr. d'Angers, cant. des Ponts-de-Cé). — Hameau de la comm. de Chemiré-le-Gaudin (Sarthe, arr. du Mans, cant. de la Suze).

3. *Section Administrative*. Chambre des comptes de Paris. Languedoc, anciens aveux (P $\frac{583}{1}$ Cote mc nuxx xubis).

conseiller l'évesque de Poictiers et autres choses que tient en ladite viconté et païs de Poictou et lesquelz sont tenuz et mouvans de nous a cause de nostre conté de Poictou ; auxquelz foy et honmage nous l'avons receu sauf nostre droit et l'aultruy. Si vous mandons et a chascun de vous, si comme à luy appartiendra, que, pour faulte desdits foy et honmage non faictz, vous ne faictes, mectez ou donnez ne souffrez estre faict, mis ou donné audit Hardoyn seigneur de la Tour, en ses dites seigneuries et choses dessus dites tenues de nous ne autres ses biens, aucun arrest, destourbier ou empeschement en aucune manière, lequel si fait, mis ou donné luy avoit esté ou estoit, le mectez ou faites mectre incontinent et sans delay a plaine délivrance, pourveu que dedans le temps deu, il baillera son adveu et dénombrement desdites choses tenues de nous en nostre chambre des comptes et fera et paiera les autres droiz et devoirs pour ceu deuz si faictz et paiez ne les a.

Donné à Mascon, le deuzieme jour d'aoust l'an mil cinq cent et troys, et de notre regne le sixieme.

Par le Roy à vostre relacion,

CHAIGNOLLES.

Nous nous bornons, conformément aux habitudes de la Société, à publier ce texte comme élément d'étude en laissant tout développement de côté : nous donnerons seulement comme appendice quelques détails nécessaires pour le faire comprendre.

Le dernier baron de Châteauroux de la famille de Chauvigny, André IV, était mort le 4 janvier 1502 sans laisser de postérité de son double mariage avec Anne d'Orléans, fille de François d'Orléans, comte de Dunois et de Longueville, — et avec Louise de Bourbon, fille de Gilbert de Bourbon, comte de Montpensier. Il avait, par son testament, institué Louise de Bourbon seule et universelle héritière en la chargeant d'acquitter divers legs à ses parents, notamment à Hardouin de la Tour mentionné dans l'acte du 2 août 1503. Louise de Bourbon se remaria le 21 mars 1503 à Louis de Bourbon, prince de la Roche-sur-Yon. Les héritiers naturels d'André IV lui intentèrent un procès au sujet du testament. A l'instigation du roi Louis XII, eut lieu d'abord à Mâcon, dès 1503, un arrangement provisoire qui attribua aux héritiers naturels une partie des biens : le procès se continua et fut terminé seulement en 1510 par une seconde transaction ayant cette fois un caractère définitif. C'est par suite des accords provisoires intervenus avec le prince et la princesse de la Roche-sur-Yon qu'Hardouin de la Tour eut à faire hommage au Roi pour divers fiefs et droits seigneuriaux provenant de la famille de Chauvigny.

Hardouin de la Tour, ainsi que l'indique l'acte du 2 août 1503, était parent d'André IV de Chauvigny par la ligne paternelle. Il était son cousin germain.

Hardouin IX de Maillé, baron de Maillé, seigneur de Rochecorbon, de la Haye, de Montils-lès-Tours et de Beauçay, conseiller et chambellan du roi Louis XI, sénéchal de Saintonge, capitaine de Mantes, avait épousé, le 26 novembre 1458, Antoinette de Chauvigny, fille aînée et quatrième enfant de Guy III de Chauvigny, baron de Châteauroux, vicomte de Brosse, et de Catherine de Laval sa première femme. Un frère d'Antoinette, François de Chauvigny, était le père d'André IV.

Hardouin X de Maillé, fils d'Hardouin IX et d'Antoinette de Chauvigny, épousa, le 30 juillet 1494, Françoise de la Tour, fille de Louis, seigneur de la Tour[1] et de Clairvaux, et de Marie Catherine Gaudin. Il était stipulé dans le contrat de mariage qu'à défaut d'enfant mâle dans la famille de la Tour, Hardouin de Maillé prendrait le nom et les armes de la famille. C'est pour ce motif que nous le voyons dénommé dans l'acte du 2 août 1503. « Hardoyn seigneur de la Tour[2]. »

Charles TRANCHANT.

---

1. La Tour-Landry, ancienne province d'Anjou actuellement dép. de Maine-et-Loire, arr. de Cholet, cant. de Chemillé.
2. Plus tard, le roi François Ier autorisa Hardouin X à joindre les deux noms de Maillé et de la Tour-Landry, ainsi que les armes des deux familles. Les détails abondent dans les historiens au sujet des maisons de Chauvigny et de Maillé ; on peut citer notamment le P. Anselme, *Hist. gén. et chron. de la maison royale de France, des pairs...*, la Thaumassière, *Hist. du Berry*, Fauconneau-Dufresne, *Hist. de Déols et de Châteauroux*, Elie de Beaufort, *le Château et la Vicomté de Brosse*, etc.

IV.

Documents concernant Jacques du Fouilloux.

1528-1580.

Malgré les notices consacrées à Jacques du Fouilloux par M. Pressac (*Mém. de la Société des Antiquaires de l'Ouest,* année 1850) et par M. Fillon (*Poitou et Vendée,* Bouillé), les détails biographiques que l'on possède sur le célèbre veneur sont encore fort incomplets. Aussi la Société des Archives croit-elle utile de publier *in extenso* les documents qui vont suivre et dont elle doit la communication à MM. Rédet, de la Rochebrochard, Bardonnet et Richard.

Deux d'entre eux, les n⁰ˢ 1 et 5, ont déjà été utilisés par M. Fillon dans la notice précitée ; mais, à raison de leur importance, elle n'hésite pas à les joindre aux autres pièces totalement inédites de ce trop mince dossier.

I.

Acte par lequel Jean de Viron et René de La Rochefoucault, seigneur de Bayers, sont nommés tuteurs de Jacques du Fouilloux, alors âgé de 8 ans et demi. (*Copie notariée, parch., archiv. de la Vienne, série C² l. 95.*)

31 mars 1528.

En l'adjournement baillé à la requeste de maistre André Bureau, procureur de la court de céans, à hault et puissant monss^r Françoys de la Rochefoucault, comte du dict lieu, prince et seigneur de Marcillac, nobles et puissans Françoys de Veluire, seigneur d'Aunac, René de la Rochefaton, s^r de Saveugles, chevalier, et René de la Rochefoucault, s^r de Baié, Bertrand Hélyes, escuyer, s^r de la Roche au Mart, Loys Bigot, s^r de la Girardie, Jehan Bigot, s^r de Brion, Léon de Mellain, s^r de Buignon, vénérable personne maistre Jehan de Viron, prebtre, prieur de Cron et de Mazueil, Charles Sartin, escuyer, s^r de Bellebaste, René et maistre Pierre Taveaux, frères, sʳˢ barons de Mortemer et de Verrières, Loys Duchilleau, sʳ dud. lieu, et dame Marie de Nupchèzes, vefve de feu noble et puissant messire Antoine du Fouilloux, chevalier, sʳ en son vivant dud. lieu, damoyselle Anthoinete de Lousme, mère de la dicte de Nupchèzes, Nycolle Thibault, escuyer, sʳ de la Carte, et Jehan Legier, escuyer, sʳ de la Bonnetière, et à chacun d'eulx, à comparoir huy pardevant nous en l'audictoire de ceste ville de Parthenay pour veoir ordonner de tuteur ou tuteurs à Jacques du Fouilloux, filz myneur d'ans du dict feu messire Anthoine et de feue dame Guérine Taveau, sa première femme, et à damoyselle Jehanne du Fouilloux [1], aussi mineure d'ans, fille dud. feu messire

---

1. De toutes les difficultés que présente la généalogie des du Fouilloux, celle qui résulte d'une similitude de nom entre les deux filles d'Antoine est assurément jusqu'ici celle qui a donné lieu aux plus fortes erreurs. Sans prétendre la résoudre, nous allons exposer aussi clairement que possible ce qui ressort des documents jusqu'ici connus.

Antoine du Fouilloux se maria deux fois : d'abord, vers 1515, avec Guérine Taveau, dont il eut deux enfants, Jeanne et Jacques, ce dernier né en septembre 1519. Guérine Taveau mourut le 31 mars 1521, en donnant le jour à un troisième enfant qui ne lui survécut pas.

Il se remaria ensuite à Marie de Neuchèze dont il eut Jeanne, née en 1527, et il mourut lui-même en février 1528.

D'après certains auteurs (M. Pressac, *loco citato*, M. Audé, *Le château des Grange-Cathus*), la fille de Marie de Neuchèze serait morte jeune, et les deux seuls héritiers d'Antoine du Fouilloux auraient été les enfants de son premier mariage.

Par suite, une Jeanne du Fouilloux, mariée à Hardy Cathus, sgr des Granges, dont elle eut plusieurs enfants, aurait été la fille de Guérine Taveau.

Mais rien n'est moins prouvé que l'existence de celle-ci après la mort de son père. En effet dès 1521, d'après un aveu de la seigneurie de Bouillé cité par M. Pressac, on voit qu'Antoine agit en son nom propre comme donataire de sa femme et comme administrateur de son fils Jacques ; ce bien venant de Guérine Taveau, il n'est pas douteux que s'il eût eu d'autres enfants, Antoine n'en eût fait mention dans son dénombrement.

De plus l'acte de tutelle de 1528 apporte une nouvelle preuve de la non-existence à cette époque d'une Jeanne du Fouilloux autre que la fille de Marie de Neuchèze. Si Jacques du Fouilloux avait eu une sœur aînée, celle-ci n'aurait pu compter plus de 12 ans en 1528 et par suite, étant

Anthoine et de la dycte de Nupchèzes, sa seconde femme, et à présent sa vefve, et o intimacion quant à la provision de lad. tutelle pendant procès, si aucun sur ce intervenoit : se sont comparuz led. procureur par led. maistre André Bureau, led. monseigneur le comte de la Roche par Artus de Vassoignes, escuyer, seigneur de la Fourest de Grassac, qui a exhibé sa procuracion passée soubz le scel estably aux contractz aud. Marcillac en date du vingt neufiesme jour de ce présent moys, signée Rigoreau et scellée à cère vert à double queuhe, lesd. de Velluire, de la Rochefaton, René de la Rochefoucault, Hélyes, de Melan, de Viron, Duchilleau et de Nupchèzes, de Lousme, Thibault et Legier en leurs personnes, et au regard desdictz Loys et Jehan Bigotz, Sartin et Taveaux, se sont deffailliz dud. adjournement à eulx baillé par Marc Sailliquet, sergent royal, en vertuz de nostre commission du dixhuytiesme jour de ce dict moys; savoir est

---

encore mineure elle aurait dû, elle aussi, être pourvue d'un tuteur. Il n'en est pas question: donc elle n'existait plus.

C'est ce qu'a pensé M. Fillon, qui donne pour femme à Hardy Cathus la fille de Marie de Neuchèze. Mais là autre difficulté, tirée de la filiation des Cathus. D'après Duchesne (*Généalogie de la maison de Chasteigner*), Beauchet-Filleau (*Dictionnaire des familles de l'ancien Poitou*), Marie de Neuchèze, après la mort d'Antoine du Fouilloux, se serait remariée avec Jean Cathus, seigneur des Granges, dont elle aurait eu 4 enfants. Or Hardy serait un de ceux-ci et, par suite, se trouverait être le mari de sa demi-sœur, ce qui est inadmissible.

Malgré cette difficulté nouvelle, nous préférons, avec notre texte, voir dans la seconde Jeanne du Fouilloux la femme de Hardy Cathus, mais en faisant la supposition que ce dernier n'était pas fils de Marie de Neuchèze.

Nous n'avons trouvé, pour étayer cette opinion, d'autre fait que celui-ci rapporté par M. Audé dans sa notice : l'escalier monumental du château des Granges, construit en 1525, faisait « positivement » mention d'un second mariage de Jean Cathus. Or, puisque l'union de celui-ci avec Marie de Neuchèze n'a pu avoir lieu qu'après 1529, il faut admettre forcément que vers 1525 Jean Cathus a contracté un second mariage ignoré des généalogistes et dont serait issu Hardy Cathus ; par suite, celui-ci n'aurait eu aucun lien de parenté avec Jeanne du Fouilloux, fille de la troisième femme de son père.

ausd. Loys et Jehan Bigotz et Sartin le dix neufiesme jour
dud. moys en leurs personnes, en l'oustel du dict lieu du
Fouilloux, ès présences de Nouel Légier, Jacques de Rion,
escuyers, et autres, et ausd. Taveaux, c'est assavoir aud.
René par cédulle mise et délaissée le vingtiesme jour de ced.
moys contre la principalle porte de l'oustel et maison noble
du dict Verrières, ouquel il faict sa continuelle résidance,
avecques injunction faicte à ung qu'on dit estre serviteur et
recepveur du dict René de luy faire savoir led. exploict, ce
qu'il promist faire, et aud. m^e Pierre en sa personne, au lieu
de Tercé, dont il est curé, le vingt deuxiesme jour de ce dict
moys, ès présences, quant ausd. Taveaux et chacun d'eulx, de
Jacques Bidault et Jehan Chenu, comme desd. adjourne-
mens nous est aparu par relacion du dict Sailliquet, signée
de son seing; contre lesquels deffaillans avons donné deffault
a tout et tel prouffit que de raison. Après laquelle comparu-
cion par le dict procureur a esté dit que puys six sepmaines
led. feu messire Anthoine du Fouilloux estoit décedé aud.
lieu, ouquel luy et ses prédécesseurs ont faict leur résidance,
délaissez lesd. Jacques et Jehanne du Fouilloux sesd. enf-
fans et de sesd. deux mariages myneurs et eagés, savoir est
led. Jacques, de huict ans et demy, et lad. Jehanne du Fouilloux, de demy an ou environ, requérant leur estre pourveu
de tuteur ou tuteurs de l'un ou de plusieurs des dessus nom-
mez proches parens desd. myneurs, ydoines et suffisans,
pour avoir et excercer lad. tutelle, et y estre pourveu nonobstant l'absence et deffault desd. deffaillans, mesmement par
provision pendant procès et jusques autrement en soit ordonné. Par tous les queulx comparans a esté dit qu'ilz ne
voulloient empescher lad. provision de tutelle; sur quoy leur
avons faict faire serment de nommer cellui ou ceulx desd.
adjournez utilles et capables à icelled. tutelle ou tutelles
excercer. Lesqueulx comparans ont dit avoir advisé entre
eulx que pour cause que les domaines, héritages et autres
biens du dict Jacques estoient en divers païs et lieux, et qu'il

y avoit plusieurs procès, estoit utille bailler au dict Jacques deux tuteurs, l'un pour ses biens paternels et l'autre pour les maternels, et ont nommé pour tuteur desd. biens paternelz led. maistre Jehan de Viron, et pour les biens maternelz et personne dudict Jacques, led. René de la Rochefoucault, seigneur de Baié, cousins et proches parens dudict Jacques, lesqueulx ilz dient estre capables, ydoines et suffisans pour le faict de la dicte tutelle ou tutelles. Et quant à lad. Jehanne du Fouilloux, lesd. adjournez, ainsi que lad. Marie de Nupchèzes, sa mère, ont dit que icelle de Nupchèzes estoit bonne et suffisante et ydoine pour avoir la tutelle de sad. fille, si avoir la voulloit. Laquelle a dit qu'elle estoit contente de icelle prandre; à quoy, par lesd. de Viron et René de la Rochefoucault a esté dit que de lad. tutelle dud. Jacques se raportoient à l'ordonnance de justice, et en cas qu'ilz fussent déclairez tuteurs dud. Jacques, dit et requis que lad. tutelle et administracion d'icelle soit divise entre eulx, et que l'un ne soit tenu de faict et administracion de l'autre, et que autrement lad. tutelle ne leur doit estre baillée, et n'entendoient en prandre la charge. Ce que lesd. autres comparans ont consenty, et par ce, veu le dire desd. comparans et deffault desd. Taveaux, parens du dict Jacques seullement, et des autres deffaillans, avons dit que à la dacion de la dicte tutelle du dict Jacques sera par nous proceddé par provision pendant procès et jucques autrement en soit ordonné sans préjudice des droictz desdictz deffaillans au principal dud. procès, et en ce faisant avons déclaré et déclairons le dict maistre Jehan de Viron tuteur d'icellui Jacques quant ausd. biens immeubles paternelz, et led. René de la Rochefoucault quant à la personne dud. Jacques et quant ausd. biens immeubles maternelz, et chacun d'eulx par moictié quant ausdictz autres meubles du dict Jacques; laquelle tutelle avons divisé et divisons entre lesd. tuteurs par la manière que dessus et sans ce que l'ung soit tenu du faict et administracion de l'autre, ne des biens dont ilz n'ont la charge; iceulx tuteurs prenens et aceptans lad. tutelle en la forme et qualité susd. et non autrement, moyennant qu'ilz et chacun d'eulx ont promis et juré de bien léaulment utillement gérer et administrer lad. tutelle divisée comme dessus, et de faire bon et loyal inventoire desd. biens meubles, letres et tiltres du dict myneur, du tout rendre compte et reliqua quant et à qui il apartiendra; pour lequel inventoire faire dedans la feste de Penthecoste prochaine venant avons retenu la commission à nous *cum adjuncto* de m° Pierre Bureau, greffier de la court de céans, le tout par manière de provision pendant led. procès et jusques autrement en soit ordonné; et néantmoins mond. sr le comte de la Roche assistera au procès dudict Jacques myneur tant en demandant que deffendant avecques lesd. tuteurs respectivement pendant lad. tutelle seullement, chascun superintendent quant esd. procès et sans soy charger de compte quant à iceulx, si son plaisir est de ainsi le faire, dont il pourra faire déclaration au greffe de la court de céans par procuracion suffisante dedans ung moys prochain venant. Et avons apoincté que lesd. défaillans seront adjournez sur deffault et o intimacion à certain et compectant jour pour veoir plus amplement pourveoir de tuteur ou tuteurs aud. Jacques par le premier sergent de lad. court de céans, requérans tous autres tant royaulx que de srs haux justiciers. Et quant à lad. Jehanne myneure, avons déclairé et déclairons lad. de Nupchèzes, sa mère, tuteur naturelle, moyennant qu'elle a aussi promis et juré de icelle loyaulment et utillement excercer, faire inventoire de ses meubles, lectres et tiltres, et pour ce faire dans led. temps retenu et commis comme dessus. Desquelles choses avons jugé et condempné lesd. de Viron, René de la Rochefoucault et de Nupchèzes, chacun d'eulx respectivement, par jugement et condempnacion de lad. court de céans, au pouvoir de laquelle ilz se sont soubzmis quant ad ce et leursd. biens. Donné et faict en l'assise de Chalandray, à cause du fief de la Marche, tenuë par nous Françoys Dudoët, licencié ès lois, séneschal dicelle, on parquet et auditoire du dict Partenay, le dernier jour de mars l'an mil cinq cens vingt et huyt; ainsi signé F. Dudoët *sigillo* et P. Bureau. DE LA FONTAYNE, n^{re} royal, pour coppie et collation faicte à l'original. MARTINEAU, n^{re} royal, pour coppie et collation faicte à l'original.

II.

Vente par Jacques du Fouilloux à François Jouslard, élu à Niort, de deux maisons sises en cette ville. (*Orig., pap., minutes de M. Dupont, notaire à Niort.*)

3 avril 1560.

Sachent [1].... personnellement estably et deuhement soubzmys noble et puyssant Jacques du Fouilhoux, escuyer, seigneur dudit lieu du Fouilloux, y demeurant, en la parroisse de Sainct Martin du Fouilloux en Gastine, lequel a vendu, ceddé.... à noble homme messire Françoys Jouslard, éleu pour le roy nostre sire à Nyort, y demeurant, à ce présent,... assavoir est une maison assise audict Nyort, en laquelle à présent demeure François Chabot, sieur de la Pimpelière, sise près la porte du pont dud. Nyort, avecques ses apartenances d'entrées, yssues, estables, courts, jardins et chaumières, tenant d'une part à la maison de Olivier Guillemyn, d'autre costé à la maison de Perrette Couchet, d'autre par le devant à la ruhe par laquelle l'on va du Puy Naslier à la dicte porte du pont et par le derrière tenant au jardin et chaumières de François Poingnard et à la maison de Catherine Bouhier, chargée la dicte maison de doze deniers de cens deu au Roy, nostre sire, par chascun an et chascune feste de sainct Luc, et oultre de la somme de six livres tournoys de

---

1. Les formules des notaires étant bien connues et toujours identiques, on a cru devoir les supprimer.

rente, deuhe à maistre Jacques Laurens, juge chastellain ed Nyort, par chascun an au jour de la feste de saincte Catherine ; plus une aultre maison aveccques ses apartenances, assise audit Nyort et près la halle dudit lieu, en laquelle réside Pierre Dupin, marchant, qui fut à feue Françoise Bouhière, veuve de feu sire Jehan Jouslard, tenant d'une part à la maison de m^{re} Jehan Bastard, advocat du roy audict Nyort, et d'aultre costé au Four Négre, d'aultre à la halle et par le derrière à la ruhe par laquelle l'on va du Puy Naslier à la maison commune des mayre, bourgeois et eschevins dudict Nyort ; chargée par chascun an d'ung denier tournois de cens deu au Roy nostre sire à sa recepte dudict Nyort au jour et feste de sainct Luc. Et est faicte la dicte vendition, cession et transport, pour et moyennant le prix et somme de troys mil troys cens livres dix solz tournoys, laquelle somme de troys mil troys cens livres dix solz le dit sgr du Fouilhoux debvoit pour cause de prest, comme il l'a présentement recongneu, audit Jouslard, ainssy qu'il est présentement apparu par une cédulle dudit sgr du Fouilhoux, de luy signée, de datte du cincquesme jour de novembre, l'an mil cinq cens cincquante huit, portant la dite somme de troys mil troys cens livres dix solz tournoys ; laquelle cédulle icelluy dit sgr du Fouilhoux ha recongneue véritable, et de la dicte somme s'est tenu et tient content et en a quicté...... Faict au lieu noble de Boullyé, ressort dudict Nyort, le troysiesme jour d'apvril l'an mil cinq cens soixante. J. DU FOUILLOUX. MATHURIN JAMART, JEHAN BRISSET, notaires.

III.

Arrentem nt par Jacques du Fouilloux à Jehan Goybault et à Antoine Masson, de biens sis en divers lieux. (*Orig., parch., chartrier de la Rochebrochard, liasse 8, trésor de Surin, titres de la seigneurie de Champdeniers.*)

Avant 1567. (1)

(Sachent tous) qu'aujourduy (en la cour du scel establv) aux contracts à Champdenyer pour hault et puissant seigneur monseigneur du dit lieu, ont esté présens et personnellement establyz noble et puissant Jacques du Fouilhoux, escuyer, seigneur du dit lieu et y demourant, paroisse de Sainct Martin du Fouilhoux, d'une part, et honestes personnes Jehan Goybaud [2] et Anthoyne Masson, marchans, demourans au dict Champdenyer, d'autre ; lequel noble et puissant Jacques du Fouilhoux a baillé et arrenté, baille et arrente à perpétuyté pour luy, ses hoirs et successeurs et ayans cause aus ditz Goybault et Masson, pour le prix et somme de soixante dix livres tournois de rente annuelle et perpétuelle, rendables, portables et payables par les ditz Goybault et Masson susditz au dit noble et puissant susdit Jacques du Fouilhoux, dores et perpétuellement par chacun an à cha-

---

1. La date de cette cette pièce est effacée, mais on a pu la fixer approximativement à 1566, d'après le chartrier de Surin, attendu que, le 16 février 1567, Marguerite Goybault, veuve d'Antoine Masson, achète des terres à Jacques Tarquais, sieur de la Reigle.
2. Jean Goybault fut père d'Antoine Goybault, sénéchal de Champdenier, aïeul de Philippe Goybault, sieur du Bois, la Grugère et autres lieux, conseiller et maître des requêtes de la reine Louise de Lorraine, veuve d'Henri III et bisaïeul de Philippe Goybault, sieur du Bois, membre de l'Académie française, allié aux familles les plus marquantes du pays ; Dreux du Radier (nous ne savons sur quelles autorités) fait naître ce dernier à Poitiers d'une famille au-dessous du médiocre, et lui donne comme première profession celle de maître à danser.

cune feste Saint Michel, en comançant le premier payement
de la feste St Michel prochain venant en ung an : assavoir
est toutes et chascunes les terres, masuraulx, cens, rentes,
terrages et complans, boys, garennes et marès, droictz et
devoyrs quelxconques au dit noble et puissant du Fouilhoux
apartenant tant au lieu appelé le Peulx, parroisse de la
Chappelle Tyreuil, que aylleurs, illecques et environ en la
dite paroisse, que tient et exploicte, a teneu et exploicté.......
Brenaudère, toutes les dictes choses assises on fief de la
seigneurie de Voulvent, tenues à huyt solz de cens à deux
termes par chacun an. Item tous et chascuns les droyctz et
devoirs, terres, fours à ban, cens, rentes, complans et autres
droictz au dit noble et puissant du Fouilhoux appartenans,
tant au lieu du Breuilhac, parroisse de Chay, que es environs,
tenues les dites choses noblement et par hommaige lige, à
devoir de rachapt, du seigneur du Puy du Fou aux devoirs
du dit, quant le cas y advient, estans les dictes choses indi-
vises avec le seigneur du Retail. Item toutes et chascunes les
terres labourables au dit noble et puissant apartenant assises
à Langlée, paroisse de Coussay, que tient et laboure Colas
Beausire, tenues les dites terres noblement et par homaige
de la dame de Bonoil à cause de sa seigneurie de la Boixière,
au devoir de rachapt quand le cas y advient. Item le droit,
part et porcion au dit du Fouilhoux apartennant es fours et
fournages des fours à ban du lieu, bourg et parroisse de
Marans. Et droyt de saulnage au dit du Fouilhoux apartenn-
nant au dit lieu, bourg et parroisse de Marans, estans par indivis avec le seigneur de Puysec, et tenues les dites choses par
hommaige de très hault et puissant seigneur monseigneur
de la Trimouille à cause de sa seigneurie de Marans, au devoir
(de rachapt). Item toutes et chascunes les terres, prez, boys
et maraix au dit du Fouilloux apartennant on bourg et parroisse du Gué de Velluyre et es environs, tenues noblement
et par hommaige du seigneur du Puy du Fou à cause de sa
seigneurie de la B (.....et au devoir de) l'hommaige quand

le cas advient. Item le droict, part et porcion au dit du Fouilloux apartennant en la mestairie de la Barbinière, ses apartennances, appendences et deppendences, assise en la dicte parroisse du Gué de Velluyre, estans par indivis entre le seigneur de Gazeau et le seigneur du Retail, teneu noblement et par hommaige de..... au devoir du dit hommaige. Item le droict audit du Fouilloux apartennant en la seigneurie de Fontayne, parroisse dudit lieu, estans par indivis avecques le seigneur du dit lieu et autres ses personnyers, tenue la dite seigneurie de la seigneurie de Houlmes au devoir du dit hommaige, quant le cas y advient. Pour joyr des dites choses par les ditz Goybaud, Masson et les leurs, tout ainsi que en ont joy les seigneurs de Morthemer, le dit seigneur du Fouilloux et le seigneur de Sabeilles et que les dites choses sont demourées au dit seigneur du Fouilloux par partaige faict entre luy et le dit seigneur de Sabeilles, et tout ainsi que en ont joy par cydevant lesditz Goybault et Masson à tiltre de ferme des dictz seigneurs du Fouilloux et de Sabeilles; en payant doresnavant par lesdictz Goybault et Masson les devoyrs desditz hommaiges et façons d'iceulx quand le cas adviendra. Et des dites choses ledit du Fouilloux s'en est dexmis, desvestu, dessaisi pour luy, les siens et en a vestu et saisi les ditz Goybault et Masson......... par ces présentes. Promettent les dictes parties, sçavoir est ledit du Fouilloux, garentir et deffandre auxditz Goybaud et Masson les dictes choses dessus arrentées que dict est, doresnavant, perpétuellement, de tous, vers tous et contre tous, de tous troubles et empeschements quelxconques, et les ditz Goybault et Masson payer la dicte rente au dit du Fouilloux au lieu et terme susditz ; les dictes parties stipullant et acceptant ce que dessus, chascune d'elles pour leur regard, et pour et au prouffit d'elles, de leurs hoirs et successeurs et ayens causes. A ce faire, tenir et garder et acomplir les dictes parties et chacune d'elles ont obligé et obligent elles, les leurs, hoirs et successeurs, tous et chacuns leurs biens meu-

bles et immeubles, présens et advenir quelxconques, leur
foy et serment de leurs corps sur ce donné ; renuncians sur
ce les dictes parties à toutes exceptions de déception quelxconques à ce contraires. Dont de leurs consentemens et
volontez elles en ont été jugiées et condamnées de l'auctorité
de la dicte court, à la jurisdiccion de laquelle elles ont su......
et soubmis elles, les leurs susditz, tous et chascuns leurs
ditz biens quand ad ce............. dites cours, aux requestes
des dictes parties et féalles relations des notayres soubscriptz,
auxquels adjouxtons foy quand ad ce, a ces présentes lettres
avons mis et apposé en tesmoign de vérité. Fait (et passé en
la cour du scel) de Champdeniers le...............................
.... esme jour d'aougst l'an mil...............
(*le reste manque*).

IV.

Lettres du roi Charles IX, par lesquelles il propose Jacques du
Fouilloux à la garde de ses chasses dans les forêts et bois du
Poitou en confirmant et renouvelant une commission antérieure
du 28 août 1561. suivies de la commission de Pierre Moysen,
sieur de la Guyonnière, comme lieutenant-général dudit du
Fouilloux, du 31 décembre 1572. (*Orig., parch., communiqué
par M. l'abbé Drochon, curé de Château-Larcher.*)

26 août 1571.

Charles, par la grace de Dieu, roy de France, à nostre
cher et bien amé Jacques du Fouilloux, sieur dudict lieu,
salut et dillection. Estans cidevant advertiz que pleussieurs
tant gentilhommes que aultres non aiant droict de chasses,
contre les esdiz et ordonnances faictes tant par nous que noz
prédéscesseurs roys sur le faict des chasses, eaues et forestz
de nostre royaulme et païs de nostre obéissance, chassoient
aux bestes rousses, fauves et noyres et toute aultre sorte de

gibier, pour y remédyer nous vous aurions par noz lectres patantes du vingt huictiesme jour d'aoust mil cinq cens soixante et ung commys et baillé la charge et commission pour avoir esgart sur le faict des chasses ès forestz, bois et buissons estans en nostre païs de Poictou à nous apartenans et autres lieux y adjacens et circonvoisins ; et d'ault[tant] qu'il a pleu à Dieu remectre à present nostre roiaulme en paix, nous dessirons plus que jamays prandre nostre plaizir et passetemps à la chasse, et à ceste fin ferre conserver et garder les bestes fauves, rousses et noyres : savoir vous faisons que nous, aïans esgard au bon et fidelle debvoir que vous avez par cidavant faict en lad. charge que vous avons commise, et à plain confians des loiaultés et fidellité de vostre personne, cougnoissans aussy le zelle et grant affection que vous portés au bien de nostre service, pour ces causes et aultres à ce nous mouvans, en confirmant et augment[ant] nostre dicte commission cy atachée soubz le contresel de nostre chancellerie, vous avons de nouveau commis et depputé, commectons et depputons pour avoir l'œil, soing et esgart sur le faict des chasses, tant esdictes forestz, boys et buyssons estant en nostre dict païs de Poictou à nous apartenans et autres lieux y adjacens et circonvoissins, et voulons et vous mandons que, reprinses par devers vous les ordonnances par nous faictes sur le faict desdictes chasses, vous faictes faire de noveau expresses inhibisions et deffances de par nous à son de trompe et cry public, par tous les lieux et endroictz de noz dictzs païs et conté de Poictou et aultres où sont asissez lesdictes forestz et buissons, acoustumés à faire semblables criz et proclamasions, à toutes personnes quelquonques, de la qualité portés par noz dictes ordonnances, que sur les penes indictes et expressément portés par lesd. ordonnances ilz n'aient à chasser esd. forestz, boys et buissons à nous apartenans ausd. bestes rousses, fauves et noires, lièvres, connilz, perdriz, faisans et aultre gibier prohibé et deffandu par lesd. ordonnances, soict à chiens, fillectz, rayz saillans, panuceaulx, colectz, harquebus et ars, arballaistres, ne aultres angins quelconques ; et cy après lesd. inhibisions et deffenses vous trouvez aucuns y contrevenyr, tuez leurs chiens et vous saissisés de leurs personnes ensamble desd. fillectz, retz saillans, panuceaulx, harquebuzes, ars, arbalaistres et angins susdictz, que nous avons dès à présens comme pour lors, et pour lors comme dès à présent, déclarez et déclarons à nous aquis et confisqués, faisant au demourant amener et délivrer les dellinquans prisonniers ès mains du plus prochain provost des maréchaulx ou juge roial du lieu ou vous les aurez prins, pour estre proceddé à l'[enc]ontre d'eulx selon et en ensuivant noz dictes ordonnances et ainsi qu'il vous est permis et mandé de faire par vostre commission, cy, comme dict est, atachée ; suivant laquelle nous vous avons ausy par ces présentes permys et permectons et à vos depputez dont vous serez responsable, que faisant et excersant la présente commission et ce qui despant d'icelle, pour la sureté, tuition et deffence de voz personnes vous puissiés porter harquebus, pistolles et pistollectz nonobstant les ordonnances et deffences naguères par nous faictes, et aultres edictz et ordonnances à ce contraires, ausquelles pour ceste [fois] seulement nous avons dérogé et dérogeons ; car tel est nostre plaizir. De ce faire vous avons et à voz dictz depputés donné et donnons plain pouvoir, puissance, autoricté, commission et mandemant sepécial. Mandons et commandons à tous noz justiciers, officiers et subjectz que à vous en ce faisant ilz obéisent, prestant et donnent conseil, confort et aide et prisons, cy mectier est et requis en sont. Donné à Chenonceau le XXVIe jour d'aoust l'an mil cinq cens soixante et unze et de nostre règne le unzièsme. Ainsy signé par le roy, Brulart, et sellé de sire jaune et du grand sel à longue queue.

Suivant la commission cy dessus qu'il a pleu au roy me donner sur le faict des chasses, eaux et forestz en la conté de Poictou et lieux y adjassans et circonvoisins, je sertiffie à qui il apartiendra avoir mis et commis Pierres Moysen, escuier, signeur de la Guionyère, mon lieutenant général pour m'estre aidant à excécuter lad. commisyon selon l'intension et volonté du roy, laquelle dicte commision a esté plubliée et enresgistrée au groueffes des villes roialles du ressort de Poictou avec le non de mesd. archiers et aides; et pour excécuter ladicte commisyon, nous luy avons permis et permectons, selon la puissance qu'il a pleu au roy me donner, conteneues par lesdictes lectres et commisyon de porter les armes, soict harquebus, pistoles, pistollés et aultres armes, en excersant lad. commisyon ou venant par devers nous pour l'excécusion d'icelle, et touteffoys sans en abuzer, tout ainsy que lesd. lectres et commision portent. Et pour aprobassion de ceste dicte présente et affinque personne n'en portet cause d'yngnorance, j'ay signé la présente de ma main, ce dernyer jour de décembre mil cinq cens soixante et douze [1].   J. Du Fouilloux.

V.

Vente par Jacques du Fouilloux à François Chabot, sieur de la Pimpelière, de l'hôtel de la Mothe de Saint-Denis-de-Mairé. (*Orig., pap., minutes de M. Dupont, notaire à Niort.*)

29 octobre 1573.

Sachent tous que en droict en la court du scel establv aux contractz à Nyort pour le Roy nostre sire et pour la Royne d'Escosse, douairière de France, a esté personnellement establv et deuhement soubzmis noble et puissant Jacques

---

1. Rapprocher de cette commission de lieutenant-général celle de garde des chasses royales du Bas-Poitou, en date du 8 novembre 1565, donnée par Jacques du Fouilloux à Jacques Buor (*Arch. Histor. du Poitou*, tome I, page 134).

du Fouilloux, s^r dudit lieu et de Bouillé y demourant audit lieu du Fouillou en Gastine, ressort de Poictiers ; lequel s^r du Fouillou, pour ce que ainsi luy a pleu et plaist, a vendu, ceddé, délaissé et transporté, et par ces présentes, pour luy, ses héritiers et qui droict et cause en auront à perpétuité, vend, cedde, délaisse et transporte à honorable homme François Chabot l'ayné, s^r de la Pimpelière et de Bourgneuf, eschevyn dudit Nyort, y demourant, ses héritiers et qui droict et cause en auront an l'advenir, l'houstel noble, terre, fiefz et seigneurie de la Mothe Sainct-Denys de Mayré, aultrement Bougouyn, avecques toutes et chacunes ses appartenances, appendences et deppendences d'hommes, hommages, rachapts, mestayerie, fuye, garennes, terres, prez, boys, cens, rentes, terrages, complans, droictz de patronnage et collations de chappelles, justice et jurisdiction haulte, moyenne et basse, et tous droictz et debvoirs seigneuriaux et aultres choses généralement quelzconques estans des appartenances et deppendences dudit houstel, terre et seigneurie de la Mothe Sainct-Denys de Mayré, assis audict lieu de Mayré, paroisse de Sainct-Morice, en la baronnie et chastellanie dudit Nyort et environ, et partout ailleurs que lesditz hommages, droictz, debvoirs et choses de ladicte seigneurie de la Mothe soyent deuz, situez et assis, sans aulcune chose excepter ne reserver de tout ce qui deppend de ladicte seigneurie de la Mothe Sainct-Denys de Mayré et qui a acoustumé revenir et deppendre d'icelle, et tout ainsi comme ledit s^r du Fouilloux, ses prédécesseurs et leurs fermiers en ont cy devant joy ; tenu ledit houstel, terre et seigneurie de la Mothe Sainct-Denys de Mayré et ses appartenances et deppendences noblement et par hommage du Roy, nostre sire, à cause de son chasteau, baronnie et chastellanie de Nyort au debvoir de . . . . . , fors partie des terres et aultres lieux de ladicte mestairie, qui sont tenuz du p. . . . . de Nyort et d'aultres seigneurs ; à la charge audit Chabot et aux siens susditz de faire en l'advenir ledit hommage, payer le debvoir d'icelluy et tous aultres debvoirs seigneuriaux, féodaulx et aultres antiens deuz et accoustumez estre payez sur lesdictes choses vendues, lesquelles ne lesditz aultres debvoirs ledict s^r du Fouilloux affirme par serment ne pouvoir à présent aultrement déclarer que par la forme susdicte. Et néantmoins, pour plus ample déclaration et expression desquelles choses vendues tenues du Roy, ledit vendeur a employé l'adveu ou dénombrement qu'il en a rendu au Roy, nostre sire, comme si ledict denombrement ou adveu estoit comprins et transcript par ces présentes pour cause de briefvetté, comprenant expressément en ladicte vendition tous droictz, noms, raisons et actions quelzconques deuz, appartenans et restans au dit s^{gr} du Fouilloux à cause de ladicte terre et seigneurie de la Mothe Sainct-Denys de Mayré et sesdictes appartenances et deppendences, pour raisons des droictz et debvoirs seigneuriaux et aultres quelzconques d'icelle seigneurie du passé jusques à luy, aussi sans aulcune chose excepter ne réserver ores ne pour l'advenir par ledit seigneur du Fouilloux, fors seullement ce qui est deu audict seigneur par les mestayers à cause de la ferme de la mestairie d'icelle, ce qui appartiendroit aux fermiers qui ont cy devant esté de ladicte seigneurie, qui n'est comprins en la présente vendition et cession. Laquelle du tout desdictes choses est faicte pour est moyennant la somme de huict mil six cens livres tournois, laquelle somme de huict mil six cens livres tournois ledit Chabot a baillé et payé comptant audict s^r du Fouilloux en faisant le présent contract, présens nous notaires et tabellions soubzscriptz, en deux mil escuz sol, cinq cens écus pistolletz, cent doubles ducatz et en testons réales et dozains que le dict s^{gr} du Fouilloux a heu, prins et receu, et de la dicte somme de huict mil six cens livres tournois s'est tenu et tient content et bien payé et en quicte ledict Chabot et les siens susdictz. A tant aussi s'est ledict s^{gr} du Fouilloux desmis, desvestu et dessaisy de la dicte terre et seigneurie de la Mothe Sainct-Denys de Mayré et ses dictes appartenances, appendences, deppendences des choses susdictes et de tous droictz, noms, raisons et actions tant réalles que personnelles qu'il avoit, pouvoit et debvoit avoir en icelles, et du tout a vestu, saisy et faict vray seigneur et possesseur ledict Chabot par ces présentes; pour en joyr, faire et disposer dès à présent et à perpétuité par ledict Chabot et les siens susdictz, plainement, paisiblement et en plein droict et seigneurie, comme de son propre bien, dommaine, héritage, vray et loyal acquest. Et s'en est ledict s^r du Fouilloux, par tant que mestier soit, constitué possesseur pour et au nom dudit Chabot jusques il en ayt prins et appréhendé possession réale, corporelle et actuelle, ce que ledict Chabot pourra faire quand bon luy semblera. Et auquel Chabot et aux siens susditz icelluy dit s^r du Fouilloux a promis et sera tenu garentir, délivrer et désempescher à perpétuité en jugement et hors jugement ledict houstel, terre et seigneurie et ses dictes apartenances et choses dessus vendues envers et contre tous de tous troubles, charges, hyppothecques, obligations et empeschements quelzconques, en faisant à l'advenir ledict hommage et payant lesdictz debvoirs scelon que dict est. Sera oultre ledict s^r du Fouilloux tenu bailler et mettre ès mains dudict Chabot tous les adveuz, dénombrements, hommages, réceptions d'iceulx, papiers cencifz et d'assises et aultres lettres, tiltres et enseignemens qu'il a par devers luy concernans ladicte seigneurie, droictz et debvoirs d'icelle et choses susdictes dedans huict jours prochain venants, et si quelqu'un en avoyt et a ceddé son action pour se le faire rendre et restituer. Toutes et chascunes lesquelles dictes choses ledict Chabot présent agrée, stippulle et accepte pour luy et les siens susdictz et ausdictes choses faire, entretenir et acomplir sans y contrevenir, et mesmement audict gariment desdictes choses vendues ledict s^r du Fouilloux a juré et presté sur ce solennellement sa foy et serment de son corps, obligé et hypothecqué, oblige et hypothecque tous et chacuns ses biens présens et avenir quelzconques, dont de son consentement et volonté il a esté jugé et condamné par le jugement et condamnation de ladicte court du scel par nous Laurent Gastauld et Jehan Brisset, notaires et tabellions jurez d'icelle. Faict, passé et accordé audict Nyort en la maison dudict Chabot, où il faict sa demourance, le jeudy vingt neufiesme jour d'octobre l'an mil cinq cens soixante et treze [1].

J. DU FOUILLOUX, F. CHABOT, GASTAULD, BRISSET.

VI.

Testament de Jacques du Fouilloux. (*Copie notariée, pap., communiquée par M. l'abbé Drochon, curé de Château-Larcher.*)

3 août 1580.

Au nom du Père et du Filz et du Sainct Exprit, Amen. Je Jacques du Fouilloux, escuier, sieur dud. lieu, estant de présent détenu en inffirmitté de malladie, touteffois sain d'exprit et entendement, considérant qu'il n'y a chose plus certayne que la mort et rien plus incertain que l'heure d'icelle, ne voullant décedder de ce monde sans dispozer et

---

[1]. La fortune dont du Fouilloux avait hérité de ses parents était considérable ; mais les pièces qui précèdent montrent qu'il l'avait quelque peu entamée, grâce au genre de vie qui l'a rendu célèbre.

Nous pouvons encore citer deux domaines aliénés par notre veneur ; l'un est la Guynardère, ainsi qu'il résulte de l'acte suivant, du 9 mai 1557 :

Vente par Jacques du Fouilloux, écuyer, seigneur dudit lieu et y demeurant, à M° Jacques Aubin, procureur à Saint-Maixent, avec faculté de retrait pendant un an, de la maison et métairie de la Guynardère, au pays de la Saizine, moyennant la somme de 1000 l. t., dont 760 l. t lui sont payées comptant, le surplus étant dû par du Fouilloux aud. Aubin. Passé au bourg de la Lande. — Le même jour Jacques du Fouilloux emprunte au même Aubin la somme de 400 l. t., avec promesse de remboursement dans le délai d'un an. (*Minutes de François Seneschault, notaire royal à Saint-Maixent, communiquées par M. Prignaud, notaire au même lieu.*

L'autre domaine aliéné est le Chastenet, paroisse de Saint-Amand, qu'il échangea avec sa nièce Marie Cathus, le 19 octobre 1569, contre la terre de Bouillé et qu'il vendit le 16 novembre suivant. (Pressac, *Généalogie du Fouilloux.*)

ordonner des biens que Dieu m'a presté en ce monde : par cestuy présent mon testament et derrière volompté, premièrement je recommande mon âme à Dieu, le père tout puissant, et que amprès la séparation d'elle mon corps estre inhumé et enterré où il plaira à mes parens [1], et que au jour de mon décès il soit donné et distribué en aulmosne au pauvres le pain de deux septiers de seille. Item je donne amprès mond. décès à Phelippe Légier, escuier, seigneur de la Saulvagière, et à Pierre Moizain, escuier, seigneur de la Guionnière, à chascun d'eux par moictyé tous mes rectz convenable pour la chasse. Item à maistre Pierre Augier, je luy donne ma mulle avecq son harnay. Item à mes mestaiers, assavoir est à Pierre Cornueau, à Jacques Guather et à Pierre Lepvaud, à chascun d'eux quatres septiers de seille que je veulx et entens leurs estre desduict et rabaptu sur leurs fermes au premier terme, pour récompansse de partye des paines qu'il ont prins pour moy durant ma malladie que auparavant. Item à Jehan Joiau et Jehanne du Fouilloux, sa femme, le nombre de cinq septiers de seille prin à la mestayrye de la Ferrollière et mon lict du vieil Brusson, onquel je soullois coucher, tout ainsy qu'il est garny. Item à Benoist Orgereau, à présent mon serviteur, le nombre de quatres septiers seille, prin à la mestayrye de la Piccotière. Item à Guillaume Pouhet, aussy mon serviteur, pareil nombre de quatres septiers de seille prin à la Ferrollière,

---

1. Du Fouilloux mourut le 5 août 1580, et, malgré les dires de ses historiens, il laissa non pas une héritière unique, Marie Cathus, mais bien deux héritières, Marie et Jeanne Cathus, filles de sa sœur Jeanne du Fouilloux. Marie eut la seigneurie de Bouillé en partage et Jeanne eut le Fouilloux, ainsi qu'il résulte de la pièce originale, conservée aux archives de la Vienne, série C² l. 93. dont la cote suit :

1604, 24 août. — Aveu rendu à la Tour de Maubergeon de Poitiers par Jeanne Cathus, dame du Fouilloux et du Chillou, veuve de Claude de Faye, chevalier de l'Ordre du roi, capitaine de 50 hommes d'armes de ses ordonnances, sieur de la Razillière, pour son hôtel du Chillou.

aussy pour charitté. Et pour faire et accomplir le contenu en cestuy présent mon testament, lequel je veulx estre accomply de poinct en poinct, car telle est ma volompté, j'ay ordonné et ordonne mes excécuteurs lesd. seigneurs de la Saulvagière et Guionnière, lesqueulx je supplye en prandre la payne, et cy aulcuns testament ou codicille avoient esté faictz par moy cy devant, je les casse, annulle et révocque. En tesmoing de quoy j'ay marché de ma main le présent mon testament et derrière volompté et icelluy faict signer à ma requieste au notère soubzcript jurez soub la court et baronnye d'Hoirvau, le troisiesme jour d'aougst l'an mil cinq cens quatres-vingt. Plus je donne à Loize Fouschier et à ses enfants deux lictz qui sont au Vieux Brusson. Ainssy signé en la mynutte, J. Du Fouilloux et F. Affray, Claude Desprez, R. de Laspaye pour présens ; aussy estoyt présent Aymery de Maunourry, escuier, seigneur de la Mothe, lequel a déclairé ne sçavoir signer.

N. Julien.

TABLE

DES NOMS DE PERSONNES

ET DE LIEUX.

A

A... (Johannes), 57.
Aalart, V. Alardus.
Abain (Geoffroy d'), sgr d'Amaillou, 400.
Acalon (Guillelmus), 127.
Acarier (Guillelmus), 59.
Ace (Constantinus), 33, 46, 189.
— (Guillelmus), 154, 176.
— (Petrus), 19.
Acharz (Ramondus), 61.
Aci (d'), 75.
Acrifolium, 59 ; *Aigrefeuille, Charente-Inférieure.*
Acuchart (Warinus), 46.
Adan, 215.
Affray (F.), 449.
Affre, Ayfra, 101, 112, 150, 163, 175 ; *Aiffres*, c^{on} *de Prahecq, Deux-Sèvres.*
— (P. d'), 112.
— (Petrus), 185.
— (Radulphus d'), 70.
Aganaies (Johannes d'), 45.
Ageneis (Benedictus d'), 60.
Agonasio (Tuscha de), 139 ; *la Touche*, c^{ne} *d'Aigonnay*, c^{on} *de Celles, Deux-Sèvres.*

Agonays (Benedictus d'), 194.
— (Johannes d'), 229.
Ahlden, *Allemagne*, 364.
Alardus (Aymericus), 32, 125, 139, 153, 165, 179, 190, 200, 220 ;
— Aalart, 39 ; — Alart, 93.
— (magister), 173.
Albigensis (Raymundus), 137, 149, 152, 165, 177, 200, 220.
Albignac (monachi de), 161.°
Albigniaco (Raymundus de), 7, 30, 49, 189.
Albinus, 123, 204.
Albis Petris (abbas de), 121 ; *Aubepierres, diocèse de Limoges.*
Albuquerque (duc d'), 293.
Albus (Aymericus), 110.
Aldembourg (Charlotte-Amélie, comtesse d'), 362, 369.
Ale (Gaufridus), 62.
Alemagnia al. Alemeigne (Hugo de), 59, 81.
Alemangnia (Radulphus de), 231.
Alemannia al. Alemania (Galterus de), 16, 17, 58, 150, 163, 175.
— (Gaufridus de), 58.
— (Guillelmus de), 20.

Aler (Guillelmus d'), 122.
— (Warinus), 207.
Aleriaco (Hugo de), 98.
Alexander, 23, 129.
— (Arnaldus, al. Ernaudus), 35, 63, 179, 220.
Alexin (Aymericus), 178.
Alfons (Martinus), 59, 156.
Alfonsus comes, 2, 3, 4, 8, 9, 10, 13, 14, 18, 19, 26, 37, 43, 45, 47, 48, 53, 54, 55, 56, 57, 59, 60, 63, 65, 74, 75, 76, 77, 81, 88, 89, 90, 94, 96, 98, 99, 100, 106, 108, 109, 110, 113, 114, 120, 122, 130, 131, 132, 142, 143, 144, 146, 150, 156, 158, 159, 162, 168, 170, 171, 172, 173, 174, 183, 184, 185, 186, 187, 192, 193, 194, 195, 198, 201, 202, 203, 204, 205, 206, 217, 218, 224, 225, 227, 229, 233.
Alinasium, V. Alnisium.
Allemagne (l'), 368.
Allemerius, 138.
Allodium, 417 ; boscus de Alodio, 93, 116, 154 ; *Laleu*, c^{on} *O. de la Rochelle*. V. Lalo.
Almaricus (Petrus), 158.
Alnisio (Jacobus de), 17.
Alnisium, 20, 27, 28, 31, 32, 33, 40, 51, 57, 58, 66, 70, 71, 98, 103, 105, 115, 118, 127, 139, 153, 157, 162, 174, 178, 197, 220, 221 ; *l'Aunis*.—Alnisii archidiaconus, 197. 232 ; — ballivia, 33. 39, 42, 47, 50, 54, 57, 70, 71 ; — magnum feodum, 8, 62. 71, 74. 82, 88, 91, 114, 119, 124, 136, 151, 157, 158, 163, 175, 188 192, 193, 199, 217, 218 ; — Alnesii, 59 ; — Alnezii 59 ; — Alnysii, 101. V. Aunis.
Altisiodorii feodum, 61.
Amaillou (Geoffroy d'Abain, sgr d'), 400.
Amboise, 283, 327 ; *Indre-et-Loire*.
Amellya, 22.
Americus (Americus), 210.

Amici (Hugo), 65.
Amiot, 79.
Amiraldi (Guillelmus), 146.
Amuri (feodum d'), 62 ; *Amuré*, c^{on} *de Frontenay, Deux-Sèvres*.
Anais, 13, 32, 218 ; Anayas prioratus. 51 ; Anes, 230 ; Anesius, 91, 100, 124, 136, 175 ; Aunes prioratus, 70 ; *Anais*, c^{on} *de la Jarrie, Charente-Inférieure*.
Anatogne, 51.
Anayas (prioratus d'), 51. V. Anais.
Anché (Hugo), 11, 29, 38.
Andegavensis ballivus, 26, 37, 43. V. Angers.
Andraut (Warinus), 46.
André (Guillelmus), 172.
Andreas (Petrus), 64.
Aneriis (Gonbaudus de), 44.
— (Guillelmus de), 221.
Anesio (Aymericus de), 122.
— (P. de), 110.
Anesius, V. Anais.
Aneto (Radulphus de), 23, 55, 75 ;
— de Anoto. 119.
Angers, 238, 239, 340 ; Andegavensis ballivus, 26, 37, 43.
Angle, V. Engle.
Angleterre (roi d'), 287.
Anglia, 22, 195 ; *l'Angleterre*.
— (Rogue de), miles, 46.
Anglici, 424 ; *les Anglais*.
Angogier (Vivianus), 60.
Angoulême, 281, 304 ; — (duchesse d'), 279. V. Engolisma.
Angoumois (l'), 293, 295, 298, 300, 301, 303, 308.
Anjoberti pons, 203 ; *le pont Joubert à Poitiers*.
Antesanz, 7 ; c^{on} *de Saint-Jean-d'Angély, Charente-Inférieure*.
Antoine, roi de Navarre, 324.
Aprilis (P.), 173.
Aqualeu (Guillermus), 135, 149.
Aquæ-mortuæ, 204, 205, 215, 231 ; *Aigues-Mortes, Gard*.
Aram (Hugo), 154,
Araone (Guillermus de), 21.
Arbaut, Arbault, 80.
— (Gaufridus), 17.
Arceio (Mauricius de), 58.

— 453 —

Arceio (Oliverius de), 138.
Archer, V. Archier.
Archeriorum baillivia, 5.
Archiepiscopi (Guillelmus), 64.
— (Hugetus), 217.
Archier (Philippus l'), 15; — Archer, 2 ; — Arquer, 3, 11, 15 ; — Arquier, 11, 14.
Ardanie terra, 198 ; — Ardannie, 150, 187 ; — Ardennie, 218 ; domus de Ardanna, 204. *Ardenne, c^{ne} de Charzay, c^{on} de Fontenay-le-Comte, Vendée*.
Ardileriæ, 59 ; *Ardillières, c^{on} d'Aigrefeuille, Charente-Inférieure*.
Ardilleria (Rex de), 185.
Arduinus, archiepiscopus Burdegalensis. 42.
Aremberti (Guillelmus), 103, 138.
Argenteriæ, 114 ; *Argentières, c^{on} de Prailles, c^{on} de Celles, Deux-Sèvres*.
Argentone (domina de), 233.
Argnat (Gaufridus d'), 77.
Arimellus, civis Parisiensis, 234.
Ariquan (Guillelmus), 140.
Ariqueverius (Guillelmus), 39.
Arminno (Guillelmus), 15.
Arnac (Habertus d'), 140.
Arnaudi (Guillelmus), prior de Artigia, 411.
— (Johannes), 45.
Arnulfus, 206.
Arnulphi (Arnaldus), 48.
Arpillen (Johannes d'), 41.
— al. Arpillan (Petrus de), 41, 202.
Arpini (Ayemericus), 46, 56.
Arquier, al. Arquer. V. Archier.
Arrabi (Guillelmus). 77.
Arragonis rex, 108.
Ars (homines d'), 48, 217 ; *c^{ne} en l'île de Ré, Charente-Inférieure*.
Arthannia (domina de), 121.
Arthoan, al. Artoen (terra d'), 179, 221.
Arthuseria, 116, 126, 139, 153, 165, 179, 190 ; — (boscus de), 154 ; Artuseria, 200, 221 ; l'Artuisere, 84 ; Artuiseria, 104 ; l'Artuisiere, 93.
Artigia (prior d'), 411.

Arvert, Arvertum, 84, 116, 153, 179, 221 ; *c^{on} de la Tremblade, Charente-Inférieure*.
Asini (Gonbaudus), 217.
Asneriis (Guillelmus de), 179.
Asperomonte al. Apremont (Guillelmus d'), 154, 170.
Asse (Radulphus de), 58.
Ast, 288 ; *Asti, ville de Piémont*.
Atendu (Johannes), 216.
Atilerio (Hugo Barre de), 59.
Aubert (Guillelmus), 19.
— (Petrus), 230.
Auberti (Johannes). 26, 43, 49, 52, 65, 73, 82, 91, 186.
— (Martinus), 186.
Aubertus (dominus), 186.
Aubespine (de l'), 310, 323, 327, 336.
Aubin (Jacques), procureur à Saint-Maixent, 447.
Aucence (Gaufridus de), 63.
Aucher (Helias), 192, 211.
Aucorrio (G. de), 111.
Audebertus, 217.
Audemann, baillif de Rethem, 394.
Audez (Johannes), 46.
Audomar, comes Engolismensis, 21.
Augerii comes, V. Augi.
— (P.), 44.
Augi comes, 15, 20, 22, 57, 127, 133, 134, 142, 148, 149, 169, 174, 186, 197, 215 ; — comitissa, 20, 158, 169.
Augier (Pierre), 448.
Augisière (l'), 405 ; *c^{ne} d'Aizenay, Vendée*.
Aumale (duc d'), 312, 313, 314.
Aunac (François de Veluire, sgr d'), 429.
Aunes (prioratus de), 70. V. Anais.
Aunis (l'), 364, 379, 393, 394. V. Alnisium.
Aurelianun, 86, 145. V. *Orléans*.
Aurilianensis (Hugo), 204.
Ausance ou Ozance, 313. V. Auzance.
Austorde (Philippe), maître des monnaies, 256, 257.
Autaon (Oliverius d'), 19.

Autillio (Johannes de), 193.
Autolium, 206.
Auvernau (feodum d'), 64.
Auzance, 58, 313 ; Ausancia, 100 ; *Auzance*, c^ne *de Migné*, c^on *de Poitiers*.
Auzillac, 64.
Avinio, 424 ; *Avignon*.
Aybert (Giraudus), V. Eberti.
Aycberot, 92.

Ayemerici boscus, 66.
Ayfra, V. Affre.
Aymericus (Helias), 94.
Aynordis (domina), 190.
Ayron (Hugo), 216.
Ays (insula de), 409, 416, 417, 424 ; — (prior de), 409, 410 ; *l'Isle d'Aix*, c^on *de Rochefort, Charente-Inférieure*.
Azincourt (bataille d'), 400.

B

Babinellus, 160.
Baboin (Hugo), 78.
Bacces, Baces, Bacces, 69, 93, 125, 179 ; *la Bassée*, c^ne *de Frontenay, Deux-Sèvres*.
Bachart (Gaufridus), 48.
Baconasii forestagium, 176, 199 ;
— foresta, 114, 118, 120, 124, 125, 128, 130, 137, 141, 151, 155, 164, 167, 170, 188, 189, 191, 199, 219, 222 ; Baconesii, 72, 73, 82, 85, 101, 102, 106, 201 ; Bachonesii, 203 ; Baconais, 91, 94 ; Baconays, 92 ; Baconis, 51 ; Baconoies, 34, 52.
Badetius (Aymericus), 217.
Badou (Philibert), 278.
Baduc (Radulphus), 195.
Bagne-chien (tuscha de), 11.
Baiffo (Guido de), 103.
Baissi al. Baisi, Bayssi, Bessi (Hugo de), 50, 69, 83, 92, 94, 126, 133, 148, 216.
Balam, 6 ; *Ballon*, c^on *de Rochefort, Charente-Inférieure*.
Balamus, 205.
Balanzac, 63 ; feodum de —, 63 ; c^on *de Saujon, Charente-Inférieure*.
— (Gavardeza de), 63
— (Giraudus de), 48.
Balenzac (Gonbaudus de), 76.
Balic (Arnaldus de), 104.
Balleria (Gaufridus de), 69.
Banaon, 31, 32, 41, 52, 65, 75, 85, 86, 87, 91, 94, 106, 107,

108, 112, 118, 128, 141, 155, 167, 180, 181, 191, 192, 193, 201, 204, 218 ; Benaon, 12, 13, 23, 35, 222 ; Banaum, 23 ; Baanon, 25 ; Banon, 73. — Banaonis boscus, 12 ; — castellania, 59, 62 ; — castrum, 119 ; — foresta, 32, 40, 50, 52, 70, 71, 73, 81, 85, 91, 94, 100, 106, 113, 118, 124, 128, 136, 150, 163, 170, 175, 188, 198, 218 ; — prepositura, 13, 32, 39, 50, 70, 81, 91, 100, 113, 123, 135, 150, 163, 175, 187, 218 *Benon*, c^on *de Courçon, Charente-Inférieure*.
Banays al. Benays, Benetum, 74, 186, 197, 216, 419 ; capellanus de Benasio, 157, 192, 223 ; *Benet*, c^on *de Maillezais, Vendée*.
Barace (Nicolas), maître des monnaies, 248.
Barbe (Guillelmus), 2, 152, 165, 177.
— (Johannes), 111.
— (Petrus), 2, 152, 164, 189, 200.
— (Reginaldus), 18.
Barbezillum, Berbezillum, 407, 413, 423, 424 ; *Barbezieux, Charente*.
Barbin (Gaufridus), 186.
Barbinière (la), paroisse du Gué-de-Velluire, 439.
Barbitonsor (Henricus), 185.
Bardon, dominus Coignyaci, 21.

Bare, Barre (Fleure, Floure), maître des monnaies, 243, 244.
Barin (Petrus), 195.
Barnagoe (domina de), 187, 198.
Barnerus, 203.
Barrabin (Guillelmus), 19, 45, 104.
Barraudi (Bernardus), burgensis de Rupella, 418.
Barraudus, 150.
Barre (Hugo), 59.
Barreau (famille), 399.
Barrel (Petrus), 58.
Barret (Gaufridus), 41.
Barrot (Guy), 270.
Bartholomeus (magister), 24, 214.
Barthomeau (Guillelmus), 13.
Bastard (Jean), avocat du roi à Niort, 436.
Batardus (Amicus), 186.
Baucay, Baucaium, Baucaia, Bauceium, Bausaium, 50, 68, 69, 72, 83, 93, 103, 112, 115, 125, 138, 178, 200, 220 ; Bauchay, 38 ; *Baussais*, c^{on} *de Celles, Deux-Sèvres*.
Bauceio al. Bauchay (Hugo de), 16, 57, 59.
Baudet (ténement de), 405.
Baudoin (Johannes), 35.
Baudon (Giraud), 79.
— (Johan), 79.
Baudouin (Marie), femme d'Alexandre Desmier, 372.
Baudrans (Petrus), 63.
Baudut (Radulphus), 185.
Baugé (Warinus de), 48.
Baugi (Petrus de), 186.
Bausaio (decima de), 72. V. Baucay.
Bayé (René de la Rochefoucauld, sieur de), 429, 433.
Bayssi, V. Baissi.
Bealouc, 403 ; *Beaulieu-sous-la-Roche*, c^{on} *de la Mothe-Achard, Vendée*.
Beaucaire (Americus de), 102.
Beausire (Colas), 438.
Beausne (de), 278.
Becheret (P.), 15.
Bechet (P.), 16, 17.
Bedonus (G.), 221.

Bedoyn (Guillelmus), 179.
— (Johannes), 35, 179, 217.
Beerum ballus, 70. V. Booron.
Begouin, Beguouin, 69, 94 ; præpositus de, 70, 77 ; *Bougouin*, c^{ne} *de Chavagné*, c^{on} *de Saint-Maixent, Deux-Sèvres*.
Belac (Gerinus de), 230.
Bella Arbore (domina de), 47.
Bella Villa (Mauricius de), 17, 19, 20, 118, 128, 133, 147, 174.
Bellebaste (Charles Sartin, s^r de), 429.
Bellere (Gaufridus de la), 83.
Belleria (boscus de), 116. V. Berlleria.
— al. Berlleria (Ayemericus de), 33, 126, 127, 134, 149, 154.
— (Gaufridus de), 92, 126, 134, 148, 165.
Belli Campi aula, 203 ; domus de Bello Campo, 157 ; *l'aumônerie de Saint-Georges ou Beauchamp à Niort*.
Belloloco (terra de), 154 ; *Beaulieu-sous-la-Roche, Vendée*. V. Bealouc.
Bello Monte (Aymericus de), 20.
— (Gaufridus de), 58.
— (Guillelmus de), 140.
Bellopodio (Andreas de), 2, 154, 166, 189, 200.
— (Gaufridus de), 207.
Belnerius, 52.
Benaon, V. Banaon.
Benays, V. Banays.
Benedicti (Iterius), apothecariu Engolisma, 423.
Benetum, 419 ; *Benet*, c^{on} *de Maillezais, Vendée*. V. Banays.
Ben-nos-vegne (Nicholaus), 10.
Béranger (Jehanne), femme d'Alexandre Desmier, 374.
Berardi al. Berart (Hugo), 64, 135.
Berchout (Theobaldus), 105.
Berconel (G.), 88.
Berini (Benedictus), 112.
Berlandus (Herbertus), 10.
Berlin, 395 ; *Allemagne*.
Berlleria, Belleria, 103, 116 ; *la Berlière*, c^{ne} *de Goux*, c^{on} *de la Mothe-Saint-Héraye, Deux-Sèvres*.

Bernagoe (Hugo de), 70.
Bernagoies (domina et feodum de), 62; *Bernegoue*, c^{ne} *de Saint Martin-de-Bernegoue*, c^{on} *de Prahecq, Deux-Sèvres.*
Bernarda (Maria), 216.
Bernardi (Hamericus), 61.
Bernardus (Helias), 100.
— (Renaudus), 60.
Bernazaio (Ayemericus de), 71 ; — de Bernezai, 20.
Bernerius, 95, 129, 168, 223.
Berno (Warinus), 48.
Bernolio (P. de), 111.
Bertholomieu (Gaufridus), 230.
Bertin, al. Bertini (Petrus), 16, 17, 59, 62, 150, 159, 163, 175.
Bertrandus al. Bertrandi (Yterius), 152, 164, 177, 189, 200, 219.
Besairansis salina, 63.
Bessi, V. Baissi.
Bessia (G. de), 101.
Bessière (Mme de la), 372.
— (Charles Gourjault, sgr de la), 370, 371, 372.
Betaille (Pierre de), 245, 246, 247, 248.
Betiz (Simon de), 43.
Biart, 285 ; *Biard*, c^{on} *de Poitiers.*
Bidault (Jacques), 432.
Biez (Hugues de oudu), 271, 272, 273.
Bigot (Guillelmus), 134, 148, 190.
— (Jean), sieur de Brion, 429, 431, 432.
— (Louis), sieur de la Girardie, 429, 431, 432.
— (Radulphus), 13, 69, 115, 127, 134, 148, 216 ; Bigaut, 102 ; Bigaudi, 50, 92, 110.
— (Reginaldus), 83.
Bigre Arelianensis (Radulphus), 108, 130.
Billiaco (Reginaldus de), 189.
Binelia (Guillelmus de), 58.
Biron (Gaufridus), 122.
Birot (Bertran), 79.
Blameré, 13 ; c^{ne} *de Puyravault*, c^{on} *de Surgères, Charente-Inférieure.*
Blancaye (abbatia de la), 53 ; *peut-être l'abbaye de la Blanche en l'île de Noirmoutier, Vendée.*

Blanchetère (la), 80.
Blanensi (dominium de), 63 ; *Blaye, Gironde.*
Blanzac (dominus de), 23, 34 ; c^{on} *de Matha, Charente-Inférieure.*
Blanzaco (castrum de), 424 ; *Blanzac, Charente.*
Blavya, 158; *Blaye, Gironde.*
Blenac (Robertus de), 122.
Bleriaco al. Bleri (Petrus de), 133, 160, 172, 173, 185, 207, 230.
Bleu (Aymericus de), 132.
Bloc, 7 ; c^{ne} *de Lozay*, c^{on} *de Loulay, Charente-Inférieure.*
Blois, 293, 340.
Boart (Gaufridus,) 211.
Boce (Guillelmus), 78, 110, 195.
— (Petrus), 10, 28, 29, 38, 49, 66, 82, 92, 102, 114, 125, 137, 152, 164, 177, 189, 199, 219.
Bocelli (Bochardus), 161.
Bochart (Guillermus), 89.
Bochau (Arnaudus), 134.
Bocher (Aimeri), 403.
— (Guillaume), chevalier, 401.
— (Jean), clerc, 405.
Bochereau (Arnaldus), 149.
Bocherie (la), village, 405, 406 ; *près Aizenay, Vendée.*
Bochet (Guillelmus), 60.
— (Petrus), 62.
Bocheto (Warnerius de), 70.
Boerii (Geraldus), monachus, 417, 424.
Boetum, 32, 50, 100, 136, 175, 218, 230 ; *Bouhet*, c^{on} *d'Aigrefeuille, Charente-Inférieure.*
Boexère ou Buxère (André de la), garde du scel à la Roche-sur-Yon, 404, 406.
Bogueri (Guido), 57.
Boidie (Pierre la), 269.
Boisaffrant, 34.
Boissi (boscus de), 12.
— (Hugo de), 12.
Boivin (Petrus), 17.
Boixière (la), sgrie, 438.
Bolonie comes, 108.
Bonanata (domina), 194, 196.
Bonaut (Savari), 79.

Bonavilla (Helias de), 94, 118.
Boncel (Bochardus), 98.
Bonella (Petrus de), 160.
Bonet (Emerius), 65.
Boneti (Johannes), 58.
Bonhomet (Ernaudus), 63.
Bonin (Guillelmus), 189.
— (Hugo), 181, 223, 224.
Boninotus, 140.
Bonins de Gaudon (boscus au), 126.
Boninus judeus, 94.
— presbyter, 92.
Bonivallis abbas, 217; *Bonnevaux*, c^{ne} *de Marçay*, c^{on} *de Vivonne*, *Vienne*.
Bonneau, 306.
Bonneria (boscus de), 126.
Bonnetière (Jean Legier, s^r de la), 430.
Bonoil (la dame de), 438.
Booron al. Beerum terra, 38, 50, 70; Boroini —, 90.
Boorunnus, 81.
Borcère (Ceran de la), 404.
Borde (Guillelmus), 78.
Bordeaux, 311. V. Burdegala.
Bordet (Oliverus), 185.
Bordetus, Bordet, 18, 57, 105, 117; *le Bourdet*, c^{on} *de Mauzé*, *Deux-Sèvres*.
Bordeulle (Stephanus de), 184.
Bordoil (Gaufridus), 59.
— (Gerbertus), 138, 152, 165, 177, 189, 200; — Borduell, 220.
Borlegne (Albinus), 147.
Born (Peirer de), 6.
Bornays (Aymericus de), 20.
Bornet (abbas de), 44 ; *Bournet*, c^{ne} *de Courgeac*, c^{on} *de Montmoreau*, *Charente*.
Boroini, V. Booron.
Borrea (Johan), 402.
Boscher (Guillaume), V. Bocher.
Boschet (Hemericus de), 58.
Bosco (Guillelmus de), 102.
— (Hamericus de), 45
— (Hugo de), 17.
— (Thomas de), 2, 3, 11, 28
Boscus Ferrandi, 12, 30, 50, 69 ; *Bois-Ferrant*, c^{ne} *de Fonperron*, c^{on} *de Menigoute*, *Deux-Sèvres*.
Bos la feulle, 161.

Bosq Estene al. Boc Estene (boscus de), 83, 94.
Botecornu, 169.
Botignet (P.), 111.
Botrelli (Johannes), 47.
Bouchardi (P.), 99.
Bouchetel, 292.
Boucœur (Mr de), 371, 372, 388.
Bougouin, fief, V. Mothe-Saint-Denis de Mairé.
Bouhier, 293.
— (Catherine), à Niort, 435.
— (Françoise), 436.
Bouillé, 436, 444, 4447, 448; c^{on} *de Maillezais*, *Vendée*.
Bouillon (duchesse de), 341, 342.
Boulenois, 367.
Boullion (Pierre), 265.
Bourbon (Eléonore de), abbesse de Fontevrault, 348.
— (J. de), abbesse de Ste-Croix, 347.
— (Louis de), prince de Condé, 337, 338.
— Montpensier (Charlotte de), 341, 346.
Bourde (G.), 229.
Bourges, 278.
Bourgneuf (François Chabot, s^r de), 444.
Bous (Pasquier de), 79.
Boves (Baldoinus de), 169.
Bovis (G.), 66, 75
— (Johannes), 1, 9, 10, 12, 13, 27, 30, 90, 96, 161, 162, 170, 205, 213, 226, 231.
Boylesge (Albinus), 224.
Boynot (Guillaume), 406.
Brachet (Guillelmus), 231.
Braidon (Aymericus), 207.
Branda (Jordanus de), 160.
— (Theobaldus de), 17.
Brandebourg (l'électeur de), 389.
Brandes (Amorosus de), 133 ; — de Brandis, 122, 128.
— (Laurencia des), 160.
Brandinus, 27.
Brandois (barons de), 399.
Brelio (Arnaldus de), 6.
Bressuire, 299 ; *Deux-Sèvres*.
Bretagne (le roi de la Grande-), 394, 395.

Bretonelli (Johannes), 140.
Bretonis (G.), 13.
Breuil (Mr. du), 385.
Breuillac (le), paroisse de Chay, 438.
Briandus, 127.
Brichast (Aymericus), 195.
Brion (Jean Bigot, s^r de), 429.
Briont (Guillelmus de), 65.
Brisai (Alo de), 16.
Brisambourg (le s^r de), 303.
Brillac (Jean de), 308.
Brisset (Jean), notaire à Niort, 436, 447.
Britannia, 419 ; *la Bretagne.*
Brito, 133.
Broa (dominus de), 171, 173.
Broce, feodum, 63.
Brochardus (Ricardus), 70.
Brochart (Johannes), 90.
— (Petrus), 60 ; Brochardi, 178.
Broe (dominus de), 57; feodum de —, 63.
Broletum, 408 ; prioratus Sancti Viviani de Brulheto, 413 ; *Breuillet, c^{on} de Royan, Charente-Inférieure.*
Brolia, 59
Brolio (Guillelmus de), 56, 98, 172.
Brolium, 206.
Brolium Gaber, 59.
Brolium Mangoti, 116, 152; *le Breuil-Mingot, c^{ne} de Poitiers.*
Brollio (feodum de), 80.
Brosse (vicomté de), 426 ; c^{ne} *de Chaillac, c^{on} de Saint-Benoît-du-Sault, Indre.*
Brou (dominus de), 219.
Brulenc (Galebrun de), 62.
Brulheto (Sanctus Vivianus de), V. Broletum.
Brulleban (prior de), 47 ; *Breilbon, c^{ne} de Germond, c^{on} de Champdeniers, Deux-Sèvres.*

Brun al Bruni (Hugo), 19, 127, 135, 149 ; comes Engolisme, 20,
— (Petrus), 12, 229.
Brunat (Jehan), 251, 252, 253, 254.
Brunelli (Johannes), 46.
Bruneter (Helias), 48.
Bruneti (P.), 23.
Brunswick (Sophie-Dorothée de), 361, 364, 369, 374, 378, 389, 392, 397.
— Wolfenbuttel (Auguste-Frédéric, duc de), fils d'Antoine-Ulric, 363, 374.
— Zell (Georges-Guillaume, duc de), 362, 363, 364, 369, 373, 379.
Brunus de Calvigniaco, 159.
Brusson (le vieux), 448, 449.
Bueleto (Petrus de), miles, 140.
Buignon (Léon de Mellain, s^r de), 419.
Buixeria (Guillelmus de), 216.
Buizinus (Petrus), clericus, 413.
Burco (burgensis de), 153.
Burdegala, 22, 131, 159, 169, 224, 311 ; *Bordeaux.*
Burdegalensis archiepiscopus, 36, 53, 74, 88, 95, 107, 119, 129, 141, 157, 168, 180, 192, 203, 223. V. Arduinus.
Bureau (André), procureur de la cour de Parthenay, 429, 431,
— (Pierre), greffier à Parthenay, 434, 435.
Burgo (Imbertus de), 22.
Burgus au Chaboz, 58 ; — au Chabauz, 201 ; Burcus Chabaldorum, 166 ; — Chabaudorum, 190 ; *Bourg-Archambaud, c^{on} de Montmorillon, Vienne.*
Burie (M^r. de), 299.
Burli al. de Burlli (Hugo), 92, 151.
Buxère (André de la), V. Boexère (André de la).

C

Ca... (Thomas), 212.
Cabrier (Etienne), 255, 256, 258, 259.

Caifart (Aimeri), 403.
Caignac (Pierre de), 262, 263.
Calais, 293.

Calceia (Galterus de), 59.
Calceie pratum, 219.
Callepetit (Guillelmus), 111.
Callon (P.), 45.
Calons (Radulphus de), 206.
Calvigniacum, 159; præpositus de, 224. V. Chauvigny.
Camera (Gerardus de), 184.
— (Guillelmus de), 131.
Campania, Champania, 35, 51, 63, 72, 75, 84, 93, 104, 107, 116, 126, 139, 153, 157, 165, 179, 190, 200, 211; præpositus de—, 185, 196; Campaner, Campegnec, 40; Chanpengnia, 221. *Champagne, c^on de Saint-Agnant, Charente-inférieure.*
— (Aymericus de), 195.
— (Petrus de), 58.
— (Robertus de), 211.
— (Theobaldus de), 156.
Canpanis (feodum de), 64.
Cantor, V. Contor
Canyau de Pousolz (Jehan), 271.
Capella, 7; *la Chapelle-Bâton, c^on de St-Jean d'Angély, Charente-inférieure.*
Capellanus al. Cappellanus (Philippus), 209, 210, 211.
Capelli (Guillelmus), 8.
Capre Capri (P.), 102, 146.
Caquerelli (Rannulphus), 93.
Carai al. Karai, Karaio (Petrus de), 9, 134, 148.
Caritate (Petrus de), 15.
Caritis (P. de), 11.
Carmac (baron de), 319.
Carnifex (Hugo), 154.
Carpentarius al. Charpentarius (Bartholomeus), 55, 129, 167, 202.
Carte (Nicole Thibault, s^r de la), 430.
Cassel, 362, 369; *Allemagne.*
Castellarium, 411, 421; *Châtelars, c^ne de Cherves-Châtelars, c^on de Montembœuf, Charente.*
Castelli (Philippus), 99.
Castellic (filius regis), 120.
Castro (Johannes de), 47.
Castro Milonis (Johannes de), 45.
Castro Novo (Warinus de), 48.
Castrum Achardi, Castellum Echardi,

Castellum Eschardi, 23, 24, 25, 44, 55, 76, 97, 109, 121, 132, 145; *Château-Larcher, c^on de Vivonne, Vienne.*
Castrum Airaudi, Castrum Ayraldi, Castrum Eraudi, 143, 195; castellania, 102; vicecomitatus, 57; vicecomes, 57; *Châtellerault, Vienne.*
Castrum Nervi, 34. 72, 101, 137, 151, 164, 176, 188, 199, 219.
Cathus (Hardy), sgr des Granges, 430. 431.
— (Jeanne), 448.
— (Marie), 447, 448.
Cell. V. Zell.
Cella, 66, 75; *Celles, Deux-Sèvres.*
Cepeia (Raymondus de), 123, 131, 147.
Chabot (Beraudus), 50.
— (Briandus), 30, 33, 83, 93, 94, 127, 134, 148; — Chabaut, 38.
— (Francois), s^r de la Pimpelière, 435, 443.
— (Gaufridus), 47.
— (Gerardus), 17.
— (P.), 51, 71.
— (Theobaldus), 19, 57.
— (Thobias(, 1.
— (Thomas), 17.
— de Insula Regali, 19, 62.
Chacebof (Hugo), 69, 92, 127, 128. 134, 135, 149.
Chaceporc (Hugo), 1, 9, 12, 20, 21, 45. 50, 69, 125, 135, 148, 149, 217, 218.
Chadolio (monachi de), 181.
Chaiffart, V. Gaiffart.
Chaignea (Guillemet), 402.
Chaignolles, 427.
Chain, monachus, 423.
Chalandray, 434; *c^on de Vouillé, Vienne.*
Chalapit al. Chalapin (Audebertus de), 115, 138, 177, 189, 220.
Chaleis, 202; *Chalais, Charente.*
Chalesio (Oliverius de), 116, 153, 179; — de Chales, 84; — de Chalens, 221; — de Chaloies, 40.
Chalmot, seigneur du Breuil d'Aigonnay, 385.

Chalons (R. de), 122, 207.
Chamaie (Johannes de), 47.
Chamelos (domus de), 200.
Chamilliaco (Robertus de), 86, 87, 108.
Champagne (la), 317.
Champagne (præpositus de), 196. V. Campania.
Champchévrier, 340 ; c^{ne} de Cléré, c^{on} de Langeais, Indre-et-Loire.
Champdeniers, 437, 440 ; Deux-Sèvres.
Champegnec, Champaner, 40. V. Campania.
Campfocau (s^r de), 315.
Chanpegn (Arnaudus), 185.
Chanpengnia, 221. V. Campania.
Chantelou (feodum de), 62 ; c^{ne} de Fressine, c^{on} de Celles, Deux-Sèvres.
Chanterellus, 230.
Chantilly, 316 ; c^{on} de Creil, Oise.
Chaorces, 105.
Chaors (Guillelmus de), 26.
Chapelle-Thireuil (la), 438 ; c^{on} de Coulonges-sur-l'Autise, Deux-Sèvres.
Chappuseau, 394.
Chapusium, 153 ; le Chapus, c^{on}, de Marennes, Charente-Inférieure.
Charai (Benedictus de), 45.
— (Guillelmus de), 9.
Charavo (feodum de), 60.
Charay, 115 ; Chauray, c^{on} de Niort.
— (P. de), 127.
Charbonel (Gaufridus), 99.
Charchar (Gaufridus), 47.
— (Johannes), 47.
Charité-sur-Loire (la), 400 ; Nièvre.
Charles Ier, roi d'Angleterre, 342.
— IX, roi de France, 327, 328, 335, 336, 440.
Charment (P.), 16.
Charrer, 122.
— (Petrus), 140.
Charrere (la), Charreria, 40, 51, 71, 84, 92, 115 ; la Charrière, c^{on} de Beauvoir, Deux-Sèvres.
Charriau (Fulco), 65.
Charros, 224 ; Charroux, Vienne.
Charveios (molendinum de), 54. V. Cherveux.

Chassoron (Garinus de), 185.
Chastenet (le), paroisse de Saint-Amand, 447.
Chastre-au-Vicomte (sgr de la), 426.
Châteauneuf, 371 ; c^{ne} de Vitré, c^{on} de Celles, Deux-Sèvres.
Châteauroux (André, sgr. de Chauvigny et de), 426.
Chategner (Warinus), 46.
Chatel (Philippus), 172.
Chatel Amant (Guillelmus de), 18.
Chateleis (boscus de), 54.
Châtellerault, 292, 318. V. Castrum Airaudi.
Chatello (Savaricus de), 46.
Chateni, 79.
Chatenier (Guillelmus), 64.
Chaucée (Garnerius de la), 46.
Chaucereie (P. de), 11.
Chauderer (Petrus), 229.
Chauma (Bartholomeus de), 92.
Chauvel, Chuvel (Gile), 239, 242, 243.
Chauvera (Hugo), 46.
Chauvet (P.), 173.
Chauvigny, sgrie, 426 ; Vienne. V. Calvigniacum.
— (André, sgr de) et de Châteauroux, 426.
Chavane (la), 11.
Chay, paroisse, 418 ; Chaix, c^{on} de Fontenay-le-Comte, Vendée.
Chenaia, 69.
Chenel (Gaufridus), 232.
Chenellus, 15, 33, 35.
Cheneton (Baudoinus de), 58.
Chenin (Guillelmus), 21, 201.
Chenonceau, 442 ; c^{on} de Bléré, Indre-et-Loire.
Chenpau (homines de), 77 ; Champeaux, c^{on} de Champdeniers, Deux-Sèvres.
Chenu (Jean), 432.
Cherveos (Radulphus de), 59.
Cherveux, 83, 91, 124, 136, 142, 150, 163, 175, 188 ; Cherveios, 27 ; Charveios, 54 ; Chervios, 38 ; Cherveox, 9, 82, 101, 198 ; Chervox, 68, Chervex, 31, 50, 113, 219, 227 ; Chevex, 83. Ballivia de Chervex, 31. Boscus de Cherveux,

199, 219. Castellania de Cheveras, 9. Feodum de Chervio, Chervix, Cherveux, 60, 70, 176. *Cherveux, c^{on} de Saint-Maixent, Deux-Sèvres.*

Chervo seu Coyliozo (de), monachus, 423.

Chesa al. Chesac (Helias de), 63, 73.

Cheuces, 32, 79, 80, 83, 116; *c^{ne} de Sainte-Soulle, c_{on} de la Jarrie, Charente-Inférieure.*

Chevalier, 333.

Chevets, 20.

Chevre (Petrus la), 67, 138.

Chevreu (Guillelmus), 161, 162, 170.

Chevrier (P.), 98.

Chief-de-Roy (Ymbert), 264.

Chilleau (Louis du), 430, 431.

Chillou (le), fief relevant de la Tour de Maubergeon, 448.

Chincé (Renaudus de), 58.

Chinon, 170 ; Chinonis major, 170, 193 ; *Chinon, Indre-et-Loire.*

Chisiacum, 186 ; Chisec, 105 ; Chisay, 304 ; Chizec, 57 ; *Chizé, c^{on} de Brioux, Deux-Sèvres.*

Chomer (Arnaudus), 122.

Chore (Alardus de), 19.

Chouces, V. Cheuces.

Chourras, 420.

Cicon (Gaufridus), 173.

Cistersiensis abbas, 106, 180, 223 ; — abbatia, 141 ; *Citeaux, c^{ne} de Saint-Nicolas-lès-Citeaux, c^{on} de Nuits, Côte-d'Or.*

Civray, 301 ; *Vienne.* V. Sivray.

Clarembaut (Guillelmus), 111.

Clarenbaudus (Simon), 172.

Clarent (Johannes de), 135, 149.

Claret, Clareti, Claretus (Aymericus), 69, 83, 94, 102, 115, 126, 133, 148, 216.

— (Hugo), 32, 90, 127, 135, 149.
— (Guillelmus), 20.

Clareul al. Clarolius (Johannes), 136, 150.

Clausa, 80.

Clausse, 303, 311, 312,

Clavelon (Bernerius), 114.

Clère en Normandie, 281 ; *Clères, Seine-Inférieure.*

Clerici (H.), 104.

Clericus (G.) 194.
— (Guiardus), 169.
— (Hugo), 213.
— (Johannes), 78, 131, 132, 162, 182, 211, 233, 234.
— (R.) 88, 167.
— (Ramundus), 108.
— (Reginaldus), 52, 72, 73, 194.

Clipsi (homines de), 57.

Closa (marcsii de), 98.

Clotet (Stephanus), 166.

Cluni (monastères de l'ordre de) 407. — Cluniacensis abbas, 408, 413, 415, 416, 423. *Cluni, Saône-et-Loire.*

Coches (domus de), apud Rupellam, 409 ; — de Conhes, 417.

Coci, V. Coqui.

Code (P. de), 209.

Codes (Helias de), 3, 4.

Cofrani (Helias), 4.

Cognac, 295, 307 ; *Charente.* V. Coygniacum.

Cogne al. Coogne (Gaufridus), 164, 189, 200 ; — senior, 152, 164, 189, 200.

— (Lambertus), 39, 190, 220.

Cognyacum, V. Coygnyacum.

Coiraut (Hugo), 90.

Coligny (Louise de), 341.

Colons, 3, 82, 199, 218 ; Colonie, 31 ; Coluns, 39, 68, 101 ; Coulons, 91, 114, 120, 124, 136, 151, 163, 175 ; Coullons, 142, 188 ; prepositura de Colonies, 10 ; *Coulon, c^{on} de Niort.*

Columbers (Guillelmus de), 18.

Compiègne, 395 ; *Oise.*

Compniaco (salinæ de). 35.

Condé (prince de), 334 ; — (Louis de Bourbon, prince de), 337.

Confluento (Bertrandus de), 2.

Confolent, 173 ; *Charente.*

Cong, V. Cogne.

Constantini (P.), 198.

Contor (domina), 35, 72, 82, 114, 124, 137, 176 ; — Contes, 92 ; — Cantor, 101 ; — Contour, 219.

— 462 —

Conversus (Iterius), 46.
— (Johannes), 207.
— (Nicholaus), 154, 166, 180, 184.
Conzacum, 407, 412, 413, 424; Consiacum, 415; *Conzac, c^ne de Saint-Aulais-de-la-Chapelle-Conzac, c^on de Barbezieux, Charente.*
Coogn al. Coogne, V. Cogne.
Copefer (Hugo), 2.
Coquerel (Benedictus), 60.
Coqui (Ricardus), 3, 8, 10, 28, 90, 142, 184.
Coquus (Theobaldus), 211.
— (Thomas,) 4, 48.
Coraut (Gaufridus), 23.
Corays (dominium de), 63.
Corceio (Guernerius de), 83.
Corceo, 13; Corceonis præpositura, 10; — villa, 13 ; *Courçon, Charente-Inférieure.*
Corçon, Corton, Cortean (Galteronus de), 90, 96, 188.
Coret (feodum de), 62.
Corgne (Arnaldus), 135.
Corgno (A. de), 149.
Cornuau (Pierre), 448.
Costantinus, 30.
Coste Saint André (la), 312 ; *la Côte-Saint-André, Isère.*
Couchet (Pèrrette), à Niort, 435.
Cougis (Arnulphus), 176.
Coussay, paroisse, 438 ; *aujourd'hui le Poiré-de-Velluire, c^on de Fontenay-le-Comte, Vendée.*
Coussy, 323 ; *Coucy, Aisne.*
Coustanz (Guillelmus), 138.
Coutances (l'évêque de), 298.
Coutel, receveur, 300, 301, 306.
Coutevaus (Johannes), 103.
Couxeria (buxonii de), 191.

Coygnyaco (Philippus de), 21.
Coygnyacum, 21, 22 ; Coygnyaci castrum, 22 ; — dominus, 21 ;— homines, 22 ; *Cognac, Charente.*
Creiz, 105.
Cremer, 280 ; *Crémieu, Isère.*
Cren, 105, 117 ; *c^ne de Cram-Chaban, c^on de Courçon, Charente-Inférieure.*
Cressat de Landes, 7.
Crie Xantonis (Emericus la), 64.
Crivea (Radulphus), 196.
Croissy (Charles Colbert, marquis de), 375, 379.
Croix-Chapeau, V. Cruce (terra de).
Crollanto (domina de), 100.
Cron, V. Cren.
— (Jean de Viron, prieur de), 429.
Crosanti al. Crosani castrum, 97, 145, 171, 196 ; *Crozant, c^on de Dun-le-Palleteau, Creuse.*
Croteles, Croutelle, 11, 189, 313 ; *c^on de Poitiers.*
Cruce (Petrus de), 5, 6, 27, 229.
— (terra de), 7, 8 ; homines de —, 208. Domus Dei de Cruce Chapel, 57. Crucis Capelli helemosina, 217 ; — locus , 418 ; *Croix-Chapeau, c^on de la Jarrie, Charente-Inférieure.*
Crux Comitissæ, 33, 40, 51, 71, 75, 82, 91, 101, 107, 114, 119, 124, 130, 136, 151, 163, 164, 176, 177, 188, 199, 218. Crucis comitissæ boscus, 189 ;— pons, 54 ; *la Croix-Comtesse, c^on de Loulay, Charente-Inférieure.*
Cuflans (Renaudus), 61.
Curia (Bernardus de), 98.
Cursaio (Johannes de), 92.
Curseio (Guillelmus de), 21.

D

Daci (R), 75.
Daillon (Guy de), comte du Lude, 338, 339, 340.
—(Jean de), s^r du Lude, 300, 302, 304, 309. V. Lude (du).

Dalixi (Petrus), 43.
Damens (Robertus), 129.
Damet (Petrus), 172.
Dampierre (Mme de), 319.
Dampno Petro (terra de), 8 ; *Dom-*

pierre. c^on de la Rochelle. V. Donnus Petrus.
Dandin (Harnulphus), 78.
Danemark (la reine de), 385.
Danet (Radulfus), 42.
Dangon (le mesteers de), 46.
Daniens, 23.
Danjon, 58 ; *le fief du Donjon, au Blanc, Indre.*
— (Gaufridus de), 58.
Danpeire (Hemeri de), 81.
Danperre, 80, 221 ; *Dompierre,* c^on *de la Rochelle.* V. Donnus Petrus.
— (Johannes de), 220.
Daurato (abbas de), 88 ; burgenses de —, 172 ; homines de —, 90 ; *le Dorat, Haute-Vienne.*
Davi (Guillelmus), 63.
— (Jean), clerc, 404.
— (Stephanus), 78.
Daviot, 78.
Days (insula), V. Ays.
Dedymme (nemora de), 93.
Denois (Emericus li), 59.
Deolardi boschus, 94.
Déols (Denise de), fille de Raoul VII de Déols, 425.
Derby (comtesse de), 342.
Descuroles (Guillaume), clerc, garde du scel à la Roche-sur-Yon, 402.
Desideratus al. Desiré (Gaufridus), 38, 93, 135, 149, 153, 162, 165, 178, 220, 221.
— Guillelmus, 19, 114.
— (Petrus), 69, 93, 115, 125, 138, 142, 152, 165, 178, 190, 220.
— (Warinus), 204.
Desidolio (P.), 185.
Desiré (Radulfus), 115 V. Desideratus.
Desmier (Alexandre), sgr d'Olbreuse, père d'Eléonore, 363, 371.
— (Alexandre), sgr d'Olbreuse, frère d'Eléonore, 364, 362, 367, 369, 370, 371, 373, 374, 377, 379, 380, 381, 382, 384, 386, 389.
— (Alexandre), mari de Jehanne Béranger, 371.

Desmier (Alexandre), mari de Marie Baudouin, 372.
— (Angélique), comtesse de Reuss, 362, 363, 369, 371, 382, 383, 384.
— (Charles), sgr du Parc, 371.
— (Eléonore), duchesse de Brunswick-Zell, 361, 362, 363, 365, 369, 370, 371, 373, 374, 375, 377, 379, 380, 381, 382, 386, 387, 388, 389, 391, 392, 394.
— (Henri), sgr du Beugnon, 371.
— (Jean), sgr de la Bruère, 371.
Desprez (Claude), 449.
Devers (Helias), 64.
Didona (dominus de), 408, 414 ; Didonnais, 5; *Didonne,* c^ne *de Saint-Georges,* c^on *de Royan, Charente-Inférieure.*
— (Guibertus de), 139.
Dienné, 29 ; boscus de —, 88, 116; *Dienné,* c^on *de la Villedieu, Vienne.*
Dimier (Johannes), 219.
Dioil (prior de), 90 ; *Dœuil,* c^on *de Loulay, Charente-Inférieure.*
Doe (Gaufridus de), 63.
Domibus (Johannes de), 132.
Dona Petra in Alnisio (feodum de), 62; *Dompierre,* c^on *de la Rochelle.* V. Donnus Petrus.
Dona Petra super Vulturnum (feodum de), 59 ; *Dampierre-sur-Boutonne,* c^on *d'Aunay, Charente-Inférieure.*
Donnus Petrus, 178. Domina de Donno Petro, 176. Vigeria de —, 178. *Dompierre,* c^on *de la Rochelle.* V. Dampno Petro (terra de), Danperre, Dona Petra.
Dorideia (Stephanus), 47.
Doyneau, lieutenant général du sénéchal de Poitou, 293, 303, 304.
Drezac, 179.
Drollardi boscus, 103.
Dudoet (François), sénéchal de Parthenay, 434, 435.
Dumant (Symon de), 423.
Duner (Johannes), 185.
Dupin (Pierre), marchand à Niort, 436.

E

Eberti (Giraudus), 24. 53, 55, 109, 121, 131, 132, 139, 158, 167, 180, 191, 204; Ebert, 25; Aybert, 201, 222, 224; Herberti, 40, 44.
Ecosse (la reine d'), douairière de France, 443.
Elbeuf (duc d'), 348.
Emericus, vicecomes Thoarcii, 59.
Emianus (Emericus), 62.
Enenda, V. Esnenda.
Enfor (Martinus), 23.
Engebaudus (Symon), 162, 174.
Engla, 18, 158, 174, 187, 197, Angle, 216; *Angle*, c^{on} *de Saint-Savin, Vienne.*
Engle (Roque d'), 77.
Englia (Milo. de), 207.
Engobertus, præpositus de Praec., 62.
Engolins, 32; *Angoulins*, c^{on} *de la Rochelle.*
Engolisma, 43, 97, 121, 147, 224, 422, 423. V. Angoulême. — Engolismensis comes, 21; — comitatus, 22; — diocesis, 215; —

episcopus, 15; — senescallus, 22;— comitis filia, 22.
Engougier (Guillelmus), 60.
Enjoberti (Symon), 149.
Erberti (Gerbertus), 76, 97.
Erembertus, V. Arembertus.
Ers, V. Ars.
Escharrice (Robertus), 64.
Eschiva, 140.
Esnende, Esnenda, 80, 230; prieuré, 80; *Esnande*, c^{on} *de la Rochelle.*
Espagne (roi d'), 321.
Espengnia, V. Hyspania.
Espenne (P.), 186.
Esprunes (d'), général des finances, 315, 328.
Esriçon, V. Hériçon.
Essarz (les), 29.
Estissac (d'), 319, 320.
Estui, 230.
Exidolio (Petrus de), 130.
Exodunum, 114; *Exoudun*, c^{on} *de la Mothe-Saint-Héraye, Deux-Sèvres.*

F

F., 7, 2. V. Favaus.
Faber (Hamericus), 5.
Fabri (Auldebertus), 56.
— (Hugo), burgensis de Rupella, 418.
Facinel (Reginaldus), 229.
Fagerabes, 11.
Faidi (P.), 122.
Faie (Guillelmus de), 64.
Faiole, Faiolle, Fayole, 6, 34, 40, 71, 84, 104, 116, 126, 139, 153, 165, 179, 221; Faiale, 51; Féole, 93; *peut-être la Fayolle*,

c^{ne} *du Pin-Saint-Denis*, c^{on} *de Saint-Jean-d'Angély, Charente-inférieure*
Fançoy (feodum de), 60; *peut-être François*, c^{on} *de Saint-Maixent, Deux-Sèvres.*
Faugere, 142; *Fougery*, c^{ne} *de Frontenay, Deux-Sèvres.*
Fauque (Guillelmus), 217.
Favaux, 101, 137, 151, 164, 176, 188; Favans, 34, 72; Favex, 219; Fauveix, 199; *Faveau*, c^{ne} *du Gua*, c^{on} *de Marennes, Charente-Inférieure.*

Fay (Georges-Guillaume-Louis du), 361, 391.
Fay (Louis du), sgr de la Taillée, 361, 362, 381, 387.
Faya, 45 ; prior de —, 56.
— (Berardus de), 112.
Faye (Claude de), s^r de la Razillière, 448.
— (Pe. de), 79.
Fayole, V. Faiole.
Fegeria, 186.
Fellet (Guillelmus), 41.
Fenchai (prior de), 195.
Fenoe (Radulphus de), 64.
Feole, V. Faiolle.
Feritate (Robertus de), 131.
Ferrollière (la), métairie, 448.
Fessac (Guillelmus de), 184.
Ficherace (la), 165 ; *la Figeasse*, *c^{ne} de Gript*, *c^{on} de Beauvoir*, *Deux-Sèvres*.
Fijac, 262, 263 ; *Figeac*, *Lot*.
Filol (Petrus), 93.
Flace al. Flacc (Oliverius de), 116, 152, 164, 189, 200.
Flaic, 231.
Flandre (la), 346, 347.
Flandrina (domina), 149, 162.
Flocellus, 195.
Florent (Jean), 401.
— (Pierre), 401.
Focher (Petrus), 229.
Fogerolles, 2 ; *Fougerolles*, *c^{ne} de Sillars*, *c^{on} de Lussac-le-Château*, *Vienne*.
Fonbodoyre (Hugo de), 216.
Fonoyller (Johan), 407.
Fons Bliaudi, 65 ; *Fontainebleau*, *Seine-et-Marne*.
Fons dulcis, 42 ; *Fontdouce*, *ancienne abbaye*, *entre Saintes et Saint-Jean-d'Angély*.
Fons Ebraudi, 36, 42, 53, 74, 95, 106, 107, 129, 141, 168, 180 ; *Fontevrault*, *c^{on} de Saumur*, *Maine-et-Loire*. — Fontis Ebraudi abbatissa, 88, 95, 119, 129, 157, 168, 192, 203, 223, 348. V. Bourbon (Eléonore de).
Fontaine, sgrie et paroisse, 439 ; *c^{on} de Fontenay-le-Comte*, *Vendée*.
Fontainebleau, 65, 290 ; *Seine-et-Marne*.
Fontayne (de la), notaire royal, 435.
Fonte Alluie al. Fonte à l'oie (prior de), 77, 89.
Fonteigne Hugon (la), 79.
Fontenay, 220 ; Fonteniacum, 129 ; Fontiniacum, 141, 155, 167, 180, 191, 192, 207 ; Fontenetum, 201, 219, 222. *Fontenay-le-Comte*, *Vendée*. — Fontiniaci castrum, 130, 141, 142, 157, 181, 187, 203 ; — feodum, 136, 150, 187 ; — præpositura, 123, 136, 150, 163, 175, 187, 198, 199, 218.
Fontevrault (abbesse de), 348. V. Fons Ebraudi.
Fontis Comitis abbas, 108 ; *Fontaine-le-Comte*, *c^{on} de Poitiers*.
Fontis Pastoris (Michael), 111.
Foquadus (Giraudus), 46.
— (Warinus), 47.
Foquet (Nicholaus), 230.
Forcium, 63.
Foresta (Raginaldus de), 71.
— (Stephanus de), 152.
Forêt de Grassac (Artus de Vassoignes, sgr de la), 431.
Forêt-sur-Sèvre (Jean, baron de la), 400.
Forneios (Guido de), 47.
Fornerus (Boninus), 186.
Foro (terra de), 91.
Forras, 220 ; prior de —, 45 ; *Fouras*, *c^{on} de Rochefort*, *Charente-Inférieure*.
Fors, 60 ; prior de —, 207 ; *Fors*, *c^{on} de Prahecq*, *Deux-Sèvres*.
Fort (Robertus de), 93.
Forz (Ernaudus de), 57, 113.
— (Guillelmus de), 39, 103, 116, 139, 153, 178, 179, 190, 220, 221.
— (Heribertus de), 6.
— (Hymbertus de), 34, 51, 84, 159, 179, 221.
— (Warinus de), 47, 200.
— (Warnerius de), 33, 35, 41, 72, 83, 84, 93.

Fortuniau (Johannes), 230.
Fou (maison du), 292; — (le seigneur du), 286; c^ne de Vouneuil-sur-Vienne, Vienne.
Foucher, baron de Brandois, 399.
— (Antoine), sgr de Thenyes, 400.
— (Guillaume), chevalier, 399.
— (Hilarius), 11, 96, 123, 150.
Fouilloux (le), 432, 433, 444, 448; c^ne de Saint-Martin-du-Fouilloux, c^on de Menigoute, Deux-Sèvres.
— (Antoine du), chevalier, 430, 432.
— (Jacques du), 429, 435, 437, 440, 443, 447.
— (Jeanne du), fille d'Antoine du Fouilloux et de Marie de Nuchèzes, 430, 432, 433, 434, 448.
— (Jeanne du), femme de Hardy Cathus, 430, 431.
— (Jeanne du), femme de Jean Joiau, 448.
Four Nègre (le), à Niort, 436.
Fournier (Colin le), maître des monnaies, 257.
Fouschier (Loïze), 449.
Foy (Nicolas de la), maître des monnaies, 239.
Fralent (Petrus), 230.
Francfort, 368; *Allemagne*.
Francia, 74, 108, 158, 161, 205, 206. Franciæ regina, 233.

Francilhon (Guillelmus), monachus, 415.
Francisci (Philippus), 1, 194, 207.
François Ier, roi de France, 277, 278, 280, 281, 282, 283, 284, 285, 286, 287, 288, 290, 291, 292.
— François II, roi de France, 324, 327.
Fraxinau (Petrus de), 18.
Fraxinus, 107.
Frédéric, roi de Prusse, 363.
Fredericus, 130.
Fromaget (Martinus), 185.
Froment (Hugo), 60.
Frondeval (sr de), 340.
Frontenay, 39, 57, 60; Frontenayum, 31, 38, 39, 50, 68, 69, 74, 82, 83, 93, 115; Fronteniacum, 125, 149, 168; Fronteneium, 126, 130; Frontenetum, 3, 9, 131, 138, 142, 151, 152, 165, 178, 181, 190, 200. Præpositura de Frontenay, 39, 50; — Frontenaii, 91, 101; — Fronteniaci, 124, 131, 136; —Fronteneti, 113, 151, 163, 175, 188, 218. Castellania de Frontenayo, 62. *Frontenay-Rohan-Rohan*, *Deux-Sèvres*.
Fronton, 31.
Fulcherius, V. Foucher.
Funcunbaut (Huetus de), 10.
Funeaus (Raginaldus de), 39.
Furellis (feodum de), 71.

G

Gacherii (P.), 178.
Gacognole al. Gascognole (Petrus de), 127, 134, 148, 152.
Gacougnole al. Gascougnole (Gaufridus de), 45, 179.
Gagemont (Mlle de), 361, 391.
— (sgr de), V. Prévost.
Gaiffardus (Aymericus), 127; — Gaiffart, 69, 103, 115; — Guaiffart, 12; — Gaifart, 50, 92; —

Kaiffart, 134, 148; — Quafart, 216; — Chaiffart, 83.
Gaitart (Bonotus), 99.
Galardon (Eustachius de), 231.
— al. Gualardon (Johannes de), 2, 3, 11, 12, 15, 27, 28, 29, 49, 86; — de Gualardis, 38.
Gallart (Aymericus), 231.
Galles (prince de), 365.
Galrena, 47.

Galter (Hugo), 221.
Galteri (Bernardus), 172.
— (Petrus) al. Gualteri, Gauter, 6, 48, 98, 185.
Galterotus, 31.
Galterus (magister), 157.
Garandelli (Aymericus), 417.
Gardon (Guillelmus de), 63.
Gardras terra, 104, 139.
— (Warinus de), 195.
Gargie (P.), 212.
Garina (terra de), 199.
Garneri (P.), 11.
Gascheria (feodum de), 100.
Gàschet (filia), 230.
— (Petrus), 220.
— (Ymbertus), 230.
Gasconia, 169; *la Gascogne.*
Gasion (Johannes), 104.
Gaspaudi (Petrus), 106.
Gastauld (Laurent), notaire à Niort, 447.
Gastent (Aymericus), 64, 221.
Gastines, 11; *forêt de Gâtine existant autrefois sur le territoire des c^nes de Saint-Pierre-de-Maillé, la Puye et la Bussière.*
Gâtine (la), 435, 444; *contrée du Poitou, dont Parthenay était le chef-lieu.*
Gaudin (Renaut), clerc, 404.
Gaufridi (Warinus), 48.
Gaufridus, dominus de Taunay, 62.
— filius Cam..., 32.
— (Guillelmus), 63.
— le Jugleor, 46, 138.
Gaulter, V. Galteri.
Gautreau (famille), 399.
Gaybert, 224.
Gazeau (le sgr de), 439,
Geay (Jeanne), femme d'Alexandre Desmier, 380.
Gédoyn, 285, 290.
Gellani (Gaufridus), 65.
Genchay, 57; *Gençay, Vienne.*
Genciaco (Eustachius de), 152, 165, 177.
— (Guitardus de), 102; — de Gencaio, 67; — de Gencayo, 220; — de Genceio, 152.
Gênes, 288; *Italie.*

Genest (Denis do), 402.
Gengne Pain (G.), 224.
Genlis (M^r de), 335, 337.
Georges II, roi d'Angleterre, 363.
Gerardus Ven... 17.
Geraudi (G.), 112.
— (Johannes), 44.
— al. Gerardi (P.), 122, 176.
Gerberti (Helias), 20, 32, 39, 71, 103, 139, 153, 162, 174, 178, 187, 197.
Gerin (Guillelmus), 183.
Gernac, 23; *Jarnac, Charente.*
Geroart (Gaufridus), 44.
Geyssard (Perrinet), capitaine anglais, 400.
Giboin al. Giboyn, Gyboin (Costantinus), 27, 178, 200, 220.
Gibon (Petrus), 230.
Gigantis (J.), 232.
Giliam (Arnaldus), 44.
Gilo (frater), 43, 132, 145, 171, 215, 233, 234.
Girard (Catherine), 405.
— (Guillaume), valet, 405.
— (Regnaud), valet, 405, 406.
Girardie (Louis Bigot, sr de la), 429.
Girardière (Mlle de la), 371.
Giraudi (Petrus), 19.
Girberti, V. Gerberti.
Giroles (Robertus de), 206.
Giron (Johannes), 230.
Gite (Helias), 138.
Gobin (Ayrnaudus), 221.
— (Gaufridus), 48.
Godart (Theobaldus), 78.
Goet (Guillelmus), 195.
Gomar al. Gommar (Aymericus), 190, 220.
— Hugo, 39.
Gombault, garde des prisons de Niort, 309.
Gonaudi (Guillelmus), 44.
Gonbaudus, Gunbaudus, Gumbaut (Aymericus), 30, 38, 50, 69, 83, 92, 134, 148, 216.
Gonberti (Guillelmus), 184.
Gondardus, 76.
Gondrevilla (Albertus de), 91.
— (Robertus de), 94, 106, 118,

119, 124, 128, 129, 141, 155, 167, 191, 192.
Gonessia (Guillelmus de), 171, 173.
Gonor (Symon), 160.
Gorandeu (Stephanus), 17.
Gorgaudus (Hugo), 83.
Gorjaudi (Guillelmus), 21.
— al. Gorjaut (Johannes), 69, 92, 127, 134, 149.
Gorjaut (Gaufridus), 4.
— (P.), 70. V. Gourjault.
Gorniller (Petrus de), 65.
Gorraudus, V. Gorjaudi.
Gorre al. Gourri (Johannes), 123, 147.
Gorri (dominus), 40.
Goubaut (Aymericus), 126.
Gourgi (Aimericus de), 77.
Gourjault (Charles), sgr de la Bessière, 370, 371, 372. V. Gorjaudi.
Gourville (Jean Hérault de), 362, 375, 376, 379.
Goybault (Jean), marchand à Champdeniers, 437.
— (Philippe), sr du Bois, membre de l'Académie française, 437.
Grancaium, V. Granzaium.
Granchiis, V. Grangiis.
Grandimontis al. Grandismontis domus, 217 ; — monachus, 47, 91 ; — prior, 110.
Granges (feodum de), 62 ; c^{ne} de Deyrançon, c^{on} de Mauzé, Deux-Sèvres.
Grangiis (Gilbertus de), 19, 62.
Grant ley (Odo de), 57.
Grand Maudoit (feodum de), 62 ; *le Grand-Maudoit*, c^{ne} *de Marigny*, c^{on} *de Beauvoir, Deux-Sèvres.*
Granzaium, 114, 176 ; *Granzay*, c^{on} *de Beauvoir, Deux-Sèvres.*
Grateloup (buxonius seu boscus de), 164, 177.
Gravia terra, 164, 176, 219.
— juxta Talniacum, 136 ; *la Grève*, c^{ne} *du Puy-du-Lac*, c^{on} *de Tonnay-Charente, Charente-Inférieure.*
Grazac, 221 ; *Grézac*, c^{on} *de Cozes, Charente-Inférieure.*

Grenetière (abbaye de la), 399 ; c^{ne} *d'Ardelay*, c^{on} *des Herbiers, Vendée.*
Grenoble, 311.
Grice (Guillelmus), 146.
Groliau al. Grollea (P.), 11, 92.
Grolleau (Thomas), 11.
Gros (Arnaudus), 185.
Grossaut (Hamericus), 104.
Grossun (Guillelmus), 15.
Grossus boscus, 70.
Guaiffart, V. Gaiffardus.
Gualardon (Johannes de), V. Galardon.
Gualteri, V. Galteri.
Guardras, V. Gardras.
Guather (Jacques), 448.
Guedac (molendinum de), 168.
Gué de Velluyre (le), paroisse, 438, 439 ; c^{on} *de Chaillé-les-Marais, Vendée.*
Guegnardus, 186.
Guepelin (Johannes), 70, 111.
Gueraz (Petrus), 60.
Guerin (Guillelmus), 112.
— (P.), 3, 17.
Guerru (Gaufridus), 78.
Guers (Guillelmus de), 61.
Guiardus, 1, 222, 226.
Guichet (Guillelmus), 61.
— (Helias), 65.
— (Petrus), 61.
Guido, sacrista de Vendopera, 417.
Guierce (terra de la), 15.
Guillaume, empereur d'Allemagne, 365.
— le Taciturne, stathouder de Hollande, 341, 346.
Guillebaudus, 110.
Guillemyn (Olivier), à Niort, 435.
Guillotinus, 223.
Guillotus, 169.
Guionnière (Pierre Moysen, sgr de la), 443, 448, 449.
Guitardus (dominus), 227.
Guiton (Johannes), 48.
Gumbaut (Aymericus), V. Gonbaudus.
Guynardière (la), au pays de la Saizine, 447 ; *la Guignardière*,

c^{ne} de *Chantecorps*, c^{on} de *Menigoute, Deux-Sèvres*.

Gylebertus, 222.
Gyraut (Petrus), 229.

H

Haiis (Hugo de), 118.
Haino (Petrus), 128.
Hamonis (P.), 118.
Hanau-Muntzenberg (Amélie-Elisabeth de), 368.
Hanovre (Georges-Louis de), 374, 377.
Harbourg (Eléonore Desmier, dame de), 363, 373.
Harctor (Matheus), 146.
Hardouin, sgr de la Tour en Anjou, 426, 427.
Harent (Adam), 131.
Harsendus, 33.
Haumer (P.), 77.
Hautefort (P. de), 11.
Hautetot (Benodus), 65.
Haye (la), 346, 362, 369; *Hollande*.
Hedoynus, 212..
Helias (Petrus), 127, 135, 149.
Helye (Johannes), 185.
Hélyes (Bertrand), écuyer, s^r de la Roche-au-Mart, 429, 431.
Hemerici (Helias)), 194.
Henri II, roi de France, 293, 303, 310, 311, 312, 315, 316, 320, 321, 323.
— IV, roi de France, 348.
— roi de Navarre, 315.
Henricus II, rex Angliæ, 21.
— III, rex Angliæ, 22
Herbert (J.), 310, 313.
Herberti, V. Eberti.
Herbiers (les), villa de Herbertis, 399, 400; *Vendée*.
Hericon, 154, 176, 188, 219; boscus de —, 189, 199; *Hérisson*, c^{on} de *Secondigny, Deux-Sèvres*.
Hesse-Cassel (Emilie de), femme de Henri-Charles de la Trémoille, 362, 367, 368, 369.
— (Guillaume V, landgrave de), 368.
Heutaisse, femme de Guillaume Girart, 405, 406.
Hilaria d'Oleron, 48.
Hilarii (Petrus), 154.
Hispania al. Hyspania, Ispania, Yspania (Guiardus de), 41.
— (Guido de), 23, 52, 71, 73, 85, 91, 94, 100, 106, 113, 118, 119, 128.
Hoirvau (baronnie d'), 449; *Airvault, Deux-Sèvres*.
Hollande (la), 386.
Holstein-Norbourg (Julienne de), princesse de Brunswick-Wolfenbuttel, 374.
Hongrie (la), 385.
Houlmes, sgrie, 439; *Oulmes*, c^{on} de *Saint-Hilaire-des-Loges, Vendée*.
Huguet (Nicolas), maître de poste à Poitiers, 285
Huguetus, 134.
Hurtaut, 222.
Hurtiers (Guillelmus), 61.
Hussello, V. Uiscia.
Huyroon (domina de), 229.
Hyspania, Espengnia, 1, 53, 225; *l'Espagne*.
— (G. de), V. Hispania.

I

Iéna, 362, 369; *Allemagne*.
Iers (prepositus d'), 64.
Illavant (Chabotus d'), 64.
Imbertus, 89.

— 470 —

Infantis (Guillelmus), 194, 201, 204.
— (Warinus), 206.
Insula (Ansellus de), 194.
— (Hugo de), 60.
— (Johannes de), 18, 27, 28, 34, 169, 204, 206, 211, 226, 231, 232.

Insula (Jordanus de), 216.
Ispania, V. Hispania.
Italie (l'), 287.
Ives (prior d'), 228; *Yves*, c^on *de Rochefort, Charente-Inférieure.*

J.

J., clericus, 43.
Jabrollau, 160.
Jacobus, 62.
Jacometus, 51.
Jae (Warnerius de), 33.
Jai, 190; *Geay*, c^on *de Saint-Porchaire, Charente-Inférieure.*
Jaille (M^r de la), 300.
Jalletus, 98.
Jamart (Mathurin), notaire, 436.
Jamet, 47.
Jamin (Guido), prior Sancti Salvatoris de Re, 416.
Januarii, 419; *les Génois.*
Jaquelu (Gaufridus), 58.
Jardo (Johannes de), 184.
Jarria, la Jarrie, 41, 60, 112; *la Jarrie, Charente-Inférieure.*
— (Hugo de), 198.
— (Huguetus de), 187.
Jarric (feodum), 57.
Jarrie (Matheus), 104.
Jaunaium, 127, 134, 148; *Jaunay*, c^ne *d'Azay-le-Brûlé*, c^on *de Saint-Maixent, Deux-Sèvres.*
Jaunay (le), 406; *rivière du Bas-Poitou.*
Jaya (Aenor de), 160.
Joac (Petrus de), 159.
Joberti (Dyonisius), 195.
— (Petrus), 5.
— (Robertus), 48.
Joçaumes (Aymericus), 17.
Jocerandus, 99.
Jodoini (Guillelmus), 59.
— (Hugo), 81, 172.
Joe al. Joec (Guillelmus de), 153, 220.

Jofroy, li filz le conte, V. Lezegniaco.
Jogier (Guillelmus), 61.
Johannes, 57.
— (magister), 1, 15, 171, 173.
— noncius, 204.
— rex Angliæ, 22.
— vicecomes, 194; — de Castro Ayraldi, 48, 135, 147, 162, 174, 187, 193.
Johannis (Guillelmus), 3, 4, 19, 211.
— (Petrus), 61.
— (Stephanus), 159.
Joi al Joiaco (Guillelmus de), 64, 149, 162, 174.
Joiau (Jehan), 448.
Jolain (Arnoldus), 176.
Jordana, 231.
Jou, V. Joe.
Jouarre (abbaye de), 349; — (abbesse de), 347, 350; c^on *de la Ferté-sous-Jouarre, Seine-et-Marne.*
Journault (Laurent), s^r de la Deuille, 308.
Jouslard (François), élu à Niort, 435, 436.
— (Jean), 436.
Joye (Stephanus), 229.
Judei, 4, 7, 18, 162, 166, 167, 170, 174, 182, 187, 193, 195, 205, 207; — Niorti, 46; — Pictavenses, 198; — Pontis Labbé, 106; — Sancti Johannis Angeliacensis, 40, 81, 95, 113.
Jue (Ayenordis de), 45.
Juge (André), 285.

Juglatoris al. Jugulator (Gaufridus), 177, 220.
Juliana la Gorretere, 45.
Julianus, 169, 224.
Julien (N.), 449.
Jumant (Johannes), 122.
Juzé (P. de), 15.

K

Kaiffart, V. Gaiffart.
Kanoter (P.), 222.
Kastellarum abbas, 217; les Châtelliers, c^{ne} de Fonperron, c^{on} de

Menigoute, Deux-Sèvres.
Kœnigsmark (Philippe de), 377, 378, 397.

L

Laboete (Alez), 39.
Labranle (Warinus de), 47.
Lagia (homines de), 99.
Lagnia (Hugo de), 19.
Lagort (boscus de), 45; feodum de —, 32; c^{on} de la Rochelle.
Lagrice (Petrus), 38, 177, 220.
La Gnice (Gaufridus, 15.
— (Guillelmus), 15.
Laguiller (Bartholomeus), 11.
— (Giraudus), 11.
Laignac (prior de), 46.
Laigne (Madeleine-Sylvie de Sainte-Hermine, d^{elle} de la), 381, 382, 383.
Lailli (Simon de), 77.
Lalay, V. Loulay.
Lalié al. Lalliaco (Simon de), 60, 70.
Lalegne, 13; la Laigne, c^{on} de Courçon, Charente-Inférieure.
Lalo, 221; boscus de — al. Laleu, 11, 38; Laleu, c^{on} de la Rochelle. V. Allodium.
Lambert (Jehan), général des monnaies, 238.
Lambertas (les), 401.
Lamberti (Gaufridus), 61.
Lambertus, 24, 105, 211.
Lanacan (Gaius de), 11.

Lande (bourg de la), 447; c^{ne} de *Saint-Marc-la-Lande, c^{on} de Mazières, Deux-Sèvres.*
Landes (Nicolas de), al. Delandes (Nicolas), maître des monnaies, 246, 249, 250, 253, 255, 258, 259, 260, 262.
Landricus, 4, 24, 25, 208, 209, 210.
Langlée, paroisse de Coussay, 438.
Languedoc (le), 310.
Lania (Hugo de), 105.
Larcher (Philippus), 42.
Larchier (Gaufridus), 146.
Lardillere (Ayemericus de), 184.
Lardreere (Peire de), 80.
Laront (castrum de), 64; *Laron, près Peyrat-le-Château, c^{on} d'Eymoutiers, Haute-Vienne.*
— (Guido de), 64.
— (Rogerus de), 64.
Lasnier (Robin), 239.
Laspaye (R. de), 449.
Latere (Hamericus), 5.
Latilliacum al. Latilli, 95, 107, 130, 139; *Latillé, c^{on} de Vouillé, Vienne.*
Laurens (Jacques), juge châtelain de Niort, 436.
Laurentius al. Lorentius (magister), 75, 118, 120, 130, 131.

Laurentius, præpositus d'Iers, 64.
Lavau (Guido de), 19.
— (Laurentius de), 184.
Lavergnia, V. Vergne, Vergnia.
Lavid (Ayemericus), 46.
— (Giraudus), 46.
Layge (Bonnot de), 186.
Lazaes (Guillemus de), 220, 227.
Lazai (Guillominus de), 100.
Lazaio (Guillelmus de), 16, 116, 147, 152, 161.
— al. Lazayo (Jocelinus de), 18, 21, 176, 195, 229.
Lazay (Warinus de), 207.
Le Breton, 286.
Le Clerc (Johan), 79.
Legier (Jean), écuyer, sr de la Bonnetière, 430, 431.
— (Noël), écuyer, 432.
— (Philippe), écuyer, sgr de la Sauvagière, 448.
Legiers (Gaufridus), 62.
Lémantruère, sgrie en Bas-Poitou, 400.
Lemin (Hugo), 11.
— (P.), 11.
Leminciaco (Hugo de), 145.
Lemovicensis episcopatus, 64.
— vicecomes, 57.
Lens (feodum de), 62 ; cne de Saint-Symphorien, con de Frontenay, Deux-Sèvres.
Lentalli, 39 ; Lentillé, 80 ; Lentilli, 111, 113 ; Nantillé, cne de Marsilly, con de la Rochelle.
Lenz (Gaufridus de), 15, 98.
Lepage (Radulphus), 111.
Lepvaud (Pierre), 448.
Lerone, 44.
Lesculier, Lescuelier (Pierre), 239, 241, 242, 243.
Lespaut (præpositus de), 153.
— (Raymondus de), 184.
Lespinace (Gaubert de), 260, 261, 270.
Lespinaie (Guillelmus de), 29.
Lespinoux (sr de), 328, 329, 330.
Lestor (Gaufridus), 151.
Letardi (Hugo), 133.
Letuil, 12.
Lezegniaco, Lezigniaco, Lizigniaco

(Gaufridus de), dominus Volventi, 17, 19, 20, 57, 59, 174, 186.
— (Gaufridus de), filius comitis Marchiæ, 20, 21, 39, 59, 80, 83, 93, 125, 139, 153, 169, 190, 195.
— (Guido de), 20.
Lezegniacum, 77, 149 ; Lusignan, Vienne.
Ligier (Ernaudus), 64.
Ligni (Hugo de), 160.
Lillé, 58 ; Liglet, con de la Trimouille, Vienne.
Limanderia (la), 116 ; la Limandière, cne de Saint-Médard, con de la Jarrie, Charente-Inférieure.
Limoges, 224, 265. V. Lemovicensis.
Lindoies, 47.
Lisiolium, 32.
Liveron (Radulphus de), 23.
Lobe (Gaufridus), 110.
Lobelli (Jobertus de), 220.
Lobet (Raymondus), 207.
Lobleeri (Warinus), 46.
Loco Dei in Jardo (abbas de), 172 ; Lieu-Dieu, cne de Jard, con de Talmont, Vendée.
Loganter (Nicholaus), 11.
Logrenol (Odo de), 86.
Lolay, V. Loulay.
Lonbardus (Aubertus), 232.
— (magister), 203.
Loneri (Ramondus de), 47.
Longa Aqua (prior de), 111 ; Longèves, con de Marans, Charente-Inférieure.
Longo Lapide (Geraudus de), 99.
Lonoil, 57 ; au lieu de Bonoil, Bonneuil-Matours, con de Vouneuil-sur-Vienne, Vienne.
Loreta (domina), 118.
Lorraine (le cardinal de), 307, 308.
— (le duc de), 280.
Lorrez (Warnerius de), 67.
Louardi Hugo), 117.
Loubes (Mr de), 299, 302, 304, 313.
Louis IX, roi de France, 15, 17, 23, 26, 37, 43, 54, 55, 56, 58,

— 473 —

76, 81, 96, 97, 109, 121, 132, 145, 196, 197, 205, 214, 232, 233.
Louis XII, roi de France, 426.
— XIV, roi de France, 365.
— XV, roi de France, 396.
Loulay, 40, 51, 57; *Charente-Inférieure.*
Lousme (Antoinette de), 430, 431.
Loustor (Guido), 125.
Lucac (homines de), 90; *Lussac-le-Château, Vienne.*
— al. Luchac (Vigeron de), 152, 164, 189, 200, 216.
Lucac Ecclesiarum, feodum, 100; *Lussac-les-Eglises, c^on de Saint-Sulpice-les-Feuilles, Haute-Vienne.*
Luchonio (P. de), 184.

Lucol... es, 59.
Luçon al Luconis (abbas de), 217, 229; *Luçon, Vendée.*
Lucone (Petrus de), 19.
Lude (le), 300; *Sarthe.*
— (M^r du), 293, 294, 296, 297, 298, 299, 302, 303, 307, 308, 310, 311, 313, 314, 315, 327, 336. V. Daillon (Jean de).
— (Guy de Daillon, comte du), 338, 339, 340.
Ludovicus rex, V. Louis.
Lugdunum, 232; *Lyon.*
Lupisaltu (Raymondus de), 159.
Lusignan, 300, 314, 318, 324; *Vienne.* V. Lezegniacum.
Lyon. 308; Lugdunum, 232.
— (Yves du), 313, 318.

M

Mâcon, 427.
Maengot (Warinus), 36, 203.
Magaud (Ayemericus), 75, 216.
Magna Ulla (Hysembardus de), 46.
Maigrini (Giraudus), 154.
Maillart (Raoulet), maître des monnaies, 246, 248, 269.
Maillé (Hardouin X de), s^gr de la Tour-Landry, 428. V. Malli.
Maillo (P.), 9.
Maingot (boschus), 96.
Maintenon (Mme de), 365, 382.
Mairé, près Niort, V. Meriacum.
Mairencene, V. Marencenes.
Mairiaco al. Mairi (Reginaldus de), 134, 148.
Malassis (P. de), 211, 212, 213.
Malavalle al. Malevau (Philippus de), 121, 186.
Malleacensis abbas, 217, 226; *Maillezais, Vendée.*
Mallemonde, V. Rupe Malemonda.
Malleone (Radulphus de), 17, 19, 121, 123, 135, 162, 174.

Mallevaul, 103.
Malli (Gaufridus de), 63.
— (Hardoynus de), 27, 28, 37, 42, 53, 73; — de Malle, 49, 66.; — de Maillec, 12; — de Malliaco, 142, 196.
Malliaco (Petrus de), 135, 149, 172.
Malliacum, 83, 140; boscus de Malliaco al. Mailli, 13, 69.
Mallon al. Mallou (Petrus), 45, 217.
Malus Clericus al. Mauclerc (Gaufridus), 27, 28, 40, 124, 226.
Manaer (Hugo), 217.
Manasé boscus, 11.
Mangot al. Maingoti (Guillelmus), 74, 106, 141, 147, 157, 162, 168, 174, 180, 192, 194, 223.
Mangotus, 229.
— de Metulo, 19.
Mante (Gieffroy de), maître des monnaies, 240, 242.
— (Jehannin de), maître des monnaies, 243, 244, 246, 248.

Mantocus, 176.
Marans, 438; Marantum, Maarantum, Maraam, 18, 57, 104, 105, 106, 117, 118, 120, 135; Marendus, 69. Maranti capellanus, 106; — castrum, 118; — præpositura, 104, 117; *Marans, Charente-Inférieure.*
Marche (fief de la), en la baronnie de Parthenay, 434.
Marches (Johan), clerc, 406.
Marchia, 25; *la Marche.* Marchiæ comes, 8, 14, 16, 20, 21, 22, 26, 29, 40, 49, 55, 62, 66, 82, 91. 97, 101, 106, 109, 113, 121, 124, 126, 132, 134, 136, 145, 148, 150, 163, 175, 188, 196, 198, 218, 219.
Marciaux al. Martiaux, 267, 268, 270.
Marcillac, Marcilliacum, 204, 429, 431; — castrum, 204; c^{on} *de Rouillac, Charente.*
Marcillé, 32, 79, 80; *Marsilly,* c^{on} *de la Rochelle.*
Marconeria (feodum de), 165.
Marcou (Johannes), 219.
Marempnia, 125, 137, 139, 142, 176, 179, 183, 184, 185; Marengnia, 221, 227; Marognia, 72; Maremnia, 196; Marennia, 66, 104; Marenia, 63; Marenna, 101; castellania de Marenne, 64; *Marennes, Charente-Inférieure.*
Marencenes (Gerardus de), 17. 33.
Marencienes (Joceaume de), 230.
Marendus, V. Marans.
Marescallus de Lezigniaco, 29.
Mareschal (Pierre le), maître des monnaies, 240, 242, 253, 255, 256, 258, 259, 260, 262, 267, 268, 269, 270, 272, 273, 274.
Mareventum, V. Merevent.
Margat, 96.
Margeri (Jehan), maître des monnaies, 266.
Margi (Guillelmus de), 42.
Mari al. Marin, Marins, Marini (Aymericus), 12, 16, 38, 90, 97.

Marin (Guillelmus), 78.
— (Guillot), 404.
Marisennæ, 59; *Marancennes,* c^{on} *de Surgères, Charente-Inférieure.*
Marnas, 169.
Marni (feodum de), 62; *Marigny,* c^{on} *de Prahecq, Deux-Sèvres.*
Maroghia, V. Marempnia.
Maroiel al. Marollia (abbas de), V. Morolia.
Marquarde, 231.
Marrcilliaco (Aymericus de), 136.
Marsay, 376, 379; c^{on} *de Surgères, Charente-Inférieure.*
Martel (Elisabeth), 361, 387, 388.
— (Hector), 387.
Martineau, notaire royal, 435.
Martinelli (Arnaudus), 140.
Martinet, paroisse, 403; c^{on} *de la Mothe-Achard, Vendée.*
Martini (Aymericus), 185.
— (Guillelmus), 6.
— (Petrus), 57.
— (Warinus), 48.
Martugnia, Martugniacum, 92, 95.
Massins (feodum de), 62; *Mazin,* c^{ne} *de Saint-Hilaire-la-Palud,* c^{on} *de Mauzé, Deux-Sèvres.*
Masson (Antoine), marchand à Champdeniers, 437.
Mastacio (Bos de), 22.
Matac al. Mastacium, 61, 65; burgenses de —, 159; *Matha, Charente-Inférieure.*
— (Fochier de), 61.
Mataz (Fulco de), 64.
— (Guitardus de), 61.
Matheus, 89, 212, 213.
Maubec (dominus de), 19.
Mauberjoni turris, 36; *la tour de Maubergeon à Poitiers.*
Maubert (Guillelmus), 17, 184.
— (Hugo), 17.
Mauçac, 62. V. Mausiacum.
Mauclerc (Gaufridus), 226. V. Malus Clericus.
Maudourré (Hugo), 185.
Maugeret (Armanz de), 63.
Maullan (Amandus de), 185.
Maunourry (Aimeri de), écuyer, s^r de la Mothe, 449.

Mauporcher (Petrus), 140, 146.
Mauritaigne al. Mauritania, 5, 84, 179 ; prior Mauretengniæ, 238 ; *Mortagne-sur-Gironde* , c^{on} *de Cozes, Charente-Inférieure.*
Mauritania (Gaufridus de), 42, 64, 74, 76, 107, 141, 181.
Mausiaco (Guillelmus de), 18, 45, 57, 117, 124.
— (Warinus de), 88.
Mausiacum al. Mausi, 18, 19. 104, 105, 106, 117, 118, 120. —
Mausiaci dominus, 119, 157, 192;
— præpositura, 104, 117 ; *Mauzé, Deux-Sèvres*
Mautallier (Guido de), 65.
Mau Talon (Warinus), 47.
Mauzé, 371, 378 ; — (archiprêtre de), 362, 388. *Mauzé, Deux-Sèvres.* V. Mausiacum.
— (Olivier Gillier, baron de), 379.
Mayn (Odo de), 45.
Mazerac (H. de), 99.
Mazeuil (Jean de Viron, prieur de), 429.
Mazuis, 69.
Mechin (Guillaume), 406, 407. V. Meschin.
— (P.), 70.
Medis, 413 ; c^{on} *de Saujon , Charente-Inférieure.*
Medon, 105.
Megnac (Gaufridus de), 16, 47, 56, 110, 229.
— (Iterius de), 2, 58.
Megniacum, 59.
Megon (prior de), 229. V. Mongonium.
Meigot (Renaudus), 60.
Meledunum, 204, 208 ; *Melun. Seine-et-Marne.*
Mellain (Léon de), s^r de Buignon, 429, 431.
Melle, Metulum, 57, 186, 197, 215 ; *Melle, Deux-Sèvres.*
Menart (Guillelmus), 216.
Mengnac, V. Megnac.
Merevent, 57 ; Merventum, 215, 223 ; Mareventum, 174, 186 ; Marevantum, 169 ; *Mervent*, c^{on} *de Saint-Hilaire-des-Loges, Vendée.*

Merevilla (Johannes de), 145.
Meri al. Meriaco (Reginaldus de), 127, 229.
Meriacum, Mairé, 59, 444 ; *Mairé* , c^{ne} *d'Aiffres* , c^{on} *de Prahecq, Deux-Sèvres.*
Meronnus, judeus, 122.
Merpin al. Merpins, Merpisium, Merpinum, 23, 25, 44, 55, 76, 97, 109, 121, 132, 145. Merpini castellanus, 145 ; Merpisii castrum, 97 ; c^{on} *de Cognac, Charente.*
Mertcer (Johannes), 111.
Meschin al. Mechin (Guillelmus), 89, 103, 178. V. Mechin.
— (Warnericus), 98.
Mesnier (Antoine), imprimeur à Poitiers, 342, 343.
Metaer (Gaufridus), 111.
Metaier (Johannes), 111.
Metulum, V. Melle.
Mezini (Gaufridus), 95.
Michael (Aindre), 126.
— (frater), 234.
Milan (duché de), 288.
Milescu al. Milescutis, Millescutis, 98, 105 ; *Milescu,* c^{ne} *du Gué-d'Alleré*, c^{on} *de Courçon, Charente-Inférieure.*
Millu (Guillelmus), 190, 194.
Minet (Petrus), 33, 71, 84, 115, 139, 153, 178, 190, 221.
Mirebellis al. Mirabello (Poncyus de), 22, 36, 64, 74, 107, 141, 181, 223.
Molio (Gaufridus de), 63.
Mollcreux (brolium de), 726.
Mollerie al. Moleriarum, Molleriarum foresta, 11, 14, 29, 52, 67, 73, 81, 85, 90, 94, 96, 100, 106, 118, 123, 128, 136, 139, 141, 150, 155, 158, 163, 167, 175, 180, 187, 191, 198, 218, 222, 224. Molleriarum forestarius, 224 ; *la forêt de Moulière, Vienne.*
Monachus (Guillelmus), 216.
Monasterium Novum, 410, 419, 420 ; *Montierneuf à Poitiers.* — Monasterii Novi abbas, 217, 226.

Moncorp (Gaufridus de), 146.
Mondiana al. Mondionna, Mendiana (domina), 67, 82, 90, 100.
Moneder (Hylarius), 57
Mongonium, 410, 418; Megon, 229; *Mougon*, c^on *de Celles, Deux-Sèvres.*
Mons Berulfi, 411, 421, 422; *Montbron, Charente.*
Mons Maurilii, 2, 27, 29, 38, 46, 49, 66, 67, 77, 82, 90, 92, 102, 114, 125, 152, 154, 164, 166, 189, 191, 195, 200, 201; Mons Morellii, 217; Monmorellium, 220. Montis Maurilii baronia, 58; — domus Dei, 99; — foresta, 201; — præpositura, 137, 152, 164, 177, 189, 199, 219; — prior, 78, 207; *Montmorillon, Vienne.*
Mons Ravelli al. Revelli, 41, 44, 51, 81, 87; *en Saintonge.*
Monsterolium, Monsterollium, Mosterolium, 2, 27, 29, 38, 51, 52, 59, 75, 83, 88, 91, 95, 102, 114, 119, 120, 125, 129, 138, 141, 168, 177, 180, 192, 203, 204, 223, 224. Monsterolii castellania, 49, 60, 67, 176; — castrum, 96, 130, 158, 170; — feodum, 60; — foresta, 11, 29, 37, 49, 66, 82, 91, 92, 101, 114, 120, 125, 131, 137, 141, 151, 155, 158, 164, 167, 176, 180, 188, 191, 199, 201, 219, 222; — præpositura, 10, 29, 37, 49, 66, 82, 91, 101, 113, 124, 136, 150, 163, 175, 188, 198, 218; — præpositus, 177. Monstereul-Bonin, 235-273; *Montreuil-Bonnin*, c^on *de Vouillé, Vienne.*
Montalembert de Vaux (Mme de), 361, 391, 392.
— (Alexis de), 391.
Montceaux, 336.
Monte Alerii al. Monte Aler al. Montaler (Guido de), 6, 32, 39, 51, 70, 84, 93, 115.
Monte Angerii (Drogo de), 23; — de Monte Arigerii, 36; — de

Monte Auserii, 74, 107, 131, 141, 181; — de Monte Oser, 118, 223.
Monte Buellii (Hemericus de), 151.
Monteil (Guillelmus de), 7.
Monte Morenciaco (Guillelmus de), 193.
Monte Orgueil (Petrus de), 47.
Monte Sanxonis (Oliverius de), 64.
Monte Tegnia (Gaufridus de), 223.
Montibus al. Monz (Ayemericus de), 31, 46.
— (Hugo de), 23.
— (Johannes de), 79.
— (P. de), 229.
Montis Maurilii (Giraudus), 46.
Montoilio (G. de), 27.
Montor (Guillemus de), 99.
Montpezat (le s^r de), 292.
Montrabey (Galdrat de), 61.
Montreuil-Bonnin, V. Monsterolium.
Monz, V. Montibus.
Morail (Guillelmus), 11.
Morain, 372.
Morandi (Johannes), 212.
Mordeti boscus, 11.
Moreau, receveur de Poitiers, 339.
Morelle, V. Morolio.
Morelles (Guillelmus de), 229.
Moretegne, V. Mauritaigne.
Moriçon (Petrus), 146.
Morin al. Morini (Alanus), 60.
— (Fulcho), 46.
— (Gaufridus), 42, 52, 74, 106, 129, 141, 168, 180, 203.
Mornac (Radulphus de), 98.
Morolio al. Maroiel al. Marollia (abbas de), 53, 95, 129, 168, 203, 229; *Moreilles*, c^ne *de Champagné-les-Marais*, c^on *de Chaillé-les-Marais, Vendée.*
Morrei (Merlin de), 79.
Morroy, 79; *Montroy*, c^on *de la Jarrie, Charente-Inférieure.*
Mortemer (Taveau, barons de), 429, 439. V. Mortuum Mare.
Morthemar (le seigneur de), 286.
Mortuum Mare, 27, 29, 38, 49, 67, 75, 82, 92, 102, 108, 114, 125, 137, 152, 165, 177, 189, 200;

Mortemer, c^on de Lussac-le-Château, Vienne.
Mosteriolo (P. de), 99.
Mosterolium, V. Monsterolium.
Mota, 197, 215; la Mothe-Saint-Héraye, Deux-Sèvres.
— (Gaufridus de), 115, 225.
— (Guillelmus de), 58, 183.
— (Johannes de), 172.
— (Michael de), 45.
Mota Sancte Helaye (Nicolaus de), 174.
Motanerius, 140.
Mothe (Aimeri de Mannourry, s^r de la), 449.
Mothe-Saint-Denis-de-Mairé (fief de la) ou Bougouin, paroisse de Saint-Maurice, près Niort, 444, 445.
Mourelli (Johannes), prior de Brulheto, 413.
Moysen (Pierre), écuyer, s^gr de la Guionnière, 443, 448.
Mozolio (abbas de), 95. V. Morolio.
Muret, 179.
Muron (Guillelmus de), 176.

N

Nadau (Warnerius), 41, 51.
Naida (Hugo de), 159.
— al. Naide (Johannes de), 133, 148.
Naintré, 220, 221; c^on de Chatellerault, Vienne.
— (Reginaldus de), 20.
Nannes, 77.
Nanterius, 1, 3, 10, 161, 162, 170.
Nantes, 340.
— (Jehan de), 238.
Nantolium, 103, 125; Nanteuil, c^on de Saint-Maixent, Deux-Sèvres.
Nassau (Charlotte-Brabantine de), duchesse de Thouars, 341.
— (Charlotte Flandrine de), abbesse de Sainte Croix de Poitiers, 341, 342, 343, 345, 346.
— (Elisabeth de), duchesse de Bouillon, 341.
Natalis (Guillelmus), 178.
Nau (Guillelmus), 220.
Navarre (le roi de), 182, 294, 314, 319, 323, 324, 337.
— (Raiemundus de), 211.
Nebo, 46.
Nede al. Naida (Hamericus de), 30, 33, 45, 49, 93.
Nedes (le Gangneor de), 44.
Negrer (Johannes), 11.
Nellac (Guillelmus de), 58.
Nemore (Garnerius de), 146.
Neret (Guillelmus de), 61.
Neufville (de), 278, 280, 284.
Nicolas (Robert), maître des monnaies, 240, 242, 248.
Nigella (Gilo de), 130.
Nioil, 79, 80; Nieul-sur-Mer, c^on de la Rochelle.
Niolio (G. de), 72.
— (Helias de), 133.
Niort, Niortum, Niorcium, Niortium, 3, 7, 8, 9, 23, 27, 31, 35, 38, 39, 41, 42, 45, 49, 52, 53, 54, 58, 65, 67, 69, 73, 74, 75, 85, 87, 88, 94, 96, 98, 106, 107, 108, 109, 110, 113, 118, 119, 128, 130, 131, 140, 141, 142, 143, 144, 145, 155, 157, 158, 165, 166, 167, 169, 170, 180, 181, 183, 189, 190, 191, 193, 200, 201, 204, 205, 206, 211, 212, 222, 223, 225, 226, 227, 299, 302, 309, 339, 435, 443, 447. Niorti ballivia, 30, 31, 49, 68, 70, 89; — castellania, 65; — castellanus, 27, 28, 37, 89, 96, 159, 161, 162, 169, 170, 225, 226, 232; — castrum, 75, 119, 120, 130, 142, 203, 443; — præpositura, 3, 30,

31, 39, 50, 68, 81, 90, 100, 118,
123, 135, 150, 157, 175, 187,
198, 218; — præpositus, 128,
133, 184.
Niorto (Aymericus de), 45.
— (Dyonisius de), 146.
— (Richardus de), 58.
Noc (Raol de la). 401.
Nollac, 221.
Nollans (Guillelmus de), 99.
Nonentum, 194; *Nonant, Orne.*
Normannia, 22; *la Normandie.*

Normannus (Robertus), 141, 155.
Nova Villa (Radulphus de), 104.
Nuali, 98; *Nuaillé, c^on de Courçon, Charente-Inférieure.*
— al. Nualli al. Noaillé (Beraldus de). 19, 98, 172, 207.
Nuchèzes (Marie de), veuve d'Antoine du Fouilloux, 430, 431, 433, 434.
Nunsonère (tènement de la), 401.
Nyoil, 406; *Nieul-le-Dolent, c^on de la Mothe-Achard. Vendée,*

O

Oblenc, Oblinquum, 28, 49, 56, 58, 82, 92, 98; *Le Blanc, Indre.*
Oblinquo (Philippus de), 169.
Odoin (Petrus), 62.
Ogan (rivagium d'), 40.
Oger (Guillelmus), 41.
— (Longus), 18.
Ogerii (Ernaudus), 63.
— (Gaufridus), 63
— (Maria), 78.
— (Petrus), 64.
Olbreuse, 361, 370, 371, 373, 374, 377, 380, 384, 388, 391, 392, 394; *c^ne d'Usseau, c^on de Mauzé. Deux-Sèvres.* — Seigneurs d'Olbreuse, V. Desmier.
Oleron, Olerun, Olleron, Oloron, 178. 179, 190, 221, 408; helemosina sancti Jacobi de —, 21; insula

de —, 84, 139; *île d'Oleron, Charente-Inférieure.*
Olleriis (Aymericus de), 198.
Olonne (comte d'), 342.
Oloron, V. Oleron.
Onaium, 57; *Aunay, Charente-Inférieure.*
Orange (prince d'), 341, 346.
— (princesse d'), 345.
Orgelos, 223.
Orgereau (Benoît), 448.
Orléans. 335, 338; — (duchesse d'), 364. V. Aurelianum.
Oscruy (Pierre), maître des monnaies, 243, 244.
Ossilac (Bernardus de), 5.
Otrandi (Johannes), 146.
Ozance, V. Ausance.

P

Pachaz terra, 33.
Pagani (Guillermus), 127, 135, 149.
— (Petrus), 33, 140.
Pager (Hugo), 70.
Paietonis (Warinus), 44.

Pairé (Hugo de), 103.
Paireçac, 2; *Persac, c^on de Lussac-le-Château, Vienne.*
Palatin (l'électeur), 389.
Palatio (Guido de), 44.
Palestellus, 159.

— 479 —

Palbon (granchia de), 88.
Palleon, 13; *Pauléon*, c^ne *de Saint-Georges-du-Bois*, c^on *de Surgères*, *Charente-Inférieure*.
Panetarius al. Panaterius (Adam), 23, 26, 37, 43, 54, 75, 81, 96, 108, 123, 131, 132, 133, 143, 158, 170, 171, 182, 193, 205, 209, 210, 211, 225, 226, 233.
— (Guillelmus), 234.
— Simon), 86.
Pannaiz (dominus), 146.
Paquier (magister), 213.
Parata (Radulphus de), 149, 162.
Pardaillan (M^r de), 318, 319.
Pardus, 87; castellanus Fontiniaci, 129, 192, 202.
Parietis (Adam), 15.
Paris, Parisius, 42, 53, 162, 170, 182, 193, 194, 204, 205, 206, 208, 213, 224, 225, 238, 246, 328, 362, 375, 385. Parisiense hospitale, 205, 225, 226.
Parisii (Stephanus), 81, 104, 161, 162, 184, 208.
Parthenay, 302, 304, 430, 435; Partenay, 224; Partiniacum, 225. Parthenaii feodum, 126, 127. Dominus de Partanayo, 419. *Parthenay*, *Deux-Sèvres*.
— (Johannes), 185.
Partheniaco (Huguetus de), 174, 187.
Parvus (Petrus), 169.
— (Simon), 23; castellanus Pictavis, 15.
Parzai, 15.
Pasqaut, 40.
Pasquaudus (magister), 169.
Passepoire (Stephanus), 105.
Paste (Theobaldus), 207.
Pate (Fredericus), 75.
Pau, 315.
Paucia (domina), 70.
Pavinne (Gaufridus), 46.
Pavonis (Petrus), 1, 13, 193.
Pegris (Ch.), 210.
Pelaudus, 169.
Peloquins (Aymericus), 7, 98.
Peloys (Petrus), 231.
Pequere (domina de), 99.
Perabatham (Hymbertus), 122.

Perac, V. Perrotus.
Perata (Radulphus de), 135.
— (Reginaldus de), 16, 70, 128.
Perdillan al. Partillan (Guillelmus de), 201, 202, 208.
— (Nicholaus de), 202.
— (P. de), 202.
Peré (feodum de), 62.
Peregrini (Petrus), 229.
Périgord (le syndic de), 294.
Pernac (homines de), 146.
Perrotinus, 165.
Perrotum, Perac Rupellæ, 40, 84, 103; *le Perrot*, *à la Rochelle*.
Pertot (Johannes de), 77.
Petit (Warinus), 44.
Petragoricensis diocesis, 215; *diocèse de Périgueux*.
Petrus (magister), 211, 214.
Peux (le), paroisse de la Chapelle-Thireuil, 438.
Peverel (Hugo), 16.
Phainensis domus, 133.
Phelippeaux, 396.
Philippus, 56, 207.
— rex Franciæ, 22.
— thesaurarius Sancti Hilarii Pictavensis, 231.
Philipsbourg, 374; *Allemagne*.
Picardie (la), 290, 317.
Picotière (la), métairie, 448; c^ne *de la Chapelle-Bertrand*, c^on *de Parthenay*, *Deux-Sèvres*.
Pictavia, 22, 130, 161, 174, 187, 224; *le Poitou*. Magister de Pictavia, 233, 234.
Pictavis, 14, 23, 29, 30, 35, 36, 38, 41, 42, 45, 49, 52, 53, 66, 67, 73, 74, 75, 83, 85, 88, 90, 91, 94, 95, 97, 101, 106, 108, 109, 116, 118, 120, 124, 128, 129, 130, 136, 138, 140, 141, 142, 143, 144, 152, 155, 158, 160, 163, 166, 167, 168, 170, 175, 177, 180, 181, 183, 191, 192, 193, 197, 202, 204, 222, 223, 224, 225, 226, 227; — aula, 21, 36, 42, 54, 88, 95, 107, 120, 130, 141, 158, 168; — castellania, 60; — castellanus, 26, 53, 167; — castrum,

54, 75, 107, 119, 175, 191, 203. — guarnisio, 24; — minagium, 220; — prepositura, 13, 29, 37, 42, 49, 66, 81, 90, 100, 113, 123, 135, 150, 163, 175, 187, 198, 218. Pictavensis assisia, 203; — ballivia, 27, 29. 30, 35, 49, 66, 67; — ballivus, 4, 23, 48; — comitatus, 18, 21, 22, 57, 217, 427, 441; — comes, V. Alfonsus, Henricus, Johannes, Ricardus; — comitissa, 1, 2, 143, 194, 225, 227; — diocesis, 215, 231, 232, 233; — episcopus, 224; — senescallus, 1, 21, 22, 226, 231; — thesaurarius, 57.
Piémont (le), 310, 311.
Pigneo (Johannes), 8.
Pigniez (les), 184.
Pilart (Pierre), curé de Nyoil, 406.
Pimpelière (François Chabot, s^r de la), 435, 448.
Pindray al. Pyndray, 152, 165, 177, 189, 200, 219; c^{on} de Montmorillon, Vienne.
— (Foucher de), 78.
Pineler (la), 7.
Pinons, 183.
Pinot, Pinotus (Guillelmus), 127, 134, 148.
Pinu (abbas de), 88, 119, 157, 192, 231; — (elemosina de), 42; le Pin, c^{ne} de Béruges, c^{on} de Vouillé, Vienne.
— (Ferrandus de), 1.
Pirariis (Guillelmus de), 159.
Pirmont, 373; Pyrmont, Allemagne.
Pironaria, 59.
Placac (Baudri de), 48.
Plaiseio (Aymericus de), 93.
Plancoil (domina de), 132.
Plessiaco (Petrus de), 70.
Plessis-lès-Tours (le), 282.
Plomerius, Plummerius al. Plumerii (Bernardus), 93, 125, 140, 153.
Plouvier (Aymericus le), 110.
Pocart (Stephanus), 230.
Pocherau al. Pochere, Pocherellus,

Pocheron (Andreas al. Ayndro), 35. 63, 72, 84, 93, 104, 116, 133, 139, 153, 165, 173, 179, 190, 200, 221.
Podio (Bartholomeus de), 22.
— (Gaufridus de), 47.
— (Hugo de), 17, 229.
Podio Chenin (Guillelmus de), 216.
Podio Liboreau (feodum de), 80; Puilboreau c^{ne} de Saint-Xandre, c^{on} de la Rochelle.
Poello (Stephanus de), 71.
Pogia al. Pagia al. Poia (Gaufridus de), 152, 164, 189, 200, 216.
Poiboet, 80.
Poilevilain (Jehan), 238.
Poile Voisin (P.), 173.
Poiliboreau (P. de), 79.
Poiman (Stephanus de), 59.
Poingnard (François), à Niort, 435.
Poiole, Poiolus, Poieles, Poujole, Pouzole, Pozole, Preiole, Preivole, serviens, 23, 26, 41, 52, 73, 85, 94, 100, 106, 118, 119, 128, 144, 155, 167, 180, 191, 192, 201.
Poitiers, 277, 278, 280, 281, 283, 284, 285, 286, 290-306, 308-321, 323, 324, 326, 327, 328, 335, 336-340, 359; — (l'évêque de), 224, 357, 427. V. Pictavis.
Poitou (le), 293, 295, 296, 297, 299, 301, 303, 304, 307, 308, 310, 311, 313, 315, 407, 427, 441; — (gouverneur de), 338; — (sénéchal de), 1, 21, 22, 226, 231, 279, 280, 286, 411, 426; — (sénéchaussée de), 402, 404. V. Pictavia.
— (le Bas-), 399.
Poivendre (feodum de), 62; c^{ne} de Marigny, c^{on} de Prahecq, Deux-Sèvres.
Polain (Guillermus), 194.
— al. Polen (Hugo), 47, 184.
Polein al. Polcin (Gaufridus), 17, 77, 122.
Poncius, V. Mirebellis.
Pons, 206; Pons, Charente-Inférieure.

— 481 —

Pons Labé, Pons Abbatis, Pons Labius, 84, 147, 184, 190; Pont-l'Abbé, c^on de Saint-Porchaire, Charente-Inférieure.
Pons Perrini, 7.
— Pont (Jofrey do), 403.
Pontaygon, 230.
Ponte al. Pontibus (Benedictus de), 44.
— (G. de), 18.
— (Gaufridus de), 36, 64, 74, 105, 106, 107, 117, 118, 135, 141, 181, 223.
— (Lanbertus de), 5, 53, 95, 129, 204.
— (Laurentius de), 168.
— (R. de), 131.
— (Renaudus de), 22.
— (Robertus de), 57, 65.
Ponte Herlent (boscus de), 11.
Ponterea (Guillaut do), 401.
Ponte Vallium (molendinum de), 154; moulin des Ponts-de-Vaux, c^ne de Breloux, c^on de Saint-Maixent, Deux-Sèvres.
Pontisara (Mausebont de), 194.
Pontisarensis burgensis, 205, 206, 225; de Pontoise, Seine-et-Oise.
Pontonnier (Aymericus), 127, 135, 149.
Popardi (Johannes), 60, 140, 190.
Popart (Aymericus), 216.
— (Hugo), 216.
— (Nicolaus), 65.
— (Orguelous), 60.
Popelin (Radulphus), 140.
— (Warinus), 45.
Popelous (Johannes), 98.
Porret (Aldebertus), 161.
Pors, de Pors, de Pours (Guillaume), 266, 267, 268.
Porta (Aymericus de), burgensis de Rupella, 418.
— (Petrus de), 72, 105.
Portevire, 129.
Portugal (don Constantin de), 315.
Portu novo (feodum de), 139.
Potherau (Aymericus), 111.
Potheray, V. Pocherellus.
Pouhet (Guillaume), 448.
Poupardi (Johannes), 190. V. Popardi.

Poupardis, 45.
Poussard (Jacquette), 371.
— de Vandré (Jacqueline), 362, 363, 371, 387.
Pouzole, Pozole, V. Poiole.
Poverelli (Petrus), 45, 190.
Poyau (Guillelmus do), 230.
Prahec, Prahic, Praic, Praitum, 3, 31, 39, 68, 82, 91, 101, 114, 116, 124, 141, 151, 163, 181; præpositura de —, 30, 50, 62, 136, 175, 188, 199, 218; Prahecq, Deux-Sèvres.
Prahic (Petrus de), 103, 138.
Praic (Constantinus de), 50.
Précigné (Har. de), 58.
Precigni (Jobertus de), 60.
Precigniaco (Renaudus de), 58, 60, 117.
Preciniacum, 64; Pressigny, c^on de Thénezay, Deux-Sèvres.
Prégelas, 310; localité aux environs de Lyon.
Preiole, Preivole, V. Poiole.
Prepositi (Aymericus), 56.
— (Clemens), 135, 149.
— (Johannes), 2, 130, 158.
— (Petrus), 61, 73.
Pressec, 207.
Prévost (Alexandre), sgr de Gagemont, 361, 391, 392, 394.
— (Jean), 284.
Prevout (Gaufridus), 78.
Prin (Hugo), 76.
Prinçai, Prinçayo, Princeio, Princhay, Prinscaio, Priçay, Prichay (Hugo de), 10, 29, 38, 49, 53, 59, 66, 82, 92, 102, 114, 125, 137, 152, 164, 176, 189, 199, 219.
Prulenc (prepositura de), 62; Brulain, c^on de Prahecq, Deux-Sèvres.
Pruner (Warinus), 46.
Prunis (feodum de), 62.
Prusse (reine de), 365, 394, 395.
Pruvenciæ comitissa, 66.
Puiloer (Philippus de), 102.
Puimet (Magrinius), 103.
Pulcher (Emericus), 60.
Puncius (dominus), 64.
Putot, 153.

Puy-du-Fou (le sgr du), 293, 438.
— (Jean, sgr du), 400.
Puy-Naslier (le), à Niort, 435, 436.

Puysec (le sgr de), 438.
Pyndray, V. Pindray.

Q

Quadaing (Frinbet de), 223.
Quafart, V. Gaiffart.
Qualliau (Hylarius), 230.
Quaquaux (magister), 212.
Quartaleuca (prioratus de), 408, 422 ; Cartelègue, c^{on} de Blaye, Gironde.
Quercu (Beraldus de), 56.

Quercu Abbatis (nemus de), 14 ; le Chêne-l'Abbé, c^{ne} de la Chapelle-Moulière, c^{on} de Saint-Julien, Vienne.
Quinbaigne (feodum de), 62 ; peut-être Cubaigné, c^{ne} d'Amuré, c^{on} de Frontenay, Deux-Sèvres.

R

Ra..... (Gaufridus), 142.
Rabaine (Gaufridus de), 64, 90.
Rabaldorum al. Rabaudorum terra, 152, 164, 189, 200.
Rabaut (Clarembaldus), 11.
— (Claris), 2, 216.
— (Guillelmus), 17, 160.
— (Ranulphus) de Fogerolles, 2.
— (Ranulphus) de Pairecac, 2.
— (Renaldus), 11.
Rabayne, V. Rabaine.
Raber (Guillelmus), 127, 134, 148.
Ragaut (Johannes), 159.
Raicle (Meingotus), 100.
Raimondi (Petrus), 64.
Raiole al. Roiole (Johannes), 31, 33, 69, 83, 84, 93, 115, 127, 135, 149.
Ramegot, Ramegoz, Ramegauz, Ramegouz, Rameta, Rametc, Ramiete, terra, 5, 34, 40, 51, 71, 91, 101, 114, 124, 136, 140, 151, 164, 176, 188, 199, 219.
Rancon, Rancone. Ranconio, Ranconaio (Gaufridus de), 16. 57, 73, 127, 134, 135, 148, 207.
Rancones, Ranconnes al. Ranetone (Berardus de), 44, 63, 76.

Rantis (Gaufridus de), 6.
Raole (Petrus), 63.
Raossetus, 159.
Raphini, 98.
Rappouel, 291.
Rasquestene (terra de), 69.
Rater al. Ratier (Johannes), 58, 183.
Ravardus (Aymericus), 127, 134, 148.
Raymon al. Raymondus, 195, 224.
— (G.), 222.
Raymondus, 111.
— (Guillelmus), 19.
Razillière (Claude de Faye, sgr de la), 448.
Re (prior sancti Salvatoris de), 416, 418.
Reginaldi (Helias), 190.
— (Johannes), 130.
Reginaldus al. Raginaldus, 155 ; magister —, 43, 56, 96, 131, 159, 171, 173, 182, 193, 196, 205. 206, 225, 226.
Regis (Petrus), 48.
Regis pratum apud Xanctonas, 4
Regnier (Pierre), 279.
Reinau (Geraudus), 19.

Rembaudère (tènement de la), 405.
Remondus, 48.
— (Warnerius), 96.
Renart (Petrus), 48.
Renaudi (Helias), 44.
— (G.), 31.
— al. Renaut (Johannes), 44, 84, 116.
— (Philippus), 123.
— (Warnerius), 31.
Renaudus, dominus de Pontibus, 63.
Renaut (W.), 80.
Renout (Guillelmus), 185.
Reorzia, 13; *Breuil-la-Réorte*, c^{on} *de Surgères, Charente-Inférieure*.
Repochon (Ernaudus), 62.
Resmondi (Gunbaudus), 48.
Ressa al. Resse (Emericus de), 59, 62.
— (Fulco de), 62.
— (Hamo de), 211.
— (Petrus de), 62, 84.
Restail (Bonaudus de), 172.
Restaut (Radulphus de), 153.
Restis (Hugo), 60.
Retail (le sgr du), 438, 439.
Reuss (Angélique Desmier, comtesse de), 362, 364, 369, 371, 382, 383, 384, 386, 389.
— (Henri, comte de), 364, 369.
Revotisan (domina de la), 105; *la Revétison, c^{on} de Beauvoir, Deux-Sèvres*.
Ribaldi (P.), 88.
Riberia (Petrus de), 146.
Riberon, Ribeco, Riberau, Riberaon, Roberono, 5, 34, 51, 71, 84, 93, 104, 116, 126, 139, 153, 165, 179, 190, 200, 211, 221; — (præpositura de), 40; *Riberou, c^{ne} de Saujon, Charente-Inférieure*.
Richard Cœur-de-Lion, roi d'Angleterre, 21, 425.
Richardi al. Richart (Fulco), 6, 34, 35, 40, 93, 104, 107, 116, 126, 139, 153, 165, 179, 190, 200, 221.
— (P.), 108.

Richarius al. Richerius (Fulco), 72, 84.
Richart (Reginaldus), 230.
Riche (M^r de la), 304, 308, 309.
Richemont (Helias de), 111.
Ridellus (Gaufridus), 34, 35.
Rigoreau, 431.
Riolt villa, 13; *Rioux, c^{ne} du Gué-d'Alleré, c^{on} de Courçon, Charente-Inférieure*.
Riomum, 186; *Riom, Puy-de-Dôme*.
Rion (Jacques de), écuyer, 432.
Riparfon (Mme de), 362.
Riperia (Johannes de), 160.
Rival (Odardus de), 58.
Rivau (Guillelmus dou), 18.
Rivet (G.), 149.
— (Huguetus), 134.
Roaut (Guillelmus), 39, 60.
Roberono, V. Riberon.
Robertet, 281, 282, 283, 286.
Roberti (P.), 32.
Robertus, 167, 180, 191, 201, 213, 222.
— forestarius Mosterolii, 158, 201.
— (Pardus), 23.
Rocha al. Rupe (Aymericus de), 23, 39, 70, 103, 111, 139, 178.
— (Guido de), 20.
— (Guillelmus de), V. Rupe.
— (Hameno de), 20, 150, 163, 175.
— (P. de), 105, 113, 117.
Rochafortis, V. Rupesfortis.
Rocha Malemontis, 38. V. Rupe Malemonda.
Rocha super Yonem, V. Rupes super Yon.
Roche-au-Mart (Bertrand Hélyes, sgr de la), 429.
Roche-Beaucourt (M^r de la), 278, 282.
Rochechoart (Emericus de), 64.
— (Foqaudus de), 64. V. Rupes Choardi.
Roche-du-Maine (le sgr de la), 286.
Rochefaton (René de la), sgr de Saveugles, 429, 431.

Rochefort, V. Rupesfortis.
Rochefoucaud (Mr de la), 335.
— (le comte de la), 337.
— (Charles de la), comte de Roye, 337.
— (François de la), prince de Marcillac, 429, 431, 434.
— (René de la), sgr de Baié, 429, 431, 433, 434.
Rochelle (la), 79, 296, 315, 320. V. Rupella.
Roche-Pozay (M. de la), 314.
Roche-sur-Yon (la), 402, 404, 406. V. Rupes super Yon.
Roflac (Petrus), V. Rouflac.
Roil (Helias), 16, 64.
Roiole, V. Raiole.
Rollendus (dominus), 229.
Rolli, V. Rulliaco.
Romanconia, 211.
Rome, 376.
Roncenacum, 412; Rozenacum, 422; *Ronsenac*, con *de la Valette, Charente.*
Rorthays (famille de), 399.
Rothomagus, 169; *Rouen.*
Rouaudi (domicella Gaufridi), 146.
— (Guillelmus), 50.
Rouflac, Roflac, Rufflac (Petrus de), 59, 103, 178.
Rouillart (Guillaume), 278.
Roussellus (Hemericus), 135.
Royan (marquis de), 342.
Roye (Charles de la Rochefoucaud, comte de), 376.
Rozeiz (le), village, 405, 406; *en Bas-Poitou.*
Rozenacum, V. Roncenacum.
Rufellis, Ruffaux, Ruffiaus (Petrus de), 102, 138, 152, 220.
— (terra de), 29, 177.
Ruffec, 297; *Charente.*
Ruffus (Ayemericus), 69, 149.
— al. Rufus (Johannes), 66, 69, 126, 134, 144, 149.
Rufus (Gaufridus), 63.
— (Guillelmus), 19.
Rulli (Rogerus de), 24.
Rulliaco, Ruilliaco, Ruilli, Rulli, Rolli (Reginaldus de), 1, 17, 24, 49, 53, 90, 131, 161, 162,
167, 169, 170, 202, 209, 211, 214.
Rulliacum, 74; *Rouillac, Charente.*
Runaut (Giraud), 78.
Rungeriis (Ayeraudus de), 46.
Rupe al. Ruppe (Ayemericus de), V. Rocha.
— (Bernardus de), 184.
— (Guillelmus de), 61, 126, 134, 148, 189.
— (Hamono de), V. Rocha.
— (P. de), V. Rocha.
— (Tecelinus de), 230.
Rupeforti al. Ruppeforti al. Rochefort (Barrolus de), 65.
— (Eblo de), 1, 15, 16, 43, 55, 60, 76, 207.
— (Gaufridus de), 1, 217.
— (Guido de), 38, 60, 68, 83, 93, 94, 107, 115, 125, 138, 165, 177, 178, 200, 220.
— (Henricus de), 105.
— (Hugo de), 92, 114, 138, 139, 150, 152.
— (Karolus de), 15, 17, 20, 162, 174, 187, 197.
Rupella, Ruppella, 6, 8, 23, 24, 35, 36, 41, 42, 52, 53, 54, 65, 67, 73, 74, 78, 84, 85, 86, 87, 88, 94, 95, 100, 106, 110, 113, 118, 119, 128, 129, 131, 139, 140, 141, 143, 144, 147, 153, 155, 158, 166, 167, 168, 169, 178, 180, 182, 183, 191, 192, 193, 201, 202, 204, 205, 206, 210, 221, 222, 223, 226, 409, 417, 418; *la Rochelle.* —
Rupellæ burgenses, 99, 131; — capellanus castri, 131; — castellanus, 24; — castrum, 24, 88, 95, 107, 119, 120, 130, 141, 181, 191, 203; — major, 99; — præpositura, 8, 32, 33, 39, 53, 70, 81, 91, 99, 100, 113, 123, 135, 150, 163, 175, 187, 198, 248.
Rupe Malemonda al. Rocha Malemontis (terra de), 38, 69, 83, 92, 103, 115; *la Roche-Malmonde,* cne *de Chauray,* con *de Niort.*

— (Hugo de), 10.
— (Huguetus de), 127, 148.
Rupesfortis al. Ruppesfortis al. Rochefort, 6, 24, 26, 58, 65, 84, 93, 103, 125, 174, 179, 187, 190, 197; *Rochefort, Charente-Inférieure.*
Rupes super Yon, 154, 166, 167, 174, 186, 197, 216; — castrum, 156, 157, 158, 167, 168; — foresta, 154; *la Roche-sur-Yon.*
Rupis Choardi terra, 30; — vicecomes, 42, 88; — vicecomitissa, 119, 157, 181, 223; *Rochechouart, Haute-Vienne.* V. Rochechoart.

S

Sabeilles ou Saveugles (sgr de), 429, 432.
Sablonceau, V. Samblançoie.
Sadoil (Guillelmus), 105.
Sagitta (Orguellosus de), 115.
Sailliquet (Marc), sergent royal, 431, 432.
Saint-Amand, paroisse, 447; c^{on} de *Châtillon-sur-Sèvre, Deux-Sèvres.*
Saint-Benoît-du-Sault, 426; *Indre.*
Saint-Christofle, 79; *Saint-Christophe,* c^{on} *de la Jarrie, Charente-Inférieure.*
Saint-Denis (Bethin de), maître des monnaie, 242.
Saint-Georges (Louis de), sgr de Marsay, 376.
Saint-Germain-en-Laye, 284, 286; *Seine-et-Oise.*
Saint-Jean-d'Angély, 255, 256, 258, 259, 270, 304, 309; *Charente-Inférieure.* V. Sanctus Johannes Angeliaci.
Saint-Ladre (faubourg), à Poitiers, 285.
Saint-Maixent, 300, 340, 447; *Deux-Sèvres.* V. Sanctus Maxentius.
Saint-Martin-du-Fouilloux, en Gâtine, 435, 437; c^{on} *de Menigoute, Deux-Sèvres.*
Saint-Maurice, paroisse, 444; c^{ne} *d'Aiffres,* c^{on} *de Prahecq, Deux-Sèvres.*
Saint-Maurize (Hugo de), 58.
Saint-Michiel (Guillaume de), écuyer, 270.
Saint-Morice, 79, 224; *Saint-Maurice,* c^{ne} *de la Rochelle.*
Saint-Quentin, 319; *Aisne.*
Saint-Séverin (M^r de), 304.
Saint-Xandre, 79, 80; c^{on} *de la Rochelle.*
Sainte-Croix (abbaye de) à Poitiers, 342, 343, 345, 359; — (abbesses de), V. Bourbon (J. de), Nassau (Charlotte-Flandrine de), Trémoille (Catherine de la).
Sainte-Gemme (le s^r de), 335, 337.
Saintes, 294, 295, 297, 298, 307; *Charente-Inférieure.* V. Xanctonis.
Saintonge (la), 293, 295, 298, 300, 301, 303, 365.
Saisina, Sazina, 92, 125, 138, 165, 178, 200, 220, 447; *la Saisine, forêt en partie défrichée,* c^{nes} *de Vautebis et Chantecorps,* c^{on} *de Menigoute, et* c^{ne} *de Clavé,* c^{on} *de Mazières, Deux-Sèvres.*
Salemon (Gaufridus), 63, 229.
Sales, 6, 40; *Salles,* c^{on} *de la Jarrie, Charente-Inférieure.*
— (Andreas de), 76.
— al. Salis (P. de), 104, 105.
— (Reginaldus de), 115, 127, 134, 149.
Sallaiorum tuscha, 12.
Salles (le s^r de), 320.
Sallevert al. Salevert (Guillelmus de), 9, 10, 27.

Salme (Petrus), 146.
Salmurio (Gilo de), 110.
Salnerius (Johannes), 168.
Salomonis (Arnaldus), 48.
— (Gaufridus), 140.
— (Helien), 194.
Salvaricus (Guillelmus), 149.
Samblançoie, Sanblançaio, Sablonceau (abbas de), 48, 95, 129, 168, 203; *Sablonceaux*, c^on *de Saujon, Charente-Inférieure.*
Samet (Haymericus), 10.
— (Herbertus), 11.
Sancaio al. Sanchay (Johannes de), 78, 89.
Sancaium, Sancayum, Sancay, Sanccay, Sanchay, Sancaye, Sanceium, 30, 38, 45, 66, 68, 69, 82, 91, 101, 107, 113, 114, 124, 136, 148, 151, 152, 163, 175, 177, 188, 199, 218, 220; *Sanxay*, c^on *de Lusignan, Vienne.*
Sanccio (Guillelmus de), 78.
Sancta, Sancti, Sancto, Sanctus :
S. Albino (Guillelmus de), 127, 134, 148.
S. Anianus, 34, 40, 48, 72, 219; *Saint-Agnant*, *Charente-Inférieure*. Sancti Aniani prior, 137; — talliata, 101, 176.
S. Audoena, V. S. Oannia.
S. Benedicto (Constantinus de), 77.
S. Clemente (Geraudus de), 51.
S. Cypriani abbas, 75, 108.
S. Dyonisio (Henricus de), 169.
— (Petrus Filol de), 93.
S. Egidii de Surgeriis prior, 44.
S. Eutropius, 210. Prioratus S. Eutropii Xanctonensis, 408, 415, 424
S. Exupero (Robertus de), 111.
S. Flavia (Reginaldus de), 17.
S. Gelasio (Constantinus de), 83, 92, 103, 115, 125, 178.
— (Guillelmus de), 9, 127, 134, 148, 176, 216.
— (Hugo de), 9, 126, 134, 148.
S. Gelasius, 3, 9, 28, 31, 38, 50, 68, 69, 83, 92, 103, 115, 195, 196, 410, 419; *Saint-Gelais*, c^on *de Niort*.

S. Gemma, 34, 72, 101, 137, 164, 176, 188, 199; *Sainte-Gemme*, c^on *de Saint-Porchaire, Charente-Inférieure.*
S. Georgio (domina de), 39.
S. Georgius de Didona, 408, 414; *Saint-Georges-de-Didonne*, c^on *de Saujon, Charente-Inférieure.*
S. Hermenia, 128, 133; *Sainte-Hermine, Vendée.*
S. Hilarii boschus, 11, 30, 92.
S. Hilarii magister scolarum, 232;
— thesauraria, 57.
S. Jacobi de Olerone helemosina, 217.
S. Jacobus, 75; *Saint-Jacques-de-Compostelle, Espagne.*
S. Johannes Angeliaci al. d'Angeli, 7, 23, 25, 33, 34, 35, 36, 41, 52, 53, 72, 73, 84, 85, 86, 87, 88, 94, 103, 106, 112, 115, 118, 120, 128, 136, 139, 141, 155, 167, 169, 178, 179, 180, 190, 191, 193, 194, 201 207, 210, 212, 220, 221, 222; *Saint-Jean-d'Angély, Charente-Inférieure*. — Sancti Johannis Angeliacensis ballia, 7, 40; — burgensis, 45, 130; — castellanus, 75, 131, 169, 204; — castrum, 75, 95, 119, 130, 223; — dominium, 7;—fratres minores, 154.
S. Johannes Anguli al. de Angelo al. d'Angle, 6, 34, 40, 72, 151, 164, 176, 188, 199, 221; *Saint-Jean-d'Angle*, c^on *de Saint-Agnant, Charente-Inférieure.*
S. Johannis (Audebertus), 207.
S. Laurentii (Alardus), 228.
S. Laurentius de Bersagolio, 412, 424; *Saint-Laurent-de-Belzagot*, c^on *de Montmoreau, Charente.*
S. Leodegarii al. Legarii abbas, 141, 181, 223; *Saint-Ligaire*, c^on *de Niort*.
S. Leonardi abbas, 36, 95, 107, 129, 168, 180, 194, 203, 223;
— abbatia, 74, 141; — homines, 47; *Saint-Léonard-des-Chaumes, près la Rochelle.*
S. Lupo (Guiardus de), 212.

S. Lupo (Guido de), 77, 101.
S. Macotus, 212.
S. Magrinus, 64; *Saint-Maigrin*, c^on d'*Archiac*, *Charente-Inférieure*.
S. Marcollo (Johannes de), 169.
S. Mariæ ante castrum Xanct. capellanus, 223; — ecclesia, 224.
S. Martini Turonensis cantor, 53.
S. Martino (Raiemundus de), 37, 67, 83, 92, 102, 114, 125.
S. Maxentius, 23, 25, 27, 30, 31, 35, 37, 38, 39, 41, 42, 45, 50, 52, 54, 65, 66, 67, 68, 69, 73, 75, 77, 83, 85, 87, 88, 92, 94, 102, 106, 107, 108, 109, 115, 118, 123, 127, 128, 134, 138, 140, 142, 143, 144, 148, 152, 155, 160, 165, 166, 167, 172, 177, 178, 180, 182, 183, 189, 191, 200, 201, 204, 222, 226, 227; *Saint-Maixent*, *Deux-Sèvres*. — Sancti Maxentii abbas, 134, 217, 226; — ballivia, 70; — castellania, 60; — castellanus, 49; — castrum, 119, 130, 191; — feodum, 60; — feodum abbatis, 148, 149; — milites, 45.
S. Medardo (Guillelmus de), 61.
S. Medardus, 409, 418, 424; *Saint-Médard*, c^on *de la Jarrie*, *Charente-Inférieure*.
S. Michaele Clauso (Salvaricus de), 19.
S. Moricii ecclesia, 224; *Saint-Maurice*, c^ne *de la Rochelle*. V. Saint-Morice.
S. Neomadia, 57; *Sainte-Néomaye*, c^on *de Saint-Maixent*, *Deux-Sèvres*.
S. Oannia (Guillermus de), 127, 148; — de Sancta Oanna, 134; — de Sancta Audoena, 178, 216.
S. Palladius, prioratus, 413; *Saint-Palais à Saintes*.
S. Paulus in Gastina, 410, 419, 424; *Saint-Paul-en-Gâtine*, c^on *de Moncoutant*. *Deux-Sèvres*.
S. Quintino (Guillelmus de), 25, 41, 51, 55, 121. 196.
— (Warinus de), 171.

S. Radegundis boscus, 11, 30; — homines, 202.
S. Rogacianus, 190; *Saint-Rogatien*, c^on *de la Jarrie*, *Charente-Inférieure*.
S. Salvatoris domina, 185; — homines, 89; *Saint-Sauveur-de-Nuaillé*, c^on *de Courçon*, *Charente-Inférieure*.
S. Saturninus, 72, 179; *Saint-Sornin*, c^on *de Marennes*, *Charente-Inférieure*.
S. Savino (Airaudus de), 2.
— (Gyraudus de), 231.
— (Petrus de), 67, 104, 138, 177, 220.
S. Savinus, 2, 27, 29, 38, 49, 66, 82, 92, 102, 114, 122, 125, 152, 164, 177, 189, 199, 219, 227; *Saint-Savin*, *Vienne*. — Sancti Savini præpositura, 137; — prior, 140.
S. Severe monetarii, 94, 99; *Sainte-Sévère*, *Indre*.
S. Severini abbas, 76, 194; — monachus, 76; *Saint-Séverin*, c^on *de Loulay*, *Charente-Inférieure*.
S. Symphorianus, 115; *Saint-Symphorien*, c^on *de Saint-Agnant*, *Charente-Inférieure*, ou *Saint-Symphorien*, c^on *de Frontenay*, *Deux-Sèvres*.
S. Vasio (Guillelmus de), 111.
S. Vincencio (Guillelmus de), 154.
S. Vivianus, 410; — de Vergerolio, 416, 417; *Saint-Vivien*, c^on *de la Jarrie*, *Charente-Inférieure*.
Sanctonis, V. Xanctonis.
Sandebaut (Emericus), 58.
Sanfoant, 72.
Sansecha (Petrus de), monachus, 409.
Sansonis (Renaudus), 60.
Sanzaya, terra, 31.
Sapin (Jean), 280.
Sapinaudi boscus, 126.
Sare (Petrus), 184.
Sarpentier (Guido), 59.
Sartin (Charles), écuyer, sgr de Bellebaste, 429, 431, 432.
Sauleia (homines de), 98.

Saultrice (le capitaine), 319
Sauvagère (Philippe Legier, sgr de la), 448, 449.
Sauzaie (la), Sauzeia, 399, 400.
Savari (Warnerius), 29.
Sazi (Emericus de), 60.
Schauz (P.), 47.
Sechoitte (Aymericus), 121.
. Seer (boscus de), 54.
Seginons, terra, 216.
Segnoret (Jocelinus), 62.
Seman (Guillelmus), 161.
Senanz, 115 ; *Cenan*, c^{ne} de la Puye, c^{on} de Pleumartin, Vienne.
Senchi (decima de), 63.
Senescalli (Guido), 16, 38, 49, 66, 81, 84, 89, 90, 96, 175, 188, 198.
— (Petrus), 127, 135, 149.
Senet (Aubertus de), 140.
Serbinde (Angre de), maître des monnaies, 239.
— (Pol de), maître des monnaies, 263, 264, 265, 272.
Serpentin (Guido), 184.
— (Guillelmus), 45.
Serpentini (Guiotus), 71.
Servan (Guillelmus), 147.
Servent (Bernardus), 23.
Serviens (Radulphus), 110.
Seuillé (terra de), 201.
Sevian (G.), 204, 224.
Sévigné (Mme de), 342.
Sicardi (Hugo), 128.
Sicardus, Siquardus, 32, 153, 185.
Silarz (Hugo de), 59.
Silvanectensis al. Silvaneter (Adam), 34, 51, 52, 72, 73, 82, 88, 92, 93, 101, 108, 137.
Simon (Josse), 238.
Sinonis (Johannes), 6.
Siquardus, V. Sicardus.
Siré, Sireium, 59, 128, 133 ; *Ciré*, c^{on} d'Aigrefeuille, Charente-Inférieure.
— (Gaufridus de), 32, 69.
— (Guillelmus de), 60.
— (Oliverius de), 105.
Sivaux (homines de), 78 ; *Civaux*, c^{on} de Lussac-le-Château, Vienne.
Sivrac (Gerbertus de), 110.

Sivraio (Salvaricus de), 76. V. Syvray.
Sivray, Sivraium, Syvraium, Civray, 57, 174, 186, 197, 215, 301 ; castrum de —, 154, 156, 157, 166, 167 ; *Civray*, Vienne.
Sobysa, Sobyse, Solbisia, Solbize, 174, 179, 183, 197, 215, 217 ; *Soubise*, c^{on} de Rochefort, Charente-Inférieure.
Socher (Warinus), 45.
Soissons, 321 ; *Aisne*.
Solier, jésuite, 358.
Soneville al. Seneville (Ayemericus de), 41, 84, 116, 153.
— (Johannes de), 84, 116.
Soonay (Petrus de), 150, 163, 175.
Sophie-Dorothée, duchesse de Brunswick, V. Brunswick.
Soubise (Alexandre, duc de), 363.
— (le s^r de), 324. V. Sobysa.
Souliagniaci feodum, 62.
Spincia (Guillelmus de), 126, 133, 148.
Spineto al. Spinta (Guillelmus de), 11, 29, 67.
Stains, 286 ; c^{on} de St-Denis, Seine.
Stephanus, 230.
Stirpa (abbas de), 111 ; *Lesterp*, c^{on} de Confolens, Charente.
Suille (Florus de), 23.
Suillenvilla, 14 ; *Souleville*, c^{ne} de Saint-Georges-les-Baillargeaux, Vienne.
Suire (Petrus de), 200.
Suler (Warnerius de), 97.
Sulie, Sulia, Sullia, Sulic (Floriacus al. Floricus de), 167, 202, 206, 224, 225.
Sulio (Guillelmus de), 121, 132.
Surdus (Aymericus), 221.
— (Johannes), 200.
Surgeres, Surgeriæ, Surgere, 9, 24, 25, 36, 41, 52, 65, 73, 83, 85, 86, 87, 94, 103, 106, 112, 115, 125, 128, 139, 141, 143, 147, 153, 158, 165, 190, 200 ; *Charente-Inférieure*. — Surgeriarum castrum, 51, 71, 81, 84, 89, 90, 100, 112, 119, 121, 123, 140, 143 ; — domina, 15, 39, 40, 42,

— 489 —

51, 52, 58, 59, 88, 95, 119, 129 ; — prior Sancti Egidii, 44 ; — prior helemosinæ, 217.
Surgeriis (Hugo de), 159.
Surie (Gaufridus de), 31.
— (Guillermus de), 55.

Suterranea (prior de), 47 ; *la Souterraine, Creuse.*
Syvray (Johannes de), 224.
— (Salvaricus de), 76, 230.
Syvrayum, V. Sivray.

T

Tabertus, 204.
Taboe al. Taboetus, 131, 223, 224, 225.
Tache, Tachet, 101, 178, 220.
Taillée (château de la), 361, 381, 387 ; c^{ne} d'*Échiré*, c^{on} *de Niort, Deux-Sèvres.*
Talemont, V. Thalemondum.
Tallander (Hugo), 221.
Tallebor, Talleborc, 7, 57 ; *Taillebourg, Charente-Inférieure.*
Tallent (Bernardus), 186.
Tallet (Gaufridus), 77.
Talmondois (le), V. Thalemondeys.
Talneio, Talniaco, Taunaio (Gaufridus de), 19, 224.
— (Gauvaing de), 16, 55, 97, 171, 196.
Talniacum, Talneium, Tauneium, Taunaium, Taunay, 1, 32, 39, 42, 60, 62, 130, 164, 172, 176 ;
— super Voltonnam, Vultunam, Voltunum Voltunne, Votonne, 27, 60, 62, 103, 114, 115, 142, 143, 151, 166, 168, 170, 177.
—Taunai in Voltonne (ballia de), 5. — Talnaii in Vultunna castellania, 92 ;— feodum, 58, 114 ;— nemus, 13, 189 ; — præpositura, 5, 32, 39, 50, 70, 82, 91, 101, 114, 124, 136, 151, 163, 175, 188, 199, 218 ; — prior, 45, 207 ; — terra, 39. *Tonnay-Boutonne, Charente-Inférieure.*
Tarbes, 315.
Tarente (prince et princesse de), 342, 362.
Targé (Guillelmus de), 18.

Taugont, 13 ; *Taugon,* c^{on} *de Courçon, Charente-Inférieure.*
Taunai-Charante, 6 ; *Taunay-Charente, Charente-Inférieure.*
Taunay, V. Talniacum.
Taveau (Guérine), première femme d'Antoine du Fouilloux, 430.
— (Pierre), baron de Mortemer, 429, 431, 432, 433.
— (René), baron de Mortemer, 429, 431, 432, 433,
Tebaudi, V. Thebaldus,
Teffaugie, V. Thefaugie.
Templum, 145, 159, 166, 197, 215, 231, 233 ; — Niorti, 53, 88, 181 ;—Parisiense, 26, 54, 56, 96, 109, 162, 170, 171, 173, 182, 193, 215, 230, 234 ; — Pictavis, 53, 95, 203 ; — Rupellæ, 36, 53, 74, 95, 107, 119, 129, 141, 153, 157, 168, 178, 221, 223.
Teophania, domina de Villanova, 62.
Tercé, 432 ; c^{on} *de Saint-Julien, Vienne.*
Tesseri (Helias), 98.
Testart (Reginaldus), 230.
Th. (Ayemericus). V. Theobaldi.
Talamonte (Aymericus de), 418.
— (Jacobus de), 418.
Thalemondeys (le), 405 ; *le Talmondois, petit pays, Vendée.*
Thalemondum, Talemunt, 64, 131, 158, 159 ; *Talmont, Vendée.*
Thauvere (Petrus), 146.
Thefaugie, 167, 202, 222, 224 ; — castrum, 154, 156, 157, 158, 166, 180, 191, 192, 201, 204 ;

Tiffauges, c^on *de Mortagne, Vendée.*
Thenyes, sgrie, en Bas-Poitou, 400.
Théobaldus, Thebaldi, Thebaut, Thibaut (Aymericus), 9, 31, 39, 50, 69, 83, 93, 116, 126, 162.
— (Helias), 64.
— (Hugo), 135, 149.
— (P.), 183.
Thescha (Hugo de), 45.
Thibault (Nicolas), écuyer, s^r de la Carte, 430, 431.
Thiorcac (P. de), 173.
Thoarcium, 142, 224 ; Thoarcii vicecomes, 154, 201 ; *Thouars, Deux-Sèvres.*
Thomas, 111.
Thorcac, V. Torcac.
Thorceio, V. Torceio.
Thou (M^r de), 318.
Thouars, 362 ; *Deux-Sèvres.* V. Thoarcium.
— (Claude de la Trémoille, duc de), 341.
— (Henri, duc de), 342.
Tilia (Helias de), 102, 114.
— (Radulphus de), 11, 47, 102, 115, 138, 151, 177, 216.
— (Simon de), 102.
Tondu (Stephanus), 217.
Tounoy (Guillelmus de), 230.
Toorchac (Warinus de), 200.
Topinau (Raginaldus), 17.
Tor, Torz, 15, 23, 24, 25, 43, 61. Castellania de —, 61 ; castellanus de —, 43 ; dominus de , 61 ; guarnisio de —, 43, 44 ; *Thors,* c^on *de Matha, Charente-Inférieure.*
Torçac al. Thoorçac (Guillelmus de), 2, 152, 164, 189.
Torceio, Thorceio al. Thorcai (Giraudus de), 102, 126, 133, 148.
Torene (Galteronus de), 71.
Tornelli (Petrus), 231.
Torniant (Robertus de), 21, 22.
Torreiliz (Robertus), 17.
Torreni (Robertus), 173.
Tossagl., villagium, 414.
Tour (Hardouin, sgr de la), en Anjou, 426, 427.

Tour (Marie de la), duchesse de la Trémoille, 362, 363.
Tour d'Auvergne (Marie de la), duchesse de Thouars, 342.
Tours, 283, 301, 305, 306, 314. V. Turones.
Touselin (Guillelmus), 194.
Trachart (Karolus), 77.
Tranbleia (buxonii de), 191, 201.
Tremoille (M^r de la), sgr de Marans, 438.
— (Charlotte de la), comtesse de Derby, 342.
— (Charlotte-Amélie de la), comtesse d'Aldembourg, 362, 369.
— (Claude de la), duc de Thouars, 341.
— (Gilbert de la), marquis de Royan, 342.
— (Henri-Charles de la), 362, 367, 368.
— (Marie de la Tour, duchesse de la), 362.
— Royan (Catherine de la), 342.
Tremolia, 99. Sanctus Petrus de la Tremoille, 58 ; *la Trimouille, Vienne.*
— (Audebertus de), 29, 82, 104, 138, 160, 220.
— (Guido de), 186.
— (Guillebaudus de), 195.
— (Guionetus de), 159.
Trevins (Hugo de), 45.
Tricani (Petrus), 75.
Tricaudi (Bartholomeus), 132, 194, 233.
Tricherie (la), 318 ; c^ne *de Beaumont,* c^on *de Vouneuil-sur-Vienne, Vienne.*
Trieza (P. de), burgensis de Rupella, 418.
Trizay (abbas de), 217 ; *Trizay,* c^ne *de Saint-Vincent-Puymaufrais,* c^on *de Chantonnay, Vendée.*
Tronelli (Guillelmus), 146.
Trossere (la), 72.
Trovelli (Guillelmus), 161.
Turin, 303 ; *Italie.*
Turiout (Richardus), 491.
Turones, 37, 42, 192. Turonis castellanus, 36. V. Tours.

Turre (Guillelmus de), 146.
Turris castellanus, 42.
Turris de Manenc feodum, 61.
Tusta (Aymericus de), 18.

Tuscha (Johannes de), 184.
Tuschia (Guillelmus de), 61.
Tybiardus, 172.

U

Ugeurs, 386.
Uiseia al. Uissiau (Petrus d'), 47, 229 ; de Hussello, — 140, 173.

Ulbera (nemus de), 12.
Uller (Guillelmus), 5.
Ussello (Gaufridus de), 160.

V

Vado (Warinus de), 48.
Vaer (Guillelmus lo), 19.
Vaillonère (tènement de la), 401.
Valencia al. Valentia (abbas de), 42, 119, 157, 192, 217 ; — (abbatia de), 74. *Valence, c^ne de Couhé, Vienne.*
— (Guillelmus de), 21.
Valenciæ episcopus, 418, 423.
Valeri (Johannes de), 63.
Valerianus, 45.
Valle Dei (hospitalarii de), 195 ; *la Vaudieu, c^ne de Saint-Hilaire-de-Benaise, c^on du Blanc, Indre.*
Valle Monerii (Helias de), 13.
Valle Vinardi (boscus de), 126 ; *Vauvinard, c^ne de Béruges, c^on de Vouillé, Vienne.*
Vallis Maingo al. Maingoti, Mangoti, Maengoti, boscus, 82, 91, 114, 125, 137, 151, 164, 177, 189, 199, 219.
Valseror (Martinus de), 110.
Varno (Guillelmus de), burgensis de Rupella, 418.
Vars (Gardras de), 35, 41, 84, 104, 116, 153, 165, 179, 221.
Vassoignes (Artus de), écuyer, sgr de la Forêt de Grassac, 431.
Veceria al. la Vecere, 38, 50, 83, 93, 103, 115, 125, 138, 166 ;

(nemus de), 69, 83, 94, 103, 116, 126, 139 ; *la Bessière, c^ne de Vitré, c^on de Celles, Deux-Sèvres.*
— (Costantinus de), 127, 134, 148, 149.
Veers (Theobaldus li), 58.
Vellac, 179.
Velleit (Petrus), 160.
Velles, 6.
Vellot (Petrus), 160.
Veluyre (François de), sgr d'Aunac, 429, 431.
Venator (Bernerius), 144, 180.
Vender (Gerbert), 19.
— al. Vendier (Guillelmus), 77, 117.
Vendômois (M^r de), 290.
Vendopera, 416, 417, 418.
Vergna, Vergnia, la Vergne, Lavergne, Lavergnia, Laverne, 5, 34, 41, 66, 68, 72, 82, 91, 95, 101, 102, 110, 124, 137, 144, 151, 158, 169, 176, 181, 188, 199, 219. Capellanus de —, 74, 107, 144, 157, 181, 223. *La Vergne, c^on de Saint-Jean-d'Angély, Charente-Inférieure.*
— (Helias de), 21, 58.
— (P. de), 216.
— (Robertus de), 51, 52, 73, 85, 100, 176, 188, 202.

Vernant (Johannes de), 121.
Vernec (Robertus de), 210.
Verno, Vernone, Vernont (Robertus de), 131, 169, 211, 212.
Verrières, sgrie, 430, 432 ; c^on de Lussac-le-Château, Vienne.
Vic (Theobaldus de), 104.
Vicecogmes (Johannes), 98.
Vicinis (Guillelmus de), 156, 161, 170.
— (Petrus de), 156.
— (Warnerius de), 96.
Victoria, reine d'Angleterre, 365.
Vienne, 385 ; Autriche.
Vigean (M^r du), 337.
Vigenia, 26 ; la Vienne.
Viger (P.), 173.
Vigerii (Petrus), 90, 136.
Vigerius (Guillelmus), 17.
Vigorz (Gaufridus), 64.
Viguer (Petrus), 48.
Vilain (P.), 78.
Vilers, Villers, Vilaria, Villaria, Villares, 17, 20, 31, 38, 50, 68, 69, 76, 83, 93, 103, 115, 116, 125, 135, 138, 149, 153, 162, 165, 174, 178, 187, 190, 197, 200 ; peut-être Villiers-en-Plaine, c^on de Coulonges, Deux-Sèvres.
— (Clemens de), 128.
Villa (Aimericus de), 78.
Villados (Richardus de), 45.
Villanova (feodum de), 62 ; Ville-neuve, c^ne de Saint-Martin-de-Villeneuve, c^on de Courçon, Charente-Inférieure.
Villiers-Cotherez, 318, 320 ; Villers-Cotterets, Aisne.
Viron (Jean de), prieur de Cron et Mazeuil, 429, 431, 433, 434.
Vitalis (Robertus), 63.
Vitreorum al. Vitorum boscus, 102, 114.
Viviani (Warinus), 44.
Vivier (Mathurin), 305.
Vivona, 20, 21, 123, 162, 170-174, 198 ; Vivonne, Vienne.
— (Guibertus de), 113.
Vizaio (Gerbertus de), 115.
Vizec (Petrus de), 76.
Voe al. Voet, 178, 220 ; Vouhé, c^on de Surgères, Charente-Inférieure.
— (Gaufridus de), 47.
— (Petrus de), 47.
Volsardi (Gaufridus), 187.
Voluire, Voluria, Volvirio (Petrus de), 18, 117, 135, 147, 162, 174.
Volventum, Voventum, Vovent, 17, 19, 20, 26, 57, 169, 170, 174, 186, 215, 222, 438 ; Vouvant, c^on de la Châtaigneraie, Vendée.
Vouillé, 318, 319 ; Vienne.
Voullac, 165.

W

Worru (Johannes), 4.

X

Xanctone (Guillelmus de), 6, 32, 70, 115, 125.
— (Warnerius de), 39, 51, 53, 71, 84, 93.
Xanctonis, 4, 5, 24, 26, 35, 41, 42, 43, 44, 56, 63, 64, 68, 74, 81, 83, 84, 86, 89, 93, 107, 120, 131, 141, 143, 157, 193, 210, 213, 223, 224, 225, 416 ; Saintes, Charente-Inférieure. — Xancton. abbatissa, 34, 72, 101, 137, 151 176, 219 ; — archidiaconus, 197 ; — ballivia, 4, 27, 28, 34, 40, 52, 71, 73 ; —

capitulum, 167 ; — castellania, 63, 64 ; — castellanus, 28, 65, 74, 204, 222 ; — castrum, 23, 25, 44, 55, 56, 73, 74, 85, 86, 87, 88, 94, 95, 106, 118, 119, 128, 130, 141, 155, 167, 168, 180, 181, 191, 201, 202, 204, 209, 211, 212, 222, 227, 228, 416 ; — castri faber, 169, 181, 201, 222, 224 ; — cives, 3, 105 ; — decanus, 130, 166 ; — diocesis, 197, 215, 232, 233 ; — dominium, 63, 64 ; — episcopatus, 215 ; — episcopus, 74, 120, 141, 181, 223 ; — furnum, 168 ; — garenna, 188 ; — guarnisio, 44, 81, 86, 87, 99, 100 ; — molendina, 4, 42, 53 ; — opera, 208, 213 ; — pons, 23, 24, 25, 36, 37, 42, 44, 53, 55, 71, 72, 74, 85, 86, 87, 88, 94, 95, 96, 106, 107, 108, 113, 118, 119, 128, 130, 141, 151, 155, 164, 167, 180, 181, 191, 192, 201, 202, 212, 214, 222, 224 ; — præpositura, 3, 4, 33, 34, 40, 51, 71, 82, 91, 101, 114, 120, 124, 136, 151, 164, 176, 188, 199, 219 ; — præpositus, 4, 108 ; — senescallus, 416 ; — terra, 33, 34, 35. V. Sanctus Eutropius.

Y

Yder (Guillelmus), 224.
Yrvosii (P. et Johannes), 423.
Ysabeau, 396.
Ysenbert (Renout), 230.
Ysoretus, 184.
Yspania, V. Hyspania.
Yszebarre (Flore), maître des monnaies, 251, 252.

— (Nicolas), maître des monnaies, 240, 246, 247, 248, 249, 250, 251, 252, 253, 255, 256, 257, 258, 259, 260, 262, 263, 264, 265, 266, 267, 268, 269, 270, 272, 273, 274.
Yter al. Yterii (Petrus), 128, 133.
Ytier (Warinus), 204.

Z

Zell, 363, 369, 370, 373, 374, 375, 377, 379, 381, 382, 385, 387, 388, 391, 394 ; *Allemagne.*

TABLE DES MATIÈRES

CONTENUES DANS CE VOLUME.

		Pages.
	Liste des membres de la Société des Archives historiques du Poitou.	v
I.	Registre des comptes d'Alfonse. comte de Poitiers : publié par M. A. Bardonnet.	ix
	Année 1243.	2
	Année 1244.	48
	Année 1245.	90
	Année 1246.	123
	Année 1247.	162
	Année 1248.	197
II.	Apurement des comptes de la monnaie d'or fabriquée à Angers du 25 novembre 1331 au 1er décembre 1333, et à Montreuil-Bonnin du 1er mars 1337 au 22 février 1346 : publié par M. Lecointre-Dupont.	235
III.	Lettres des rois de France, princes et grands personnages à la commune de Poitiers, 2e série : par M. B. Ledain.	275
IV.	Éloge funèbre de Charlotte-Flandrine de Nassau, abbesse de Sainte-Croix de Poitiers, par Catherine de la Trémoille, qui lui succéda dans cette dignité ; précédé d'une notice par M. C. de la Ménardière.	341

		Pages.
V.	Lettres d'Éléonore Desmier d'Olbreuse, duchesse de Brunswick-Zell : publiées par M. Louis de la Rochebrochard.	361
VI.	Miscellanées.	
I.	Chartes en langue vulgaire du Bas-Poitou, 1285, 1310 et 1314 : publiées par M. l'abbé Chauffier.	399
II.	Visites des monastères de l'Ordre de Cluni situés dans la province de Poitou, 1330 et 1343 : — par M. Rédet.	407
III.	Chauvigny-sur-Vienne et les Chauvigny de Châteauroux. Acte d'hommage d'Hardouin X de Maillé, seigneur de la Tour, 2 août 1503 : — par M. Charles Tranchant.	425
IV.	Documents concernant Jacques du Fouilloux, 1528, 1560, 1567, 1571, 1573 et 1580.	429
	Table générale des noms de personnes et de lieux.	451

www.ingramcontent.com/pod-product-compliance
Lightning Source LLC
Chambersburg PA
CBHW051138230426
43670CB00007B/862